임상전문가를 위한

정서장애와 주의

Adrian Wells · Gerald Matthews 공저 | 전진수 · 김제홍 · 한지윤 · 김완석 공역

근거 기반 자기조절집행기능(SREF) 모델 및 적용

Attention and Emotion: A Clinical Perspective

학지사

Attention and Emotion: A Clinical Perspective (Classic Edition)
by Adrian Wells and Gerald Matthews

역자 서문

이 책의 원전은 Adrian Wells와 Gerald Matthews가 1994년 출간한 『Attention and Emotion』이며, 이 번역본은 초판 간행 20주년을 맞아 초판에 대한 서문인 "Introduction to the classic edition: A brief history of developments"을 첨부하여 2015년 재출간한 『Attention and Emotion』을 번역한 것이다.

역자가 이 책의 내용에 주목하게 된 것은 순전히 명상 특히 마음챙김이라는 개념을 중심으로 이루어지고 있는 최근의 과학적 연구들과 상당한 관련성이 있다고 느꼈기 때문이다. 마음챙김 기반의 심리치료 접근법은 이미 심리치료 분야에 하나의 도도한 흐름으로 자리 잡았다. 본래 오래된 불교수련 용어인 'sati(사티)'의 번역어인 마음챙김(mindfulness)은 명상이 종교적 수련을 넘어 의료 분야에 적용되기 시작하면서 과학적인 용어로 재개념화되었다. Jon Kabat-Zinn을 비롯한 많은 학자는 마음챙김을 기본적으로 의식 경험 자체에 주의를 기울이되 그 경험 내용에 대한 자동적인 반응을 중지 또는 감소시키고 있는 그대로를 받아들이는 훈련으로 정의하였다.

부정적인 사고 자체가 심리장애를 일으킨다는 생각에 의문을 제기하는 이 책의 저자들은 부정적 사고보다는 생각과 감정을 다루는 우리의 의식적인 전략과 메타인지적 신념이 심리장애에서 핵심적인 역할을 한다고 주장한다.

> "당대에 널리 알려진 이론들과 달리 우리는 심리장애에 대한 설명에서 의식적인 전략 과정과 메타인지적 신념을 핵심적 역할을 하는 것으로 보았다. 우리는 사고를 단선적 관점으로 볼 것이 아니라 다면적인 내적 사건으로 보고 사고의 구체적인 내용보다는 그것에 대한 개인 반응의 특징을 더 중요한 것으로 보는 통합적 관점을 가져야 한다고 주장하였다"(pp. xv).

이러한 저자들의 주장은 심리장애에서 사고 내용의 비합리성을 강조하는 전통적인 인지치료와는 상당히 다르며, 오히려 최근 임상심리학 분야에 도입되고 있는 마음챙김 기반의 접근법과 상통하는 바가 더 큰 것으로 보인다. 인지치료의 접근법은 실재(reality)와 부합하지 않는 왜곡된 사고 내용을 심리장애의 근본적인 원인으로 간주하며, 따라서 사고 내용의 합리성 또는 현실적합성에 의문을 제기하고 왜곡된 사고 내용의 변화를 추구한다. 이에 반해, 마음챙김 접근은 사고 경험을 일시적이고 자동적인 정신현상일 수 있는 것으로 보며, 부정적인 사고나 정서 경험을 불가피한 것으로 간주한다. 따라서 사고의 내용을 조작하려 하기보다는 사고의 내용에 반응하지 않도록 하는 방식으로 증상을 완화시키고 동시에 사고에 대한 메타인지적 신념의 변화를 추구한다. (두 접근법 모두 사고 내용이 부정적이거나 역기능적인 정서를 야기한다는 점에서는 암묵적인 합의가 있는 듯하다.) 따라서 마음챙김 접근은 부정적 사고 경험 자체를 문제로 보지 않으며, 그보다는 이런 경험을 어떻게 다루느냐 하는 조절전략과 왜곡된 메타인지적 신념이 더 문제라는 접근방식을 가지고 있다.

저자들은『주의와 정서(Attention and Emotion)』*라는 책을 쓰기로 한 이유로 초판 당시인 1990년대 초까지 정서조절에서 주의의 역할에 관해 근본적인 문제를 거의 다루지 않았기 때문이라고 밝힌다. 이들은 인지치료가 스키마와 인지 편향이라는 개념을 기본으로 하면서도 그보다 근본적인 주의기전에 대한 탐구가 부족했다고 비판한다. 주의는 정보입력 과정의 첫 단계이면서 동시에 이렇게 입력된 정보의 의미 처리에 어떤 스키마가 동원되는가를 결정하는 중요한 과정이다. 저자들은 주의의 선택과 집중이라는 두 가지 측면의 비정상성을 정신병리의 가장 근본적인 인과적 원인이라고 본다. 사실, 주의는 우리가 세상을 경험하는 방식을 형성하고 결정하는 바, 주의의 편향성은 결국 내적 경험의 편향을 야기하게 되고, 그것이 심리장애의 토대가 될 수 있다.

또한 주의는 자동적(불수의적)이기도 하고 의도적(수의적)이기도 하다. 정신병리의 많은 증상들(예를 들면, 강박적 사고, 우울이나 불안한 정서 등)은 의도와 관계없이 자동적으로 발생하는 바, 이는 자동적 주의의 편향이나 결함을 근본적인 원인으로

---

* 역자 주: 이 책에서는『정서장애와 주의』라는 제목으로 번역하였다.

볼 수 있다. 의도적인 주의조절 훈련이 이를 개선할 수 있음은 자명하다. 그런 점에서 비판단적 주의 훈련이라는 마음챙김 훈련은 주의의 선택과 집중의 편향성을 개선할 수 있는 중요한 방법일 수 있으며, 따라서 정신병리의 이해와 치료에도 많은 통찰을 제공할 수 있다.

초판 이후의 연구 결과들은 주의 편향이 특정 정서장애가 아니라 거의 모든 정서장애와 관련이 있다는 것을 보여 준다. 이런 증거들은 주의 편향을 기반으로 하는 접근법이 초진단적 접근법일 수 있음을 보여 주는데, 이런 주장은 2013년에 출판된 Harvey 등의 『Cognitive Behavioral Processes Across Psychological Disorder: A Transdiagnostic Approach to Research and Treatment(심리장애의 초진단적 접근: 인지 및 행동과정의 공통점)』(김완석 외 역, 시그마프레스, 2013)에서도 찾아볼 수 있다. Harvey 등은 방대한 실증 연구자료를 토대로 다양한 심리장애에 공통적인 기저과정이라 확신할 수 있는 인지행동과정을 주의와 기억, 추리, 사고, 행동의 다섯 영역으로 구분하고, 주의과정에서 명백한 초진단적 과정으로 내외부 자극에 대한 선택의 편향과 회피 및 안전정보에 대한 주의 편향을 제시하였다. 또한 이런 주의 편향이 대체로 의도적이기보다는 자동적이라는 증거들도 축적되어 있다. 하지만 이들조차도 정신병리의 초진단적 과정을 개선하기 위한 치료나 개입방법으로 주의 훈련을 핵심으로 하는 마음챙김 훈련을 적시하지는 않고 있다.

저자들은 정서장애에서 주의의 역할에 초점을 맞추어 이와 관련된 방대한 연구 결과들을 통해 자기조절집행기능(Self-Regulatory Executive Function: SREF)이라는 모델을 제시하고 있는데, 이 모델의 핵심은 모든 심리장애가 인지-주의 증후군(Cognitive Attentional Syndrome: CAS)이라는 하나의 공통적인 또는 '초진단적(transdiagnostic)' 사고방식에 의해 유발되고 유지된다는 새로운 아이디어이다. 인지-주의 증후군은 과도한 자기초점 주의에 따른 걱정과 반추, 위협에 대한 주의 유지, 역설적 인지통제 전략들(예: 사고 억제, 자기비판)로 구성된다. 또한 CAS를 유지하게 하는 것은 본질적으로 메타인지적이며 여기에는 인지조절을 위한 계획과 목표 체계가 포함된다는 아이디어를 이 모델에 녹여 놓았다.

저자들은 기본적으로 SREF 모델이 사고의 내용보다는 인지 과정에 직접 영향을 미칠 수 있는 개입법의 개발에 많은 도움을 줄 수 있을 것으로 기대하고 있는 바, 그런 사례로 주의 훈련(Attention Training: ATT; Wells, 1990)과 주의 편향 수정(Attention

Bias Modification: ABM; MacLeod, Rutherford, Campbell, Ebsworthy, & Holker, 2002)을 들고 있으며, 이에 관한 검증은 현재진행형이다. 또한 저자들이 '거리두기 마음챙김(detached mindfulness)'(Wells, 2005b)이라는 개념의 활용 가능성에 대해 언급한 것처럼(pp. 382-384) 마음챙김 기반의 접근법들도 적절한 대안적 접근법이 될 수 있을 것이다. 그런 점에서 자기조절집행기능 모형에 대한 이해는 심리장애에 대한 인지적 접근의 이해를 높일 뿐 아니라, 최근 심리치료 분야에 도입되고 있는 마음챙김 훈련의 효과기제의 연구나 효과적인 개입방식의 개발과 적용에도 많은 시사점을 줄 것으로 보인다.

이 책에 잘못 번역된 부분이 있다면 이는 전적으로 역자들의 잘못입니다.

난해한 번역과정에서 헌신적인 도움을 준 아주대학교 심리학과 원성두 특임교수, 감사합니다. 그리고 출판을 위해 힘써 준 학지사의 김진환 사장님과 우여곡절을 견뎌 준 한승희 부장님, 힘든 교정과 편집과정을 꼼꼼히 인내해 준 편집부 김영진님, 감사합니다.

역자 일동

클래식판에 대한 소개: 개발의 약사

우리가 『주의와 정서(Attention and Emotion)』라는 책을 쓰기로 한 것은 1990년대 초까지 정서의 자기조절에서 주의의 역할에 관해 근본적인 의문을 거의 다루지 않았다고 느꼈기 때문이다. 즉, 정서의 자기조절에서 주의는 어떤 역할을 하는가? 주의를 어떻게 모델화할 것인가? 주의 연구를 심리장애와 그 기저의 인과적 정보처리 기제들을 연결하는 엄밀한 수단으로 사용할 수 있는가? 인지심리학의 발견들이 심리장애의 이해와 치료에 어떤 정보를 제공할 수 있는가? 임상가들은 이런 중요한 질문들에 관심을 가져야만 하지만, 기존의 모델과 치료법들은 인지심리학에 대한 구체적인 이해도 없이 인지적 용어들을 쓰는 경우가 많았다. 예를 들어, 인지행동치료의 기본인 '스키마'라는 개념과 인지 편향의 견해를 생각해 보면, 대부분의 임상가들은 이런 구성개념의 고유한 특성이나 그것이 심리장애를 야기하는 기제들에 관해 의문을 제기하지 않는다. 사실, 부정적 사고가 심리장애를 일으킨다는 바로 그 생각 자체가 의심스럽다. 대부분의 사람들이 부정적 사고를 하지만, 그렇다고 그들 대부분이 어려움을 경험하는 건 아니기 때문이다. 게다가 인지의 내용(사고/기억)을 정신병리의 동인이라고 강조하기는 하지만, 우리는 과연 이것이 정신병리와 가장 밀접한 사고의 차원이라고 확신하지는 못했다. 아직 답을 찾지 못한 매우 중요한 질문들이 있는 것 같았고 또한 이들 질문에 답을 구하는 것이 의미 있는 통찰 그리고 심리학에 기반한 더욱 효과적인 치료법을 개발할 수 있을 것 같았다.

우리는 책에서 주의 및 정서에 관한 연구 결과들을 새롭게 해석하고, 자기조절집행기능(Self-Regulatory Executive Function: SREF)이라는 새로운 모델을 제시하였다. 당연히 어떤 모델이든 진위가 가려질 수 있지만, 어떻든 이런 모델을 통해 치료가 명시적인 인지심리학적 모델을 토대로 하는 것이 중요하다는 점을 강조하는 것은 지극히 중요하다고 느꼈다. 당대에 널리 알려진 이론들과는 달리, 심리장애에 대한 설명에서 우리는 의식적인 전략 과정과 메타인지적 신념이 핵심적 역할을 하는 것으로 보았다. 우리는 사고에 대한 단일체적 관점에서 벗어나 사고는 다면적인 내적 사건들이고 또한 사고의 특별한 내용보다는 이에 대한 개인 반응의 속성이 더 중요하다는 통합적 관점을 가져야 한다고 주장하였다. 지난 20년간 우리의 이런 접근법과 우리가 도달한 결론은 과연 어떻게 되었을까? 여기서 이 책의 고전적 쟁점에 관한 클래식판의 강조점을 요약하고 최근의 발달에 대해 개괄해 보고자 한다.

제1부: 정서, 주의 그리고 정보처리

책의 앞부분에서 우리는 주의에 관한 당대의 주요 심리학 이론을 제시하였다. 주의는 다음의 두 가지 방식으로 보는 것이 유용할 것이다.

- 중요한 자극을 선택하고 반응에 영향을 미치는 과정으로 유용할 것이다.
- 처리의 효율성을 증가시키는 강력한 또는 지속적인 '집중(concentration)' 과정으로 유용할 것이다.

우리는 기존의 이론들을 의식적 처리를 위한 자료의 선택을 잘 설명하는 것, 주의의 한정된 잠재력을 잘 수용하는 것 그리고 인지적 통제에서 수의적 및 불수의적 과정들의 역할을 잘 구분하는 것 등의 측면에서 평가하였다.

임상적 맥락과 심리장애에 관한 모델을 구축할 때 주의의 선택적 및 집중적 측면을 구분할 필요가 있다. 이들 중 하나나 둘 모두에서 비정상성이 있을 수 있다. 예를 들어, 후속처리를 위해 어떤 자극을 선택할 때 오염 공포증의 강박 환자는 환경 내의 지저분한 것들을 쉽게 탐지한다. '집중'의 영역에서 우울증 환자는 주의에 초점을 강하게 맞추거나 집중이 어려울 수도 있고 또 증상들에 대한 주의 유지가 어려운 피로감에 사로잡혀 있을 수도 있다. 우리는 주의 선택 및 집중의 비정상성이 중요한 임상적 함의가 있다고 주장하는데, 이는 그것이 (내적 · 외적) 세상을 경험하는 방식을 형성하기 때문이다. 이와 같은 편향의 경험이 곧 심리장애의 토대가 된다. 하지만 우리가 내린 결론은 주의장애에 대한 주관적 그리고 실험적 입증은 임상가에게

별로 정보가 없었다는 점이다. 그 주된 이유는 선택 및 집중 과정이 자동적(습관적) 과정과 통제적 과정 모두에 의존하며, 임상 발전이 있으려면 어떤 기제들의 조합이 개입되는지를 설명하고 주의와 정서장애를 인과적으로 연결 지을 수 있어야 하기 때문이다.

제1부에서 우리는 고찰을 통해 주의집중의 결손함뿐만 아니라 정서 관련 재료에 대한 선택적 주의 편향성에 관해 풍부한 증거를 제공하였다. 하지만 이런 종류의 효과들이 자동적이었다는 증거는 별로 설득적이지 않았다. 사실, 주의 편향이 더 많은 전략적 처리 과정들과 연계되어 있음을 보여 주는 명확한 지표들은 있었다. 게다가 주의에 관해 정서적 스트룹(Stroop) 검사나 반점탐사(dot-probe) 과제를 이용하는 실험실 연구의 한 가지 문제점은 바로 그 검사들이 환자의 주요 관심사에 초점을 맞춘 사회적 또는 생태적으로 타당한 복잡한 내적 정보 유형들을 대표하는 것은 아니며, 그래서 그 효과들의 해석이 어렵다는 점이다. 게다가 이런 효과가 기저 구조의 내용이나 걱정의 영향을 반영하는 것인지도 의문이다. 우리는 스키마 개념이 인지행동치료에서 얼마나 영향력이 큰지 그리고 어떻게 주의 편향성을 설명하는 데 이용되었는지를 소개하였다. 하지만 이런 스키마 개념 또한 심각한 약점이 있는 것으로 드러났고, 특히 '실증자료에 맞아떨어지는' 다른 스키마들이 너무 많이 필요하다는 점이다. 게다가 스키마와 자동성(습관)의 모델들은 인지의 중요한 특징이 되는 '현재의 처리를 지속할지 말지에 대한 개인의 영향'을 설명하지 못한다.

우리의 한 가지 결론은 우리가 결과적으로 제안한 모델에 깊은 영향을 준 것인데, 이는 우리가 수의적인(전략적인) 주의의 역할을 과소평가하면 안 된다는 점이다. 이런 시사점 때문에 우리는 정서장애에서 전략적 통제를 핵심단계로 상정하는 모델이 필요하였다. 우리는 개인의 자의적인 주의통제 전략을 통해 심리장애를 식별할 수 있으며, 그래서 환자와 비환자 간 차이를 일으키는 원인들을 반드시 이해할 필요가 있다고 주장하였다. 우리는 인지행동치료의 토대인 스키마 이론은 자기지식(즉, "나는 쓸모없다."는 믿음)이 어떻게 주의 기능을 통제 또는 편향시킬 수 있는지를 설명하지 않으며, 자기통제에 포함된 처리 과정의 중요한 영역을 무시하고 있다는 점을 더욱더 인식하고 깨닫게 되었다.

주의 결함이 정서장애와 관계가 있을 가능성으로 분석의 방향을 돌리면서, 우리는 상태불안과 우울증이 주의의 효율성에 부정적 영향을 미친다는 많은 증거를 발견하였다. 이런 효과는 침투적 사고와 걱정에 의해 야기되는 것 같았다. 우리는 강박적인 점검을 하는 환자들이 보이는 형편없는 기억수행에 대한 해석에 대해, 즉 기억수행 손상을 정보의 부호화를 방해하는 반추의 효과 또는 기억을 의심하는 메타인지의 효과 때문일 가능성이라는 일종의 결함으로 해석하는 것에 의문을 던졌다. 실제 주의 결함은 정서장애의 중요한 기여요인은 아닌 것 같고, 대신에 더 중요한 장애의 원인은 사고의 유형(걱정/반추)과 메타인지적 요인들의 후행사건 때문에 외견상 주의 결함이 나타나게 된다는 것이 우리의 견해였다.

최신정보:

작금의 쟁점의 일부는 우리가 1994년에 강조한 것들과 여전히 비슷하다. 가장 기본적인 것은 주의 편향이 위협 민감성과 연관이 있을 수 있는 여러 다른 특성 및 임상적 장애에 널리 퍼져 있는 보편적인 현상이라는 점이다. 예를 들어, Williams 등(1988)의 선구적 이론은 선택적 주의 편향이 불안의 특징이기는 하지만 우울의 특징은 아니라고 주장하였다. 하지만 이제는 해당 성격특질은 물론이고 주요 정서장애 모두가 편향과 관련이 있음을 입증하는, 따라서 편향이 특정 장애에만 해당되는 특수한 것이 아님을 확증하는(Cisler & Koster, 2010) 중요한 연구 결과들이 있다. Bar-Haim 등(2007)은 메타분석을 통해 서로 다른 불안장애에서 편향의 크기에 차이가 없음을 보여 주었고, 우울증에 대한 정서적 스트룹 효과에 대한 메타분석은 그 효과의 신뢰성을 확증해 주었다(Epp, Dobson, Dozis, & Frewen, 2012). 전체적으로 이런 결과는 다양한 장애에서 공통적일 수 있는 주의 기능의 비정상성을 따지는 우리의 초진단적 접근(transdiagnostic approach)이 타당함을 보여 준다.

더 어려운 문제는 편향을 유발하는 그 기저의 처리기제를 찾아내는 것인데, 이는 장애에 따라 다를 수도 있다(Teachman et al., 2012). 1994년 논쟁의 기본은 편향이 자동적이냐 전략적인 것이냐 하는 것이었다. SREF 모델은 둘 다를 통합하였지만 전략적 출처에 중점을 둔다는 점이 독특하였다. 오늘날 대부분의 이론가들은 두 가지 편향이 모두 어떤 역할을 한다는 것에 동의할 것이다. 자동적 편향의 증거는 식역하(마스킹 또는 차폐된) 자극에 대한 수많은 실증자료로 뒷받침된다. Bar-Haim 등(2007)은 스트룹과 반점탐사 패러다임 모두에서 식역하 편향의 효과 크기가 차폐되지 않은 자극을 이용한 과제의 효과 크기와 유사함을 보여 주었다. 이런 자동성에

관해 여러 가지 이유를 둘러댈 수 있다. 요즈음 학자들은 때때로 자극 의미의 부호화가 실제로 무의식적임을 증명하는 것의 방법론적 어려움을 무시한 채(Holender, 1986), 식역하 처리가 당연히 자동적이며 주의와는 독립적이라는 잘못된 가정을 한다(Dehaene et al., 2006). 전략적 과정은 위협 자극에 대한 무의식적 처리를 점화할 수도 있다(Matthews & Wells, 2000; Wells & Matthews, 1996). 예를 들어, Luecken과 Tartaro, Appelhans(2004)는 식역하 편향에 앞서 식역초과(supraliminal) 시행을 먼저 실시했을 때에만 식역하 편향을 발견할 수 있었다. 유사하게 식역하 태도 활성화는 참여자들이 이전에 해당 정서적 자극 차원에 주의를 기울였던 실험들에서만 입증된다(Spruyt, De Houwer, Everaert, & Hermans, 2012). 비록 자동성에 대한 증거는 아직 결정적이지는 않지만, 그래도 식역하 자극을 처리하는 과정에서의 편향에 대한 증거는 설득력이 있다.

편향에 대한 전략적 영향에 관한 추가적인 증거가 있다. 상대적으로 제시시간이 긴 자극에 대한 편향성(Cisler & Koster, 2010), 지연된 교차시행 편향(McKenna & Sharma, 2004), 주의통제와 정서조절 전략의 조절 효과(Cisler & Koster, 2010) 등이 그것이다. 사실, Phaf와 Kan(2007, p. 184)은 고찰연구에서 "정서적 스트룹 효과는 빠르고 자동적 편향보다는 느린 탈몰입(disengagement) 과정에 더 의존하는 것 같다."고 결론을 내렸다. 이 결론은 임상적 장애가 지연 또는 확장된 처리 과정과 연계되어 있다는 우리의 생각과 깔끔하게 맞아떨어진다. Wells(2000)는 반복적인 처리 과정에서 탈몰입을 목표로 하는 유연한 메타인지적 통제력을 증진하도록 치료 전략을 개발해야만 한다고 주장하였다.

그 외에도 여러 과제 환경에서 스트레스에 대한 대처 전략이 전반적인 주의의 효율성에 영향을 미칠 뿐만 아니라(Matthews & Campbell, 2009), 주의 편향과 해석 편향에도 영향을 미친다는 증거가 있다(Avero et al., 2003). 따라서 자동적 및 전략적 처리 과정의 상호작용을 모델링하는 것이 이론개발에 도전이 된다. 첫 번째 단계는 전략적 처리가 개입해서 자동으로 생성된 편향성을 억제할 수 있음을 인정하는 것이다(예: Mathews, 2004). 이런 입장은 위협 자극이 과제와 직접 아무런 관련성이 없고 주의분산을 억제하는 과정이 꼭 있어야 하는 정서적 스트룹 과제와 같은 경우에 타당한 입장이다. 그러나 우리가 제안한 SREF 모델은 이런 입장을 뛰어넘는데, 이는 자기와 관련된 정보에 대한 전략적 탐색 때문에 편향이 직접 발생할 수 있다고 가정하기 때문이다.

SREF 모델은 사고의 통제가 불가능하다는 잘못된 메타인지적 신념이나 위협에 초점을 맞추는 것이 도움이 된다는 긍정적 신념(Wells, 2000) 등을 포함해서 편향에 영향을 미치는 여러 요인을 상정했다. 다른 측면에서는 논쟁의 조건이 계속 바뀌었다. 특히 자동 및 통제 처리 과정 같은 단순한 이분법은 너무 단순하게 본 것이다. Teachman 등(2012)은 자동성과 분리불가한 준거들로 의식에 대한 접근의 어려움, 효율성, 의도의 부재 및 통제 불가능성 등을 지적한다. 그들의 고찰은 편향적인 처리에 대한 통제 부족이 여러 장애에서 공통적으로 발견되지만, 의식적 자각과 의도의 부족이 임상적 불안의 특징이기는 하지만 주요 우울증의 특징은 아니라고 결론을 내렸다. 또한 연결주의적 모델링(Matthews & Harley, 1996)에서 매우 흔히 볼 수 있는 활성화 기반 모델들에서 '자동적' 활성화와 '전략적' 활성화 간에는 아무런 차이가 없고, 다만 활성화를 발생시키는 네트워크 구조의 모듈에서만 차이가 있을 뿐이다. 예를 들어, 우리는 전략의 영향을 하위 수준의 네트워크 활성화를 조절하는 집행 처리 모듈과 관련해서만 모델화할 수 있다(Matthews, Gruszka, & Szymura, 2010).

최근 연구 또한 편향이 중다 과정에 의해 발생할 수 있음을 강조한다. 초기 불안 연구들은 주의 과정에서 주의 이전의 편향에 초점을 맞추었지만(Williams et al., 1988), 의미론적 처리에는 전혀 다른 편향이 있을 수 있다. 여기에는 중립적인 자극을 위협으로 평가하는 것과 같은 해석적 편향과 위협에 대한 개인적 통제를 과소평가하는 것과 같은 판단적 편향이 포함된다(Cannon & Weems, 2010; Hertel, Brozovich, Joormann, & Gotlib, 2008). 선택적 주의도 위협에 대한 초기의 주의집중과 이후의 탈몰입을 포함하는 별개의 처리 과정 요소로 나누어 볼 수 있다. 일반적으로 탈몰입은 언제나 그런 것은 아니지만(Clarke, Hart, & MacLeod, 2013), 불안에 더 민감한 것으로 밝혀졌다(Leleu, Douilliez, & Rusinek, 2014). 이러한 발견은 SREF 모델의 핵심 전제, 즉 감정과 인지의 상호작용을 하나의 명시적 구조 내에서 이해할 필요가 있다는 전제를 뒷받침한다(Matthews & Wells, 1999). 현재 이론은 적극적으로 여러 가지 편향과 처리 과정을 수용하고자 한다. 예를 들어, Cisler와 Koster(2010)는 자동적인 위협 탐지 처리는 주의의 촉진 때문으로, 탈몰입의 어려움은 주의 통제의 손상 때문으로, 주의 회피는 정서조절 때문으로 설명한다.

이와 비슷한 관점이 정서적으로 중립적인 자극을 사용하는 과제에 대한 주의력

손상에 관한 연구에서 나타난다. 고전적인 시험불안 연구가 하나의 일반적인 간섭 효과를 암시하는 것인 반면, 현대 이론은 중다 과정을 구분한다. 특히 주의통제이론(Attentional Control Theory: ACT; Eysenck & Derakshan, 2011)은 불안장애를 집행 처리 과정과 연관시키려 한다. 집행 처리의 효과는 장면 전환이나 기억 업데이트보다는 과제와 무관한 처리의 억제에서 더 신뢰롭게 나타난다. 상태 차원을 구분하는 것도 주의 손상의 이해에 기여한다(Matthews et al., 2002). 과제에 대한 몰입의 저하는 주의자원의 가용성과 주의집중의 유지를 감소시키는 반면에, 괴로운 스트레스 상태는 특히 작업기억, 멀티태스킹 및 집행기능을 손상시킨다(Matthews & Campbell, 2010; Matthews & Zeidner, 2012).

따라서 우리는 부정적 정서가 어떻게 일련의 핵심적인 인지적 처리 과정을 방해할 수 있는지에 대해 1994년에 할 수 있었던 것보다 더욱 정교한 그림을 그릴 수 있게 되었다. 그렇지만 작업기억 및 주의 자원과 같은 핵심적인 구성개념들은 아직 덜 정교한 채로 남아 있고, 앞으로 불안의 효과를 하나의 명시적인 구조의 파라미터와 연결시킬 수 있는 정량적 모델들을 개발할 필요가 있다. Matthews와 Harley(1996)는 반복 시행을 통해 학습할 수 있는 역전달 네트워크를 이용해서 정서적 스트룹에서 보이는 주의 편향에 대한 다른 식의 모델을 탐구하였다. SREF 모델과 마찬가지로 전략적 편향의 적용은 타고나거나 학습된 자동적 편향에 비해 실제 수행 결과를 재현하는 데 더 성공적이었다.

주의에서 중다 처리 과정을 구분하는 것은 신경과학의 관점에서 지지를 받고 있다. 편향의 신경 생리학은 SREF 모델의 범위를 넘어서는 것이기에 여기서는 간단히 언급할 것이다. 전반적으로 인간과 다른 포유류에서 얻은 결과는 주의 수행 자료들이 시사하는 것과 비슷한 두 가지 과정 모델을 지지한다. 편도체에 초점을 둔 하나의 뇌 구조 네트워크는 위협에 대한 초기의 주의를 지지하는 반면, 더 높은 수준의 조절 및 제어는 외측 전전두피질(Cisler & Koster, 2010; Hofmann, Ellard, & Siegle, 2012)과 같은 피질 구조의 영향을 받는다. 세로토닌 운반체 유전자(5-HTTLPR)의 개인차는 이러한 구조의 기능과 관련될 수 있다(Pergamin-Hight, Bakermans-Kranenburg, van Ijzendoorn, & Bar-Haim, 2012). 편향에 대한 연결주의 모델을 포함하는 인지-심리 모델(cognitive-psychological models)을 이와 관련된 신경과학에 대한 빠른 이해와 통합하는 것은 연구자나 임상가 모두에게 중요한 과제이다(예: Clark

& Beck, 2010).

여기서 강조해야 할 마지막 문제는 주의 편향의 기능적 중요성이다. 1994년 당시의 이론에 대한 우리의 관심 중 하나는 그 이론이 불안을 하나의 드립 피드(drip-feed)*로 본다는 점이었다. 즉, 개인은 위협 자극을 수동적으로 주입받는 사람이며, 그 사람의 '복용량'은 불안에 달려 있다. 이러한 자극 주도적(상향식) 관점은 인간을 개인적 목표를 추구하면서 환경을 선택적이고 전략적으로 샘플링하는 활동적인 주체로 보는 관점과 대립된다.

풍요로운 현대 사회에서 우리가 직면하는 위협은 종종 포식성 동물과 같이 우리가 통제할 수 없는 것들이 아니다. 그보다는 우리는 시험을 잘 못 보거나 대인관계에서 거절당하거나 하는 개인적인 목표추구 과정에서 사회적으로 정의된 위험을 수용하기 위해 선택을 한다. 따라서 위협 처리를 위한 동기적 맥락과 자기 관련 맥락이 중요하게 된다. 맥락적 관점을 지지하는 한 개관연구(Staugaard, 2010)는 사회적 불안이 위협적인 얼굴자극을 단시간 제시하는 조건에서는 편향을 신뢰롭게 만들어 내지만, 해석이나 판단과 같은 더 높은 수준의 처리 과정에서는 신뢰성 있는 편향을 야기하지 않는다고 결론지었다. 이러한 결과는 낮은 수준의 자동적 편향을 시사하는 것이지만, Staugaard(2010)의 핵심 주장은 연구에 사용된 사진 이미지가 아무런 실제적 위협이 되지 않는 것으로 매우 빠르게 인식된다는 것이다. 이와 유사하게 스트룹 및 반점탐사 자극의 편향 처리도 실험실 밖에서는 타당성이 제한적일 수 있다.

맥락을 강조하는 것은 정서 연구의 최근 동향과 일치한다. Clore와 Huntsinger(2009)는 긍정 및 부정 정서가 현재의 지각이나 목표 및 반응에 대한 피드백을 제공하는 것(정보로서의 정서)과는 달리, 정서가 특정 인지 스타일이나 주의 스타일을 유발하는 정도에는 의문을 제기한다. 예를 들어, Wells(2000)는 내적인 기분 상태와 정서는 환자에게 '메타인지 데이터'를 제공하는 것이며, 환자는 이를 자기신념의 '타당성'을 추론하는 데에 사용하거나 대처 노력을 언제 끝내야 하는지에 대한 지침으로 사용하게 된다고 주장하였다. 이런 경향의 가장 급진적인 버전인 Martin(2001)의

* 역자 주: 조금씩 투여한다는 뜻.

기분 입력정보 이론(mood-as-input theory)은 정서 상태 그 자체는 아무런 편향 효과가 없다고 말한다. 그보다 정서가 인지와 행동에 미치는 영향은 그 맥락에서 해당 정서 상태가 어떻게 해석되는가에 달려 있다. 이 이론은 비교적 복잡한 의사결정 과제에 대한 편향 효과를 이해하는 데에 도움이 될 것인데, 이런 과제는 스트룹과 같은 단순한 실험실 과제에 비해 실생활의 주의 처리를 더 잘 반영하는 것일 수 있다. Matthews와 Panganiban, Hudlicka(2011)는 반응자가 잠재적인 위협과 이득을 나타내는 아이콘을 이용해서 검색하게 하는 의사결정 과제를 개발하였다. 예상했던 것처럼 특성불안은 위협 아이콘 선택의 편향과 관련이 있었지만, 상태불안 유도는 단순한 자동 편향성 가설과 달리 오히려 이러한 특성 편향을 제거하였다. 이는 상태불안 유도가 특성불안이 높은 피험자로 하여금 자신의 불안을 연주에 대한 불안이 아니라 음악과 같은 유도재료 때문인 것으로 귀인할 수 있게 했음을 시사한다. Kustubayeva와 Matthews, Panganiban(2012)은 정보검색과 긍정적 또는 부정적 감정 사이의 관계가 그 사람이 일반적으로 실패했는지 또는 성공했는지에 따라 달라진다는 것을 발견하였다. 예를 들어, 부정적 감정은 실패의 맥락에서 과제의 어려움을 신호하는 것(그래서 동기를 감소시키는)일 수 있지만 성공의 맥락에서는 경계를 유지할 필요성을 신호하는 것(그래서 동기를 증가시키는)일 수 있다. 이러한 맥락의존적인 효과는 고전적인 주의 편향과는 조금 다른 것 같지만, 이것이 실생활 장면에서는 더 중요한 것일 수 있다. 따라서 임상심리학자는 불안을 단순히 위협의 지표로 이해하기보다는 피험자가 주어진 장면에서 자신의 불안감을 어떻게 이해하고 사용하는지를 탐색하는 것이 중요할 수 있다.

요약하면, 1994년 이후 여러 가지 면에서 불안과 주의에 관한 기초 연구가 진전되었는데, 특히 편향과 장애를 유지하는 중다 과정을 구분해 낸 것과 그에 상응하는 신경학의 발전이 두드러진다. 장차 이 분야의 이론개발에서는 무엇보다 인지 및 신경 구조물의 정확한 명세화와 모델화를 우선 다루어야 한다. SREF 모델과 일관되게 이러한 모델링은 자동 편향 외에도 개인의 목표달성에 기여하는 전략적 과정을 수용해야만 한다는 것이 점차 분명해지고 있다. 게다가 편향을 검증하기 위한 단순한 실험 패러다임의 생태학적 타당성—그리고 당연히 임상적 타당성—에 대한 깊은 검토가 필요하다. 부정적 감정이 의사결정에 미치는 영향은 적어도 실생활 장면의 편향과 관련이 있을 수 있다.

제2부: 정서장애의 인지 내용과 처리 과정

이 책의 제2부에서 우리는 강조점을 바꾸어 임상이론 및 치료, 특히 인지행동치료에서 가장 중요한 영역인 주의의 내용을 다루었다. 우리는 임상이론에서 사고를 꽤 오랫동안 비교적 단순한 관점에서 다루었다. 예를 들어, 1994년에는 걱정과 자동적 사고, 반추를 거의 구분하지 않았다. 또한 걱정과 같은 과정은 주로 단순히 불안의 증상이거나 자동적인 것으로 간주하였다. 우리는 경험적이고 개념적인 측면에서 면밀한 검증을 통해 세 가지 유형의 사고, 즉 자동적 사고와 걱정, 침투적 사고(intrusive thought)의 유사점과 차이점을 탐구하였다. 우리는 사고의 내용과 그 특수성을 인정하면서 그 외의 다른 특정한 요인들, 즉 사고를 통제하려는 개인의 전략과 그 사고에 대한 메타인지적 신념과 같은 요인들이 정서장애의 중요한 촉발요인일 수 있는지를 개방적으로 토의하였다. 우리는 메타인지적 신념과 통제 전략이 걱정과 강박 문제를 유지하는 요인은 아닌지 검토해야만 한다고 주장하였다. 우리가 침투적 사고/자동적 사고와 걱정을 구분하는 것과 걱정이라는 형태로 지속되는 개념 활동을 하나의 대처 전략으로 보아야 한다는 아이디어는 신선한 것이었고 나중에 SREF 모델 개발과 메타인지치료(Wells, 1997, 2000, 2009)에서 중요한 것이었다. 특히 초점의 전환으로 내용을 치료하는 것에서 걱정이나 이와 유사한 반추 과정의 통제로 바꾸도록 하였다. 다음 장에서 우리는 자동적 사고를 걱정이나 반추와 같은 더 중요한(그리고 도움이 되지 않는) 유형의 지속적인 과정의 '촉발요인(trigger)'으로 간주하면서 심리장애가 어떻게 해서 끈질긴 사고(즉, 걱정/반추) 때문에 발생하는 것처럼 보이는지를 설명하였다.

주의의 내용 중 정서장애와 스트레스 반응에서 지극히 중요한 것으로 드러난 것은 자기초점 주의(self-focused attention)였다. 이것은 그동안 검토한 모든 유형의 심리장애에서 두드러지는 일반적인 요인이었다. 이런 연구 결과를 해석하는 것은 어려웠는데, 대부분의 연구가 자기초점을 주의의 정보처리 모델들과 연관짓는 시도를 하지 않았기 때문이다. 그동안 자기초점은 더 넓은 인지적 처리 맥락에서 보기보다는 내용에 관한 용어로 간주되었다. 우리는 고양된 자기초점을 걱정/반추를 우선시하는 것, 위협에 집중하는 것, 사고의 조절과 내부지향적 대처행동을 포함하는 어떤 사고방식의 표식으로 가정하였다. 이 책의 제3부에서 SREF 모델을 설명할 때 우

리는 이런 사고방식을 인지-주의 증후군(Cognitive Attentional Syndrome: CAS)이라고 명명하였다.

우리는 또한 준임상적 스트레스의 인지 모델이 정서장애에 대한 취약성에 관해 어떤 설명을 제공할 수 있는지 살펴보았다. Lazarus와 Folkman(1984)과 같은 모델은 스트레스 과정의 역동적인 성질을 강조한다. 그러나 성격과 취약성에 대한 연구에서는 종종 과정 모델의 구체성은 사라지게 되며, 그래서 취약성을 평가나 대처 방법 선호에서 나타나는 상당히 안정적인 편향성과 동일한 것으로 치부하게 된다(Matthews, Deary, & Whiteman, 2009). 우리는 스트레스 문헌을 검토한 결과, 과도한 부정적 감정과 정서장애에 대한 취약성에 관해 하나의 중다 수준 관점을 제안하였다. 첫째, 취약성은 선택적 주의 편향을 포함하여 위협 처리 과정에서 낮은 수준의 편향 때문에 발생할 수 있다. 유전과 생물학적 요인이 이러한 편향의 선행요인일 수 있다. 둘째, 취약성은 사회적 지식의 결과나 타인들에 대한 부적응적 신념의 결과일 수 있다. 셋째, 취약성은 하위 수준 처리가 역기능적 사회지식을 활성화한 것 때문에 생겨난 침투물로서 개인이 채택한 자기조절 전략을 반영하는 것일 수 있다. 이런 전략에는 메타인지적 신념에 의해 촉발된 사고와 정서통제 노력은 물론이고 전통적인 대처 전략도 포함된다. 따라서 특성불안과 같은 취약성 관련 성격특질도 다양한 처리 특징과 관련이 있을 수 있다.

우리의 시각은 두 가지 면에서 역동적이었다. 첫째, 위협적인 사건에 관한 다양한 특정 처리 과정은 서로 상호작용하고 서로 상쇄하는 경향이 있어서 기능장애가 어떤 단일한 핵심 처리 과정이라기보다는 이미 설명한 CAS와 같은 특징이 있다. 메타인지적 신념에 대한 접근성을 높이는 집행 처리 과정의 역할은 여러 처리 과정이 연쇄적으로 나타나는 데에 결정적이다. 예를 들어, Wells(2000)는 자신의 배우자가 교통사고를 당할지 몰라 걱정하는 범불안장애(Generalized Anxiety Disorder: GAD) 환자의 사례를 제시한다. 걱정이 이런 위협에 대처하는 데에 필요하다는 메타인지는 파트너의 운전을 감시하고(선택적 주의 편향), 과거에 길을 놓칠 뻔했던 기억을 떠올리고(기억 편향), 배우자가 입원한 것을 상상하고(침투), 배우자가 운전을 하지 않도록 하려고 노력하고(대처), 긍정적으로 생각하고자 한다(정서 조절). 둘째, 현대 성격이론이 그런 것처럼(Matthews et al., 2009) 행동 또한 사람과 외부 환경 사이의 역동적 상호작용에 의해 조절된다. 상호작용의 역기능적 순환은 장애를 촉진할 수 있다. 예를 들어, 사회불안이 있는 사람은 타인이 자신을 비판한다고 믿을 수도 있는데, 이는 CAS와 이에 선행하는 인지적 편향성의 지지를 받는 평가이다. 그가 대처 전략으로 더 이상의 사회적 접촉을 피한다면 역기능적인 부정적 자기 확신이 정교해지고 긍정적인 사회적 상호작용을 경험할 수 있는 기회가 박탈된다. 따라서 치료는 특정 신념만을 겨냥하는 것이 아니라 외부세계와의 유해한 상호작용을 낳는 주의의 패턴과 해석을 수정하는 쪽으로도 이루어져야만 한다.

우리가 『주의와 정서』를 쓸 때에는 주의에 초점을 둔 치료기법에 대한 연구가 적었다. 발표된 연구의 대부분은 평가적 스트레스 상황에서 수행 과제에 초점을 두도록 지시하는 단순한 주의분산이 통증, 불안, 또는 우울증에 미치는 영향을 살펴보는 것이었다. 또한 이런 연구는 주의조절만의 효과를 분리해 내는 것이 어려웠는데, 이는 주의조절 과정이 종종 중다요소 치료패키지에 포함된 것이었기 때문이다. 우리는 자기초점적 처리의 수정에 기반한 새로운 주의 훈련 기법(Wells, 1990)에 대해 간단하게 살펴보았는데, 1994년까지는 이 기법에 대해 거의 자료가 없었다.

우리는 이 책의 제2부에서 주의와 정서장애 간 관계의 방향을 살펴보았고 그 관계가 쌍방향적이라고 결론을 내렸다. 주의는 정서적 문제의 발생 그리고 기존 문제의 심화와 유지 같은 분야에서 병인론적 역할을 한다는 증거들이 있었다.

최신정보:

1994년 이래로 다양한 사고방식과 심리장애의 관계에 대한 연구가 급속히 늘었다. 많은 실험 연구와 상관관계 연구들은 걱정과 반추가 스트레스원에 대한 해로운 정서 및 인지반응과 행동을 낳는다는 것을 신빙성 있게 입증하였다(Holeva, Tarrier, & Wells, 2001; Nolen-Hoeksema, 2000; Spasojevic, Alloy, Abramson, Maccoon, & Robinson, 2004; Wells & Papageorgiou, 1995). 이러한 발견은 사고방식이 정서적 결과에 미치는 영향을 보여 주며, 여러 가지 사고 유형의 효과를 분리해 내어 모델화하는 것이 중요함을 보여 주는 것이다. 우리는 적응적 걱정과 '반추적 평가(ruminative appraisal)'가 보여 주는 것 같은 부적응적인 걱정을 구별하는 것이 유용할 것이라 제안했었으나, 이것이 과잉 단순화일 수 있음을 인정하고 그 대신 지속성이 강하고 통제가 어려운 좀 더 문제적인 형태의 걱정/반추를 메타인지와 연결된 요인으로 보고 있다.

불안 및 기분 장애의 인지적 취약 요인에 대한 최근 연구가 많이 있다. 이들 연구의 상당 부분은 통제력 지각의 결여, 불안 민감성, 다양한 부적응적 인지 스타일(Alloy & Riskind, 2006 참조)과 같은 구체적인 요인에 초점을 맞춘 것이다. 그러나 우리의 견해와 일관되게 개관에서 역동적 요인들의 중요성(예: Liu & Alloy, 2010)은 물론이고 장애의 원인과 유지에서 여러 위험요인이 작용하고 있음(예: Behar et al., 2009)을 점차 인정하고 있다. Ferreri와 Lapp, Peretti(2011)는 주의의 집행 통제, 기억 손상, 부적응적 인지 및 부적응적 메타인지라는 네 영역을 일차적인 흥미로운 영역으로 밝혀내었고, 이들 영역은 각기 SREF 모델에 반영되어 있다. 남아 있는 과제는 이들 다양한 취약성 요소에 대한 통합적 관점을 어떻게 개발할 것인가이다. 이런 통합에 대한 다양한 제안이 있지만, 우리가 주장한 것처럼 치료의 지침이 되는 명시적인 인지 구조물(cognitive architecture)(예: Clark & Beck, 2010; Ouimet, Gawronski, & Dozois, 2009)의 필요성에 대한 인식이 커지고 있으며, 여기에는 일부 모델에서 볼 수 있는 것 같은 정보처리와 관련된 신경학적 토대(De Raedt & Koster, 2010)가 포함된다. 취약성을 이해하기 위한 틀로서 SREF 모델을 활용하는 것에 관해서는 Wells와 Matthews(2006)가 개관한 바 있다.

신경증 및 특성불안과 같은 정서적 고통에 취약한 정상적인 성격특질에 관한 연구도 비슷한 결론에 도달했다. 높은 신경증은 스트레스의 취약성을 증가시키는 평가와 대처 및 자기지식(Matthews et al., 2009)에서 여러 가지 부적응적이고 상호작용하는 편향과 관련이 있는 것으로 보인다. 예를 들면, 메타인지적 신념과 특성불안 간 상관관계의 증거가 많다(Cartwright-Hatton & Wells, 1997; Wells & Cartwright-Hatton, 2004). Suls와 Martin(2005)은 사회적 환경과의 역기능적 상호작용 패턴을 포함하여 높은 신경증에 의해 발생되는 역기능적 정보처리의 '신경증적 폭포(neurotic cascade)'를 지적하였다. 정서적으로 불안정한 사람은 다른 사람과의 분쟁에 연루된다든가 해서 어느 정도는 부정적인 생활 사건을 겪을 수 있다. 신경증적 폭포에서 메타인지의 역할은 과도한 시험불안의 사례(Matthews, Hillyard, & Campbell, 1999)에서도 입증되었다. 그러나 '정상' 수준의 신경증과 부정적 감정이 부정적 정서 경험이 고양되는 것 이상으로 꼭 해로운 것은 아니다. Matthews(2004, 2008)는 신경증의 여러 가지 인지적 속성은 스트레스를 예상하고 피하려는 시도가 특징인 위협에 대한 적응이라고 이해할 수 있다고 제안했는데, 이는 그 성패가 외적 환경이나 그 사람이 가지고 있는 추가적인 대처기술 모두에 의존하는 하나의 전략이라 할 수 있다.

또한 메타인지, 즉 문제적인 사고 스타일과 정서장애 증상 간에 믿을 만한 관련성이 있다는 증거도 많아졌다. 이들 연구는 대부분이 메타인지의 개인차를 측정하는 새로운 검사(Cartwright-Hatton & Wells, 1997; Wells & Davies, 1994; Wells & Cartwright-Hatton, 2004) 때문에 가능하게 되었다. 메타인지적 신념은 성인(Spada, Mohiyeddini, & Wells, 2008; Wells & Cartwright-Hatton, 2004; Wells & Papageorgiou, 1998) 그리고 아동(Cartwright-Hatton, Mather, Illingworth, Brocki, Harrington, & Wells, 2004; Esbjorn, Lonfeldt, Nielsen, Reinholdt-Dunne, Somhovd, & Cartwright-Hatton, 2014)에서 심리적 취약성, 정서장애, 집요하게 반복되는 생각(걱정과 반추)과 정적 상관관계가 있다. 우리의 모델이 예측했듯이 이런 관계들은 강박장애(Hermans, Martens, De Cort, & Eelen, 2003)와 문제음주(Spada & Wells, 2005; Spada, Moneta, & Wells, 2007), 우울증(Papageorgiou & Wells, 2001, 2003), 범불안장애(Ruscio & Borkovec, 2004; Wells & Carter, 2001), 정신병(Morrison & Wells, 2003; Stirling, Barkus, & Lewis, 2007), 시험불안(Matthews et al., 1999), 트라우마 증상(Bennett & Wells, 2010) 등에서도 입증된 초진단적인 것이다.

이 책의 제2부에서 다룬 두 번째 핵심 분야는 심리장애에서의 자기주의(self-attention)에 관한 연구였다. 1994년까지 특성 또는 상태 변인으로 측정된 자기초점 주의(자각, self-awareness)의 증가는 고조된 취약성 및 장애증상과 관계가 있는 것(예: Ingram, 1990)으로 인식되었다. 자기초점을 시험불안(Carver & Scheier, 1988)과 우울증(Pyszczynski & Greenberg, 1987) 같은 개별 장애와 연관시킨 이론들은 있었지만, 그 누구도 자기초점을 병리학과 연결시키거나 통제 구조물(control architecture)에 들어 있는 기제들에 대한 초진단적 모델을 제공하지는 않았다. 우리의 논지는 바로 장애들 간의 유사성이 더 큰 영향력이 될 수 있고 또 자기주의는 처리 과정의 통제가 어려운 자기평가적(self-evaluative) 과정을 포함하는 하나의 일반적인 처리 시스템 형태를 간접적으로 시사한다는 것이다. 우리는 이런 주장을 따라 그러한 주의 효과를 완화시킬 수 있는 주의 치료법들을 분석하였다.

문헌은 주로 두 개의 다른 주의 기법, 즉 주의 훈련(Attention Training: ATT; Wells, 1990)과 주의 편향 수정(Attention Bias Modification: ABM; MacLeod, Rutherford,

Campbell, Ebsworthy, & Holker, 2002)을 중심으로 진전을 이루었다. ATT는 SREF가 제공하는 처리 과정의 전략적 설명에 기반을 두고 있고, 반면에 ABM은 초기(자동적) 탐지 또는 이른바 경계-회피적 편향 패턴(Mogg & Bradley, 1998)을 토대로 한다. 이 두 분야는 발전 속도와 방법론이 서로 달라서 ATT는 소규모 임상연구로 검증되었고, 반면에 ABM은 실험실 기반의 조작으로 검증되었다. ATT의 목표는 자기초점 주의를 줄이며 견고한 처리형태에 사로잡히지 않는 더 큰 유연성의 향상에 있고, 반면에 ABM의 목표는 위협 관련 자극에 대한 편향적 주의를 줄이는 데 있다.

ATT는 추적 관찰 기간까지 유지되는 것으로 보이는 긍정적인 임상적 결과와 관련이 있다. 불안장애(Wells, White, & Carter, 1997)와 건강염려증(Papageorgiou & Wells, 1998; Weck, Neng, & Stangier, 2013), 우울증(Papageorgiou & Wells, 2000; Siegle, Ghinassi, & Thase, 2007)의 치료에서 유의한 증상의 개선이 있는 것으로 관찰되었다. Siegle 등(2007)은 ATT와 통상적 치료(treatment as usual)의 결합이 통상적 치료만 하는 것보다 우울 증상과 반추에 대해 더 효과적이라는 것을 입증하였다. 우울증의 평균 변화량은 통상적인 6주 치료 프로그램의 개선보다 2주간의 ATT 후 개선이 더 컸다. ATT 치료를 받은 환자들의 하위 표본에서 나온 예비연구의 fMRI 자료에서는 치료 전후의 우측 편도체의 반응이 긍정적 단어 자극에 대해 증가한 반면에, 부정적 단어 자극이나 중립적인 단어 자극에 대해서는 크게 감소하는 것을 보여 주었다. 실험실 환경에서 ATT는 스트레스 노출과 연합된 침투적 사고의 빈도를 크게 줄이는 것으로 나타났다(Nassif & Wells, 2014). 이 기법은 또한 냉각과제에서 통증 관련 역치를 높이는 것으로 나타났다(Sharpe, Perry, Rogers, Dear, Nicholas, & Refshauge, 2010). 이런 연구들은 ATT가 새롭고 효과적인 접근법의 토대를 제공할 수도 있지만, 이 영역의 한계는 아직 출판된 연구도 소수이고 통제된 평가 연구의 수도 적다는 데 있다.

ABM에 관한 연구는 전형적으로 반점탐사 과제의 수정판을 이용한다. 반복시행을 해서 장애에 적절한 자극들을 향해 제안된 자동적 편향을 극복한다. ABM 연구들의 결과는 주의 편향이 감소된 것 그리고 불안 및 우울 증상의 개선이 혼재된 것이 있는가 하면 다른 연구들은 개선 효과가 없는 것도 있다. 전반적으로 몇몇 메타분석 결과에서 그 효과가 확인되었다. 2,268명의 참가자를 대상으로 실시된 43건의 통제된 실험에 대한 최근의 메타분석에서 증상에 대한 작은 크기의 통합적 효과 크기(g=0.16)가 발견되었는데, 이는 불안 대상 연구와 건강한 참가자 대상의 연구에서 나온 것이다(Mogoase, David, & Koster, 2014). 연구자들은 ABM 치료 효과가 불안증에는 작게 그리고 다른 증상에 대한 영향도 제한적이라고 결론을 내렸다. ABM이 전략적 처리 과정보다 오히려 자동적 처리 과정에 영향을 미치는지는 확인되지 않았다. 처리 과정의 후기 단계에 미치는 ABM 효과와 일치하는 것으로 Koster와 Baert, Bockstaele, De Raedt(2010)는 ABM이 위협적 처리의 초기 및 후기 단계에 일으키는 주의의 변화들을 조사하였다. 초기 조건에 대한 ABM 처치군과 대조군 간에는 유의한 차이는 없었다. 그러나 처리의 후기 단계에서는 중요한 차이가 나타났다. 이런 결과들의 종합은 위협에 대한 자동적 경계가 아닌 다른 요인들이 편향에 기여한다는 것을 시사한다. 주의에 기반한 치료적 기법을 개발하려면 SREF 모델에 명시된 것과 같은 처리 과정의 의지적 요소와 메타인지적 요소를 고려해야 할 것이다.

전반적으로 발전의 주된 영역들은 특이한 사고방식들과 이들이 자기조절과 정서에 미치는 부정적인 영향을 탐구해 왔다. 특히 메타인지 신념 및 전략 수준에서 메타인지가 병인에 분명하고 일관된 역할을 한다는 점이 입증되었다.

제3부: 새로운 이론적 모델과 임상적 함의

이 책의 마지막 부분에서 우리는 주의와 자기조절의 이론적 모델을 제시하였다. 우리의 목표는 이전 장에서 검토하고 해석한 주의에 관한 자료를 설명하는 것이었다. 우리는 임상적 문제의 발달과 유지를 설명하며 또한 주의 편향과 수행에 관한 실험실 자료를 설명하는 모델을 목표로 했다. 이런 모델에 해당하는 SREF 모델은 새로운 치료적 접근법을 지향하는 움직임, 즉 메타인지치료를 제안하는 근거였다.

SREF 모델의 핵심은, 우리가 **인지-주의 증후군**이라고 명명한 공통적인 '초진단적(transdiagnostic)' 사고방식에 의해 모든 심리장애가 유발되고 유지된다는 새로운 아이디어였다. 이에 대한 징표는 과도한 자기초점의 존재이다. 이 증후군은 전형적으로 걱정 및/또는 반추의 형성, 위협에 대한 주의의 유지 그리고 아이러니한 인지적 통제 전략들(예: 사고 억제와 자기비판)로 구성된다. 우리는 CAS를 강력하게 끌어가는 지식은 본질적으로 메타인지적이고 인지를 규제하는 계획 및 목표 체계가 개입한다는 아이디어를 소개하였다.

우리는 새로운 치료법을 개발하기 위한 함의를 분명히 설명하며, 새로운 치료법은 사고의 내용보다 인지적 과정에 직접 영향을 주는 기법을 개발하는 핵심 목표가 있다. 우리는 환자를 도와 CAS에 대한 통제와 결부된 메타인지적 인식을 개발하도록 해야 한다고 주장하였다. 이런 맥락에서 주의 통제 절차들이 개발되고, 이들 절차가 SREF의 구조물 안에서 계속 개발되고 정교화되는 개념인 '거리를 둔 마음챙김(detached mindfulness)'의 상태를 촉진시킬 수 있다(Wells, 2005b). 우리는 CAS의 소재를 위한 **메타인지적 프로파일링**(metacognitive profiling)의 임상적 평가 전략에 대한 아이디어를 소개하였고 또 문제적 상황에 있는 메타인지들과 연관지었는데, 이런 수준에서 체계적으로 만들어지는 그런 지식이라면 장애의 중심을 메타인지적인 것으로 간주해야 한다고 제안하였다. 또한 우리는 지나친 언어 처리가 정서의 '자연적 쇠퇴'를 악화시킬 수 있으므로 스트레스에 노출된 후와 노출 기반의 치료적 전략을 활용한 후에는 이런 언어처리를 예방해야 한다고 언급하였다.

최신 정보:

SREF는 심리장애에서 인지-주의 과정의 공통적 또는 초진단적 요소라는 개념을 명시적으로 도입한 최초의 모델이었다. 또한 SREF 모델은 정서적 병리에서 중요한 역할을 할 수 있는 처리 과정의 다중성과 내용 요인들에 대한 주의를 불러일으키고 명시적인 인지적 모델 안에서 그들의 상호작용을 다룰 필요가 있음을 보여 준 선구적인 것이다. 현재의 모델들은 각기 결정적인 것으로 찾아낸 요인들에 관하여 서로 다르지만, 우리는 단 하나의 결함이 있는 과정에 대한 이론적 의존이 아니라 다중처리 모델들의 필요성을 더 폭넓게 수용할 것을 권장하는 편이다.

또한 1994년의 저서는 준임상적인 부적 정서와 임상적 장애들 간의 공통점과 차이점이라는 문제도 다루었는데, 이 문제는 『DSM-5』(Krueger & Markon, 2014)에서 진단 기준을 재설계하는 주제가 되었다. 우리는 역기능적 과정과 내용의 측면에서 준임상적 및 임상적인 부정적 정서 간의 유사성을 지적했는데, 이는 성격의 병리가 정상의 특성 차원들의 최극단을 대표한다는 견해와 일치한다(Widiger, 2013). 우리의 관점이 표준적인 차원 모델과 다른 지점은 바로 주어진 사회적 환경 안에서 취약한 성격이 실제의 역기능적 행동으로 기울어지는 내적 및 외적 처리 과정을 강조한다는 것이다. 우리가 의심하는 것은 바로 정서적 불안정성을 포함하여 비정상의 성격 요인들에 관심이 있는 사람들은 특성 모델의 잠재력을 충분히 인식하기 위해서는 개인-상황의 상호작용에 관한 질문으로 되돌아가야 할 필요가 있다.

SREF 모델에서 정신병리의 핵심 요인으로 메타인지를 강조한 것이 임상 연구 문헌에서 쓰인 역기능적인 메타인지 신념을 측정하는 도구의 개발을 자극하였다. 메타인지 질문지(Cartwright-Hatton & Wells, 1997; Wells & Cartwright-Hatton, 2004)가 널리 쓰이고, 우울증(Papageorgiou & Wells, 2001), 범불안장애(Wells, 2005a), 알코올남용(Spada & Wells, 2008), 외상성 스트레스(Bennet & Wells, 2010)용 검사 또한 널리 쓰이고 있다. SREF 모델과 일치하는, 메타인지 신념은 부정적 정서의 신뢰로운 예측요인이며(Wells & Cartwright-Hatton, 2004; Yilmaz, Gencoz, & Wells, 2011), 정서장애와 정신병에서는 점수가 높고 또 의료 환자의 고통을 예측한다(Allott, Wells, Morrison, & Walker, 2005; Cook, Salmon, Dunn, Holcombe, Cornford, & Fisher, 2014; Myers, Fisher, & Wells, 2009; Papageorgiou & Wells, 2009; Wells, 2009). 더욱이 메타인지는 하나의 독립적인 개념이면서도 기억 구조/내용의 구체적인 인지 구성물(Bennet & Wells, 2010), 걱정의 내용(Nuevo, Montorio, & Borkovec, 2004; Wells & Carter, 1999, 2001) 그리고 신념 또는 역기능적 태도(Gwilliam, Wells, & Cartwright-Hatton, 2004; Myers & Wells, 2005; Yilmaz, Gencoz, & Wells, 2008)보다 증상과 장애의 상관관계가 훨씬 강한 것으로 나온다. 소위 메타인지적 통제라는 다른 영역들에서는 SREF에 의해 자극된 분석이 사고통제 전략에서의 개인차를 평가하는 측정도구의 개발(Wells & Davies, 1994) 그리고 걱정 및 자기처벌을 자기조절의 유형으로 사용하는 관련된 부정적 효과(Amir, Cashman, & Foa, 1997; Morrison, Wells, & Nothard, 2000; Warda & Bryant, 1998)를 평가하게 되었다.

이제는 상당량의 증거가 메타인지와 걱정 및 반추의 인과적 역할을 지지한다(Myers & Wells, 2013; Myers, Fisher, & Wells, 2009; Roussis & Wells, 2008; Yilmaz, Gencoz, & Wells, 2011). 게다가 많은 연구가 인지-주의 증후군을 평가하고 검증하여 그 독특성과 정신병리와의 일반적인 연관성을 입증하였다(Fergus, Valentiner, McGrath, Gier-Lonsway, & Jencius, 2013). 추가로 CAS에 초점을 맞춘 연구는 주의력 통제가 정신병리적 증상에 대한 CAS 효과의 조절변수라는 SREF의 핵심적 함의를 지지한다(Fergus, Bardeen, & Orcutt, 2012). 메타인지의 치료 성과에 대한 기여도 또한 치료 전 메타인지 점수(Spada, Caselli, & Wells, 2009) 또는 긍정적인 치료 성과들

과 관련된 특정의 메타인지의 변화(Solem, Haland, Vogel, Hansen, & Wells, 2009) 등으로 입증되었다.

우리의 통합 및 이론의 중요한 공헌은 바로 그것이 심리장애의 새로운 치료법을 개발하도록 영향을 준 데 있다. 이는 인지행동치료의 혁신적 기반이 되었으며(Clark & Wells, 1995; Wells, 1997) 그리고 또 다른 심리치료 접근법인 **메타인지치료**(Metacognitive Therapy)를 개발하는 근거가 되었다(Wells, 2000, 2009). Clark와 Wells(1995)의 모델 및 사회공포증 치료는 자기-처리 과정인 걱정/반추 그리고 우리가 강조했던 사고방식의 수정 및 주의 등과 통합한다. 이 접근법은 국립임상시험연구소(National Institute of Clinical Excellence: NICE)에서도 사회불안장애의 선도적인 치료로 권장하고 있다(NCCMH, 2013). 메타인지치료는 범불안장애와 강박장애(Wells, 1999, 2000)에도 인정되고 있고(NCCMH, 2011a, 2011b; NICE, 2012), 최근 독립적인 통제연구는 이를 더욱 강하게 지지한다(예: Van der Heiden, Muris, & Van der Molen, 2010).

메타인지치료는 치료 매뉴얼(Wells, 2009)에 의해 뒷받침되며, 일관성 있게 효과성을 보이는 연구자료들은 다음과 같다. 범불안장애(Wells, Welford, King, Papageorgiou, Wisely, & Mendel, 2010; Van der Heiden, Muris, & Van der Molen, 2010), 외상후 스트레스(Wells, Welford, Fraser, King, Mendel, Wisely, & Rees, 2008; Wells, & Colbear, 2012), 치료 저항적 우울증(Wells, Fisher, Myers, Wheatley, Patel, & Brewin, 2009, 2012), 강박장애(Rees & van Koesveld, 2008) 및 혼재된 환자 표본들(Nordahl, 2009) 등이 있다. 메타인지 접근법은 노출기법을 수정하여 두려운 상황에서 처리방식 및 메타인지를 분명하게 바꾸려는 것을 목표로 한 더 짧은 노출법으로 이어졌고, 이 방법은 효과가 있었다(Fisher & Wells, 2005; Wells & Papageorgiou, 1998). Normann과 Emmerik, Morina(2014)는 MCT의 효과성에 대한 독립적인 메타분석을 보고했는데, 전체적으로 보면 치료 효과가 크다는 결론이다. 통제된 임상연구들에서는 대기자 대조군(g=1.81)보다 훨씬 효과적이었고 또 인지행동치료(g=0.97)보다도 효과적이었다.

요약하면, SREF 모델은 검증기간을 잘 견뎠고, 중요한 경험적 근거 자료는 모델의 핵심적인 주장 및 구성물을 지지한다. 이 모델은 인지적 처리 과정을 연구하는 틀을 계속 제공하며, 심리장애에서 더 진전된 처방과 효과적인 치료법을 개발하는

데 중요한 기반이 되어 왔다.

마무리

1994년에 우리 책을 출판한 이후로 무엇이 바뀌었을까? 꽤 많은 변화가 있었다. 우리는 사고방식과 역기능적인 메타인지의 역할을 뒷받침하는 더 많은 데이터를 가지고 있다. 또한 모델 검증을 촉진하는 평가도구들도 갖게 되었다. 하지만 꽤 많은 부분은 변한 것이 없다. 심리장애의 편향성 효과의 원인에 대한 논의는 계속되고 있지만, 전략적 효과가 지배적 요인이라는 우리의 주장은 변함이 없다. 사실, 높은 수준의 무의식적인 점화 효과들의 반복가능성에 대한 최근의 의구심을 감안하면, 사회적 행동에서 자동성의 역할에 관해서는 아직도 논쟁의 여지가 있다(Harris, Coburn, Rohrer, & Pashler, 2013). 1994년에 우리는 (많은 논의 끝에) SREF 모델의 인지도식 표상에서 자기지식에 대한 무의식적이고 자동적인 점화로 향하는 통로에 의문문의 표지를 붙였다([그림 12-1] 참조). 우리는 의문의 여지가 남아 있다고 믿으며, 임상가는 실제 상황에서 드러난 병적 측면을 상당한 확증적 근거도 없이 자동적 처리 과정으로 귀인하지 않도록 신중해야 한다.

많은 양의 연구가 주의와 정서에 대한 우리의 분석의 중심적인 가정을 지지한다. 더구나 SREF 모델의 핵심으로 우리가 제안한 구성개념들은 계속 엄격한 평가를 거쳤고 지금도 진행 중이다. 이 책에서는 이론 및 치료에서 중요한 발전을 가져온 주의와 정서에 관한 문헌들을 독창적으로 종합하고 해석하였다. 이는 정신병리에서 포괄적인 인지적 처리와 메타인지를 검토하는 밑바탕이었다. 우리가 제안한 많은 개념은 새로운 것이었다. 지난 20년 동안 새로운 개념들이 진보해서 이제는 문헌에서 흔히 볼 수 있다. 출간 이래 정서장애와 치료에서 사고방식과 그 통제에 대한 관심이 상당히 증가하였다. 우리는 이 패러다임 전환을 주도하고 중요한 이론과 치료적 혁신으로 이어지게 한 기틀을 한 단계 끌어올리는 특권을 누린다. 『주의와 정서』의 초판 발행 후 20년이 지났으나 이 책에는 아직도 우리가 개발해야 할 아이디어들이 남아 있다.

참고문헌

Allott, R., Wells, A., Morrison, A. P., & Walker, R. (2005). Distress in Parkinson's disease: Contributions of disease factors and metacognitive style. *British Journal of Psychiatry, 187*, 182-183.

Alloy, L. B., & Riskind, J. H. (Eds.) (2006). *Cognitive vulnerability to emotional disorders.* Hillsdale, NJ: Lawrence Erlbaum.

Amir, N., Cashman, L., & Foa, E. B. (1997). Strategies of thought control in obsessive-compuls ive disorder. *Behaviour Research and Therapy, 35*, 775-777.

Avero, P., Corace, K. M., Endler, N. S., & Calvo, M. G. (2003). Coping styles and threat processing. *Personality and Individual Differences, 35*, 843-861.

Bar-Haim, Y., Lamy, D., Pergamin, L., Bakermans-Kranenburg, M. J., & van IJzendoorn, M. H. (2007). Threat-related attentional bias in anxious and nonanxious individuals: A meta-analytic study. *Psychological Bulletin, 133*, 1-24.

Behar, E., DiMarco, I. D., Hekler, E. B., Mohlman, J., & Staples, A. M. (2009). Current theoretical models of generalized anxiety disorder (GAD): Conceptual review and treatment implications. *Journal of Anxiety Disorders, 23*, 1011-1023.

Bennett, H., & Wells, A. (2010). Metacognition, memory disorganization and rumination in posttraumatic stress symptoms. *Journal of Anxiety Disorders, 24*, 318-325.

Cartwright-Hatton, S., & Wells, A. (1997). Beliefs about worry and intrusions: The metacognitions questionnaire and its correlates. *Journal of Anxiety Disorders, 11*, 279-296.

Cartwright-Hatton, S., Mather, A., Illingworth, V., Brocki, J., Harrington, R., & Wells, A. (2004). Development and preliminary validation of the meta-cognitions questionnaire-adolescent version. *Journal of Anxiety Disorders, 18*, 411-422.

Carver, C. S., & Scheier, M. F. (1988). A control-process perspective on anxiety. *Anxiety Research, 1*, 17-22.

Cannon, M. F., & Weems, C. F. (2010). Cognitive biases in child hood anxiety disorders: Do interpretive and judgment biases distinguish anxious youth from their non-anxious peers?. *Journal of Anxiety Disorders, 24*, 751-758.

Cisler, J. M., & Koster, E. H. (2010). Mechanisms of attentional biases towards threat in anxiety disorders: An integrative review. *Clinical Psychology Review, 30*, 203-216.

Clark, D. A., & Beck, A. T. (2010). Cognitive theory and therapy of anxiety and depression: convergence with neurobiological findings. *Trends in Cognitive Sciences, 14*, 418-424.

Clark, D. M., & Wells, A. (1995). A cognitive model of social phobia. In R. G. Heimberg, M. R.

Liebowitz, D. A. Hope & F. R. Schneier (Eds.), *Social phobia: Diagnosis, assessment and treatment* (pp. 69-93). New York: Guilford Press.

Clarke, P. J., Hart, S., & MacLeod, C. (2013). Is selective attention in anxiety characterised by biased attentional engagement with or disengagement from threat: Evidence from a colour-naming paradigm. *Journal of Experimental Psychopathology, 5*, 38-51.

Clore, G. L., & Huntsinger, J. R. (2009). How the object of affect guides its impact. *Emotion Review, 1*, 39-54.

Cook, S., Salmon, P., Dunn, G., Holcombe, C., Cornford, P., & Fisher, P. (2014). The association of metacognitive beliefs with emotional distress after diagnosis of cancer, *Health Psychology*, in press.

De Raedt, R., & Koster, E. H. (2010). Understanding vulnerability for depression from a cognitive neuroscience perspective: A reappraisal of attentional factors and a new conceptual frame work. *Cognitive, Affective, & Behavioral Neuroscience, 10*, 50-70.

Dehaene, S., Changeux, J., Naccache, L., Sackur, J., & Sergent, C. (2006). Conscious, preconscious, and subliminal processing: A test able taxonomy. *Trends in Cognitive Sciences, 10*, 204-211.

Epp, A. M., Dobson, K. S., Dozois, D. J., & Frewen, P. A. (2012). A systematic metaanalysis of the Stroop task in depression. *Clinical Psychology Review, 32*, 316-328.

Esbjorn, B. H., Lonfeldt, N. N., Nielson, S. K., Reinholdt-Dunne, M. L., Somhovd, M. J., & Cartwright-Hatton, S. (2014). Meta-worry, worry, and anxiety in children and adolescents: Relationships and implications. *Journal of Clinical Child and Adolescent Psychology, in press.*

Eysenck, M. W., & Derakshan, N. (2011). New perspectives in attentional control theory. *Personality and Individual Differences, 50*, 955-960.

Fergus, T. A., Bardeen, J. R., & Orcutt, H. K. (2012). Attentional control moderates the relationship between activation of the cognitive attentional syndrome and symptoms of psychopathology. *Personality and Individual Differences, 53*, 213-217.

Fergus, T. A., Valentiner, D. P., McGrath, P. B., Gier-Lonsway, S., & Jencius, S. (2013). The cognitive attentional syndrome: Examining the relations with mood and anxiety symptoms and distinctiveness from psychological inflexibility in a clinical sample. *Psychiatry Research, 210*, 215-219.

Ferreri, F., Lapp, L. K., & Peretti, C. S. (2011). Current research on cognitive aspects of anxiety disorders. *Current Opinion In Psychiatry, 24*, 49-54.

Fisher, P. L., & Wells, A. (2005). Experimental modification of beliefs in obsessive compulsive

disorder: A test of the metacognitive model. *Behaviour Research and Therapy, 43*, 821-829.

Gwilliam, P., Wells, A., & Cartwright-Hatton, S. (2004). Does meta-cognition or responsibility predict obsessive-compulsive symptoms: A test of the meta-cognitive model. *Clinical Psychology and Psychotherapy, 11*, 137-144.

Harris, C. R., Coburn, N., Rohrer, D., & Pashler, H. (2013). Two failures to replicate high-performance-goal priming effects. *PloS one, 8*, e72467.

Hermans, D., Martens, K., De Cort, K., & Eelen, P. (2003). Reality monitoring and metacognitive belies related to cognitive confidence in obsessive-compulsive disorder. *Behaviour Research and Therapy, 41*, 383-401.

Hertel, P. T., Brozovich, F., Joormann, J., & Gotlib, I. H. (2008). Biases in interpretation and memory in generalized social phobia. *Journal of Abnormal Psychology, 117*, 278-288.

Hofmann, S. G., Ellard, K. K., & Siegle, G. J. (2012). Neurobiological correlates of cognitions in fear and anxiety: a cognitive-neurobiological information-processing model. *Cognition & Emotion, 26*, 282-299.

Holender, D. (1986). Semanticactivation without conscious identification in dichotic listening, parafoveal vision, and visual masking: A survey and appraisal. *Behavioral and Brain Sciences, 9*, 1-23.

Holeva, V., Tarrier, N., & Wells, A. (2001). Prevalence and predictors of acute stress disorder and PTSD following road traffic accidents: Thought control strategies and social support. *Behavior Therapy, 32*, 65-83.

Ingram, R. E. (1990). Self-focused attention in clinical disorders: Review and a conceptual model. *Psychological Bulletin, 107*, 156-176.

Koster, E. H. W., Baert, S., Bockstaele, M., & De Raedt, R. (2010). Attention retraining procedures: Manipulating early or late components of attentional bias? *Emotion, 10*, 230-236.

Krueger, R. F., & Markon, K. E. (2014). The role of the DSM-5 personality trait model in moving toward a quantitative and empirically based approach to classifying personality and psycho pathology. *Annual Review of Clinical Psychology, 10*, 477-501.

Kustubayeva, A., Matthews, G., & Panganiban, A. R. (2012). Emotion and information search in tactical decision-making: Moderator effects of feed back. *Motivation and Emotion, 36*, 529-543.

Lazarus, R., & Folkman, S. (1984). *Stress, appraisal, and coping*. New York: Springer.

Leleu, V., Douilliez, C., & Rusinek, S. (2014). Difficulty in disengaging attention from threatening facial expressions in anxiety: A new approach in terms of benefits. *Journal of Behavior*

Therapy and Experimental Psychiatry, 45, 203-207.

Liu, R. T., & Alloy, L. B. (2010). Stress generation in depression: A systematic review of the empirical literature and recommendations for future study. *Clinical Psychology Review, 30*, 582-593.

Luecken, L. J., Tartaro, J., & Appelhans, B. (2004). Strategic coping responses and attentional biases. *Cognitive Therapy and Research, 28*, 23-37.

MacLeod, C., Rutherford, E., Campbell, L., Ebsworthy, G., & Holker, L. (2002). Selective attention and emotional vulnerability: Assessing the causal basis of their association through the experimental manipulation of attention bias. *Journal of Abnormal Psychology, 111*, 107-123.

Martin, L. L. (2001). Mood as input: A configural view of mood effects. In L. L. Martin & G. L. Clore (Eds.), *Theories of mood and cognition: A user's guidebook* (pp. 135-157). Mahwah, NJ: Lawrence Erlbaum.

Mathews, A. (2004). On the malleability of emotional encoding. *Behaviour Research and Therapy, 42*, 1019-1036.

Matthews, G. (2004). Neuroticism from the top down: Psychophysiology and negative emotionality. In R. Stelmack (Ed.), *On the psychobiology of personality: Essays in honor of Marvin Zuckerman* (pp. 249-266). Amsterdam: Elsevier Science.

Matthews, G. (2008). Personality and information processing: A cognitive-adaptive theory. In G. J. Boyle, G. Matthews & D. H. Saklofske (Eds.), *Handbook of personality theory and testing: Volume 1: Personality theories and models* (pp. 56-79). Thousand Oaks, CA: Sage.

Matthews, G., & Campbell, S. E. (2009). Sustained performance under over load: Personality and individual differences in stress and coping. *Theoretical Issues in Ergonomics Science, 10*, 417-442.

Matthews, G., & Campbell, S. E. (2010). Dynamic relationships between stress states and working memory. *Cognition and Emotion, 24*, 357-373.

Matthews, G., Deary, I. J., & Whiteman, M. C. (2009). *Personality traits* (3rd ed.). Cambridge: Cambridge University Press.

Matthews, G., Gruszka, A., & Szymura, G. (2010). Individual differences in executive control and cognition: The state of the art. In A. Gruszka, G. Matthews & B. Szymura (Eds.), *Handbook of individual differences in cognition: Attention, memory and executive control* (pp. 437-462). New York: Springer.

Matthews, G., & Harley, T. A. (1996). Connectionist models of emotional distress and attentional bias. *Cognition and Emotion, 10*, 561-600.

Matthews, G., Campbell, S. E., Falconer, S., Joyner, L. A., Huggins, J., Gilliland, K., Grier, R., & Warm, J. S. (2002). Fundamental dimensions of subjective state in performance settings: Task engagement, distress, and worry. *Emotion, 2*(4), 315-340.

Matthews, G., Hillyard, E. J., & Campbell, S. E. (1999). Metacognition and maladaptive coping as components of test anxiety. *Clinical Psychology and Psychotherapy, 6*, 111-125.

Matthews, G., Panganiban, A. R., & Hudlicka, E. (2011). Anxiety and selective attention to threat in tactical decision-making. *Personality and Individual Differences, 50*, 949-954.

Matthews, G., & Wells, A. (1999). The cognitive science of attention and emotion. In T. Dalgleish & M. Power (Eds.), *Handbook of cognition and emotion* (pp. 171-192). New York: Wiley.

Matthews, G., & Wells, A. (2000). Attention, automaticity and affective disorder. *Behavior Modification, 24*, 69-93.

Matthews, G., & Zeidner, M. (2012). Individual differences in attentional networks: Trait and state correlates of the ANT. *Personality and Individual Differences, 53*, 574-579.

McKenna, F. P., & Sharma, D. (2004). Reversing the emotional Stroop effect reveals that it is not what it seems: The role of fast and slow components. *Journal of Experimental Psychology: Learning, Memory, and Cognition, 30*, 382-392.

Mogg, K., & Bradley, B. P. (1998). A cognitive-motivational analysis of anxiety. *Behaviour Research and Therapy, 36*, 809-848.

Mogoase, C., David, D., & Koster, E. H. W. (2014). Clinical efficacy of attentional bias modification pocedures: An updated meta-analysis. *Journal of Clinical Psychology*, in press (www.wiley on linelib rary.com/journal/jclp).

Morrison, A., & Wells, A. (2003). A comparison of metacognitions in patients with hallu cinations, delusions, panic disorder, and non-patient controls. *Behaviour Research and Therapy, 41*, 251-256.

Morrison, A., Wells, A., & Nothard, S. (2000). Cognitive factors in predisposition to auditory and visual hallucinations. *British Journal of Clinical Psychology, 39*, 67-78.

Myers, S., & Wells, A. (2005). Obsessive-compulsive symptoms: The contribution of metacognitions and responsibility. *Journal of Anxiety Disorders, 19*, 806-817.

Myers, S., & Wells, A. (2013). An experimental manipulation of metacognition: A test of the metacognitive model of obsessive-compulsive symptoms. *Behaviour Research and Therapy, 51*, 177-184.

Myers, S., Fisher, P. L., & Wells, A. (2009). Metacognition and cognition as predictors of obsessive-compulsive symptoms: A prospective study. *International Journal of Cognitive*

Therapy, 2, 132–142.

Nassif, Y., & Wells, A. (2014). Attention training reduces intrusive thoughts cued by a narrative of stressful life events: A controlled study. *Journal of Clinical Psychology, 70*, 510–517.

NCCMH (2011a). Generalized Anxiety Disorder in Adults: Management in Primary, Secondary and Community Care. Leicester & London: The British Psychological Society and the Royal College of Psychiatrists [Full Guideline], 2011.

NCCMH (2011b). Common Mental Health Disorders. The NICE Guideline on Identification and Pathways to Care. Leicester & London: The British Psychological Society and the Royal College of Psychiatrists, 2011.

NCCMH (2013). Social Anxiety Disorder: The NICE guideline on recognition, assessment and treatment. Leicester & London: The British Psychological Society and the Royal College of Psychiatrists [Full Guideline], 2013.

NICE (2012). *National Institute for Health and Clinical Excellence. Generalised anxiety disorder in adults: Evidence update*, September, 2012. Manchester: Author.

Nolen-Hoeksema, S. (2000). The role of rumination in depressive disorders and mixed anxiety/depressive symptoms. *Journal of Abnormal Psychology, 109*, 504–511.

Nordahl, H. M. (2009). Effectiveness of brief metacognitive therapy versus cognitive behavioral therapy in a general outpatient setiing. *International Journal of Cognitive Psychotherapy, 2*, 152–159.

Normann, N., Van Emmerik, A. A. P., & Morina, N. (2014). The efficacy of metacognitive therapy for anxiety and depression: A meta-analytic review. *Depression and Anxiety, 31*, 402–411.

Nuevo, R., Montorio, I., & Borkovec, T. D. (2004). A test of the role of meta worry in the predic tion of worry severity in an elderly sample. *Journal of Behavior Therapy and Experimental Psychiatry, 35*, 209–218.

Ouimet, A. J., Gawronski, B., & Dozois, D. J. (2009). Cognitive vulnerability to anxiety: A review and an integrative model. *Clinical Psychology Review, 29*, 459–470.

Papageorgiou, C., & Wells, A. (1998). Effects of attention training on hypochondriasis: A brief case series. *Psychological Medicine, 28*, 193–200.

Papageorgiou, C., & Wells, A. (2000). Treatment of recurrent major depression with attention training. *Cognitive and Behavioral Practice, 7*, 407–413.

Papageorgiou, C., & Wells, A. (2001). Positive beliefs about depressive rumination: Development and preliminary validation of a self-report scale. *Behavior Therapy, 32*, 13–26.

Papageorgiou, C., & Wells, A. (2003). An empirical test of a clinical metacognitive model of

rumination and depression. *Cognitive Therapy and Research, 27*, 261-273.

Papageorgiou, C., & Wells, A. (2009). A prospective test of the clinical metacognitive model of rumination and depression. *International Journal of Cognitive Therapy, 2*, 123-131.

Pergamin-Hight, L., Bakermans-Kranenburg, M. J., van IJzendoorn, M. H., & Bar-Haim, Y. (2012). Variations in the promoter region of the serotonin transporter gene and biased attention for emotional information: A meta-analysis. *Biological Psychiatry, 71*, 373-379.

Phaf, R. H., & Kan, K. (2007). The automaticity of emotional Stroop: A meta-analysis. *Journal of Behavior Therapy and Experimental Psychiatry, 38*, 184-199.

Pyszczynski, T., & Greenberg, J. (1987). Self-regulatory perseveration and the depressive self-focusing style: A self-awareness theory of reactive depression. *Psychological Bulletin, 102*, 1-17.

Rees, C. S., & van Koesveld, K. E. (2008). An open trial of group metacognitive therapy for obsessive-compulsive disorder. *Journal of Behavior Therapy and Experimental Psychiatry, 39*, 451-458.

Roussis, P., & Wells, A. (2008). Psychological factors predicting stress symptoms: Metacognition, thought control and varieties of worry. *Anxiety, Stress and Coping, 21*, 213-225.

Ruscio, A. M., & Borkovec, T. D. (2004). Experience and appraisal of worry among high worriers with and without generalized anxiety disorder. *Behaviour Research and Therapy, 42*, 1469-1482.

Sharpe, L., Perry, K. N., Rogers, P., Dear, B. F., Nicholas, M. K., & Refshauge, K. (2010). A comparison of the effect of attention training and relaxation on response to pain. *Pain, 150*, 469-476.

Siegle, G. J., Ghinassi, F., & Thase, M. E. (2007). Neurobehavioral therapies in the 21st century: Summary of an emerging field and an extended example of cognitive control training for depression. *Cognitive Therapy and Research, 31*, 235-262.

Solem, S., Haland, A. T., Vogel, P. A., Hansen, B., & Wells, A. (2009). Change in meta cognitions predicts outcome in obsessive-compulsive disorder patients under going treatment with exposure and response prevention. *Behaviour Research and Therapy, 47*, 301-307.

Spada, M. M., & Wells, A. (2005). Metacognitions, emotion and alcohol abuse. *Clinical Psychology and Psychotherapy, 12*, 150-155.

Spada, M. M., & Wells, A. (2008). Metacognitive beliefs about alcohol use: Development and validation of two self-report scales. *Addictive Behaviors, 33*, 515-527.

Spada, M. M., Caselli, G., & Wells, A. (2009). Metacognitions as a predictor of drinking status and level of alcohol use following CBT in problem drinkers: A prospective study. *Behaviour Research and Therapy, 47*, 882–886.

Spada, M. M., Mohiyeddini, C., & Wells, A. (2008). Measuring metacognitions associated with emotional distress: Factor structure and predictive validity of the Metacognitions Questionnaire 30. *Personality and Individual Differences, 45*, 238–242.

Spada, M. M., Moneta, G. B., & Wells, A. (2007). The relative contribution of metacognitive beliefs and alcohol expectancies to drinking behaviour. *Alcohol and Alcoholism, 42*, 567–574.

Spasojevic, J., Alloy, L. B., Abramson, L. Y., Maccoon, D., & Robinson, M. S. (2004). Reactive rumination: Outcomes, mechanisms and developmental antecedents. In C. Papageorgiou & A. Wells (Eds.), *Depressive rumination: Nature, theory and treatment* (pp. 43–58). Chichester, UK: Wiley.

Spruyt, A., De Houwer, J., Everaert, T., & Hermans, D. (2012). Unconscious semantic activation depends on feature-specific attention allocation. *Cognition, 122*, 91–95.

Staugaard, S. R. (2010). Threatening faces and social anxiety: A literature review. *Clinical Psychology Review, 30*, 669–690.

Stirling, J., Barkus, E., & Lewis, S. (2007). Hallucination proneness, schizotypy and meta cognition. *Behaviour Research and Therapy, 45*, 1401–1408.

Suls, J., & Martin, R. (2005). The daily life of the garden-variety neurotic: Reactivity, stressor exposure, mood spillover, and maladaptive coping. *Journal of Personality, 73*, 1485–1510.

Teachman, B. A., Joormann, J., Steinman, S. A., & Gotlib, I. H. (2012). Automaticity in anxiety disorders and major depressive disorder. *Clinical Psychology Review, 32*, 575–603.

Van der Heiden, C., Muris, P., & Van der Molen H. T. (2010). Randomized controlled trial on the effectiveness of metacognitive therapy and intolerance-of-uncertainty therapy for generalized anxiety disorder. *Behaviour Research and Therapy, 50*, 100–109.

Warda, G., & Bryant, R. A. (1998). Thought control strategies in acute stress disorder. *Behaviour Research and Therapy, 36*, 1171–1175.

Weck, E., Neng, J. M. B., & Stangier, U. (2013). The effects of attention training on the perception of bodily sensations in patients with hypochondriasis: A randomized controlled trial. *Cognitive Therapy and Research, 37*, 514–520.

Wells, A. (1990). Panic disorder in association with relaxation induced anxiety: An attentional training approach to treatment. *Behavior Therapy, 21*, 273–280.

Wells, A. (1997). *Cognitive therapy of anxiety disorders: A practice manual and conceptual guide*. Chichester, UK: Wiley.

Wells, A. (1999). A metacognitive model and therapy for generalized anxiety disorder. *Clinical Psychology and Psychotherapy, 6*, 86-59.

Wells, A. (2000). *Emotional disorders and metacognition: Innovative cognitive therapy*. Chichester, UK: Wiley.

Wells, A. (2005a). The metacognitive model of GAD: Assessment of meta-worry and relationship with DSM-IV generalized anxiety disorder. *Cognitive Therapy and Research, 29*, 107-121.

Wells, A. (2005b). Detached mindfulness in cognitive therapy: A metacognitive analysis and ten techniques. *Journal of Rational-Emotive and Cognitive-Behavior Therapy, 23*, 337-355.

Wells, A. (2009). *Metacognitive therapy for anxiety and depression*. New York: Guilford Press.

Wells, A., & Carter, K. (1999). Preliminary tests of a cognitive model of generaized anxiety disorder. *Behaviour Research and Therapy, 37*, 585-594.

Wells, A., & Carter, K. (2001). Further test of a cognitive model of generalized anxiety disorder: Metacognitions and worry in GAD, panic disorder, social phobia, depression and nonpatients. *Behavior Therapy, 32*, 85-102.

Wells, A., & Cartwright-Hatton, S. (2004). A short form of the Metacognitions Questionnaire: Properties of the MCQ 30. *Behaviour Research and Therapy, 42*, 385-396.

Wells, A., & Colbear, J. S. (2012). Treating post-traumatic stress disorder with meta cognitive therapy: A preliminary controlled trial. *Journal of Clinical Psychology, 68*, 373-381.

Wells, A., & Davies, M. (1994). The Thought Control Questionnaire: A measure of individual differences in the control of unwanted thought. *Behaviour Research and Therapy, 32*, 871-878.

Wells, A., Fisher, P., Myers, S., Wheatley, J., Patel, T., & Brewin, C. R. (2009). Metacognitive therapy in recurrent and persistent depression: A multiple-baseline study of a new treatment. *Cognitive Therapy and Research, 33*, 291-300.

Wells, A., Fisher, P., Myers, S., Wheatley, J., Patel, T., & Brewin, C.R. (2012). Metacognitive therapy in treatment-resistant depression: A platform trial. *Behaviour Research and Therapy, 50*, 367-373.

Wells, A., & Matthews, G. (1996). Modelling cognition in emotional disorder: The SREF model. *Behaviour Research and Therapy, 34*, 881-888.

Wells, A., & Matthews, G. (2006). Cognitive vulnerability to anxiety disorders: An integration. In L. B. Alloy & J. H. Riskind (Eds.), *Cognitive vulnerability to emotional disorders* (pp. 303-325). Hillsdale, NJ: Lawrence Erlbaum.

Wells, A., & Papageorgiou, C. (1995). Worry and the incubation of intrusive images following stress. *Behaviour Research and Therapy, 33*, 579-583.

Wells, A., & Papageorgiou, C. (1998). Relationships between worry, obsessive-compulsive symptoms and meta-cognitive beliefs. *Behaviour Research and Therapy, 39*, 899-913.

Wells, A., & Papageorgiou, C. (1998). Social phobia: Effects of external attention on anxiety, negative beliefs and perspective taking. *Behavior Therapy, 29*, 357-370.

Wells, A., Welford, M., King, P., Papageorgiou, C., Wisely, J., & Mendel, E. (2010). A pilot randomized trial of metacognitive therapy vs applied relaxation in the treatment of adults with generalized anxiety disorder. *Behaviour Research and Therapy, 48*, 429-434.

Wells, A., Welford, M., Fraser, J., King, P., Mendel, E., Wisely, J., & Rees, D. (2008). Chronic PTSD treated with metacognitive therapy: An open trial. *Cognitive and Behavioral Practice, 15*, 85-92.

Wells, A., White, J., & Carter, K. (1997). Attention training: Effects on anxiety and beliefs in panic and social phobia. *Clinical Psychology and psycho therapy, 4*, 226-232.

Widiger, T. A. (2013). A postmortem and future look at the personality disorders in DSM-5. *Personality Disorders: Theory, Research, and Treatment, 4*, 382-387.

Williams, J. M. G., Watts, F. N., MacLeod, C., & Mathews, A. (1988). *Cognitive psychology and emotional disorders*. Chichester, England: Wiley.

Yilmaz, A. E., Gencoz, T., & Wells, A. (2008). Psychometric characteristics of the Penn State Worry Questionnaire and Metacognitions Questionnaire-30 and metacognitive predictors of worry and obsessive-compulsive symptoms in a Turkish sample. *Clinical Psychology and Psychotherapy, 15*, 424-439.

Yilmaz, A. E., Gencoz, T., & Wells, A. (2011). The temporal precedence of metacognition in the development of anxiety and depression symptoms in the context of life-stress: A prospective study. *Journal of Anxiety Disorders, 25*, 389-396.

차례

제3장

주의: 복잡하고 개인적으로 중요한 정서 자극에 대한 개인의 선택 • 93

제4장

정서장애의 주의 편향 • 111

제5장

주의의 정서적 편향: 이론적 쟁점 • 149

제6장

정서장애: 주의 결함 • 177

제2부 정서장애의 인지 내용과 처리 과정

제7장 주의 내용: 고통스러운 침투적 사고 • 205

제8장 스트레스에 대한 상호작용 접근법 • 225

제9장 자기초점 주의 • 259

제1장

서론: 정서장애의 인지이론

인지심리학에서 파생된 아이디어와 기법이 유입되고 또 마음의 기능을 정보처리자로 보는 은유를 따라 임상심리학에서는 대변혁이 일어났다. 인지이론의 임상적용에 대한 기본 가정은 Ellis(1962)에 의해 가장 경제적으로 표현되었다. 그는 정서장애가 특히 자기(self)에 관한 **비합리적 신념**과 관련이 있다고 주장한다. 비합리적 신념은 불쾌한 정서와 비효율적이고 부적응적인 행동으로 이어진다. 이 이론은 인지적 접근으로 활동하는 임상가들이 널리 받아들이기 시작한 여러 가설을 언급한다. 첫째, 신념은 정서와 안녕(well-being)에 인과율적 영향을 미친다. 이 가설은 인지적 접근법을 행동주의와 차별화시킨다. 둘째, 인과적 원인으로서 신념은 언어적 명제 형태로 표현되며 치료 중에 의식적으로 접근될 수 있다. 이러한 가설은 인지적 접근법을 '잠재적' 신념들을 무의식적이라고 보는 정신역동적 접근법과도 차별화한다. 셋째, Ellis(1962)의 합리적 정서치료가 환자에게 비합리적인 해로운 자기신념들을 인지하고 수정하도록 가르치는 것처럼 치료 방향은 인지의 재구성을 통한 신념의 변화를 지향해야 한다.

하지만 앞에서 설명한 인지적 접근법의 핵심 가정들만으로는 정서장애에 충분히 효과적인 모델을 제공하지 못한다. 가장 큰 어려움은 임상적으로 흔히 마주치는 비합리적인 신념 변화에 대한 저항이다. 개인의 자기지식(self-knowledge)은 단순히 서로 단절된 신념들의 내적 '파일'이 아니어서 치료자가 그것을 삭제하고 더 현실적인 명제들로 대체할 수 있는 그런 것이 아니다. 사람들은 세상을 해석하는 몇 가지 내적 배경 규칙을 토대로 능동적으로 자기신념을 구축하고 수정하는 것으로 보인다. 정서장애 환자들은 특정 신념이 아니라 환경과 환경 속의 자신을 이해하는 데에 쓰이는 일반적인 작업틀에서 독특성이 나타날 수 있다. 달리 말하면, 임상가는 환자가 세상을 부적응적으로 해석하는 인지적 처리 과정을 밝혀야만 한다. 또 다른 요인은 무의식적인 인지적 처리가 일어날 가능성이다. 인지적 처리에 대한 내성적 보고와 객관적 자료를 비교한 연구들은 사람들이 어떤 매우 복잡한 정신 작용을 잘 인식하지 못한다는 것을 보여 주었다(Nisbett & Wilson, 1977). 환자의 자기보고는 자신의 실제의 인지적 기능에 대한 불완전한 왜곡된 그림이 될 수 있다. 정신병리는 '자동적' 처리의 영향을 받는데, 이는 의식적 신념에 비해 영향을 주기가 더 어려울 수 있다. 게다가 사람들은 귀인(attributions)을 함으로써 의식적 인식의 빈 공간을 메꾼다. 마음(mind)은 마치 정보의 진공흡인기 같아서 정서를 경험할 때는 틀린 것일지라도 어떤 설명을 탐색하는 경향이 있다. 예를 들어, Abramson과 Seligman, Teasdale(1978)은 우울증의 특징으로 부정적 사건에 대해 다른 어느 것보다 자신을 비난하려는 잘못된 귀인을 주장한다. 이 경우 그 사람은 귀인적 신념은 인식하지만, 그런 신념을 일으키는 무의식적이고 자동적인 정보처리는 인식하지 못하는 것이 전형적이다. 현장에서 우리는 치료에 대해 만족스러운 근거를 제공할 수 있는 다양한 인지적 구조물과 처리 과정을 통합시키는(모델이 '구축되는') 복잡한 인지적 모델이 매우 필요하다.

다음 절에서 우리는 정서장애에 관한 Beck 이론(1967, 1976; Beck, Emery, & Greenberg, 1985; Beck, Rush, Shaw, & Emery, 1979)을 살펴볼 것인데, Beck 이론은 아마도 정서장애의 인지적 처리에 대한 가장 유력하면서도 포괄적인 설명일 것이다. 이 접근법은 실험심리학에서 파생된 구성개념들에 기반하고 또 임상적 관찰과 엄밀한 실험적 관찰에서 나온 근거들로 지지된다. 우리는 인지적 구조물과 인지적 처리를 구분해야 한다는 것과 개인의 적극적인 세계관 구축의 역할, 그리고 앞서 설명한 자동적 처리의 기여 등을 실례를 들어 가면서 설명할 것이다.

Beck의 인지이론

Beck의 정서장애 접근법은 본질적으로 인지도식, 즉 스키마 이론(schema theory)이다. 이 이론은 정서장애가 특정의 기억 구조, 즉 스키마 활성화에서 비롯되고 유지된다고 가정한다. 스키마는 과거 경험들이 저장된 표상으로 구성되고, 경험들을 안내하고 조직화하며 일반화하는 기능에 해당한다. 개인은 각자 다른 스키마를 많이 갖고 있으며, 각각의 스키마는 자극반응 구성의 배열이 서로 다른데, 정신병리와 관련된 가장 중요한 스키마는 자기스키마(예: Markus, 1977)이다. 자기스키마(self-schema)는 특히 자신에 관한 정보를 처리할 때 쓰인다.

Beck 이론의 기본 원리는 정서장애의 취약성 및 정서장애의 유지가 근본적인 역기능적인 스키마의 활성화와 연관된다고 본다. 이러한 스키마의 활성화는 정보를

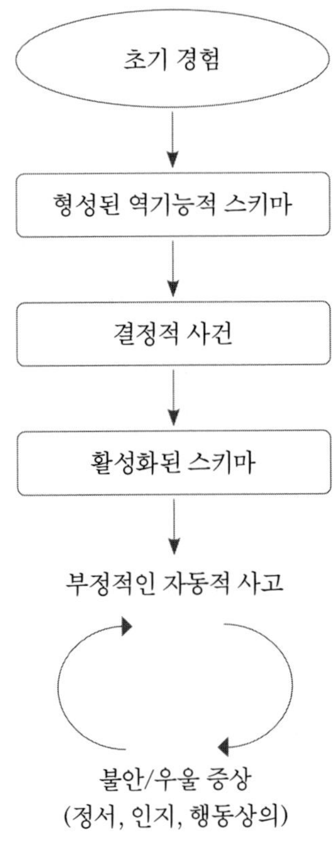

[그림 1-1] Beck의 정서장애 인지 모델

처리할 때 구체적인 변화를 가져오고, 이런 변화가 정서장애에서 정서, 생리, 행동적 구성요소들의 발달 및 유지에 중요하게 기능한다. 이러한 처리상의 변화는 의식의 흐름 속에서 부정적인 자동적 사고의 증가와 처리 과정의 인지 왜곡, 즉 '사고 오류'로 나타난다. 이런 왜곡은 사고의 편향이나 부정확한 추론의 형태로 나타나는데, 이 장의 뒷부분에서 이를 더 자세히 논의할 것이다. Beck의 접근은 정서장애에 바탕이 되는 세 가지 인지 수준을 구분하는 3축의 개념으로 구성된다. 인지기억구조물인 스키마 수준(schemas)과 사고 오류라고 부르는 인지적 처리(Beck et al., 1979), 소위 부정적인 자동적 사고라 부르는 인지적 산물이 그것이다. 기본적인 인지 모델을 [그림 1-1]에 제시한다.

부정적인 자동적 사고

정서장애는 불수의적이며 병렬적으로 진행되는 부정적인 '자동적 사고'의 흐름이 특징이다(Beck, 1967). 불안에서 부정적인 자동적 사고는 위험이란 주제들과 관련된다(Beck, 1976; Beck et al., 1985; Beck & Clark, 1988). 반면에, 우울에서는 상실 및 실패에 관한 사고들이 우세하다. 우울에서 사고 내용은 부정적인 인지 3축을 말하는데, 주로 자기, 세상, 미래에 대한 부정적인 관점이 지배적이다(Beck et al., 1979; Beck & Clark, 1988). 적대감이 지배하는 스트레스 증후군에서 자동적 사고의 내용은 주로 구속이나 공격 같은 주제들과 연관된다(Beck, 1984). 장애에 대한 구체적인 인지 내용의 '연결고리'(Kovacs & Beck, 1978)는 스키마 이론의 내용 특이성 가설(content specificity hypothesis)의 근간이 되며, 이 가설에서는 인지 내용에 근거하여 정서장애가 달라진다고 주장한다(예: Beck et al., 1987). 불안 및 슬픔과 관련된 정상적인 정서 반응 역시 위험 및 상실 등의 부정적 사고와 연관되지만, 정서장애에서는 이런 주제들에 대한 매우 강력한 고착이 있다.

'자동적 사고'라는 용어는 Beck(1967)이 정서장애의 인지 산물을 기술하기 위해 사용되었는데, 종종 매우 빠르게 발생하고 단순하며 또 발생 시점에서 그럴듯하게 보이고 그에 대한 개인의 통제가 제한적이기 때문이다. 이러한 사고의 내용은 그런 생각을 일으키는 스키마의 근원적인 내용이 반영된 것이다.

역기능적 스키마

취약한 사람의 근원적인 스키마는 정상인 스키마보다 더 경직되고 덜 유연하며 더 구체적인 것으로 가정한다. 역기능적 스키마는 그것이 형성될 때의 상황과 유사한 환경적 요인에서 활성화될 때까지 잠복 상태로 있다고 본다. 또는 활성화 범위가 일반화될 수도 있어서 사고에 대한 통제력 상실이 증가하는 것으로 이어지기도 한다(Kovacs & Beck, 1978).

역기능적 스키마는 개인이 과거에 학습한 경험에서 파생된 개체특이적인 내용을 포함하고 있다. 정서적 고통을 일으키는 역기능적 스키마에 표상된 최소한 두 개의 지식 수준이 있다(Beck, 1987). 하나는, 명제적 정보나 가정으로 만일 ~하면, ~하다는 조건을 다는 if-then 형식이 특징이다(예: "만일 누군가 나를 좋아하지 않는다면, 나는 가치가 없다."). 다른 하나는, 제일 심층 수준에서 조건이 붙지 않는 절대 개념 또는 '핵심 신념'이 특징이다(예: "나는 가치가 없다.").

불안장애에서 스키마는 개인 영역에 대한 위험(Beck et al., 1985) 및 저하된 대처력에 관한 가정 및 신념을 내포한다. 예를 들어, 범불안장애인 경우, 개인은 다양한 상황을 위험하다고 평가하고 또 자신이 일반적으로 무능력하다고 가정한다. 이와 대조적으로 공황장애 환자는 신체적 감각을 곧 닥칠 재앙의 신호로 오해하는 경향이 있어서(Clark, 1986) 신체적 반응의 위험성을 가정한다. 공포증 환자는 어떤 상황이나 대상을 위험과 연합시킨 후 이러한 공포스러운 자극에 노출되면 분명히 재난이 발생할 것이라고 가정한다. 안타깝게도 서로 다른 종류의 불안장애들의 역기능적 스키마 내용에 대한 연구가 부족해서 아직은 스키마 내용에 대한 결론을 확고하게 내릴 수는 없다.

Beck 등(1979)에 따르면 우울한 사람은 부정적인 자기 견해가 있고, 자기(self)를 부적절한 결함이 있는 불우한 사람으로 지각하며, 그 결과 우울한 환자는 자신이 바람직하지 않고 무가치하다고 믿는다. 역기능적 태도척도(Weissman & Beck, 1978)는 우울증에서 역기능적 스키마를 평가하기 위해 개발되었다. 이 척도는 태도를 측정하는 많은 문항에 대해(예: "다른 사람의 사랑이 없으면 난 행복을 찾을 수 없다.", "만일 다른 사람이 당신을 싫어하면 행복할 수 없다.", " 완전히 성공하지 않으면 나의 삶은 낭비한 것이다."), '전혀 동의하지 않음'에서 '완전히 동의함'까지 7점 척도로 응답하도록 한다. 태도척도의 총점이 높을수록 우울증의 역기능성이 더 높고 우울증에 더 잘 걸리는 성향이 있다.

인지적 왜곡

역기능적 스키마는 일단 활성화가 되면, 좀 더 기능적인 스키마의 활동을 중단시키는 것으로 본다. 스키마 기반의 처리는 사건 자극을 해석하기 위해 자극에 관한 모든 정보에 의존해야 할 필요는 없기 때문에 경제적이기는 하지만, 이러한 유형의 처리는 처리 과정의 경제성을 위해 정확성을 희생시킨다. 역기능적인 스키마 처리의 결과는 인지 편향과 인지 왜곡으로 이어진다. 이런 과정에 대해 Beck 등(1979)은 '사고 오류'라는 용어를 사용하였고, 부정적 평가 및 불편감의 유지에 중요한 역할을 하는 것으로 개념화하였다. 다음은 그동안 확인된 오류의 구체적인 종류들이다.

- **임의적 추론**: 충분한 근거자료 없이 결론을 내리기
- **선택적 추상화**: 더 중요한 특징은 무시하고 상황의 한 측면에만 초점을 맞추기
- **과잉일반화**: 고립된 단일 사건을 근거로 내린 결론을 광범위한 사건들에 적용하기
- **과대평가 및 과소평가**: 사건의 중요성을 확대 또는 축소시키기
- **개인화**: 그렇게 할 근거가 없는데 외부 사건을 자신과 연결시키기
- **이분법적 사고**: 모두 아니면 전혀 다른 실무율적 흑백논리로 경험을 규정하기

특히 불안에서 가장 중요한 인지 왜곡은 **주의 구속**(attention binding)과 **재앙화**(catastrophising)이다(Beck, 1976). 전자의 주의 구속은 위험에 대한 선입관이며 위험 및 위협과 관련된 개념에 자기도 모르게 초점을 맞추도록 한다. 후자의 재앙화는 어떤 상황의 가장 최악의 결과를 곱씹으면서 그런 결과가 나타날 가능성을 과대평가하는 것이다.

인지이론에서 행동의 역할

정서장애에서 행동 반응은 역기능 상태를 유지하는 데 중요한 역할을 한다. 공황장애는 종종 두려운 상황에 대해 공공연한 회피 수준의 변화를 동반한다. 중대한 회피 행동 외에도, 좀 더 미묘한 형태의 회피 또한 공황장애와 광장공포증, 강박장애 같은 불안장애들에서도 발견된다. 이들 장애에서 위험 지각은 위협을 피하려는 시도로 이어진다. 공황장애에서는 신체 감각이나 정신적 사건을 의식을 잃고 쓰러지거나 곧 미쳐 버릴 것 같은 파국적 상황이 곧 닥칠 거라는 조짐으로 잘못 해석한다. 이런 식의 인지에 따라 공황장애 환자는 재앙을 미연에 방지하려는 목적으로 미묘한 회피나 '안전 행동(safety behaviours)'을 한다(Salkovskis, 1991). 예를 들어, 질식할 것으로 믿는 환자는 심호흡을 시도하고 의식적으로 자신의 숨을 통제할 것이다. 의식을 잃고 쓰러질 것으로 믿는 환자는 주저앉아 물건을 붙잡거나 다리가 경직된다. 이때 재앙이 실제로 일어나지 않았다면 환자는 스스로를 구명하려는 시도 때문에 재앙이 나타나지 않은 것으로 그 원인을 귀인할 수 있다. 이 시나리오에서 안전 행동이 불안 유지에 기여하는 효과는 두 가지이다. 첫째, 특정의 안전 행동은 신체 감각을 증폭시킬 수 있다. 예를 들어, 심호흡은 호흡성 알칼리증 그리고 과호흡과 연관된 증상들(현기증, 해리, 감각 상실 등)로 이어질 수 있는데, 이들 감각이 곧 닥칠 재앙의 근거로 잘못 해석될 수 있다. 둘째, 공황장애 환자 스스로 재앙으로부터 벗어날 수 있었다고 판단하면, 자신의 안전 행동은 신체 감각과 연관된 재앙적 신념의 불확증을 막는다. 이로부터 안전 행동에 대한 체계적인 분석을 포함하는 조작과 노출 과제를 하는 동안의 안전 행동들을 미연에 방지하는 것이 치료 효과를 증가시킬 수 있다고 본다. 사회공포증의 초기 자료들은 이런 주장과 일치한다(Wells et al., 출간 중).

인지를 통제하려는 행동들은 어떤 인지 사건의 경험이 지닌 위험한 속성과 관련된 신념의 불확증을 막는 유사한 효과를 지닐 수 있다. 더구나 원하지 않는 사고를 통제하거나 회피하려는 시도는 원하지 않는 사고의 반등으로 이어질 수 있다(예: Clark, Ball, & Pape, 1991; Wegner, Schneider, Carter, & White, 1987). 제7장에서 논의된 바대로 이것은 강박 문제의 발달과 주관적으로 통제 불가능한 걱정 문제의 발달(Wells, 1994b)과도 특히 관련될 것이다. 안전 행동의 적용 여부는 위험한 것으로 평가된 신체 및 인지 반응에 대한 자기감시(self-monitoring)에 달려 있다. 이러한 유형의 자기지향적 주의(self-directed attention)는 내적 반응을 더 강하게 만드는 해로운 효과가 있다(제9장 참조).

우울증에서 자기패배적이며 철수적인 행동은 역기능적 신념을 유지, 강화시키는 역할을 한다. 우울 증상은 목표를 얻지 못한 것의 근거로 평가될 수 있고, 따라서 더 수동적이고 절망적이게 된다(Beck et al., 1979). 부정적 자기신념은 이러한 믿음을 강화하는 자기패배적인 행동을 낳는다. 예를 들어, 사랑받을 수 없다고 생각하는 사람은 더 나은 관계 형성 능력을 부정적으로 평가하기 때문에 학대적인 관계에 머물게 된다. Young(1990)은 이런 반응을 '스키마 프로세스'라고 말하는데, 이것이 신념의 불확증을 불가능하게 만들고 스트레스가 많은 삶의 환경을 유지, 악화시킨다는 개념이다.

공황의 인지 모델

Clark(1986)은 Beck의 불안 모델과 특징이 많이 중첩되는 공황의 인지 모델을 개발하였다. 이 모델은 공황발작을 신체 감각과 같은 내부 사건에 대한 잘못된 평가 때문에 일어나는 것으로 본다. 신체 감각들을 심장발작과 질식, 실신 등과 같은 곧 닥칠 재앙의 신호로 오해한다는 것이다. 예를 들면, 정상의 신체적 편차나 저혈당 등과 관련된 감각들도 오해를 일으킬 수는 있지만, 가장 자주 잘못 해석되는 감각들은 불안과 연합된 것이다. 건강한 불안에서도 비슷한 오해들이 핵심이지만(예: Warwick & Salkovskis, 1990), 후자의 장애에서는 평가된 재앙이 더 오래 지연된다.

Clark(1986)의 공황 모델은 공황발작의 막을 내리는 독특한 일련의 사건들을 제안한다. 먼저 위협으로 지각되는 내적 또는 외적 자극이 불안 및 불안과 연합된 신체 감각들을 생성한다. 만일 이 감각들이 재앙으로 오해된다면, 그 결과 불안 상태는 더 높아지고 드디어 개인은 공황발작을 일으키는 악순환의 덫에 걸리게 된다(Clark, 1986, 1988). 일단 공황발작이 확고해지면 이 문제를 유지하는 두 가지 구체적인 과정, 즉 신체 신호에 대한 **선택적 주의**(selective attention) 그리고 앞에서 논의된 **안전 행동** 등이 개입된다. Beck(1988)도 공황인 경우 내부 감각에 대한 '주의 고착

(attention fixation)'을 언급하면서, 공황장애 환자는 신체 감각에 대해 '과잉경계'를 한다고 주장한다. 게다가 공황 중에는 개인은 "증상들의 재평가나 두려운 개념을 객관적으로 조사하기 위해 과거 경험이나 사전 지식을 도출하거나 합리적 추론이나 논리를 적용하는 능력이 없게 되는 것 같다"고 본다(Beck, 1988, p. 92). Beck(1988)은 이에 대해 다음과 같이 제안한다. 즉, 어떤 상황에서 공황을 경험하는 성향은 생리적 각성이 만성적으로 높아지고, 증상의 의미를 과장하거나 오해하는 경향성이 높으며, 특히 이러한 잘못된 해석들을 현실에 비추어 재평가할 능력이 없는 그런 양상으로 나타날 수 있다는 것이다. 공황 경험의 과정에서 과잉경계 및 재평가 능력의 손실 등은 공황의 악순환에 기여하는 인지 왜곡의 한 형태로 이해될 수 있다.

임상 모델과 과학이론

Beck의 인지 모델은 정서 문제의 치료 및 개념화를 위한 중요하면서도 가장 영향력이 있는 발전을 대표한다. 우리는 이 책의 많은 작업이 Beck의 인지 모델이 제공하는 추진력 및 기본 원칙의 덕분이라고 생각한다. 그러나 모델 대부분이 그러하듯이 인지 모델은 여러 가지 한계가 있다. 첫째, 실험적으로 반증하기 어려운 스키마와 같은 개념들에 기초하고 있다. 둘째, 인지 모델은 제한된 인지 차원만을 고려하며, 주의와 인지 조절, 처리 과정의 통제 수준, 다양한 처리 과정 간의 상호작용과 같은 광범위한 측면들은 도외시한다. 셋째, 스키마와 같은 인지심리학 개념들의 사용이 엄격하지 않고 또 인지심리학의 최근 이론 및 경험적 혁신을 따라 모델이 진보되지 못했다. 마지막으로, 인지치료의 실무적 측면들과 이론 간의 연결이 느슨한데, 이런 점에서 치료자의 작업은 자신의 치료적 경험을 통해 효과적이라고 생각하는 것에 의해 결정된다. 이 책의 주된 목적은 임상관찰과 인지이론의 연구들을 통해 정서와 주의에 관한 실험적 연구를 이론적으로 통합시킴으로써 이러한 한계를 극복하려는 데 있다.

Beck(1967)의 접근법 및 정동장애(affective disorder)와 관련된 다른 모델들의 핵심 가정은 정서장애의 주된 원인이 내부 지식에 기반한 구체적인 내용과 구조, 특히 자기(self)에 대한 것이다. 그러나 정상 피험자를 대상으로 한 실험 결과에 기초한 정서 모델은 오히려 다른 조망을 제공한다.

예를 들어, 제5장에서 상술하는 것처럼 Bower(1981)는 정서를 어의적 네트워크 속의 마디들로 개념화하고 흥분성 링크를 통해 연관된 개념들과 관련된 것으로 본다. 비록 이 이론은 정상적인 기분이 정보처리에 미치는 효과를 설명하려는 것이지만, 임상 모델을 위한 조금 다른 인지적 은유도 시사해 준다. 가장 간단한 사례로는, 우울증 환자는 과도하게 활동적인 우울증 마디를 가지고 있어서 그와 연관된 부정적 개념들이 쉽게 활성화된다(Ingram, 1984 참조). 다시 말해, 병리성은 특정 신념 또는 명제가 아닌 기본적인 처리 단위들의 작동 특징과 관련될 수 있다. 그 환자의 정서 처리는 의미 있는 외부 사건들과 부정확하게 조율될 수 있다. 이 가설은 네트워크 모델에 국한된 건 아니다. 거칠게 말하면, 우리는 그 사람이 정서적 행복에 영향을 주는 내부의 '안녕 온도계'를 소유하고 있다고 상상할 수 있다. 만일 온도계가 잘 조율되지 않으면 그는 만성적으로 우울해질 수 있다(또는 비현실적으로 쾌활해질 수 있다). 정서가 다른 처리와 행동에 영향을 미치는 한 그는 부적응적으로 기능할 수 있으며, 그것이 다시 지식 기반에 영향을 주고 부정적인 자기신념이 일어난다. 그러나 정서에 대한 일차적인 영향은 원리상 복잡한 자기지식보다는 오히려 단순한 처리 시스템 구성요소의 단순한 오작동일 수도 있다(이런 접근법은 정서장애의 심리생물학 모델과 호환될 수 있다: Gray, 1982 참조). 만일 부적응적인 신념이 실은 좀 더 기본적인 처리 과정의 비정상성에서 비롯한 증상에 불과하다면, 치료를 위한 함의는 엄청나다. 우리는 정서 온도계가 행동치료에서 쓰는 조건화 방법과 유사한 재훈련 집중 프로그램만으로도 재조정될 수 있는지 의심스럽다. 최악의 경우, 만일 눈금 보정이 생물학적으로 장착된 상태라면, 치료자는 환자에게 정서를 믿지 말고 실제로 느끼는 것보다 더 행복한 것처럼 행동하도록 교육하는 다소 거북한 입장이 된다.

주의 및 정서의 실험심리학

주의 연구

주의와 정서에 관한 실험 연구는 정서장애에 대한 과학적으로 엄격한 이론을 개

발할 때 특히 중요하다. 주의에 관한 연구는 전형적으로 선택적 주의를 요구하는 과제로 탐구하는데, 이때 후속 처리를 위해 여러 자극원 중에서 하나의 자극만 선택해야 한다. 즉, 초점 주의(focal attention)는 처리 과정의 노력이 단일한 자극원으로 방향을 정해야 하는 경우, 분할 주의(divided attention)는 두 개 이상의 자극원을 동시다발적으로 스캔해야 하는 경우이다. 각각의 경우, 개인은 감각에 도달하는 많은 자극의 부분 집합만을 처리하기 위해 힘들게 노력한다. 그러나 '주의'는 다른 많은 일상용어처럼 분명히 함축성이 다양한 모호한 개념이다. 정확한 정의는 구체적인 정보처리이론의 맥락에서만 제공될 수 있다. 알고 있는 것처럼 이론가들은 방금 설명한 과제에 영향을 주는 과정의 본질에는 동의하지 않기 때문에 잠정적인 정의만 가능하다. 일반적으로 우리는 특정 범주의 정보를 처리하기 위한 선택이나 우선순위를 정하는 것으로 **주의**를 느슨하게 정의하지만, 설명하기 위한 구성개념으로 주의를 사용하는 것은 채택된 선택이론에 달려 있다.

관찰된 현상으로서 주의를 주의 기제와 구분하는 것이 쓸모가 있다. 전자는 피험자의 행동이나 자기보고를 통해 정보 선택을 추론하는 것을 말하며, **주의 기제**는 관찰 가능한 선택을 산출하는 기저 처리 과정을 말한다. 가능한 주의 기제들은 상당한 차이가 있다. 선택적 주의 이론은 정보를 일련의 처리 단계를 거쳐 궁극적으로 의식에 들어가 반응에 영향을 미치는 것으로 개념화하는 경향이 있다. 전통적인 문제는 선택이 어떤 단계에서 일어나는지를 확인하는 것이었다. 그러나 제2장과 제3장에서 볼 수 있듯이 근본적으로 다른 개념화도 가능하다. 선택은 전략과 추상적 지식을 지침으로 하는 능동적인 정보 탐색의 함수이거나 아니면 상호 연결된 처리 단위 네트워크의 속성이 부상된 것일 수 있다. 또 다른 중요한 관찰은 정서장애에서는 종종 비정서자극을 처리하는 효율성이 손상된다는 점이다. 이 경우에도 효율성 변화에는 이론적 해석이 다양하다. 즉, 일반적인 주의 용량의 전반적인 가용성이 다소 바뀔 수 있고 또는 당면한 과제로부터 정서가 실린 내부 자극의 처리로 용량의 전환이 있을 수 있고 아니면 이용 가능한 용량의 전략적 배치가 비효율적일 수도 있다.

광범위하게 정의되는 주의는 임상적 맥락에서 특별한 관심의 대상이 된다. 이유는 정서장애의 많은 증상이 사고 내용 선택의 비정상성과 관련되어 있는 것처럼 보이기 때문이다. 범불안장애, 강박장애, 건강불안 및 우울증과 같은 상황에서 환자는 불안한 생각의 빈도와 그 의미로 인해 고통을 겪는다. 사실, 비정상성은 외현적 행동보다 사고 내용에서 더 분명할 수 있다. 의식장애는 환자의 수의적 통제를 완전히 뛰어넘어 경험되거나 평가될 수 있다. 예를 들어, Freud가 설명한 히스테리성 마비의 희생자는 그것을 의학적 질환에서 기인한 것으로 여겼다. 주의를 끄는 자극들은 외부 및 내부적인 것이 있는데, 전자는 마치 거미 공포증이 거미줄에 걸린 거미를 바라보는데 사로잡히는 경우이며, 후자는 공황장애 환자가 신체 증상의 자각에 의해 압도되거나 우울한 사람이 자신은 무가치하다는 신념에 사로잡히는 경우이다. 각 사례에서 우리는 의식적 자각이 기저의 처리 시스템에 의해 부정적인 분위기의 정보가 선택된 것을 반영하는 것으로 추론할 수 있다. 그러나 이런 선택 기제의 속성은 관찰된 주의 현상으로부터 직접 추론될 수는 없다. 주의의 실험 연구에서 요구하는 것은 관찰 가능한 선택의 비정상성에 기여하는 기제에 대한 설명과 특히 임상장애와 연관된 기제를 찾아내는 기법들이다.

따라서 하나의 중요한 연구 계열은 주의 현상을 순수하게 행동 수준에서 살펴보는 것이다. 임상 실무에서 나온 익숙한 아이디어는 주관적 자각을 직접 보고한 것과는 별도로 환자 행동으로부터 비정상성을 추론할 수 있다는 점이다. 예를 들어, 관련자가 그런 종류의 예민함을 부정한다 해도, 임상가는 환자가 비판이나 평가를 매우 빨리 탐지하는 것을 눈여겨볼 수 있다. 최근 몇 년간 연구자들은 실험 기법을 적용하여 환자가 정보 선택의 속도 및 정확도에서 비정상적이라는 것을 밝혀내는 꽤 독창적인 결과를 보여 주었다. 예를 들어, Burgess 등(1981)은 피험자가 헤드폰을 통해 동시에 제시되는 두 개의 메시지를 양쪽 귀로 각각 듣는 연구를 실행하였다. 메시지 중 하나를 거꾸로 반복하라는 과제 지시문은 피험자로 하여금 다른 쪽 귀보다 한쪽 귀에 더 주의를 기울이도록 하는 것이다. 이런 상황에서 광장공포증 환자는 위협적 단어를 더 잘 탐지하는데, 이는 이들 환자의 선택적 주의 편향성을 시사한다. 이 책의 핵심은 이런 종류의 연구에서 만들어진 이론적인 추론에 관한 것이다.

한정된 사례에서 우리는 자기보고는 모두 버리고 엄격하게 통제된 실험자료로만 이론을 구축할 수도 있다. 우리의 관점에서 이는 실수가 될 수 있다. 자기보고는 신중하게 다뤄야 하지만, 이것은 전략의 선택과 같은 정보처리 과정에서 의식적으로 접근할 수 있는 구성요소들에 대한 중요한 단서를 제공한다. 더구나 실험적 접근은 실험실에 구속되는 경향이 있고 또 증상에 영향을 미치는 환자의 자연스러운 신체 및 사회적 환경의 역할도 무시한다. 따라서 두 번째 연구계열은 주의와 처리 현상에

대한 자기보고 대 일상생활의 정서적 반응 간의 상관관계 자료를 수집하는 것이다. 이런 식의 연구는 아마도 실험에 비해 엄격한 실시가 더 어려울 것이다. 자기보고식 측정은 반드시 심리측정학적으로 적합하고, 이론적 근거가 있으며, 통제된 실험으로 타당화되어야 한다. 이런 종류의 연구로 좋은 예는 제9장에서 고찰한 Carver와 Scheier, 동료들의 **자기초점 주의**(self-focused attention)에 관한 연구이다. 이 연구는 자기 관련 정보(self-relevant information)와 자기조절 처리(self-regulatory processing)를 향한 주의에 대한 자기보고가 실험적 조작에 의해 체계적으로 영향을 받는다는 것을 보여 준다. 자기초점은 예측대로 정서적 경험과 관련되며, 이는 정서장애의 중요한 특징이다(Ingram, 1990). 환자의 자기보고에서 처리 과정을 추론하지 않고서는 자기초점의 행동적 결과를 설명하기는 어렵다. 즉, 이런 현상에 대해 순수한 행동적 접근만으로는 충분하지 않을 수 있다. 우리는 실험실 작업과 자기보고식 측정에 대한 엄밀한 연구 등이 모두 주의 현상을 통제하는 기저의 기제를 이해하는 데 기여할 것으로 본다.

정서 연구

실험 연구의 다른 중요한 영역은 정서 상태의 기원 및 결과에 관한 것이다. 정서는 일반적으로 자율신경계의 활성화, 주관적 경험, 얼굴 표정, 특정의 행동이나 사회적 역할(예: Averill, 1980)에 관여하는 기질 등으로 구성된, 다양한 표현을 가능하게 하는 복잡한 증후군으로 본다. 정서 연구는 주의에 관한 실험 연구보다 훨씬 다양하며, 그래서 우리는 그 많은 측면에 대해 일반적인 개관을 제공하지 못한다(Strongman, 1987 참조). 우리는 또한 정서 일반보다는 불쾌한 정서에 특히 관심이 있다. 그러나 부분적으로 실험 연구를 토대로 인지 지향적인 정서이론의 여러 영역을 강조할 가치는 있다. 첫째, 정서와 정보처리는 역동적으로 상호작용한다. 정서는 외부 및 내부 사건에 대한 인지적 평가의 영향을 받거나 또는 그것으로부터 전적으로 발생한다고 가정한다(예: Lazarus & Folkman, 1984). 또한 정서이론은 다음에 일어날 일, 정서 상태의 후행사건이나 수반행위와도 관련이 있다. Mandler(1979)는 정서를 현재 세계에 대한 인지적 평가의 결과로 본다. 정서 그리고 이와 수반되는 자율신경계의 각성은 환경에 있는 중요한 사건으로 주의를 다시 전환시키는 차단 기능이 있다. 주의를 자율적 활동을 향하게 하는 것은 다른 활동에 사용할 수 있는 주의 용량을 감소시킬 수 있다. 스트레스 교류 이론(Lazarus & Folkman, 1984)이 강조하는 것처럼 스트레스가 많은 사람은 시간 경과에 따라 사건 진행을 평가 및 재평가를 할 때 정서와 인지 간의 역동적 상호작용이 오래 지속된다고 한다. 둘째, 정서는 개인과 환경 간의 관계에 대한 추상적인 높은 수준의 초상화 같은 것일 수 있다. 따라서 Lazarus와 Smith(1988)는 정서를 개인과 환경이 조우한 가장 중요한 관계적 의미에 종속되는 것으로 보았다. 불안의 뿌리는 불확실하고 실존적인 위협에 직면하고 돌이킬 수 없는 상실감을 겪었던 슬픔에 있다. 셋째, 정서의 적응 및 기능의 중요성에 관한 것인데, 이런 점에서 기분과 정서는 특정 방식으로 행동을 하려는 성향과 연합되어 있다(Thayer, 1989). 예를 들어, 화가 났을 때 우리는 누군가를 때려 주고 싶다고 느낀다. Oatley와 Johnson-Laird(1987)는 정서는 원시적이고 명제적이지 않은 내부 소통 체계의 한 부분이며, 이것이 외부 사건에 대한 반응 계획들 간의 신속한 전환을 돕는다고 주장한다. 넷째, 정서는 분명한 사회적 특징이 있다. 정서가 개인의 계획들 간에 거래를 조절하는 것처럼 집단들 간의 호혜적 행위의 조정을 보조할 수 있다. 정서의 신호자극, 특히 얼굴 표정(Tomkins, 1984)은 공동 계획을 진행하고자 하는 개인의지와 능력을 신속하게 소통한다.

주의와 정서 간의 인과적 연결

정서이론은 전형적으로 주의를 관장하는 것과 같은 인지 과정과 정서 사이의 상호 인과관계를 가정한다. 그러나 임상에서의 진보는 더 세밀한 인과관계 가설을 요구한다. 우리가 보았듯이 인지 지향적인 임상가들은 정보처리의 비정상이 정서장애의 주된 원인이라고 생각해 왔다. 예를 들어, 불안 환자가 위협 자극을 우선적으로 처리하는 경향이 있는 것을 발견한다면, 우리는 임상적 불안이 위협 자극을 처리하는 데 과도하게 편향된 때문이라고도 생각할 수 있다. 불안한 사람들은 그들의 처리 회로 때문에 체계적으로 잘못 인도된다. 사실 인지와 비정상 간 이런 식의 연결 고리는 구분이 어려운 다양한 인과율적 가능성 중 하나일 뿐이다. 인지장애는 단지 매우 근접한 원인일 수 있으며, 그 자체는 심리생물학적 과정과 같은 다른 요인들 때문에 나타날 수도 있다. 위협에 대한 주의 편향은 위협 때문에 활성화된 세포

군들의 과민한 반응에 의해 발생할 수 있다(Gray, 1982 참조). 주의장애와 기타 증상은 공통의 원인이 있을 수 있지만, 뇌의 유기적 손상 때문에 생긴 경우에서처럼 직접적인 인과율은 없을 수도 있다. 달리 생각하면, 주의장애는 이차적인 적응 과정일 수도 있다. 전투상황에서 트라우마를 겪은 군인이라면, 원래는 도움이 되었던 높은 수준의 경계적인 주의 전략의 결과로 상상에 의한 위협에도 민감해질 수 있다. 비록 주의가 일으킨 오작동이 일차적 원인일지라도, 처리 과정에서 우선순위 정하기의 비정상성은 시스템의 근본적인 구조적 특성 또는 피험자 지식을 근거로 파생된 독특한 수의적 처리 전략들의 활용 때문일 수 있다. 주의가 하나의 증상인지, 주요 원인인지, 원인과 증상 사이에 개입되는 과정인지 여부는 종종 명확하지 않고, 그래서 주의 영역을 다루는 이론가들은 조심스럽게 접근해야 한다.

이 연구 영역에서 인과성을 입증할 수 있는 왕도는 없다. 왜냐하면 결코 연구자는 피험자의 내부 처리 과정을 부분적인 것 이상으로 통제할 수 없기 때문이다. 어떤 실험조작의 효과는 그것의 객관적 속성보다는 오히려 실험의 중요성에 대한 개인 평가에 따라 유도될 수 있다. 예를 들어, 불안 환자의 위협 민감도가 증폭된 것은 실험자의 기대를 환자가 지각한 요구 특성(demand characteristic) 그 이상은 아닌 것일 수 있다. 제5장에서 보듯이 무의식적인 자극 처리조차도 개인의 수의적 전략의 영향을 받을 수 있다. 실험은 이론적 예언 검증에 중요하지만, 자기보고 같은 다른 자료로 보완되어야만 한다. 이런 유형의 자료를 처리하는 것은 가능한 한 엄격해야 한다. 종단 연구 자료를 분석하는 것과 비실험적 설계의 구조모델링 등은 인과적 이론에서 나온 예언가설을 검증하도록 허용해야 한다. 일반적으로 이론이란 다른 패러다임의 증거들에 의해 수렴되고 지지되어야 한다.

결론적으로 자기보고 및 관찰 자료는 **정보처리** 패러다임으로 통합된다. 행동 그리고 인지 기능, 정서에 대한 주관적 인식들은 모두 기저에 있는 인지 시스템의 표식물이며, 그 기능은 시스템이 목표하는 어떤 내적 표상을 충족시키도록 정보 유입 및 행위를 편향시키고 또 의식 내용을 선택하며, 그리고 개인의 적응 상태에 대한 상위 수준의 평가로부터 주관적 정서를 만들어 낸다.

이 책의 계획

이 책은 주의 및 정서 연구들에 적용된 두 축의 광범위한 조사내용을 제시하고 있다. 한 축은 정보처리에 관한 실험실 연구이고, 다른 한 축은 자기보고를 이용한 보완적 실험실 연구 및 임상적 현장 연구들에 기반한 연구이다. 제1부(2~6장)에서 우리는 실험 연구에 대해 논의한다. 2장에서는 주의 선택 및 효율성의 이론들을 고찰하고 주의 통제 수준 간의 중요한 차이점을 제시한다. 선택적 처리는 자극주도적(stimulus-driven)이고 다소 '자동적'일 수도 있고 또는 수의적인 계획 및 전략에 의해 주도될 수도 있다. 3장에서 우리는 복잡하고 개인적으로 중요한 정서 자극들의 선택을 살펴보며, 해당 개인의 일반지식이 주의가 기울여진 자극에 중요한 영향을 미친다는 결론을 내린다. 4장은 불쾌한 정서가 정서를 띤 자극들에 대한 선택적 주의에 미치는 효과들에 대한 경험적 고찰을 제공한다. 또 5장은 핵심적 결과를 주의 이론과 관련짓는다. 정서장애는 주의 편향뿐만 아니라 6장에서 논의된, 주의 및 수행의 질적 측면의 전반적인 감소와도 연관이 된다. 제1부에서 고찰된 많은 연구는 정보처리이론에 관련된 것이므로 어쩔 수 없이 다소 테크니컬 하다. 책을 보면서 임상에 초점을 맞춰 빨리 챕터를 넘기고 싶어 하는 독자들을 위해 우리는 각 장의 마지막 부분에 중요한 마무리를 요약하여 제시한다. 각 장의 마무리 부분을 읽는 것으로도 일반적인 논의가 가능해진다.

정서장애에서 주의 과정을 적절하게 이해하기 위해서 실험 연구는 반드시 체계적인 임상적 관찰과 일상생활의 고통 상태에 관한 정서 및 주의에 대한 자기보고식 자료, 치료 실무적 자료 등과 연관되어야만 한다. 제2부(7~11장)는 실험을 이용 가능한 연구 도구들 중 하나로 사용한 그런 부류의 연구들을 고찰한다. 비정상적인 주의에 대한 주관적 증상과 자기지식에 대한 임상 이론(예: Beck, 1967)의 중요성은 정서장애에서 주의 내용을 검토하는 기반을 제공한다(7장). 임상장애와 병리적이지 않은 스트레스 상태에서 보고하는 주의장애 사이에 상응하는 유사점이 있으므로 우리는 8장에서 스트레스 인지 모델과 비임상적 표본에서 주의가 어떻게 영향을 미치는지에 대한 설명을 간략하게 한다. 우리는 정서장애 및 스트레스 상태의 핵심은 자기초점 주의라고 주장한다. 즉, 고통스러운 사람은 종종 자신만의 문제에 함몰되

기 쉽고, 특히 자기 관련 정보와 자기에 대한 사회적 평가에 주의를 기울인다. 9장은 자기초점 주의에 관한 임상 및 실험적 연구들을 고찰한다. 특히 임상적으로 흥미로운 두 가지 쟁점은 인지치료에서 주의 조작의 역할에 관한 것(10장)과 인지기능의 자기보고식 측정이 실제로 후속적인 병리를 예측하는지 여부에 관한 것이다(11장). 여러 장에서 우리는 정서 및 주의가 지닌 중요한 사회적 측면 그리고 성격적 특성의 역할에 대한 자료들도 검토한다.

제3부(12~14장)의 목표는 정서와 주의 간의 관계에 대한 다양한 증거자료의 이론적 통합에 있다. 12장에서 우리는 정서적 역기능과 스트레스에 대한 통합적 인지-주의(integrative cognitive-attention) 모델을 개발한다. 이 모델의 의도는 주의에 관한 실험자료들을 설명하고 임상적 장애의 병인론과 유지에 기여하는 인지 과정들을 밝히기 위함이다. 우리의 기본 전제는 이렇다. 정서 문제는 과도한 자기초점 주의와 연관된 인지-주의 증후군과 상호 연결되어 있다. 인지-주의 증후군 접근법은 인지행동치료의 골격에서 정서 문제를 개념화하고 치료하는 것에 다양한 시사점을 가지고 있고, 향후 이론주도적 연구를 위해서도 그렇다. 13~14장에서 각각 이런 점을 살펴볼 것이다.

제1부

정서, 주의 그리고 정보처리

Attention and Emotion: A Clinical Perspective

제2장

주의: 기본 개념 및 이론적 쟁점

앞 장에서 우리는 주의를 특정 범주 정보를 처리하기 위한 선택이나 우선순위로 간단하게 정의하였다. 우리는 주의 과정을 선택적 처리 과정과 집중적 처리 과정으로 세분화할 수 있다. 정보처리 시스템은 어느 자극이 가장 광범위하게 처리되어야 하는지를 그리고 반응과 행위를 통제하기 위해 어떤 자극을 허용해야 하는지를 선택해야만 한다. 또한 정신 활동이 특별히 요구되거나 중요한 경우, 정보처리 시스템은 가능한 한 지엽적인 활동을 희생하면서 처리의 효율성을 좀 더 극대화하도록 환경을 설정해야 한다. 소음이 심한 곳에서 전화 소리를 들을 때처럼 주의의 선택 및 집중의 측면은 함께 협력하여 기능해야만 한다. 이러한 두 가지 주의 기능은 심리학자들 사이에서 이론적 논쟁의 중요한 주제 중 하나이다. 선택적 주의에 대한 이론들은 정보처리 시스템의 구조와 구성에 관한 상세한 지식의 중요성을 강조한다. 우리는 마음의 회로도를 가지고 정보가 의식 속으로 들어가거나 행위 통제를 위해 선택되는 지점을 진단할 수 있다. 반면에, 두 가지 이상의 과제들을 동시에 수행하는 것 같은 요구적 과제 수행에 관한 이론들은 마음의 전체 용량이나 자원을 강조하는데, 이는 구체적인 처리 구조에 의해 다양하게 지원

될 수 있다.

이 장의 다음 부분에서는 주의의 시스템 구성과 일반적인 처리 용량의 상대적 중요성에 관해 또 다른 조망을 제공하는 네 가지 광범위한 접근법을 고찰한다. 첫째, 주의 병목에 대한 연구를 살펴본다. 시스템이 정보를 폐기할 수밖에 없는 지점은 어디인가? 둘째, 주의 용량 모델들을 자세히 살펴본다. 셋째, 처리 제약이 상이한 질적으로 서로 다른 처리영역을 구분하는 두 수준 주의 모델을 살펴본다. 넷째, 주의에 대한 최근의 연결주의(connectionist) 접근법을 다룬다.

다음 장에서 우리는 Beck(1967)의 스키마타와 같은 복잡한 자기지식(self-knowlege)이 선택적 주의에 어떻게 영향을 주는지를 고려하며, 정서적 정보의 선택에 대한 연구들도 고찰한다.

병목 현상 연구

초기 및 후기 선택

선택적 주의에 관한 많은 연구는 외부 환경이 정보가 수신될 수 있는 다양한 채널로 나뉠 수 있다고 가정한다. 교과서적 사례(예: Wickens, 1992)는 항공기 조종사가 주의를 기울여야만 하는 많은 장비와 계기판들이다. 각각은 별도의 채널이어서 조종사는 각 채널을 모니터링 하는 빈도를 제어하는 **표집전략**(sampling strategy)을 개발해야 한다. 일상에서 채널은 공간상 다른 위치가 아니라 그 사람에게 중요한 특징에 따라 정의될 수 있다. 예를 들어, 대화에 참여하고 있는 사람들을 각각 시각과 청각 입력을 공급하는 별도의 채널이라고 볼 수 있다. 선택적 주의 이론의 기본 문제는 사람이 어떻게 입력하는 자극의 특성을 처리할 때 정보를 충분히 처리해야 하는 일부 채널은 선택하고 다른 채널들을 무시하거나 대충 처리하는지를 밝히는 것이다.

선택적 주의에 대한 전통적인 이론은 초기 선택(early selection)과 후기 선택(late selection)으로 구분된다. 초기 선택 이론(Broadbent, 1958)은 처음의 지각적 분석 이후에 선택 필터가 설정될 수 있으며, 이를 통해 특정의 속성이나 특징을 가진 자극들만 추가 분석을 위해 선택된다고 제안한다. 특징은 색상, 공간 위치 또는 피치 같

은 단순한 물리적 속성이다. 반대로, 후기 선택 이론(Deutsch & Deutsch, 1963)은 모든 자극이 충분히 분석되며, 한 반응이 선택되었을 때에만 선택이 일어난다고 주장하였다. 유명한 '음영(shadowing)' 과제에 대한 연구들은 오래지 않아 원래의 필터 이론을 폐기시켰다. 음영 과제에서 피험자는 헤드폰으로 들리는 메시지를 큰 소리로 따라 말해야 한다. 선택 연구들에서는 양쪽 귀에 서로 다른 메시지를 들려주고, 피험자는 둘 중 하나의 메세지만을 따라 말해야 한다. '귀'는 한 장치가 되므로 필터 이론에서는 한쪽 귀를 따라 하는 것이 무시된 귀 쪽에 제시되는 메시지의 상세한 부분을 처리하지 못하게 한다고 예측한다. 하지만 음영에 대한 여러 연구(예: Treisman, 1960)에서 피험자들은 자주 한 귀에서 다른 귀로 전환되는 의미 있는 메시지를 따라가는데, 이는 필터 이론의 주장과는 달리 무시된 메시지라 여겼던 것들이 실제로는 어의적 내용이 분석된다는 것을 의미한다. 전통적인 필터 이론의 또 다른 어려움은 지각적 집단화의 역할에 있다. 만약 자극 항목이 분산 항목과 함께 하나의 게슈탈트적 형태를 이루고 있다면, 자극과 분산 항목이 개별적으로 게슈탈트(Prinzmetal, 1981)를 형성하고 있는 것보다 처리를 위한 항목을 선택하는 것이 더 어렵다. 따라서 선택이란 개별적인 자극 특징을 향한 것이 아니라 자연히 지각적으로 집단화되는 대상들을 향한 것이다(Duncan, 1984).

현재의 초기 선택 이론

초기 선택 이론은 Treisman이 제안한 일련의 모델들에서 가장 좋은 것으로 예증된 결과들에 적용하기 위해 진화되었다. 오리지널 필터 이론에서 출발한 그녀는 처음에는 지각적 필터가 희석 효과만 가지고 있음을 주장하려고 했다(Treisman, 1964). 무시된 입력자극과 연합된 기본적인 특징의 부호화 대부분은 삭제되지만 소수의 특징들은 필터를 통과할 수 있다. 기대가 높았던 자극인 경우, 이들 특징은 의식적인 인지를 충분히 촉발할 수 있는데, 이를테면 음영 실험에서 자신의 이름이 무시된 귀로부터 인식 속으로 '돌파하는 것'과 같다. 이 이론이 더 발전된 것은 주로 시각적 선택에 관한 것이다. Treisman과 Souther(1985) 그리고 Treisman과 Gormican(1988)은 처리 과정에 대해 두 단계 또는 영역을 제안하였다. 첫 번째 단계는 자극 입력이 주도하는 수동적인 반면, 두 번째 단계는 '하향식' 처리 과정과 연관된 것으로서 자극 분석이 개인의 지식과 기대(의식에 접근 가능하거나 가능하지 않을 수 있음)에 종속된다고 주장하였다. 초기의 자극주도적 처리 과정(early stimulus-driven processing)은 병렬식으로 작동하면서 시각적 장에 대한 일련의 '지도(maps)'를 생성하고 각각 색상과 구체적인 방향의 선 등과 같은 단일 특징의 공간적 자리를 부호화한다. 따라서 단일 특징에 대한 검색은 특히 신속하고 분산을 일으키는 다른 특징들이 있어도 영향을 받지 않는다. Treisman(1988)은 또한 지각적으로 집단화된 자극 요소들에 주의를 모으는 역할을 하는 특징 억제 과정에 대해서도 논의한다. 특징 결집(conjunctions)을 위한 검색은 전반적이고 결합된 대상 지각을 만들어야 하므로 지도 전체를 훑는 순차적 검색이 필요하다. 따라서 속도도 더 느리고 분산의 방해 효과가 쉽게 발생할 수 있다. 결집 검색(conjunction search)에서는 어떤 특징들이 해당 지각물과 연합되어 있는지를 식별해야 하기에 다양한 특징 지도상의 해당 위치들에 주의를 할당해야 한다. 1단계의 최종 산물은 각각의 지각적 대상과 연관된 특징들의 공간적 배치를 부호화한 삽화적 '대상 파일'이고, 이것은 두 번째 순차적인 처리 단계를 통해 더 상세하게 분석될 수 있다. 무시된 자극들은 대상 파일을 생성하는 데 실패한다. 하향식 처리는 공간적 주의 초점을 제어하는 역할을 하고 기대와 양립될 수 없는 특징의 결집들을 제거하지만, Treisman(1988)은 특징 결집의 처리 자체는 하향식 제어에 둔감하다고 제안한다. Cave와 Wolfe(1990)는 하향식 제어에 대한 다른 관점을 제안하는 Treisman(1988)의 특징 통합 이론의 수정안을 발전시켰다. 그들의 유도 검색 모델에 따르면, 하향식 처리는 실제로 존재하는 특징들과 사전 지식에 기초해 기대되는 '표적' 특징 사이의 유사성을 부호화한 지도를 생성한다고 주장하였다. 상향식과 하향식 처리에서 온 정보들의 조합은 이후의 순차적 처리 단계가 원하는 표적물을 찾는 데에 가장 유력한 공간 위치들로 안내한다.

현재의 후기 선택 이론

후기 선택 이론(예: Duncan, 1980)도 유사하게 초기의 병렬적인 전주의적 처리와 나중의 처리에서 작동하는 용량 제한 시스템을 구분한다. 본질적인 차이점은 후기 선택 이론에 의하면 자극 속성들이 폭넓게 분석되며, 전주의적(preattentively)으로 대상에 할당된다는 데 있다. 따라서 그 시스템은 충분히 분석할 입력자극이 무엇인

지를 선택하는 게 아니라 반응을 제어하는 입력자극을 선택한다. 이러한 견해에 대한 가장 간단한 근거는 이중과제 수행 연구들이 제시하는데, 여기서는 과제들 사이의 간섭 수준이 주로 반응 유사성에 종속된다는 것을 보여 주고 있다(McLeod, 1977). 또한 초기 선택 이론과는 달리, 후기 선택 이론가는 '무시된' 자극 표상물이 그저 사라지는 것이 아니라 계속 처리 과정에 영향을 미칠 수 있다고 주장한다. '부적 점화(negative priming)' 연구들은 표적자극이 이전 시행에서 무시하게 한 분산자극과 관련이 있을 때, 표적을 처리하는 것이 느려졌음을 보여 준다(Tipper & Driver, 1988). 아마도 Duncan과 Humphreys(1989)가 제시한 후기 선택 모델은 당대의 가장 최신의 상세한 모델일 것이다. Treisman(예: 1988)의 이론과는 달리, 대상 파일이나 구조적 단위 등은 전주의적 처리로 실행된다. 구조적 단위들은 용량 제한적인 시각적 단기기억에 접속하기 위해 경합을 하고, 이들의 상대적 주의 강도나 비중은 종종 기대되거나 중요한 정보의 '원형(template)' 또는 사전 명세(specification)의 영향을 받는다. 가장 비중이 높은 3~4개 단위들은 용량 제한된 시각적 단기기억 저장소로 들어가며, 이곳에서 그들이 의식의 인식에 도달하며 또 차후 반응을 제어할 것이다.

선택 모델들의 비교

지금은 초기-후기 선택 논쟁에 대해 결정적인 해결책은 없다. 주의에 관한 문헌은 다양한 증거의 타당성에 관한 기술적인 주장들로 가득 차 있다. Treisman과 Souther(1985)의 초기 선택 모델의 어려움은 특징 및 결합 검색이 질적으로 서로 다른 과정들에 의해 제어되지 않을 수 있음을 시사하는(Duncan & Humphreys, 1989) 그리고 단일한 물리적 특징에 따른 선택이 항상 특별히 쉬운 것만은 아니라고 제언하는(Allport, 1980) 다양한 연구들이 있다는 점이다. 반대로, 이중과제 간섭은 유사한 반응들 간의 간섭으로 부분적으로만 설명된다는 것(Pashler, 1989), 그리고 부적 점화는 표적을 성공적으로 선택한 이후에 발생하는 분산자극 처리의 가공물일 수 있다는(Yantis & Johnston, 1990) 주장도 있다. Johnston과 Dark(1985) 그리고 Allport(1989)는 초기 및 후기 선택을 광범위하게 지지하는 문헌고찰을 각각 제공한다. 아마도 더 중요한 것은 어떤 면에서는 초기-후기 구분이 모호한 경향이 있는 몇 가지의 일반 원리에 대한 이론들 간의 합의일 것이다. 이들 원리에는 초기의 병렬처리적 단계와 후기의 용량 제한적 처리의 구분이 포함되는데, 이는 '전주의적(pre-attentive)' 및 '후주의적(post-attentive)' 처리에 해당된다. 또한 선택적 주의가 자극의 개별 속성의 선택이 아니라 기본적으로 대상의 선택 쪽으로 지향된다는 합의도 있다. 선택될 대상의 세세한 명세에 의해 처리가 유도되는 초기 처리 단계의 상향 처리 기능의 편향 때문에 비표적자극이 후기의 용량 제한 영역에 진입하지 못하고 거부될 수 있다는 믿음도 널리 퍼져 있다(Cave & Wolfe, 1990; Duncan & Humphreys, 1989). 거부된 비표적자극에 대한 표상의 속성은 기본원칙의 핵심 요점보다 더 중요한 세부 사항이 된다. Duncan(1985)이 지적했듯이 정보가 서로 다른 처리 단계들에서 어떻게 이용되는지를 연구하는 것이 자극들이 어느 단계에서 실무율적인 방식으로 '식별되는지'를 묻는 것보다 더 유용할 수 있다. 만일 그렇다면 초기 및 후기 선택 이론 사이에서 어느 정도 수렴하는 곳이 있는 것으로 보인다.

부연하면 선택이 일어나는 처리 단계는 각기 다를 수 있다. 예를 들어, 시각적 주의에 대한 조명 은유(spotlight metaphor)를 생각해 보자. 공간적으로 인접해 있는 상충적인 철자 자극들이 운동반응 수준에서 간섭을 일으킨다는 증거(Coles et al., 1985)가 보여 주는 것처럼 후기 선택은 조명이 있는 영역 안에서 작동한다. 후기 선택은 하나의 지각 대상이 가지고 있는 공통적 요소들에 한정될 수 있다. 주의 조명 속에 있는 무시된 대상을 처리하는 것이 간섭을 일으키는지 여부는 지금은 다소 분명하지 않다(Johnston & Dark, 1985). 그러나 조명 범위 밖에 있는 자극 처리는 대체로 단순한 물리적 특징들로 국한되며(Johnston & Dark, 1985), 공간적인 고정된 초점의 확립에 유리한 조건이라면 위치에 의한 초기 선택은 매우 효율적으로 작동된다(Yantis & Johnston, 1990). 이를 가장 잘 설명하는 모델은 Eriksen과 Yeh(1985)의 모델이다. 이들은 공간적 주의가 줌렌즈처럼 작동하기 때문에 개인은 충분히 주의를 기울일 공간 영역을 확장할 수는 있으나, 이런 경우 '해결의 힘'이나 처리 효율성의 상실이라는 대가를 치루게 된다고 주장한다. 갈등적 반응들과 연합된 자극들은 주의 초점의 영역 안에서만 간섭을 일으킨다(Eriksen & Schulz, 1979). Yantis와 Johnston(1990)은 사람들은 자신의 주의 전략을 유연하게 사용하며 과제 요구와 전략에 따라 초기 처리냐 후기 처리냐를 선택한다고 제안하였다. 사람들은 속성 정보의 이용이 어려워서든(Johnston & Heinz, 1978) 아니면 두 가지 과제에 주의를 분할하는 경우처럼 과제 요건이 후기 선택을 선호하기 때문이어서든 후기 선택 전략을

쓸 수 있다. 동일한 과제 안에서도 다수의 선택 지점이 있을 수 있다. Pashler(1989)는 분할된 주의에서 매우 상이한 두 개의 병목 현상을 구분하는데, 하나는 시각적 지각 처리 과정과 연관되며 또 다른 하나는 선택을 위해 반응들을 대기시키는 것과 연관된 것이다.

주의 용량 모델

용량 은유성

정보처리 용량의 제한성이란 생각은 주의 이론에서 가장 호소력이 있지만 개념들의 통합에는 문제가 있다. 또한 가장 잘못 이해되는 것이기도 하다. 주의의 신경학적 기반은 용량의 제한을 불가피하게 한다는 데에 의심의 여지가 없다. 지금 문제가 되는 것은 개별적인 구성요소로서의 제한이 아니라 전체 시스템으로서의 한계를 밝힐 수 있는지 그리고 그것을 세포조합이나 기본적인 처리 과정으로 특징지을 수 있는지 여부에 관한 것이다. 크게 보면, 용량에 대해서 상당히 다른 정의들이 있었다. 초기 시도(예: Broadbent, 1958)에서는 디지털 컴퓨터에서 영감을 받아 용량이라는 것을 직렬처리 수행 속도의 상한선이 있는 중앙 범용 처리 과정으로 보았다. 이러한 주제에 대한 좀 더 미묘한 주장(Moray, 1967; Navon & Gopher, 1979)은 용량을 이를테면 처리 네트워크, 메모리 공간, 통신채널 같은 구체적인 처리자원 세트로 보고, 집행자원 관리자의 통제하에 처리요구사항에 따라 유연하게 할당한다고 보는 것이다. 이 모델은 다양한 처리 과정 구축과도 호환될 수 있다. 더 나아가 용량을 처리용 에너지나 연료를 공급한다는 은유적 표현으로 정의한다(Wickens, 1980). 전기 회로와 마찬가지로 전력 손실은 해당 부품의 출력을 점진적으로 감소시킨다. 용량은 정보처리 공장에 부가적인 무엇이다. 말하자면 에너지 공급은 그것이 개별적인 처리 단위의 처리부하량 차이에 단순히 대응하는 것이 아니라는 점에서 비국지적이다. Townsend와 Ashby(1983)는 오히려 다른 식의 접근을 하였는데, 용량에 대한 조작적 정의는 다음과 같다. 용량은 처리부하의 변화가 수행에 미치는 효과를 의미한다. 미시적 수준에서 용량 제한은 시스템 구성의 직접적인 결과가 될 수 있다(그래서 이론적 관심이 제한적이다). 직렬처리의 용량은 단일 자극을 처리하는 데 걸린 시간을 의미한다. 그러나 기저에 있는 시스템 구축이 미지수일 때는 그 정의가 거시적 수준에서도 동등하게 적용될 수 있다. 용량은 시스템의 부하-반응 특성을 기술하는 간편한 방법이며, 자원 할당 처리의 비국소적 에너지 공급과 연관될 수도 있고 그렇지 않을 수도 있다.

자원 이론

용량 이론을 공식화한 가장 영향력 있는 이론은 Norman과 Bobrow(1975)의 자원 이론이다. 그들은 수행에 관한 자원을 나타내는 그래프로 가상의 수행-자원 함수(Peformance-Resource Funtion: PRF)를 제시하였다. 요점은 곡선의 변화도, 즉 경사도가 다를 수 있으므로 자원 가용성의 변화에 따라 수행이 다소 달라질 수 있다는 것이다. 처리는 자원이나 데이터 때문에 제한될 수 있고, 데이터의 제약을 받을 경우 수행은 시그널이나 기억 자료의 질에 따라 달라지며, 자원 공급의 변화에 따른 영향을 받지 않는다. 처리는 PRF의 어떤 부분에서는 자원의 제한을 받을 수 있고, 다른 부분에서는 데이터가 제한될 수 있다. 우리는 자원과 수행을 독립적으로 측정할 수 없기 때문에 PRF는 직접 관찰하지 못한다. 자원 이론은 단지 단일과제와 이중과제 수행에서 PRF의 양상에 관한 간접적 추론을 통해서만 검증할 수 있다. 이중과제 방법이 가장 널리 사용되어 왔다. 기본 논리는 바로 첫 번째 과제에서 자원 제한된 수행은 두 번째 다른 과제로 전환되는 자원의 양에 민감해야 한다는 것이다. 그리고 이중과제 간섭에 대한 단순한 시연은 부적합한데, 이유는 그것이 **동시발생 비용**(Wickens, 1984)이라는, 과제들을 결합하는 것의 어려움 때문에 생기는 데이터 제한의 변화를 반영하는 것일 수 있기 때문이다. 예를 들어, 우리는 시선을 두 곳을 동시에 고정시킬 수 없기 때문에 멀리 떨어진 두 곳을 시각적으로 모니터링하기란 어렵다. 이중과제 간섭은 반드시 **곤란도-민감성**을 보여 주어야 하고, 그래야 간섭하는 과제의 곤란도에 따라 간섭의 양이 증가할 수 있다(Wickens, 1980). 이중과제 수행에서 자원 사용을 조사하는 가장 빈틈없는 방법은 수행 작동 특성(Peformance Operation Characteristic: POC; Wickens, 1984)을 구성하는 것이다. 피험자들은 다양한 우선순위를 지시하는 조건하에서 한 쌍의 과제를 수행한다. 만약 과

제들이 공동의 자원을 공유한다면, 한 과제에 우선순위를 두는 것은 과제에 들이는 자원을 전환시켜야만 이룰 수 있다. 따라서 그들 간에 상대적 우선순위가 바뀌면 두 과제의 수행과 관련된 부드러운 균형잡기 곡선이 발생할 것이다. 이와 대조적으로, 수행이 데이터 제한적인 경우라면 과제들의 수행 변화는 독립적일 것이다. 또한 POC는 서로 다른 상황이나 지시에 따라 피험자가 두 과제에 자원을 할당하고 동시발생 비용을 정량화하는 전략을 조사하는 데 사용할 수 있다. 이중과제 수행은 종종 자원 제한을 시사하는 POC(예: Matthews & Margetts, 1991)를 지지하지만, 척도화의 어려움 때문에 POC는 대체로 기저에 있는 PRF의 정확한 양상을 보여 주지는 못한다.

이중과제 연구들은 자원 제한을 시사하는 간섭이 과제 유사성에 따라 증가하는 경향이 있음을 빈번하게 보여 준다(Wickens, 1980). 이러한 결과들을 설명하기 위해서 중다 자원 모델이 제안되었다. 질적으로 다른 유형의 처리를 위해 별도의 자원 공급이 있다는 원래의 단일 자원 모델은 관찰된 이중과제 간섭의 전체 패턴을 설명하지 못한다는 것이 널리 수용되고 있지만, 중다 자원의 수량과 속성에 대한 합의는 없다. 더 단순한 모델들 중 하나(Humphreys & Revelle, 1984)는 정보처리량 가속을 위한 자원과 단기기억 자원을 구분한다. 가장 정교한 모델(Wickens, 1984, 1989)은 처리 단계와 코드 처리, 양식 처리 등 세 가지 차원의 자원을 제안한다.

자원 이론의 비판

공식적인 자원 이론에 대한 몇 가지 일반적인 비판이 전개되었다. 첫 번째 반론은 구조 설계에 관한 것인데, 이는 자원 이론이 마음과 뇌의 구조와 양립할 수 없다는 것이다. Allport(1980)는 범용 제한용량 중앙처리장치(general-purpose limited-capacity central processor: GPLCCP)라 부른 개념과 두뇌 기능의 분산적 속성을 대비시킨다. 신경학 연구들은 매우 특수한 입력에 대해 매우 구체적인 계산을 수행하는 해부학적으로 구분되는 뉴런 집단이 있다는 것을 보여 준다. 인지의 연결주의 모델에서도 비슷한 주장이 도출되며, 여기서 처리 과정은 분산된 많은 모듈 단위에 의해 통제된다. 이러한 주장은 신경학 및 인지적 증거 모두를 잘못 이해한 것이다. 세포군(cell assemblies)은 특정의 기능들을 수행하지만, 신피질의 세포들 또한 피질하 경로에서 올라오는 통로들에 의해 광범위한 영향을 받는다. 이들 통로 중 적어도 두 개 통로인 배측성 노아드레닌성 다발(Gray, 1982)과 피개 영역에서 나온 콜린성 통로(Warburton, 1979)는 정보처리 효율성에 영향을 미치는 것으로 보인다. 피질 수준에서 기능의 독립성이란 것이 뇌의 다른 시스템의 기능에 대한 공통의 영향을 배제하지는 않는다. 또한 1950년대 후반의 GPLCCP 설계로 자원 이론을 확인할 이유도 특별히 없다. 실제로 Allport(1980)가 좋아하는 종류인 대용량 병렬 시스템이 거시적 수준에서 시스템의 자원 제한을 드러나게 하는 비국부적인 수행 제약의 대상이 되지 말아야 할 이유는 없다. 예를 들어, Duncan과 Humphreys(1989)는 분산된 처리 단위 활성화의 총량이 상호 억제를 통해 고정될 수 있다고 제안하였다. 따라서 자원 이론을 시스템 구성을 근거로 비판하는 것은 범주 오류이다. 자원 이론은 특정 구성상의 특징이 아니라 시스템의 일반적인 특성 또는 창발성(emergent properties)을 설명하는 이론이다.

더 심각한 어려움의 근원은 방법론이다. Navon(1984)이 보여 주었듯이 자원 이론을 검증하는 데 쓰인 대부분의 실험 패러다임에 대한 해석에는 의문의 여지가 있다. POC 방법조차도 철저하지 않다. Navon은 요구 특성과 같은 자원 재할당 이외의 기전에 의해 균형잡기가 생길 수 있다고 제안한다. 게다가 우리가 다중 자원을 사실로 상정한다면, 우리는 두 개의 시간 공유 과제 중 하나 또는 모두가 데이터 제한적인 경우와 두 개의 과제가 서로 다른 여러 자원으로 제한되는 경우를 구분할 수 없다(Allport, 1980). 질적으로 다른 과제를 위해 POC를 구성하는 것과 연관된 척도 문제도 있다(Kantowitz & Weldon, 1985). 더 일반적으로 Duncan(1984)은 이중과제 상황의 '창발성'에 대한 예를 몇 가지 제공한다. 예를 들어, 머리를 토닥거리면서 동시에 위를 문지르려 하는 경우처럼 간섭은 요구 용량과 같은 단일과제 특징으로 예측할 수 없다.

이중과제 간섭 현상에 대해 사후적인 대안적 설명을 제안하는 것은 자원 이론에 대해 비교적 약한 반박이다. 하나의 과제 수행으로 활성화된 내부적 처리가 두 번째 과제 처리를 간섭한다는 Navon과 Miller(1987)의 성과 충돌(outcom conflict) 개념처럼 방법론적인 비판은 상세한 대안적 설명을 통해 힘을 얻는다. 예를 들어, 메시지 두 개가 의미론적으로 유사하다면 병렬로 두 메시지를 처리하는 것이 더 어렵다(Hirst, 1986). Hirst(1986)는 분할된 주의에는 두 과제와 연관된 두 가지 처리 과정

을 분리하는 기술이 필요하다고 제안한다. 그러나 성과 충돌을 명시적으로 측정하고, 수행에 대해 자원 경쟁을 암시하는 갈등 효과들과 과제요구 효과들 간의 해리를 보여 주었던 연구(Fracker & Wickens, 1988)가 적어도 하나는 있다. 따라서 성과 충돌이 이중과제 수행에서 간섭의 주요 출처인지는 전혀 확실하지 않다.

결론적으로 자원 이론가와 비평가들 모두 아직 결정적인 사례를 만들지 못했다. 자원 이론에 대한 가장 강력한 논박은 우리가 이중과제 간섭을 특정 구조의 과부하와 성과 충돌, 특정 과제 조합의 창발성, 상충하는 목표들의 유지 때문이라는 설명을 받아들이면 더 이상 설명할 것이 없게 된다는 것이다(Allport, 1980; Navon, 1984). 비록 자원 경쟁에 기인하는 간섭의 우세함을 평가하기는 어렵지만, 자원 이론의 예언 유용성을 지지하는 증거가 일부 있다(Wickens, 1989). Wickens(1989)도 자원 이론이 수행 연구들과 생리학적 및 주관적인 작업부하 자료를 통합하는 역할을 한다고 주장한다. 대조적으로 이중과제 간섭에 대한 다른 출처의 작동에 대한 이론들은 매우 적다. 궁극적으로 이 문제는 이론적 설명 수준을 관심 현상과 짝 지우는 것일 수 있다. 특정 과제 수행의 정교한 구조를 살펴보면 자원 이론만이 좀 더 세밀한 시스템 구성 설계 이론에 근접하는 것인 경우가 종종 있다(예: Pashler, 1989). 그러나 우울증 환자(Ellis & Ashbrook, 1987)에서 볼 수 있듯이 자원 부족은 상이한 과제들에 걸친 일반적인 수행 결함을 그럴듯하게 설명해 준다. 물론 이 이론도 여전히 엄격하게 검증되어야만 한다.

주의 통제 수준

자동적 그리고 제어적 처리

자원 이론에 대한 실증적 어려움 중 하나는 숙련된 수행자는 어려운 과제 수행을 거의 간섭받지 않고 병행할 수 있는 능력이 있다는 점이다. 예를 들어, 타이핑 기사는 타이핑과 음영 과제를 성공적으로 병행할 수 있다(Shaffer, 1975). Spelke과 Hirst, Neisser(1976)는 이러한 재능이 연습으로 계발될 수 있음을 보여 주었다. 이런 유형의 결과들은 고도로 과잉 학습된 수행은 때로 매우 복잡한 과제일지라도 거의 주의 용량을 요구하지 않음을 시사한다. 기술 학습은 종종 수행의 **자동화**를 포함하는 것으로 제시되었다. 기술 학습 초기에 관찰된 느리고 순차적인 언어적으로 매개되는 수행은 점차 자발적 통제나 노력이 거의 필요하지 않은 빠른 병렬적 수행으로 대체된다(Anderson, 1987). 이런 종류의 관찰 결과는 주의가 가지고 있는 두 개의 다른 수준의 주의 통제를 시사한다. Schneider와 Dumais, Shiffrin(1984)은 주장하기를, **제어된 처리**(controlled processing)는 심사숙고한 계획 또는 전략에 의해 추진되는 반면에, **자동적 처리**(automatic processing)는 고정된 입력물에 의해 반사적으로 촉발되어 중지나 조절이 어렵다. 제어된 처리는 어렵고 익숙하지 않으며 예측이 불가능한 과제에 이용되는 반면에, 자동적 처리는 일관적인 자극-반응(S-R) 매핑으로 구성된 익숙한 과제에 이용된다. 제어된 처리는 많은 양의 자원이 필요하지만, 자동적 처리는 필요하지 않다. 제어된 처리는 섬세한 세부 사항에는 접근할 수는 없어도 자동적 처리보다 의식에 더 쉽게 접근할 수 있다. 따라서 자동성의 핵심 기준은 **자원으로부터의 독립성**이고, **수의적 통제에 대한 둔감성**이다. 일상에서 이런 통제의 소재는 이런 수준들 사이에서 자주 바뀐다. 침범하는 자극들은 연속적으로 자동적 처리의 흐름 또는 회로를 꺼 버리지만, 피드백 신호자극이 수행의 붕괴나 특별히 중요한 상황을 가리키는 경우에는 제어된 처리가 호출될 것이다.

제어 수준이라는 근본적인 생각을 발전시킨 이론들의 족보가 있다. 이러한 구분은 두 가지 다른 실험 패러다임, 즉 검색과 점화로 경험적으로 명확하게 입증되었다. Schneider와 Shiffrin(1977)은 제어 처리 과정과 자동 처리 과정이 각각 요구되는 시각 및 기억 검색 과제들을 변동 매핑(varied mapping: VM)과 일치 매핑(consistent mapping: CM)으로 비교하였다. VM 검색에서는 시행이 거듭될 때마다 표적물과 분산물을 계속 바꾸어서 항목 간 차이를 학습하지 못하게 설계하였다. 이러한 조건하에서는 수행이 검색 과제 자체의 요구나 또는 다른 공존하는 과제가 부과하는 처리 부담에 매우 민감해진다(예: Fisk & Schneider, 1983). CM 검색에서는 표적물과 분산물을 별개의 항목 세트로 구성한다. 세트는 숫자와 자음 같은 이미 과잉 학습된 범주들이거나 아니면 피험자가 연습에 연습을 통해 그 차이를 학습해야 하는 것이다. 의미론적 속성이나 의미로 정의된 단어들에 대해 자동적 반응을 학습하는 것이 가능하다(Fisk & Schneider, 1983). 일단 수행이 자동화되면 처리 부담은 거의 영향이 없다. [그림 2-1]은 Shiffrin과 Schneider(1977)의 원연구들에서 뽑은 전형적인 검

색 자료이다. VM 과제에서 동일한 문항 전집에서 표적자극과 분산자극을 뽑아 보여 주면 피험자는 1, 2 또는 4 문자를 포함한 창에 제시된 표적자극을 검색해야 한다. 처리 부하가 분산자극 개수의 증가나 아니면 단기기억에 유지해야 하는 표적자극 개수의 증가와 연관되는지와 관계없이 처리 부하가 증가함에 따라 반응시간(RT)이 급격히 증가한다. 이러한 종류의 자료는 순차적 검색 모델에 적합할 수 있고, 이는 제어된 처리가 일치나 불일치를 탐지하기 위해 기억 속 항목과 제시된 항목 간에 일련의 단일 비교를 수행한다는 주장이다. 행해진 순차 비교의 수와 반응시간 사이에는 대략 선형적 관계가 있다. CM 과제(글자들 사이에서 숫자를 검색하는 것)에서 부하–RT 그래프의 기울기는 0에 가까운데, 이는 자동적인 병렬적 검색을 가리킨다.

Schneider와 Shiffrin(1977)은 자동 탐지를 '돌출 효과(pop-out effect)'라고 설명한다. 마치 군중 속에서 익숙한 얼굴을 찾는 것처럼 표적자극이 있다면, 의도적인 주의가 없이도 장면에서 돌출되는 것으로서 이는 전주의적 자극 식별의 결과로 볼 수 있다. Schneider와 Shiffrin(1977)의 이론은 주의 지속성(Fisk & Scerbo, 1987), 수행에 미치는 스트레스와 각성 효과(Fisk & Scerbo, 1987; Matthews, Davies, & Lees, 1990b), 기술 습득(Ackerman, 1987, 1988) 등 다양한 영역에 적용되었다.

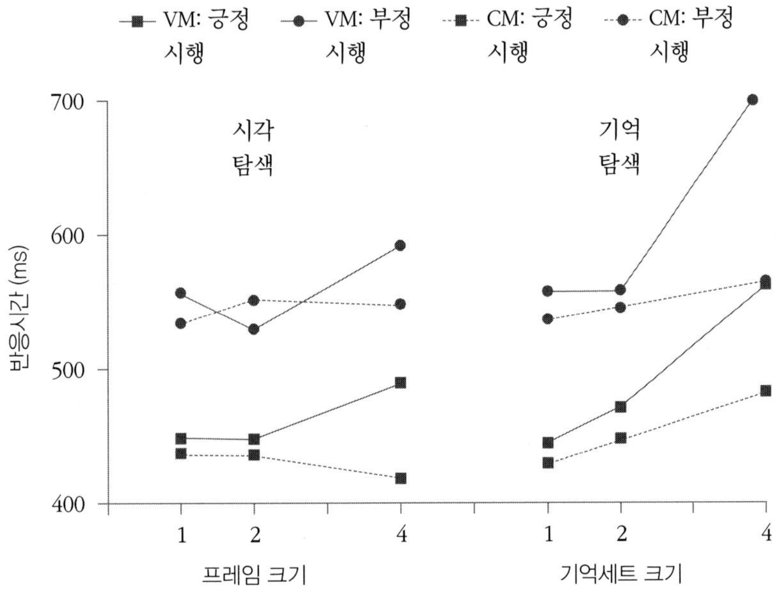

[그림 2-1] 변동 매핑(VM) 및 일치 매핑(CM) 검색에서 반응시간(RT), 프레임 및 기억세트 크기의 처리부하 요인 간의 관련성. Schneider와 Shiffrin(1977) 연구 자료임.

제어 수준을 구분할 때 쓰이는 두 번째 유형은 **점화 과제**(priming task)다. 표적 탐지나 변별 과제에서 표적물과 관련된 한 자극(점화자극)을 사전에 제시하면 종종 후속 반응의 속도가 빨라진다. 점화에 의해 얻어진 수행의 이득(점화 효과)은 후속 처리의 자동적 향상이나 아니면 의식적 기대의 자발적 생성 등의 결과일 것이다. Posner와 Snyder(1975)는 글자 매칭 과제 실험을 통해 두 유형의 처리 과정을 실증적으로 구분해냈다. 실험에서 피험자는 두 글자가 동일한지 또는 다른지를 결정해야 했다. 점화물로 하나의 문자를 썼는데, 두 문자가 동일할 때 표적 문자 쌍과 맞거나 맞지 않을 수 있다. Posner와 Snyder(1975)는 점화 효과의 본질은 점화물과 후속 표적물 간의 시간 지연에 의존한다는 것을 보여 주었다. 짧은 시간 간격(<300msec)에서는 점화물이 표적자극과 일치하는 점화물은 일치 확률에 관계 없이 문자 맞추기를 빠르게 하였으나, 긴 시간 간격에서는 점화물과 문자 쌍 간 일치가 예상되는 경우에만 점화물이 반응속도를 빠르게 하였다. 예상하지 않은 점화물은 시간 간격이 더 길 때만 수행을 늦추었다. Posner와 Snyder(1975)는 짧은 시간 간격에서는 피험자가 의식적인 기대를 형성할 수 없고, 그래서 점화는 자동적 활성화에 의존한다고 주장하였다. 그러나 긴 시간 간격에서는 점화가 피험자의 기대에 달려 있고, 그래서 부정확한 기대는 실제로 반응을 억제하게 된다.

Posner와 Snyder의 연구 결과들은 단어 재인에 대한 어의적 점화로 일반화된다(Neely, 1991 참조). 이들 연구에서 피험자는 일련의 글자가 타당한 영어 단어인지 여부를 결정해야 한다. 의사 결정의 속도는 보통 의미상 관련된 점화물의 사전 제시에 의해 빨라지므로, 예를 들어 '의사'라는 단어는 '간호사'라는 단어의 재인을 점화시킨다. 이 과제 패러다임에서 점화물과 표적문자 열 사이의 시간 간격을 **자극 개시 비동기**(stimulus onset asynchrony), 즉 SOA라고 부른다. Neely(1991)가 고찰한 연구들은 실험지시로 조작된 피험자의 기대는 상대적으로 오랜 시간 지연될 때만 점화에 영향을 주는 반면에, 짧은 SOA 점화는 점화물과 표적물 간의 의미론적 관련성 유무 여부에 민감하다는 사실을 보여 준다. 짧은 SOA(<500 msec)에서는 나타나지만 긴 SOA에서는 나타나지 않는 점화 효과는 이러한 시간척도상에서 작동하는 자동적 활성화 처리에 의해 쉽게 제어될 수 있는 것 같다(Neely, 1977, 1991; Posner & Snyder, 1975). 활성화는 공통의 의미론적 속성에 기초하여 점화물과 표적물 처리 단위 사이로 확산된다.

제어 수준과 수행 숙련성

제어된 처리에서 자동적 처리로의 전환은 기술 습득에 대한 선명한 설명을 제공하지만(Schneider, Dumais, & Shiffrin, 1984), 복잡한 과제가 어떻게 수행되는지는 자세히 명시하지 못한다. 수의적인 전략적 통제는 매우 단순한 주의 과제에서도 중요할 수 있으므로 우리는 자동 및 제어된 과정 이론이 직접 제공하지 않는 주의 통제에 사용된 기술에 대한 상세한 설명(Hirst, 1986)을 알아야 한다. 가장 성공적인 기술(skill) 이론은 Anderson(1982, 1987) 이론인데, 이는 기술이 절차나 생산 시스템에 의해 지원된다고 가정한다. 즉, 자극과 다른 생산물의 출력, 개인 기대의 표상물 등을 포함하고 있는 고정된 입력 세트에 의해 촉발되는 처리 과정 단위들의 지원을 받는다. 일단 촉발되면 생산 시스템은 고정된 알고리즘을 기반으로 출력을 생성하거나 다른 산출물에 반영된다. Anderson(1982)은 기술 습득의 3단계로 인지, 연합, 자동 단계(Fitts & Posner, 1967)가 있다고 주장한다. 초기 인지 단계에서 수행은 명시적인 언어적 형태(선언적 지식)로 진술되는 전략에 의해 안내된다. 사람은 '약식' 생산, 수단-결과 분석 같은 범용 문제 해결 절차를 써서 수행을 제어하는 더 구체적인 생산 절차들을 선택하고 실행한다. 즉, 약식 생산은 개인의 기존 지식을 새로운 기술에 맞게 짜깁기한다. 연습을 통해 안정적인 생산 절차가 새로운 생산 시스템으로 통합되고, 이는 다른 처리 과정에서 점차 더 자동적인 것으로 된다. 지식이란 개인이 기술에 필요한 계산을 다소 자동적인 방식으로 하는 내부 '프로그램'을 습득한다는 점에서 절차적인 것이 된다. 과도기적인 연합 단계에서 개인은 안정적인 전략을 개발했지만, 생산 절차를 조절하려면 여전히 다소 수의적인 통제가 필요하다. 즉, 절차적 지식과 선언적 지식은 공존한다. 마지막 자동 단계에서 처리는 완전히 절차적이고 점진적으로 강화되며 또 향후 연습으로 특정의 환경적 수반성에 맞춰 조율된다.

Anderson(1982)의 기술 이론은 Ackerman(1988)의 자동 및 제어 처리의 이론과 명쾌하게 연결되었다. 제어 처리에서 자동 처리로 전환하는 것은 기술 학습에서 선언적 지식이 절차적 지식으로 전환되는 것과 같다. 지속적 매핑과 확장된 실행을 통해 과제 자극들은 의식적 노력을 거의 요구하지 않는 복잡한 연속적 과정을 끌어낼 수 있게 된다. 그러므로 초기에 주의 자원에 대한 요구가 가장 높고 기술 학습의 인지 단계를 거쳐 절차화하면서 줄어든다. Ackerman(1988)은 과제란 것은 단지 과제 요소들이 일관성 있게 매핑되는 정도까지만 절차화될 것이라고 지적한다. 따라서 기술 요소들이 절차화되고, 더 복잡하고 일관성 없는 수행 측면으로 용량을 풀어 주기는 하지만, 체스놀이 및 다른 사람과의 사회적 상호작용 같은 고급 기술은 항상 높은 수준의 집행 처리를 필요로 한다. 주의 통제 전략의 이행에서 산술적 알고리즘의 역할은 인정되어 왔지만(P. Dixon, 1981), 연구는 미흡하다. 우리가 나중에 논의하겠지만, 실험의 피험자에게 개인이 중요시하는 자극을 제시할 때 알고리즘이나 산출 순서의 선택은 명시적 지시뿐만 아니라 피험자가 일상에서 의미 있는 자극들에 사전 노출된 결과로 확립한 주의 통제를 위해 부분적으로 절차화한 방식에 의해서도 영향을 받을 수 있다는 가능성도 있다.

수준들이 안고 있는 문제

제어 이론의 수준들이 갖는 주된 난제는 수준들에 대한 개념 및 실증적 구분에 관한 것이다. 일반적으로는 수의적 제어와 수행의 자원의존성 간에 그리고 (더 작은 정도까지) 각 수준에서의 의식적 자각 사이에 밀접한 상관관계가 존재해야 한다. 그러나 이들 준거들 간에는 관련이 없을 수 있다. Paap과 Ogden(1981)은 단일 문자들에 대한 지각이 자원제한적(2차 조사 RT 측정치로 나타난 것처럼)이기는 하지만 불수의적임을 보여 주었다. 통제 처리라는 주장 그 자체가 공격을 받았는데, 이는 통제를 하는 어떤 존재, 즉 머릿속의 난쟁이(homunculus)가 필요하기 때문이다(Allport, 1980). 또한 Shiffrin과 Schneider(1977)가 제시한 시각 및 기억 검색 패러다임과 같은 수준 간의 차이를 입증하기 위해 사용된 구체적인 과제 패러다임에 관해서도 어려움이 있다. 제어적 검색은 순차적인 반면에, 자동적 검색은 병렬적이라는 그들의 주장도 특히 Townsend와 Ashby(1983)에 의해 널리 비판을 받았다. 검색 과제를 위해 개발된 자동성이라는 기준은 다른 과제들에 일반화되지 않을 수 있다. Logan(1979)은 지속적으로 매핑된 선택 반응시간 과제는 하나의 경험적 기준(2차 과제 부하에 대한 둔감도)에 따라 자동화되었으나, 또 다른 기준(1차 과제의 부하에 대한 둔감도)에 따르면 자동화하지 않음을 보여 주었다.

자동적 주의 반응이 촉발자극의 전주의적 분석에 의해 생성된다는 가설 또한 도

전을 받았다. Treisman과 Viera, Hayes(1992)는 전주의적으로 탐지된 단일한 특징을 '돌출(pop-out)'과 무관한 특징의 존재와 같은 과제 외적 측면에 더 민감한 것으로 나타난 특징들의 결합으로 정의한 학습된 표적의 '돌출' 간의 여러 질적인 차이를 밝혔다. 연습시킨 CM 표적물에서 나타난 처리 과정의 가속화는 특징 통합보다 더 나중의 단계와 연관이 있는 것으로 보인다. 비슷한 맥락으로 Logan(1992)은 탐지 자동성의 증가가 꼭 전주의적 처리의 증가를 동반하지 않는다는 증거를 제시한다. 그는 한 자극이란 주의의존적 자극 식별에 의해 나타나는 하나의 표적이라는 정보에 대한 자동적 접근성을 주장한다. 물론 자원 이용과 관련된 이론적 가정에도 어려움이 있다. Hoffman과 Nelson, Houck(1983)는 두 가지 CM 검색 과제가 자원 제한을 특징으로 하는 POC 패러다임 안에서 이중과제 간섭을 보인다는 것을 입증하였다. Schneider(1985)는 이러한 발견을 자동적 탐지를 차단하는 과제 자극의 음영화(degradation) 때문이라고 본다. 비슷하게 Kleiss와 Lane(1986)은 연습된 CM 과제에서 글자 지각에 관한 용량 제한을 발견하였고, 이를 특징 통합 및 여과에 기인한 것으로 보았다.

Czerwinski와 Lightfoot, Shiffrin(1992)이 제시한 시각 검색의 자동성에 대한 더 최신 설명은 Shiffrin과 Schneider(1977)의 원조 이론에 대한 더 논박적인 주장에서 일부 퇴각한 방식으로 이들 난제를 다룬다. 특히 CM 검색 자동화는 특성 결합으로 정의된 자극들의 지각적 통합 탓이지만 부호화 강도는 단순한 특성의 경우보다 더 약하며 또 결합 그 자체가 무한한 병렬처리를 낳지는 않는다. 지속적 매핑이 꼭 자동화로 이어지는 것은 아니며, 특히 자극 세트가 크고 혼동하기 쉬운 것이라면 자동 및 제어 처리는 둘 다 CM 검색에 기여하는 경향이 있다. 또한 VM 검색 효율성 역시 전략적 학습의 결과로써 그리고 Fisher(1986)가 처음 제안한 것처럼 핵심 특징에 대한 병렬 검색을 시각적 검색 처리로 통합하는 것을 학습함으로써 연습을 통해 극적으로 향상될 수 있다. 따라서 CM 및 VM 검색은 초기에 주장한 것보다 수행에 미치는 결과라는 면에서 구분이 덜 뚜렷하며, 그리고 제어된 검색은 종종 자동적 검색만큼 효율적이다. 예를 들어, 자원의 요구가 높을 때에는 자동적 처리가 주로 제어된 검색을 보완하려고 사용된다. 이러한 이론의 재구성이 드러난 모든 범위의 문제에 대응할 수 있는지 여부는 여전히 남아 있다.

앞에서 서술된 자동 및 제어 처리는 점화 패러다임 안에서도 구분될 수 있다. 점화 과제의 문제는 검색 과제의 것보다 덜 뚜렷하지만, Posner와 Snyder(1975)의 자동적 활성화와 의식적 주의에 대한 구분은 지나치게 단순화된 것이다. 예를 들어, 공간 위치의 점화는 몇 개의 서로 다른 하위신경 시스템에 의존한다(Posner, Inhoff, Friedrich, & Cohen, 1987). 비록 과제들이 적절하게 설계될 때 구분이 잘 유지되기는 하지만, 어의적 점화는 자동적 및 제어된 기대주도적 어휘 활성화 외에도 점검하기와 같은 어휘 후(post-lexical) 처리의 영향을 받는다(Harley & Matthews, 1992; Neely, 1991). 글자 여부 검색 같은 점화물의 비어휘적 처리는 짧은 SOA 점화를 줄이거나 없앨 수 있는데, 겉보기에는 의미론적 활성화가 너무 약해서 후속 반응에 영향을 줄 수 없기 때문이다(Friedrich, Henik, & Tzelgov, 1991). 부호화 전략에 대한 짧은 SOA 점화의 이러한 민감성은 강력한 자동성 가설과 양립될 수는 없지만, 점화의 어의적 부호화가 있을 경우 활성화 확산은 정말 자동적인 것으로 보인다.

그러므로 제어 수준에 대한 일반적인 아이디어의 타당성과 그 아이디어의 구체적인 예시의 타당성과 구분하는 것은 어렵다. 개념상, 가장 만족스러운 준거는 특별한 과정의 시작이 수의적 제어 조건하에서인지 여부에 관한 것으로 보인다(Matthews, 1989). 불수의적인 처리도 자원이 필요하다는 것(제어 처리와는 다른 다중적 자원일지 모르지만) 그리고 제어 처리는 자동 처리 순서를 수정하거나 종료시킬 수 있는 어떤 힘이 있다는 증거도 쌓이고 있다. 비록 주의 이론이 제어 기술들에 대한 정확한 세부내역을 무시하는 경향은 있지만, 세부적으로 통제에 영향을 미치는 집행 기능을 명시함으로써(예: Logan, 1985) 그리고 정확한 제어 기전을 명시함으로써(예: Schneider, 1985) 머릿속 난쟁이가 필요하다는 논박을 무효로 할 수 있다. Norman과 Shallice(1985)의 모델은 집행 통제가 어떻게 발휘되는지를 특히 또렷하게 보여 준다. 제어된 처리는 네트워크-지역 제약하에서 자동적으로 기능할 수 있는 하위 수준의 스키마 네트워크의 활성화를 편향시킨다. 상위 수준 시스템은 Schank(1982)의 '기억 조직화 패킷(memory organization packets)'과 유사한 프로그램으로 제어되며, 이는 특정 상황에서 하는 행위 세트를 목표 및 구체적 맥락 정보와 함께 일반적인 용어로 명시해 준다. 이 모델에서는 중요한 원칙을 설명하는데, 말하자면 수의적 제어는 완전하지는 않지만 하위 수준의 수의적 활동을 포괄하고, 따라서 두 개의 시스템이 제어를 위해 지각적으로 경쟁하게 된다고 설명한다. 만일 한 개인의 통제가 부적응적인 것으로 보일 경우에 우리는 부적응적인 자

동 반응과 취약하고 잘못 인도된 상위 수준의 통제를 모두 살펴야 한다. Norman과 Shallice(1985)도 이중과제 간섭이 집행보다는 상위 수준의 행위 개시와 더 연관될 수 있다고 주장한다.

제어 조절

우리는 제어 기능의 역할을 강조하고 있으므로 제어가 상 · 하위 수준에서 어떻게 이동하는지를 더 자세히 고려해 볼 가치가 있다. 잘 학습된 하위 수준의 처리 순서는 상위 수준의 개입이 거의 또는 전혀 없이 내외부의 촉발자극에 자체적으로 반응할 수 있다는 일반적인 합의가 있다(Norman & Shallice, 1985). 따라서 하위 수준 처리는 반응을 활성화하거나 하지 않을 수도 있는 자동 옵션(default options) 세트를 제공한다. 우리는 그러면 하위 수준 처리의 결과가 상위 수준 활동을 요구하는지 여부를 결정하는 조건들을 명시해야만 한다. 이러한 쟁점에 관한 직접적인 실험 증거는 상당히 희박한데, 아마도 전형적인 실험실 실험이라는 생소하고 어쩌면 위협적인 환경에서 집행 시스템이 개입되지 않을 가능성이 없어 보이기 때문일 것이다. 그러나 Norman과 Shallice(1986, pp. 21-22)는 상위 수준 개입을 요구하는 과제를 위한 비교적 합리적인 안내 지침을 다음과 같이 제안한다.

- 과제는 계획이나 의사결정하는 것을 포함한다.
- 과제는 분쟁 조정 요소들을 포함해야 한다.
- 과제는 잘못 학습된 것이거나 새로운 행위 순서를 포함해야 한다.
- 과제는 위험하거나 기술적으로 어려운 것으로 판단되어야 한다.
- 과제는 강한 습관적 반응을 극복하거나 유혹에 저항하는 것이 필요하다.

일반 원칙은 하위 수준의 통제가 이러한 상황에서는 오류를 일으키는 경향이 있다는 것이다. 이러한 과제의 속성들은 상대적으로 미묘하기 때문에 집행 시스템은 하위 수준에서 받은 입력자극을 항상 점검해서 이러한 기준 중 어느 하나라도 충족되는지 여부를 검증한다는 것을 시사한다. (이러한 점검 기능들이 반드시 의식에 접근 가능한 것일 필요는 없다.) 하나 이상의 기준을 충족시킬 때, 집행기는 하위 수준만의 처리 과정으로 제어를 이관해도 안전하다고 판단될 때까지 계획이나 전략에 따라 하위 수준 시스템이 기능을 편향시키려 하는 경향이 있다. 이러한 제어 양식은 Miller와 Galanter, Pribram(1960)의 TOTE 단위에서처럼 사이버네틱 관점(cybernetic term)의 용어로 표현되기도 한다. 이 시스템은 원하는 종착점에 도달하였는지 여부를 검사(TEST)한다. 그렇지 않은 경우, 시스템 상태를 변경하기 위해서 조종(OPERATE)하고 다시 검사(TEST)한다. 만일 원하는 상태와 실제 상태가 일치하면 시스템은 종료(EXIT)하고 통제를 포기한다. 그렇지 않으면 필요에 따라 제어 루프가 계속 순환된다.

따라서 집행 기능의 중요한 측면은 **메타인지**(metacognition), 즉 전체 인지 시스템의 특성과 그 시스템이 피드백 반응으로 인지를 조절하는 통상적 반응 레퍼토리들에 대한 집행 지식(the executive's knowlege)이다(Brown, 1975; Nelson & Narens, 1990). 제어상의 이러한 전환에 대한 그럴듯한 설명은 연속적인 반응 시간에 대한 연구들이 제공한다. Rabbitt(1979a)은 시행 간에 의식적 반영 시간을 매우 제한적으로 제시하는 그런 과제를 통해 피험자의 속도-정확성의 균형잡기가 아마도 하위 수준 제어하에서는 과도한 위험 가능성 쪽으로 표류하는 경향이 있음을 보여 주었다. 앞서 제시한 분쟁조정이라는 기준에 맞는 오류가 발생하면, 균형잡기를 조정하기 위한 집행 작업이 시작되면서 오류에 따른 반응들이 즉시 느려지는 패턴이 나타나고, 이어서 원하는 균형잡기 수준으로 재조정된다. 또한 집행 기능은 계획된 의도 없이 후주의적 하위 수준 처리를 시작하게 할 수 있다. Logan(1992)은 어떤 자극에 대한 수의적인 주의 기울이기는 장기기억에서 관련 정보를 자동으로 인출하게 한다고 제안한다.

수준 간 경쟁과 조절 실패

만일 우리가 두 가지 통제 수준을 가지고 있다면, 이들 간에 충돌이 있거나 아니면 통제가 '잘못된' 수준으로 이관될 가능성이 있을 수 있다. 임상문헌에는 객관적 증상과 관련이 있거나 아니면 부적응적인 통제에 대한 주관적 평가와 연관된 것으로 보이는 증상들을 지닌 많은 환자 사례가 있다. 사회공포증과 공황 및 강박 장애 사례에서는 수의적인 통제력 상실의 두려움을 포함하여 그들이 스스로 억제하지

못하는 침투적 사고로 인해 많은 환자가 고통을 받는다. 역설적으로 이들 환자는 종종 보상기전으로 자신의 말과 행위에서 '과잉 통제되는' 것으로 보인다. 앞서 우리가 살펴본 바대로 자동적 처리 경로는 하향식 처리(예: Friedrich et al., 1991)에 의해 적어도 부분적으로 수정될 수 있다. Schneider와 Fisk(1983)는 어떤 피험자는 통제된 전략을 사용하려는 시도를 중단하라는 지시를 받은 후에만 자동성을 얻을 수 있다고 지적한다. 풀어서 말하면, 자동화된 과정을 중단시키는 통제 과정들의 힘은 두 유형의 처리 강도에 달려 있다는 아이디어로서, 주의에 대한 연결주의 모델들로 개발된 것이다(Cohen, Dunbar, & McClelland, 1990). 수천 번의 시행 학습을 거쳐 Schneider와 Shiffrin(1977)이 시각적 탐색 연구에서 발전시킨 매우 강한 과잉 학습된 자동적 반응들은 엄청난 노력을 통해서만 억제될 수 있으며 그렇지 않으면 전혀 그렇게 안 된다. 더 약하게 자동화된 반응들은 수정하기가 더 쉬웠다. 따라서 임상 환자가 적절한 통제를 하지 못하는 것은 비정상적으로 강한 자동적 반응들이거나 아니면 집행 통제력이 약하기 때문일 수도 있다. 두 현상 모두 모종의 임상적 설득력이 있다. 군인들은 위협에 대해 즉각적인 방어나 공격 반응을 훈련받는데, 외상 후 스트레스장애를 겪고 있는 사람들은 아마도 이러한 자동화 강도 때문에 일상의 위험하지 않은 사건들에도 증상이 유발될 수 있다. 이와 반대로, 우울증 환자들은 기억 및 주의를 열심히 통제하려는 노력이 특히 부족한 것 같다(Johnson & Magaro, 1987).

특정 자극이 자동적으로 내부 '방해물'을 생성해서 진행 중인 상·하위 처리 수준을 간섭할 수 있다는 증거가 상당하다. 간단한 예는 밝은 플래시처럼 빠른 시각적 개시(onset) 및 오프셋(offset)의 효과이다. 이런 종류의 개시는 해당 공간 지점에 주의 자원을 할당하게 하는 경향이 있다(Yantis & Jonides, 1990). 이러한 방해하는 속성이 있는 자극들은 처리의 우선순위를 갖게 된다. Yantis와 Jones(1991)는 주의 방해를 생성하는 모든 요소마다 높은 순위로 '태그(tagged)'되어 태그가 안 된 요소보다 먼저 처리된다고 주장한다. 그들은 태그 강도는 Duncan과 Humphreys(1989) 모델에서 대상 표상에 할당되는 주의 가중치와 유사하다고 제안한다. 그것이 단순히 주의를 포착하는 독특한 자극 특성 때문만은 아니지만, 다른 자극 속성들도 비슷한 주의 가중치를 가지고 있는지 여부는 확실하지 않다(Jonides & Yantis, 1988). 방해는 때로 현재의 주의 할당 전략에 의해 무시될 수 있다. 주의가 먼저 초점화되면 갑작스러운 개시는 주의를 끌지 못한다(Yantis & Jonides, 1990). 어떤 결과가 나타날지는 아마도 방해 및 수의적 통제 각각의 강도, 즉 상·하위 제어 수준의 활성화 모델 안에서 쉽게 모델링하는 갈등에 의존할 것이다(예: Norman & Shallice, 1985).

이미 살펴본 것처럼, 자극들도 의식적 주의를 당기는 힘을 습득할 수 있고 또 확장된 지속적 매핑 훈련을 통해 자발적 의도를 부분적으로 상회하는 힘을 자동적으로 얻을 수 있지만(Shiffrin & Schneider, 1977), 이런 경우 효과의 본성은 후주의적인 것으로 보인다(Treisman et al., 1992). 비록 자동적 처리가 자주 제어된 처리(Schneider et al., 1984)를 호출하지만, 항상 그런 건 아니다. 인간의 오류에 대한 연구들에 의하면, 오렌지 껍질을 벗겨 내고 알맹이를 버리는 것 같은 행위 실수는 잘 학습된 행위 순서들이 부적절하게 반사적으로 촉발되었기 때문이라고 본다(Reason, 1984). 그런 행위는 부담되는 것이 아니어서, 이 문제는 용량 부족의 문제가 아니다. 오히려 집행 시스템이 사건 후에 오렌지 껍질을 입에 대는 것과 같은 외수용성 피드백에 의해 강제될 때까지 자동적 처리 개시를 탐지하지 못한 것 때문으로 보인다. Reason(1990)은 이러한 오류를 근본적으로 하위 수준이 적응적으로 기능하는지를 점검하는 집행 수준의 전략적(또는 메타인지적) 실패 탓이라고 본다.

연결주의 그리고 주의

연결주의의 가정

병렬분산 처리(PDP) 모델은 주의에 대해 전혀 다른 접근법을 제공한다. 여기서 핵심적인 가정은 많은 상호 연결된 모듈 처리 단위가 병렬로 작동한다는 것이다. 각각의 단위들은 그와 연관된 활성화 수준이 있다. 정보처리는 단위들 간의 활성화 확산으로 그리고 그 쇠퇴 또는 억제에 의해 지원된다. 예를 들어, 단어 재인은 특정 역치에 도달하는 한 단어 단위 또는 단위 집합체의 활성화에 달려 있다. 활성화의 변화는 몇 개의 등급이 있는 수학적 알고리즘에 의해 관리된다(Rumelhart, Hinton, & McClelland, 1986a). 알고리즘의 상세화란 연결주의 모델들에서 행동은 항상 컴퓨터 프로그램으로 시뮬레이션(simulation)될 수 있음을 뜻한다. 모든 알고리즘은 단위들

간의 연결 강도, 즉 **가중치**를 지시하며 이는 활성화가 한 단위에서 다른 단위로 쉽게 확산되는지 여부를 결정한다. 예를 들어, 만일 우리가 단어 단위를 가지고 있는 경우, BREAD와 BUTTER처럼 강하게 연관된 단어들에 대해 단위들 간 연결은 가중치가 매우 높을 것이고 그래서 한 단어의 활성화가 다른 단어를 활성화하는 경향이 있다. PDP 모델들에서 학습은 가중치 변화의 영향을 받는다. 인간의 정보처리를 시뮬레이션하는 단위들의 분산 네트워크인 경우, 여기에는 입출력 단위 사이에 개입하는 내적 구조인 소위 '숨겨진(hidden)' 단위가 있어야 한다. 이보다 더 단순한 모델은 단위들의 여러 위계적 계층을 가정한다. 즉, 단어 재인은 단순한 지각적 특징에, 개별 문자에, 단어 자체 등에 조율된 단위들에 따라 달라질 수 있다. 현대 연결주의 모델은 종종 모듈형 구조를 가지며 각 모듈은 특정 유형의 단위 세트로 구성되지만, 단순한 위계적 계층이 할 수 있는 것보다는 조금 더 복잡한 모듈들이 조직화되어 있다(예: Plaut & Shallice, 1993; Seidenberg & McClelland, 1989).

연결주의 및 주의

주의와 관련하여 전형적인 가정은 바로 별도의 주의 선택기나 기전이 없다는 것이다. 대신에 주의 결과로 관찰된 현상은 집행 통제 없이도 네트워크 속성에 의해 수의적으로 생성된다. 예를 들어, 우리가 오염이나 질병과 관련된 단어를 강박증이 있는 환자에게 제시한다면, 이 사람은 불안정한 행동 징후와 이런 자극에 대한 선택적 주의를 다른 데로 돌리는 행동을 보인다. 전통적인 인지심리학은 이러한 반응을 강박 관련 자극들에 매우 민감한 선택 기전의 탓으로 돌린다. 이와는 대조적으로, 연결주의적 접근법은 언어적 자극에 의해 활성화된 처리 단위들이 다른 처리 단위들과 어떤 비정상적인 방식으로 연결되어 있다고 가정한다. 예를 들어, 강박 관련 단어와 연관된 단위는 불쾌한 정서 또는 강박 반응 등과 연관된 단위들과 함께 강한 가중치가 있는 흥분성 연결을 가질 것이고, 그것이 관찰 가능한 행동 방향에 영향을 줄 수 있다. 달리 말하면, 주의 편향은 자극에 대한 네트워크 전체의 반응으로부터 발생한다. 이 가정의 당연한 귀결은 네트워크 기능의 서로 다른 측면과 관련된 많은 유형의 주의가 있다는 것이다.

가장 단순한 기전은 주의가 적절한 단위의 사전 활성화와 연관된다는 것을 가정하는 것이다. 예를 들어, Kienker와 Sejnowski, Hinton, Schumacher(1986)는 주의 초점 안에서 지각적 단위의 활성화를 추가함으로써 주의의 공간적 '조명'을 시뮬레이션하였다. 이러한 종류의 모델 중 조금 더 정교한 것은 Phaf와 Van der Heijden, Hudson(1990) 등이 주장한 것으로서 소위 SLAM이라는 시각적인 선택적 주의에 대한 시뮬레이션을 활용하였다. Phaf 등(1990)은 초기의 대상 선택과 후기의 색상, 형태, 위치 등과 같은 '자극 특성'에 대한 선택이라는 서로 다른 기전을 제안한다. 상세한 기술적 설명 없이 SLAM과 같은 시뮬레이션의 기능을 적절하게 전달하기는 어렵다. 간략히 말하면, SLAM은 세 가지 수준의 상호 연결된 모듈로 구성된다. 가장 하위 수준은 기본적인 자극 특성들(예: 빨간색과 사각형 같은 자극)의 결합에 의해 활성화된 모듈로 구성된다. 중간 수준은 색상이나 형태와 같은 단일한 속성 유형과 관련된 모듈로 구성된다. 마지막 수준은 외현적인 반응을 시작하는 운동 프로그램 모듈이다. 대상 선택은 물리적 단서에 의해 직접적으로 하위 수준의 모듈이 활성화하거나 또는 언어적 지시를 통해 간접적으로 중간 수준 모듈이 활성화하는 것의 영향을 받는다. 예를 들어, Phaf 등은 만일 대상의 색상을 보고하라는 지시에 부응하여 색상 모델이 활성화되면, 필요한 색상이 선택적으로 사전 활성화되지 않아도 SLAM의 반응 속도가 향상되는 것을 보여 준다(모듈 내에서 색상 단위들의 상호 억제는 다른 색상들의 역치 활성화를 막는 역할을 한다).

두 번째 가정은 주의가 단위 간 연결 강도를 조절하여 주의를 준 자극 특성이 반응 단위에 우선적으로 접근하도록 하는 것이다. Cohen 등(1990)은 Phaf 등(1990)의 시뮬레이션 모델과 어느 정도 비슷한 시뮬레이션 모델을 보고하는데, 과제 지시는 과제 요구 단위를 활성화하고, 차례대로 중간 수준 처리 단위를 활성화하는 것이다. 그러나 이 모델에서 이러한 지시적 활성화의 주요 기능은 중간 단위의 입력에 대한 반응성을 수정하는 데 있다. 즉, '주의'가 없으면 하위 수준 입력에 의한 단위의 활성화는 지지부진해진다. 앞서 설명한 대로 유사한 시스템 구성은 갈등적 반응들과 연관된 인물 자극들 간의 간섭 효과를 모델로 한 시뮬레이션(Cohen, Servan-Schreiber, & McClelland, 1992)과 Eriksen이 실험적으로 입증한 효과(예: Eriksen & Schulz, 1979)를 지지한다. Cohen 등(1990)은 하위 수준 기전의 관점으로 '용량' 제한을 설명한다. 처리 과정 모듈은 종종 이질적인 활성화 패턴을 생성하는 두 가지 입력 신호에 대한 처리를 지원할 수 없다. 그래서 자극들이 동일한 경로 안에서 동시에 처리될 때 과

제 간섭이 발생하는 경향이 있는데, 이는 중다 자원 이론(Wickens, 1984)과 일치하는 것이다.

주의에 대한 연결주의 접근은 매우 유망하다. 방금 설명한 비교적 단순한 시뮬레이션조차도 각각의 분야에서 놀랄 만한 양의 데이터를 설명하고, 새롭고 검증 가능한 예측을 만들어 낸다. 주의에 대한 우리의 이해는 이론을 계산 가능한 형태로 표현할 때에만 이득이 있다. 연결주의는 또한 스키마 같은 상위 수준 지식과 하위 수준 처리 간의 상호작용을 허용한다. 다시 말하면, PDP 모델은 스키마를 명시적으로 말하지는 않지만 그것은 강하게 상호 연결된 단위들의 집합에 해당하므로 한 단위의 활성화는 다른 단위들을 활성화하는 경향이 있다(충분한 설명은 Rumelhart et al., 1986a 참조). Cohen 등(1992)은 Anderson(1982)이 상정한 절차적 규칙을 표현하는 인지적 통제 생산 시스템의 연결주의 이론과 관련지어 논의하면서 새로운 복잡한 과제에 대한 수행을 설명한다. 그들은 궁극적으로는 생산물이 연결주의적 용어로 표상될 수 있어야 하지만, 생산 시스템 자체는 PDP 네트워크와 뚜렷이 구별되는 것으로 보는 것이 유용할 수 있다고 제안한다. 그러나 연결주의적 접근법도 단점이 있다. 첫째, 시뮬레이션은 이론적인 주장을 해결하는 힘이 종종 가정하는 것보다 덜 강력하다. 관찰된 데이터에 대등하게 잘 들어맞는 서로 다른 원리들로 시뮬레이션을 구성하는 것이 가능할 수 있기 때문이다. 예를 들면, Phaf 등(1990)과 Cohen 등(1990)의 선택적 주의에 관한 설명을 증거를 토대로 고르기가 어렵다. Cave와 Wolfe(1990)는 초기 선택과 후기 선택의 구별에도 비슷한 어려움이 있다고 주장한다. 둘째, 연결주의는 수의적이고 전략적인 주의 통제의 역할을 적절히 다루지 못하고 있다. 논의된 모델들은 수의적 통제가 하위 수준의 처리 과정과 상호작용하는 방법을 보여 주지만, 통제와 연관된 활성화 처리 과정이 맨 처음에 어떻게 생성되는지는 설명하지 못한다. '상위 수준 단위들에 의한 활성화' 그리고 '과제 요구 단위들'에 대한 언급은 그저 이 문제를 또 다른 단계로 회귀시키는 것이다. 사실, 수의적인 통제에 의해 생성된 활성화에 대한 설명이 없다면 사람들은 머릿속의 난쟁이(homunculus)가 이들 모델에도 계속 숨어 있을 것이라고 의심할 것이다. 이론상으로는 동일하고 광범위한 PDP 원리들(Shallice, 1988 참조)과 마찬가지인 제어 과정을 구현하는 독립적 모듈들이 있다고 주장할 수 있지만, 이 문제에 대한 실질적인 진전은 미미하다. 그러므로 연결주의가 하위 수준의 주의 과정에 대해 소중한 통찰을 준다 해도, 우리는 여전히 전통적인 집행 통제 모델에 더 의존해야 한다.

마무리

요약하면, '주의'는 정확하게 정의하기 어려운 개념이다. 대체로 우리는 이 용어가 지닌 두 가지 의미를 구분할 수 있다.

- 주의는 정보 선택을 의미하며, 어떤 자극이 중요한지, 어떤 자극이 후속 반응에 영향을 미치는 것이어야 할지를 선택하는 것이다.
- 주의는 처리 효율성을 극대화하려고 어떤 과제에 강력하게 집중하는 것을 말한다.

임상 현장에서 우리는 이 단어가 의미하는 바가 무엇인지를 구분해야만 한다. 건강염려증 환자라면 질병 관련 자극들과 같은 특별한 자극 유형에 대한 민감성 또는 우선순위가 높은 중요한 활동에 집중하는 효율성에서 비정상일 수 있다. 그러므로 주의의 선택적 측면과 집중적 측면의 손상은 서로 다른 증상으로 구분해야 하지만, 우리가 앞으로 알게 되듯이 주의 손상은 자주 정서장애와 함께 발생한다.

실험적 작업은 주의 과정의 선택 및 집중적 측면에서 매우 다양한 비정상적인 기전들을 제안한다. 만일 우리가 진단을 위해 주의의 비정상성을 쓰거나, 치료의 일부로 주의를 수정하고자 한다면, 비효율적인 선택이나 수행과 같은 관찰 가능한 현상을 설명하는 정보처리에 관한 엄격하고도 상세한 모델이 필요하다. 아직까지 주의 이론가들 사이에서 모델에 대한 논쟁이 여전히 꽤 있지만, 일부 개괄적 원칙들을 확인할 수 있다.

1950년대와 1960년대에는 제한된 용량 시스템에 진입하는 지각적 정보의 입력을 제어하는 확실한 주의 선택기(selector)가 있다고 믿었다. 의식적인 자극 재인은 후기 처리 단계에서 일어나며, 선택기는 반응과 행위를 통제하도록 일부 입력 소스나 채널은 무시하고 다른 채널은 허용하는 것으로 보았다. 후기 처리에서 용량 제한성은 집중적 처리의 효율성에 대한 주된 영향요인이었다. 이론적 논쟁은 주로 자극

이 초기 처리 과정에서 제한된 용량 시스템에 들어가기 전에 여과되는지 여부(초기 선택), 아니면 그것이 반응에 영향을 줄 자극의 선택을 수행하는 시스템 자체의 용량 제한 때문인지 여부(후기 선택)에 주로 관심이 있었다. 광범위한 두 가지 처리 영역이 있다는 아이디어는 계속 유용하고 영향력 있는 것으로 남아 있다(예: Johnston & Dark, 1985). 초기 처리는 병렬로 작동하는 것 같고 또 의식적 노력이 거의 또는 전혀 필요하지 않은 반면에, 후기 처리는 한 번에 한 단계씩 순차적으로 일어나고 또 일부 제한된 주의 용량을 할당하는 노력이 필요하다. 그러나 다른 쟁점들이 선택이 초기인지 아니면 후기인지 여부에 대한 아직 해결되지 않은 질문을 가로막는 경향이 있다. 한 가지 중요한 원리는 하나의 전체로서 그 시스템은 색상과 같은 추상적인 자극 특성보다는 자연 세계에서 대상들을 선택하도록 설계된 것으로 보인다는 것이다. 그래서 어떤 특정 대상의 모든 자극 특성은 한꺼번에 선택되거나 거부되는 경향이 있다.

선택의 전통적인 관점은 그것이 산업체의 품질 관리 기전처럼 작동한다는 점이다. 어떤 일정한 맥락에서 자극은 반드시 다음의 처리 단계로 넘어갈 수 있는 고정된 속성을 갖고 있어야만 하고 그렇지 않으면 폐기된다. 현재의 주의 연구는 두 가지 다른 방향에서 이런 견해에 도전하고 있다. 한쪽 계열의 연구에서는 주의 선택의 유연성을 강조한다. 사람들은 자신의 의도에 따라 다양한 다른 전략을 사용해서 자극을 선택할 수 있다. 개인은 연습을 통해 특정 맥락을 다루는 구체적 기술을 개발함에 따라 매우 복잡한 구분하는 방법을 학습할 수 있다. 두 번째 연구계열인 연결주의는 독립적인 주의 선택기가 존재한다는 기본 아이디어에 도전한다. 처리 과정은 병렬로 작동하는 다양한 유형의 기본적 처리 단위의 네트워크로 지원된다. 따라서 주의는 처리 시스템이 하나의 전체로서 나타내는 특성이며, 따라서 별도의 주의 여과기나 관문은 없다.

우리는 이러한 다양한 개념이 두 수준의 주의통제를 상정하는 이론 모델들 안에 통합될 수 있다고 주장하였다(예: Norman & Shallice, 1985). '하위' 수준은 어떤 점에서는 전통적인 선택 이론의 초기 병렬적 처리 단계와 닮아 있다. 처리 과정은 입력자극에 의해 자동적으로 불수의적으로 촉발되며, 주의 용량에 의해 크게 제한되지 않는다. 연습을 통해 어떤 복잡한 기술도 자동화될 수 있다. 연결주의는 이 수준에서 모델링 처리를 위한 기틀을 제공한다. '상위' 수준은 계획이나 전략으로 명시된 수의적 처리 과정을 지원하고 또 그 작동은 어떤 고정된 전체 용량 또는 주의 자원의 일부로 제한된다. 그것은 반응에 직접 영향을 줄 수는 없고, 그보다는 하위 수준 처리 과정의 작동을 편향시킨다. 어떤 특정한 과제에서 '호먼큘러스', 즉 머릿속의 난쟁이에게 의지해 주의를 설명하려는 문제를 피하기 위해서는 상위 수준의 전략이나 집행 기능이 상세히 명시되어야 한다. 자동적 처리와 제어된 처리를 구분하는 기법은 크게 두 가지가 있다. 첫째, 처리 부하량에 따른 수행의 민감도를 검증하는 것이다. 제어된 처리는 자동적 처리보다 부하량의 증가로 인해 더 크게 손상되어야만 한다. 둘째, 순간적인 점화 현상을 조사하는 것으로서, 점화 단어를 먼저 제시한 것이 점화와 연관된 단어의 후속 처리를 향상시킬 수 있다. 짧은 시간 간격(<300 msec)으로 점화하는 것은 자동적이라고 믿지만, 긴 시간 간격은 제어된 또는 기대 점화가 우위를 차지할 수 있다. 두 기술 모두 엄격한 결과를 제공하려면 추가적인 검증과 점검이 필요하다.

상 · 하위 수준과 연관된 자동적 및 제어된 처리의 구분은 두 유형의 처리를 구분해 내는 개념적 및 방법론적 어려움 때문에 크게 비판을 받는다. 이러한 비평에 답변하려면 두 유형의 처리가 처리 과정에서 상호작용하는 방법을 세부적으로 설명하는 것이 필요하다. 이에 가까운 유용한 것으로는 처리 과정을 자동성의 수준에 따라 달라지는 것으로 개념화하는 것이다. 비록 수행에 대한 정교한 분석으로 두 수준의 통제가 미치는 영향을 여전히 구분해 낼 수가 있겠지만, 대부분의 처리에는 촉발 자극과 수의적 실행의도 둘 모두가 있어야 한다는 점에서 부분적으로 자동화되어 있다. 주의력 결함은 두 수준 모두와 관련이 있을 수 있고 또는 두 수준 간의 상호작용과 연관될 수 있다. 이 책의 나머지 부분에서 우리는 정서와 주의 간의 관련성을 설명할 텐데, 연결주의 이론에 수의적 통제를 통합하는 기전을 능가하는 많은 이론적 작업이 이루어져야 하겠지만 우리는 두 수준의 통제 모델을 설명틀로 이용할 것이다.

임상가를 위한 함의에서 주의장애에 대한 주관적 경험 자체는 그다지 정보가가 없다. 비정상적인 주의 선택은 하위 수준 네트워크의 비정상적인 연결 때문일 수도 있고 개인의 의도적인 계획 및 선택 전략 등에 의해 주도될 수도 있다. 마찬가지로 집중적인 처리의 효율성은 이에 관여된 하위 수준의 '회로화' 때문이거나 또는 상위 수준의 주의 자원 가용성 및 전개 때문일 수도 있다. 임상 환자에서 주의 비정상성에 대한 실험실 입증은 이러한 광범위한 대안들을 구별하지 못하기 때문에 종종 제한된 용도로만 사용된다. 다음 장들에서는 정서와 주의의 관계 그리고 정확한 기전에 관한 실험 연구들로부터 추론되는 것을 상세하게 고찰하겠다.

제3장

주의: 복잡하고 개인적으로 중요한 정서 자극에 대한 개인의 선택

앞선 장에서 검토된 주의 연구는 주로 철자나 단어 같은 단순 자극에 관한 것이었다. 그러나 일상생활에서 자극은 종종 잘 정의된 자극 속성보다는 오히려 자극에 대한 개인의 중요성에 기초해 선택된다. 임상 환자에서 인지적 편향(cognitive bias)은 종종 자기가치(self-worth)에 관한 주의처럼 세상에 대한 추상적이고 고차원적인 특성들과 연관이 있는 것 같다. 이 장에서 우리는 특정의 맥락 속에서 자극에 대한 개인적인 중요성에 해당하는 개인지식이 주의를 어떻게 끌어내는지 그리고 때로는 매우 복잡한 속성으로 배열, 정의되는 자극들도 고려해 볼 것이다. 개인에게 중요한 자극은 종종 정서를 유발하는 것이므로 정서 자극에 대한 주의 연구들도 함께 고찰한다.

스키마에 의한 선택

선택이 지각적 특징이나 대상 및 반응에 작용하는지 여부는 제외하고, 그동안 선택 과정의 세련성이 매우 과소평가되어 왔다고 생각해도 괜찮을 것이다. Neisser와 Becklen(1975)은 선택을 위한 어떤 단순 단서들이 없음에도 불구하고, 피험자들이 필름으로 중첩되어 전개되는 두 가지 게임 중 하나의 게임을 효율적으로 선택하였음을 보여 주었다. 그들은 선택이 주의 초점을 겨냥하는 스키마의 하향식 영향을 반영한다고 주장한다. 스키마는 기억 연구에서 가장 잘 알려진 것으로서 어떤 공통개념, 사건이나 활동에 대한 일반 지식이 조직화된 표상이다. 스키마가 부호화와 인출에서 하는 역할에 대한 증거는 상당히 많다(예: Alba & Hasher, 1983). 예를 들어, 레스토랑 스키마, 즉 각본이 있는데, 이는 식당에 들어가 음식을 주문하고 먹고 나가는 습관적인 행위들이 부호화된 것이다(Schank & Abelson, 1977). 정상적으로는 각본이 잘 짜여진 사건이 각본과 무관한 사건보다 더 잘 회상되고 또 개인이 그 일반적 각본의 일부이기는 하지만 회상 시점에서는 실제 발생하지 않았던 사건을 잘못 회상할 수도 있다(예: Bower, Black, & Turner, 1979).

스키마 이론의 발달은 시각적 주의 맥락에서는 부진하였다. Neisser(1976)가 제안한 광범위한 개념인 스키마는 끊임없이 반복되는 지각적 인지의 순환고리 속에서 작동하는 것이며, 예상 정보를 토대로 외부 환경을 탐색하도록 끌어간다. 정보가 수집된 후 스키마는 수정되어 새 정보에 적응할 수 있고, 새로운 탐색 단계가 시작된다. Neisser는 스키마 기능이란 기대를 토대로 분명한 정보들을 탐색하고 지휘하는 계획(Miller et al., 1960)과 같은 것이라고 역설한다. 그러나 전에 논의되던 통제 모델 수준과는 달리, Neisser는 스키마가 계획뿐만 아니라 계획을 집행하기도 한다는 견해를 제시한다. 또한 Neisser는 두 가지의 스키마가 지휘하는 활동들이 모순이나 양립 불가능할 때만 선택적 주의가 일어난다고 주장한다. Neisser(1976)는 개인을 외부 환경에 대한 적극적인 질문자로 보고 있다. 스키마 관점은 주의에 대한 하향식(top-down) 통제가 점점 강조되는 추세에 부합하며, 이러한 관점은 곧 선택적 주의가 별도의 기제가 아니라 더 근본적인 처리 과정에서 발생하는 속성이라는 것이다(Johnston & Dark, 1985 참조). 아마도 우리는 Neisser에게 두 가지 요점에서 문제를 제기할 수 있다. 첫째, 하향식 처리가 비록 두 개의 중첩된 장면과 같은 복잡한 자극의 선택에서는 상당히 유연해 보이긴 해도, Neisser(1976)는 자극주도적 처리의 상향식(bottom-up) 역할을 과소평가한다. 이런 좋은 증거가 있다. 단순한 지각 집단화 특질로 정의된 '대상들' 중에서 선택할 때(Duncan, 1984)와 시각적 주의의 초점을 공

간 내의 원에 가까운 단일 영역에 맞출 때(Johnston & Dark, 1985; Yantis & Johnston, 1990) 그리고 정서 자극에 반응할 때(Pratto & John, 1991) 등에서 주의는 특히 효율적이다. 이러한 특성은 적절한 책략에 의해 기각될 수 있는 디폴트값(내정치) 이상이 아닌 매우 강한 편향적 효과가 가세된 것으로 보인다. 둘째, Neisser(1976)는 스키마의 거시적 기능의 중요성을 과대평가한다. 우리가 제8장에서 보게 될 것인데, 예를 들어 오류 및 '인지 실패'에 대한 연구들은 행동의 계획 및 실행 단계로 나뉜다. 집행 기능 자체도 모듈화되고 구성 요소들로 분리될 수 있다(Shallice, 1988). 일반적으로 스키마 접근법은 정보처리에서 이질적인 종류들을 모호하게 구분하는 경향이 있으므로 우리는 다음 장에서 정보처리의 세부 요소를 이런 방식으로 묵과할 수 있는지 여부를 고려할 것이다.

현재 맥락에서는 Beck(1967)이 우울증의 맥락에서 설명한 것처럼 상대적으로 복잡한 신념 및 태도를 대표하는 스키마가 주의 통제와 잘 부합된다(제1장 참조). 예를 들어, Markus(1977)는 자기지식이 **자기스키마**(self-schema), 즉 '자기에 관한 내부 작업 모델'(Markus & Cross, 1990)로 조직화되고, 자기스키마는 자기에 관한 신념 그리고 관련된 과거 경험 모두를 대표한다고 주장한다. 자기스키마는 자기 관련 처리에서 전방위적인 영향을 주는 것으로 본다. Markus(1977)는 자기스키마의 특성이 자기서술적 단어 및 기타 자기 관련 과제의 처리 속도를 예측했음을 보여 주었다. 자극 자료 중 자기와 관련된 것이 선택적 주의에 영향을 주는 것으로 나타났다. Geller와 Shaver(1976)는 피험자들을 실험적으로 자각하도록 해서 자기스키마가 활성화되었다고 볼 수 있는 경우, 자기 관련 단어들이 스트룹 검사에서 잉크 색상의 명명을 방해한다는 사실을 발견하였다. 설사 우연적 학습일지라도 자기 관련 자료에 대한 상위 수준에서의 회상기제는 여전히 논쟁의 여지가 있었다(Rogers, Kuiper, & Kirker, 1977). Klein과 Loftus(1988)는 자기참조적 자극에 대한 기억의 장점이 두 가지 과정, 즉 부호화에서 많은 정교화 및 조직화 과정에 있다는 증거를 제시한다. 자기참조성이 비록 좋은 회상을 촉진하는 유일한 방법은 아니지만, 서로 다른 자극 조건들을 총괄하여 기억 유지를 향상시킬 때는 독특한 기능이 있을 수 있다.

또한 스키마 지식과 연관되고 주의에 영향을 주는 기타 상위 수준의 구성물은 성격 및 정서 상태에 관한 신념을 포함한다. Higgins(1990)는 여러 편의 연구를 검토하였는데, 피험자가 어떤 사람에 대한 인상을 에세이에 서술한 것이 매우 쉽게 접근할 수 있는 성격 서술어들로 표현되어 있는 반면에, 그에 관한 다른 정보는 무시되는 경향이 있음을 보여 준다. 또한 개인 지각도 맥락은 달라도 관련된 정보에의 사전 노출로 점화될 수 있다. Higgins와 Rholes, Jones(1977)는 지각 과제에서 성격적 특성을 서술한 재료에 사전 노출된 피험자는 그 후에 실시된 별도의 독해 과제에서 타인을 기술할 때 사전에 노출된 특성과 같은 것을 사용하는 경향성이 있음을 보여 주었다. Higgins(1990)는 이용 가능한 지식은 오랫동안 접근이 가능한데, 이는 다양한 특정 맥락에서 개인의 선택에 영향을 줄 것이며 또는 상황 요인에 따라 다만 일시적으로 활성화될 수 있다고 말한다. 우리가 제4장에서 볼 것처럼 자극의 긍정성 또는 부정성 여부에 대한 개인 평가는 기분 상태의 즐거움에 편향된다는 증거가 상당히 있다(Matthews, 1992a). 이에 대한 한 가지 해석으로 평가란 기분과 연합된 스키마에 의해 주도되는 자극의 기분일치적 요소 쪽으로 선택적 주의를 반영한 것이다.

스키마 이론의 문제점

주의에 대한 스키마 접근법은 여러 논쟁과 관심을 불러일으킨다. 주된 문제는 장기기억상의 자기 관련 정보의 표상이다. Segal(1988)이 지적한 것처럼 스키마이론의 핵심명제는 바로 개개 지식 요소들이 서로 높은 내적 관련이 있으므로 이들은 마치 하나로 활성화 또는 접근될 수 있다는 점이다. Segal(1988)의 견해는 자기스키마인 경우 이러한 구조적 조직이 설득력 있게 입증되지 않았다는 것이다. Higgins와 Van Hook, Dorfman(1988)은 의미론적 점화 패러다임을 사용하여 자기 관련 구조가 서로 작용하는 경향성의 여부, 즉 스키마 조직화의 증거를 발견하지 못했음을 검증하였다. 한 연구에서 그들은 '문제가 되는 쟁점'에 관한 지식을 구조화한다는 증거를 발견했는데, 이는 개인마다 특정의 부정적인 자기신념 및 개인적 관심사에 관한 다소 개체 특정적인 스키마 같은 조직이 있을 것임을 시사한다. 자기스키마에 관한 가설의 검증은 또한 공적 및 사적 자기, 현실적 및 이상적 자기 등과 관련된 자기스키마 세트의 확산으로 방해받는다(Markus & Cross, 1990 참조). Williams와 Watts, MacLeod, Mathews(1988)는 다른 이론가들 사이에서 세부적인 합의가 이루어지지 않은 것을 포함시킨 스키마 개념의 또 다른 결함을 검토한다.

스키마에 대한 명시적 참조를 하지 않아도, 상대적으로 복잡한 지식의 항목을 점

화하는 효과를 설명할 수 있는 것 같다. Higgins(1990)의 지식 활성화 이론은 일차적으로 개인적 지식 요소의 가용성 및 접근 가능성에 관심이 있다. 짐작건대, 모든 이가 장기기억의 지식은 어떤 점에서 조직되어 있지만 그 조직화의 본질은 의심의 여지가 있음에 동의한다. 지금은 스키마와 유사한 개념이 확산되어 있으나(예: Schank, 1982 참조), 몇 가지 특수하고 매우 제한적인 실험 패러다임을 제외하고는 그 타당성을 구분할 수 있는 자료는 거의 없다. 더욱이, 만일 우리가 개개 요소들이 연결되는 연합강도가 자유롭게 변하는, 즉 Bower(1981)가 제안한 그런 종류의 의미론적 네트워크 표상이 있다면 조직화에 대한 단순한 설명은 전혀 가당하지 않다. 기껏해야 '스키마'는, 서로는 강하게 연합되면서 다른 요소들과는 약하게 연합되는, 요소들의 한 세트라고 대략 볼 수 있다(Rumelhart et al., 1986a, 이런 부분이 더 정교하게 표현됨). 이 책에서 우리의 스키마 접근법은 정밀한 표상 이론을 약속하기보다 조직화된 일반 지식을 줄여서 그저 '스키마'라는 용어로 사용하고 있다. 후반부에서 이 이론을 거론할 때(제12장) 우리는 자기지식을 일반적인 절차적 형태로 표상되는 것으로 보는 것이 특히 적절하다고 주장할 것이다. 예를 들면, 스키마는 주의를 어떻게 특정 유형의 상황 쪽으로 향하게 해야 하는지 혹은 자기 관련 정보가 어떻게 처리되어야만 하는지 등에 관해 구체적으로 명시하는 일반적인 절차적 표상이라 할 수 있다. 그러나 현재로는 지식 표상에 있는 세밀한 특성이 다소 모호하며, 스키마 개념의 사용이 다소 사변적일 수 있음을 우리는 강조한다.

표상의 쟁점 외에도, 우리는 일반적인 선택과 마찬가지로 '스키마 주도적인' 선택에 관해 동일한 질문을 할 수 있다. 우리는 스키마 기능이 처리의 구조물, 선택의 통제 수준에 의해 제약을 받는 것인지 그리고 복잡한 지식 및 기대에 따라 유도되는 선택이 주의 연구의 전통적 목표인 모양이나 범주 및 대상을 선택하는 것과 본질적으로 동일한 것인지 등을 알고 싶다. 우울한 기분이나 희망적인 것에 주의를 기울이는 것이 컴퓨터 화면의 초록색 숫자에 주의를 기울이는 것과 동일한 것인가? 이러한 질문에 대한 답이 대체로 금방 나오지 않겠지만, 사회적 정보의 처리 및 자극의 정서적 가치란 맥락에서 볼 때 통제 수준의 쟁점을 연구하는 노력이 약간 있었다. 다음 절에서 두 가지 연구를 고찰한다.

자동성과 사회적 지식

점화 효과

Higgins(1990)는 사회적 지식의 점화 효과가 종종 무의식적이며 자동적이라고 주장한다. 지식의 한 항목에 대한 최신 노출은 상대적으로 시간 간격(아마도 며칠)이 짧았어도 후속 상황에서 활성화를 촉진시킨다. 한 개인의 사회적 구성물 중 일부는 오랜 기간 접근할 수 있으므로 적절한 자극에 따라 자동으로 활성화되는 경향이 있다. 예를 들어, 우울증은 만성적으로 접근할 수 있는 부정적 신념이 있을 수 있고 모호한 자극에 대해 비관적인 해석으로 기울어질 수 있다. 의식적인 기대 또한 활성화 과정에 영향을 미친다. 비록 Higgins(1990)가 개인은 활성화의 자동적이고 의식적인 요소를 구분할 수 없다고 말하는 것처럼 보이지만, 실제로 의식적인 것에 관한 제약을 시사하고 있다. Bargh(1984)는 사회적 정보처리의 자동성 개념에 대한 중요한 비평에서 Higgins가 주장한 점화 효과의 자동성에 대한 약점 두 가지를 지적하였다. 첫째, 알아차림(awareness)의 결여는 자동성의 나쁜 준거가 된다. 이유는 사람들은 종종 자신이 적극적으로 통제하고 있는 과정도 인식하지 못하는 것처럼 보이기 때문이다(Nisbett & Wilson, 1977). 둘째, 점화 효과는 논리적으로 구분되는 여러 단계가 필요하다. 점화의 부호화, 지식의 활성화, (점화된) 후속 목표 자극의 처리 등이 있다. 비록 활성화 과정이 자동적이라 해도, 초기의 부호화는 매우 의식적이거나 통제된 것일 수 있다. 점화의 원인으로 멀리 떨어진 원인(부호화)이 아니라 인접한 원인(활성화)에 초점을 맞추는 것은 의식적인 의도의 역할을 무시하도록 호도한다.

또한 더 부연한다면, 몇 주 또는 며칠에 걸친 점화는 Posner와 Snyder(1975) 그리고 Neely(1977) 등이 명백하게 확인한 자동적 점화와는 다른데, 이 경우 자동적 활성화는 0.5초 내에 소멸되기 때문이다. 이러한 연구들을 토대로 지식 활성화가 필요한 시간을 넘어서까지 지속된다는 건 믿기 어렵다. Graf와 Mandler(1984)는 점화는 자동적으로 그 점화의 표상에 대한 내적 조직화를 강하게 만들어 후속의 접근성을 증가시킨다고 말한다. Logan(1988, 1990)은 모든 자동적 점화는 기억에 기초하고 있으며 자극의 식별 후에도 주의 깊게 작동한다는 중요한 단서를 가지고 있다고

제안하였다. 한 자극이 반복적으로 제시되면 개인은 자극이 처리되었던 방법과 관련된 삽화적 정보를 부호화하는 구체적인 기억 흔적을 구축한다. 그런 다음 자동성은 반응 속도를 높여 과제 관련 정보와 함께 기억 추적을 검색해야만 한다. (현재로서는 이런 접근법이 주의의 자동 처리를 어떻게 성공적으로 설명해 줄지 명확하지 않다.) 어간 완성(word-stem) 같은 과제에서 오랜 시간 동안 지속되는 점화는 '암묵적 기억(implicit memory)' 연구에서는 신뢰할 수 있는 현상이지만(Schacter, 1987), 이러한 점화 효과가 정말 자동적인 것인지는 확실하지 않다. 자동성을 시사하는 주요 증거는 부호화 유형에 대한 암묵적 기억의 둔감성이다(예: Schacter & McGlynn, 1989). 그러나 더 엄격한 검증이 바람직할 것이다. 단어차폐검사에서 보고한 것을 평가한 암묵적 기억의 변형에서는 점화가 부호화 단계에서 알아차림 및 주의 자원 할당 모두에 의존한다는 증거가 있다(Hawley & Johnston, 1991). Hawley와 Johnston은 어휘 판단에 대한 반복적 점화와 관련된 현상이 유사하게 제한되는 것을 보여 주는 여러 연구를 인용한다.

사회적 정보 부호화의 자동성 연구

우리는 무의식적 점화 현상이 사회적 정보처리의 자동성에 대한 강력한 증거를 제공하지 못한다는 것을 알았다. 암묵적 기억 연구에서는 사회적 자극들이 자동적으로 장기기억 구조물을 수정할 수 있음을 시사하지만, 대체로 사회적 점화 연구는 부호화 전략의 역할을 검증하는 데 실패하였다. 일부 연구는 검증 실패를 개선하려고 노력하였다. Bargh와 Pietromonaco(1982)는 수의적인 부호화를 방지하기 위해 의식적 알아차림의 역치하에서 경계성 과제인 단어 자극을 제시하였다. 적대감과 관련된 단어 비율이 높아질수록 그다음에 제시되는 개인의 지각 과제에서 적대감 비율도 높아졌다. 후속 연구(Bargh & Bond, 1983)는 그 효과가 자극 정서성에 의존하지 않았음을 그리고 그 특성(trait)이 만성적으로 그 사람이 접근할 수 있는 구성개념이었을 때 특성 단어들이 점화를 일으켰다는 것을 보여 주었다. 암묵적 기억과 마찬가지로 점화 자극은 시간 경과에 따른 활성화의 지속성을 강화하기보다는 오히려 사전의 지식 구조를 강화시키는 것으로 보였다. Bargh와 Thein(1985)은 정보의 과부하 조건에서조차 만성적으로 접근 가능한 구성개념과 연관된 인상 형성의 편향성을 입증하였고, 이는 상대적으로 적은 용량이 필요하다는 것을 시사한다.

Roskos-Ewoldsen과 Fazio(1992)는 선택적 주의에서 태도의 역할을 조사하는 일련의 연구를 보고하였다. 두 개의 실험에서 접근 가능한 태도와 연합된 대상들이 화면에 보이는 여러 그림의 세트 중에서 더 잘 보고되었다. 예를 들어, 태도의 접근성을 시사하고 있는 비행기 그림을 빠르게 '좋아요'라고 평가한다면, 그는 복잡한 화면 속에 있는 비행기 그림을 잘 지각할 것이다. 세 번째 연구는 관련 없는 분산 자료로 제시된 태도유발 자극에서 우연적 학습(incidental learning)이 더 많았음을 보여 주었다. 그러나 이들 연구 중 어느 하나도 선택의 자동성을 입증하지는 못했다. Roskos-Ewoldsen과 Fazio는 최종 실험에서 Shiffrin과 Schneider(1977)의 탐색 과제 버전을 통해 자동성을 직접 검증하였다. 피험자에게 두 대상의 명칭을 표적물로 제시한 다음, 두 대상이 포함되거나 포함되지 않은 6개의 그림이 화면에 제시되었다. 표적물은 6개의 구역 중 세 곳에서만 나타나며, 남은 3개 구역은 무시하라는 지시를 주었다. 결과는 태도유발 대상이 무관한 위치에 제시될 때, 부적과 양적 시행 모두에서 반응 속도가 느려짐을 보여 주었다. 이런 결과는 태도유발 대상이 자동적으로 주의를 끌어모은다는 것을 보여 준다고 해석된다. 이런 결론은 너무 센 거 같은데, 피험자가 실은 무관한 위치를 무시하라는 지시를 따른다는 가정에 위태롭게 의존한다는 점은 있다. 이런 과제를 이용해서 Shiffrin과 Schneider(1977)가 제시한 자동성의 준거를 반박하려는 강력한 연구가 하나 있었다. 그렇지만 Roskos-Ewoldsen과 Fazio의 연구 결과는 태도가 선택적 주의를 끌어모으는 정향 기능(orienting function)의 역할을 한다는 일반적인 결론을 지지하며, 그 효과는 자극 대상에 의해 유발되는 태도에 대한 전주의적 과정에 의존할 수 있다.

Bargh(1982)는 양분 청취 패러다임 안에서 자기 관련 자극의 자동적 처리 과정을 검증하였다. 피험자는 양쪽 귀에 제시되는 특성 단어들을 주의 주기의 유무에 따라 말하는 음영 과제(shadowing task)를 수행하였다. 그리고 탐사적 반응시간 과제를 사용해서 주의 자원의 할당을 평가하였다. 결과는 특성 단어의 자기 관련성이 탐사 RT에 영향을 준다는 것을 보여 주었다. 특성 단어가 자기와 관련된 피험자는 특성 단어를 따라 말할 때 RT가 빨랐으나, 무시 채널로 제시된 특성 단어에서는 RT가 느려졌다. 결과는 무시된 자기 관련 단어들의 어의적 처리뿐만 아니라 자기 관련 단어가 주의 용량의 일부를 차지한다는 것을 시사한다. 그러나 피험자들은 비음영적 단

어는 인식하지 못하는 것으로 나타났다. 비록 이런 특별한 효과를 자동적 처리에 귀속할 만한 확실한 증거는 없었지만, 마찬가지로 Bargh와 Pratto(1986)는 만성적으로 쉽게 접근할 수 있는 자기 구조물과 관련된 특성 단어들이 스트룹 과제의 색상 명명에서 간섭을 받는다는 것을 보여 주었다. 하나의 수준에서 볼 때, 이러한 결과는 빈번하게 마주치며 일관되게 처리되는 사회적 자극이 자동적으로 주의를 사로잡는다는 Bargh의 핵심주제를 지지하고 있다. 지각이 정말 무의식적이라는 걸 확립하는 데는 어려움이 있으므로 일부 회의론이 적절하기는 하다. Holender(1986)는 Bargh 연구들에 일반적으로 적용할 수 있는 많은 방법론적 문제를 입증하였다. 간단히 말하면, 그는 양분 청취 연구가 의식적 활성화 없는 의미론적 처리라는 현상을 입증할 수 없다는 결론을 내리는데, 그 이유는 피험자가 실험조작의 점검으로 탐지할 수 없는 순간적인 자각을 했을 수 있기 때문이다. 주의가 주어졌으나 임계치 이하로 자극을 제시한 연구들에서는 원리상 무의식적 처리를 보여 주었지만, 대개는 개별적인 지각의 임계치를 설정하기가 어렵기 때문에 실무에서 그렇게 하는 경우는 드물다. 이 절과 다음 절에서 우리가 검토한 무의식적 처리에 대한 많은 연구는 민감도 추정에 대한 통계적인 신뢰성의 한계를 고려하면서 피험자 개개인의 임계치를 설정하는 기본적인 사전 조치를 취하지 못했다(Kemp-Wheeler & Hill, 1988 참조). 우리는 불안 피험자의 '무의식적' 처리에 관한 연구를 다루는 제5장에서 이 문제에 대해 다시 상술하겠다. 최근에 Bargh(1992)는 자동적 및 제어적 처리 사이에 '실무율' 이론의 이분법적 취약성을 강조하면서 강력한 자동성의 가정으로부터 한 발 물러난 것으로 보인다. 그는 자동적 과정은 부분적으로 과거의 의식적 경험이나 의도적인 목표에 따라 달라질 수 있다고 제안한다. 비록 Logan(1992)이 주장하는, 즉 자극 관련 정보로의 자동적 접근을 하기 위한 후주의적 기제가 사회적 지식의 점화 효과를 설명하는 경향이 있는 것처럼 보일 수는 있겠으나, 이러한 과정에 '자동적'이라는 명칭을 붙이는 것이 유용한지 여부는 의문이 든다.

이들 연구를 종합해 보면, 상위 수준 지식의 항목들이 후속 처리를 점화하고 동시 처리를 간섭하며 선택적 주의의 초점을 안내하는 것은 분명하다. 이 연구의 일부는 장기기억에 있는 지식의 조직화에 관한 스키마 이론의 가정을 명백하게 요구한다(Segal, 1988 참조). 스키마 이론이 제안한 대로 지식은 대략 짜여진 것일 수 있으며, 아마도 단일한 핵심적 자기스키마보다는 특정의 개인적 관심을 중심으로 구성된 것일 수 있다. 검토된 연구들은 Neisser(1976)의 지각-인지적 순환 가설과 광범위하게 일치하는 것으로 보인다. 비록 점화 효과가 직접적인 활성화보다는 스키마에 대한 접근성을 높이는 방식으로 작용한다 할지라도, 의식적인 자각을 벗어난 점화(Bargh & Pietromonaco, 1982)는 스키마의 자동활성화를 시사한다. 비록 자동성에 대한 강력한 가정이 아직 자료로 정당화된 상태는 아니지만, 스키마와 일치하는 자극에 주의를 향하게 하는 활성화된 스키마의 하향식 효과도 조금 신중하게 주목할 필요는 있는 것 같다.

수의적 주의의 역할

우리는 상위 수준의 영향이 주의에 미치는 수의적 주의의 역할을 과소평가해서는 안 된다. 분명히 행위를 위한 전략과 계획은 주의의 선택에 영향을 미치며, 전략은 종종 장기기억으로부터 스키마 형태로 회상되고는 한다. 예를 들어, 물리학 문제 해결에서 초보자는 도르래, 경사면 등과 같은 물리학 문제의 전형적인 대상에 대한 스키마를 가지고 있다. 이러한 스키마는 전문해결사의 운동량 보존과 같은 추상적인 스키마보다 문제 해결에 덜 적합하다. 초보자는 종종 많이 망설이고 시작을 선뜻 못하는 오랜 고민의 시간이 있은 후에야 비로소 문제에 들어 있는 정보의 부호화와 정교화를 안내하는 스키마를 성공적으로 사용하게 된다(Chi, Glaser, & Rees, 1986). 따라서 기술 학습의 초기 단계에서의 처리 과정은 대개 채택된 문제 해결 전략이 많은 실시간 수정을 거치게 되는 하향식이고 통제적인 것이다(Ackerman, 1988 참조). 따라서 전략의 개시 및 집행에서의 자동성을 구별하는 것이 중요하다. 비록 어떤 사회적 행동을 위한 전략적 스키마가 자동으로 활성화되더라도, 특정 맥락의 전략을 실제로 구현하려면 광범위한 자원 제한적인 통제 과정이 필요하다. 타인과의 대화에서 사회적으로 불안해하는 사람의 예를 들어 보자. 대화가 위협적이라고 지각하면 대화종료 관련 스키마의 자동적인 활성화가 시작될 수 있다. 아주 무례한 사회적 실수를 범하지 않으려고 그 사람은 대화 중단에 필요한 변명거리와 변명하는 방법을 연습해야 하는데, 이러한 서로 다른 경우를 총괄하는 대화의 다양한 속성 때문에 통제 과정이 필요하다.

더 미묘한 것인데, 스키마는 또한 입력과 상황에 대한 개인의 전략적 선택을 안

내할 수 있다(Snyder & Ickes, 1985 참조). 예를 들어, 건강염려증 환자는 자신의 몸을 '혹사시킬 수' 있는 상황을 피하려 하기 때문에 건강에 관한 부정적 신념을 반증할 기회를 놓친다. 사회공포증은 사회적 유능성에 관한 부정적 신념의 부당성을 입증할 수 있는 공적 상황에서 행동할 기회를 갖지 못한다. 전반적으로 주의가 복잡한 고차원적인 구성물의 영향을 받는다는 건 분명하지만, 이런 영향이 효과적이라는 정확한 기전에 관한 증거는 제한적이다. 여하튼 주어진 상황에서 상위 수준의 지식은 불수의적인 점화나 활성화 효과 그리고 명확한 과제 전략과 연합된 수의적 효과 등을 모두 가지고 있을 것이다.

주의와 정서적 정보

지각과 점화, 정서 자극

주의에서 정서적 정보의 역할은 특히 흥미롭다. 정서가 개인의 속성인지, 자극의 속성인지를 구분하는 것도 필수적이다. 다음 장에서 우리는 불안과 우울 같은 개인의 정서 상태의 역할을 고려할 것이다. 여기서는 다만 즐거운 또는 불쾌한 단어와 그림처럼 정서가 실린 자극의 부호화가 어떻게 그다음에 오는 주의 및 처리에 영향을 미치는지를 고려한다. 이런 주제에 대한 관심은 처음에 '지각적 방어(perceptual defence)'에 대한 연구에서 파생되었으며, 피험자들은 위협적인 단어의 지각적 역치가 외견상 무의식적으로 상승하는 것을 보여 주고 있다(N. Dixon, 1981). 이러한 결과는 약하지만 위협적인 자극을 차단하는 자동적 필터의 작동을 시사한다. 확실한 방법론상의 어려움은 피험자가 위협적인 자극을 보고하지 않는 것이 반응 편향의 결과일 수 있다는 점이다. Kitayama(1990)는 반응 편향 효과를 최소화시킨 아홉 편의 연구를 검토한 후 단어의 정서적 분위기가 지각 민감도에 미치는 효과들은 일관성이 없다고 결론을 내린다. 실제로 어떤 연구는 부정적 단어의 지각이 높아졌다. 더구나 중립 단어에 비해 긍정적 및 부정적 단어에 대한 각각의 민감도를 Broadbent와 Gregory(1967)가 보고하였다. 이 때문에 Kitayama(1990)는 지각적 방어 연구들의 결과는 예상되는 정서 단어의 역치는 낮아지고 예상치 않은 단어의 역치는 높아지는 기대에 의존한다고 제안하였다. Kitayama(1990, 1991b) 자신의 연구는 이 가설을 기대 조작을 통해 확증하였다. 그는 또한 단어 빈도와 단어 길이, 노출시간 등과 같은 지각 코드의 강도에 영향을 미치는 다른 요인들이 정서와 상호작용하여 상대적으로 '강한' 정서 자극의 지각이 향상되는 경향과 '약한' 정서적 자극의 지각은 손상되는 경향 등이 있음을 보여 주었다(Kitayama, 1990, 1991a, 1991b). 이론적 수준에서 볼 때, Kitayama(1990)의 가설은 정서가 전주의적(pre-attentively)으로 처리된다는 것이다. 만일 지금의 정서적 정보가 그다음의 주의 초점을 좁히고, 목표물의 지각 코드가 강하면 효율성이 향상되지만, 지각 코드가 약하면 주의는 다른 약하게 활성화된 코드에 포획되어 효율성이 훼손된다는 것이다. 전반적인 처리의 연속적 과정은 무의식적인 것으로 간주된다(Kitayama, 1990). 이 이론은 후기 선택을 가정하는 것으로서 기대가 전주의적으로 처리된 지각 코드의 강도에 영향을 미친다고 본다.

Kitayama(예: 1990)는 정서적 정보의 초반부 처리가 자동적인지의 여부를 직접 검증하지는 않았다. 단어는 더 어려운 과제 조건에서 임계치에 가깝게 제시되었으나 역치하로 제시된 건 아니다. 부연하면, 정서 단어의 지각에서 기대의 역할은 곧 Kitayama 연구에서의 처리가 충분히 자동적이지 않았다는 것을 시사한다. 한편, 다른 연구들은 자동성을 직접 다루었다. Bargh와 Litt, Pratto, Spielman(1988)은 특질 형용사에 대한 노출시간을 매우 짧게 제시해서 제시된 단어를 피험자가 말할 수 없게 했다. 피험자는 단어의 정서 분위기는 평가할 수 있었지만 정확한 동의어는 판단할 수 없었다. Niedenthal(1990)은 정서가 나타나는 얼굴 사진을 역치하로 제시한 것이 지각 식별 및 인상 형성 과제에 영향을 주는 실험을 보고한다. 점화 연구에서 Kemp-Wheeler와 Hill(1988, 1992)은 피험자가 단어가 제시되었는지를 결정할 수 없는 정도까지 차폐를 시키고 정서적으로 연합된 점화를 사전에 제시한 것이 어휘 결정을 가속시킨다는 것을 보여 주었다고 주장한다. 점화물의 정서적 내용에 의한 역치하 점화는 의미적 점화와 구별될 수 있다. 피험자마다 차폐 역치를 개별적으로 결정했고, 따라서 역치하 처리를 입증하는 Holender(1986)의 방법론적 준거를 충족시키는 방식으로 연구가 진행되었다. 그러나 Kemp-Wheeler와 Hill(1992)은 모든 점화가 실제로 역치하 수준에서 제시되었는지의 여부는 확실하지 않다는 것을 인정한다.

정서 자극의 처리에서 자동성을 결정하는 또 다른 접근법은 식역상(supraliminal) 점화와 후속 표적 단어 사이에서 시간 간격이나 자극 개시 비동기성(stimulus onset asynchrony: SOA)을 조작하는 것이다. 앞서 설명한 바와 같이 점화는 짧은 SOA에서는 자동적이지만 긴 SOA에서는 제어되는 경향이 있다(Neely, 1977). Matthews와 Pitcaithly, Mann(출간 중)은 짧고 긴 SOA에서 어휘 판단 과제의 점화를 조사하였다. 긍정과 중성, 부정적인 단어 쌍이 사용되었다. 그 결과 중성 및 긍정적 단어 쌍보다 부정적 단어 쌍에서 짧은 SOA 점화가 더 강해졌는데, 이는 단지 부정적 단어를 위한 자동적 처리의 이점을 시사한다. 또한 점화 없는 어휘 판단 과제에서도 부정적 단어에 대한 반응이 더 빨라지는 경향이 있다. Fazio와 Sanbonmatsu, Powell, Kardes(1986)는 300msec의 SOA에서 점화물과 표적 단어의 정서가가 일치할 때는 정서적 톤이 있는 점화물은 '좋은'이나 '나쁜' 의미를 가진 표적 단어에 대한 후속 평가 시간을 가속시킬 수 있음을 보여 주었다. 그러나 점화는 점화물이 피험자가 강하고 접근 가능한 태도를 지향하는 대상이었을 때만 신뢰로웠다. 태도 접근성은 별도의 일련의 시행에 대한 평가 지연을 통해 지수화했다. 이러한 점화 패턴은 1000msec의 더 긴 SOA에서는 반복되지 않았다. 결과는 대상의 정서적 평가는 강한 정서적 연합이 있는 대상에서는 자동적으로 유발될 수 있음을 보여 주는 것으로 나타났다. 이 효과의 재현 연구와 연구 확대는 Bargh 등(1992)에 의해 보고된 바 있다. 예를 들어, 자동 활성화 가설이 예언하는 것처럼 피험자가 기억 속에 점화 단어를 보유하려고 시도하는지 여부에 관계없이 짧은 SOA의 점화 효과가 발견된다. 이들 연구는 정서 처리를 지식주도적 효과와 연결시킨다. 정서 내용은 상위 지식의 활성화와 후속적인 선택적 주의에 일차적 영향을 준다(Roskos-Ewoldsen & Fazio, 1992). 전주의적 분석 또한 경험된 정서를 생성할 수 있다. Kemp-Wheeler와 Hill(1987)은 정서 단어를 역치하로 제시하자 상태불안이 후속적으로 증가한 것을 발견하였다. 다만 연구들 중 일부는 왜 부정적 단어에만 주의가 높아지고(Matthews et al., 출간 중; Pratto & John, 1991), 다른 연구들은 부정 단어와 긍정 단어에 대해 동등한 크기의 처리 편향을 보여 주는지(예: Kitayama, 1990)에 대해서는 확실하지 않다. 자료를 종합하면, 검토된 연구들은 정서 정보가 전주의적이고 자동적으로 추출될 수 있다는 가설에 대한 합리적인 지지를 제공한다. 그러나 이런 종류의 처리가 정말 불수의적이거나 자동적인 것인지를 확정하기 위해서는 향후 작업이 꼭 필요하다.

차단 기능, 정서와 자극 중요성

정서가 차단 기능과 연관되어 있다는 생각은 상당히 흥미롭다. Simon(1967)의 고전서에서 적응(adaption)은 정서의 차단 기능을 이용해 중요한 자극을 점검하고, 현재의 목표들을 차단에 따른 새로운 목표로 대체한다고 주장한다. 이와 유사한 계열인데, Oatley와 Johnson-Laird(1987)는 행동 계획에 대한 성공이나 실패 지각의 변화 때문에 정서가 발생한다고 제안한다. 일단 발생되면 정서는 원시적이지만 신속하게 앞으로 시행될 현재 계획을 편향시키는 작용을 한다. 예를 들어, 불안은 자기보존(self-preservation)이란 목표에 대한 위협 때문에 일어나고 환경을 경계하는 주의나 도주와 연관된 계획을 활성화시킨다. 정서는 또한 두 명 이상으로 구성된 집단에서 공동 계획의 당면 상태를 신호하는 사회적으로 중요한 것이다. 이러한 일반적 접근법과 일치하는 것으로서, 사람들은 해당 자극이 주의를 두지 않은 채널로 제시될 때에도(Foa & McNally, 1986) 자신의 현재 관심사와 관련된 자극에 대해 지각적 민감성이 더 높아지는 것을 보여 주는(Parkinson & Rachman, 1981b) 증거가 약간 있다. 우리는 제4장에서 정서 자극에 영향을 주는 선택적 주의에 관한 증거를 검토한다. 그러나 이들 연구에서 주의의 통제 수준을 직접 평가한 건 많지 않다.

동기적으로 중요한 자극들의 초기 처리에 관한 더 상세한 증거는 새롭고 중요한 자극에 대한 자율신경 및 중추신경계 반응들의 복합체가 되는 정향 반응(orienting response: OR) 연구들에서 나온다. 중요한 관찰 내용은 사소한 자극에 대한 OR은 시간 경과에 따라 습관화되는 반면에, 중요한 의미가 있는 자극에 대한 OR은 그렇지 않다는 점이다. 시사하는 바는, 중요한 자극은 비록 익숙한 것이고(예: Barry, 1984) 정향성이 의식적인 인식을 요구하지 않아도(Dawson & Schell, 1985) 차단 용량을 유지시킨다. Ohman(1979)은 OR의 정보처리 모델을 제시했는데, 이 경우 자극은 신기함과 중요성에 대해 전주의적으로 자동 분석된다. OR은 이런 속성을 지닌 자극들에 대한 추가적인 통제적 처리를 요청하는 것과 연합되어 있다. Ohman(1979) 이론은 단순해 보일 수 있으나, OR을 유발하는 자극들에 대한 처리자원의 방향을 다시 정하는 것과 연관이 있으며, 이는 반응 지향적인 처리에 대한 자원 할당을 희생시킬 가능성이 있다(Shek & Spinks, 1986)는 실험 증거도 있다. 사람이 쇼크 같은 위협에 놓일 때 OR의 습관화는 봉쇄되는 것 같다. 일반적인 불안 상태는 민감도를 높이는 것처럼 보인다(O'Gorman, 1977).

이런 종류의 효과들이 OR에만 국한되는 건 아니다. 방어 반응(defence reaction)은 강하거나 유해한 자극으로부터 유기체를 보호할 수 있는 정신생리적 반응이며, 지각 민감도를 감소시키는 경향성이 있다(Stern & Sison, 1990). 또 다른 반응인 경악 반응(startle response) 역시 정서 상태에 의해 조절된다. 공포의 맥락은 경악 반응을 높이는 한편, 유쾌한 정서적 상황은 그 반응을 낮춰 준다(Lang, Bradley, & Cuthbert, 1990). Lang 등(1990)은 일반적으로 정서 상태는 그와 유사한 정서가에 대한 반사성을 높이고 상반되는 것에 대한 반사성은 억제하는 경향이 있다고 제안한다. 일반적으로 정신생리적 증거는 동기적으로 중요한 자극들에 대한 하위 수준의 분석이 상위 수준 처리를 차단하거나 호출할 수 있다는 개념을 광범위하게 지지한다. 그러나 기술된 반응들과 지금의 주의 모델들 간의 관련성은 상세히 밝혀지지 않았다.

마무리

상위 수준의 주의 선택 과정

제2장에서 검토된 주의에 관한 실험 연구는 단일 철자 표적물과 분산요인을 구별하는 것과 같은 단순 자극의 특성을 처리하고 선택하는 것에 관심이 있었다. 그러나 임상 환자의 관심사는 전형적으로 자기와 타인에 관한 정서 경험 및 신념과 같은 내적이고 사회적이며 물리적 환경의 좀 더 복잡한 속성들과 관련이 있다. 주의의 비정상을 이해하려면 우리는 개인의 삶이 지닌 비교적 추상적인 속성들이 정보처리 시스템에 의해 어떻게 다루어지는지를 고려해야 한다. 유력한 아이디어는 바로 복잡한 지식이 중요한 명제를 일반적인 형태로 표상하는 스키마로 조직될 수 있다는 점이다(Beck, 1967). 특히 자기스키마는 자기 자신에 관한 일반적 신념을 장기기억 속에 부호화한다. 실험 연구들에서는 특히 관련성 있거나 없는 자극은 색상이나 공간적 구역과 같은 단순한 속성을 토대로 쉽게 구별할 수 없을 때는 스키마가 선택적 주의를 안내한다고 본다. 달리 말하면, 복잡한 입력물의 처리는 현재의 '온라인의 실시간' 처리는 물론이고 입력물에 대한 개인의 사전 지식의 영향을 받을 수 있다.

스키마 개념이 일반 개념으로는 쓸모 있지만, 구체적인 스키마 이론은 정보처리 용어로는 잘 명시되어 있지 않아서 검증이나 반증이 어렵다.

스키마 이론의 취약점 중 하나는 일반 지식이 자동 처리와 통제 처리에 미치는 영향을 구분하지 못한다는 점이다. 복잡한 사회적 지식과 처리 과정 간의 관련성을 조사하는 한 가지 기법은 **장기 점화**(long-term priming) 패러다임이다. 개인을 어떤 과제에 참여시켜서 하나의 지식 항목을 활성화시킨 것이 몇 주 후 다른 처리에 영향을 주거나 점화시킬 수 있다. 예를 들어, 어떤 사람에게 적개심과 관련된 단어들을 제시하는 것이 나중에 다른 사람을 적대적으로 지각하게 편향시킬 수 있다(Bargh & Pietromonaco, 1982). 이러한 종류의 효과는 해당 점화물이 나중에 지식의 접근성을 증가시키는 일을 하는 것 같다. 장기 점화는 앞 장에서 설명한 몇 초 또는 그 이하의 시간 동안 작동되는 단기 점화와는 다르다. 단기 점화는 지식 접근성의 변화보다는 오히려 처리 단위의 활성화에서 일시적 변화로도 조정될 수 있다. 장기 점화는 사람이 초기 점화의 조작을 의식적으로 인식하지 못할 때도 장기 점화가 작동할 수 있다는 증거가 약간 있다. 강하게 굳혀진 신념과 태도는 불수의적인 주의 선택에 영향을 줄 수 있다. 그러나 비록 증거가 상위 수준의 지식이 자동 처리에 영향을 준다는 것을 시사한다 해도 자동적인 무의식 선택을 엄격하게 입증하기는 어렵고 자료도 결론에 도달하지 못한다. 더구나 현실 세계에서 주의 선택은 종종 수의적인 것으로서, 숙련된 문제 해결력과 지식에 대해서는 의도적 접근이 필요하고, 입력물 중에서 어떤 것을 다루어야 하는지를 결정할 때도 필요하다.

비슷한 원리가 정서 자극의 처리에도 적용된다. 개인적으로 관련 있는 정보와 마찬가지로 실험 연구에 따르면 정서적 단어나 그림은 비교적 수의적 통제 없이 처리된다고 한다. 어떤 이론은 동기적으로 중요한 자극에 대한 처리의 차단과 정서가 관련이 있다고 제안한다. 정신생리학 연구는 이러한 관점, 즉 자동적 처리는 자극의 정서적 중요성을 평가하고, 적어도 일시적으로 상위 수준의 처리 노력과 주의 자원을 중요한 자극 쪽으로 전환시킨다는 점을 지지한다. 다시금 일상에서 정서적으로 고양된 정보를 선택할 때 자동 처리와 통제 처리가 어떻게 함께 작동하는지에 관한 연구가 부족하다고 하겠다.

주의에 대한 임상적 평가

주의의 복잡성과 중다 수준적 속성은 임상 평가에서 다소 비관적인 함의가 있다. 예를 들어, 선택적 주의 편향을 평가하는 보편적 기법은 양쪽 귀에 서로 다른 메시지를 제시하면서 한쪽 귀는 무시하는 양분 청취 과제를 사용한다. 무시된 쪽의 메시지가 개인적 관련성(Bargh, 1982) 같은 상위 수준의 속성을 가지고 있는 경우, 주의가 주어진 쪽의 메시지 처리에 영향을 미칠 수 있다. 그래서 우리는 무시하는 쪽의 귀에 환자의 상태와 관련된 자극물을 끼워 넣어 그의 선택적 주의의 비정상성의 지표를 얻고자 할 수도 있다. 하지만 이런 경우 실제로는 어떤 일이 벌어지고 있을까? 아마도 환자는 기저의 정신생물학적 상태 때문에 전주의적 기제가 관심 자극 재료에 과도하게 예민해져 있을 것이다. 이와 달리, 비정상성이 상위 수준 통제에 있을지도 모른다. 환자는 자극 재료와 연관된 하위 수준의 처리 단위를 수의적으로 활성화시키거나 아니면 주기적으로 '무시 채널의' 귀에 충분히 주의를 할당하는 일련의 스캔 전략을 택할 수도 있다.

스트룹 검사에도 비슷한 생각을 할 수 있는데, 이 검사는 임상 환자의 선택적 주의를 연구할 때 널리 사용된다. 스트룹 검사 원판(Stroop, 1935)은 피험자에게 일련의 단어들의 잉크색을 명명하는 것이다. 만일 단어 자체와 모순이 되는 색상 명칭, 즉 빨강을 파란색 잉크로 쓴 단어라면 색상 명명이 느려진다. 단어 의미에 대한 자동적 처리가 색상 명명을 간섭한다는 것이 대략적인 설명이다(예: Posner & Snyder, 1975). 우리가 제4장에서 알게 될 것인데, 임상 환자는 자신의 병리(pathology)와 관련된 단어 색상을 명명할 때 비슷한 간섭 현상을 보여 준다. 예를 들면, 거미 공포증인 경우 거미줄(WEB) 같은 단어이다(Watts, McKenna, Sharrock, & Tresize, 1986a). 눈길을 끄는 가설은 자신의 상태와 관련된 재료에 대해서는 환자의 자동적 반응이 증가한다는 것이다. 이 경우 역시 스트룹 표준검사(예: MacLeod, 1991a)를 면밀히 분석해 보면 그런 해석에 의문이 든다. 첫째, 스트룹 간섭은 시각적 주의의 할당(Kahneman & Chajczyk, 1983)과 단서 제공의 영향을 받는데, 이는 피험자로 하여금 수행증진의 전략(예: Logan, Zbrodoff, & Williamson, 1984)을 수립할 수 있게 하고, 그 결과 비자동적 과정이 개입될 수 있다는 점이다. 비록 자동성이 가정된다고 해도, 기저의 시스템 구조에 따라 간섭의 소재가 다를 가능성이 있다. 부연하면, 유사한 과정들이 표준 스트룹 패러다임과 임상판 패러다임의 간섭기제가 유사하다는 가정은 더 면밀히 조사되어야 한다. 둘째, 임상용 스트룹 검사는 불안 환자가 실제로 주의를 기울이는 신체감각과 같은 자극보다는 오히려 단어자극을 이용하고 있으며, 그래서 실제의 임상 편향을 측정하지 않는 것일 수 있다.

요약하면, 우리는 환자의 주의 장애를 확고하게 설명하는 어떤 단일 진단 검사에 의존할 수는 없다. 여러 종류의 주의 과제에서 나온 증거자료뿐만 아니라 결과 패턴을 해석하는 적합한 이론적 틀 역시 필요하다. 후속 장들에서 우리는 앞서 논의된 주의 이론들이 어떻게 임상 환자에게 적용되어 왔는지를 고려하고, 우리만의 대안적 이론을 제시하겠다.

제**4**장

정서장애의 주의 편향

임상 환자의 선택적 주의 편향에 대한 검증의 가치를 여러 연구 증거에서 제시한다. 이들 중 첫 번째는 앞서 지적한 의식 경험의 편향이다. 만일 세상을 위협적인 곳으로 경험한다면, 아마도 이는 위협적이지 않은 자극보다는 위협 자극에 주의의 초점을 맞추는 경향이 반영된 것일 수 있다. 이론 수준상 Bower(1981)의 유명한 정서 네트워크 모델은 정서가 의미 네트워크에 있는 정서 단위의 활성화와 연관이 있다는 주장이다. 정서 단위의 활성화는 연관된 개념과 사건을 차례로 활성화시킨다. 따라서 개인은 정서 상태에 일치하는 자극을 지각하고 주의를 집중하도록 점화된다. Beck(1976)의 정서장애 스키마 모델도 이와 비슷한 일반적 예언을 한다. Beck 모델의 주장에 의하면, 불안 및 우울 장애는 특정의 역기능적 스키마의 활성화에 원인이 있다고 보며, 일단 역기능적 스키마가 활성화되면 주의 방향은 신념에 일치하는 정보 쪽으로 유도된다고 본다(예: Beck, 1987). 우리는 이 장의 뒷부분에서 이들 이론과 기타 이론적 과제의 틀을 좀 더 상술하겠다.

다양한 실험 패러다임이 임상집단의 주의 편향을 조사하는 데 사용되어 왔다. 편의상 우리는 주요 연구 패러다임을 세 가지, 즉 **부호화와 필터링**, **스트룹 검사** 패러다임으로 대충 분류하지만, 앞의 두 범주는 다양한 구체적인 과제를 포함한다. 부호화 패러다임인 경우, 개인은 단일 자극을 지각하거나 단순한 의사 결정을 해야 하므로 명백한 한 가지 주의 채널만 있고 외적인 주의분산 요소는 없다. 순간 노출기로 짧게 제시되는 이질적인 정서 내용의 단어를 지각하는 것이 그 예가 된다. 기분일치의 일반 가설은 우울 관련 단어를 지각하는 역치는 더 낮아지지만, 행복 관련 단어를 지각하는 역치는 더 높아진다고 예언한다. 겉으로는 선택 과정이 없음에도 불구하고, 이런 과제들이 이론상 도움이 되는데, 이는 선택적 주의 편향이 좀 더 일반적인 처리 과정 편향의 구체적인 징후일 수 있기 때문이다. 예를 들어, 네트워크 모델 안에서 단위들의 연합 강도 편향이나 그 단위 톤의 활성화 수준에서 나타나는 편향은 단일한 입력 채널의 처리나 채널 간 선택 과정에 모두 영향을 미칠 수 있다(예: Bower, 1981). 마찬가지로 단일 채널의 부호화 및 선택도 동일한 상위 수준의 스키마 또는 전략에 의해 통제될 수 있다. 지각 역치 연구들은 특히 개인이 거의 수의적 통제를 하지 못하는 초기의 전주의적 부호화 과정을 탐구할 때 적합하지만, 다른 부호화 과제들은 처리 과정에서 더 상위 수준의 영향력이 작용할 수 있다.

전형적인 필터링(filtering) 패러다임에서는 단순한 물리적 단서로 구별되는 두 개 이상의 입력 자극이나 주의 채널이 있다. 한 채널에는 주의를 주고 다른 채널은 무시하는 건데, 이런 종류의 과제는 하기가 매우 쉽다. 보통 정서 자극들은 무시 채널로 제시하고, 이런 자극에 대한 주의초점에 따른 간섭현상을 평가한다. 예를 들어, 양쪽 귀에 따로 제시되는 음성 메시지가 있는 양분 청취 과제에서 우리는 환자가 무시 채널의 귀에서 들리는 정서 자극과 관련된 정보를 더 많이 찾는지 여부에 관심이 있다. 또한 우리는 '필터링'이라는 제목 아래서 서로 다른 채널들 간에 주의 전환을 요구하는 과제에 대해서도 논의하는데, 여기에는 다른 주의 과정이 개입되어 있을 수 있다. MacLeod와 Mathews, Tata(1986)가 고안한 일반 과제는 피험자에게 처음에 공간상의 한 구역에 주의를 주게 한 다음 그것을 무시하라고 지시한다. 이때 정서 자극은 두 채널 중 한 곳에 제시한다. 후속 탐사 반응에서는 환자가 주의를 처음 채널에 유지했는지 아니면 무시하도록 했던 채널로 전환했는지 여부를 보여 준다. 구역의 선택은 처음에 제시된 자극의 정서적 내용의 영향을 받을 것으로 기대된다. 이런 과제의 활용에는 이전 장에서 설명한 초기 선택 이론이 동기가 된다. 만일 환자가 무시 채널로 제시된 정서 재료를 더 많이 인식한다면, 아마도 감쇠 필터

(Treisman, 1964)가 그런 재료들을 어느 정도는 의식으로 들어가도록 '조율'되었을 것이다.

RED처럼 색상 단어를 쓴 잉크색을 말하는 원판 스트룹 검사는 앞의 장에서 이미 설명하였다. 임상판에서는 환자에게 자신의 정신병리와 관련된 단어의 색상을 말하라고 지시한다. 거미 공포증은 COBWEB(거미줄)와 TARANTULA(타란툴라, 독거미) 같은 단어에 반응해야 한다(Watts et al., 1986a). 필터링 과제를 통해 우리는 보통 위협 단어에 해당하는, 무시해야 할 정서 자극이 현재 진행 중인 처리 과정과 의식에 침투하는 정도를 평가할 수 있다. 스트룹은 부호화 패러다임과 이런 부분에서 다르다. 피험자는 주의주기 채널에서 부호화된 정보 중 일부를 무시해야만 하기 때문이다. 스트룹과 필터링 패러다임 간에 핵심적 차이는 전자의 경우 피험자가 정서 자극들을 부호화하라는 과제 지침을 따르지 않으면 안 되는 반면에, 후자의 경우는 입력 채널을 선택할 수 있다는 점이다. 종종 정서 자극은 과제 지시를 충족하기 위해 모두 부호화될 필요는 없다. 제2장에서 우리는 스트룹 단어의 색상 및 언어 내용에서 단일한 지각적 '대상'이 지닌 여러 특성이 단일 패키지로 함께 선택되거나 거부되는 경향이 있음을 알았다. 따라서 일차적인 색상-명명 과제의 수행을 방해할 수 있는 스트룹 검사에서 주의를 분산시키는 정서 정보의 무시는 특히 어렵다. 일부 이론가들은 스트룹 검사의 간섭을 초기 선택 후의 주의 기제 작동 탓으로 보는데, 이는 지각 필터링이 절대 가능하지 않기 때문이다. 후기 선택 이론가들은 스트룹과 필터링 검증을 기저에 있는 유사한 기전들에 의존하는 것으로 이해할지도 모른다.

이 장의 앞부분에서 우리는 우울장애, 범불안장애, 공포장애 등 기타 불안장애에 대한 세 가지 주의 패러다임의 효과들에 관한 실험적 근거를 고찰한다. 다른 과제들의 편향 연구도 간략하게 설명하는데, 이는 겉보기에는 유사하지 않은 과제를 관통하는 편향의 공통 분모를 다루고 있기 때문이다. 우리는 주로 임상 연구에 초점을 맞추지만, 정상 피험자를 대상으로 한 기분과 주의력에 관한 실험도 설명한다. 관심의 주요 포인트는 환자가 임상 조건과 관련되는 기분일치적인 주의-자극에 대한 민감도의 증진을 보여 주는가 하는 부분이다. 이런 유형의 편향이 임상집단에서 유일하게 나타나는 주의 특성은 아니지만 전반적인 주의 효율성의 손상일 수는 있다. 이러한 효과들은 제6장에서 고려된다. 이 장에서 우리의 목표는 가장 큰 경험적 발견들을 설명하려는 것이다. 주의 자료에 대한 이론적 시사점은 다음 장에서 더 길게 논의하겠다.

우울증

부호화 과제

두 개의 주요 과제가 그동안 우울한 피험자들을 대상으로 초기 지각 및 주의 과정을 연구하기 위해 사용되었다. 짧게 제시된 단어들의 재인 정확도와 어휘 판단 속도(일련의 첫 자를 타당한 영어 단어로 재인하는 것)였다. Powell과 Hemsley(1984)는 지각적 방어 연구에서 우울감이 중립 단어를 더 높은 비율의 불쾌 단어로 재인하는 경향을 유의하게 발견하지 못했다. 정상 피험자인 경우, Gerrig와 Bower(1982)는 유도된 우울한 기분(mood)이 시각적 재인 역치에 미치는 효과를 발견하지 못했으나, Small(1985)은 잘 통제된 자극 재료를 사용하여 부정적 기분의 유도가 불쾌한 내용의 단어 재인을 촉진하는 걸 보여 주었다. Small과 Robins(1988)은 그 효과를 재현하였고 또한 유도된 우울증이 기분 좋은 내용의 단어에 대한 재인의 역치를 낮추는 것도 발견하였다. Matthews와 Southall(1991)은 점화 연구의 일환으로 어휘 판단 자료를 모았는데, 여기서는 비점화된 단어 앞에 비정보적 단어인 BLANK를 두었고, 피험자에게 미리 준비한 간격이나 지속 시간별로 초기 자극과 후속 목표 문자열을 제공하였다. 짧은 기간(240msec)인 경우, 우울 환자는 중립 단어에 비해 유쾌 및 불쾌 단어에 관한 어휘 판단 속도가 더 빨랐으나, 결합표집의 통제집단은 중립 단어에서 더 빨랐다. 그러나 그 지속시간이 1500msec로 길어지자 효과가 없어졌는데, 이는 피험자에게 경고신호를 충분히 주면 중단될 수 있는 미약한 효과인 것 같다. 대학생 집단에서도 임상 우울집단과 다소 유사한 결과 패턴이 나타난 것 같았다. 우울증 관련 단어의 재인은 더 빨랐으나, 점화 효과의 차이는 없었다(Spielman & Bargh, 1990). 지속시간의 역할을 허용하지 않은 것이 기분 유도 연구(Clark, Teasdale, Broadbent, & Martin, 1983)와 임상 우울증의 연구(MacLeod, Tata, & Mathews, 1987)에서 기분일치적 어휘 판단을 발견하지 못했던 이유라고 설명할 수 있다. Challis와 Krane(1988)

은 유도된 고양감의 기분일치 효과는 찾았으나 유도된 우울감은 그렇지 못했다. 또한 Matthews와 Southall(1991)도 자동적 점화(짧은 SOA)와 통제된 기대 점화(긴 SOA)를 구분하는 점화−목표 간격 SOA에 변화를 주면서 우울이 연합된 단어 쌍의 점화에 미치는 효과를 검증하였다. 우울 환자는 중립 단어의 자동적 점화가 증가하는 반면에 정서적 단어의 점화는 줄어들었는데, 이는 우울집단이 정서적 개념에 대한 자동적 연상이 손상된 상태임을 시사한다. 전반적으로 지각 및 부호화에서 정서 편향은 우울증과 우울한 기분 상태일 때는 미약하다. 편향이 발견되는 경우, 긍정적 및 부정적 재료 간 대조 때와 마찬가지로 정서적 및 중립적 재료 간 대조와도 관련이 있는데, 이는 일반적인 정서성에 의존하는 어떤 효과를 시사한다.

필터링 과제

특히 임상 환자에서 우울증과 필터링에 대한 연구가 거의 없다는 것은 매우 놀랍다. Gotlib와 McLachlan, Katz(1988)는 경미한 우울 및 비우울의 대학생 집단에게 우울, 중립, 또는 조증의 내용에 변화를 준 단어 쌍을 제시하였다. 우울증은 Beck 우울검사(Beck Depression Inventory: BDI; Beck et al., 1961)로 측정하였다. 단어 쌍은 항상 서로 다른 내용이었다. 단어 쌍에 대한 선택적 주의는 두 단어를 두 가지 색상의 막대기로 동시에 바꾸고 피험자에게 어떤 색상의 막대기가 먼저 제시된 것 같냐고 말하도록 하는 것으로 평가되었다. 기대한 것은 우울 학생 집단이 우울 단어가 제시된 입력채널을 더 선호할 것이고, 이런 단어에 이어 나타난 색상 막대기를 다른 색상의 막대기보다 더 일찍 나타난 것으로 지각할 거라는 거였다. 사실, 우울증은 전혀 주의 편향을 보여 주지 않았으나, 비우울증은 다른 두 종류와 비교해 볼 때 조증 단어에 대한 주의가 높아졌다. Gotlib 등(1988)은 우울증 환자는 실제로 주의에서 공평한 반면에, 정상인은 긍정적 재료 쪽으로 편향을 보인다고 주장한다. 그러나 이 연구에서 그런 선택의 원인을 추론하기는 어렵다. 단어 쌍이 730msec로 제시된 것은 주의에서 자동적 편향을 중단시킬 정도로 전략 및 의식적 주의를 허용한 시간이 된다. Gotlib와 동료의 과제는 MacLeod 등(1986)이 불안 효과를 조사하기 위해 사용했던 것을 수정한 것인데, 우리는 이에 대해 다음 절에서 자세히 논의할 것이다. MacLeod 등(1986)은 불안하지만 우울하지는 않은 환자집단이 위협 단어 쪽으로 편향을 보이는 것을 발견하였다. Hill과 Dutton(1989) 또한 우울증으로 선발된 학생들에서 선택적 주의의 편향을 발견하지 못했다. Bower(1987)는 미발간된 양분음영 연구에서 기분 유도가 무시 채널에 있는 행복과 슬픔의 메시지에 의한 주의분산에 영향을 주는 데 실패했다고 기술한다.

스트룹 검사

Gotlib와 McCann(1984)은 중립, 우울, 또는 양성의 조증 내용으로 구성된 스트룹 과제 수정판을 사용하여 우울증의 선택적 주의를 탐색하였다. 그들은 우울하지 않은 학생들의 색상 명명 수행은 단어 유형의 영향을 받지 않지만, 경미한 우울 수준의 대학생들은 부정 단어에 대한 색상 명명 응답이 유의하게 느려지는 것을 보여 주었다. 달리 말하면, 우울 상태의 학생들은 우울과 관련된 단어 내용을 처리하는 당면 과제 때문에 주의가 분산되는 것처럼 보인다. Klieger와 Cordner(1990)도 비슷한 결과를 얻었다. 우울 환자의 추적 연구에서도 Gotlib와 Cane(1987)은 우울과 관련은 있으나 중립이 아닌 또는 조증인 집단이 통제군에 비해 스트룹 간섭이 더 크다는 것을 입증하였다. 회복 후 동일한 피험자 집단들을 반복 검증하였는데, 비록 회복 상태의 우울증이 통제군보다 여전히 유의하게 높은 우울증 상태에 있었지만, 중요한 편향의 효과는 발견되지 않았다.

세 편의 연구에서는 정서적 스트룹을 점화 조작과 결합시켰다. Gotlib와 Cane은 후속의 스트룹 검사에서 사용되지 않은 부정 단어에 사전 노출시킨 점화절차가 간섭에 전혀 영향을 미치지 않았다는 사실을 발견하였다. Bargh(1992)는 Gotlib와 McCann(1984)의 미발간 재현 연구 결과는 BDI를 스트룹 검사 후보다 검사 전에 시행했을 때만 BDI 우울증이 예상했던 간섭 패턴과 관련된다고 말한다. Bargh(1992)는 질문지 사전 노출이 우울에 취약한 피험자의 우울 인지 활성화에 필수적이라고 제언한다. 아마도 Gotlib와 Cane(1987)이 이런 종류의 점화 효과를 얻지 못한 이유는 BDI 완료가 단지 부정적 단어들을 읽는 것보다 자기참조적인 부정적 인지를 더 많이 만들어 낼 가능성이 높았기 때문일 것이다. Segal과 Vella(1990)는 자기인식(self-awareness)의 역할을 직접 조사한 흥미로운 연구를 보고하였다. 세 집단인데, 우울 환자집단과 정상 통제집단, 정상 피험자이지만 자기초점 조작에 노출된 집단

(거울로 자신의 수행을 바라보면서 자기 목소리가 녹음된 테이프를 듣는)이었다. 자기초점 조작은 기분이 아닌 자기인식에 영향을 주었다. 피험자에게 자기를 서술한 것 또는 아닌 것으로 사전에 분류시킨 형용사의 색상을 말하게 한 면에서 표준판 정서 스트룹과는 좀 달랐다. 각 단어 앞에 점화가 있었고, 자기 관련성 또한 다양하였다. 관련된 명사와 관련이 없는 명사 쌍이 통제집단의 단어 쌍으로 사용되었다. 비록 다른 두 집단(3~5%)보다 우울집단이 부정 단어를 더 높은 비율(29%)로 선택했지만, 세 집단 모두 자기서술에서 부정 단어보다 긍정 단어를 더 선택하는 경향이 있었다. 핵심 결과는 자기서술 형용사에 대한 간섭에 관한 것이다. 우울집단과 자기인식 집단에서는 자기서술적 점화물의 사전 제시로 간섭이 증가되었지만, 통제집단에서는 점화 유형이 간섭에 효과를 주지 못했다. 비슷한 효과를 보여 준 우울집단에 대한 추가 분석에서는 긍정적이든 부정적이든 모두 자기서술 단어의 효과가 나타났다. 이 방법의 중요한 특징은 바로 점화–표적 SOA의 지속시간(1200msec)이 길었다는 점이고, 이는 점화 효과가 기대 및 과정의 통제에 의존하였음을 시사한다(Neely, 1991). (Segal과 Vella는 실제로 SOA의 관련성을 논하지 않았다.) 따라서 우울집단과 자기인식 집단에서는 자기 관련 점화 단어를 통제시킨 처리가 자기 관련 스트룹 단어들을 선택하는 쪽으로 후속 주의를 편향시킨다. 우울증은 자기초점화 경향이 있으므로(제9장 참조) 이는 간섭 효과를 있게 한 것은 부정적 감정 자체보다는 자기인식 때문일 수 있다. 이런 결론의 어려움은 자기인식이 정상이 아닌 우울 환자 또한 의미론적으로 관련된 보통 명사에 대해 간섭 증가를 나타낸다는 점이 있다. 우울 관련 스트룹 효과에서 자기초점화의 역할은 더 연구할 필요가 있다.

Gotlib와 McCann(1984) 그리고 Clore와 Bower(Bower, 1987)는 비록 Clore(Bower, 1981)가 초기 연구에서 화난 그리고 행복한 피험자 모두 일반적으로 정서 단어로부터 간섭을 받는 경향이 있음을 발견했지만, 정상집단에서는 유도된 기분과 일치하는 스트룹 간섭 효과를 발견하지는 못했다. Williams와 Nulty(1986) 또한 우울증의 수행장애 정도를 평가하기 위해 수정된 스트룹 패러다임을 사용했는데, 수행장애 정도는 기분 상태나 기저에 깔린 안정된 특질(trait)의 특징과 관련이 있다. 이 연구에서는 우울 환자집단과 비우울 환자집단이 비교되었다. 일 년 이상 안정적인 우울 점수를 보였던 피험자들로 구성된 집단들 또는 안정적인 비우울 피험자들로 구성된 집단들이었다. 우울증의 안정성은 두 번 실시한 BDI로 평가하였다. 우울증 집단은 비우울증 집단보다 정서적 스트룹 과제의 수행에서 더 많은 장애를 보였다. 첫 번째로 실시한 BDI 점수가 스트룹 검사 당시의 BDI 점수보다 스트룹 수행의 저하를 더 잘 예측해 주는 인자였다.

우울증: 주요 결과

고찰된 자료는 환자 및 학생 집단 모두 우울의 주의 편향은 스트룹 검사에서 가장 분명하다는 것을 보여 준다. 그러나 유도된 기분 상태에서는 스트룹에서 기분일치적인 간섭을 일으키는 것 같지는 않다. 일반적으로 스트룹 연구들이 편향의 출처로 특정의 처리기전을 검증하지는 않았지만, Segal과 Vella(1990)의 연구는 자기 관련 처리에 의해 그리고 점화된 단어의 사전 통제 처리에 의해 간섭이 상승함을 시사한다. 효과는 좀 신뢰롭지 않지만, 이런 증거도 다소 있다. 부호화 패러다임에서는 우울한 사람들이 즐거운 단어나 불쾌한 단어 모두에 더 민감하다는 강한 결론을 도출하기에는 특히 환자집단에 대한 연구가 너무 적긴 해도 보편적으로 우울증과 필터링에 대한 연구들은 유의하지 않은 결과를 보고하였다.

범불안장애

부호화 과제

단순 부호화 과제를 쓴 불안-유도의 정서 편향에 관한 증거는 한계가 있다. Watson과 Clark(1984)은 지각적 방어와 성격 특징을 특성불안 및 신경증과 비슷한 '부정적 정서'라는 구성개념과 연관시킨 연구들을 고찰하였으나, 연구 결과는 압도적으로 부정적이라고 판정하였다. Mathews(1988)가 내놓은 더 최근의 고찰도 유사한 결론에 도달했는데, 위협 관련 언어 및 그림 자극의 재인 역치는 불안 피험자들이나 비불안 통제집단이나 다르지 않은 것 같다고 보았다. 또한 Mathews(1988)도 불안이 위협 관련 단어의 어휘 판단에 영향을 주지 못했다고 보고하였다. 후속 연구(MacLeod & Mathews, 1991b)는 단어와 비단어 자극을 동시에 제시할 때 불안 환자가 위협 관련 어휘 판단에서 비교적 속도가 있었음을 발견하였다. 불안 편향성은 단지 과제에 선택 요소가 있을 때만 명확하다고 추론되었고, 후속 절에서 더 복잡한 주의 과제 연구들의 지지를 받는 결론을 고찰했다. 반면에, Mogg와 Mathews, Eysenck, May(1991a)는 이 효과를 재현하지 못했다. 이들은 고정된 점의 위와 아래로 관련 없는 자극과 단어를 제시하였는데, 고정점 밑에 단어를 제시하고 고정점 위에는 무관한 자극을 제시하는 조건에서만 불안 편향성을 발견하였다. 단어 위치는 실험설계의 좀 우연적인 부수적 특징처럼 보이며, 무엇이 이런 결과를 만들었는지 알기는 어렵다. 어쨌든 편향성은 두 가지 자극 조건에서 중립 단어들에 특히 신속히 반응하는 통제집단에서 나온 것 같다. Martin과 Williams, Clark(1991)은 아래에 자세히 설명한 스트룹 검사 연구에서 위협 단어를 읽는 속도에서 어떤 불안 관련 편향도 발견하지 못했다.

편향성 입증에 성공한 한 과제는 동음이의어 철자쓰기(homophone spelling)다(Eysenck, McLeod, & Mathews, 1987; Mathews, Richards, & Eysenck, 1989b). Mathews 등은 피험자에게 한 단어를 녹음한 테이프를 틀어 준 후 청취된 단어를 받아쓰게 했다. 단어 중 일부는 동음이의어로서 철자나 뜻이 다르다. 이때의 가정은 피험자는 자발적으로 단어의 두 가지 의미 중 하나에만 주의를 기울이라는 것이다. 동음이의어로는 그 의미가 하나는 위협-관련된 것(예: die, 죽음)이고, 다른 건 중립 단어(예: dye, 염료)를 선정했다. 결과는 불안 환자 집단(85%)이 대조집단(68%)보다 위협적인 동음이의어가 훨씬 더 적었다. Mathews 등(1989b)은 비록 피험자가 단어의 모든 가능한 의미를 무의식적으로 처리할 수는 있지만, 불안 환자들은 위협을 느끼는 의미를 우선 인식한다고 제언한다. 또한 단어에 대한 피부 전도 반응도 기록했지만 어떤 집단 차이도 발견하지 못했다. 상태불안(state anxiety)은 편향을 예측하지 못했으나, Eysenck 등(1987)의 초기 연구는 특성불안(trait anxiety)에서 비슷한 효과를 발견하였다. 그러나 모호한 단어들을 처리하는 것은 자동적이고 용량 제한적인 처리에 의존하는 것으로 보이며(Simpson & Burgess, 1985), 처리 시간 과정에 관한 정보가 없는 상태에서는 동음이의어 철자쓰기 결과의 이론적 관련성이 확실하지 않다. 이 패러다임의 또 다른 어려움은 동음이의어들이 중립적인 단어와 위협이 명백한 단어가 배쌍된 리스트로 제시된 점이다. Mathews 등(1989b)이 사용한 단어리스트에 있는 명백한 위협 단어와 위협의 동음이의어는 중립 단어의 동음이의어보다 의미상 더 연관되었던 것은 분명하다. DISEASE(명백함, 질병)과 FLU(동음이의어, 독감), INFIRM(명백함, 병약)과 WEAK(동음이의어, 약함) 같은 연관성이 높은 단어 쌍이 있다. 따라서(단어 순서에 따라) 명백한 단어 덕분에 위협적인 동음이의어가 점화될 여지가 상당히 있을 것 같다. 불안한 환자는 위협 단어로 점화되기가, 즉 일반적으로 점화되기가 더 쉽다. 점화는 다양한 기전에 좌우될 수 있기 때문에(Neely, 1991) 결과에 대한 정확한 해석이 어렵다. 이 효과를 하나 이상의 의미를 지닌 단어들인 동음이의어로 일반화할 수 있는 건 아닌 것 같다. French와 Richards(1992)는 중립적인 의미와 위협 관련 의미가 모두 있는 **동형이의어**(homograph)에 대해 단어를 자유연상 하도록 피험자에게 요청하였다. 놀라운 것은, 비록 특성불안과 중립적 연산어 간에 작지만 중요한 부적상관이 있기는 했지만, 상태불안이든 특성불안이든 그 어느 것도 생성된 위협 연상의 수를 예측하지 못했다.

여러 편의 연구에서 어휘 판단 과제를 통해 점화 효과를 명쾌하게 검증하였다. Richards와 French(출간 중)는 하나의 의미 또는 기타 의미와 관련된 단어들을 점화하기 위해서 위협적 그리고 중립적 의미의 동형이의어를 사용하였다. 중립적 동형이의어는 통제 역할의 점화물로 사용되었다. 세 가지의 다른 SOA, 즉 500, 750, 1250msec가 사용되었다. Richards와 French는 자동 점화가 500msec 조건에서 일어날 걸로 고려했지만, 이 정도의 SOA에서는 대개 자동 점화보다 오히려 통제 점화만 작동될 것으로 기대된다(Neely, 1991 참조). 특성불안이 높은 피험자들은 두 개의 긴 SOA에서만 위협 관련 의미에서 점화가 높아지는 것으로 나타났다. Richards와 French는 만일 개인이 초기에 자동적인 확산 활성화를 이용할 수 있게 한 경험이 있다면, 불안 피험자들은 의식적으로 위협적인 해석에 '매달린다'고 제언한다. 점화가 명백하게 자동적인 더 짧은 SOA에 관한 자료를 갖는 것이 유용할 것이지만, 결과는 통제된 점화에 대한 불안 효과의 중요한 증거가 된다. Matthews와 Pitcaithly, Mann(출간 중)은 비슷한 정서가의 단어 쌍에 대한 점화를 조사하였다. 그들은 단순한 기분일치적 가설과는 달랐지만, 점화물과 표적 간의 짧은 SOA(240msec)에서 점화가 신경증(특성불안)과 단어 내용의 영향을 받았다는 것을 발견했다. 모든 피험자는 부정 단어 쌍에서 더 많이 점화되었고, 긍정 단어 쌍에서는 점화가 덜 되었다. 또한 더 많은 신경증 피험자들이 중립 쌍에서도 더 높은 점화를 보여 주었다. Matthews 등은 일반적으로 자동처리 시스템이 위협 자극에 의한 점화에 민감

하지만, 신경증 피험자에서는 부정 자극의 활성화 속성이 중립 자극으로 일반화되는 것 같다는 결론을 내렸다. 또한 Kemp-Wheeler와 Hill(1992, 실험 1)도 순간 노출기를 사용하여 신경증이 어휘 판단의 의미적 점화에 미치는 효과를 검증하였다. 이 연구의 가장 흥미로운 부분은 의식적 재인을 예방하기 위해 점화물을 패턴으로 차폐시킨 점이다. 그들은 어의적 점화와 정서적 내용에 의한 점화를 모두 발견했지만 신경증의 효과는 없었는데, 이는 특성불안이 단어 의미에 대한 '무의식적' 처리 과정에 영향을 주지 못했다는 것을 시사한다. 그러나 이 연구는 상대적으로 긴 SOA(500msec)를 사용했으므로 아마도 자동 점화 효과에 민감하지 않았을 것이다. 점화물이 인식에 접근하지 못하도록 보장하기 위해서 각 피험자의 재인 역치는 차폐자극 전에 제시된 자극 카드를 말하게 하는 방식으로 개별적으로 정했다. 그런 다음 어휘 판단 과제의 제시 시간은 이렇게 얻어낸 임계치 제시 시간의 95%로 설정하였다. 두 번째 연구는 정서적 점화 효과를 재현하는 데 실패했다. 연구진은 모든 점화가 사실상 역치하로 제시되었는지에 관한 의혹을 인정한다.

필터링 과제

주의 편향성을 평가하기 위해 스트룹 검사의 제공이 그런 것처럼 간섭 측정도구를 사용하는 어려움 중 하나는 정서 자극이 간섭을 일으키는 각성이나 스트레스를 일으킬 수 있다는 점이다. MacLeod 등(1986)은 중립 자극에 대해 중립 반응을 요구하는 획기적인 초점적 주의 과제를 사용하는 방식으로 이 문제를 다루었다. 이 연구에서는 사회 및 신체적인 위협 단어를 중립 단어와 배쌍하고 이때의 단어 쌍을 동시에 500msec 동안 마이크로컴퓨터 화면의 상단부와 하단부에 제시하였다. 피험자는 상단부에 나타난 단어를 명명해야 했다. 단어 전개가 종료된 후 즉시 단어들 중 어느 한 위치에 보인 시각적 탐색을 탐지하는 버튼 누름의 반응을 포함한 이차적 과제를 써서 피험자를 평가하였다. 탐색 탐지 시간에 관한 단어 종류의 효과를 조사함으로써 피험자의 주의 전환이 단어로 향하는지 아니면 단어로부터 멀어지는지 여부를 결정할 수 있었다. 우선 항상 상단부에 주의가 주어지지만 후속적인 탐색지점인 하단부로 주의가 전환되어야 하기 때문에 이 과제는 첫 번째 필터링의 하나이다.

이 연구에서 범불안장애 피험자 집단의 수행이 비불안 통제집단과 비교되었다.

불안 피험자들은 신체나 사회적 관심사를 주로 걱정한다고 보고한 것을 토대로 분류하였고, 편향성이 특정의 스키마와 연관되어 있는지를 검증하였다. 결과는 불안 피험자의 주의는 위협 단어 쪽으로 일관성 있게 전환되는 반면에, 비불안 피험자의 주의는 위협 단어에서 멀어지는 경향을 보여 주었다. 신체 및 사회적 위협 단어 모두가 하위 걱정집단 모두에서 동등하게 주의를 끌었다. 이때 환자들이 자신의 주된 걱정과 관련된 단어들의 영향을 더 많이 받은 경향은 있었지만, Mogg와 Mathews, Eysenck(1992)는 이 효과에 대한 재현 연구를 보고한다.

중요한 문제는 이런 종류의 효과가 불안 피험자의 기저에 있는 특질적 특징 때문이 아니라 기분 상태와 어느 정도나 관련이 있는가에 관한 것이다. 불안장애인 경우 편향된 주의 효과는 스키마 기반의 처리 과정에 기인하는 것으로 간주해 왔기 때문에, 비교적 지속적인 불안구조가 선택적 주의 현상의 기저에 있는 것으로 예측할 수 있었다. 이와 달리 기분 상태는 일시적인 방식으로 주의 할당 기전을 편향시킬 수 있다. 이 문제를 세 편의 연구가 탐색적 탐지 기술을 사용하여 비임상 표본에서 조사하였다. MacLeod와 Mathews(1988)는 특성불안이 높거나 낮은 의대생을 대상으로 상태불안이 낮은 기말 시험 12주 전에 검사하였고, 상태불안이 높은 시험 한 주 전에 재검사를 하였다. 특성불안이 높은 학생들은 두 시험 모두에서 일반적인 위협 자극 쪽으로 주의가 전환되었다. 이들은 시험 전 주에만 시험 관련 위협 자극들을 향한 추가적인 주의 편향을 보였다. 이와는 대조적으로 특성불안이 낮은 피험자는 시험에 임박했을 때 위협 자극에 대한 주의 회피가 증가함을 보여 주었다. 또한 Broadbent와 Broadbent(1988)도 일반인 표본에서 뽑은 지원자들을 대상으로 MacLeod 등(1986)의 주의 편향 효과를 재현 연구하는 데 성공하였다. MacLeod와 Mathews(1988)의 연구는 Spielberger와 Gorusch, Lushene(1970)의 STAI로 측정한 특성불안이 상태불안보다 편향성의 더 강한 예측인자였다. 또한 그들은 불안과 편향 간의 곡선적 관계를 보여 주었다. 불안은 불안 수위가 증가함에 따라 더 중요해지는 것으로 보였는데, 이는 환자집단에서 특히 그 효과가 강할 것임을 시사한다. 초기 분석에서는 특성불안과 상태불안의 상호작용 증거가 발견되었지만, 특성불안의 곡선 효과를 설명변수로 투입하자 상호작용 항은 유의하지 않게 되었다. 네 개의 실험 중 세 개의 실험에서 과제의 전반부와 후반부의 결과를 비교한 결과 효과의 강도는 과제에 관한 시간 경과에 따라 증가했던 것으로 나타났다. 이는 편향이 자동

적 선택의 편향에 기인할 수 없다는 걸 의미하므로 중요한 결과이다. 그보다는 위협 단어를 처리하는 경험이 피험자의 주의 전략을 수정하는 것 같다. Broadbent와 Broadbent(1988)만이 위협 단어의 편향 지수를 얻기 위해 RT의 차이 점수를 사용해서 유의한 결과를 얻었다는 점에서 이 연구는 통계적 어려움이 있다. 그러나 이러한 종류의 차이 점수는 차이 점수가 산출된 RT에 혼합되어 있고, 그래서 이런 가공물의 출처를 보정하지 않고 사용할 수는 없는데(Cronbach & Furby, 1970), Broadbent와 Broadbent는 그렇게 하는데 실패하였다. 대체로 이들 자료가 보여 주는 것은 비록 이런 유형의 편향이 불안한 기분에 의해 악화될 수도 있지만, 불안 피험자의 주의 편향이 단순히 기분 상태에 의존하는 현상만은 아니라는 점이다. 불안에서 특성불안은 상태 요인보다 편향된 주의와 더 강하게 관련되어 있는 것으로 보인다.

Mogg와 Mathews, Bird, MacGregor-Morris(1990, 실험 2)는 비환자 표본을 대상으로 한 MacLeod 등(1986)의 결과를 재현 연구하는 데 실패했음을 보고한다. 특성불안의 고저 점수로 피험자를 선정한 것 외에도, 그들은 시각적 주의 과제 전에 실시된 철자 수수께끼(anagram) 과제에서 긍정 또는 부정의 가짜 피드백 중 어느 하나를 주는 방식으로 스트레스를 조작하였다. 그들이 발견한 것은 부정적 피드백의 스트레스를 받는 피험자가 보통의 성취 관련 위협 단어에 주의를 기울이는 경향이 있음을 발견했으나 스트레스 수준에는 어느 불안 효과가 없었다. 또 하나의 중요한 부정적 결과를 Mogg 등(1991b)의 연구에서 얻었는데, 여기서는 단어 쌍에 이어 색상막대 쌍을 제시하는 과제를 사용하였다. 피험자에게 어느 막대기가 먼저 나타날 것 같은지를 묻는 방식으로 위치에 대한 선택적 주의를 평가했지만, 편향 효과는 두 편의 연구 모두에서 미약하고 신뢰할 수 없었다.

Mathews와 May, Mogg, Eysenck(1990)는 선택적 주의를 조사하기 위해 조금 다른 기법을 사용하였다. 그들은 피험자들에게 LEFT와 RIGHT라는 단어를 버튼을 눌러 구분하라고 하였다. 그들은 (두 번째 단어인) 주의분산자극의 유무를 조작했고 주의분산자극이 동시에 제시될 때는 그것의 정서적 내용을 달리했고, 주의분산물과 표적의 위치를 알거나 모르게 했는데, 결과는 다음과 같았다.

- 불안 환자는 통제집단보다 전반적인 반응이 더 느렸다.
- 불안 환자는 일반적으로 주의를 분산시키는 단어에 의해 더 느려졌다.

• 특히 불안 환자는 표적 위치를 몰라서 화면을 시각적으로 탐색할 필요가 있을 때만 위협 단어에 의해 느려졌다.

불안에서 회복된 환자는 위협 단어 조건에서만 느려졌다. 사회적 및 신체적 위협 단어가 모두 사용되었지만, 차이는 발견되지 않았다. 특성불안은 위협 단어와 통제 단어 모두에서 느려지는 효과를 예측했으나, 상태불안은 통제 단어에서만 주의분산을 예측하였다. Mathews 등(1990)은 위협 단서에 선택적 주의가 끌리는 것이 임상적 불안에 취약한 사람의 지속적인 특성이고, 이것이 불안 상태를 생성 또는 증폭시키는 작용을 한다고 말한다. 그들은 또한 스트룹 검사에 관한 불안 효과는 지속적인 특징이 아니라 현재의 정서장애와 관련이 있다는 점에서 다르다고 말한다.

입력 채널을 신체 특성(왼쪽 또는 오른쪽 귀)으로 구분하는 청각 과제도 불안 연구에서 사용되었다. Mathews와 MacLeod(1986)는 위협 단어와 비위협 단어를 제시하는 양분 청취 과제를 사용하였다. 범불안장애 피험자 집단과 정상의 대조집단에게 스테레오 헤드셋의 왼쪽 채널에 제시된 정보는 무시하고 오른쪽 채널에서 들리는 모든 것을 큰 소리로 복창하거나 '암송'하게 했다. 동시에 그들은 바로 앞에 있는 스크린에 "누르시오" 명령이 나타나면 가능한 한 빨리 누름 키에 반응하도록 하였다. 위협 단어와 비위협 단어 모두 무시 채널에 제시되었고 단어 유형에 따라 생성된 상대적 간섭도는 그것이 반응 시간 수행에 미치는 영향이라는 측면에서 평가되었다. 불안집단의 피험자들은 무시된 단어들이 중립 단어보다 위협적이었을 때 반응시간 과제에서 수행이 더 느렸지만 정신집단은 그렇지 않았다. 어떤 집단도 재인 과제를 했을 때 무시 채널에 제시된 단어를 재인하지 못했다. 추가로 피험자 집단을 대상으로 무시된 단어의 찰나적 알아차림을 검증해 보았다. 두 개의 메시지가 예기치 않게 중단되었을 때 피험자는 무시 채널의 맨 마지막에 제시된 단어를 추측조차 할 수 없었다.

스트룹 검사

Mathews와 MacLeod(1985)는 수정된 스트룹 과제를 이용해 의사로부터 불안 관리 훈련을 의뢰받은 불안 환자의 선택적 처리에 관한 실례를 보여 주었다. 이들 피

험자의 수행을 비불안 통제집단의 수행과 비교하였다. 스트룹 과제에서 신체적 위협(예: 질병, 장례관)과 사회적 위협(예: 실패, 외로움)의 단어들은 컬러 잉크로 인쇄하였다. 피험자에게는 가능한 한 빨리 단어의 색상을 오류 없이 명명하도록 지시하였다. 그다음 곧바로 표적 단어와 비표적 단어들로 구성된 재인기억 검사를 실시하였다. 표적 단어는 앞서 진행된 스트룹 과제에서 본 것이었다. 특히 신체적 위험이나 사회적 위험을 걱정한다고 보고한 것을 토대로 불안 피험자들을 분류하였다. 이 연구는 불안 피험자가 스트룹 과제 중 하나에 반영된 걱정—혹은 스키마—일치적인 위협 정보를 처리하는 경향이 더 큰지를 보여 주는지를 검증하려는 것이었다. 불안 피험자는 정상의 통제집단에 비해 모든 유형의 단어에 대한 색상 명명에서 전반적으로 속도가 느린 것으로 나타났다. 그러나 특히 위협 단어인 경우 더 느렸다. 신체적 관심사에 걱정을 보고한 피험자는 사회적 위협 단어보다는 신체적 위협 단어의 색상을 명명할 때 더 오래 걸렸다. 그러나 반대는 적용되지 않았다. 이 연구는 단어의 구체적인 범주에 따른 선택적 재인 효과를 충분히 보여 주지 못했다.

후속 연구들에서는 스트룹 간섭의 구체성, 상황적 불안과 스트레스의 중요성, 비환자집단에로의 효과 일반화 등을 조사하였다. Mogg와 Mathews, Weinman(1989)은 위협 단어가 범불안장애 환자에서 색상 명명 수행을 간섭하지만 비불안 통제집단에서는 그렇지 않다는 것을 확인하였다. 또한 그들은 피험자의 주요 걱정이 반영된 사회적 및 신체적 위협 단어에 대한 선택적 간섭의 효과도 발견하였다. Mogg 등(1990, 실험 1)은 불안이 스트룹에 미치는 효과가 상황적 스트레스에 따라 변하는지 여부를 검증하였다. 그들은 철자 수수께끼-해결 과제에서 거짓 부정적 피드백으로 유발된 스트레스와 특성불안이 색상 명명 간섭에 추가적인 효과가 있다는 것을 발견하였다. 특성불안이 높은 사람은 스트레스 수준과 무관하게 보통의 위협과 성취 위협적인 단어 모두에서 더 느렸다. 스트레스는 성취 위협적인 단어에서만 간섭의 양과 관련이 있었는데, 이는 불안에 의한 편향보다는 훨씬 특수한 주의 편향을 더 의미한다. 이 연구의 한 가지 어려움은 스트레스하에서 불안 증가가 유의하지 않았다는 점이며, 불안이 낮은 피험자가 높은 피험자보다 기대되는 방향으로 더 강한 경향성이 나타났다. 대조적으로 Martin 등(1991)은 환자와 비환자를 특성불안 수준에 따라 결합표집했을 때에도 환자집단에서는 불안 스트룹 효과가 재현되었지만, 불안이 높은 정상인 집단에서는 그렇지 않음을 발견하였다. 네 편의 연구 과정에서

Martin 등(1991)은 불안 환자가 위협 단어는 물론이고 긍정적인 정서 단어에 대해서도 더 큰 스트룹 간섭을 보이는 것도 입증하였다. 불행히도 환자들 또한 BDI로 평가된 우울 수준의 증가를 보였는데, 우울 수준이 그런 결과에 기여했을 수도 있다. Mathews와 Klug(1993)도 정적 및 부적 유인가 모두 통제집단보다 BDI 점수가 높은 불안 환자들에서 간섭이 일어남을 발견하였다. 이들 자료는 정서성이나 유인가보다는 당면한 관심사가 간섭을 예측하는 데 적합한 인자임을 시사한다.

Richards 등(1992, 실험 1)은 정서적 유인가(valence)에 의해 차단된 색상단어 순서에 관한 특성불안 효과와 시행을 거듭하면서 유인가에 변화를 준 혼합형 시행 순서에 관한 효과를 비교하였다. 그들이 예언했던 것은 만일 스트룹 간섭이 시행의 누적에 따라 일어나는 단기적인 활성화 확산 때문이라면 제시의 차단은 효과가 없어야 한다고 보았다. 결과는 불안만이 차단 조건의 위협 단어에 대한 간섭을 예측했는데, 이는 간섭이 각각의 차단을 넘어서서 확립된 기분에 의존한다는 것을 시사한다. 두 번째 연구는 스트룹 검사 전에 불쾌한 사진으로 불안한 기분이 유도되었던 혼합형 시행 순서에서 불안 의존적 간섭을 보여 주었다. 불안 효과는 특성불안과 상태불안 간의 상호작용과 관련이 있는 것으로 보였다. 또한 이 연구는 특성불안 피험자가 유쾌한 분위기의 유도 후 주어진 행복 관련 단어에서 더 많은 간섭을 보여 주었다. 이 연구에서 특성불안 피험자는 기분일치적인 간섭을 보였으나, 불안이 낮은 피험자는 대체로 단어의 유인가에 둔감하였다. 학생을 대상으로 한 연구 두 편은 특성불안과 관련된 정서적 편향을 발견하였다. Richards와 Millwood(1989)는 쉽게 기분일치 효과를 얻었으나, Mogg와 Marden(1990)은 특성불안 학생들이 부정적 및 긍정적 단어 모두에서 차이나게 느려진 것을 발견하였다.

두 편의 흥미로운 연구가 자동적 처리의 역할을 평가하는 수단으로서 스트룹 자극의 패턴차폐 효과를 살펴보았다. MacLeod와 Hagen(1992)은 부인과 검사를 기다리는 여성 표본을 상대로 위협 단어가 있는 스트룹 검사를 사용하였다. 한 조건에서는 단어를 20msec 후 차폐자극을 주는 방식을 써서 의식적인 식별 및 전략적 처리를 방지하는 데 성공하였다. 차폐시키지 않은 조건인 경우, 위협 단어가 일으킨 불안과 간섭 간에는 아무 관계도 없었다. 차폐 조건에서는 상태불안과 특성불안 모두 위협 간섭과 상관이 있었다. 이 연구의 어려움은 차이 점수(예: 위협 시행의 반응 잠재시간-통제 시행의 반응 잠재시간)가 종속 측정치로 사용되었다는 점이다. 우리

가 알고 있는 것처럼 보정되지 않은 차이 점수를 사용하면 통계적 가공물이 생길 수 있다(Cronbach & Furby, 1970). MacLeod와 Hagen 역시 자궁경부 질환의 진단을 받은 여성에서 위협 간섭의 지수는 후속 고통을 예언했다고 보고하였다. MacLeod와 Rutherford(1992)는 대학생을 대상으로 비교 가능한 스트룹 검사 결과를 얻었다. 차폐 스트룹인 경우, 특성불안이 높은 학생들은 시험 전에 위협 단어로부터 더 많은 간섭을 보였으나 그 후에는 그렇지 않았다. 차폐되지 않은 스트룹에서는 불안 효과가 전혀 없었다. 차폐 스트룹 연구 두 편 모두 알아차림을 주기적으로 점검하였다. 피험자는 차폐자극에서 어휘 판단을 했으며 이때 일부 비단어도 포함되었다. 어휘 판단의 정확성은 우연 수준이었는데, 피험자들이 자극 단어의 내용을 지각할 수 없었다고 추론되었기 때문이다. MacLeod와 Hagen(1992)의 결론은 불안이 위협 관련 정보를 선택적으로 처리하는 무의식적이고 자동적인 경향과 관련이 있다는 것이다. 이론의 중요한 함의성 때문에 이들 연구를 다음 장에서 상술하며, 자동 처리의 해석에 대한 몇몇 어려움도 밝혀볼 것이다. 이들 연구에서 비차폐적인 스트룹에서의 효과 없음은 자동적 편향을 무시하려는 수의적 시도로 귀속된다. 임상 환자는 그런 식의 수의적 통제에 결함이 있다고 제안하였다.

불안장애: 주요 결과

불안 관련 편향의 증거는 세 종류의 과제 패러다임 모두에서 발견되었다. 부호화와 인지 연구들에서는 불안 효과가 모호한 자극 단어(동형이의어 또는 동음이의어) 과제에 주로 한정되었다. 불안 피험자는 이런 유형의 단어 중 더 위협적인 의미를 선택하는 경향이 있다. 그러나 불안이 자동적인 어휘 접근 과정에 영향을 미치는지 또는 재인 편향이 기대에 대한 통제 처리에 달려 있는지 여부는 불분명하다. 가장 직접적인 증거는 긴 SOA(Richards & French, 출간 중)에서의 동형이의어 점화는 기대-기반의 기전을 시사한다. 시공간적 주의 연구들에 의하면 불안 피험자는 비위협적인 위치보다 위협 자극이 제시되었던 위치에 나타난 자극을 선택하는 경향이 있다. Mathews와 MacLeod(1986)의 양분 청취 연구는 위협 자극이 무시 채널로 제시될 때 불안 환자가 필터링 유지에 어려움이 있음을 제안한다. 그러나 이 연구와 가장 유사한 시각재료를 썼던 연구(Mathews et al., 1990)에서는 불안 피험자가 무시영역에서 제시되는 위협 자극에 주의를 돌리는 경향이 있다는 어떠한 증거도 찾지 못했다. 불안 관련 편향은 피험자들에게 시각 장(visual field)을 탐색하도록 할 때만 발견되었다.

임상 환자 대상의 필터링 연구가 가장 신뢰할 만한 결과를 제공한다. 상태불안만으로 시각적 주의 편향을 발생하기는 충분하지 않은 것 같다. 임상적 불안은 정서적 스트룹 검사에 대한 강한 간섭 효과와 관련되어 있다. 특성 및 상태 불안 효과는 보고되었지만, 다소 신뢰롭지 않은 것 같다. 또한 불안 피험자 대상의 색상 명명을 간섭을 야기하는 위협 관련 단어들의 정확한 특성이 무엇인지도 불확실하다. 어떤 상황에서는 정서성과 개인적 관련성이 모두 중요할 수 있다. 차폐자극을 사용한 연구 두 편(MacLeod & Hagen, 1992; MacLeod & Rutherford, 1992)은 자동적인 전주의적 처리에서 편향의 증거를 제공한다. 반면에, Richards 등(1992)이 실시한 시행 차단 역할에 대한 증거는 그 효과가 의식적인 기대에 의해 증진될 수 있음을 시사한다.

기타 불안장애의 주의 편향

부호화 및 필터링 과제

비록 광장공포증(McNally & Foa, 1987)과 공황장애(Clark et al., 1988)가 모호한 재료를 위협을 주는 것으로 해석하는 경향이 있지만 기타 장애를 대상으로 하는 단순 부호화 과제의 편향에 대해서는 연구가 거의 없다. 필터링 패러다임을 사용한 연구가 더 많다. MacLeod 등(1986)의 시각적 주의 과제 버전을 사용한 연구에서는 공황장애는 흥미롭게도 중립 단어가 아닌 긍정 단어와 공황 단어 쪽으로 주의를 전환한다는 것을 보여 주었다(J.G. Beck et al., 1992). Burgess 등(1981)은 광장공포증과 사회공포증 환자에게 시구절을 암송(shadow)하는 동시에 무시 채널로 간헐적으로 제시되는 개인적 공포와 관련된 표적 단어를 탐지하도록 지시하였다. 환자들은 공포 관련 단어를 더 잘 탐지했다. 마찬가지로 Foa와 McNally(1986)는 치료 이후에 실시된 강박장애의 오염 관련 단어(예: 소변, 대변)에 대한 양분 청취 탐지 과제에서 주의 편향의 감소를 보여 주었다. Burgess 등(1981) 그리고 Foa와 McNally(1986)의 연구

는 Mathews와 MacLeod(1986)의 양분 청취 연구와 다른 것임을 지적하며, 여기서는 무시 채널에서 제시되는 자극들에 대한 반응을 명시적으로 요구했는데, 이것이 (그러지 말라는 지시가 있음에도 불구하고) 무시된 귀에 대한 적극적인 점검을 고무했을지도 모른다.

Trandel과 McNally(1987)는 양분 청취에서 주의 편향이 외상후 스트레스장애(PTSD)로 일반화되는지를 검증하려고 시도하였다. 그들은 주장하기를 Mathews와 MacLeod(1986)가 불안 연구를 위해 사용한 음영 패러다임은 무시 채널에서 위협 재료에 대한 순간적 인식을 방지하기에는 충분하지 않았다고 보았다. 주의 채널에서 들리는 소리가 없을 때(예를 들어, 단어와 문장 사이), 피험자가 무시 채널로 주의를 전환할 수도 있다. 부연하면 시구절은 의미가 있기 때문에 피험자는 음영 반응과 함께 '덩어리로 조직(chunk)'하여 쉽게 채널 간의 주의를 전환할 수 있었을지도 모른다. 이런 가능성을 통제하고 불안집단의 의식각성 없는 의미 처리를 입증하려는 시도로써 Trandel과 McNally(1987)는 무관련 단어들로 구성된 음영 과제를 양쪽 채널에 동시에 제시하였다. 이 연구의 대상자는 PTSD로 진단받은 베트남 참전 용사였고, 이 집단을 알코올 및 정상집단과 비교하였다. 네 범주의 자극 단어들, 즉 위협 단어, 위협 단어와 음성학적으로 유사한 단어, 공포 단어, 중립 단어를 무시 채널로 제시하였다. 이때 쓰인 위협 단어는 베트남 관련 용어(예: napalm, bodybags)로 구성되었고, 'maples' 및 'bodyweight' 같은 음성학적으로 유사한 단어 범주와 결합시켰다. 공포 단어 범주는 '현기증'과 '세균' 같은 단어들로 구성되었다. 만일 한 자극 단어에 대한 의미적 처리가 의식의 각성 없이 나타난다면, 피험자는 주요 단어와 배쌍된 것 후에 제시된 첫 번째나 두 번째 단어에서 음영 오류를 범할 수 있을 것이라는 가설이었다. 비록 모든 피험자가 중립 단어가 제시되었을 때보다 위협 단어가 제시되었을 때 의미 있게 더 많은 오류를 보였지만, 단어 유형에 따른 집단 간의 유의한 차이가 없었다. 이런 결과들이 시사하는 바는 PTSD 환자는 적어도 양분 청취 패러다임에서 의식적 각성이 없는 의미 처리를 보여 주지는 않는다는 점이다. 이런 유형의 편향에 관해 전에 발견한 것이 진짜 현상인지 아니면 방법상의 가공물인지를 평가하려면 기타 유형의 불안 환자들을 대상으로 한 연구에서도 좀 더 엄밀한 양분 청취 패러다임을 채택해야 할 것이다.

스트룹 검사

공황장애와 단순 공포증을 대상으로 한 주의 편향에 관한 실험 연구들은 수정된 스트룹 과제의 변형재료를 이용해 공황 및 거미 공포증이 위협 관련 자극들에서 편향된 주의를 보여 준다는 증거도 보여 주었다. Ehlers와 Margraf, Davies, Roth(1988b)는 신체 위협과 격리, 사회적 위협 등과 관련된 단어들이 포함된 세 가지 유형의 카드로 구성된 스트룹 과제를 사용한 연구를 보고하였다. 이 카드들은 (위협적이지 않은) 중립 단어 또는 긍정 단어들이 포함된 세 개의 통제카드와 결합되었다. 공황장애 환자 24명의 색상 명명 수행을 24명의 통제집단의 그것과 비교하였다. 공황장애 환자에서는 신체 위협 단어의 색상 명명에서 통제집단보다 더 느린 수행이 나타났지만, 다른 단어 유형에서는 유의한 차이가 없었다. Gandy와 Telch(1989)는 수정된 스트룹의 컴퓨터 버전을 사용하여 유사한 결과를 얻었다. 이들은 공황장애 환자 20명에게 세 종류의 스트룹 스크린을 제시하였다. 화면은 신체 위협 단어(예: 실신, 죽음), 사회적 위협 단어(예: 수치심, 거절), 통제 상실과 관련된 단어(예: 절규, 덫에 갇힘) 등으로 구성되었다. 또한 환자들에게 중립, 즉 일반적 정서 단어들로 구성된 두 개의 통제스크린을 제시하였다. 일반적 정서 단어 또는 중립 단어와 비교된 신체 위협 단어에서 색상 명명 시간이 상당히 느린 것으로 나타났다. 다른 차이들은 유의하지 않았다. 불행히도 연구에 비불안 통제집단을 포함시키지 않았는데, 이 점이 자료에 근거한 결론의 타당성을 훼손시킨다. 하지만 이 두 연구의 결과들을 종합하면 공황장애는 신체 위협 관련 자극에 대해 기본적인 편향성을 보인다. 이러한 결과는 공황발작의 인지모형과 일치하며, 공황발작은 신체 감각에 대한 파국적인 오해(예: Clark, 1988)에서 나온 것으로 본다.

확실히 공황장애 환자들이 두려워하는 신체적 파국과 관련된 자극들은 그들에게 매우 정서적인 것일 터이고 향후 연구들은 이런 정서성을 통제해야만 한다. Hope와 Rapee, Heimberg, Dombeck(1990)은 공황장애는 신체적 위협 단어인 경우 스트룹 간섭의 증가를 보였으나, 사회적 위협 단어에서는 그렇지 않은 반면에, 사회공포증은 정반대의 상호작용 패턴을 보여 주었다. 또한 스트룹 검사에서의 적절한 편향성은 공황장애(McNally, Riemann, & Kim, 1990b; McNally et al., 1992), 베트남 참전 용사(McNally, Kaspi, Riemann, & Zeitlin, 1990a), 약물남용 환자(Williams & Broadbent,

1986), 강간 피해자(Foa et al., 1991) 등에서도 발견되었다.

Watts 등(1986a)은 거미 공포증에서 거미 관련 자극에 대한 선택적 주의를 입증하였다. 이 연구는 선택적 주의 효과에 대한 치료 효과를 조사한 것이기도 해서 임상 관점에서 특히 흥미를 끈다. 이 연구에서는 공포증과 비공포증 집단에게 세 가지 스트룹 과제, 즉 거미 관련 단어, 일반적인 정서 단어 또는 중립 단어들로 구성하여 제시되었다. 공포증은 색상 명명 거미 관련 단어에서 비공포증보다 더 느렸으나 다른 단어들에서는 차이가 없었다. 노출치료(둔감화)가 스트룹 간섭에 미치는 효과를 대기 조건의 효과와 비교하였다. 치료받은 집단은 무처치집단에 비해 간섭량이 크게 감소되었다. Lavy와 Van den Hout, Arntz(1993)도 비슷한 결과를 보고하였다. 또한 거미 공포가 있는 예닐곱 살의 아동들도 거미 관련 단어들에서 더 많은 간섭을 보이는데, 이는 아마도 선택적 주의 편향이 공포정서의 핵심적 특성이라는 것을 시사한다(Martin, Horder, & Jones, 1992).

기타 불안장애: 주요 결과

정서적 스트룹에 대한 연구에서는 환자의 장애와 일치하는 단어들에 의한 간섭이 광범위한 불안 관련 조건들에서도 발견된다고 제안한다. 간섭 효과를 일으키는 자극 재료는 대개 매우 특정적이다. 거미 공포증인 경우 거미 관련 단어 등이다. 다른 과제들은 공포증, 강박증, 공황장애에서 선택적 주의 편향의 어떤 증거를 포함하는 다소 혼합된 결과를 내놓는데, 그러한 종류의 연구들은 일반적인 결론을 도출하기에는 너무 제한적이다. 고찰된 실험들에는 대체로 불안 관련 편향을 일으키는 기전에 관한 정보가 없다.

불안과 우울이 기타 과제에 미치는 효과

정서적 편향은 다른 과제들, 특히 복잡한 평가나 판단이 필요한 과제와 기억 과제로도 평가되었다. 특히 비록 기억의 편향과 관련하여 불안에 관한 관심이 증가하고 있지만, 연구의 주류는 우울증이나 즐거운 기분을 조사하였다.

평가와 판단

여러 편의 실험 연구에서 우울증이 유난히 자기비판적 경향이 있다는 임상적 관찰이 사실임을 보여 준다(Beck, 1976). Roth와 Rehm(1980)은 인터뷰 상황에서 우울 환자집단과 비우울 환자집단을 비디오 테이프로 녹화하였다. 평가자들은 두 집단이 모두 동등한 빈도의 긍정적 행동을 보였음을 발견하였다. 그러나 우울 환자집단이 자신의 행동 판단에서 두드러지게 부정적인 반면에, 비우울 환자집단은 긍정적으로 평가하는 경향이었다. 우울증은 과제와 대인관계 피드백에서도 유사한 부정적 평가를 보여 준다(DeMonbreun & Craighead, 1977; Gotlib, 1983). 우울 환자집단은 수반성의 부재 및 과제 수행의 통제 탐지에서 비우울 환자집단보다 실제로 더 높다(Alloy & Abramson, 1979). Butler와 Mathews(1983)는 우울증이 부정적 사건의 발생 확률을 특히 자신에게 적용할 때 더 높게 판단함을 발견하였다. 임상 우울증과 유사한 효과를 비임상적 피험자에게 유도한 기분 연구들에서도 쉽게 볼 수 있다(Forgas & Bower의 고찰, 1987). 〈표 4-1〉은 이때 발견한 효과의 범위를 보여 준다. 각각의 경우에서 비록 기분일치성이 반드시 긍정 기분과 부정 기분에서 대칭적으로 나타나는 것은 아니지만, 판단은 일반적으로 기분일치적이다. 예를 들어, Forgas와 Bower, Krantz(1984)가 발견한 것은 행복한 기분이 자기와 파트너 모두에서 사회적 기술에 대한 지각을 높이지만, 우울한 기분은 주로 자기에 대한 지각에만 영향을 미친다는 점이었다. 판단 및 결정의 편향은 또한 사회적 요인에도 의존한다. 자기지각은 일반적으로 타인 지각보다 부정적 기분에 더 민감하다(Forgas & Bower, 1988). Forgas(1989)는 슬픈 피험자는 실험 장면에서 특히 타인보다는 자신을 위한 것일 때는 유능한 동료보다는 사회적으로 보상적인 동료를 선택하는 경향이 있음을 발견하였다. 반면에, 행복한 피험자는 사회적 맥락에 관계없이 유능한 동료를 선호하였다. 그는 불행한 사람들이 주로 자신의 기분을 고양시킬 욕구에 동기부여가 되었다고 말한다. 또한 기분일치적 편향의 일반 경향성에도 예외는 있다. 유쾌한 과거 사건에 관한 생각은 때로 대비 효과를 통해 현재의 웰빙을 더 평가절하할 수 있다(Strack, Schwartz, & Gschneidinger, 1985a).

유사한 편향이 작동한다는 조짐은 있지만, 이러한 효과를 불안에 일반화하는 것은 확실하지 않다. Butler와 Mathews(1983, 1987)는 검사 전 실시된 평가에서 불안

표 4-1 기분일치성과 평가에 대한 연구들

연구	기분 조작	종속 변인
Isen et al. (1978)	(긍정적인) 공짜 선물로 유도	소유에 대한 만족
Bower (1981)	최면	(1) TAT 이야기의 내용 (2) 사회적 기술 (3) 중요 인물에 대한 판단
Wright & Mischel (1982)	심상화	수행의 만족
Johnson & Tversky (1983)	죽음에 대한 대중매체의 기사	죽음에 대한 주관적 확률
Schwarz & Clore (1983)	(1) 사건의 설명 (2) 쨍쨍한 날씨 또는 비 오는 날씨	전반적인 삶의 만족
Forgas et al. (1984)	최면	자기와 파트너의 사회적 기술
Forgas & Moylan (1987)	행복, 슬픔, 공격성에 관한 영화	정치적 판단 / 미래의 기대/ 죄의 판단 / 삶의 만족
Salovey & Birnbaum (1989)	심상화	감기와 독감 증상의 심각도

환자집단과 특성불안이 높은 학생집단 모두 부정적 사건의 발생 가능성을 더 높게 매긴다는 것을 발견하였다. 또한 불안은 우울 효과를 통계적으로 통제한 후에도 학습 과제 동안에 받은 부정적 피드백의 양에 대한 평정과 상관이 있다(Kennedy & Craighead, 1988). Tomarken과 Mineka, Cook(1989)은 거미나 뱀 공포가 심한 여성이 공포 슬라이드와 충격 간의 수반성을 과대평가함을 보여 주었다. 공포는 공포를 확증시켜 주는 판단 편향과 연결될 수 있다. 공황장애 환자 사례에서 가슴의 불쾌감과 같은 내적 자극들을 포함하는 각본에서만 그렇기는 해도, 광장공포장애와 공황장애는 모호한 시나리오를 위협적인 것으로 해석하기 쉽다(Clark, 1988; McNally & Foa, 1987). 하지만 Greenberg와 Alloy(1989)는 경미하게 우울한 그리고 불안한 학생집단의 성격 특성의 형용사 처리 과정의 차이를 발견하였다. 두 집단 모두 친구에 관한 것보다 자신에 관한 것에 더 부정적이었고, 두 집단 모두 통제집단에 비해 부정적인 불안 관련 단어를 더 많이 언급하였다. 그러나 우울집단이 또한 통제나 불안집단보다 우울과 관련된 부정적 단어를 더 많이 언급하였다. 집단들은 또한 다른 유형의 형용사를 처리하는 상대적 속도도 달랐다.

기억

여기서 살펴보지 않은 우울증과 기억에 관한 많은 문헌이 있다(Blaney, 1986; Dalgleish & Watts, 1990; Johnson & Magaro, 1987; Singer & Salovey, 1988; Ucros, 1989 참조). 요컨대, 적어도 몇 편의 연구에서는 두 가지 유형의 선택성 효과가 발견되었다. 첫 번째 효과는 기분 상태 의존적(mood-state dependent: MSD) 기억이다. 부호화와 회상 시의 기분이 유사할 때 중립적 재료가 더 잘 기억된다. 이런 효과들은 기분에 대한 고도의 통제가 불가피하기 때문에 환자집단에서보다 기분 유도를 이용해 조사할 때 훨씬 더 쉽다. 그러나 비록 한 편의 연구였지만, Weingartner와 Miller, Murphy(1977)는 자유연상을 회상하게 한 조울증 환자집단에서 뚜렷한 MSD의 증거를 보여 주었다. 회상 시의 상태(조울증 또는 우울증)가 연상을 생성할 때의 상태와 일치하면 회상율이 더 좋았다. 두 번째 효과는 기분일치성(mood-congruence: MC)이다. 정서 내용이 부호화와/또는 회상 시의 기분과 일치하는 항목들에서 기억이 더 좋다. 다시 말하지만, 이러한 부류의 연구에서 환자집단을 쓰는 데는 어려움이 있다. 예를 들어, 우울증은 슬픈 자서전적 기억의 속도나 빈도에 영향을 주는 것으로 보인다(Clark & Teasdale, 1982; Lloyd & Lishman, 1975). 명백한 MC 효과이다. 그러나 회상된 사건은 부호화할 때의 기분에 영향을 줄 수 있다. 따라서 불행한 사건을 잘 회상하는 우울증은 MC보다는 MSD를 보여 줄 수 있다. 약간의 연구는 이야기의 내용물을 회상하게 하는 실험 연구에서 MC를 보여 준다(예: Breslow, Kocsis, & Belkin, 1981). 이런 유형의 효과는 부정적 기억을 더 많이 회상하는 게 아니라 긍정적 기억을 더 적게 회상하는 우울증 환자들에 의해 생성되는 경향이 있다(Singer & Salovey, 1988 참조).

정서적 편향이 기억에 미치는 영향은 기분 유도 연구 틀 안에서 가장 쉽게 연구할 수 있다. MSD와 MC 효과의 재현 가능성은 기껏해야 중간(moderate) 수준일 뿐이고(Bower, 1987), 이들 효과의 발생 정도를 통제하는 요인들을 따지는 연구가 일부 있었다. 가장 철저한 시도는 Ucros(1989)가 수행한 메타분석인데, 여기서는 주로 기분 유도 연구들을 토대로 자연적으로 발생하는 기분을 다룬 몇 편의 연구가 포함되었다. 여러 요인이 Ucros(1989)의 연구에서 확인되었다.

- **과제 요인.** Ucros(1989)는 기억 편향의 강도에 영향을 미치는 몇몇 과제와 연구 설계 요인을 확인한다. 효과는 우연 학습(incidental learning)보다는 의도 학습(intentional learning)에서 더 강하며, MSD인 경우 재인보다 자유회상일 때 그랬다. MSD인 경우, 입력 때의 기분 조작은 출력 때보다 강한 효과를 만들어 낸다. MC에서 유사한 비교를 하기 위해 단지 부호화에서만 기분 조작을 한 연구들은 너무 적다. 그래도 Ucros(1989)는 실험 재료를 이용한 MC 연구들에서 전반적인 효과 크기가 단지 0.28로 유의하지 않음을 보여 주었다. 일반적인 인상은, 즉 효과 크기는 요구되는 재료의 적극적인 처리량에 따라 증가한다는 점이다.
- **기분 강도 요인.** 당연히 최면 가능성이나 실험적 조작이 먹힐 수 있는 피험자를 선별한 연구가 피험자를 선별하지 않은 연구보다 더 성공적이다(Ucros, 1989). 여기서 한 가지 어려움은 신경증 같은 성격 특성 때문에 선별이 오염된다는 점이다(Blackburn, Cameron, & Deary, 1990; Larsen & Ketelaar, 1989). 또한 Ucros(1989)는 중립적 기분에 대한 연구, 특히 우울 환자가 압도적인 연구들에서 상대적으로 큰 효과가 있음을 발견하였다.
- **피험자 관여 요인.** 효과 크기는 실험실 재료보다 실생활의 기억에서, 짧은 회기보다 더 긴 회기에서, 피험자에게 비용을 지불한 연구에서 더 크다(Ucros, 1989). 가짜 피드백처럼 좀 더 직접 조작을 한 연구는 최면이나 Velten 기분 유도 같은 인지적 조작에 비해 더 강한 효과를 만들어 내는 것 같다(Singer & Salovey, 1988). 이러한 발견은 대략 개인적인 관여가 기억 편향에 영향을 미친다는 것을 시사한다. 좀 더 확실한 증거는 자기참조의 역할에 대한 연구들에서 나온다. Blaney(1986)는 자연 발생적 기분과 MC에 대한 연구를 언급하면서 자기참조 설정 조건이 있는 다섯 개 연구를 인용하는데, 피험자들에게 자극 재료 속의 개인적인 관련성에 초점을 맞추도록 요구한 연구들이다. 이런 조건들에서는 MC 효과가 일관되게 발견되었지만, 대조 조건에서는 발견되지 않았다. 예를 들어, Bradley와 Mathews(1983)는 우울증은 자신을 참조하여 부호화한 부정 단어를 더 잘 회상하는 반면에, 긍정 단어는 타인을 참조하여 부호화한 것을 더 잘 회상하였음을 보여 주었다.

불안에서 기억 편향의 정도는 다소 논란의 여지가 있다. Breck와 Smith(1983) 그리고 Claeys(1989)는 사회불안 피험자를 대상으로 자기참조적인(self-referent) 부정적 특성의 단어들에 대한 회상이 증가함을 보고하였다. O'Banion과 Arkowitz (1977)는 동일한 방향에서 무의미한 추세를 얻었다. 유사한 결과들이 우울증이 매개하는 것 같지 않은 신경증에서도 보고되었다(Martin, Ward, & Clark, 1983). 그러나 시험불안(Mueller & Courtois, 1980)과 불안 환자(Mogg, Mathews, & Weinman, 1987)의 연구들에서는 효과가 반복되지 않았다. Mogg 등(1987)은 실제로 반대 방향의 경향성을 발견하였다. Bradley와 Mathews(1983)는 이차 우울증의 불안 환자에서 기대했던 기억 편향을 발견하지 못했지만, 이 집단의 환자는 단지 네 명뿐이었다. Ingram 등(1987b)은 학생 2,000명을 선별하여 불안하지 않은 우울한 피험자집단, 시험불안은 있으나 우울하지 않은 피험자집단 그리고 통제집단을 만들었다. 우울증은 자기참조적 우울 관련 특성의 형용사에서 우연적 회상(incidental recall)이 더 좋았지만, 불안집단은 불안 형용사에서 회상이 더 좋았다. Greenberg와 Beck(1989)은 우울증 환자 연구에서 유사한 결과를 얻었는데, 예외적으로 우울 환자들도 부정적인 우울 단어뿐 아니라 부정적인 불안 단어를 더 많이 언급하고 회상하였다. 불안 피험자가 불안 단어를 처음부터 더 많이 언급했다는 것을 근거로 MacLeod와 Mathews(1991a)는 Greenberg와 Beck(1989)의 연구를 비판하였다. Ingram 등(1987b)은 그들 연구의 차별적 언급 정도를 점검한 결과, 그것이 연구 결과의 원인이 아님을 발견하였다. 자서전적 기억에 대한 두 편의 연구가 제시한 것은 정상의 불안한 피험자와 범불안장애 환자가 불안한 기억들을 더 빨리 생성하고 또는 불안한 기억으로부터 회복될 가능성이 높다는 점이다(Burke & Mathews, 1992; Richards & Whitaker, 1990). 특성불안과 신경증 또한 기분 상태에 관계없이 개인적 경험의 회상에서 나타나는 정서 편향과 연관되어 있다(Mayo, 1989). 우울증과 자서전적 기억 연구에서처럼 이러한 효과의 정확한 기제를 확인하는 것은 어렵다. Eysenck 등(1991)은 비록 편향이 부호화나 회상 어디에서 나타나든 간에 불안 환자가 사전에 제시된 모호한 문장에 대해 위협적인 해석을 인식하는 쪽으로 편향되어 있음을 보여 주었다.

Mathews와 Mogg, May, Eysenck(1989a)는 단서회상(cued recall)의 연구에서 모호한 결과를 얻었다. 특성불안은 위협 단어에 대한 회상 쪽으로 편향을 예측하였으나, 환자 및 통제 집단은 유의하게 다르지 않았다. 피험자에게 마음에 떠오르는 첫 번째 단어의 어근을 완성시키라는 '암묵적 기억' 과제에서 불안 환자는 이 연구의 학습 단계에서 사전에 노출되었던 단어들에서만 더 위협적인 단어를 산출하였다. 특성불안은 이 효과를 예측하지 못했다. Mathews 등(1989a)은 이 자료를 더 거대한 위협적 스키마의 통합 및 접근성의 결과로서 불안이 위협 단어들의 자동 점화와 연관되어 있음을 나타내는 것으로 보고 있다. 그러나 불안 환자에서 만성적인 위협의 활성화는 없었고, 단서회상 자료에 근거한 불안한 단어들의 정교화 증진의 현상도 없었다. 또한 수의적 통제에 의한 점화가 아닌 자동 점화라는 직접적인 증거도 거의 없다. 그러나 Eysenck(1992)는 암묵적 기억에서 불안 관련 편향을 발견하지 못한 Mathews와 다른 연구자들의 미발표 연구를 언급한다. Richards와 French(1991)는 약간 다른 식의 암묵적 기억 과제를 사용해서 불안일치 효과를 발견했으나, 이는 단지 피험자가 사전에 각 단어에 대해 자기참조적 이미지를 생성했을 때만 나타났다. 편향이 이러한 정교화 전략의 사용에 의존한다는 것은 편향이 자동적인 속성이었을 가능성을 배제한다. 정교화가 그 후의 통제적 점화를 촉진시켰다는 것이 더 그럴듯하다.

또한 더 구체적인 형태의 임상 불안에 대한 여러 편의 연구도 상충되는 결과를 내놓는다. 공황장애 환자에 대한 세 편의 연구(Cloitre & Liebowitz, 1991; McNally, Foa, & Donnell, 1989, Norton et al., 1988)는 비록 Norton 등(1988)의 연구에서는 그 효과가 공황발작을 피험자들에게 진술문으로 제시한 후에만 발견되기는 했지만, 이들 피험자에서 위협 관련 단어에 대한 기억이 높아진 것으로 나타났다. Cloitre와 Liebowitz(1991)는 그 효과가 지각적 재인 기억과 어의적 기억의 자유회상에도 일반화되었음을 보여 주었다. 위협 관련 단어에 대한 기억은 상태불안이 아닌 특성불안과 유의한 상관관계는 있었다. 이 연구에서 공황집단의 구성원들도 통제집단보다 더 우울한 상태였으나, 불안과 회상 간의 상관관계는 우울 수준을 통계적으로 통제해도 유지되었다. 다른 한편으로 언어적 단서 재인(verbally cued recognition)을 사용한 두 편의 연구는 공황장애 환자에서 편향을 발견하지 못했다(J. G. Beck et al., 1992; Ehlers et al., 1988b). 우울증에서 재인 패러다임은 기억 편향의 증거를 보여 주는데 효과적이지 않은 경향이 있으므로 이렇게 아무런 효과가 없었던 것은 그런 과제를 선택했기 때문일 것이다(Ucros, 1989). Nunn과 Stevenson, Whalan(1984)은 광장공포에서 예상되는 기억 편향의 증거를 보여 주었으나, Pickles와 Van den Broek(1988)는 그 효과에 대한 재현 연구에 실패하였다. Watts와 Tresize, Sharrock(1986b)는 기분일치 가설과는 반대로 불안을 더 촉발할 것 같은 커다란 거미에 대해 거미 공포증이 더 낮은 재인 기억을 보여 주었음을 발견하였다. Foa와 McNally, Murdock(1989)은 발표불안의 피험자들에서 기분일치적 상태불안의 효과를 발견하지 못했다. 이러한 발견들에 기여하는 하나의 요인은 아마도 자극식별에 따른 위협 자극의 처리에 대한 망설임이라는 '인지적 회피(cognitive avoidance)'일 터이지만(Foa & Kozak, 1986), 만약 그렇다면 이 현상은 확실히 좀 불안정한 것이다(Cloitre & Liebowitz, 1991).

평가 및 기억 과제: 주요 결과

불안과 우울은 모두 판단 및 평가에서 기분일치성과 연관이 있다. 편향의 정도는 누구를 평가하느냐(자기 또는 타인)에 따라 다른데, 이는 그것이 부정적인 견해를 형성할 때의 어떤 일반적인 예민성 때문이라기보다는 사회 및 자기 관련 지식의 처리로 인해 발생한다는 것을 시사한다. 명시적 회상이나 재인을 요구하는 기억 편향은 불안보다는 우울에서 더 신뢰로운 특성이다. 그러나 우울집단 내에서조차 효과의 발생률은 다양한 방법론적 요인에 달려 있으며, 불안 연구에서는 그 역할도 적절히 조사되지 않았다. 더 강한 기억 편향이 기대되는 경우는 과제가 재료에 대한 적극적인 처리를 요구하고 기분이 강렬하며 피험자가 개인적으로 관여되어 있을 때이다.

평가 및 기억의 편향이 선택적 주의에 영향을 주는 동일한 처리기전에 의해 통제되는지 여부는 다소 불분명하다. 분명 선택적 주의가 역할을 일부 할 수는 있다. 대부분의 이런 연구들은 사회적 상호작용이 담긴 비디오테이프 같은 복잡한 자극을 사용하기 때문에 우울한 사람은 그냥 부정적인 자극 요소들에 주의를 더 많이 기울일 수 있다. 예를 들어, Forgas와 Bower(1987)는 피험자에게 컴퓨터 화면에 실존하는 인물에 대한 설명문을 제시하고 각 설명문을 읽는 데 걸린 시간을 기록하였다. 슬픈 기분 상태를 유도한 피험자는 기분이 좋은 피험자에 비해 부정적인 세부 사항을 처리하는 시간이 더 많이 걸렸다. 당연히 전자의 피험자들이 표적 인물의 기술에서 부정적인 평가를 더 많이 했으며, 부정적인 세부 사항에 대한 후속적인 기억도 더 좋았다. 이 경우에는 입력 편향이 전 범위의 기분일치 효과를 간단하게 설

명해 준다. 그러나 단순한 선택적 편향이 이야기의 전부는 아닌 것 같다. Derry와 Kuiper(1981)는 우울증에서 부정적 단어보다 긍정적 단어의 부호화에 시간을 더 많이 보냈음에도 불구하고, 부정적인 자기참조 단어들에 대한 부정적인 회상 편향을 발견하였다. 더구나 기분일치적 자극 처리의 장점은 복잡한 판단과 단순 부호화 과제에서 나타나는 우울증의 대비적인 효과 또는 자기와 타인 평가에서 나타나는 차이 등을 설명하지는 못한다. 전반적으로 다음 장에서 상술하는 것처럼 편향의 맥락 민감성은 통제적 처리적 전략의 작동을 시사한다(Forgas & Bower, 1988).

정서 편향의 발생을 조절하는 요인

연구 고찰에 의하면, 개인의 정서 상태와 일치하는 처리의 편향이 중요한 현상이라는 점은 의심의 여지가 없다. 편향은 다양한 임상적 조건들과 정상 피험자들이 보이는 상대적으로 경미한 정서 그리고 다양한 과제들에도 일반화된다. 그러나 정서 관련 편향의 발생이 의심의 여지는 없지만, 근본적인 처리 편향의 본질은 더 숙고할 필요가 있다. 우리는 잘 설계된 연구들도 때로 편향의 증거를 보여 주지 못하는 것을 보는데, 이는 정서 편향에 민감한 처리 과정의 제약을 시사해 준다. 편향을 조절하는 과제 및 피험자 요인을 밝히는 것은 근본적인 기전의 단서를 제공할 것이다. 그다음 우리는 잠재적 조절요인을 일부 고려해 보겠다. 일반적인 가능성(예: Williams et al., 1988)은 여러 가지 편향의 기전들이 서로 다른 임상 조건과 연관되어 작동한다는 것이다. 그러므로 편향 효과는 과제 및 피험자 요인에 따라 조절될 것이다. 서로 다른 피험자 집단 안에서의 편향은 정보처리 특성이 서로 다른 과제에 영향을 미칠 것이다. 이 절의 뒷부분에서 불안 및 우울 피험자들의 편향을 비교하고, 자극 재료의 역할을 고찰하며, 편향이 특질 정서든 상태 정서든 임상 장애의 함수인지를 살펴보겠다. 또한 우리는 실험의 방법론적 약점도 고려하는데, 이것이 피험자와 과제에 따른 편향 효과의 비교를 방해할 수 있다.

이 장에서 우리의 일차적 관심사는 간섭의 본성에 대한 것이며, 이는 불안이 기억 편향에 영향을 미치는지 여부와 같은 입수 가능한 자료로부터 비교적 직접 추론할 수 있다. 고찰된 증거자료는 차폐 스트룹을 쓴 MacLeod와 Rutherford(1992) 연구처럼 가설적으로 예상했던 처리기전을 직접 검증한 몇 안 되는 연구 결과와 연구 결과의 사후 평가로 내놓은 기전에 대한 비교적 미약한 단서자료들이다. 증거자료의 이론적 함축성에 대한 상세한 평가는 다음 장까지 미루어 놓으려 한다.

편향 연구의 방법론적 문제점

방법론적 문제는, 첫째, 불안과 우울의 이질적인 측면들이 혼입되어 있다는 점이다. 항상 그런 것은 아니지만, 환자들은 빈번하게 해당 성격 특성과 정서 상태가 모두 높은 경우가 많다. 게다가 우울 환자는 불안해하고, 불안 환자는 우울한 경향이 있다. Ingram 등(1987b)은 이 두 조건은 경험적으로 강하게 상호 관련되어 있으며, 불안과 우울 피험자 모두를 포함한 연구(Greenberg & Beck, 1989)는 너무나 부족하다고 지적한다. Clark과 Watson(1991)은 불안과 우울 척도에 관한 대규모의 문헌 고찰을 통해 변별 타당도(discriminant validity)가 수렴 타당도(convergent validity)보다 약간 더 작을 뿐임을 보고하였다. 예를 들어, 환자 대상의 우울척도 5개(예: BDI)의 수렴 타당도, 즉 내적 상관계수 평균(mean intercorrelation)은 0.73이었다. 그러나 동일한 도구(예: Beck 불안 및 우울 척도)와 짝 지은 불안 및 우울 척도의 비교가능한 판별 타당도는 0.66이었다. 비환자집단에서도 유사한 결과를 얻었는데, 이는 우울 척도가 우울뿐 아니라 불안도 측정한다는 사실을 보여 주고 있다. 역으로도 적용된다. Clark과 Watson(1991)은 널리 사용되고 있는 STAI의 상태불안척도(Spielberger et al., 1970)는 불안 기분은 물론이고 우울도 측정한다고 지적한다.

둘째, 사용된 다양한 단어 집합체의 어의적 속성의 특징을 기술하고 비교하기가 어렵다는 점이다. 종종 위협 관련 단어와 우울 단어의 구분이나 정서적 특징의 구분이 충분하지 않다.

셋째, 임상 환자 연구들은 보통 표본 크기가 작아서 실험 설계의 힘이 약하다는 점이다. 말하자면, 환자 20명의 표본은 효과가 크지 않은 한(1SD 또는 그 이상) 해당 임상 조건이 어떤 수행 측정치에 대해 효과가 없다는 결정을 하기에는 적절하지 않다. 즉, 1/2 SD의 효과 크기인 경우, 환자와 통제집단을 비교하는 t검증에서 제2형 오류의 확률은 20명 집단인 경우 0.67, 30명 집단인 경우 0.53, 40명 집단인 경우 0.40이 된다(Cohen, 1988 참조). 이런 크기의 효과를 위해서는 피험자 집단이 64명은 되어야

Cohen(1988)의 값에 도달하는 설계의 힘이 생겨서 0.20 확률이란 제2형 오류의 보수적 수준을 맞출 수 있다.

넷째, 독자도 알다시피 어떤 과제 패러다임은 다른 것들보다 더 대중적인 것이기 때문에 우울증이 시공간적 주의에 영향을 미치는지와 같은 중요한 질문에 관한 자료가 부족하다. 놀랄 것도 없이 가장 인기 있는 과제는 스트룹 검사처럼 가장 믿음직한 결과를 내놓는 과제인데, 그래서 단순 부호화 과제와 같은 신뢰할 수 없는 패러다임과 관련된 증거를 평가하는 것은 이런 연구가 상당히 적기 때문에 두 배로 더 어렵다. 또한 언어자극에 대한 주의 편향이 실생활에서 위협을 느끼는 자극에 대한 편향을 대표하는지의 여부도 분명하지 않다. 그래도 우리는 잠정적이지만 정서장애 유형 요인이나 불안 및 우울에서 주의를 끄는 자극 특이성 요인이 편향에 미치는 영향에 관해 몇 가지의 일반적인 결론을 도출할 수 있다.

불안 및 우울: 유사점과 차이점

그렇다면 어떻게 불안 및 우울이 정서 편향의 예언변인으로 비교될 수 있을까? 이 두 증후군은 서로 다른 종류의 비정상적 처리와 연관되어 있을까? Williams 등(1988)은 주의 과제는 확실히 불안에만 민감하다고 주장한다. 우리가 알듯이 필터링 과제에 대한 연구들은 이런 주장을 일부 지지한다. 긍정적인 결과는 범불안 환자 또는 특성불안(예: MacLeod et al., 1986)의 연구에 국한된 것으로 보인다. 하물며 우리는 우울과 필터링에 관한 세 편의 연구 보고서를 찾았으나 불안 연구들로 비교할 만한 알맞은 자료는 없다. Gotlib 등(1988) 그리고 Hill과 Dutton(1989)은 대학생 표본을 사용했으나, 우울이 높은 학생집단이 임상 환자들만큼 우울하지는 않았다. Gotlib 등도 MacLeod 등(1986)의 과제와는 다소 다른 것을 사용하였다. 우울이 낮은 학생집단인 경우 긍정 단어로의 편향을 보여 주었다. 또한 기억에 관한 우울의 영향도 학생 표본(Singer & Salovey, 1988)에서는 일관성이 없기 때문에 이런 집단은 가설 기각을 확립하기에 적합하지 않다. MacLeod 등(1986)은 상대적으로 작은 표본(n=16명 환자)에서 위협 단어만으로 민감도를 검증하였다. 우울과 행복 관련 단어들(우울과 사회적 위협 단어의 구분이 명확하지는 않았지만)을 사용해서 더 강력한 검사를 했어야 했다. 좀 더 설득력 있게 가설을 기각하려면 표본이 더 커져야 함은 물론이고 단어 내용 및 자기참조의 조작도 필요하다. 다른 유형의 주의 과제들에서 불안 및 우울의 효과는 대체로 비슷하다. 비록 우울에 대한 몇 가지 의미 있는 발견이 보고되었지만(예: Small & Robins, 1988), 둘 모두 부호화 과제에 관한 꽤 신뢰할 만한 효과는 없는 것 같다. 비록 우울 효과에 관한 증거는 제한적이지만, 두 조건 모두가 정서적 스트룹 과제에 대한 색상 단어 간섭에 영향을 미치는 것으로 나타났다. 또한 공황과 같은 더 구체적인 불안장애 역시 스트룹에 영향을 미치는 것으로 보인다. 유도된 우울 기분은 스트룹 간섭에 영향을 미치지 않는 것으로 보이지만, 유일하게 비교해 볼 만한 불안 연구에서는 조작된 불안만이 특성불안과 상호작용하여 스트룹에 영향을 주는 것으로 나타났다(Richards et al., 1992).

또한 불안 환자보다 우울 환자에서 기억의 편향이 더 민감하다고 주장되었으나(Williams et al., 1988), 증거자료가 결론을 강하게 정당화하지는 못한다. 우리는 이런 한 연구팀(Mathews & Mogg, 기타 연구자들)은 범불안 환자에서 불안 단어의 회상 향상을 발견하지 못했지만, 자서전적 기억 연구(예: Burke & Mathews, 1992)와 기타 형태의 임상 불안(Cloitre & Liebowitz, 1991) 및 불안 학생들(Ingram et al., 1987b)에 대한 연구들은 회상의 불안일치성을 보여 주었음을 알았다. Cloitre와 Liebowitz(1991)의 연구는 특히 Williams 등(1988)의 정서 편향 분석과 관련된 과제를 사용하기 때문에 중요하므로 다음 장에서 더 상세하게 논할 것이다. 방법론적 요인들에 좀 더 주의를 기울여 보면 연구들의 불일치를 해결할 수도 있다. 예를 들어, Mogg 등(1987)은 피험자들에게 10초의 자극 간격 동안에 각 단어를 자신이나 타인과 관련하여 계속 생각을 하라고 요구하였다. 이 경우, 필요한 명시적 전략은 그렇게 하지 않았다면 발생했을 수도 있는 자발적 전략들 간의 차이를 모호하게 해서 그 후의 회상에 영향을 끼칠 수 있다. Mogg 등과 유사한 패러다임으로 불안 효과의 증거를 보여 주려던 Ingram 등(1987b)의 논문에서는 피험자들에게 재료를 리허설하라는 언급이 없다. 우울과 기억에 관한 문헌 역시 일관성이 없다. Roth와 Rehm(1980)은 자기참조적 형용사의 회상에 대한 임상적 우울의 영향을 발견하지 못했다. 다시 말하면, 방법의 정교함이 효과의 발생을 통제하는 데 중요할 수 있다(McDowall, 1984 참조). 따라서 우리는 예상되는 방향으로 편향이 발생하는 비율이 불안보다 우울증에서 더 빈번하다고 확신할 수는 없어도 방향의 추세는 보인다. 암묵적 기억(Mathews et al., 1989a)에서는 우울보다는 불안 관련 편향이 더 강할 수 있다. Roediger와

McDermott(1992)는 임상 우울의 연구들을 고찰하는데, 세 편 중 두 편에서 명시적 기억 편향의 증거가 나타났기는 했지만, 기분일치적인 암묵적 기억 편향을 발견하지는 못했다. 그러나 Tobias와 Kihlstrom, Schachter(1992)는 세 개의 철자 단어 어근을 완성시키는 전형적인 암묵적 기억 과제는 기분 효과에 둔감한 강한 단서들을 제공한다고 주장하였다. Roediger와 McDermott(1992)는 암묵적 기억이 기억상실을 포함하는 거의 모든 외부적 영향에 둔감하다는 것을 시사하는 증거를 내놓는다. Tobias 등(1992)은 암묵적 기억에 관한 기분 상태 의존적 및 기분일치적 효과들의 증거를 보여 주기 위해서 다른 과제들을 사용하였다. 하지만 명시적 기억은 행복 및 슬픈 기분의 유도에 둔감하였다.

대체로 확신을 갖고 주장하기는 어렵다. Williams 등(1988)이 그런 것처럼 불안 및 우울의 효과들은 선택적 주의 및 정교한 기억과 연관된 개별적인 정보처리 단계와 연결되어 있을 것 같다. 향후 연구에서도 이런 종류의 결론을 유지할 가능성이 있지만 직접 비교할 연구들이 부족하기 때문에 증거는 결정적인 것과는 거리가 멀다. 불안과 우울 간의 차이를 확립할 수 있는 더 전망 있는 패러다임 두 가지는 통제 점화와 기억의 정교화로 보인다. 우리는 또한 긴 SOA(Richards & French, 출간 중)에서 불안이 부정적 재료의 점화에 미치는 효과 외에도 동음이의어 철자 및 암묵적 기억과 같은 과제들에 대한 불안 효과도 수의적 점화 기전과 연합되어 있다는 점을 확인하였다. 우울에서는 이러한 종류의 효과에 대한 증거가 거의 없다(예: Matthews & Southall, 1991). 비록 자료가 좀 더 적극적인 기억의 정교화에 관해 우울 환자와 불안 환자 간의 믿을 만한 일반적인 구분을 보여 주는 것 같지는 않지만, 조금 특별한 차이는 있을 수 있다. 예를 들어, 기억 과제에서 우울 환자가 부정적인 허위 양성 반응을 더 만들어 내는 경향성을 보고하는 것에 상응하는 유사한 불안 문헌은 없다(Matthews & Southall, 1991; Zuroff, Colussy, & Wielgus, 1983). 아마도 불안 환자는 우울 환자에 비해 자신의 정교화의 근원에 대해 더 많은 통찰을 가지고 있을 것이다.

정보처리에서 차이에 대한 증거가 정서장애들 간의 유사성을 모호하게 해서는 안 된다. 단순 부호화 과제들에 강하거나 신뢰할 수 있는 효과를 불러일으키는 장애는 전혀 없는 것 같고, 모든 장애가 스트룹 검사에서 해당 장애 관련 단어들에서 더 큰 간섭을 보이는 것과 연관되어 있는 것으로 보인다. 우울에서 좀 더 광범한 증거가 있기는 해도 우울과 불안 모두는 자기참조적 재료에 대한 더 강한 편향성과 연관되어 있다(예: Greenberg & Beck, 1989). 또한 자기참조성은 스트룹 검사에서의 간섭과도 연루되어 있다(Segal & Vella, 1990). 그러나 명시적인 자기참조성은 두 가지 편향성 어느 것에도 필요 조건도 충분 조건도 아니다. 정서적 표준 스트룹 검사에서처럼 편향성은 자기(the self)의 속성들을 처리하지 않아도 되는 과제들에서 입증되었다. 물론 이때 피험자들이 자동적으로 처리했을 수는 있지만 역으로 우울(Pietromonaco & Markus, 1985; Roth & Rehm, 1980)과 불안(Mogg et al., 1987) 모두에서 자기참조성에도 불구하고 정서적 편향을 찾지 못한 기억 연구들도 있다.

편향의 특수성

두 번째 경험적 질문은 주의를 전환시키는 자극의 특수성과 관련된다. 예를 들어, 거미 공포증에서는 구체적으로 선택적 주의를 끌어내는 거미 자극들이 있다(Watts et al., 1986a). 이런 정도의 특수성은 공포증과 PTSD처럼 구체적인 사건 및 자극과 연결된 조건화에 가장 강하게 적용되는 것으로 보인다. 사회 및 신체적 위협 단어를 모두 사용하는 범불안장애에 대한 연구들은 약간의 연구가 가설을 지지하고 있지만, 불안 환자 개인들의 편향(예: MacLeod et al., 1986)이 그들의 특별한 관심사를 반영한다는 것을 신뢰롭게 확립하지 못한다(예: Mathews & Klug , 1993; Mogg et al., 1992). 비록 다른 연구들에서 범불안 환자를 대상으로 긍정적인 정서 단어들에 대한 편향을 보여 주지는 못했으나(Mathews et al., 1990), 범불안 환자들이 모든 정서적 단어에 민감하다는 몇몇 증거도 있다(Martin et al., 1991). 다른 한편으로는 불안 피험자는 위협적 자극에 더 민감한 반면에, 우울 피험자는 우울 내용이 실린 자극에 민감하다는 증거도 있다(예: Gotlib & Cane, 1987). 역시 우울증도 중립 단어보다는 긍정적 및 부정적 정서 단어 모두를 더 효율적으로 부호화할 수 있으나(Matthews & Southall, 1991), 그 효과를 기억 및 평가 과제에 일반화하지 못하며 긍정적 재료에 대한 우울증의 선택적 주의는 거의 연구되지 않았다. 아마도 하나 이상의 편향적 기전이 작동하고 있을 것이다. 명시적 기억처럼 수행이 명백하게 후주의적인 과제들은 기분일치적 효과를 즉각 보여 주는 경향이 있다. 그러나 단순 선택적 주의 과제들은 일반적으로 정서적 자극과 개인의 특별한 관심사와 연관된 편향을 어쩌다 보여 준다.

특성, 상태 또는 임상 장애인가

우리는 또한 이런 식의 질문을 할 수 있는데, 임상적 불안이나 우울상태가 신경증과 같은 '정상의' 성격 특성인지 또는 처리 과정에서 정서 편향을 초래하는 목전의 불쾌한 정서 상태인지의 여부에 관한 것이다. 임상 환자집단은 질문지로 잘 측정되지 않는 특성 및 상태의 특징뿐만 아니라 지식 구조물과 같은 인지적 특질에서도 정상집단과는 다르다. 우울증의 경우, 우리가 고찰한 증거는 조건의 여러 측면을 구분하려던 연구가 거의 없었으므로 오히려 도움이 되지 않는다. 비록 BDI 점수로 우울과 비우울 집단에 할당된 대학생들의 특성 연구들이 미약한 결과를 제시하지만(Singer & Salovey, 1988 참조), 기억 문헌에서 우울증의 세 측면 모두는 때로 기분일치 효과를 만들어 내기에 충분하다는 것은 확실하다. Williams와 Nulty(1986)는 과거의 우울이 현재의 우울보다 스트룹 간섭에 대해 더 강력한 예측 인자였음을 발견했는데, 이는 특성(또는 우울증에 지속적으로 취약한 것)이 상태보다 더 중요하다는 의미이다. Williams 등(1988)의 개관은 기분 상태가 자기참조적 기억에 일차적인 영향을 준다는 걸 시사하지만, Teasdale(1988)은 우울에 취약한 특징을 지닌 사람들은 우울한 기분일 때 부정적인 인지 처리에 특히 취약하다는 걸 시사하는 증거를 고찰한다. 불안 문헌에서는 특성, 상태 그리고 임상 조건 간에 외현적 비교들을 제공한다. 가장 강한 효과는 불안 환자집단을 통제집단과 대조할 때 얻어진다. 예를 들어, Mathews와 MacLeod(1986)는 불안 환자들이 상태불안에서는 통제집단과 다르지 않았고, 상태이든 특성불안이든 편향을 예측하지는 못했어도 양분 청취에서는 편향이 있음을 보여 주었다. 비슷하게 Martin 등(1991)은 특성불안보다 임상적 불안이 스트룹 검사 효과를 초래한다는 것을 보여 주었고, 다른 연구들에서는 정상 피험자에서 특성불안의 개인차가 충분히 편향을 만들어 낼 수 있음을 아마도 상태불안과 상호작용해서 그럴 것이라고 시사하는데(Broadbent & Broadbent, 1988; MacLeod & Mathews, 1988), 상태불안 자체만으로 주의 편향을 충분히 유도한다는 증거는 거의 없다(Broadbent & Broadbent, 1988; Martin et al., 1991). 스트레스 조작이 편향을 초래할 수는 있어도, 이는 상태불안에서 중요한 변화가 없을 때 그렇다(Mogg et al., 1990). 따라서 임상적 우울 역시 그럴 터인데, 임상적 불안에서 정보처리 과정은 피험자의 특성 및 상태적 특징의 관점으로만 설명할 수는 없다. 우리가 알게 되겠지만 임상 환자들 특유의 처리 과정에 비교적 안정적인 비정상성이 있을 것이다.

마무리

정서적 편향은 굳건한 현상이다

고찰된 증거는 주의에서 정서 관련 편향의 풍부한 증거가 있음을 보여 준다. 정서적 편향은 특히 임상적 불안과 우울증, 기타 정서장애에서 분명하지만, 때로는 특성과/또는 상태불안이 높은 정상집단에서도 발견된다. 정서적 스트룹 검사는 환자들의 장애에 핵심이 되는 관심사에 특히 민감한 것으로 보인다. 불안 환자와 우울증, 공포증, PTSD 환자 모두가 그들의 조건과 관련된 색상 명명 단어에서 더 느리다. 불안 환자는 위협 관련 단어들의 색상 명명이 느리다. 불안 환자인 경우 또한 다른 과제에서 선택적 편향에 대한 확실한 증거도 있다. 단어들을 화면의 다른 위치에 제시하는 시각적 주의 과제에서 피험자들은 위협 자극과 연관된 위치에 주의를 기울이는 경향이 있다. 두 가지 의미의 모호한 단어를 피험자에게 제시하는 연구에서 불안 피험자는 단어를 위협적인 해석으로 반응하기가 더 쉽다. 불안 피험자에서 모호한 단어의 위협 관련 의미 역시 그 뒤에 이어지는 언어적 처리를 더 잘 점화한다. 대조적으로 자극에 대한 명시적 선택을 요구하지 않는 단순 부호화 과제는 중요한 효과가 보고된 것이 몇 편 있지만, 정서 관련 편향에 약간 둔감한 편이다. 따라서 정서는 모든 정서 관련 자극에 대한 처리 증진과는 연관이 없다. 과제가 하나의 입력은 선택하고 다른 입력들은 거부하도록 할 때 효과가 가장 탄탄하다. 편향은 선택적 주의 과제에만 국한되지 않고 복잡한 판단 및 평가를 요하는 과제들과 특정의 기억 과제에서도 발견된다. 선택적 주의가 이들 효과에 일부 작용할 수 있지만, 아마도 관여된 다른 기전들도 있을 것이다.

주의 편향의 발생을 통제하는 요인

한 수준에서는 고찰 결과가 정서장애의 한 증상으로서 주의 편향의 중요성에 대해 인상 깊은 증언을 하지만, 다음 두 가지 문제는 앞으로 주의를 요한다. 조절변인의 역할과 기저에 있는 정보처리 기전의 속성이다. **조절변인**이란 해당 연구에서 편향 효과의 유무 여부에 영향을 주는 요인들을 말한다. 편향이 일상적인 현상이면서도 일반적인 발견사항은 아니기 때문에 우리는 반드시 피험자와 과제, 실험 설계의 어떤 속성이 편향의 발견 여부를 결정한다는 것을 고려해야만 한다. 조절변인의 한 종류는 다양한 방법론적 요인들이다. 우리는 기억 연구들의 사례에서 피험자들이 강렬한 기분을 경험하고 또 자극 재료가 개인적 관련성이 있을 때 편향 효과가 더 쉽게 나타날 수 있음을 알았다. 편향 효과는 불충분한 표본 크기와 정서 측정의 부적절성, 정서적 자극 세트 등에 의해 모호해질 수 있다. 부연하면 실험 절차의 정교한 세부 사항이 중요한데, 예를 들면 피험자가 실험 재료를 예행연습하는지 또는 자극 단어들의 순서가 실험 시행에 걸쳐 점화를 생성하는지 여부와 같은 것이다.

또 다른 종류의 조절변인은 피험자의 정서 상태의 본성이다. 임상 환자의 편향은 비임상 표본의 정서 관련 특성 및 상태와 연관된 편향과는 다를 수 있다. 대개 환자는 특성불안이나 상태불안이 높은 정상의 피험자보다 더 강한 편향을 보인다. 편향이 반드시 높은 수준의 상태나 특성적인 정서의 산물은 아니다. 마찬가지로 여러 임상 증후—범불안장애, 우울증, 강박 신경증 등—는 서로 질적으로 다른 편향과 연관이 있을 수 있다. 만일 그렇다면 우리는 편향이 환자의 유형에 따라 확실히 달라지는 과제 유형을 기대할 수 있다. 예를 들어, Williams 등(1988)은 범불안장애에서는 편향이 선택적 주의 과제에서 가장 강하지만, 우울증은 명시적 기억회상과 자극 재료의 정교화를 요구하는 기억 과제에서 주로 편향을 보여 준다고 주장하였다. 문헌에 일부 시사하는 경향이 있음에도 불구하고, 고찰된 증거로는 그러한 구분을 확신을 가지고 주장하는 것이 어렵다고 본다. 문제의 한 부분은 과제와 임상 조건 간의 조합에 대한 연구가 충분하지 않다는 점이다. 예를 들어, 공간 위치에 대한 시각적 주의 편향은 대체로 불안 피험자들에 한정되어 있다는 점도 사실이다. 그러나 그런 식의 자료를 비교할 수 있는 다른 정서장애들에 대한 연구가 거의 없다. 동시에 정서적 스트룹에서 편향의 만연은 적어도 한 가지 유형의 편향이 다양한 정서장애에서 공통적임을 시사한다. 앞으로 이러한 꽤 일반적인 정서 관련 편향이 우리의 관심사인 유일한 효과인지 아니면 특정의 임상 장애 및 과제 유형과 관련된 추가적인 편향 효과가 있는지 여부를 결정하는 연구가 필요하다.

주의 편향을 설명하기

두 번째로 밝혀야 할 일반적인 쟁점은 정서의 영향을 받는 정보처리 기전의 속성이다. 우리는 제2장과 제3장에서 질적으로 다른 다양한 기전이 주의 선택에 기여할 수 있다는 것을 알았다. 스트룹 검사처럼 과제에의 편향을 입증하는 것이 경험적 현상을 수립하는 데 중요하다. 그러나 원칙적으로 선택적 편향은 몇 개의 독립적인 과정에 의존할 수 있기 때문에 기저가 되는 주의 기전에 관해서는 미미한 지표만 제공한다. 구체적으로 통제 처리와 자동 처리 그리고 전주의적 및 후주의적 처리 과정이 모두 정서적 스트룹의 간섭에 기여할 수 있는데, 우리는 향후 연구 없이 이러한 질적으로 다른 처리 유형의 역할을 구분할 수는 없다. 몇 편의 연구에서 이와 관련된 과제 변인들을 명시적으로 조작하였다. 예를 들어, Richards와 French(출간 중)는 불안 관련 점화 효과가 점화와 표적 단어 사이의 시간 지연에 따라 증가한다는 것을 보여 주었는데, 이는 이 기전이 자동 처리보다는 수의적 처리와 연관되어 있었음을 시사한다. 반대로 MacLeod와 Rutherford(1992)는 의식적인 재인을 예방할 수 있는 차폐자극을 사용해서 불안 피험자의 정서적 스트룹 효과를 보여 주었는데, 이런 것은 처리 과정의 전주의적 단계에서 자동적 편향이 있음을 시사한다. 또한 우리는 방금 논의된 유형에 속하는 과제와 피험자 조절 변인의 속성으로부터 그 기전에 대한 단서도 얻을 수 있다. 임상적 불안 효과가 정서 상태에 의해 직접 매개되는 것으로 보이지는 않는데, 이는 불안에서 주의 편향이 처리 체계의 비교적 안정된 특성에 의해 생성된다는 것을 의미한다. 이론적 쟁점을 해결하는 것은 환자의 주의 편향의 원인, (있다면) 그런 원인의 병인론적 중요성 및 치료와의 관련성 등을 결정하는 데 꼭 필요하다. 그러나 우리는 고찰된 자료에서 만족스러운 이론으로 직접 갈아탈 수는 없다. 다음 장에서 우리는 선정된 주의 편향 연구들의 이론적 함의를 더 자세히 검토한 후 몇 가지 일반적인 결론을 도출할 것이다.

제5장

주의의 정서적 편향: 이론적 쟁점

정서적 편향에 대한 이론은 일반적으로 두 개의 명제로 설명된다. 첫 번째 명제는 정서일치적 편향을 보여 주거나 보여 주지 않는 과제 또는 피험자 범주와 관련 있다. 어쩌면 편향이 지각보다는 선택적 주의에서 더 강하다거나 아니면 불안한 정상인보다 임상 환자가 더 강한 편향을 보여 준다고 주장할 수 있다. 이런 종류의 관찰은 이론에 대해 상당히 직접적인 함축성을 갖는다. 예를 들어, Williams 등(1988)이 불안은 전주의적 처리의 편향이 있고 우울증은 후주의적 정교화에 편향이 있음을 확인한 것은 그들이 관련된 자료 해석을 통한 어느 정도는 직접 외삽(extrapolation)을 한 것이다. Williams 등과 같은 방식의 과학적으로 중요한 이론은 데이터를 다시 기술하는 것 이상의 의미가 있다. 두 번째 이론적 명제는 전주의적 과정과 같은 개념을 도입하는 과정에서 다소 자료를 초월한 것인데, 이는 직접 관찰이 불가능하고 주의 현상을 이해하기 위한 폭넓은 개념적 틀 안에서만 의미가 있다. 원칙적으로 불안이 기억 편향에 영향을 미치는지 여부와 같은 질문에 답하는 것은 비교적 간단하며 이런 종류의 문제는 이전 장에서 다루었다. 그런데 불안 효과가 전주의적인 것인지 여부를 결정하는 것은 전주의적 효과를 확립하기 위한 준거 자체가 불확실하고 논쟁거리이기 때문에 더 어렵다. 이 장에서 우리는 이러한 문제가 되는 이론적 쟁점을 다루고 있다. 이는 부분적으로 이론에서 나온 예측과 자료를 합치시키는 문제이며, 다른 부분은 그 효과의 속성이 전주의적, 무의식적, 자동적인가의 여부를 결정하기 위해 이론가들이 사용한 암묵적 또는 명시적인 준거의 타당성을 평가하는 문제이다.

우리는 주의 현상을 설명할 때 특히 적합한 두 가지의 주요 이론적 접근법을 고려한다. 첫째, Bower(1981)의 네트워크 모델 같은 네트워크 이론인데, 여기서는 편향을 네트워크의 노드 활성화 상태 때문에 일어나는 것으로 보고 있다. 둘째, Williams 등(1988)의 모델 같은 정보처리이론인데, 이는 자극 입력이 일련의 처리 단계를 거치며, 전주의적 및 후주의적 처리 단계에서 서로 다른 유형의 편향이 나타난다고 본다. 이 이론은 전주의적 처리를 자극요소들이 자동적으로 병렬처리되는 자극 입력 후의 단계로 정의하는데, 자극에 대한 전략적 정교화가 활성화되어 의식으로 들어가기 이전에 발생하는 단계이다. Williams 등이 전주의적 처리를 자동적인 것으로 또 후주의적 처리를 통제된 것으로 개념화하는 것처럼 보이지만, 제2장에서도 논의했듯이 두 처리 과정의 특성이 반드시 동일하지는 않아 별도로 고려해야 할 것이다.

정서적 편향의 네트워크 모델: Bower(1981, 1987)

Bower(1981)가 제시한 독창적인 네트워크 모델의 본질은 곧 정서가 기존의 인지심리학의 명제 및 사상 등과 같은 개별적인 네트워크 노드나 단위 등으로 표상될 수 있다는 것이었다(예: Anderson & Bower, 1973). 정서 노드는 적합한 외부 입력이나 아니면 불행한 사건의 기억을 표상하고 있는 노드와 같은 정서와 연합되어 연결된 네트워크 노드의 활성화를 통해 활성화될 수 있다. 일단 활성화가 되면, 정서 노드는 연합된 노드들로 활성화가 확산되어 향후 정보처리 과정에 영향을 미친다. 일반적인 예측은 정서 상태가 정서에 일치하는 처리 과정을 점화한다는 것이다. 정서 노드와 연합된 노드들은 비록 의식적 자각을 바꾸는 정도는 아닐지라도 미약하게 활성화되기 시작하고 자극 입력이나 처리 사이에서 다른 노드들에서 받은 입력 자극에 따라 더 쉽게 활성화된다. Bower(1981)는 이런 종류의 효과 세 가지를 구분

해 설명한다. 첫째, 앞에서 설명했던 기분 상태 의존적 회상(mood state-dependent retrieval: MSD)이다. 부호화 단계에서 기억 재료의 노드는 개인의 정서 상태를 포함하여 맥락적 특징의 노드와 연합되기 시작한다. 회상이 동일한 정서 상태에서 일어날 때 부분적으로 정서 노드가 활성화 또는 점화되고 기억 재료의 노드는 매우 접근이 쉬워지게 된다. 둘째, 기분일치 회상(mood-congruent retrieval: MC)이다. 정서 노드와 감정적 유인가를 지닌 개념 및 사상의 노드들끼리는 안정적으로 연합된 연결고리가 있다. 따라서 우울한 기분은 개인의 삶에서 불쾌한 개념 및 슬픈 사건의 노드를 활성화하는 경향이 있어서 그만큼 더 쉽게 회상될 수 있다. 셋째, 유사한 점화 기제가 다양한 부가적인 인지적 과정, 예를 들면 자유연상을 일으키거나 그림 및 개인을 해석하기 그리고 지각과 선택적 주의와 같은 인지 과정에서 기분일치성을 일으킬 것으로 예측된다.

Bower(1981) 논문의 가장 큰 강점 중 하나는 후속 연구가 적절한 절차에 따라 검증을 했던 일련의 검증 가능한 예언들을 정리한 것이었다. Bower(1987)는 그러한 검증들의 성공에 관해 상당히 비관적으로 말하며, 평소와는 달리 매우 솔직하게 자신의 이론이 "대폭 수정될 필요가 없고, 아니면 다른 대체이론이 필요하다."(p. 454)고 말한다. 어떤 면에서 검토된 증거는 이것이 지나치게 비관적인 견해임을 시사한다. Ucros(1989)의 메타 분석은 MC 및 MSD 재현 연구 실패의 많은 부분이 방법론적 요인의 탓이라고 제안한다. 마찬가지로 우리도 스트룹 검사는 비록 Bower(1987)가 말한 것처럼 기분유도가 신뢰할 만한 효과를 내지는 않지만, 다양한 정서장애에도 해당되는 신뢰할 만한 주의 편향을 보여 준다는 것을 살펴본 바 있다. 다른 주의 과제에서의 불안 효과는 대략적으로 모델과 일치한다. 가장 심각한 문제는 단순 지각 과제와 부호화 과제 모두에서 그리고 불안이나 우울을 유도했던 연구들 모두에서 또한 불안 환자나 우울 환자 모두에서 일반적으로 기분일치성을 발견하지 못했다는 점이다. 이런 종류의 과제는 네트워크 활성화 과정의 관점에서 비교적 쉽게 연구모델을 만들 수 있으나(예: McClelland & Rumelhart, 1981), 특히 더 복합적인 평가 과제가 기분일치성을 보여 줄 때 이런 과제의 효과가 나타나지 않는 것은 설명하기가 어렵다. 유사하게 단순 점화 모델의 예언과는 반대로 기억에 대한 효과 강도가 기억재료에 대한 적극적 처리가 필요에 따라 증가하는 것 같다. 적어도 불안 연구들의 다른 일반적인 어려움은 상태불안의 차이로 환자집단과 통제집단 간의 인지적 차이를 설명하는 데에 실패했다는 점이다. 불안장애에는 불안 노드의 과잉 활성화 이상의 더 많은 것이 있는 것으로 보인다.

다른 구체적인 비판이 더 많이 있을 수도 있다. Forgas와 Bower(1987)는 긍정 기분이 부정 기분보다 판단에 더 강력한 영향을 미친다는 것, 기분의 출처와 판단 대상 간에 의미론적 유사성이 반드시 편향에 기여하지는 않는다는 것 그리고 자기지각이 타인의 지각보다 더 강하게 영향을 받는다는 것 등의 증거를 제시한다. 또한 긍정 및 부정 기분 간의 비대칭성은 기억 연구들에서도 발견된다(Singer & Salovey, 1988). 기억 연구의 맥락에서 Williams 등(1988)은 네트워크 모델이 중요한 회상 과정을 무시한다고 지적한다. 이러한 문제유형에 대한 대응으로 네트워크 이론가들은 정서에 대한 상위 수준의 인지 및 사회적 영향을 수용할 수 있도록 Bower(1981) 모델을 정교하게 다듬어 왔다. 예를 들어, 정서와 어떤 자극 간의 연합적 연결은 그 사람이 자신의 정서적 반응을 자극의 출현과 인과적으로 관련지을 때만 형성될 수 있다는 점이다(Bower, 1987). Bower와 Cohen(1982)의 칠판(blackboard) 모델은 다양한 출처에서 온 정서적 정보를 통합하는 작업 기억, 즉 '칠판(메모판)'을 가정한다. 정서 강도는 칠판 위에서 해석 규칙에 따라 수정되어서 개인의 정서 반응이 (적어도 거의 가까이) 사회적으로 적합하게 된다. 해석 규칙은 자동적 추론이나 의도적 추론 모두에 적용될 수 있다. 원칙적으로 이러한 모델은 지적된 어려움의 일부를 설명할 수 있다. 예를 들어, 기분 비대칭성은 부정적 기분을 조절, 통제하는 것과 관련된 규칙의 적용 때문에 생길 수 있다. Singer와 Salovey(1988)는 주장하기를 개인은 다양한 인지적 전략을 통해 불쾌한 기분을 '교정하려는' 동기가 있다고 본다. 또한 우리도 임상 환자는 특히 자기지각과 관련하여 비정상적인 정서는 물론이고 역기능적인 해석 규칙을 가지고 있다는 특징이 있어서 상태 기분 측정치가 환자의 정서 관련된 인지를 길잡이하는 신뢰로운 지표는 아니라고 주장한다. 칠판 모델의 일반적인 단점은 이상하고 어색한 자료에 대해서는 언제든 새로운 '정서 해석의 규칙'을 들어 설명할 수 있으므로 반증이 어렵다는 것이다. 그래서 이 모델은 검증 가능한 이론이라기보다는 하나의 일반적인 작업틀이 되고 만다(Williams et al., 1988).

더 최근에 Bower(1992)는 정서가 고립된 어의적 개념뿐만 아니라 유사한 이전 상황에서 유용했던 것으로 입증된 규칙 기반 실행 계획들도 활성화할 수 있다고 제안하였다. 우리가 제12장에서 주장하는 것은 바로 실행 계획 개념이 원래의 연합 네

트워크 모델보다 주의 편향에 관한 실험 자료를 설명하는 데 더 적합하다는 점이다. 그러나 Bower(1992)의 개념 공식화는 주의 편향을 예측하기에는 너무 일반적이다. 특히 그는 실행 계획이 자동적 또는 통제되는 범위를 명시하지 않는다. 제2장에서 논의된 바와 같이 규칙 기반 처리 시스템은 두 가지 처리 유형에 대한 조작적 준거를 충족시켜야 하며(Ackerman, 1988), 주의 현상을 설명하는 데에는 두 가지 제어 모드의 이론적 구분이 필수적이다(Norman & Shallice, 1985).

임상 우울증을 위한 네트워크 모델: Ingram(1984)

Ingram(1984)은 특별히 임상 우울증의 정보처리를 설명하기 위한 네트워크 이론을 정교하게 개발하였다. Bower(1981)와 마찬가지로 Ingram은 우울증을 일반적으로 상실과 관련된 삶의 사상들을 평가한 것이 원인이 되는 우울증 노드의 활성화와 연관된 것으로 본다. Ingram은 이론을 확장해서 우울증의 유지도 고려하였다. 그는 우울증 노드가 상실 관련 네트워크 내에서 우울증의 과거 에피소드들과 관련된 인지 그리고 최근 사상이 표상된 노드와 연합적으로 연결된다고 제안한다. 활성화는 '인지 고리'를 만들어 내고(Clark & Isen, 1982), 네트워크를 통해 활성화가 확산되며 그 활성화를 유지하면서 우울증 노드에 피드백을 준다. 비우울증에서는 네트워크의 활성화 수준이 시간이 지나면서 쇠퇴하기 때문에 개인은 어떤 기분을 짧은 기간 동안만 경험할 뿐이다. 임상 우울증에서는 네트워크 활성화가 쇠퇴되지 않게 하는 여러 악화 요인이 있다. 예를 들어, 만일 상실 관련 네트워크가 특히 크고 내적으로 연결되어 있다면, 중립적 사상도 우울한 것으로 평가될 수 있다(Teasdale, 1988, 관련된 요점을 참조할 것). 네트워크를 통한 활성화의 재순환 작용은 주의 및 주의 용량을 필요로 하는 의식적 인지를 발생시킨다는 단서와 함께 자동적인 것으로 설명된다. Ingram도 재순환 작용의 인지를 중단 또는 수정하는 과정에서 의지적인 통제성의 중요성을 강조한다. Ingram(1984) 모델은 우울증이 기억에 미치는 효과를 직접 설명하며, 이는 재순환 작용이 기억 재료의 표상을 정교화하는 데 기여하기 때문이다. 또한 자기참조성의 중요성과 기억 재료의 능동적 처리도 설명하는데, 이 둘은 모두 상실 관련 네트워크와의 연합력을 강화시키는 경향이 있기 때문이다. 상실 관련 네트워크에서 복잡성의 질적인 개인차는 왜 기분 상태가 개인적 특질이나 임상장애와 반드시 상응하지 않을 수 있는지를 설명해 준다. 또한 네트워크 기능의 질적 측면도 긍정 및 부정 기분 효과 간의 비대칭성을 설명해 줄 수 있다. Isen(예: 1990)은 긍정적 영향과 관련된 정보는 더 광범위한 네트워크로 표상되고 긍정 기분의 효과를 더 강하게 하며 창의적 과제 수행과 같은 네트워크 복잡성과 관련된 과제의 수행을 향상시킨다고 주장한다.

이 모델로 주의분산이 스트룹 검사처럼 네트워크에 의한 활성화되는 자극에 의해 더 크게 일어날 수 있다는 합리적 설명이 가능하기는 하지만, 이 모델을 주의 연구에 적용하는 것은 훨씬 어렵다. 왜 단순 지각 과제에서 불쾌 자극 처리의 강력한 촉진이 우울증 환자에서 신뢰롭게 발견되지 않는지 그 이유는 아직 불분명하다. 또한 '자동적인' 재순환 작용이 의식 일부에 접근할 수 있는 것 그리고 주의-요구적인 것으로 설명하는 것 역시 이론적 어려움이 있다. Ingram이 설명한 과정을 면면히 들여다보면 자동성의 연속선상의 중간 단계에 있는 부분적으로 자동화된 것으로 이해될 수는 있다. 일반적인 위협이나 특정 위협과 연합된 네트워크를 통해 활성화 재순환에 기여한다는 식으로 이 모델을 불안으로까지 확장하는 것이 아주 쉬운 것 같아서 우려가 된다.

네트워크 모델의 현황

결론적으로 정보처리 과제 유형과 정서적 편향의 민감도를 예언하는 문제에서 Bower(1981)의 네트워크 이론의 용도는 제한적이다. 이 이론은 또한 특성 및 상태 정서가 처리 과정에 뚜렷한 효과가 있는 이유를 설명하지 못한다. 우리는 Ingram(1984) 식의 보다 정교화된 네트워크 모델이 그러한 목적을 달성하는 데 기여할 것으로 보았다. 두 가지 주요 걸림돌은 자동적 활성화 확산과 통제 또는 전략 주도적인 처리 과정의 역할을 구분한 것 그리고 낮은 수준의 부호화에서 정서 편향성 효과들의 약점을 설명하는 것이다. 더구나 환자집단과 통제집단은 정서의 만성적 활성화보다는 네트워크 특성이 다른 것일 수 있다. Ingram(1984)은 정서와 다른 노드 사이에서 흥분성 연결의 강도와 정도의 차이가 있을 가능성에 주의를 기울이고 있다. Matthews와 Harley(1993)가 보여 주었듯이 활성화의 쇠퇴율 그리고 네트워크의 랜덤 잡음(random noise) 수준, 네트워크에 있는 서로 다른 단위들 간의 집합

강도 등을 관리하는 매개 변수를 포함하여 정보처리에서 개인 및 집단 차이를 설명해 줄 구체적인 다양한 네트워크 매개 변수가 있을 것이다. 다른 매개 변수의 효과는 시뮬레이션과 실험 연구를 통합해야만 구별될 수 있고, 아직 정서적 편향에 대해서는 수행되지 않았다.

편향에 대한 정보처리 모델: Williams 등(1988)

네트워크 이론에 대한 가장 잘 개발된 대안 이론은 Williams 등(1988)의 모델이다. 그들은 특성 대 상태 우울 및 불안과 연관된 다양한 편향성을 구분하고, 이를 주의와 기억의 정보처리 모델 속의 각자 다른 단계들에 둔다. 이 모델의 도식을 [그림 5-1]에 제시한다. 불안 효과는 전주의적이다. 상태불안은 자극에 할당된 위협치를

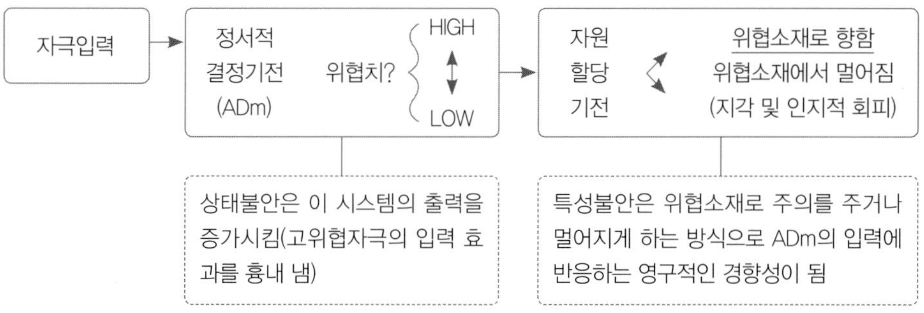

(a) (불안증의) 상태 · 특성기분이 어떻게 전주의 단계에서 자원할당에 영향을 주는지에 대한 도식

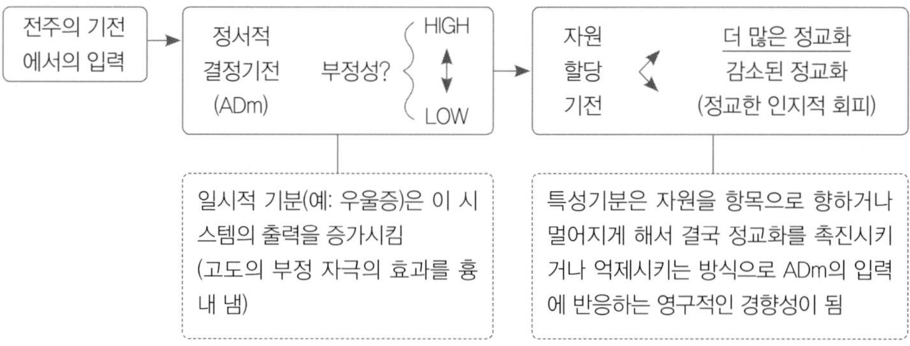

(b) (우울증에서) 상태 · 특성 기분이 어떻게 정교화 단계에서 자원할당에 영향을 주는지에 대한 도식

[그림 5-1] 불안증과 우울증이 주의에 영향을 미치는 처리 단계 모델(Williams et al., 1988)

증가시키는 반면에, 특성 (그리고 임상적) 불안은 후속 자원 할당을 편향시킨다. 불안한 피험자는 위협적인 것으로 평가된 자극 쪽으로 자원을 돌리는 경향이 있는 반면에, 불안하지 않은 피험자는 비위협적 자극에다 우선적으로 자원을 할당한다. 우울증은 주의가 주어진 자극이 정교하게 처리되어 식별된 후에만 처리 과정에 영향을 준다. 즉, 자극들 간의 관련성 그리고 자극과 맥락 간의 관련성에 대한 심층적 처리에 영향을 미친다. 상태 우울증은 자극의 부정적 평가도 편향시키지만, 특성/임상적 우울증은 자원 할당 과정을 통해 다시 부정적 재료의 정교화를 촉진시킨다. 이 모델은 서로 다른 주의 과정들을 가장 명확하게 구분하고 있으므로 특히 고려할 필요가 있다. 또한 이와 비슷한 유형이며 대안 모델이 되는 Eysenck(1992)의 과잉경계이론(hypervigilance theory)을 짧게 논하겠다.

이 모델로부터 나온 것으로 고려해야 할 세 가지의 광범위한 예측이 있다. 이 중 두 가지는 비교적 직접적인 경험적 예측들이며, 이전 장에서 자세하게 살펴보았다. 세 번째 예측은 특성 대 상태 정서에 민감한 주의 기제에 관한 것인데, 이에 대한 더 자세한 논의가 필요하다. 첫째, Williams 등은 불안과 우울증이 질적으로 다른 과제에 영향을 줄 것이라고 예측한다. 불안은 지각과 주의에 영향을 주는 반면에, 우울증의 효과는 특히 기억 과제들의 정교화에 필요한 과제에 제한되어야 한다고 본다. 우리가 앞에서 알게 된 것은 불안 및 우울의 효과가 Williams 등의 모델에서 예언하는 것에 비해 덜 뚜렷하다는 점이다. 둘째, 비록 많은 상황에서 상호작용을 하지만 그래도 특성 및 상태의 효과들은 구별되어야 한다. 이상적으로는 적합한 과제를 토대로 특성 및 상태 효과 간의 이중 해리(double dissociation)를 입증할 수 있어야 한다. 예를 들어, 상태불안이면서 특성불안은 아닌 경우 이는 자극의 위협가의 평가에 영향을 미쳐야 하고 반대로, 특성불안이면서 상태불안은 아닌 경우 이는 개개인에도 해당이 되는 주관적인 위협가가 있는 자극에다 자원 할당을 한다고 예언해야 한다. 일반적으로 불안 효과의 이런 측면에 대한 증거는 부족한다. 우리는 특성 및 상태 불안 간의 상호작용에 대한 예언이 약간 지지를 받는 것을 보았으나, 그 증거는 충분히 설득적이지 않다. 예를 들어, Broadbent와 Broadbent(1988)의 회귀 분석에서 특성불안의 곡선 효과를 통제하면 상호작용 항은 의미가 없었다. MacLeod와 Mathews(1988) 그리고 Richards 등(1992, 실험 2)은 특성불안의 효과가 예기된 위협적 사건(시험) 및/또는 실험적으로 조작된 사건(불쾌한 사진)과 함께 결합될 때 더 강함을 보여 주었다. 하지만 핵심 요인이 사건과 연합된 위협적인 정보의 점화인지 또는 상태불안 자체인지 여부는 명확하지 않다. 앞서 언급한 바처럼 상태 및 특성적 우울 효과들 간의 차이에 관한 증거는 충분하지 않다.

세 번째 예언은 불안이 위협 재료에 대한 전주의적 그리고 무의식적인 선택에는 영향을 주지만 수의적 선택(voluntary selection)에는 영향을 주지 않는다는 점이다. 하지만 이런 예언은 직접 검증하기가 쉽지 않은데, 이유는 전주의적 처리 개념과 의식이란 개념이 파악하기 힘든 것이기 때문이다. 다음으로 우리는 그들의 이론적 중요성 때문에 모델의 이러한 측면들을 더 자세히 고려하겠다. 증거자료는 불안 연구에서 가져오고, 비록 지금은 증거가 부족하지만, 일반적인 주장은 다른 정서장애에도 적용할 수 있다. Williams 등(1988)의 독창적인 견해는 자동적이고 전주의적인 과정들이 일반적으로 편향되기 쉽다는 것처럼 보인다. 그러나 이 모델은 편향에 관한 긍정적 연구 결과뿐만 아니라 지각 역치 및 단어 읽기의 속도와 같은 단순 부호화의 측정에서 편향성을 찾지 못한 실패도 설명해야만 한다. 더구나 편향성의 효과는 주로 주의 자원 배분에 민감한 측정을 통해 탐지되었는데, 이런 측정치는 수의적 통제 및 후주의적 과정의 영향도 받는다. 따라서 편향 효과가 전략적 또는 통제적이기보다 자동적이고 전주의적이며 용량 제한적이라는 주장은 특히 면밀하게 따져볼 필요가 있다.

불안의 편향: 자동적인가, 통제되는 것인가

우리는 주의 편향이 각각 자동적이고 전주의적이라는 주장을 고려하는데, 이 둘의 특성이 논리적이고 아마도 실제로는 뚜렷이 구별되는 것이기 때문이다(Logan, 1992). 제2장에서 논의되었듯이 자동성에 대한 몇몇 기준은 있으나, 때로는 관련이 없다. 우리는 편향이 의식에 다가가기 쉬운지, 수의적 통제하에 있는지, 그리고 주의 자원 할당에 영향을 미치는지 등을 물어봐야 한다. 자동성에 대한 정의는 편향이 부호화에 대한 자원 공급에 무의식적이고 불수의적이며 관련이 없는 것이여만 한다. 우리는 정보의 자동 선택에 이은 후속의 처리 단계보다 초기에 선택 성향이 일어나는 자동 과정에 일차적으로 관심이 있다.

중요한 대부분의 연구에서 의식의 역할을 평가하기가 어려운데, 이유는 모든 자극이 쉽게 지각되기 때문이다. 예외가 세 편 있는데, Mathews와 MacLeod(1986)의 양분 청취 연구 그리고 두 편의 차폐 스트룹 검사이다(MacLeod & Hagen, 1992; MacLeod & Rutherford, 1992). 세 편의 연구 모두는 의식적인 자각을 확인하기 위해 상당히 철저하게 시도를 했으나 결과는 부정적이었다. 네 번째 연구(Kemp-Wheeler & Hill, 1992)는 신경증이 차폐자극 처리에 미치는 어떤 효과도 발견하지 못했다. 표면상 역치하의 자극으로 발생된 편향에 대한 입증은 분명 놀라운 발견이다. 그러나 이 분야에서 일할 연구자가 대면할 많은 함정이 있고, 연구를 위한 주장의 타당성을 평가하려면 우리는 무의식적 처리에 대한 연구들에서 나타난 대단히 난해한 방법론적 쟁점을 세심하게 고려해야만 한다.

Mathews와 MacLeod(1986)의 양분 청취 연구는 탐사 RT와 음영 오류에 관한 중대한 편향 효과를 보여 준다. 무시 채널에 제시된 자극을 의식적으로 자각하는지를 무시 자극에 대한 재인 기억으로 평가하였고, 더 나아가 피험자 집단에서 자극 테이프가 예기치 않게 멈추었을 때 찰나적 자각(momentary awareness)을 점검하는 방식으로 평가되었다. 재인 기억은 자각에 대한 아주 미약한 검사일 뿐이다. 자각의 지표인 회고적 측정의 실패는 찰나적 자각의 발생에 대한 삽화적 기억의 결함이 원인일 수 있다(Holender, 1986). 또한 찰나적 자각검사도 어려움이 있는데, 특히 일련의 자극들이 대략 반쯤 제시된 후의 고정점에서 수행되었기 때문이다. 음영 연구에서 무시 채널에 대한 자각은 주의 요구가 달라짐에 따라 시간이 흐르면서 변하는 경향이 있다(예: Underwood & Moray, 1971). 피험자가 주의를 기울이게 한 귀 쪽에만 주의를 두려면 시간이 걸릴 수 있다. Treisman과 Squire, Green(1974)은 실행 초기의 무시 채널에서 간섭을 보았으나, 그 후에는 나타나지 않았다. 따라서 Mathews와 MacLeod가 사용한 스토리 중 고정점에서의 자각 결함이 실험 실행 기간 전체의 자각 결함을 보증하지는 않는다. Holender(1986)는 양분 청취에서 무시 메시지에 대한 '무의식적인' 처리에 관한 증거들을 검토하고 다음과 같은 결론을 내린다. 의미론적 활성화는 거의 항상 주의주기 채널로부터 의식적 주의로의 전환을 동반하며, 양분 청취 과제는 근본적으로 무의식적인 의미론적 자각을 입증하는 데 적합하지 않다. 따라서 비록 Mathews와 MacLeod(1985)의 연구가 불안 편향에 대한 흥미로운 증거자료를 제시하지만, 이것이 편향이 무의식적이었다는 것을 결정적으로 입증하지는 못한다. 무의식적 과정을 더욱 엄격하게 입증하려 했던 Trandel과

McNally(1987)의 연구 역시 편향이 범불안장애와는 관련이 있지만 PTSD와는 그렇지 않다는 것이지만, 정서적 편향을 보여 주지는 못했다.

차폐 스트룹 연구의 근거자료

스트룹 자극을 역치하 수준으로 제시하는 MacLeod와 Hagen(1992) 그리고 MacLeod와 Rutherford(1992)의 차폐 스트룹 연구들이 양분 청취보다 겉보기에는 더 전망이 좋다. 강제 선택의 어휘 판단 과제는 피험자가 단어와 비단어를 구분할 수 없는 조건에서 의식적 인식을 평가하기 위해 사용되었다. Holender(1986)는 차폐 연구들이 원칙적으로 인식을 동반하지 않는 의미적 활성화의 증거를 보여 줄 수 있다고 결론을 내렸는데, 이는 주의 자극과 비주의 자극에 대한 주의 분할이 없기 때문이라고 보았다. 그러나 그 역시 그렇기는 해도 꼭 필요한 방법론적 예방 조치를 취한 연구는 거의 없음을 경고하였다. 물론 MacLeod와 Rutherford(1992)는 무의식적인 의미 처리의 입증에 관한 Holender(1986)의 지침을 준수하였다고 주장한다. 사실 두 연구에서 실제로 따랐던 절차는 대체로 그랬다. 특히 Holender(1986)는 차폐자극의 역치를 탐지나 식별하는 것은 현대의 정신물리학적 방법으로 결정되어야 한다고 주장한다. 이 방법은 개개 피험자의 역치를 결정해야만 한다. 광범위하게 비교할 수 있는 연구들(예: Marcel, 1983)이 역치의 상당한 개인차를 시사하는데 스트룹 연구에서는 그렇게 하지 않고 모든 피험자에게 20msec의 동일한 노출 시간을 적용하였다. 또한 이 두 편의 연구에서는 두 개의 추가적 검사를 생략한 것으로 보인다. 첫째, 강한 반응 편향성(response bias)이 인위적으로 식별의 수행을 낮출 수 있으므로(Merikle, 1982) 어휘 판단 과제에서 두 가지의 가능한 응답 확률이 대략 동등함을 점검하는 것이 중요하다. 둘째, 개인차를 검증하려면 인식 시행의 수행이 사전검사 시행의 수행과 상관관계가 있어야 한다. 정적 상관관계는 일부 사람에게는 자극이 역치를 넘는 것일 수 있음을 시사한다(Kemp-Weeler & Hill, 1992). 이 연구의 긍정적인 특징은 인식 시행들이 스트룹 시행 여기저기에 흩어져 있어서 과제 제시의 시점 변이성을 어느 정도 통제할 수 있다는 점이다. 그러나 매 시점에서 시행이 12번일 뿐이어서 통계적으로 믿을 만한 민감성 수준을 결정하기에는 너무 적었다 (Kemp-Weeler & Hill, 1988).

다른 어려움은 인식의 역치를 평가하기 위해 어휘 판단 과제를 사용하는 것이다. 어떤 탐지 판단 과제를 쓰느냐에 따라 역치가 달라지는데, 판단 과제별 역치의 수준이 어떻게 다른지는 명확하지 않다(Dagenbach, Carr, & Wilhelmson, 1989). 예를 들어, Marcel(1983)은 과제에 대해 수동적이고 '직관적인' 접근법을 택한 피험자들에서 차폐 단어와 두 번째 역치 이상의 단어의 어의적 유사성을 판단하는 역치가 무언가 자극이 제시되었는지 아닌지를 판단하는 역치보다 더 낮은 것을 발견하였다. 또한 피험자들은 그 단어에 관한 다른 정보의 인식 없이도 정서적 유인가에 대한 의식적인 인식을 할 수 있다(Bargh et al., 1992). 따라서 Cheesman과 Merikle(1986)이 지적한 것처럼 어휘 판단 결정은 단어의 의미 및 정서적 특성에 대한 피험자의 인식을 평가하는 과제로는 불완전하다. 차폐 스트룹 연구에서 모든 피험자가 의식적인 단어 재인 없이도 어느 정도 위협을 인식했을 수 있지만, 이 때문에 반응이 느려진 것도 불안한 피험자들뿐이었다. 아마도 더 좋은 절차는 제시된 단어와 정반대의 위협적 유인가가 적절하게 결합된 단어 간의 강제-선택 변별이었을 수도 있다. 두 편의 연구는 어휘 판단에서 수행의 평균 수준이 우연히 나타난 것임만을 보여 주었다. 다른 피험자 집단들과 개인별 피험자들 또는 시간 경과에 따르는 수행 변화에 대한 검증은 보고되지 않았다. 두 편의 연구에서처럼 자극이 반복적으로 역치 이상으로 제시될 때 시간적 변화를 기대하는 몇 가지 이유가 있다. Johnston과 Dark(1985)는 역치에 가까운 자극들이 반복적으로 제시되면 점차 구분이 쉬워지는 '정체 점화의 가공물'로 설명한다.

또 다른 문제는 차폐 스트룹에서 편향 효과의 크기가 작다는 점이다. MacLeod와 Rutherford(1992)는 스트레스 수준이 높은 조건에서는 불안 피험자들이 비불안 단어에 비해 불안 단어에서 7msec 빨랐으며, 반면에 비불안 피험자들은 6msec 더 느렸다. 이런 효과 크기는 100msec인 색상 명명 지연의 표준편차에 필적한다. (실은 불안 관련 편향이 차폐 존재 여부에 따라 달라지는 것을 보여 주는 결정적인 상호작용은 기껏해야 $0.05 < p < 0.06$ 수준이었다.) 말하자면, 이런 결과를 설명하기 위해서 불안 환자들의 위협 단어에 대한 일반적인 느린 반응이 반드시 필요한 것은 아니다. 몇 개의 느린 반응만으로도 이런 효과를 충분히 설명할 수 있다. MacLeod와 Hagen(1992)은 효과 크기를 보고하지 못했는데, 다만 보정하지 않은 차이 점수 측정치에 대한 상관 자료만을 제시했으며 이는 앞서 논의한 것처럼 통계적 가공물에 민감한 것일 수 있다.

물론 연구들이 무의식적 편향의 부재를 보여 준 건 아니다. Cheesman과 Merikle (1984)은 피험자가 식별이 불가능하다고 믿는 주관적 역치와 강제-선택 변별이 우연 수준에 떨어지는 객관적 역치의 차이에 대한 유용한 구분을 보여 주었다. 그들 자료는 객관적 역치 이하는 아니면서 주관적 수치 이하의 자극에서 스트룹 간섭을 보여 주었으므로 무의식적 편향을 상정할 수 있을 것 같고, 그래서 두 종류의 역치를 이용한 불안 효과의 강력한 예증이 된다. 그러나 Dagenbach 등이 수행한 어휘 판단 점화 연구들(1989)은 역치에 가까운 처리 과정에 대한 정보처리 모델의 함의에는 한계가 있다고 말한다. 그들은 역치일 때조차도 역치 과제에 필요한 판단 유형이 후속 점화 쪽으로 편향됨을 보여 주었다. 심지어는 의식적 인식이 없을 때도 어휘 판단 과제에서 전략적인 이월(carryover of strategy)이 있었다. 따라서 '무의식적' 처리 편향이 의도적인 전략과 동떨어진 자동 과정의 지표라고 주장되어서는 안 된다. 인식이 없는 편향에 대한 명백한 증거를 보여 준다 해도 그것만으로 정보처리에서 인식 없는 편향의 근거에 관해 많은 정보를 주는 것은 아니다.

따라서 차폐 스트룹 연구는 우리에게 전주의적 편향이라는 가설을 받아들이라고 우리에게 압박하지는 않는다. 다른 식의 설명이 두 가지 있다. 첫째, 그야말로 결과들이 자극이나 위협가의 우연한 자각에 의해 발생되었다는 것이다. 자각은 일반적이거나 또는 지각 역치가 낮은 사람에게 한정된 것일 수 있고 또한 과제의 종료에 이르기까지 시점에 따라 달라질 수 있다. 둘째, 편향이 차폐자극에 의해 생긴 무의식적인 활성화와 피험자의 수의적인 전략 간의 상호작용에 의해 생기는 것으로서, Dagenbach 등(1989)의 증거자료에 의하면 무의식적 처리의 성과가 전략과 상호작용한다는 것이다. 예를 들어, 연구에서 위협 자극을 역치 이상으로 제시한 것이 앞으로 위협을 적극적으로 탐색하도록 유도할 수 있다는 것도 그럴듯한 설명이다. 핵심적인 요점은 비록 이런 탐색이 차폐적인 위협적 자극을 탐지하지 못했을지라도, 7msec의 스트룹 간섭 효과를 일으킨 위협 자극에 의해 유발된 활성화에 충분히 도움이 될 수 있다. 연구들은 불안이 전략보다는 자동처리 활성화에 영향을 주었음을 보여 주는 데 실패하고 있다.

수의적 통제: 공간적 주의에 대한 연구

자동성에 대한 두 번째 기준은 반응의 개시 및 중지를 피험자가 수의적으로 통제하지 못하는 부분이다. 이러한 기준을 직접 검증한 연구들은 거의 없다. 이상적으로는 피험자 전략이 실험적으로 조작되고, 피험자 전략에 대한 편향 효과의 종속성이 평가되어야 한다. 만약 편향이 강하게 자동적이면 전략의 영향을 받아서는 안 된다(비록 후속적인 통제적 처리가 영향을 받을 수는 있을지라도). 시각-공간적 주의에 관한 효과가 불수의적이라고 가정할 만한 강력한 이유는 없다. MacLeod 등(1986)이 개발한 필터링 과제는 피험자가 단어 쌍에 반응한 후의 주의를 평가한다. 연속적인 흐름(Eriksen & Schulz, 1979)이나 처리 과정의 PDP 모델 안에서 하는 추가적인 자극 분석은 초기의 언어 반응의 산출과 병행하여 진행할 수 있다. 따라서 이는 언어 반응 후나 함께 병행하는 위협 단어에 대한 불안 피험자의 주의 유지나 지시는 위협에 대한 후주의적 처리 과정일 수 있다. Broadbent와 Broadbent(1988)는 실험 진행 동안에 편향이 증가했기 때문에 불안 편향을 이런 종류의 후주의적 기전 때문이라고 보았다. 만일 불안 피험자에서 위협 단어가 불수의적으로 주의를 사로잡는다면, 위협 단어가 무시 위치에 제시되는 실험 조건에서는 필터링 기능이 중단될 것으로 우리는 기대할 수 있다. 실은, 이것이 사실인지도 다소 불확실하다. 특히 Mathews 등(1990)은 불안 피험자가 표적 위치를 모를 때는 위협 단어 때문에 지나치게 산만해지고 시각 장을 무리하게 탐색한다는 것을 발견하였다. 달리 말하면, 위협 단어는 그것에 대해 의도적으로 주의가 기울여질 때에만 확실히 주의의 대상이 될 수 있다.

시각적 주의 연구들은 Williams 등(1988)의 모델에 중요하다. 왜냐하면 불안과 위협은 두 시각 영역에 대한 주의자원 할당의 불수의적인 균형잡기에 상호작용하는 식으로 영향을 준다는 주장이 그 모델과 일치하는 것이기 때문이다. 즉, 불안 환자들은 비위협적인 영역에서 빼낸 자원을 위협적인 위치로 보내는 처리를 한다. 이런 주장은 불안이 두 영역의 주의에 미치는 효과가 상호의존적이라는 가정하에 있는데, 이는 탐사 자극들의 위치 역할을 더 고려할 필요가 있다는 견해이다. 정상적으로는 하단 자극의 탐사에 대한 반응이 상단 자극의 탐사보다 더 느린데, 이는 피험자가 보통 처음에는 상단에 주의를 기울여 탐사 자극이 나타나는지를 기다렸다가 나타나지 않으면 주의를 하단으로 전환하는 전략을 따른다는 것을 의미한다. 따라서 탐사 과제를 단어 제시 동안에 일어나는 주의 전개의 직접적인 지표로 해석하는 것은 오해의 소지가 있다. 하단 탐사는 주의 초점을 능동적으로 돌리는 것처럼 보이지만, 상단에서 탐사 자극을 탐지하는 데에는 본래의 주의 초점을 유지하는 것이 필요하다(적어도 500msec의 단어-탐사 SOA는 전략적으로 주의전환에 충분한 시간이다). 마치 Williams 등(1988)이 말한 자원의 균형잡기처럼 주의 유지 및 전환에서 두 속성이 단일 기전으로 제어되는지 아니면 이 두 과정 간에 어떤 분리 현상이 있는지 여부를 평가하기 위해 우리는 기존의 자료를 사용한다. 이 작업을 위해 우리는 편향이 일차적으로 통제집단보다 불안집단과 관련이 있다고 가정하고, 불안 피험자에서 위협의 위치가 상단 및 하단 탐사에서 차별적으로 편향에 영향을 주는지를 살펴본다(통제집단에서 위협을 회피하기 위한 편향은 신뢰할 수 없는 것 같다: Mogg et al., 1992). 만약 우리가 상단 탐사에 대해서만 위협 효과를 발견하게 된다면, 이는 그 기전이 필터링 효율성과 관련이 있다는 뜻이 된다. 왜냐하면 그 사람은 계속해서 상단에만 주의를 유지해야 하기 때문이다. 만일 위협 편향이 하단의 탐사에서 더 강하다면, 이는 편향이 상단에서 하단으로 주의가 이동되어 생긴다는 뜻이 된다.

다음의 [그림 5-2]에 세 편의 연구 자료를 요약해 제시한다. 안타깝게도 이들 연구 중 어느 것도 평균치 간을 비교하는 유의도 검증을 보고하지는 않았으며, 분석 역시 자료의 전반적인 특징에만 기초하고 있다. 임상 불안 환자집단(MacLeod et al., 1986; Mogg et al., 1992)을 피험자로 한 두 편의 연구 모두에서 위협 편향은 탐사가 상단에 제시될 때만 나타났다. Mogg 등(1992)은 하단 탐사에서는 거의 편향이 없음을 발견하였다. MacLeod 등(1986)의 연구에서 하단 탐사에서 나타난 편향 크기는 상단 탐사로 얻어 낸 편향의 대략 절반 정도인데, 약한 하단 효과가 자체가 유의한지 여부는 확실하지 않다. 즉, 환자들은 비위협적 단어가 제시될 때보다는 위협적 단어가 제시될 때 상단에 더 강하게 주의를 유지한다. 그러나 과제가 주의 전환을 요구할 때는, 위협 자극이 제시된 하단 쪽으로 주의를 전환하는 속도에서 환자와 통제집단이 일관성 있게 다르지 않다. 두 연구 모두에서 Williams 등(1988)의 모델 예측과는 달리, 상단 탐사에서 느려지는 반응과 하단 탐사에서 더 빨라지는 탐지 간의 균형잡기는 신뢰롭지 않다. 이와는 대조적으로 학생집단에서 얻어 낸 MacLeod와 Mathews(1988)의 자료는 반대 결과를 보여 준다. 특성불안 학생들인 경우, 실험 초

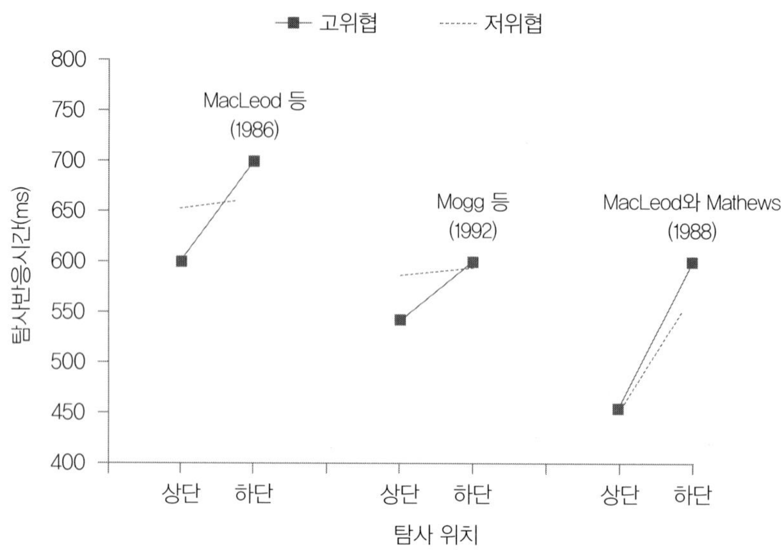

[그림 5-2] 점-탐사 패러다임의 세 연구에 참여한 불안 피험자 집단에서 위협 및 탐사 위치가 RT에 미치는 효과

기에 주의를 준 상단 위치에서의 위협은 하단 탐사를 위한 주의 이동이 하단 탐사/하단 위협 조건에 비해 느려졌지만, 상단 탐사 조건에서 편향이 발견되지는 않았다. 불안 학생집단은 위협적인 위치에서 비위협적인 위치로 능동적으로 주의를 전환하기가 어렵지만, 시간 경과에 따른 필터링 효율성의 유지에는 어려움이 없었다. 환자와 학생 표본집단 간 탐사 위치 역할의 해리는 단순한 자원의 균형잡기 관계가 아닌 별개의 두 기전이 작동함을 의미한다.

한 가지 대안적 설명은 불안 환자는 자신이 수의적으로 주의를 기울였던 위협적인 곳을 향해 주의를 효율적으로 유지하는 전략을 써서 위협 및 탐사가 둘 다 상단에 있을 때는 반응 속도가 빨라진다는 것이다. 반응이 느린 상단 탐사/하단 위협 조건에서 불안 피험자는 상단의 단어가 특별한 중요성이 없기 때문에 초기 반응 후 주의 초점을 유지하는 데 어려움이 있다. 이 패러다임에서는 불안이 특별히 위협에 대한 능동적 탐색을 산출하지 못하거나 아니면 수의적 주의전환에 영향을 미쳐서 상단에서 탐사물을 탐지하지 못하게 하는 결과를 낳기 때문에 하단 탐사에서 반응의 편향이 거의 없게 된다. 또한 이 가설은 Mathews 등(1990)의 패러다임에서 발견한 것도 설명해 주는데, 이 연구는 불안 환자집단에서 필터링이 아니라 탐색에서 편향

이 있다는 증거를 보여 주었다. Mathews 등(1990)의 과제는 주의 초점의 후속적인 변화보다는 초기의 주의 반응을 평가한다. 이 연구의 필터링 조건에서 불안 피험자는 시각 장의 이곳저곳에서 위협 자극들이 제시될 때조차 통제집단만큼 효율적으로 중립 자극이 포함된 고정된 위치로 주의를 돌리는 것 같았다. 위협 자극들에는 주의가 결코 의도적으로 주어지지 않았으며, 따라서 앞에서 설명한 전략적 기전도 절대적으로 작동하지 않았다. 불안 피험자가 '오류' 위치(순차적이든 평행적이든)에 주의를 할당하는 탐색시행 조건에서 주의는 올바른 위치로 이동되기 전에 반응이 느려지고 잠시 유지된다. 이 기전은 MacLeod와 Mathews(1988)의 특성불안의 학생 집단과는 다른 것일 수 있는데, 그 자료에서는 위협 자극이 특정 위치 쪽으로 주의 초점을 이동하는 속도에 영향을 미친다는 것을 시사한다.

수의적 통제: 스트룹 검사 연구

색상-단어 간섭은 억제가 매우 어렵거나 불가능한 표준 스트룹 검사로 유추해 보면 어쩌면 스트룹 검사 연구는 불수의적 효과를 더 암시하는 증거가 될 것이다. 그러나 간섭의 정도는 전략의 영향을 받으므로(MacLeod, 1991a 참조), 정서 스트룹 연구들이 수의적인 의도를 명확하게 조작하지 않은 것은 불행한 일이다. 차폐 스트룹 연구는 불수의적 효과를 암시하지만, 이들 연구에서 순간적 또는 부분적인 인식이 가능하다면 그건 수의적인 의도가 된다. MacLeod와 Rutherford(1992)는 흥미로운 제안을 한다. 즉, 특성불안의 정상집단은 자극이 차폐되지 않은 상황일 때 수의적으로 간섭을 억제할 수 있으나 환자들은 그렇게 할 수 없는데, 이는 후자 집단에서 편향이 강하게 자동적임을 시사하고 있다. 그러나 일부 연구는 정상 피험자에서 비차폐적 자극에 대해 간섭을 보여 주기도 하므로(예: Richards & Millwood, 1989) 그 결과물이 얼마나 튼실한지는 명확하지 않다.

스트룹과 기타 연구들에 대한 일반적인 관심은 Richards와 French(출간 중)가 명확하게 입증한 수의적인 점화 효과의 가능성이다. 주의 연구에서의 연속 시행들처럼 500msec 또는 그 이상의 시차로 점화하는 것이 일반적 전략이다(Neely, 1991). 피험자는 그럴 만한 표적들의 '기대 세트'를 만들고, 시각적 입력물을 순차적으로 비교해야 한다(Becker, 1985). 차폐 스트룹 연구 사례에서는 연구 과정 동안에 동일한 위협 단어들이 주관적인 역치 이상과 이하로 제시되었다. 이는 피험자의 기대가 일으킨 활성화 및 점화가 자동적으로 일으킨 활성화와 합산되었을 것이고, 불안 피험자인 경우 차폐된 부정 단어들이 일으킨 자동적 활성화가 아닌 부정 자극에 대한 기대에 의한 것이 더 큰 것으로 봐야 한다. Segal과 Vella(1990)가 정서적 스트룹 검사에서 SOA을 길게 한 점화 연구는 우울 관련 편향 또한 기대에 의한 통제 처리와 연관될 수 있음을 시사한다.

주의 자원: 증거 부족

자동성에 대한 최종 기준은 혹시 처리 과정이 있다 해도 주의 자원을 거의 필요로 하지 않아야 한다는 점이다. 이 기준을 Williams 등(1988)에 적용하기는 어려운데, 왜냐하면 불안 편향이 본질적으로 자동적이기는 하나 그것이 자원 할당 메커니즘에 영향을 주고, (특성불안) 편향 효과가 자원 제한적인 과제 수행에 한정되어야 한다는 다소 역설적인 예측으로 이어지기 때문이다. 시각적 주의(Eriksen & Yeh, 1985)와 스트룹 간섭(Kahneman & Chajczyk, 1983)이 '핵심영역(spotlight)'에 기울인 자원에 의존한다는 사실은 자원 제한을 설득력 있게 하지만, 자원 할당 과정과 관련된 연구는 거의 수행된 적이 없다. Williams 등(1988)의 자원 할당 모델은 대개 자원 할당의 변화를 반영할 수도 있고 못할 수도 있는 반응시간의 변화를 검증하는 데 국한되어 왔다. 우리는 이미 MacLeod 등(1986)의 과제에서 주의 전환이 자원의 사용 그 자체보다는 피험자의 전략을 반영한 것일 수 있음을 살펴본 바 있다. 이와 비슷한 것으로서, 이중-자극 어휘 판단 중의 주의 할당 연구(MacLeod & Mathews, 1991b; Mogg et al., 1991a)는 Williams 등(1988)의 주의 할당 가설(attentional allocation hypothesis)을 지지하는 것으로 해석된 바 있지만, 이 방법을 다시 사용한 연구에서도 자원 기제가 관여되어 있는지를 보여 주지 못한다. 불안-의존적인 편향이 단어 위치에 달려 있는 것으로 나타난 Mogg 등(1991a)이 얻은 복잡한 효과도 효과의 전략 의존성을 재차 보여 준다. 수행 작동 특성(Performance Operating Characteristics)의 구축(Wickens, 1984)과 같은 기법을 사용하는 좀 더 엄격한 자극 할당 연구가 필요하다.

불안 관련 편향의 자동성: 결론

결론적으로 현재까지 수행된 연구들은 불안과 관련된 편향이 자동적이라는 것을 확립하지 못한다. 비슷한 결론이 기타 정서장애의 주의 편향에 관한 훨씬 적은 연구 자료에도 적용된다. 대부분의 연구에서 편향은 자동적일 수 있고 마찬가지로 어떤 경우에는 기대 점화에 의해 작동된 수의적 전략의 결과일 수 있다. 물론 두 가지 유형의 편향이 모두 작동할 수도 있다. 엄격한 이분법보다는 자동성 대 통제성의 연속선이 있을 수 있음을 강조해야만 한다. 아마도 불안 편향은 부분적으로 자동적인 것으로서 의식적이며 수의적 개입이 없다기보다는 감소된 것일 수 있다. 우리가 주장하는 것은 무의식적 편향을 입증하려는 연구들(예: MacLeod & Rutherford, 1992; Mathews & MacLeod, 1986)이 방법론적으로 결점이 있지만, 이들 연구가 제언하는 것은 편향이 자극에 대한 의식적 인식이 거의 없이도 작동할 수 있다는 점이다. 그러나 비록 자극들이 의식에 접근하지 못하더라도 불안 피험자에서 입증된 간섭은 역치 이상으로 제시된 위협 단어가 유발한 수의적 전략이 작동한 것 때문일 수도 있다. 전략적 개입은 설사 그 의도가 실패한다 해도 자동적 처리 과정과 상호작용할 수 있다(Dagenbach et al., 1989).

불안의 편향성: 전주의적 또는 후주의적인가

Williams 등(1988)의 모델에서 나온 다른 쟁점은 불안(그리고 아마도 다른) 효과들이 정말 전주의적인, 즉 효과의 자동성과 논리적으로 구분되는 문제인지 여부에 있다. 이는 다루기 어려운 질문인데, 이유는 처리 과정을 특정 주의 모델의 맥락에서(이 용어는 본질적으로 컴퓨터 시스템 구조에 관한 것이다) '전주의적'이라고 기술하는 것으로 의미가 한정되어 있기 때문이다. Williams와 연구진의 모델은 Graf와 Mandler(1984)의 기억이론에 기초한 것이므로 주의의 시스템 구조에 관한 세부 사항이 빠져 있다. 우리가 할 수 있는 최선의 방법은 주의에 대한 초기 및 후기 선택의 모델들이 어떻게 Williams 등의 이론과 조율될 수 있는지를 고려하는 것이다. 우리는 제2장에서 정보처리의 두 영역, 즉 초기의 병렬적인 불수의적 영역 그리고 후기의 순차적 전략-주도적 영역(Johnston & Dark, 1985)의 존재에 대해 타당한 합의가 있음을 알고 있다. 이론적인 불일치는 이런 시스템 내에서 선택의 위치에 있다. 우리가 필요한 것은 불안 환자들이 위협에 더 예민해지게 되는 초기 영역들과 이런 전주의적 편향이 스트룹이나 시각 필터링 같은 과제에는 영향을 주면서도 단순 부호화 과제에는 영향을 주지 않는다는 예언을 가능하게 하는 상당히 세부적인 주의 모델이다.

초기 선택과 전주의적 편향의 공존가능성

Treisman(1988) 계열의 초기 선택 이론이 이런 목적에 적합하지 않다는 건 누가 봐도 알 수 있다. 불수의적 영역으로 처리되는 정보는 선분과 색상 같은 기본적인 특성들에 대해 지도형태로 부호화되는데, 단어의 의미 같은 복잡한 속성들이 이런 방식으로 부호화될 리는 거의 없다. 의미의 분석에서는 주의를 기울여야 하는 특성들의 결합이 필요하고, 추가적 의미 처리의 개인차는 (비록 의도적 또는 의식적이지는 않더라도) 정의상 후주의적이다. 예를 들어, 공간적 주의 과제에서 위협 내용에 대한 후주의적 분석은 위협이 탐지되었던 위치의 분석을 우선시하는 식으로 지각 필터에 피드백을 줄 수 있다(Cave & Wolfe, 1990, 탐색이 하향식 영향에 의해 편향되는 모델을 참조함). 초기 선택은 전주의적으로 뽑아낸 특성들로 기대자극을 점화하여서 무시된 정보를 극복한다. 그러나 개개의 단어와 연합된 특징 정보가 이런 과정이 작동하는 단어를 충분히 예측할 것 같지는 않다. 일반적으로 초기 선택 모델의 채택은 우리에게 위협 재료에 대한 모든 선택적 자원 할당 요청이 후주의적임을 가정하게 한다.

후기 선택과 후주의적 편향의 공존가능성

후기 선택 이론은 단어 의미가 전주의적으로 추출될 수 있기 때문에 피상적으로는 더 전망이 좋다. 전통적인 후기 선택 이론(예: Deutsch & Deutsch, 1963)은 스트룹 간섭이 반응 선택 단계와 연관되어 있고, 언어와 색상 자극은 대립적 반응을 생성한다고 제안한다. 정서적 스트룹에서 문제는 위협 자극과 관련된 외적 반응이 없다는 것(전통적인 색상-단어 스트룹 검증과는 달리) 그리고 반응 간 간섭에 대한 확실한 근거가 없다는 점이다. 위협 자극은 반응 선택 전에 어떤 처리든 끌어 내어 색상 명명

을 방해해야만 한다. Duncan과 Humphreys(1989)의 더 꼼꼼한 당대 후기 선택 모델을 검토함으로써 우리는 그러한 간섭의 가능성을 평가할 수 있다. 질문은 위협 부호화의 어떤 전주의적 증진이 당연히 선택적 주의의 증진을 유발하는지 여부에 관한 것이다. 우리가 제2장에서 설명했듯이 촘촘한 전주의적 자극분석은 시각 영역을 구조 단위나 대상으로 나눈 다음, 용량이 제한된 시각적 단기기억(visual short-term memory: VSTM) 시스템으로의 진입을 경쟁한다. 위협은 대상 자체의 속성이 아니라 대상에 부여한 속성이다. 만약 개인이 위협적이지 않은 표적물을 찾고 있다면, 그런 위협적 속성을 지닌 주의분산 대상이 선택에서 우선순위를 차지할 이유는 없다. 따라서 불안 피험자가 위협을 어떻게든 먼저 전주의적으로 부호화한다면, 이런 과정은 대상 선택에만 영향을 주어야 하고 이 지점에서 선택을 지시하는 표적물의 상세내역은 명확하게 위협을 하나의 속성으로 포함하고 있어야 한다. 불안은 위협적인 대상들을 더 탐색하도록 하지만, Mathews 등(1990)이 입증한 것처럼 불안 환자가 왜 표적물이 아닌 위협적인 것에 주의가 분산되는지를 설명하기란 어렵다. 그게 무엇이든 간에 비표적물에서 위협의 현출성이 높아지는 것은 그것과 표적물의 세부내역을 더 구분짓게 하며, 그래서 비표적물이 주의를 덜 끌게 된다. 스트룹 검사 과제인 경우, 색상과 단어의 지각적 집단화는 이 둘을 동일한 대상의 한 부분으로 함께 선택될 가능성이 있으며, 제한된 처리용량 체계로 진입한 후 후주의적으로 선택이 일어나야 한다.

위협은 전주의적 간섭이다

대안적으로, 우리는 위협을 위협적인 대상이 지닌 주의를 끄는 현출성을 선점하거나 증가시키는 신속한 시각적 발화와 유사한 것이라고 주장할 수 있다. 그렇다면 우선순위는 불안 피험자에서 더 강해질 것이며, 대상들 사이에서 선택이 요구되는 여과 과제의 편향을 설명해 줄 수 있다. 이는 사후 설명이지만 자극의 중요성을 초기에 분석한다는 심리생리학적 증거(Ohman, 1979)를 감안하면 합리적인 후기 선택 이론의 확장이 된다. 이때 어려운 문제는 자료가 위협과 정서적 자극을 처리할 때의 일반적인 편향과 불안 특유의 편향 간에 분명한 분리를 시사한다는 점이다. 가장 간단한 분리의 증거는 지각적 방어(예: Kitayama, 1990)와 단일과제의 어휘 판단

(Matthews et al., 출간 중) 연구들에서 찾아볼 수 있다. 이 연구들을 보면 자극의 정서적 내용은 비선발 표본에서 단순 지각과 부호화 과제에 신뢰롭게 영향을 미치지만, 이들 과제에 관한 정서적 편향의 효과는 미미하고 신뢰할 수 없으며 불안 사례에서 특히 더 그러하다. 이와는 반대로, 불안 관련 편향에 예민한 선택적 주의 과제들(예: MacLeod et al., 1986)은 대체로 주의를 끄는 정서적 자극에 대해 피험자에 따른 일반적인 어떤 경향성도 보여 주지 않는다. 이들 패러다임의 선택적 주의는 자극 변인보다는 피험자 변인에 더 민감하다. 또 다른 증거자료는 차폐가 정서적 편향에 미치는 효과에 관한 것이다. Kitayama(1990)의 정서의 전주의처리 이론은 시각적으로 흐려지는 정서 단어들의 지각이 더 어렵다는 것을 성공적으로 예언한다. 그러나 불안 연구에서 자극의 흐려짐은 불안 피험자에서 위협적 자극을 더 많이 처리하는 반대 효과가 있는 것으로 나타나(MacLeod & Rutherford, 1992) 그 기전이 다르다는 것을 시사하고 있다.

또한 점화 연구들도 자극의 정서성과 주관적 정서의 효과들 사이에서 분리현상이 있음을 시사한다. 이들 연구는 점화자극과 표적자극 개시 사이의 시차가 되는 SOA의 조작이 자동 처리와 수의적 처리를 구분 짓는 비교적 깔끔한 방법이 되기 때문에 특히 흥미를 끈다(Neely, 1991). 우리는 지각적 역치 언저리에서의 정서적 점화가 피험자 특성보다는 자극 특성과 연관되는 것 같다는 점을 알고 있다(Kemp-Wheeler & Hill, 1992). 부연하면 정서적 점화는 50msec의 매우 짧은 SOA에서 입증된 바 있는데, 이는 자동적 활성화 기전을 시사한다(Hill & Kemp-Wheeler, 1989). 이 연구의 결과들은 정서적 점화의 강도가 50msec SOA에서 62msec이던 것이 1250msec의 더 긴 SOA에서는 34msec로 줄었으나, 시간상의 변화는 유의하지 않은 것으로 나타났다. Fazio 등(1986)의 결과는 더 강력한데, 여기서는 정서적 점화가 두 개의 SOA 중 더 짧은 경우에서만 유의하였다. 이와는 대조적으로 불안에서 점화는 본질적으로 더 기대-기반적인 것처럼 보인다. 동음이의어 점화 과제를 사용한 Richards와 French(출간 중)는 SOA를 증가시키자 불안 관련 편향이 유의하게 증가함을 발견하였다. SOA의 역할에서 차이는 동음이의어와 정서적 점화 과제 간의 차이와 관련이 있을 수 있다. 동일한 과제들로 불안과 자극 유인가의 영향을 비교하는 연구가 너무 적기 때문에 결론적인 자료는 아니다. 그러나 증거자료에서는 피험자 집단들이 각기 다르더라도 전주의적 처리가 환경적 위협에 오히려 비슷하게 조율된다는 것을

시사한다. 편향은 후주의적 분석 및 주의 조절에서 더 강할 수 있다.

위협의 전주의적 선택에서의 편향: 결론

요약하면, 우리는 위협 정보에 대한 전주의적인 일반적 가용성과 해당 정보가 실제로 선택을 유도하는지의 여부를 구분해야만 한다. 요즈음의 대상-지향적인 후기 선택 이론에 의하면, 왜 불안 피험자의 선택이 위협에 대한 하향식의 우선순위가 없는 상황에서 비표적물의 위협적인 속성에 예민해야 하는지 그 이유가 명확하지 않다. 우리는 불안 피험자에게 위협 대상에 대한 어떤 추가적인 내재적 우선순위(선점)를 주장할 수는 있지만, 그러고 나면 주관적 불안과 정서적 자극 특성이 부호화와 점화 과제에 대해 주관적 불안이 미치는 영향과 정서 자극의 속성이 미치는 효과들 간의 질적 차이를 설명하기가 어렵다. 원칙상 불안 피험자는 그 대상이 용량이 제한된 체계 속으로 들어온 이후에 위협 대상을 후주의적으로 처리하는 데 노력을 계속 쏟아붓고 또한 위협 자극들을 적극적으로 탐색할 가능성이 있다.

과잉경계 이론: Eysenck(1992)

Eysenck는 Williams 등(1988)의 모델과 다소 비슷한 정보처리이론을 토대로 불안의 주의 이론을 제안했지만, 이 이론은 상당히 다른 예측을 한다. Eysenck 이론은 특성불안의 개인들이 환경 내의 위협을 탐지하는데 지나치게 기울며, 이런 과잉경계 활동이 임상적 불안에서 잠재적인 인지 취약성 요인이 된다고 주장한다. 또한 과잉경계 행동은 스트레스와 상태불안에 의해 유발되며, 범불안장애를 야기하는 원인이기도 하다. 과잉경계성 자체는 과제와 무관한 모든 자극으로 주의가 과도하게 분산되고, 위협 관련 자극에 대해 선택적 주의가 많아지며, 주의를 확장하고 환경을 빠르게 훑어 보며 어떤 현출한 자극을 탐지하고, 또한 그 현출한 자극을 처리하는 동안 주의가 협소해지는 식으로 발현될 수 있다. 과잉경계 이론은 Williams 등(1988)의 모델처럼 주의의 편향성을 예언하지만, 비위협적 자극에 관한 불안 효과를 설명하는 데 부가적인 이점이 있다(제7장에서 고찰됨). Eysenck는 Williams 등(1988)과 마찬가지로, 위협에 대한 선택적 주의는 우울은 아니지만 불안과 관련이 있다고 볼 뿐만 아니라 불안장애의 여러 유형을 구분하는 것도 중요하다고 강조한다. 그러나 과잉경계성에서 자동적 및 통제적 처리 각각의 역할에 관해서 또는 편향이 어느 정도나 전주의적인지에 관해서는 명확하게 말하지 않는다. Eysenck는 전주의적 편향의 존재를 인정하지만 통제 과정의 중요성도 강조한다. Eysenck(1992) 이론은 특히 Williams 등(1988)이 빠뜨린 불안 편향의 두 요소를 언급한다. 첫 번째는 위협에 대한 환경 탐색이다. 비록 Eysenck가 명확하게 말하지는 않았지만, 어떻게 능동적인 스캔을 본질적으로 전략이 아닌 다른 방법으로 볼 수 있는지를 이해하기 어렵다. 두 번째는 Eysenck가 '이차 평가'의 중요성을 강조하는데, 이는 위협을 처리할 때 이용하는 대처 전략을 평가하는 것인데 이것이 불안 관련 편향에 기여할 수 있다. 따라서 Eysenck는 불안 편향을 Williams 등(1988)보다 광범위한 처리 과정으로 파악하지만, 이 이론은 편향의 구체적인 출처가 어떻게 특정의 현상을 설명하는지에 대해 말하기는 아직 이르다.

불안의 주의 이론 현황

Williams 등(1988)이 상정한 불안과 주의 간의 관련성을 검증하기 위해 Mathews, MacLeod, Eysenck와 기타 연구자가 수행했던 연구들이 매우 인상적인 핵심연구가 된 것을 강조하는 시점이다. 불안 관련 편향은 다양한 과제들에서 확실히 입증되었다. 그것은 선택적 요소가 있는 과제에서는 더 강하게 나타나며, 특정의 위협 과제 자극들을 우선적으로 처리하기 위해 강한 의도적인 주의를 요구하는 것은 아닌 것 같다. 최근 문제는 이런 종류의 일반적인 인상으로부터 엄격하고 반증 가능한 이론으로 옮겨 가는 과정에서 나타난 것이다. 이런 문제들은 의식과 자동성의 부재 같은 처리 과정의 특성을 입증하려 할 때 상당히 불가피하게 직면하는 방법론적 어려움들과 얽혀 있다. 우리는 편향의 자동성이든 전주의적 위치든 그 어느 것도 설득력 있게 확립되어 있지 않다고 주장하였다. 전주의적 기전의 가설은 상당한 이론적 어려움을 야기한다. 편향은 부분적으로 자동화되어 있다는 것 그리고 자극 재료를 더 정교하게 확장하기 이전의 비교적 초반부의 처리 과정에 자리잡을 수 있다는 것이 타당할 것 같다. 대체로 불안과 주의에 관한 연구는 전략적 처리의 역할을 도외시해 왔다.

마무리

요점 정리

제4장의 말미에서 환자를 대상으로 한 주의 편향 연구들이 제시한 이론적 함의는 면밀한 조사가 필요하다고 결론을 내렸다. 제2장과 제3장에서 논의했듯이 중요한 이론적 문제는 주의 편향이 처리 과정의 상하위 수준과 연관되는지의 여부이다. 한편, 편향은 정서 개념을 대표하는 네트워크 단위에 입력되는 자극에 대한 민감성에 의해 또는 정서에 연합된 단위들이 다른 단위들과 내적으로 연결되는 방식에 의해 반사적으로 발생할 수도 있다. 이와는 달리, 편향은 처리에 대한 개인의 수의적인 통제와도 연관될 수 있으며, 이것은 정서적이고 개인적으로 중요한 것들을 다루는 지식 저장소의 영향을 받는다. Bower(1981)의 독창적인 네트워크 이론은 정서 단위들의 과잉 흥분이 다양한 편향 효과들을 자동으로 생성한다고 가정했다. 더 최근의 네트워크 이론은 전략적 처리에 더 역점을 두고 있다. 예를 들어, Ingram(1984)은 우울 인지의 중요한 특징이 되는 낮은 수준의 처리에 대한 효과적인 수의적 통제실패를 강조한다. 그러나 이런 유형의 정교한 네트워크 모델에서 선택적 주의의 편향에 관해 명확하게 예측을 끌어내기는 어렵다. Williams 등(1988)의 정보처리 모델은 주의 과정에 관해 더 명확하게 설명한다. 불안은 자원 할당 기전에 영향을 미치는데, 자동적이며 전주의적으로 위협 자극으로 자원을 돌리는 기능을 한다고 말한다. 우울증은 불쾌한 자극들의 정교화를 제어하는 별도의 후주의적 기전에 영향을 준다.

선택적 편향이 자동적인지 또는 전략적인지 사실 여부를 평가하기 위해서는 자동성에 대한 세 가지 기준이 되는 불수의적 통제, 주의 자원을 사용하지 않는 것, 무의식적 처리 등을 각각 별도로 고려해야 한다. 제2장에서 기술한 것처럼 이런 기준들에 항상 합치하는 건 아닌데 아마도 일부 처리 과정은 두 수준의 통제 모두의 결합적 영향을 받는 자동성의 연속선상에 있기 때문일 것이다. 몇몇 연구에서 정서 자극들에 대한 의식적 인식을 제거함으로써 주의 편향의 자동성을 보여 주고는 있지만, 이런 결과들은 방법론적 문제 때문에 효력이 없다. 예를 들어, MacLeod와 Hagen(1992)은 자극을 강력하게 차폐시켜 피험자들이 자극의 위협성 여부를 지각하지 못할 때도 스트룹 간섭에서 불안 관련 편향을 보여 주었다. 그러나 이 결과는 결론이 결정적이지 못했는데, 이유는 각 피험자의 탐지 역치를 결정하지 못해 정말 피험자가 자극의 위협적 내용을 인식하지 못했는지를 평가하기가 어렵기 때문이다. 설사 자극이 정말 인식에 근접할 수 없었더라도, 그 결과는 위협 단어의 자동적 활성화와 간섭 효과를 일으키는 위협을 스캔하는 피험자의 수의적 전략 간의 상호작용 때문일 수 있다. 대부분의 선택적 주의에 관한 연구들에서는 자극들이 쉽게 지각되며, 피험자들은 수의적으로 어떤 전략을 선택할지 시간이 충분하기 때문에 그래서 상위 수준 통제와 하위 수준 통제 모두가 편향의 원인일 수 있었다. 연구 작업의 일부는 상위 수준의 개입을 보여 주는 지표를 얻었는데, Broadbent와 Broadbent(1988)의 관찰처럼 시각적 주의에서 불안 관련 편향은 피험자가 과제에 노출되면 증가한다. 불안 피험자에서 시공간적 주의 전환에 대한 면밀한 고찰 결과는 위협 및 비위협적인 것과 연합이 된 위치들 사이에서 주의에 대한 단순한 균형잡기는 없음을 시사한다. 주의의 초점을 유지하고 전환하는 피험자의 전략들을 반드시 고려해야 한다.

(이론적으로 뚜렷이 구분되는) 관련된 이론적 쟁점은 편향이 전주의적인가, 즉 그것이 자극이 상위 수준의 용량 제한 처리에 접근하기 전에 초기의 하위 수준에서 이루어지는 병렬적 처리가 야기하는 것인지 여부에 관한 것이다. 이 문제는 구체적인 선택이론의 맥락에서만 따질 수 있는 것이며(제2, 3장 참조), 전주의적 자극 분석으로 할 수 있는 것과는 다르다. 선택적 주의 이론에 대한 우리의 고찰에서 내린 결론은 위협의 전주의적 선택에서 정서일치적 편향은 초기나 후기 선택의 이론으로 설명하기 어렵다는 점이다. 가령, 우리가 처리 체계가 전주의적 처리로 충분히 분석된 지각적 대상들 사이에서 선택을 한다고 보는 후기 모델을 채택한다고 가정해 보자. 이런 경우 위협의 현출성이 커지면 표적과 비표적의 상이성이 증가할 것이고 비위협적인 대상이나 채널 선택이 전주의적 가설이 가정한 것처럼 더 어렵기는커녕 오히려 쉬워진다. 이와는 대조적으로 자극의 정서 내용이 전주의적으로 부호화된다는 몇 가지 근거가 있다. 자극 정서는 흐려지는 자극에 대한 재인과 같은 부호화 과제들에 영향을 주는 것 같은데, 이런 것은 주관적 정서 효과에 둔감한 과제이다(제4장 참조). 자극 내용보다는 피험자의 정서 상태가 후기 단계에서 처리에 영향을 줄 수 있다. 전반적으로 정서와 선택적 주의에 대한 연구 결과들을 전주의적 처리에 영

향을 주는 피험자 정서의 관점으로 설명하는 것은 어렵다. 선택의 편향은 주로 잠재적 위협을 탐색하고 위협적이거나 부정적인 정보의 출처에 주의 초점을 유지하는 피험자의 수의적인 전략의 영향을 받는다. 예를 들어, 불안 피험자는 특히 위협 자극이 제시되었던 주의 채널 쪽으로 의도적으로 주의를 향하는 경향이 있다.

정서적 편향 이론의 전망

이 장에서 우리가 고찰한 많은 이론의 공통 요소는 온라인 정보처리의 개별 단계에서 편향 위치를 발견하려는 시도이다. 무언의 가정인데 처리 단위의 구조 및 통합은 정상인이 그러하듯이 환자에서도 거의 동일하다는 것이다. 특히 불안 편향은 기본적으로 핵심 단위들의 기능에서 양적 차이 때문에 발생하는 것이다. Bower(1981) 모델에서는 불안 관련 노드들의 긴장성 활성화가 더 크고, Williams 등(1988) 모델에서는 자극에 대해 더 높은 위협가를 주며 위협 자극에 자원을 더 많이 할당한다. 이런 근거에 대한 우리의 평가는 특히 전략 선택 및 적용에서 불안 환자와 정상인 간에 처리상의 질적 차이를 무시한다는 점에서 이런 접근법이 성공할 가능성은 낮다는 것이다. 우리는 네트워크 이론이 환자들이 비효과적인 의도적 통제 방식과 부정적인 정보의 재순환을 촉진하는 네트워크 구조라는 면에서 다른 존재라고 가정한다면 이 이론이 관찰된 자료(우울증에 관한)에 더 적합하다(Ingram, 1984)는 것을 본 바 있다. 또한 자동적인 전주의적 불안 편향이라는 주장이 의심스럽다는 것 그리고 긴 시간의 SOA 점화 효과(Richards & French, 출간 중; Segal & Vella, 1990)와 시행 블록 효과(Broadbent & Broadbent, 1988; Richards et al., 1992) 같은 전략적 편향에 대한 긍정적 지표들도 있다는 것을 살펴본 바 있다. 불안 및 주의에 관한 많은 자료는 탐지 이후에 위협 재료에 주의를 고착시킨다는 것과도 일치한다. 우리는 위협 자극은 특히 단서가 있는 정보나 상태불안 때문에 피험자가 위협에 점화될 때 긴 시간 조사하는 전략을 유발하는 경향이 있다고 본다. 이는 Williams 등(1988)의 정교화 기전과 동일한 종류는 아니다. 가장 단순한 경우로 정교화는 지각된 증거의 축적 시간을 허용하는 것 이상은 아니다. 지각적 근거가 축적되는 시간을 더 많이 허용하는 것이다. 스트룹 검사 자료는 비록 불안장애가 위협에 대한 과잉경계적 스캔(Eysenck, 1992)과 같은 추가적인 전략과 연관될 수 있지만, 이런 과정은 대부분의 정서장애에서 공통적임을 시사한다.

만일 우리가 편향을 일차적으로 주의 전개에 대한 전략적 통제와 동일시한다면, 우리는 환자와 정상인 간의 전략적 차이의 원인을 고려해야만 한다. 일반적인 가능성은 전략 사용이 개인의 자기신념 및 지식의 영향을 받는다는 점이다. 물론 이는 부적응 스키마가 체계적으로 전반적인 처리 기능에 영향을 미친다는 Beck(1967)의 스키마 이론의 핵심 아이디어다. 예를 들어, Beck 등(1985)은 불안 환자에서 스키마가 해로운 자극에 대한 과잉 민감성과 위협 탐지 행동의 원인이 된다고 명확하게 진술한다. 자기참조적 처리에 의한 주의 편향 증가에 관한 실험 증거는 Segal과 Vella(1990)의 스트룹 검사 연구에서 제공한다. 그러나 제3장에서 우리가 이해한 것처럼 스키마 이론은 특히 정보처리 심리학의 관심사와 잘 맞지 않는데, 스키마 기능은 특히 그것이 구체적인 주의 과정에 영향을 주는 방법을 세밀하게 명시하지 못한다. 우리가 요구하는 것은 전략 선택의 편향 발생에서 지식의 영구 저장소가 위협과 그것의 개인적 중요성에 관한 역할을 좀 더 소상하게 진술하고 이후에 단순한 주의 기능들을 설명하는 주의 이론이다.

제6장

정서장애: 주의 결함

이 장에서는 정서장애와 임상의 하위 정동장애가 수행 효율성에 미치는 영향을, 특히 주의 과제와 관련하여 논하고자 한다. 먼저 임상적 우울과 불안, 강박 장애에의 영향을 고찰한 다음 스트레스 기분의 세 요소인 불안과 우울, 피로 효과 등을 다루겠다. 우선 강박 피험자에 관한 비임상 연구들을 살펴볼 텐데, 이유는 임상 및 비임상적 강박 반응의 인지 특성들이 매우 유사하기 때문이다(Frost, Sher, & Geen, 1986; Rachman & de Silva, 1978; Sher et al., 1989).

우울증의 주의 결함

내인성과 비내인성 우울 모두는 자유회상(free recall)과 고차원의 문제해결 과제(MacLeod & Mathews, 1991a) 등을 포함한 광범위한 과제들에서 수행 결함과 관련되어 있다. Miller(1975)는 우울증의 두 유형에서 정신운동 지체가 존재한다고 주장하지만, 인지적 지체는 단지 내인성 우울증에서만 발견된다. 이런 특이성은 비내인성에 비해 내인성 우울증에서 더 많이 나타나는 반추와 더 낮은 수준의 각성에서 비롯된다. 독자는 인용된 논문과 Johnson과 Magaro(1987)의 기억 현상에 대한 고찰을 참고한다면 여기서 제공하는 것보다 더 자세하게 검토할 수 있다. MacLeod와 Mathews(1991a)는 기억 결함이 특성우울증보다 상태우울증과 연관이 된다고 주장한다. 비슷한 결함이 기분 유도를 받은 정상 피험자에서도 발생할 수 있다. 이 장의 뒷부분에서 논의하듯이 기억 결함 정도는 종종 우울 기분의 수준과 상관관계가 있고, 우울증 회복은 기억력 향상을 동반한다. 그러나 병리의 심각성이 기분 상태의 영향과 독립적으로 기억에 영향을 미치는지는 확실하지 않다(Johnson & Magaro, 1987).

기억 연구 또한 우울집단과 통제집단 간의 전략적 차이를 시사한다. MacLeod와 Mathews(1991a)는 예를 들어 기억 재료에 대한 구조화된 조직화에서 전략적 활용에 구체적인 손상을 보여 주는 우울증의 여러 사례를 인용한다. Kuhl과 Helle(1986)는 우울증 입원 환자들에게 지저분한 테이블을 치우라고 요청한 다음, 그들에게 기억-범위 과제를 수행하도록 요구하였다. BDI 점수로 본 중증의 우울 환자는 단기기억의 결함을 보였고, 지저분한 테이블에 관한 생각을 더 많이 보고하였다. 우울증의 심각성은 통제집단인 경우 효과가 없었으나, 아무도 치우라고 요청하지 않았음에도 그들의 주의는 테이블로 향했다. Kuhl과 Helle(1986)는 우울증 환자는 충족되지 않은 의도가 만들어 낸 침투적 사고에 취약하다고 제안한다. 즉, 그들은 동기의 전략적 통제와 목표들의 순서를 정하는 데 어려움이 있었다. Johnson과 Magaro(1987)는 특히 중요한 기전으로서 노력의 부족이 연루되어 있음을 보여 준다. 일반적인 동기 결함은 리허설과 조직적 전략을 효과적으로 활용하지 못하는 것의 원인이 될 수 있다. 관습적인 반응 책략을 선택하는 것은 노력 부족의 한 가지 표현인 것 같지만, 반응을 주저하는 것이 전반적인 기억 감소를 충분히 설명하지는 못한다(MacLeod & Mathews, 1991a).

특히 주의 연구들은 우울증 결함에 대한 더 복잡한 양상을 제시한다. 몇몇 연구에서는 일차 과제 수행에 이차 과제를 추가한 것이 우울 환자의 일차 과제 수행 속도를 향상시킨다는 것을 입증하였다. Foulds(1952)는 정상 조건하에서 피험자에게 Porteus 미로 과제를 준 다음, 실험 후 주의분산 조건에서 피험자가 실험자를 따라서 숫자를 반복해야 하는 과제를 더 하도록 하였다. 우울증이나 불안 상태, 강박 문

제가 있는 피험자들은 정상 조건 과제에서는 히스테릭이나 정신질환자들보다 수행이 더 느렸으나, 분산 조건 과제에서는 그렇지 않았다. 후속 연구에서 우울집단과 정상집단을 전기충격치료(electroconvulsive shock therapy: ECT) 전후에 실시한 미로과제를 통상 조건과 분산 조건에서 검사하였다. 분산 조건과 ECT 모두 과제 수행에서 비슷하게 좋은 효과가 있는 것으로 보고되었다. 그러나 Shapiro와 Campbell, Harris, Dewsbury(1958)의 후속 연구에서는 분산 조건이 수행을 향상시킨 반면에, ECT는 사실 수행 속도를 감소시킨 것으로 입증되었다.

이차 과제 수행에서 촉진 효과를 '주의분산' 효과라고 부르는데, Foulds(1952)는 우울한 걱정을 저지하고 또 일차 과제에 대한 주의 용량을 자유롭게 한다는 측면에서 이런 효과를 설명한다. 이 제안과 일치하는 것으로서 주의분산은 우울 환자들의 우울 사고 빈도를 감소시키는 것을 보여 주었다(Fennel & Teasdale, 1984; Fennel, Teasdale, Jones, & Damle, 1987; 제10장을 볼 것). 지시로 유도된 과제 참여와 어려운 과제 수행은 모두 긍정적 및 부정적인 기분을 저지하는 것 같고(Erber & Tessler, 1992), 따라서 주의분산이 우울증을 직접 완화시켜 줄 수 있다. 그러나 용량 해석에서는 왜 이차 과제가 우울 반추와 동일한 방식으로 수행 저하로 이어지지 않는지 의문을 제기한다. 이에 대한 가능한 설명이 여러 개 있다. 이차 과제는 우울 반추처럼 주의를 요구하지 않는다. 이차 과제의 추가로 인해 일차 과제 수행이 향상한 것은 우울 환자가 부정적 사고의 유해한 효과를 보상하려 시도하는 것 같은 노력의 증가에서 비롯된 것일 수 있다. 따라서 이차 과제 역시 동기부여가 되지 않는 우울한 사람들에게 동기부여의 속성을 지닐 수 있다. 이런 효과를 순전히 용량만으로 설명하는 것은 이차 과제가 미로 수행의 속도를 향상시키고, 반면에 과제에 대한 오류의 수가 증가한다는 연구 발견과는 전혀 일치하지 않는다. 수정된 용량으로 설명하는 것이 이런 결과를 더 절약적으로 설명한다. 말하자면, 이중과제 상황에서 관찰된 수행 변화는 우울 환자가 채택한 주의 전략의 변화에서 비롯된 것이라고 주장할 수 있다. Williams 등(1988, pp. 36-37)은 이에 대해 우울 환자는 수행의 정확성을 유지하기 위해서 속도를 희생하는 보수적인 주의 전략에 적응한다고 설명한다. 그러나 과제 요구가 늘어남에 따라 수행 속도는 정확성을 희생시키면서 빨라질 수 있다.

우울증에서 주의 및 기억 결함은 우울한 자기고착(self-preoccupation)에 의한 통제 과정의 붕괴로 귀인되었으며(예: Hasher & Zacks, 1979), 이런 붕괴 현상은 통제 과정을 요구하는 과제에만 국한되지는 않는다. 어떤 과제에서는 주의 결함이 자동 처리 전략들이 더 효율적인 경우인데 통제 처리 전략을 채택한 결과일 수 있다. Brand와 Jolles(1987)는 단극성 및 양극성 우울증이며 불안 상태인 피험자들과 정상 피험자들을 대상으로 자동적 및 제어된 처리를 조사하였다. 두 개의 시각적 탐색 과제를 이용하였는데, 하나는 문자 배열 중에서 표적 숫자를 찾는 것이고, 다른 하나는 문자 배열 중에서 표적 문자를 찾는 것이다. 찾아야 할 표적들의 가짓수는 1에서 4까지(기억 세트 크기) 다양하다. 문자들 속에서 숫자 찾기는 자동적 탐지가 일어나며, 따라서 이런 조건에서 반응시간 수행은 기억 세트 크기와 거의 관계없다고 생각된다. 이에 반해, 문자들 속에서 문자를 찾기는 제어된 처리가 필요하고, 반응시간은 제2장에서 도해로 기술한 기억 세트 크기(Shiffrin & Schneider, 1977)에 따라 선형적으로 증가한다.

Brand와 Jolles(1987)는 정상 통제집단에 비해 단극성 우울증에서 자동 탐지 과제의 경사도가 유의하게 더 높은 것을 입증하였다. 이런 발견은 신경증에 걸린 우울 환자의 주의 전략을 이해하는 데 중요하며, 이들은 자동 탐지 과제에서 통제 처리 과정을 이용하는 것 같다. 이런 결과는 좀 더 신중한 수행 전략이나 우울증의 자동 반응의 학습 감소를 반영한 것일 수 있다. 신중성이 높아지면서 파괴적인 효과를 일으키는 기저의 기전이 수행에 대한 자기점검을 높일 수 있다. Brand와 Jolles(1987) 자료의 또 다른 특징은 효율성 측면에서 더 일반적인 저하를 보인다는 것을 시사하였다. 단극성 우울증은 대체로 다른 집단들보다 느렸다. 게다가 이 집단은 통제적 탐색 과제가 더 어려운 조건에서 RT-기억 부하량이 더 가파른 경사를 보여 주는 경향이 있는데, 이는 주의 자원 가용성의 결함을 의미한다.

요약하면, 우울증은 주의 과제들의 수행이 대체로 느리다는 것을 보여 준다. 이러한 속도 저하는 우울의 반추성 때문에 생긴 주의 잠재력의 감소로 인한 것일 수 있고, 이는 검사-불안의 수행에서 불안 인지라고 알려진 효과들과 유사하다. 또는 노력 결핍을 반영할 수도 있다. 그러나 때로는(Brand & Jolles, 1987) 우울 환자가 부정적인 자기고착으로 초래된 주의 용량의 저하를 보완하기 위한 시도로 더 신중하게 통제 처리 전략을 채택할 수 있다. 이런 효과는 통제 처리가 필요한 과제들에 국한된 건 아니고, 예비 연구 자료에 따르면 우울증은 대개 자동 탐지가 포함된 상황에서 통제 처리 전략을 이용한다고 한다. 우울한 개인의 자기초점 주의의 특성은 그

것을 의식적으로 통제 처리 활동으로 바꿈으로써 자동 과제를 간섭하는 원인이 될 수 있다. 우울증에서 철자 수수께끼 수행은 자기초점 주의가 낮아지면 향상되고 (Strack, Blaney, Ganellen, & Coyne, 1985b), 추가된 이차 과제가 자기초점 주의 강도를 낮추면 일차 과제 수행이 향상된다. 이런 전략적 효과를 설명하기 위해 사용된 자기초점화 개념은 우울증의 반추개념보다 더 절약적이다. 물론 둘 다 모두 작용할 수 있지만, 우울 반추가 통제 처리 전략에 과잉으로 의존하는 것을 설명할 수는 없다. 게다가 자원들이 반추 때문에 소모된다고 가정한다면 또 처음의 사건에서 그렇게 학습된 것이 있다면, 우울 피험자는 자동적 처리에 의존할 가능성이 줄어드는 것이 아니라 더 커진다.

강박장애 상태

우울 상태와 검사불안 상태의 특징으로 생각되는 인지주의 결함은 강박장애의 특징이기도 하다. 이때 강박장애와 강박 성격을 구분해야만 하는데, 모두 수행에 영향을 미칠 수 있으나 근본적인 기전은 다르기 때문이다. 강박장애는 반복적인 강박 사고와 강박 행동으로 나타난다. 강박증은 개인이 무시하거나 억제하려고 애쓰는 침투적 생각들이다. 강박 행동은 강박 사고에 반응하여 수행되는 반복적이며 목적이 있는 의도적 행동이다. 강박 행동은 어떤 두려운 사건을 중화하거나 예방하기 위해 계획된 것이고, 개인은 강박 행동을 과도하거나 비합리적인 것으로 인식한다(DSM-III-R; APA, 1987). 이와 대조적으로 강박 성격은 실제의 강박 사고와 충동으로 구성되지는 않지만, 강박적 성격장애는 도덕과 윤리에 관한 완벽주의와 융통성 없음 그리고 우유부단함과 일에 대한 과도한 몰두 등의 지속성이 특징이다(APA, 1987). 물론 우리의 관심사는 강박 성격이 아닌 강박장애의 인지주의적 측면에 있다. 강박장애(obsessive-compulsive)와 비임상적 강박 행동(compulsive behavior)에 관한 고찰 연구들은 강박장애의 주의 결함을 시사하며 일상에서의 기억과 행위 및 주의 실패, 특정 정보처리 과제에서의 미적거림, 자기초점 주의 증진 등이 특징이다.

Broadbent와 Broadbent, Jones(1986)가 보고한 일련의 주의 연구들에서는 강박 증상이 아닌 강박 성격이 여섯 편의 연구에서 잰 열아홉 개의 주의 기능 측정치 중에서 하나만을 예측한다는 것을 발견하였다. 강박 환자는 시각적 탐색을 요구하는 과제 수행보다 단일한 위치에 주의를 요하는 필터링 과제에서 수행이 상대적으로 더 빨랐다. 이것이 시사하는 바는 강박 성격이 주의 탐조등의 움직임보다는 고정된 것에 유리하다는 것과 연관되며 임상 관찰과도 일치하지만, 제8장의 인지 실패에 관한 절에서 논할 텐데 이 작업은 조금 문제가 있다.

Enright와 Beech(1993)는 강박 환자의 주의 기능에 대해 다른 방식의 접근을 보고하였다. 그들은 선택적 주의가 과제 관련 자극들은 촉진하고 과제 무관련한 자극들을 억제하는 두 기능을 요구한다고 주장한다. 강박 환자는 억제 과정에 결함이 있기 때문에 강박 사고를 하는 경향이 있다. Enright와 Beech는 스트룹 표준 과제의 '부정적 점화(negative priming)' 버전을 사용하여 이 가설을 검증하였다. 일부 시행에서는 색상 단어가 다음번 시행의 잉크 색상을 예측했는데, 초록 잉크로 쓴 빨강 단어(RED) 다음에 빨강 잉크로 쓴 파랑 단어(BLUE)가 뒤이어 나온다. 이 조건하에서는 색상 명칭(위의 예에서 red)대기가 특히 느린데, 가설은 바로 전 시행에서 색상 명명이 적극적으로 억제되었기 때문이다. 이 연구 결과에 따르면 강박장애는 통제집단과 비슷한 수준의 부정적 점화를 보였던 다른 유형의 불안 환자집단보다 부정적 점화가 덜 나타났다(Enright & Beech, 1993). 또한 Enright와 Beech(1993)는 철자 탐지 과제에서 강박장애의 부정적 점화가 줄어든 것도 발견하였는데, 이는 그 효과가 단순한 물리적 코드의 억제로 일반화된다는 뜻이 된다. 이 효과의 정확한 기전은 전적으로 명확하지 않다. 만일 강박증이 단순히 억제의 결함이었다면 표준 스트룹 간섭을 더 많이 보일 것으로 예상할 수 있지만, Enright와 Beech(1993)가 지적했듯이 이런 효과는 발견되지 않았다. 대신, 강박증이 불안 환자보다 시간 경과에 따른 억제 유지 경향이 적어질 것 같지만, 억제 과정이 '자동적인지' 아니면 전략적으로 통제되는지의 여부는 명확하지 않다.

탐조등이란 비유는 좁혀진 집중 광선이 아닌 폭넓게 스캔한다는 강박 환자의 주의 전개를 기술할 때 사용되어 왔다(Schachtel, 1969). 유사하게 Gordon(1985)은 강박 환자는 일반적으로 주의가 과민하고 또 정상 조건에서도 노력을 과도하게 하는 경향이 있다고 주장한다. 따라서 불편한 기분 조건에서는 주의 실패의 신호가 빨리 나타난다. 그래서 자동적 과제는 영향을 받지 않는 반면에, 통제된 과제에서는 저하가 일어난다. 통제 처리의 비효율성은 강박 환자들에서 보이는 지속적인 반추 및 지체

행동으로 표출될 것이다(Gordon, 1985, p. 101). 정상 상황에서 강박증이 과잉주의적이라는 예언을 검증하고자 Gordon(1985)은 스트레스 유무의 조건에서 강박집단, 공포집단, 정상집단의 수행을 비교하였다. 피험자들에게 스트레스 소음이 없거나 있는 조건에서 주의가 요구되는 다양한 과제들을 제시하였다. 피험자가 모니터로 제시된 철자 분산재료 중에서 철자 또는 숫자의 표적물을 탐지하는 통제된 탐색과 자동적 탐지 과제를 썼다. 주의 요구를 조작하기 위해 기억 세트 크기(하나나 두 개의 표적물)와 제시 속도를 변화시켰다. 피험자들은 소음과 무소음 조건하에서 임의적인 순서로 모든 실험 조건에 반응하게 하였다. 연구 결과들은 강박증이 과잉주의적이므로 스트레스 없는 조건에서 더 우수한 수행을 한다는 가설을 지지하는 데 실패하였다. 자동 과제에서는 강박집단이 약간 더 정확했던 반면에, 스트레스 없는 조건에서는 다른 집단들보다 통제 과제의 반응시간이 더 느렸다. 강박증인 경우 스트레스 조건에서는 자동 과제에 관한 수행의 정확성은 감소하였지만, 통제 과제에서는 다른 피험자 집단에 비해 정확도가 약간 증가하였다. 강박증의 반응 시간과 수행의 정확도는 제시 속도가 빨라짐에 따라 역으로 영향을 받았다.

이 결과들은 강박증의 주의력 결함을 단지 일부만 지지한다. 더구나 이런 결과는 이들 환자가 스트레스하에서 특정의 주의 전략을 택할 가능성이 있다는 설명이 가능하다. 통제 처리 과정에서 관찰된 지체 반응은 우울증에서 발견되는 것과 닮아 있으나, Gordon 연구에서는 우울이 평가되지 않았으므로 이것을 오염 요인에서 배제할 수가 없다.

그동안 강박증의 수행 저하는 주의 요인은 물론이고 의사결정의 이상성이 원인이라고 보았다. Milner와 Beech, Walker(1971)는 추가 정보가 모일 때까지 강박증이 의사결정을 비정상적으로 미룰 수도 있다고 제안하였다. 강박증의 수행 저하(예: Frost & Sher, 1989; Persons & Foa, 1984)는 의사결정의 근거가 되는 다른 인지적 기전의 맥락에서 설명될 수 있다. 하나의 가능성은 강박 환자들이 특히 오염 또는 위험과 같은 두려움과 관련된 개념들에 대한 정의를 더 정교하게 구성한다는 점이다. 그 결과, 한 대상의 위험 여부를 결정하기 위해서 강박 환자는 그 대상을 더 자세히 관찰해야 하고 이런 과정에서 의사결정이 지체될 것이다. 강박증이 두려운 자극들에 대해 더 정교한 개념을 가지고 있다는 예언을 검증하기 위해서 카드-분류 과제가 사용되었다. 임상 및 비임상적 강박 환자들에게 명칭과 설명 카드들이 담긴 상자에서 크기, 오염도, 온도 등의 범주로 분류하라고 하자, 특히 공포 관련 카드들의 분류에서 비강박증보다 강박증이 더 느렸다(Frost, Lahart, Dugas, & Sher, 1988; Persons & Foa, 1984). Persons와 Foa(1984)는 비강박증보다 강박증이 범주를 더 많이 사용하였고, 인지 복잡성 가설과 일치하는 것을 보여 주었다. 그러나 Frost 등(1988)은 비임상 강박증의 효과에 대한 재현 연구는 실패하였다.

Sher와 다른 연구자가 한 연구 두 편은 강박 점검자(compulsive checkers)의 기억 결함을 검증하였다(이들은 자신이 정확하게 수행하였는지를 확인하기 위해서 과제를 조사해야 한다는 강박관념에 시달린다). Sher와 Mann, Frost(1984)는 비임상 점검자들의 전반적인 기억 결함을 탐지하기 위해서 Wechsler 기억척도를 활용하였다. 피험자는 실험 중에 수행된 과제에 대한 자유회상 검사도 받았다. 점검하기는 어의상 의미 있는 순서를 회상해야 하는 논리적 기억에 관한 수행과 부적 상관이 있었다. 이 효과는 상태불안에 의해 매개되지 않았다. 또한 점검자들이 행위에 대한 빈약한 기억을 보여 주는지의 유의한 수준의 경향도 있었다. 그러나 논리적 기억 결함에 대한 발견이 임상적 강박 점검자에 대한 후속 연구에서는 반복되지 않았다(Sher et al., 1989). 이 연구에서 점검자들은 시각적 기억 수행에서만 수행이 나빴다. 다른 연구들과 일치하는 것인데, 또한 비점검 집단보다 점검 집단이 실험 과제 회상이 더 적었다(Sher et al., 1983, 1984 참조).

고찰된 연구들 전반에 걸쳐 강박장애 피험자에서 덜 정확하거나 더 지체되는 수행 쪽으로 약간 일반적인 경향이 있기는 하지만 환자집단에서도 의미 있는 결과를 얻지 못한 경우가 여러 편 있었다. 이들 연구에서 상태불안과 우울증, 걱정 등은 일반적으로 통제된 바 없었으며, 강박증의 자원 가용성을 감소시킨 것이 부분적으로 결과에 책임이 있을 수 있다(Sher et al., 1984 참조). 정동장애와 마찬가지로 자기초점 주의도 매개 요인이 될 수 있다. 자기초점의 현출성은 장애의 인지-행동적 공식으로 나타난다. 원치 않는 그리고 혐오적인 사고의 침습이 출현되고, 개인은 예기되는 피해 감소와 책임 회피를 위하여 은밀한 중화적 행위나 명시적인 보상행위로 반응하려는 압박을 받게 된다(Salkovskis, 1985, 1989). 이로부터 반응을 중화시키기 위한 중요한 필수조건은 사고에 대한 일관적인 자기감시 그리고 고양된 자기주의가 될 것이다. 기질적인 자기초점은 비점검자보다 점검자에서 유의하게 높으며(Frost et al., 1986), 수행 과제로부터 주의를 딴 데로 돌리게 하는 원인일 수 있다. 강박증

의 일반적인 수행 결함에 대한 또 하나의 지표는 자기보고식으로 지각과 행동, 기억에 대한 일상의 오류에 관한 개인차를 측정한 인지 실패 질문지(CFQ; Broadbent, Cooper, Fitzgerald, & Parkes, 1982)의 점수와 강박 증상 간에 부적 상관관계를 발견한 것이다(예: Broadbent et al., 1982, 1986). 그러나 제8장에서 상세히 논의된 것처럼 CFQ와 수행에 대한 객관적 측정치 간의 관계성은 미약하기 때문에 그 상관관계를 강박증에 도입할 수 있을지는 잘 모르겠다. 더구나 한 수준에서 강박장애는 일반적인 수행 결함과 연관이 있는 불안 및 우울과 대체로 유사하면서도 자원 부족 및 주의 전략의 기여는 명확하게 밝혀지지 않았다. 따라서 우리는 인지 억제의 감소(Enright & Beech, 1993) 그리고 인지 복잡성의 증가(Persons & Foa, 1984) 등을 포함하는 불안 및 우울보다는 강박증에서 더 현저한 처리 과정의 몇몇 속성을 고찰하였다. 선택적 주의라는 독특한 스타일에 대한 증거는 비교적 확실하다(Broadbent et al., 1986; Gordon, 1985 참조).

비임상 표본의 불안과 우울, 주의 효율성

불안, 수행, 인지적 간섭

독자는 Mueller(1992)와 Eysenck(1992)가 고찰한 불안 및 수행에 관한 연구조사들을 참조하길 바란다. 상태-특성 불안 검사(Spielberger et al., 1970)와 같은 불안 질문지를 사용한 연구들은 두 가지의 광범위한 결론에 도달하였다.

첫째, 다양한 유형의 불안이 있고, 수행에 대한 함의는 다르다. 일반적으로 문헌이 다소 불일치하지만, 불안은 광범위한 과제에서 결함과 연관이 있다(MacLeod & Mathews, 1991a). 즉시적인 기분 상태를 측정하는 것은 불안의 근본적인 소인이 되는 특성불안을 측정하는 것보다 수행 결함을 더 강력하게 예측하는 인자가 된다(Spielberger, 1972). 게다가 걱정과 침투적 사고에 관한 질문지 문항들은 불안 정서 및 생리적 영역에 관한 문항보다 낮은 수준의 수행을 더 강력하게 예측한다(Matthews, 1986; Morris, Davis, & Hutchings, 1981). 사회불안과 시험불안, 수학불안 등이 구분되는 것처럼 사람의 불안도 특정 영역에 국한되는 것으로 보인다(Mueller,

1992). 그러나 이러한 구체적인 차원들을 이용해 불안을 측정하는 것이 수행에 대한 예측력을 높여 주는지는 확실하지 않다(Schwarzer, 1990).

둘째, 불안 그리고 특히 걱정 상태가 과제 처리를 간섭하는 경향이 있다는 점이다(예: Wine, 1982). 어떤 면에서 처리 용량은(일반적 의미에서) 당면한 과제로부터 자기평가와 기타 걱정들로 전환된다. 앞서 언급했듯이 말 그대로 이 원리는 거기에 개입된 주의 기전에 관해서는 다소 모호하며, 좀 더 다양한 구체적인 이론들이 제안되었다. 이러한 종류의 간섭은 당면한 상황이 유발한 인지적 평가와 직접 연결될 수 있다. 예를 들어, 시험불안은 과제가 너무 어렵거나 또는 자신에게 안 맞아서 그 과제에 실패할 것으로 기대하는 믿음과 특히 관련되어 있다(Sarason, 1978).

아마도 인지적 간섭 이론의 가장 직접적인 표현은 걱정이 주의 자원을 과제 처리로부터 과제와 무관한 정보처리 쪽으로 전환시키고 결과적으로 수행이 감소된다는 것이다. 제2장에서 논의했듯이 우리는 수행 결함의 관찰로부터 자원 기전을 자동적으로 추론할 수는 없다. 예를 들어, POC 방법을 사용하여 자원 이론을 엄정하게 검증했던 불안 연구들은 거의 없다. 많은 연구가 더 어렵고 그래서 더 많은 주의를 요구하는 과제들을 가지고 더 강력한 불안 효과를 기대하는 비교적 미약한 검사를 실시하였다. 사실, 불안과 과제 난이도의 상호작용을 지지하는 증거는 꽤 강하다. Eysenck(1982)는 문헌 조사를 통해 연구 54편 중 22편이 상호작용을 보여 주었으며, 30편은 상호작용 없음을 그리고 2편은 역 상호작용이었다고 보고하였다. 22편의 지지 연구 중 8편에서 불안이 실제로는 쉬운 과제들의 수행을 촉진시켰는데, 이는 간섭의 관점으로는 불안 효과를 전적으로 이해할 수 없음을 시사한다.

또한 다른 자료들은 불안 및 주의 자원 간의 연결성을 시사한다. Eysenck(1992)는 이차 탐사 탐지 과제를 이용해 이중과제 상황에서 자원의 가용성을 평가했던 연구들을 검토한다. 세 편의 연구 중 두 편은 비록 불안의 고저 집단이 일차 과제 수행에서는 동등했으나, 불안이 더 느린 이차 탐사 반응과 관련이 있다는 것을 보여 주었다. 또한 불안 피험자는 중립 자극들에 의해 쉽게 분산되는데(Eysenck, 1988), 이는 (후기 선택 모델에서는) 무관련 자극을 거부하는 주의 자원이 부족한 탓일 수 있다. Eysenck(1988)는 불안 피험자가 위협을 탐지하기 위해 환경을 더 많이 스캔하고 이것이 과제 수행으로부터 주의를 전환하는 경향이 있다는 설명도 더 제안한다.

만일 이런 결과가 수행 결함에 대한 잠정적인 자원 설명을 정당화한다면, 다음의

쟁점은 자원의 일반성 또는 중다성 여부가 된다. Revelle(1989; Humphreys & Revelle, 1984)은 이런 질문을 직접 숙고하였다. 스트레스 효과에 관한 그의 모델은 자원을 두 유형으로 구분한다. 하나는 주의 과제용(sustained information transfer: SIT 자원), 다른 하나는 단기기억용(short-term memory: STM)이다. 불안 상태는 동기 및 인지 요인 등과 상호작용하여 과제 진행–노력을 줄이게 되고 그것이 SIT 자원을 제한하여 과제의 수행을 손상시키지만, STM 과제들은 그렇지 않다. 불안이 STM에 미치는 해로운 효과는 각성 기전에서 기인한다. 이 모델은 각성과 노력의 할당을 상당히 구분하고 있다. 달리 말하면, 걱정–주도적인 간섭은 주로 기억보다는 주의를 요구하는 과제에 영향을 준다. Leon과 Revelle(1985) 그리고 Geen(1985)은 주의 간섭만 전적으로 지지하는 증거를 제시한다.

다른 견해는 불안이 특히 단기기억 회상에 영향을 미친다는 점이다. 상태불안이 숫자 외우기(digit-span recall)에 미치는 해로운 영향은 특히 신뢰로운 것 같다(Eysenck, 1982). Eysenck(1982)는 불안이 작업기억 용량에서 어떤 구체적인 결함과 관련이 있다고 주장하였는데, 작업기억은 처리 과정과 단기기억의 저장 기능을 모두 수행하는 시스템을 말한다. 일부 연구는 이 견해를 지지한다. Eysenck(1985)는 철자–처리 과제에 대한 세밀한 분석을 통해 불안이 리허설과 철자에 대한 일시적인 저장을 손상시키지만, 철자 변환과 같은 다른 처리 과정에는 영향을 주지 않는다는 것을 보여 준다. Darke(1988)는 주로 기억 저장이 필요한 과제를 저장 및 과정이 모두 필요한 과제와 비교하였는데, 후자의 과제가 불안에 더 민감했고 이는 불안이 활동적인 작업기억 용량을 감소시킨다는 의미가 된다.

불안 및 동기

불안, 동기, 전략 간 관계의 속성은 문제가 있다. 이론적 설명이 선명하게 다른데, Humphreys와 Revelle(1984)은 불안을 과제 처리에서 비과제 처리로 노력이 전환되는 것과 관련짓는 반면에, Eysenck(1982, 1992)는 불안 피험자들이 종종 과제에 더 많은 노력을 들여서 자신의 단기기억의 부족을 상쇄하려 한다고 주장한다. 과제 요구에 따라 보상 노력으로 처리 효율성이 유지될 수도 있고 그렇지 않을 수도 있다. 이 가설과 일치하는 것으로서, 불안이 낮은 피험자인 경우 유인가는 수행에 득이 되지만, 불안이 높은 피험자에서는 그렇지 않다(Calvo, 1985; Eysenck, 1985). 다른 식의 설명은, 불안 피험자는 유인가에 요구되는 수행 수준을 자신의 능력 이상으로 평가한다는 것이다. Eysenck(1992)는 또한 불안 피험자가 과제 수행 중에 더 많은 노력을 보고했던 Dornic(예: 1977)의 미발간 연구를 언급한다. 불행히도 불안이 외향성과 혼입되어서 강력한 결론을 내리기가 어렵다. 피험자 100명과 49명을 상대로 각각 실시한 최근의 연구 두 편(Matthews et al., 1990b, 실험 1A; Westerman & Matthews, 출간 중)은 중립적 검사 환경에서 불안과 외향성이 노력에 미치는 효과를 검증하였다. 과제는 용량 제한의 경계 과제와 시각적 기억 탐색 과제로 노력이 많이 필요한 일이었다. 노력에 대해서는 (알파) 신뢰도가 대략 0.8인 9문항의 과제 동기 척도 그리고 노력에 대한 단일 평가치를 각 연구 안에서 두 번씩 평가하였다. 외향성과 불안/신경증 측정치들 간에 선형관계나 상호작용의 유의성은 전혀 발견되지 않았다. Dornic이 검증한 특정의 비교(신경증적 내향성 대 안정적 외향성)도 유의하지 않았다. UMACL로 측정한(Matthews et al., 1990b) 기분의 분석은 과제 동기가 우울한 기분과 일관되게 부적 상관이 있었으나(동기 척도의 상관관계 범위는 −0.30~−0.44), 긴장과 동기 간에는 유의한 상관관계가 없었다.

다른 증거는 Humphreys와 Revelle(1984)의 가설, 즉 불안 상태에서 과제를 하려는 노력이 감소한다는 설을 지지한다. 일련의 Mueller 연구(예: 1978, 1979)에서는 불안이 일관되게 기억 재료의 자발적 재조직화를 감소시킨다는 것을 발견하였는데, 이는 불안 피험자들이 기억 과제에서 부호화와/또는 리허설을 할 때 노력 전략을 쓰는 것을 꺼려 한다는 것을 시사한다. 또한 Schonpflug(1992)도 불안 대 더 적극적인 처리 스타일 간 상관관계에서 어떠한 증거도 발견하지 못했다. 불안과 지능이 모두 낮은 피험자들은 과제 접근이 활발하고 동기화된 다른 피험자들과 차이를 보였다. 또한 불안할 때의 인지 내용에 대한 연구 증거는 불안할 때의 동기 감소를 시사한다. 검사불안 피험자들은 스스로 열망 수준을 더 낮추는 것 같아 보이는데(Trapp & Kausler, 1958), 이는 더 낮아진 동기화를 시사한다. Geen(1987)은 검사불안 피험자의 사고는 종종 검사 상황의 회피가 특징이라고 지적한다. 스트레스 연구들(제8장 참고)은 신경증이 적극적이고 과제-초점적인 전략의 이용 감소와 관련이 있다고 본다(예: McCrae & Costa, 1986).

Eysenck(1992)의 심리생리적 자료들은 불안 환자들의 노력 증대 가설을 어느 정도 지지하는 것 같다. Fowles(1992)는 공황장애 같은 급성불안 상태가 행동을 위한 생리적 운동 및 적극적인 회피를 위한 준비 등과 연관이 있다는 연구들을 검토하였다. 하지만 이러한 맥락에서 운동의 주요 지표가 되는 심장박동이 공황발작 중에는 상당히 증가하면서도 예기불안 중에는 그 정도로 심장박동이 증가하지 않는다(Taylor et al., 1986). 실험 상황에서 우리는 공황발작에 비해 예기불안이 더 일반적이라고 기대할 수 있다. Geen(1987)은 검사불안이 적극적 회피보다 수동적 회피와 관련이 있는 특징을 이야기하는데, 실제로 검사불안은 평가 장면에서도 자율적 활성화와 관련이 없다(Holroyd & Appel, 1980).

전반적으로 불안은 비교적 특수한 상황에서만 과제에 들이는 노력과 정적으로 상관이 있을 뿐인데, 과제를 강하고 즉각적인 위협으로 지각할 때나 과제 수행을 회피나 도피 효과를 가져오는 도구적 수단으로 평가할 때도 그런 것 같다(Eysenck, 1982 참고). 또한 검사불안 연구에서 나온 것으로서(예: Sarason, Sarason, & Pierce, 1990), 불안 피험자들은 확신을 주는 지시가 주어질 때 수행이 더 향상되는데, 아마도 비불안 피험자들에게는 그런 지시가 동기 저하로 이어질 수 있기 때문일 것이다. 평가 조건에서는 과제의 기권 정도와 과제에 들이는 노력의 감소가 더 전형적인 불안 반응으로 보인다. 대체로 개관된 연구들은 과제와 노력 간의 관계성을 조절하는 요인으로서 불안한 사람들의 과제에 대한 평가의 역할을 좀 무시한 것 같다.

이론적 쟁점

요약하면, 불안에 따른 수행 감소의 정확한 속성에 대해 이론적 차이가 있다. Mueller(1992)는 검사불안 피험자들이 학습 기술이 부족하여 시험 준비를 잘하지 못한다는 가설을 포함하는 다른 있을 법한 기전들을 논의한다. 마찬가지로 사회불안 피험자들도 사회적 기술 등이 부족할 수 있다. 불안은 나쁜 수행의 진짜 원인이 되는 기술 및 지식의 감소와도 관련될 수 있다. 그러나 학습 기술이 좋은 검사불안 피험자도 평가 조건에서는 수행 감소를 보이는 것 같다(Naveh-Benjamin, McKeachie, & Lin, 1987). 사회공포증 역시 유사하게 대중연설 상황에서 말하는 기술은 온전한데도 수행 결함을 보인다. 이런 상황에서는 자기점검과 걱정이 주의 자원을 사용할 공산이 있다. 예를 들어, 시선회피 또는 쉴새 없이 말하는 상황에서의 행동적 대처반응은 말하는 과제의 실행에서 간섭을 야기할 수 있다.

불안이 수행에 정말 인과적 영향이 있다고 가정한다면, Humphrey와 Revell(1984)이든 Eysenck(1982)이든 그들은 자료에 대해 어떤 설명도 하지 못하는 것으로 보인다. 실은 찾아내지 못한 효과들의 과제 특이성을 예측한다. Humphrey와 Revell 모델은 불안이 순수한 기억저장 기능에 미치는 효과를 각성 때문이라 설명하는 것 외에는 설명해 주는 게 없고(예: Eysenck, 1985), 작업기억 가설은 Geen(1985)의 경계 과제 같은 순수한 주의 과제에 미치는 효과를 설명하지 못한다.

단기기억 과제의 수행이 작업기억 용량 외의 다른 요인에 의해 제한될 수 있다는 또 다른 어려움이 있고, 그래서 불안 효과는 모호한 채 남겨진다. Dempster(1981)는 숫자외우기에서의 개인차가 용량 자체보다는 문항 식별 및 부호화 과정과 관련이 있음을 시사하는 증거자료를 검토한다. Darke(1988)가 사용한 복합적인 작업기억 과제들은 아마도 단기기억 저장 외에도 주의 자원, 중앙집행 과정, 전략적 통제 등이 필요할 것이다. 또한 불안은 SIT 자원이나 작업기억에 의해 제한될 것 같지 않은 과제들에도 영향을 준다. 예를 들면, 불안 피험자들은 공 던지기를 할 때 근육에너지를 비효율적으로 쓰고(Weinberg, 1978), 미세운동 조절에 결함을 보인다(Calvo & Alamo, 1987).

또한 개인이 수행에 미치는 불안 효과에 대한 통제 수준을 평가하는 것도 어렵다. 주의에 관한 신뢰 가능한 불안 효과들 중 하나는 두 가지 과제를 동시에 수행할 때 나타나는 이차 과제 수행의 손상이다(Eysenck, 1982). 이러한 발견은 Easterbrook(1959)의 단서 활용 가설의 근거로 쓰였는데, 이 가설은 불안과 연관된 각성이 자극 범위의 처리를 자동적으로 감소시킨다는 생각이다. 그러나(Eysenck, 1988 참조) 관찰된 주의 축소현상은 일차 과제에 더 많은 용량을 할당하는 방식으로 감소된 용량을 보상하려는 피험자의 적극적인 통제 시도 때문에 그럴 수도 있다. 이러한 측면에서는 과제 우선순위를 조작하지 않는 이중과제 연구들은 정보가가 없다. 게다가 불안이 수행의 속도 및 정확성의 균형에 영향을 줄 수 있어서 불안 피험자는 더 조심스럽고 반응이 느려지는 경향이 있다(Geen, 1987). 낮은 수준의 신경행동적 억제 기전이 이러한 효과에 기여하지만(Wallace & Newman, 1990 참조), 주된 기전은 인지적으로 보인다. 불안 피험자가 실수를 범하지 않으려는 대처 전략으로

반응 감소가 언제나 사용되는 건 아니다(Geen, 1987). 그러나 전략적 선택은 실험 환경의 요구에 대한 지각에 달려 있다. Leon과 Revelle(1985)은 시간 압박 조건에서는 불안 피험자가 더 모험적인 속도와 정확성의 균형 맞춤을 보여 주었다. 더 일반적으로는 다음 절에서 논의되는 것처럼 불안 피험자는 어떤 주의 손상을 의식하고 있는 것 같은데, 이는 낮은 수준의 기전보다 높은 수준의 기전을 의미한다.

요약하면, 불안 특히 걱정 상태는 꽤 일반적인 수행 감소와 관련이 있는 것으로 보인다. 자료가 암시하는 건 자원 기전이지만, 자원 가설에 대한 엄격한 검증은 거의 없었으며, 불안 효과를 어떤 특정의 자원 유형과 연관시키기는 어렵다. 또한 불안 효과에 대한 다양한 기전도 있을 것이다(Mueller, 1992). Leon과 Revelle(1985)이 관찰한 전략적 효과는 비록 낮은 수준의 효과로 있겠지만, 불안이 수행의 집행 통제(executive control)에 영향을 미친다는 것을 시사한다.

수행 결함과 인지 내용: 검사불안 연구

우리는 걱정을 불안의 가장 해로운 요소로 인정하고 있지만, 걱정의 형태는 다양할 수 있다. Sarason이 40여 년 동안 수행했던 연구 프로그램은 객관적인 수행 결함과 수행자의 인지에 대한 자기보고 내용 간의 관련성에 관한 정보를 더 상세하게 제공한다. Sarason 등(1990)은 걱정과 집착 그리고 자기고착을 구분해야 한다고 지적한다. 집착이든 자기고착이든 내용 면에서 꼭 부정적이지는 않고, 자기고착도 자기초점적이지 않을 수 있다. 걱정이나 불안해하는 자기고착은 특히 부적절성의 지각에 대한 높은 관심과 관련이 있다. 다음의 인지적 사건은 불안을 자극하는 상황의 특징을 보여 준다(Sarason et al., 1990, p. 2).

- 상황이 어렵고 도전적이며 위협을 주는 것으로 보인다.
- 개인 스스로 당면 과제의 처리에서 비효과적이고 부적절한 사람이라고 생각한다.
- 개인 스스로 자신의 부적절함에서 나온 바람직하지 않은 결과에 초점을 맞춘다.
- 자기패배적인 집착이 강하고 그것이 과제 관련 활동을 간섭하거나 경쟁한다.
- 개인은 실패와 타인의 인정 상실을 기대, 예상한다.

Sarason 등(1986a)은 검사 상황 때문에 발생하는 다양한 유형의 특성 및 상태적 인지 활동을 측정할 수 있는 질문지 세 가지를 고안하였다. 인지 간섭 질문지(Cognitive Interference Questionnaire: CIQ)는 최근에 구체적 상황에서 일어난 간섭적 사고를 측정한다. 과제 관련 및 과제 무관련한 '걱정'을 모두 측정한다. 사고 발현 질문지(Thought Occurrence Questionnaire: TOQ)는 빈번하게 침투하는 사고들과 관련된 인지 스타일의 특성들을 측정한다. 상태 측정과 같이 과제 관련 침투물과 과제 무관한 침투물을 구분할 수 있다. 검사 반응(The Reaction To Tests: RTT) 질문지는 이전의 검사불안 척도에서 발전한 것인데, 걱정 및 검사 무관한 사고에 관한 인지적 하위척도들과 긴장 및 신체반응에 관한 비인지적 하위척도들을 포함하고 있다. 개개 하위척도들은 서로 정적 상관을 갖는 경향이 있고, 위에서 언급한 세 가지 검사의 총점들도 0.3~0.5의 상관을 갖는다(Sarason et al., 1986a).

실험 연구를 통해 하위척도들에 대한 최소한의 변별타당도를 확립하였다. RTT의 걱정척도는 철자 수수께끼 풀기(Sarason & Turk, 1983), 기호바꾸기(Sarason, 1984, 연구2), 상식(Sarason et al., 1986a, 연구2B) 과제들에서의 수행 저하와 관련이 있는 것으로 나타난다. 또한 CIQ의 과제 관련 사고에 대한 하위척도도 후속 연구에서 수행과 부적 상관이었다. RTT의 다른 하위척도들은 세 편의 인용된 연구에서 수행과 상관이 일관되게 없었다. 걱정과 수행 간 관련성은 수행을 방해한다는 부정적인 자기고착적 인지가 예언가설에서처럼 상황적 특성에 따라 변한다. RTT의 걱정 하위척도는 지시사항이 자아 관여적(ego-involving)일 때 수행 손상과 가장 강하게 상관이 있다(Sarason et al., 1986a, 연구2B). 걱정과 CIQ 점수 간의 상관은 대략 0.5이다. 지시사항이 자아 관여적인 것일 때(Sarason, 1984, 연구2), 걱정은 CIQ의 과제 관련 간섭척도와 가장 강하게 상관이 있다(Sarason et al., 1986a). 이와는 달리 지시사항이 안심을 시켜 주거나 피험자의 주의를 금방 과제로 향하게 할 때는 걱정이 높은 피험자들도 낮은 피험자들과 동일한 수준으로 수행할 수 있다(Sarason & Turk, 1983; Sarason, 1984, 연구2; Sarason et al., 1986a, 연구2B). 또한 이 연구들에서 지시사항은 걱정이 높은 피험자들의 CIQ 점수를 감소시키는 경향이 있었다. Sarason과 Turk(1983)는 일반적인 안도감이 걱정이 없는 피험자의 수행을 손상시키는 것을 발견하였는데, 아마도 이는 안도의 지시가 피험자의 동기를 저하시키기 때문일 것이다. 그러나 주의 방향성에 관한 지시사항은 모든 집단에서 수행 수준을 높여 준다.

또한 사회적 지원을 제공하는 것도 검사불안 피험자들에서는 수행 저하와 인지적 간섭, 자기고착 등을 감소시키는 것 같다(Sarason, 1981).

다른 특성 측정치인 TOQ와 수행의 상관관계는 걱정과 수행의 관계와 몇몇 측면에서 유사하다. 동기부여와 중립 조건에서는 TOQ가 수행과 부적 상관이지만, 과제 지향 조건에서는 수행과 정적 관계이었다(Sarason et al., 1986a, 연구 4, 5). 한 연구에서 Sarason 등(1986a, 연구 5)은 피험자들의 반에게 교정을 보는 동안 특정 시간마다 반응해야 하는 이중-주의 과제를 수행하도록 요청하였다. 일차 교정 과제에서는 TOQ 점수와 이중과제 간에 상호작용 효과가 없었으나, 후속적인 철자 수수께끼 과제에서는 TOQ 점수가 이중과제 조건에 참여했던 피험자 수행과 정적 상관이었고, 단일과제 조건에 참여했던 피험자에서는 부적 상관이었다. 즉, 높은 수준의 TOQ에서는 이중과제 조작이 과제를 향해 주의를 지속시키도록 재조정했던 것 같다. 이 결과는 이 장의 앞에서 논한 우울증 연구에서 얻은 주의분산 효과와 광범위하게 비교할 수 있을 것이다. Sarason(1988)은 이중과제 조작이 일반적으로 인지적 간섭을 낮추므로 주의 초점을 자기로부터 과제로 전환시킬 수 있다는 것에 주목한다.

Matthews와 Noble의 최근 미발간 연구는 인지적 간섭을 제8장에서 논의된 스트레스를 유발한다고 믿는 인지 과정 변인과 연결한다. 운전자 86명은 운행 전후 즉시 CIQ를 비롯한 상태 검사 총집을 완료하였다. 또한 운행 후 일차 및 이차 평가, 대처 질문지 등을 완료하였다. 일차 평가는 그 상황에 대한 초기 평가에 관심이 있는 반면에, 이차 평가는 상황의 요구사항을 다루는 잠재력의 지각과 관련이 있었다. 또한 〈표 6-1〉 목록의 구체적인 대처 전략도 평가되었다. 이 표에서는 운행 후 측정한 과제 관련 및 과제 무관한 사고들이 우울과 불안을 UMACL로 측정한 정서적 스트레스 차원들과 상관이 있었고(Matthews, Jones, & Chamberlain, 1990c), Sedikides(1992)의 연구와 유사한 사적 자기초점에 대한 측정치와도 상관이 있었음을 보여 준다. 그러나 과제 무관련 사고보다 과제 관련 사고가 일차 평가 및 대처에 대한 인지 과정 측정과 더 강하게 상관이 있었다. 운전자들의 과제 관련 인지적 간섭의 변화량에 대한 영향을 검증한 중다회귀분석 결과는 대처측정치들만이 회귀식에 유의하게 기여하는 것을 보여 주었다. 이는 대처에서 적극적인 시도, 특히 정서 반응 변화를 위한 재평가 전략들이 주로 간섭에 인과적 영향을 미친다는 것을 시사한다. 즉, 스트레스와 같은 많은 사건을 다룰 때 종종 대처가 필요하지만, 이는 과제 수행을 저해할 수 있는 인지적 간섭을 유발할 수도 있다. Kanfer와 Stevenson(1985)이 제10장에서 더 자세히 논한 것처럼 인지적 자기조절과 대처 전략도 수행을 간섭할 수 있음을 입증하였다.

Sarason과 동료의 작업은 채택된 이중-주의 과제의 정보처리 특징을 무시했다는 한계가 있다. 이 연구는 또한 자기고착 상태의 인과적 효과를 좀 더 명시적으로 검증했으면 좋았을 것 같다. 그러나 걱정이 수행에 중요한 방식으로 손상을 줄 수 있다는 기본명제를 지지한다. 이는 결함이 있는 이론들은 인지의 내용을 참조(언급)해야만 한다는 것으로 보여 준다. 모든 침투적 사고가 수행 감소와 관련되는 것은 아니다. 사람들은 종종 과제 처리 및 과제-무관련한 사고를 동시에 매우 효율적으로 처리하는 것 같은데, 이는 아마도 과제-무관련 사고가 처리활동 사이에 침투하는 비교적 우선순위가 낮은 것들이기 때문일 수 있다. 과제 관련 사고는 특히 수행에 피해를 주는 것 같고, 아마도 그것이 자기평가 과정을 만들어 내어 과제 처리보다

표 6-1 **인지적 간섭(Sarason et al., 1986a)과 운전 후 측정된 정서적 스트레스, 사적인 자기초점, 평가와 대처 전략 간의 관련성**(n=86, Matthews & Noble, 미발간)

		인지적 간섭	
		과제-관련	과제-무관
정서적 스트레스	긴장	48 **	28 *
	우울	33 **	24 *
	피로	21 *	31 **
	사적 자기초점	34 **	47 **
일차 평가	위협	45 **	19
	손실	30 **	18
	도전	44 **	13
이차 대처 평가	통제 지각	−11	−13
	직접	30 **	21 *
	직면	43 **	39 **
	긍정적 재평가	58 **	36 **
	억제	−10	16

* P<0.05; ** P<0.01

더 높은 우선권을 갖기 때문일 수 있다. 더구나 (RTT의 걱정척도로 평가된) 자기 관련의 인지적 간섭은 부정적 침투물의 어떤 기질은 물론이고 (TOQ로 평가된) 침투적 사고의 일반적 기질과도 관련될 수 있다. 마지막으로 Sarason 등(1990)은 사회불안이 사회 지각 및 행동을 방해하고 손상시키는 자기고착을 야기한다고 제안한다.

우울 기분

우울 환자들이 다양한 과제들에서 일반적인 수행 결함을 보이기는 하지만, 비임상 표본에서 우울 기분이 주의 수행에 미치는 효과에 관한 연구는 오히려 거의 없었다. 기억에 관한 기분 유도의 연구들에서 가장 중요한 것은 Henry Ellis와 여러 공동연구자에 의해 진행되었다. Ellis와 Ashbrook(1987)은 우울 기분이 상태불안과 유사한 효과가 있는데, 주의 용량과 인지 노력을 과제와 무관한 처리 과정으로 전환시킨다고 주장한다. 이 가설의 토대는 기억 연구에서 나온다. 여러 연구들에서 유도된 우울이 정교화, 즉 노력을 요하는 기억 과제들을 손상시켰지만, 적은 용량이 필요한 고도의 조직화된 재료에서는 기억에 영향을 주지 못하였다. 분명히 우울 기분이 어려운 기억 과제에 손상을 주지만, 어떤 자원 기전이 개입되어 있는지는 분명하지 않다. Hertel과 Hardin(1990)은 우울증의 결함이 일종의 주도권에 관한 것이어서 새로운 전략을 자발적으로 사용해야 하는 과제들에서 가장 잘 드러나는데, 이런 가설은 유도된 그리고 자연발생적인 우울증과 재인기억에 대한 그들의 연구에 의해 지지되었다고 한다.

자원 가설의 가장 직접적인 검증은 Griffin과 Dember, Warm(1986)이 보고했던 것으로서, Beck의 우울척도(Beck Depression Inventory: BDI)에서 높거나 낮은 점수를 받은 학부생들의 어려운 과제에 대한 수행을 살펴보았다. 우울증은 전반적인 수행 수준이나 경계 감소에서 효과가 없었으며, 이는 주의 자원의 가용성에서 집단 차이가 없음을 의미한다. 그러나 우울증은 비우울증에 비해 확률적인 정보를 더 적게 사용하였다. Griffin 등(1986)은 우울 피험자는 과제 정보를 적극적으로 처리하지 못하기 때문에 우울증이 과제 전략에 영향을 준다고 추론한다. 이 가설은 Ellis와 Ashbrook(1987)이 검토한 기억 자료를 쉽게 설명할 수 있다. 또한 정교화에 관한 우울증 효과와 불안 효과 간의 유사성도 시사한다(Mueller, 1992). 두 조건 모두 적극적인 처리의 감소와 연관된 것으로 보인다.

문제해결 및 메타인지의 결함

비록 관련 연구들이 해당 정보처리 기전에 관해 정말 좋은 정보를 주는 것은 아니지만, 경미한 우울증이 복잡하고 숙련된 수행에 부정적인 영향을 미친다는 증거도 있다. Klein과 Fencil-Morse, Seligman(1976)은 BDI의 고득점자가 일반적으로 철자 수수께끼 해결에서 느리게 나타난 것을 학습된 무기력감의 동기화 및 인지적 결과의 탓으로 본다. 이 가설과 일관성 있게 비우울증 피험자조차 해결하지 못한 철자 수수께끼에 노출되자 우울증 피험자와 유사한 결함을 보였다. 하지만 이전의 실패가 자신의 무능함이 아닌 문제 곤란도 때문이라는 지시를 받으면, 우울증 피험자의 수행 능력이 비우울증 피험자와 같은 수준으로 향상되었다. 임상 우울증에서 비교 가능한 효과가 입증되었다(Price, Tryon, & Raps, 1978). Nezu와 D'Zurilla(1989)가 고찰한 일련의 연구들에서는 경미한 우울증 피험자들의 문제해결상의 일반적인 결함을 주장하는데, 이들의 문제해결 방식을 다소 간접적으로 측정한 것이 유감스럽기는 하다. 예를 들어, Nezu와 Ronan(1987)은 사전 연구를 통해 타당화한 일련의 대인관계 문제 해결의 효과성에 관한 평정치를 사용하였다. BDI 점수가 높은 학생들은 덜 효과적인 해법을 만들 뿐만 아니라 대안적 해법도 더 적은데, 이는 신중한 문제해결 전략을 시사한다. 경미한 우울증의 결함을 보여 주는 다른 연구들은 행동상의 문제해결 유능성에 대한 관찰 평가치를 예측하는 자기보고 척도를 사용하였다. Nezu(1986)는 임상 우울증 환자 연구에서 이 측정치에 비교할 만한 결함이 있음을 보여 주었다. Nezu와 D'Zurilla(1989)가 고찰한 연구 두 편에서도 문제해결 유능감에 대한 자기평가에서 불안 결함(anxiety deficits)을 보여 주었다.

Slife와 Weaver(1992)는 우울이 인지 기술과 메타인지 기술에 미치는 영향을 구분하려는 시도를 했다. 메타인지 기술은 적어도 두 개의 구성요소로 나뉠 수 있다. 자신의 인지적 수행의 정확성을 추정하는 것 같은 인지에 관한 지식 그리고 인지를 감시하고 조절하는 능력이다(예: Brown & Palinscar, 1982). Slife와 Weaver는 한 연구(1992)에서는 기분 조작을 하였고, 다른 연구에서는 BDI로 우울증을 측정하였는데,

모두 대학생 표본을 사용하였다. BDI 지표에서 중증인 우울한 학생들만이 수학 문제 해결 과제에서 인지 기술의 손상을 보여 주었다. 그러나 BDI에서 경미한 우울증 그리고 유도된 우울 기분은 모두 시험 전후 자기 점수 평가의 정확성 감소라는 메타인지적 결함과 관련되며 이는 지식 및 인지의 감시/조절 양쪽 모두의 결함을 시사한다. 인지 기술과 메타인지 기술 측정치는 경험적으로 독립적이었지만, Slife와 Weaver(1992)의 분석이 아니라 수행에 대한 더 정제된 분석을 했더라면 메타인지와 인지 전략적 선택 및 조절 간에 관련성을 보여 줄 수 있었을 것이다. 또한 메타인지에 대한 자기보고의 결함은 스트레스 취약성(stress proneness)과도 관계가 있다. Wells(1994a)는 '메타 걱정(meta-worry)'과 특성불안의 측정치 간에는 0.68을 그리고 '메타 걱정'과 신경증 측정치 간은 0.60의 유의한 정적 상관관계(n=96)를 보고하였다(더 자세한 논의는 제7장을 볼 것).

기본적인 정보처리상의 결함

우울증 효과가 과제 전략과 메타인지에만 국한되는 건 아니다. Yee와 Miller(예: 1988)는 사건 관련 전위(event-related potentials: ERP)에 관한 일련의 연구들에서 증거를 제공하는데, 이는 기본적인 정보처리의 결함을 시사한다. 그들 연구에 선정된 피험자들은 만성적인 기분부전증이지만 높은 BDI 점수와 관련된 비교적 경미한 수준의 우울 증상들이 있는 정상의 모집단에서 뽑힌 사람들이다. Yee와 Deldin, Miller(1992)는 기분부전증에서 N1−P2 반응의 감소를 입증하였으며 초기 자극 처리에서의 결함을 원인으로 보았다. 그들은 또한 후기 ERP 요소에 관한 이전 연구를 토대로 기분부전증이 통제 처리 과정 중의 후기 '인지적' 처리에 결함이 있다고 주장한다. 하지만 그들은 어떤 특정 ERP 구성요소를 통해서도 기분부전증의 반응 결여를 찾아내기는 어렵다고 경고한다.

에너지 부족

이 절에서 우리는 에너지 및 활력과 대비되는 느낌인 에너지 부족 또는 피로를 스트레스 기분의 한 요소로 간주한다(피로에 대한 다른 접근법은 Craig & Cooper, 1992 참고). 전통적으로 주관적 에너지는 개인의 대뇌피질 각성 상태의 한 표현으로 간주되었다(예: Lindsley, 1952). Yerkes-Dodson 법칙(Yerkes & Dodson, 1908)에 따르면 대뇌피질 각성은 엎어진 U곡선의 수행과 관련되어 있으며, 최적의 수행 수준은 과제 곤란도와 반비례 관계에 있다. 더 최근에는 수행 에너지에 대한 이 같은 단순한 견해를 약화하기 위해서 여러 계열의 증거들이 모아졌다. 첫째, 대뇌피질과 주관적 각성 모두는 수행 효율성이 그런 것처럼 다차원적으로 보인다(Thayer, 1989; Vanderwolf & Robinson, 1981). 둘째, Hockey(1984)의 스트레스 효과 분석이 입증한 것처럼 각성이 수행에 미치는 효과는 각성의 원천과 과제에 대한 정보 수요에 달려 있다. 셋째, 생리적 각성의 측정은 위험이 따르는데, 서로 다른 지표들이 내적 상관이 없고(Fahrenberg et al., 1983), 각기 다른 생리 체계의 반응성에 개인차가 있기 때문이다(Lacey, 1967). 넷째, 각성의 조작은 주의분산 같은 수행에 관한 다른 영향력과 혼동될 수 있다(Naatanen, 1973). 다섯째, 엎어진 U 곡선을 지지하는 직접적인 실험적 증거가 놀랍게도 거의 없다(Matthews, 1985; Neiss, 1988). 최근에 10개 과제로 구성된 검사총집을 대략 180명의 피험자에게 실시한 연구에서는 EEG 각성이 수행에 대한 신뢰로운 예측 인자라는 증거를 거의 발견하지 못했다(Matthews & Amelang, 1993). 뇌파 측정치와 수행 간의 관련성은 미약하며 과제 특이적이었다. 에너지론적 행동에 관한 현대의 연구는 좀 더 정교한 이론적 틀을 선호하며 엎어진 U 곡선을 부인하는 경향이 있고, 이런 이론에서는 각성 체계를 생리적으로 그리고 그 체계가 수행에 미치는 영향에 관하여 제한적인 것으로 본다(Hockey, Gaillard, & Coles, 1986 참조). 각성 개념은 여전히 통합 원리로서 유용할 수 있지만(Anderson, 1990), 채택된 각성에 대한 조작적 정의와 각성 차원에 민감한 인지 과정들의 범위는 이전 연구에서 종종 그랬던 것보다는 더 신중하게 구체적으로 명시되어야 한다.

Matthews(1992a)는 주의가 필요한 과제에서 에너지 결여 및 수행 간의 관련성에 관한 연구 프로그램을 검토한다. 단일과제 수행(예: Matthews et al., 1990b)의 연구들에서는 속성상 어려우면서도 순수한 주의와 관련된 과제들에서 에너지는 수행 효율성과 정적 상관관계에 있음을 보여 준다. 예를 들어, 통제된 시각적 탐색(예: 여러 분산 철자 중에서 표적 철자 찾기)은 자기보고식 에너지에 민감하지만, 자동적 탐색(여러 숫자 중에서 표적 철자 찾기)과 통제된 기억 탐색(단기기억에 있는 여러 표적 철자 중 하나의 철자를 찾기)은 그렇지 않다. Matthews 등(1990b)은 이런 결과에 대해 각성이 주의 자원의 가용성과 관련 있다는 Humphreys와 Revelle(1984)의 가설을 지지하는 것으로 해석한다. 또한 그 효과가 우체국의 우편번호 처리 같은 복잡한 기술로 일반화된다는 증거도 있다(Matthews et al., 1992). 또한 에너지도 단일과제의 수행보다는 이중과제 수행과 더 강하게 관련되어 있다(Matthews, Davies, Westerman, 1990d; Matthews & Margetts, 1991). Matthews와 Margetts(1991)는 제2장에서 논의된 POC 기법을 사용하여 에너지와 자원 유용성 간의 관련성을 조사하였다. 에너지 고저 집단에 대한 POC 비교는 다음과 같다. 에너지는 더 많은 자원 가용성과 관련되어 있었고, 고수준의 에너지 피험자는 단지 우선순위가 높은 과제 요소에만 추가 자원을 할당했다. 달리 말하면, 여분의 자원 배치는 선택적 주의를 위한 전략에 의존했다. 스트레스적인 기분 상태에서 에너지 측면은 임상 문헌에서 상당히 무시된 바 있었다. 고찰된 자료는 특히 주관적 에너지 경향이 낮은 우울 환자(Matthews & Southall, 1991)가 결과적으로는 주의 자원이 결함되어 있을 수 있음을 시사한다. Matthews(1992a)는 에너지 관련 연구자료들은 생물학적 기전의 활성화, 즉 대뇌피질로 상행하는 콜린성 체계의 활성화로 쉽게 설명될 수 있다고 주장한다(Thayer, 1989 참조).

마무리

우리는 상태불안과 우울이 주의 효율성에 미치는 효과가 침투적 사고 및 걱정과 관련됨을 보았다. 방금 검토한 정상 피험자들에서 부정적 정서 상태의 효과와 이 장의 앞에서 설명한 임상 불안과 우울의 효과 간에는 명확한 차이가 거의 없다. 임상적 결함은 아마도 우울 환자가 보이는 보상적 노력이 부족할 때 특히 더 심하지만 질적인 차이는 거의 없다. 가능한 차이는 임상 집단에서 분산 때문에 수행이 상대적으로 향상된 것인데, 이미 본 것처럼 일차 과제에 이차 과제를 추가한 것이 정상집단에서 불안 결함을 높이는 경향이 있다.

강박장애 점검자는 행위를 위한 기억의 결함과 특정의 주의 결함을 보여 주는데, 현 시점에서 이들 자료는 결코 결정적인 것이 아니다. 이 효과들은 아마도 자원의 한계 때문에 기억 재료를 부호화하지 못했거나 기억 회상의 실패가 원인일 수 있다. 가장 간단한 설명은 강박장애 환자의 인지적 반추가 행위 관련 재료의 처리 및 부호화를 간섭한다는 것이다. 그러나 개인 수행과 행위에 영향을 주는 실제적인 일반적 기억 결함보다는 메타인지적 결함이 존재할 수 있다. 메타인지는 사고에 관한 생각, 자신의 사고를 모니터하고 인지 과정을 수정하는 능력에 개입하는 상위 수준의 인지 과정을 말한다(예: Nelson & Narens, 1990). 우리는 어떻게 우울증이 피험자가 과제 전후 모두에서 자신의 인지 수행의 효율성을 부정확하게 평가하는 메타인지 결함과 관련되는지를 보았다(Slife & Weaver, 1992). 비록 객관적인 정확성에서 거의 또는 전혀 일반적 결함을 보이지는 않지만 비슷한 방식으로 강박장애의 기억의 정확성과 효율성을 의심해 볼 수는 있다. 우리는 이 문제를 제14장에서 다루겠다.

과제의 요구 사항에 효과적으로 대처할 수 없다는 자기평가가 과제 처리를 간섭하는 걱정과 사고를 야기하는 역할을 하는 것처럼 보인다. 간섭 효과가 단순히 과제와 관련 없는 곳에 자원을 전환하는 것과 관련되는지의 여부나 그것이 본질상 전략적인지의 여부 또는 둘 다인지는 다소 명확하지 않다. 전략적으로 불안 또는 우울한 사람은 과제 무관한 처리에 자원을 할당하지는 않더라도 자원 할당에 실패할 수는 있는데, 이는 동기화나 메타인지적 결함 때문일 수 있다. 과제 수행에 대한 통제력 지각의 결여는 이러한 종류의 동기적 효과를 만들어 낼 수 있다. 극단적인 경우, 개인은 불안이나 우울보다는 체념하거나 냉담해진다. 이러한 관점에서 볼 때, 불안 결함은 어려운 과제들에서 더 커질 수 있는데, 이는 과제들이 더 많은 자원을 요구하기 때문이 아니라 정신적 노력의 투자로도 성공적인 수행을 달성하기 어려운 것으로 평가하기 때문이다. 불안과 성취동기가 혼입된 연구설계가 유감스럽기는 하지만, 어려운 과제에서의 불안 피험자의 결함은 성공 피드백이 제공되면 역전될 수 있다(Weiner & Schneider, 1971)는 증거가 있다. 두 가지 대안은 배타적이지 않으며, 처리상 결함의 속성은 개인의 평가에 의존할 것이다. 불안과 동기 간 관계성의 차이는 좋은 수행을 불안을 줄이는 도구로 지각하는 정도에 따라 달라질 수 있다. (다

소 건조하지만) 안전한 결론은 직접적인 자원 간섭과 동기적 효과 모두가 불안이 수행에 미치는 효과를 매개할 수 있다는 것이다. 동기적 효과는 개인의 평가에 의존할 수 있고, 이것이 불안 결함을 단일 정보처리 기전과 관련시킬 때의 어려움을 설명해 줄 수 있다. 비록 우울과 불안이 자원 가용성에 대해 어떤 공통의 효과가 있다 해도 (Eysenck, 1992), 우울과 불안은 동기적 효과가 달라서, 우울 기분은 낮은 동기화와 더 신뢰롭게 연관되어 있는 것으로 보인다.

우리는 또한 주관적인 에너지가 주의 효능성과 상관이 있고, 자원 기전을 지지하는 직접적인 증거도 상당히 있다는 것도 알았다. 비록 이 효과가 에너지와 상관된 심리생물학적 과정에 귀속된다 할지라도, 피로와 무기력이 특징인 임상 조건에서는 인지적 결함이 기여한 것일 수도 있다. 게다가 전략 사용에 관한 스트레스 효과의 분석(예: Hockey, 1986)에서는 에너지 효과가 자신의 피곤함에 대한 평가와 신념에 의해 수정될 수 있다고 제시한다. 본인이 너무 피로하여 과제를 다룰 수 없다고 믿는 사람은 그로 인해 아마도 수행이 더 형편없어질 것이다. 만성 피로로 고통받는 불안 피험자의 수행은 특히 더 결함을 보이는데, 아마도 진정한 자원 손상의 부정적 결과가 자신의 개인적 효능감에 대한 믿음 부족으로 증폭되기 때문일 것이다. 한편, 수면 박탈에 관한 연구(Johnson, 1982)가 보여 준 것처럼 몸은 피곤하지만 동기가 높은 사람은 보통 때처럼 수행을 잘할 것이다.

제 2 부

정서장애의 인지 내용과 처리 과정

Attention and Emotion: A Clinical Perspective

제7장

주의 내용: 고통스러운 침투적 사고

정서적 기능장애에 관한 인지이론에서 가장 집중적으로 다루는 주의의 측면은 주의 내용이었다. 주의 내용은 평가(Lazarus & Folkman, 1984)와 자기진술(Ellis, 1962), 걱정(Borkovec, Robinson, Pruzinsky, & DePree, 1983), 부정적 자동사고(Beck, 1967), 침투적 사고(Rachman, 1981), 파국적인 해석 오류(Clark, 1986) 등 다양한 명칭으로 불린다. 이 명칭들이 단일 유형의 인지적 사건을 말하는 건지는 명확하지 않지만, 이런 사건들이 의식의 흐름 속에서 일어난다는 점은 인정된다. 또한 이런 사건들은 동시 발생적인 노력이 필요한 처리 과정의 간섭을 받으므로(제6장 참조) 정의상 주의에 의지한다.

정서장애에서 사고의 다양한 종류

불안장애에서는 세 가지 유형의 사고가 연구의 관심을 끌어 왔다. 걱정과 자동적 사고, 강박(또는 '침투적 사고'라고 언급함) 등이 그것이다. '자동적 사고'라는 용어는 우울증의 부정적인 사고(예: Beck, 1967)를 말하는 것으로 사용되었다.

걱정이란 개념은 범불안장애(Generalized Anxiety Disorder: GAD)의 맥락에서 사용되면서부터 널리 알려지기 시작했으며 범불안장애의 핵심적 특성이다(DSM-III-R; APA, 1987). 초기 작업에서 Borkovec 등(1983, p. 10)은 걱정을 "사고와 이미지의 연쇄사슬, 부정적인 영향을 주며 비교적 통제할 수 없는 것"으로 정의하였다. 더구나 그들은 걱정 과정을 일종의 문제해결을 위한 시도라고 본다. "걱정 과정은 결과는 불확실하지만 하나 이상의 부정적 결과들의 가능성이 내포된 어떤 사안에 관한 정신적 문제해결에 적극 관여하는 시도로 나타낸다. 결과적으로 걱정은 공포 과정들과 밀접하게 관련된다"(p. 10). Borkovec 이론은 걱정이 특히 GAD 환자 개개인이 주로 개념 활동을 통해 세상에 대처하는 방식이 반영된 거라는 주장에서 시작된다(Borkovec, Shadick, & Hopkins, 1991). Borkovec와 동료들은 걱정을 정상인과 GAD 내담자의 상상적인 활동과는 다른 것으로서 주로 언어개념화적인 것으로 정의한다.

Beck(1967)은 불안 및 우울 환자가 보이는 의식의 흐름이 특징인 생각들에 대해 '자동적 사고'라는 용어를 사용하였다. 이 용어는 숙고하지 않고 불수의적으로 출현하는 것 같은 사고의 속성을 보이는 의도가 있다. Beck 등(1985)의 주장에 의하면 부정적인 자동적 사고는 침투적이고 반복적이며 직관적 설득력이 있는 것으로 경험된다. 더구나 사고를 의식적으로 내적 관찰을 한다 해도 너무 빨리 부정적인 자동적 사고가 나타나므로 개인은 종종 그 출현을 인식하지 못한다. Beck 등(1985)이 설명한 자동적 사고는 Borkovec과 동료들이 걱정을 정의한 것과는 다른 부류의 사건을 시사한다. 부정적인 자동적 사고는 걱정보다 더 빨리 나타나고 덜 의식적인 것으로 보인다. Kendall과 Ingram(1987)은 주장하기를 불안과 연관된 많은 인지적 산물은 '만약에(What if)……'라는 형태를 띠고 있다. 각각의 문제제기는 곧 닥칠 무능감을 반영한다. 아마도 자동적 사고는 '만약에 ~하다면'이란 문제제기에 대해 예행연습이 잘된 부정적인 답이 되는 반면에, 걱정은 새로운 답들을 조사하고 대처반응을 형성하려는 시도가 될 것이다.

여기에서 고려해야 할 또 다른 인지적 산물은 침투적 사고이다. 침투적 사고는 임상적 강박관념과 닮아 있다(Parkinson & Rachman, 1981a). Rachman(1981, p. 89)은 침투적 사고를 "수용할 수 없거나 원치 않는 반복적인 사고, 이미지 또는 충동이다. 침투적 사고는 대개 주관적인 불편함을 동반한다."고 정의한다. 또한 그는 침투적

사고를 정의하는 필요 충분 조건을 이렇게 명시한다.

- 사고가 현재 진행 중인 활동을 방해한다는 주관적 보고(subjective report)이다.
- 사고 또는 이미지, 충동은 내적 출처(internal origin)에서 비롯한다.
- 사고의 통제가 어렵다.

그러나 이런 식의 정의는 한계가 있는데, 그 이유는 걱정과 자동적 사고처럼 강박관념을 제외한 다양한 인지적 현상이 침투적 사고로 분류될 수 있기 때문이다. 그럼에도 불구하고 강박장애를 걱정 및 자동적 사고와 구분시키는 특징은 종종 무분별하고 용납 불가능한 것을 경험하게 한다는 점인데, 예를 들면 그렇게 하고 싶지 않음에도 불구하고 자기 아이를 해치려는 생각이 드는 것과 같은 생각이다.

또한 침투적 사고, 이미지, 충동은 다른 것 같다. Parkinson과 Rachman(1981a)은 성인 60명을 대상으로 침투적 사고, 이미지, 충동을 강도와 불편감, 용납할 수 없음, 주의분산 등의 관점에서 평가하도록 요청하였는데, 다음과 같은 차이점이 나타났다.

- 침투적 이미지는 침투적 사고보다 더 용납할 수 없는 것이고, 그러나 무시하고 통제하기는 더 수월했다. 피험자는 침투적 이미지로부터 주의를 딴 데로 돌리는 것이 더 수월했다.
- 침투적 충동은 침투적 사고보다 강도가 더 높았고 더 고통스러웠다. 또한 침투적 충동은 침투적 사고보다 빈도가 더 잦았다.
- 충동은 이미지보다 강도가 훨씬 더 높고, 스트레스가 더 많았고, 무시는 더 어려웠다.

Turner와 Beidel, Stanley(1992)는 걱정과 강박장애 문헌을 검토하고 이들 간에 몇 가지 차이점이 있다고 결론지었다. 첫째, 걱정의 내용은 전형적으로 보통의 일상 경험과 관련이 있는 반면에, 강박증의 주제는 먼지, 오염 등을 포함한다. 둘째, 환자집단의 걱정은 강박증에 비해 내적 및 외적의 사건들에 의해 유발되는 것으로 종종 지각된다. 셋째, 걱정은 대개 사고의 형태로 일어나는 반면에, 강박증은 사고, 이미지, 충동으로 일어날 수 있다. 넷째, 걱정은 강박증처럼 저항이 강하지 않은 것 같고 또 덜 침투적인 것으로 지각된다. 마지막으로, 임상적 걱정의 내용은 강박장애의 전형적인 침투적 사고처럼 용납할 수 없는 것으로 지각되지는 않는다. 이들 자료는 걱정과 강박증 간에 특별한 차이를 제시하지만, 결론은 다소 잠정적이고 이유는 동일한 개인을 상대로 이들 유형의 사건을 직접 비교하는 경험적 자료가 부족하기 때문이다. 이 문제를 극복하기 위해서 Wells와 Morrison(출간 중)은 정상 피험자 30명을 상대로 자연스럽게 일어나는 걱정과 침투적 사고의 차원을 조사하였다. 피험자들은 보름치 일기를 작성하고 그들이 경험했던 처음의 두 가지 걱정과 침투적 사고를 기록하도록 요청하였다. 또한 다음의 차원에 따라 각각의 사고를 평가하라고 요청하였다.

- 관여된 언어적 사고/이미지의 정도
- 침투성
- 생각이 얼마나 현실적이었는가?
- 생각이 얼마나 불수의적이었는가?
- 통제력이 얼마나 있었는가?
- 얼마나 무시할 수 있었는가?
- 주의분산성
- 사고가 얼마나 주의를 잡으려고 하는가?
- 사고와 연관된 고통의 정도
- 사고에 작용하는 충동의 강도
- 사고에 저항하는 정도
- 사고를 성공적으로 통제한 정도

구분을 위해서 피험자들에게 일기에 있는 걱정 및 침투적 사고에 대한 일반적인 개념정의를 제공하였다. 정의에 따라 피험자는 사고의 두 가지 유형을 합리적으로 타당하게 구분할 수 있었다. 피험자 분류 대 임상적 판정 및 피험자에게 준 정의를 사용하지 않은 숙련된 임상심리학자 간의 평정자 간 일치도(카파 계수)는 0.63이었다. [그림 7-1]은 두 가지 유형의 사고 간에 모두 유의한 차이를 보여 준다. 제시되지 않은 차원은 유의하게 다르지 않았다.

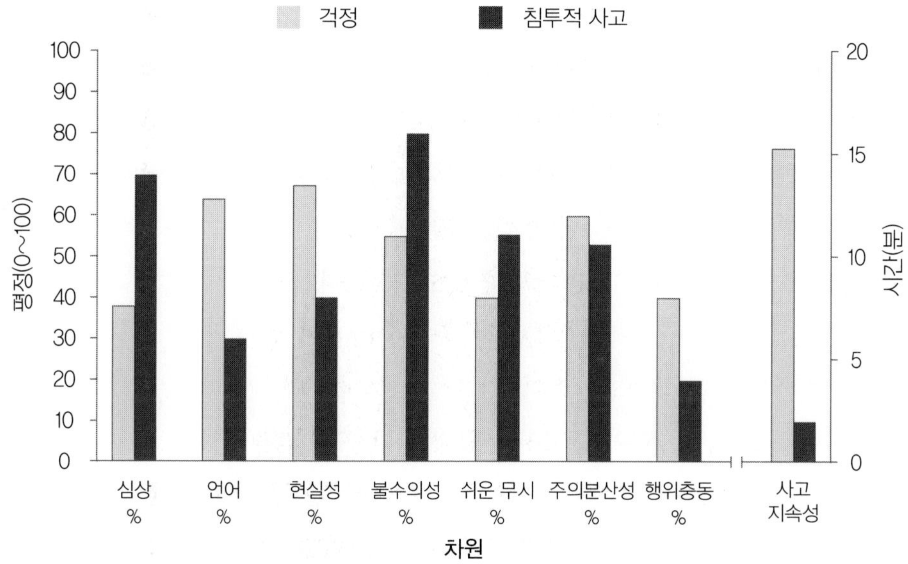

[그림 7-1] 정상 피험자(n=30)에서 자연발생적 걱정과 침투적 사고의 특징 간 유의한 차이
(Wells & Morrison, 미발간).

[그림 7-1]이 보여 주는 것은 정상적인 걱정은 이미지보다 주로 언어적으로 경험된다는 것이고, 이에 비해 정상적인 침투적 사고는 그 반대가 적용된다. 또한 침투적 사고에 비해 걱정이 더 현실적이고 덜 불수의적이며 무시가 더 어렵고 더 분산시키고 더 오래 지속되는 것으로 평가되었다. 더구나 침투적 사고보다 걱정이 강박적 충동과 더 높게 관련이 있었다. 전통적으로 강박증과 걱정 없음(not worry)은 강박 충동 또는 배상 행위(restitutional behaviors)와 연결되었다. 그러나 우리가 걱정을 문제해결 활동이라고 받아들이면, 걱정은 문제해결 전략을 구현하는 동기적 속성을 지니고 있다고 가정하는 것이 합리적이고, 이것이 충동적 속성의 기저에 깔려 있을 수 있음을 분명히 보여 줄 것이다. 행위 충동과는 다른 식의 설명인데 걱정이 침투적 사고보다 더 현실적인 것으로 평가되었기 때문에 중요하지 않은 것으로 여길 수는 없었을 것이다. 그러나 현실성과 강박 충동 간의 상관관계는 특정의 사고 유형별로 해도 그렇고 모든 사고를 결합했을 경우에도 유의하지 않았다.

요약하면, 걱정과 침투적 사고는 차이가 있는 것으로 보이고, 아마도 이들 사건과 부정적인 자동적 사고에도 차이가 있을 것 같다. 그러나 이런 다양한 사고는 어떤 특징을 공유하고 있기 때문에 이들 간의 차별화가 어려워진다. 차별화 여부에 관한 중요한 질문의 관심사는 그런 구분이 정서장애에서 인지적 처리 과정을 더 잘 개념화하는 것에 유용한가 하는 부분이다. 우리가 이 장의 후반부에서 볼 수 있듯이 서로 다른 사고가 스트레스에 다른 방식으로 관련되고 서로 다른 기능을 수행할 수 있다고 믿을 만한 이유가 있다. 더구나 어떤 사고 유형들 간의 상호작용은 특정의 정서적 문제의 유지를 설명해 줄 수 있다. 이런 관점에서, 정서적 기능장애에서 여러 가지 사고 유형을 구분하는 것은 타당한 것으로 보인다.

불안 및 우울 장애의 사고 내용

불안에서 부정적 사고의 내용은 위험이란 주제와 관련이 있고(Beck, 1976; Beck et al., 1985), 반면에 우울에서는 상실과 자기비하에 관한 생각이 우세하다(Beck et al., 1979). 이러한 서로 다른 주의의 내용을 '내용 특수성'이라고 부르며, 인지 체크리스트(Beck et al., 1987)로 타당화되었다. 공황이나 범불안 장애로 고통받는 환자 대상의 구조화된 면담 연구들에서는 면담을 한 모든 환자가 불안 사건 직전 또는 동안에 언어나 이미지 형태로 발생하는 부정적 사고를 경험했다고 보고하였다. 이들 사고는 신체 및 심리사회적 위협의 주제에 관한 것이었다(Beck, Laude, & Bohnert, 1974; Hibbert, 1984). 공황장애 환자에서 가장 빈번하게 보고되는 일련의 사건은 불쾌한 신체 감각의 지각과 그 뒤를 이어 증상을 재앙적으로 오해하는 부정적인 사고가 있고, 그래서 공황이 활짝 열린다(Hibbert, 1984). Hibbert 연구의 환자들은 그들 사고가 더 침투적이고 더 믿을 만해서 더 심한 불안의 경험을 떨쳐 버리기가 힘들었다고 보고하였다. 이러한 결과와 일치하는 것으로서 Ottaviani와 Beck(1987)은 공황장애 환자는 마치 죽어 가고 있고 심장 발작을 일으키며 실신하고 질식하며 발작을 일으키는 등의 신체적 파국에 관한 사고가 있다는 것을 입증하였다. 더불어서 또한 환자들은 통제력을 상실하거나 미쳐 버릴 것 같은 정신적 재앙을 두려워했다. 거의 절반의 환자가 신체적이나 정신적 재앙의 결과로서 사회적 굴욕감을 두려워했다. Rachman과 Lopatka, Levitt(1988a)는 공황장애 환자를 공포스러운 상황에 노출시키자 의식을 잃고 멍청하게 행동하며 통제력 상실과 함께 공황에 대한 공포 등이 그들의 가장 공통적인 인지들이었음을 보여 주었다. 기타 자기감시(self-monitoring)

연구들은 공황발작 동안의 환자의 인지를 밝히려고 노력하였다. Westling과 Stjernbof, Ost(1989)는 공황장애 환자에게 발작 동안의 인지를 일기에 기록할 것을 요구하였다. 모든 환자가 파국적인 인지들과 연관된 발작을 적어도 한번은 했다.

광장공포증(agoraphobia)은 공황발작에서 발전한 것으로 여겨져 왔다. 게다가 광장공포증을 일으키는 공포증 환자는 그렇지 않은 사람보다 신체 감각 및 대인관계 상황에 더 민감한 것으로 보인다(de Ruiter & Garssen, 1989). Chambless와 Caputo, Bright, Gallagher(1984)는 광장공포증 인지 질문지(Agoraphobic Cognitions Questionnaire: ACQ)를 개발해서 불안의 부정적 후행사건에 관한 사고를 측정하였다. 이 척도를 통해 요인 두 가지가 경험적으로 얻어졌다. 신체적 염려(예: 심장마비, 숨이 막혀 죽음)와 사회적 염려(예: 미칠 것 같음, 어리석은 행동)이다. 공황장애, 공황을 동반한 광장공포증, 사회공포증, 강박장애, 범불안장애, 우울장애를 비교해 보니 공황 환자집단이 다른 집단들보다 신체적 염려 요인에서 유의하게 높은 점수였다. 하지만 불안이 사회적 곤란(social embarrassment)이나 통제력 상실로 이어질 것이라는 사고에서는 집단 간에 차이가 없었다(Chambless & Gracely, 1989).

신체 감각에 대한 공포는 다른 불안 환자집단이나 정상 대조집단에 비해 더 공포스럽다고 보고한 공황 환자집단을 불안 환자집단과 구분시켜 주는 것 같다(Foa, 1988). 그러나 다른 불안 환자들은 건강 염려를 보고한다. Craske와 Rapee, Jackel, Barlow(1989a)는 범불안장애 환자 19명 그리고 정상 대조집단 26명의 질문지 반응 자료를 비교하였다. 피험자들에게는 자신이 걱정하고 있음을 알아차린 즉시 가능하면 빨리 질문지를 작성하도록 요청하였다. 보고된 걱정의 유형들을 평정자가 별도로 분류하였다. 가장 빈번히 보고된 GAD 걱정은 질병/건강 또는 부상이고, 이어서 가족/가정 및 개인 관계의 문제에 관한 것이었다.

사회공포증인 경우, 사회적 장면에서 부정적 사고가 긍정적 자기진술보다 더 빈번하며, 사고의 주제는 자기 원망과 하소연, 타인의 부정적 평가에 대한 두려움 등이다(예: Beidel, Turner, & Dancu, 1985; Glass, Merluzi, Biever, & Larsen, 1982). 사회불안(social anxiety)을 대상으로 몇 가지의 프로토콜 분석과 인지 측정 질문지(둘 다 인지 결과물과 신념)가 개발되었다(Arnkoff & Glass, 1989, 고찰자료 참조).

우울증으로 다시 가면, 우울증의 인지 내용은 Beck과 연구진이 언급한 부정적인 인지삼축(negative cognitive triad)이 특징인데(예: Beck et al., 1979), 우울한 사람은 자기, 세계, 미래에 관한 부정적 사고를 가지고 있다. 이들 사고는 상실 및 실패 주제와 관련이 있다(Beck, 1976; Beck et al., 1979; Beck & Clark, 1988). 자동적 사고 질문지(Automatic Thoughts Questionnaire: ATQ; Hollon & Kendall, 1980) 그리고 인지 체크리스트(Beck et al., 1987) 같은 질문지를 사용한 연구들은 우울 환자가 이런 유형의 부정적 생각에서 우세함을 보여 주는 증거자료를 내놓았다. 또한 인지 체크리스트는 불안 특유의 사고와 우울 특유의 사고를 신뢰롭게 구분할 수 있다.

걱정 차원 및 측정도구

범불안장애(GAD)의 일차적 특성이 걱정이라는 점은 걱정을 더 자세히 설명하고 걱정 차원을 측정하려는 연구 목표를 자극하였다. 단일 변인이나 다차원 변인으로 걱정을 측정하는 질문지가 개발되었다(예: Meyer, Miller, Metzger, & Borkovec, 1990; Tallis, Eysenck, & Mathews, 1992; Wells, 1987, 1994a).

Meyer 등(1990)은 걱정 성향을 측정하고자 Penn 상태 걱정 질문지(Penn State Worry Questionnaire: PSWQ)를 고안하였다. 이 척도는 대체로 걱정의 빈도 및 강도와 관련된 문항을 포함하는데, 예를 들면 "걱정이 나를 압도한다." "일단 걱정을 시작하면 나는 멈출 수가 없다." 이 척도에 대한 일차적 구성요인 분석은 하나의 일반요인을 산출하였고 또한 다음의 주제들을 대표하는 몇몇 하위 요인도 나타났다. 건강 및 신체적 안전에 관한 염려, 사회적 평가, 걱정이 긍정적 대응 전략이라는 믿음, 우울증 그리고 미래의 성공적인 관계에 대한 염려 등이다. PSWQ는 정상인 표본과 GAD 환자의 표본에서도 호의적인 심리측정학적 특성을 보여 준다(Brown, Antony, & Barlow, 1992; Meyer et al., 1990). 그러나 정상적인 걱정과 병리적인 걱정의 대조되는 특성을 탐색할 수 있는 가능성은 제한적인데, 그 척도가 걱정에 대한 미분화된 단일 성향을 측정하기 때문이다. 더구나 일부 문항은 걱정과 연합된 고통과 걱정 과정 자체의 차원, 예를 들면 통제 가능성을 구분하지 못한다.

Tallis 등(1992)은 피험자 71명이 작성한 광범위한 걱정 목록을 토대로 일반적인 걱정 질문지를 구성하였다. 이 질문지를 95명의 피험자 표본에게 실시해서 군집 분석(cluster analysis)을 하였다. 각기 다른 내용의 걱정이 반영된 군집 6개가 얻어졌

다. 관계성, 유능감 부족, 목적이 없는 미래, 작업 무능력, 재정 관심사, 사회-정치적 관심사 등이다. 이들 군집은 걱정의 이질적인 내용 영역을 측정하기 위한 최종검사인 걱정 영역 질문지(Worry Domains Questionnaire: WDQ)의 기반이 되었다. 이 측정도구가 비록 걱정의 여러 차원을 평가하지만, 검사의 초점은 주로 걱정 내용에만 맞춰져 있다. 그래서 중요한 과정 차원들을 무시하였다. 또한 차원들이 정말 분명히 다른 별개의 것인지도 확실하지 않다. 몇몇 하위척도(inter-scale) 간 상관계수가 0.6~0.7 정도로 높다(Tallis et al., 1992).

PSWQ와 WDQ는 걱정 측정도구에 대한 두 가지 접근법이 되는데, 전자는 대체로 걱정의 빈도 및 강도를 평가하는 것이고, 후자는 걱정의 내용에 기초하고 있다. 정상인과 GAD의 걱정 내용은 매우 비슷한데, 통제 가능성 정도와 같은 과정 차원이라는 면에서는 더 잘 구분되는 경향이 있다(Craske et al., 1989a; Turner et al., 1992). 결과적으로 미분화된 측정도구와 내용만을 측정하는 것은 과정의 측정에 비해 병리적 걱정과 정상적 걱정의 차이에 관해 유용한 정보를 얻을 가능성이 낮다. 이런 관점에서 Wells(1987, 1994a)는 내용 및 과정 차원을 포함하며 걱정의 여러 차원에서 개인차를 잴 수 있는 불안 사고 검사(Anxious Thoughts Inventory: AnTI)를 개발하였다. 질문지 구성에 사용된 첫 번째 문항 세트는 GAD 환자 33명을 상대로 구조화된 면담에서 얻어 낸 걱정에 근거하였다. 논리적으로 도출된 걱정 차원 여섯 가지도 얻었다. 사소한 문제에 대한 걱정, 건강 걱정, 인지 및 행동 통제의 상실에 관한 걱정, 사회적 관심, 우연한 재난 사고의 기대, 개인적 실패 및 무기력 등이다. 이들 영역을 표집하는 문항 45개를 고안하여 학부생 101명의 반응을 얻어 내고 초기 요인 분석을 실시하였다. 스크리(Scree) 검증 결과에 따라 6개 요인의 솔루션이 선택되었다(Cattell, 1978). 이들 중 해석이 어려운 하나를 제외한 5개 요인은 질문지가 다음의 걱정 차원을 평가함을 시사한다. 사소한 문제를 넘어선 전반적인 걱정, 건강에 관한 걱정, 미래의 재난에 관한 걱정, 반복적 사고 및 무기력에 관한 걱정, 사회적 걱정이다. 그 후 110명과 239명의 학생 표본에 대한 두 번의 추가 요인 분석 결과는 각각 전체 변량의 37.2%를 차지하는 3요인의 최종 솔루션을 내놓았다. 요인 1은 **사회적 걱정**(예: "나 자신이 바보가 되는 걸 걱정한다.")을 반영하였고, 요인 2는 **건강에 대한 걱정**을 반영하였다(예: "만일 예기치 않은 신체 증상을 겪는다면, 가장 최악의 문제가 내게 있다고 생각하는 경향이 있다."). 요인 3은 걱정에 대한 걱정 그리고 걱정을 통제할 수 없는 것으로 경험한다는 면에서 메타인지적 선입견을 반영하였다. 이 차원을 **메타 걱정**(meta-worry)이라고 명명하였다. 사회적 및 건강 걱정의 하위척도들은 좋은 내적 일관성을 보였다(Cronbach alphas는 각각 0.84와 0.81).

메타 걱정의 하위척도는 내적 일관성이 약간 낮고(0.75) 더 이질적인 것으로 보이는데, 하위척도가 하나 이상의 과정 차원과 관련된 문항들을 포함하고 있기 때문이다. 이들은 다음과 같은 문항들로 구성되어 있다. "마음속에서 반복적인 사고를 없애기가 어렵다." 그리고 "내가 원하는 대로 생각을 통제할 수 없을까 봐 걱정한다." 걱정의 세 가지 하위척도는 특성불안과 유의한 상관관계에 있었고(r = 0.36~0.68), 메타 걱정과 사회적 걱정은 건강에 대한 걱정에 비해 특성불안과 더 유의한 상관관계가 있음을 입증하였다. 세 가지 하위척도는 또한 신경증과 유의한 상관관계가 있었다(r = 0.52~0.62). 모든 하위척도가 유의하게 내적 상관을 이루고 있었다. 사회적 및 건강 걱정은 0.30, 사회적 및 메타 걱정 0.54, 건강 및 메타 걱정 0.39이다. 이들 내적 상관 계수가 건강과 다른 걱정 차원을 구분하는 데는 도움이 되지만, 사회적 걱정과 메타 걱정은 덜 뚜렷한 것 같다.

메타 걱정의 구성물은 정상적인 걱정이 아닌 병리적 걱정에 기여하는 요인들을 평가할 때 특히 유용할 수 있다. 메타 걱정은 걱정의 중요성을 주관적으로 평가하는 것과 사고 통제의 어려움 모두를 반영하는 것으로 보인다. 그것은 자신의 인지에 관한 역기능적 신념 및/또는 인지 조절의 부족이나 과잉을 대표할 수 있다. 다음 절에서 우리는 사고의 자기통제에 대해 촘촘히 다뤄 보겠다.

사고의 관리: 어떤 전략이 비생산적인가

정서적 안녕의 유지에서 사고 통제의 중요성은 사고 중지(Wolpe & Lazarus, 1966), 자기-교시적 훈련(Meichenbaum, 1977), 기타 인지적 접근법과 같은 심리적 처치에서 절대적인 것이다(Beck et al., 1979, 1985). 그러나 걱정과 침투적 사고는 통제가 어렵다. 더구나 사고 억제(thought suppression)에 관한 초기 연구들은 피험자가 어떤 사고를 하지 않으려는 의도적인 시도가 해당 사고의 즉각적 또는 지연적 발현 증가를 야기할 수 있음을 보여 준다(Clark et al., 1991; Wegner, Schneider, Carter, & White,

1987; Wegner, Shortt, Blake, & Page, 1990; Wenzlaff, Wegner, & Roper, 1988). 의도적인 사고 억제에는 다른 것을 생각함으로써 표적 사고에 대한 주의를 분산시키는 것이 포함된다. 억압된 사고가 나중에 발생하는 지연 재발을 **반동 효과**(rebound effect)라 하는데, 원치 않는 생각의 접근 가능성에 대해 분산자극의 효과로 설명해 왔다(Wegner et al., 1987; Wenzlaff et al., 1988). 첫 번째 연구에서 Wegner 등(1987)은 피험자들에게 '흰곰'에 대해서는 생각하지 말고 그냥 의식적 사고의 흐름을 5분간 보고하되 표적 사고(흰곰 관련)가 나타날 때마다 종을 치라고 지시하였다. 피험자들은 지시받은 대로 생각을 억제하는 것이 불가능했고, 나중에 5분 동안 흰곰에 관해 생각하도록 했을 때 억제집단이 처음부터 흰곰에 관해 생각하도록 했던 피험자들보다 흰곰 생각을 훨씬 더 많이 보고하였다. Wegner 등(1987)은 억제 조건 피험자들이 기억 속에서 과제 관련 정보에 대항할 수 있는 분산자극(또는 주의 분산물)을 찾으려 했고, 이것이 오히려 흰곰을 상기시켰기 때문에 피험자들이 억제하는 것이 어려웠던 것이라고 주장하였다. 두 번째 연구에서 그들은 하나의 분산자극을 제공하는 것이 반동 효과를 감소시킬 수 있다는 예언 가설을 검증하였다. 두 번째 연구에는 억압 조건, 표현 조건, 주의분산 조건이 포함되었다. 주의분산 조건의 피험자들은 처음 억제 단계 동안에 '빨간 폭스바겐'이라는 한 가지 생각만을 해서 흰곰으로부터 주의를 분산하라는 지시를 받았다. 이것으로 반동 효과가 유의하게 감소하였다. 지연된 반동 효과는 Wegner 등(1987)의 방법론적 약점을 통제했던 Clark 등(1991)의 연구에서도 재검증된 바 있다.

후속 실험에서 Wenzlaff 등(1988)은 자기보고식 우울검사 점수가 높은 그리고 낮은 대학생들의 정신적 통제력과 전략을 연구하였다. 우울 피험자들은 비록 처음에는 부정적 사고를 억제하는 데 성공했으나, 원치 않는 부정적인 사고가 나중에 다시 나타났다. 더구나 비록 긍정적 분산자극이 부정적인 것보다 더 효과가 있다고 인정하면서도, 피험자들은 긍정적 사고보다 부정적 사고를 분산자극으로 더 많이 사용하였다. 긍정적 분산자극은 그것을 제공함으로써 더 쉽게 접근할 수 있을 때 더 많이 사용하였다. Wenzlaff 등(1988)은 이러한 실험 결과를 기억의 연합망 이론(associative network theory of memory)의 관점으로 해석하였다. 이 이론은 원치 않는 사고와 정서적으로 멀리 떨어져 있는 분산자극이 가장 효과가 좋을 거라고 주장한다. 만일 우울 피험자가 부정적 분산자극을 선택한다면, 부정적 분산자극이 관련된 원치 않는 부정적 재료를 계속 활성시키기 때문에 억제가 실패할 수 있다. 우울 피험자가 긍정적 분산자극보다 오히려 부정적인 것을 선택한다는 것은 분산자극에 대한 전략적 선택이 형편없는 것이거나 부정적 사고에 대한 접근이 더 쉽다는 것을 보여 준다. 달리 말하면, 부정적인 사고에 초점을 맞추는 것은 미래에 일어날 것으로 예상되는 부정적 사건에 대비하는 방어적 비관주의(defensive pessimism) 전략이 될 수 있다.

억제가 후속 사고의 빈도에 미치는 효과는 원치 않는 생각을 통제하려는 강박 환자가 겪는 어려움의 근본적인 기제를 이해하는 데 영향을 준다. 강박 환자가 생각을 중화시키고 생각으로부터 관심을 돌리려는 시도는 역설적으로 생각의 빈도를 증가시킬 수 있다. 더구나 주의 분산물은 기억 속에서 반복적인 연합 과정을 통해 향후 침투를 위한 촉발요인이 될 수 있다. 이런 방식으로 강박 사고의 촉발자극이 증가하고 문제가 증폭될 수 있다. 그러나 주의 분산물을 사용하는 사고 통제의 시도가 항상 성공하지 못하는 것은 아니고(제10장 참조) 또 주의분산 효과에 관한 어떤 모델이든 주의 분산물이 효과적이거나 비효과적인 조건을 명시해야 한다. 사고 억제에 관한 기존의 문헌은 유사 모집단을 사용하였고, 유사한 반응이 환자집단에서 존재하는지를 밝히기 위한 환자 모집단을 대상으로 하는 같은 연구가 수행되어야 한다. 또한 억제 개념의 조작적 정의도 문제가 있는데, 분산물 전략을 이용하는 것과는 별도로 억제를 성취할 수 있는 다른 방법들이 있는지 여부가 분명하지 않기 때문이다. 다른 전략들이 존재한다면, 어떤 개인은 특별한 전략을 취하는 성향이 있을 것이다. 전략에 따라 효과의 차이가 있을지도 모른다.

Wells와 Davies(출간 중)는 사고 통제 전략의 유형을 구분하려고 시도하였다. 처음에 그들은 불쾌한 그리고/또는 원치 않는 사고를 통제하려고 사용하는 전략의 종류를 결정하기 위해서 다양한 불안장애(범불안장애와 강박장애) 환자와 정상인 통제집단을 면담하였다. 예비 연구의 면담을 기반으로 다음과 같은 일곱 가지 유형의 전략이 나왔다. 인지 및 행동적 주의분산, 처벌, 거리두기, 재평가, 기분 전환 활동, 생각 노출, 더 사소한 일들을 걱정하기이다. 사고 철회(cancelling-out)와 같은 중화적 활동을 보고한 피험자들에게 이유를 물어보았더니 사고 자체의 통제가 아닌 사고에 반영된 나쁜 결과가 실제로 발생하는 것을 미연에 방지하는 것이 목표였다고 명확하게 말했다. 따라서 이런 전략은 문항 전집에 포함시키지 않았다. 차원의 일곱

가지 분류를 토대로 추가 문항을 만들었고 일반적으로 개인이 사고 통제에 사용하는 전략 종류를 평가하는 질문지를 구성하였다. 학부생과 대학원생을 상대로 한 두 개의 연구에서 질문지 반응을 요인분석한 결과는 반복 가능한 5요인 패턴을 보여주었다. 질문지 최종판에서 평가된 사고 통제의 다섯 가지 차원은 주의분산, 사회적 통제, 걱정, 처벌, 재평가이다. 이러한 예비 연구 자료는 이질적인 사고 통제 전략을 경험적으로 구분할 수 있고 또 자기보고식 측정도구를 사용하여 이질적인 전략들을 평가할 수 있음을 시사한다.

정서적 통제 전략의 다차원적 측면은 비환자를 대상으로 한 다른 연구에서도 발견되었다. 예를 들어, Mayer 등(1991)은 '억제'(주의분산 포함), '행위에 대한 생각', '부인'이라고 명명한, 기분 차원과는 뚜렷이 다른 정서 관리의 세 가지 차원을 찾아냈다. 남은 일은 정서 통제의 차원 구조가 환자집단과 비환자집단 사이에서 차이가 있는지 여부 그리고 환자가 특정의 통제 전략에서 지나치거나 아니면 부족함을 보이는지 여부를 알아내는 것이다. 우리가 예측한 것처럼 어떤 전략이 사고와 정서에 대한 장기적인 통제 효과에 문제를 일으키는지를 결정하기 위해서는 향후 연구가 더 많이 필요하다. 미래의 억제 연구는 실험 환경에서 피험자들이 사용하는 전략의 유형을 더 정확하게 규명할 필요가 분명히 있다.

지금까지 우리는 사고 통제의 어려움이 특정한 사고 관리 전략의 사용과 연관될 수 있는 가능성을 고려해 보았다. 또한 사고를 통제하려는 개인의 동기를 포함한 다른 수준에서도 기능장애가 발생할 수 있다. 더 구체적으로 말하자면, 어떤 사람들은 특정 사고 경험의 위험한 결과와 관련된 신념과 평가를 가지고 있을 수 있으며, 이것이 주관적인 고통 및 과도한 통제 시도로 이어질 수 있다. 걱정에 영향을 미치는 특정한 신념 및 평가는 정상적인 걱정을 병리적인 걱정으로 변화시키는 데 한몫을 할 수 있다. 비슷한 과정이 정상적 및 비정상적 강박증에서도 작동할 수 있다. 따라서 메타인지적 자기지식은 침투적 및 반추적 사고의 병리에서도 중요할 수 있다.

메타인지적 신념과 부정적으로 생각하기

걱정을 문제해결 또는 미래 지향적 대처 반응으로 개념화한 것을 따르면(예: Borkovec et al., 1991), 만성적으로 걱정하는 사람 중에서 일부는 걱정을 효과적인 대처 전략이라고 믿을 것 같다. 더욱이 그들은 또한 대처 기술이 어떤 식으로든 결함이 있다고 믿고 이를 극복하려고 위협을 예상하고 대처 전략을 미리 연습하려 시도할 수 있다. 따라서 걱정은 어떤 사람들에게는 역설적인 바람직성(paradoxical desirability)이 있을 수 있다. 이런 부분은 Wells와 Hackmann(1993)이 수행한 탐색적인 면담 연구의 결과에서 분명히 드러났다. 그들은 구조적 면담을 통해 자신의 건강에 관한 침투적인 부정적 이미지와 걱정을 보고한 건강염려증 환자 열 명의 신념을 도출하였다. 이들 중 세 명은 자기 건강에 대한 걱정이 안전 전략(safety strategy)의 역할을 한다고 믿었는데, 예를 들면 "내 건강에 관한 걱정은 나를 안전하게 지켜준다." "나 자신에게 나는 괜찮다고 말하면 운명이 나를 시기할 것이다." 다른 환자들인 경우 건강에 관한 부정적인 사고는 특히 회피적인데(혐오스러운데), 생각이 미래를 예언한다고 믿기 때문이다. 물론 우리는 이런 부류의 신념이 걱정의 병리성과 연루되는지 지금은 결정할 수 없으나, 이것은 앞으로 확실히 조사해야 할 가치가 있는 영역이다.

어떤 사람들은 걱정이 낙천주의의 해로운 영향으로부터 안전을 지켜준다고 믿거나 또는 나쁜 것을 생각하는 것이 나쁜 일이 벌어지게 한다고 믿을 수 있지만, 좀 더 일반적인 메타인지적 신념 또한 병적인 걱정에 포함되어 있을 수 있다. 특히 걱정 환자는 자신의 걱정을 통제할 수 없다고 믿지만, 우리가 이해한 걱정의 실행에 대한 통제된 처리 과정의 요건을 보면 그렇지 않다. 제10장에서 우리는 걱정이 주의분산적 인지 활동에 의해 대치될 수 있다는 추가 증거를 제시하며, 이는 걱정에 대한 통제 가능성을 시사한다. 어떤 걱정 환자들은 객관적인 효율성의 손상 여부를 떠나서 자신의 사고 통제 기술의 효율성에 관해 역기능적 믿음이 있는 것 같다. 걱정의 개시는 불수의적일 수 있으나, 한편 걱정이 계속 실행되는 것은 통제 가능한 것으로 보인다. 불수의적인 시작(involuntary initiation)을 어떤 사람들은 자신이 걱정을 일반적으로 통제할 수 없다는 증거로 평가할 수 있다. 그러나 통제 불능성 지각의 기

저에 다른 기전들도 있을 수 있다. 예를 들어, 개인이 걱정을 이용해서 의식에 침투하는 더 고통스러운 것으로부터 주의를 분산하려 한다면, 이는 공포의 조직체계에 대한 접근과 수정을 방해할 수 있다. 침투적 사고의 경험은 이런 종류의 '정서적 처리' 실패의 증거로 간주되어 왔다(예: Rachman, 1980). 따라서 인지 체계가 반복적으로 정서적 보수작업(emotional repair)을 시도할 때 걱정은 불수의적인 정서적 사고의 침투가 지속되는 것에 기여할 수 있다.

부정적 사고의 평가 및 사고 통제 반응의 실행과 관련된 메타 걱정 과정이 특정 유형의 정서적 기능장애의 병인에 중요한 역할을 한다는 것은 일반적으로 합리적인 가정으로 보인다. 더구나 원치 않고 통제 불가능한 사고에 대한 인지 처리 모델은 일차적으로 걱정과 강박 문제의 병인론 및 유지에 관한 메타인지적 지식 및 통제 전략의 내용과 효과 검증부터 시작해야만 한다(Wells, 1994b, 추가 논의를 위해).

침투성, 강박성, 사고 통제

불쾌한 사고를 관리하는 전략은 또한 일상의 침투성이 병리적인 강박 상태로 전환되는 것과도 연루될 수 있다. Carr(1974)와 McFall, Wollersheim(1979)이 지적했듯이 강박 신경증의 신념에는 사건에 대한 부정적인 평가나 사정 같은 특징이 있다. 강박적인 사람은 사건을 매우 위협적인 것으로 경험하며(일차 평가), 그 위협에 적절하게 대응할 수 없다고 스스로 지각한다(이차 평가). 이러한 관찰만으로는 강박증의 특징이 되는 인지 내용을 설명하지 못한다. 제8장에서 논의된 바처럼 평가의 부정성은 스트레스 상황일 때는 인지 과정에서 정상 부분이 되며, 꼭 임상장애로 이어지는 것만은 아니다. 강박 관념은 부정적 사고의 침투성으로 설명될 수 없는데, 부정적인 침투성이 정상인에서도 흔히 발생하기 때문이다(예: Parkinson & Rachman, 1981a).

Salkovskis(1985, 1989)는 불쾌한 사고를 중화하려는 적극적인 시도라는 역할에 역점을 둔 강박 사고의 인지 행동 모델을 개발하였다. Salkovskis는 자극이 주의집중을 요하는 침투성을 촉발시키는 것은 정상이라고 말한다. 두 가지 유형의 과정이 침투적 처리의 유지에 기여한다. 첫째, 침투에 대한 개인의 중요성 평가이다. 정상인은 침투물을 중요하지 않은 것으로 일축하는 경향이 있어서 처리 과정이 중단된다. 강박적인 피험자는 침투물이 '실현되기' 쉽다고 믿으며, 또 자신이 침투적 사고의 해로운 결과에 개인적인 책임이 있다고 믿는 평가를 통해 추가로 처리를 유지하는 경향이 있다. 그러한 평가들은 부정적인 기분에 의해 그리고 접근 가능한 방식으로 침투물과 관련된 비합리적 신념들을 관리하는 스키마에 의해 증폭된다. 초기에는 추가적인 처리가 부정적인 자동적 사고의 형태로 이루어지며, 개인이 직접 책임지는 미래의 끔찍한 결과와도 종종 관련된다. 둘째, 중화 반응(neutralizing responses)의 시작인데, 긍정적인 생각을 하려는 내적 노력이나 증상을 줄이려는 사고에 대한 반응으로 강박적인 손 세척 같은 외적인 노력이 있다. 하지만 이러한 노력들이 단기적인 완화를 가져올 수 있지만, Salkovskis(1989)가 경험적으로 입증했던 것처럼 중화는 오히려 앞에서 설명한 사고 억제 연구들이 그런 것처럼(Wegner et al., 1987) 침투적 사고의 빈도와 불편감을 증가시키는 경향이 있다. 따라서 병리적 강박 상태를 일으키는 것은 바로 침투적 사고를 평가하고 대처하려는 피험자의 전략인 셈이다. 이 전략은 침투물에 주의를 기울이고 중화시켜야 하는 특별히 중요한 것이며 강박증의 독특한 신념과 연결되어 있다.

재경험 현상

사고 침투물에 대한 개인적 평가의 속성 또한 외상후 스트레스장애(PTSD)의 정서적 후유증에서 역할을 하는 것으로 보인다. PTSD의 특징인 증상들은 반복적인 침투적 회상이나 괴로운 꿈(DSM III-R; APA, 1987)처럼 다양한 방식으로 외상 사건을 다시 경험하는 것이다. 이러한 종류의 침투에 대한 부정적인 평가는 고통을 악화시키고 사고 통제 시도를 위한 동기를 증가시킬 수 있다. 예를 들어, 재경험을 정신적 불안정의 신호로 평가하는 사람이나 성폭행 이후의 재경험을 자신이 진짜로 섹스를 원했다는 신호로 오해하는 개인은 다른 일반적인 정서 문제를 발전시키기 쉽다. 더구나 앞에서 언급했듯이 침투에 관한 이런 종류의 걱정은 실제로는 정상적인 정서적 처리를 차단하고 다른 방식으로 침투물을 배양시킬 수 있다.

걱정에 대한 이론적 설명에서 주의의 역할

기억과 주의는 걱정의 역할과 유지에 대한 몇몇 이론적 설명들에서 중요하다고 생각된다. 일반적으로 이러한 접근법들은 걱정이 유용한 기능이 아니라는 입장이거나(예: Barlow, 1988) 아니면 어떤 방식으로는 기능적으로 작용한다는 입장을 택해 왔다(예: Tallis & Eysenck, Eysenck, 1992 참조).

Barlow(1988)는 걱정을 일련의 인지적 사건에서 기인하는 것이며 그 뿌리는 불안 명제의 접근성에 있다고 본다. 특정 상황이나 각성의 존재는 불안 명제를 '건드릴' 수 있다. 이것이 주의의 초점을 외부의 정보로부터 내부의 평가적 정보로 이동시키는 결과로 이어진다. 기억 명제의 활성화는 연관된 부정적 감정의 활성화로 이어지며, 그래서 주의의 초점이 이런 괴로움이 안고 있는 정서적 특질에 맞추어진다. 자기고착은 부정적 감정 그리고 그와 연관된 각성을 증폭시키고 또 주의를 협소화시킨다. 주의 협소화의 한 가지 결과는 위협 관련 자극에 대한 과잉경계이다. Barlow(1988, p. 259)에 의하면 "극한 상황에서 예기 걱정(apprehensive concerns)과 관련된 주의 협소화는 개인이 어떤 방법으로도 차단하거나 효과적으로 통제할 수 없는 도피나 통제 불능, 극심한 걱정으로 이어진다." 이어서 걱정은 수행을 방해하여 부정적 영향을 더 악화시킨다. 비록 그것이 어떻게 작동하는지에 관해 명시되어 있지는 않지만, 이 모델은 통제할 수 없는 걱정 경험을 주의 협소화라는 측면에서 설명한다. 아마도 그러한 협소화가 걱정-불일치 정보를 처리할 때 이용 가능한 주의를 줄이고 그리고/또는 자기고착으로부터 주의를 전환시키는 통제 작업에 이용 가능한 주의도 줄일 것 같다. 더구나 주의 협소화와 과잉경계는 주의 전략으로 공존할 수 있는 방법을 탐색하지 못하게 한다. 위협 자극이 일단 탐지된 다음에는 과잉경계(hypervigilance)로 인해 주의 협소화가 나타날 공산이 더 크다(Eysenck, 1992).

Borkovec와 동료들(1991)은 흥미로운 걱정 이론을 제공하는데, 걱정은 다른 종류의 정신적 사건, 이름하여 괴로운 이미지로부터 주의를 분산시키고(Borkovec & Inz, 1990) 생리적 활동을 감소시킬 수 있다는 근거(예: Borkovec & Hu, 1990)에 일부 기초한다고 본다. 예를 들어, 이러한 주장은 Borkovec와 Hu(1990)의 연구 결과로 지지되는데, 이 연구에서는 이완 조건과 걱정스러운 생각 조건 또는 중립적 생각 조건에서 피험자들을 공포 이미지에 노출시켰다. 이완집단은 정서적 처리를 보여 주는 이미지에서 심박률 반응이 높게 나타났다. 중립적 상황을 생각했던 피험자 집단은 유의미하게 낮은 반응을 보였으며, 걱정조건의 피험자 집단은 이미지에 거의 반응을 보이지 않았다. 이 이론은 Borkovec와 Metzger, Pruzinsky(1986)가 제시한 독창적인 이론적 아이디어에서 발전시킨 것이다. Borkovec 등(1991)은 걱정이 지각된 위협의 회피를 반영하며 병리적 불안의 유지에 유의미하게 기여한다고 주장한다. 불안은 인지, 생리, 행동 체계 등이 포함된 상호작용 과정으로 간주되며, 위협의 출처가 없어질 때까지 위협에 대한 반응을 증가시킨다. 일단 위험이 없어지면 반응 요소들 그리고 행동 및 환경적 결과들을 포함한 삽화가 기억에 저장되고 따라서 공포 네트워크도 강화된다. 이 공포 네트워크는 개인이 위협 단서를 쉽게 탐지하도록 미리 준비시키고 위협에 대해 습관적으로 융통성 없이 반응을 만들어 낸다. 특정의 개인차가 GAD에서처럼 병리적 걱정의 발달과 연결되어 있다. 환자들은 위협에 개념적인 처리 모드로 반응하는 경향이 있다. 걱정의 개념적 활동은 미래의 잠재적 위협을 예견하고 회피하는 역할을 한다. 따라서 오랜 시간 동안 회피를 위해 개인을 준비시켜 놓는다. 이 외에도 걱정은 이미지에 대한 인지적 회피 및 이미지들과 연합된 생리적 각성을 구성한다. 심상(imagery)은 기억과 정서 반응 사이를 연결시키는 표상의 직통 경로로 간주된다. 더 구체적으로는 GAD 환자는 실제로 신체적 각성과 정서의 경험을 두려워하며 위협이 지각될 때는 주의를 개념적 활동으로 전환시킬 수 있다. 이렇게 하면 신체-감정 반응을 처리할 때 이용가능한 주의의 양이 줄어든다. 신체적 불안의 감소 효과로 인해 걱정이 강화되어서 이를 바꾸는 것이 더 어려워진다. 또한 정서적 정보가 완전히 처리되는 것을 방지함으로써 불안을 걱정이 추가로 유지시킬 수 있다고 본다. 걱정은 기억 속에 있는 공포 구조물로의 접근을 줄일 수 있고, 따라서 정서적 처리(예: Foa & Kozak, 1986)가 일어날 수 없다.

Tallis와 Eysenck(Eysenck, 1992에서 인용)의 접근법은 걱정이 적어도 세 가지 주요한 기능을 제공한다는 전제에 근거한다. 첫째, 위협 관련 정보를 의식에 안내하는 **경보**(alarm) 역할을 한다. 둘째, 위협 관련 생각을 의식에 다시 표상함으로써 개인이 **즉시 알아차리게 되는**(prompt) 역할을 한다. 셋째, 걱정하는 사람이 미래 상황을 예상할 수 있게 함으로써 **준비**(preparation) 기능의 역할을 한다. 하나의 자극과 연관된 위협의 정도는 걱정의 발생 여부와 걱정의 지속성을 결정하는 것으로 생각된다. 위협가(threat value)는 사건 발생에 대한 주관적 확률, 임박성, 지각된 혐오성 그리고 개인 자신이 적절한 대처 전략을 갖고 있다고 지각하는 정도와 관련이 있다. 걱정이 위협에 의해 시작될지 여부를 결정하는 그리고 걱정의 중단에도 포함된 한 가지 부가적 요인은 걱정과 관련이 없는 처리의 속성이다. 걱정은 용량이 제한된 작업기억 체계 안에서 집행되므로 위협의 처리에 이용가능한 주의가 충분히 있어야 위협이 걱정을 시작시킬 것이다. 반면에, 동일한 작업기억의 제한 용량이 필요한 환경적 처리 과정이 요구된다면 걱정은 종료될 것이다. 이 이론에 의하면 걱정은 각성 및 자기몰두(self-absorption)로 이어지며, 그다음은 '재앙화'와 문제해결 및 대처 시도 등으로 이어진다. 이러한 시도들이 실패하면 위협은 유지되고 걱정도 계속된다. 그러나 적절한 문제해결 및 대처 전략이 선택되면 걱정은 종료된다.

요약하면, 이 이론들은 걱정이 처리 자원을 고갈시킨다는 것에 의견 일치를 본다. Eysenck(1992)는 걱정을 전략적 중앙 집행이나 작업기억 기능의 일부로 본다. 걱정이 다른 유형의 사고를 억제할 수 있다는 착상은 호기심을 강하게 일으키며 정서적 상태에 관여된 서로 다른 유형의 사고들이 주의 패권을 경쟁해야 한다는 개념에 입각하고 있다.

마무리

부정적 사고가 임상적으로 중요함에도 불구하고 아직 해결되지 않은 여러 문제가 남아 있다.

첫 번째 문제는 분류학이다. 여러 유형의 사고가 분류되어야 한다. 강도, 불쾌감, 현실주의, 침투성, 통제력 등의 준거에서 걱정, 침투적 사고, 부정적인 자동적 사고를 어느 정도 구별할 수 있으나, 이러한 사고 유형들은 다소 중첩된다. 여러 장애들은 인지적 작업틀 내에서 사고 내용에 따라 구별되지만(일부 중복되기도 함), 장애 유형과 부정적 사고 유형 간의 어떤 관련성 여부는 확실하지 않다. 걱정 차원에 관해 비교적 엄밀한 작업이 이어졌지만 아직까지는 서로 다른 구조 모델 사이에서 제한된 합의만 있다.

두 번째 문제는 부정적 사고에 대한 주의 기반에 관한 것이다. 주관적으로 경험된 생각과 정보처리 과정 간의 관련성이다. 검토된 자료는 부정적 사고가 자동적 처리를 가리키는 일부 속성과 일부 통제된 처리 과정을 지니고 있음을 시사한다. 자동성의 정도는 최소한 어떤 부정적 사고(특히 침투적 및 '자동적' 사고)의 자발적인 성질 그리고 사고의 통제나 무시의 어려움을 내포한다. 부정적 사고와 통제된 처리 과정 간의 연결에 관한 지표는 의식에의 접근성, 다른 사고 유형에 의한 간섭, 사고 통제 전략에 의한 부분 수정의 용이성 등이 포함된다. 자동성의 경우는 사고가 시작될 때 가장 강하고, 계속 처리가 진행되거나 정교화되는 때는 가장 약한 것 같다. 물론 검토된 증거자료는 자동성 문제를 다룰 때 단지 시사점에 지나지 않는다. 수행 측정도구를 이용하는 더 만족스러운 검사들을 이 책의 다른 부분에서 논한다.

세 번째 문제는 부정적 사고와 걱정의 기능적 중요성이다. 비록 걱정에 대한 초기 작업이 걱정이 주의 및 수행에 미치는 해로운 효과에 초점을 맞추었지만(제7장 참조), 걱정이 어떤 상황에서는 적응적으로 유용할 수 있다는 신념도 점점 커지고 있다. 공통적인 주제는 걱정이 위협에 대처하는 하나의 전략이 되며, 위협의 회피 및 문제해결 반응을 모두 지원한다는 것이다(Borkovec et al., 1991). 또한 걱정은, 이를테면 걱정과 객관적인 안전 간의 관련성에 대한 기본적으로 미신적인 메타인지적 신념(meta-cognitive beliefs)을 실행하는 것과 같은 부적응인 대처법과도 관련될 수 있다(Wells & Hackmann, 1993). 이 외에도 걱정은 위협에 대처 준비는 물론이고 위협을 더 크게 평가하는 것과도 연관될 수 있다(Eysenck, 1992). (평가와 대처의 구분은 제8장에서 더 논함.) 걱정의 유형에 따라 기능상 차이가 있는지 여부도 확실하지 않다. 아마도 우리는 반추적 평가와 연관된 부적응적인 걱정과 적극적 대처 노력과 연관된 적응적인 걱정을 구분할 수는 있지만, 이러한 견해는 너무 단순화시킨 것이다. 메타 걱정 과정이란 개념이 잠재적으로 중요할 수 있고, 이 개념은 병리적 걱정 및 다른 형태의 사고 침투의 취약성에 포함되어 있을 수도 있다. 또한 걱정과 연관된 처리 과정이 앞서 설명한 기능들의 원인인지 아니면 결과로 작용하는지도 확실하지 않다. 예를 들어, Eysenck(1992)는 걱정이 경보 기능을 가지고 있다고 제안하지만, 다른 무의식적인 처리 세트가 위협을 탐지하고 침투적 사고를 생성하는 경우도 마찬가지로 있을 수 있고, 그렇다면 걱정은 위협 지각의 원인이기보다는 결과가 된다.

제8장

스트레스에 대한 상호작용 접근법

이 장에서는 주의, 정보처리, 불쾌감 간의 관련성에 관한 스트레스 연구들을 선택적으로 고찰한다. 우리는 스트레스 인지이론을 개인과 환경 간 상호작용, 성격과 사회적 영향의 역할, 스트레스와 주의에 대한 객관적 측정 간의 관련성 순서대로 차례로 논한다.

스트레스의 교류 이론

심리학의 '인지 혁명' 이전에는 스트레스를 심각한 수준의 삶의 사건 같은 스트레스 촉발자극들과 Selye(1976)의 일반 적응 증후군(General Adaptation Syndrome) 같은 자극들에 대한 반응이 스트레스를 정의하는 핵심이었다. Selye(1976)는 코르티코스테로이드 호르몬 분비의 증가와 같은 만성 스트레스의 다양한 생리적 증상을 확인하였다. 그러나 자극과 반응에 기반한 정의들은 그 어느 것도 스트레스 증상을 악화나 감소시키는 노력 또는 개인 지각의 역할을 만족스럽게 설명하지 못한다

(Cox, 1978). 스트레스 반응의 개념화와 관련된 현재 가장 널리 사용되는 인지적 접근은 상호작용 접근, 즉 교류적 접근이다(Cox, 1987; Lazarus & Folkman, 1984). 스트레스 반응은 개인과 환경 간에 끊임없는 역동적 상호작용에서 비롯된다. Lazarus와 Folkman(1984, p. 21)에 의하면, 심리적 스트레스란 "개인 자원을 넘어서거나 개인의 안녕이 위태롭다고 평가되는 것처럼 개인 대 환경 간의 관계"로 정의된다. 특정의 개인-환경 관계가 스트레스적이라는 판단은 인지적 **평가**, 즉 사건을 대하는 개인적 중요성과 반응 능력의 평가에 달려 있다. 이러한 평가의 핵심 목표는 개인의 가치와 환경적 현실을 통합시키는 데 있다(Lazarus & Smith, 1988). 또한 평가 과정은 대처 반응의 실행을 결정한다. Lazarus와 Folkman(1984, p. 141)은 대처를 "개인 자원을 초과하는 것으로 평가된 특수한 외적 요구와/또는 내적 요구를 관리하기 위해 끊임없이 변하는 인지 및 행동 노력"이라고 정의한다. 이런 관점은 Beck(1967)의 스키마와 같은 안정적인 인지 구조물의 역할을 강조하지 않는 정서적 고통의 임상 이론과는 다르다. 따라서 이 장에서 우리는 '스트레스'란 Lazarus와 Folkman(1984)의 이론적 구성개념으로 확인된 평가 및 대처의 일반 증후군이고, 스트레스 '결과' 또는 '증상'은 측정 가능한 스트레스 관련 반응이며, '스트레스원(stressor)'은 스트레스 증후군을 쉽게 촉발할 수 있는 사건이나 실험적 조작이라고 규정한다.

평가와 정서

일차 및 이차의 두 가지 평가 범주는 정서 경험을 결정하고 후속적인 대처 노력에 영향을 주는 데 중요하다. 일차 평가는 사건의 안녕에 대한 개인적 의미와 중요성을 평가하는 과정으로, 관련이 없거나 긍정적인 사건 또는 스트레스를 받는 사건일 수 있다(Lazarus & Folkman, 1984). 스트레스 평가는 개인이 계속 신체와 정신적 손상을 입은 손해/손실의 영역, 손해/손실이 예상되는 위협의 영역, 성공적인 대처가 이득으로 이어지는 도전적인 영역으로 더 세분화될 수 있다. 이차 평가는 상황 처리를 위해 무엇을 완료할 것인지와 관련되고 또 가용한 대처 옵션의 범위에 대한 검토도 포함한다. Lazarus와 Folkman(1984)이 기술한 세 번째 형태의 평가는 재평가 부분인데, 이는 사건의 전모가 밝혀지고 새로운 정보가 얻어지면서 평가가 변하는 것을 말한다. Lazarus와 Smith(1988)는 그런 지식이 반드시 의식에 가용되는 건 아니지

만, 사건에 대한 개인적 의미의 평가는 교류적 맥락과 관련된 신념 및 기대의 영향을 받는다고 지적한다. 말하자면, 평가는 제3장에서 논한 대로 선택적 주의와 비슷한 방식으로 하향식 인지 과정에 의해 진행되는 것이다.

교류 이론의 기본 가정은 정서가 평가 내용과 특질에서 파생된다고 본다. Lazarus와 Folkman(1984)의 독창적 이론에서는 위협 평가가 불안 정서와 우울증의 상실 평가, 긍정적인 정서의 흥분에 대한 도전적 평가 등과 대충 관련이 있다고 본다. 그들은 정서 또한 이차 평가 및 재평가의 영향을 받는다고 지적하였다. Lazarus와 Smith(1988)는 이런 기본 생각에 관해 약간 다른 관점을 제공하는 데 정서가 **핵심 관계 주제**와 관련이 있다고 제안한다. 개인과 환경 간에 어떤 기본적인 관계를 나타내는 일차 평가와 이차 평가에서 나온 몰* 추상개념이다. 불안은 잠재적이거나 미래의 손실, 돌이킬 수 없는 상실에 대한 슬픔, 안전한 맥락에서 개인적 이익을 향한 행복 등과 관련된다. 이와 더불어서 그들은 추가로 핵심 관계 주제와 정서 간의 관계는 불변하지만, 지식 및 평가 그리고 정서 간의 관계는 개인과 문화적 차이에 따라 변한다는 견해를 제시한다. 정서의 병인에 대한 이런 식의 재공식이 중요한 것은 기본 평가에서 정서로 가는 단순한 지도가 없다는 데 있다. 정서는 개인이 당면한 환경에서 적응하려는 상황에 대한 여러 가지 평가를 상위 수준에서 통합한 것이다. 그러나 이러한 일반 가설을 엄밀하게 검증할 수 있는 방법은 계속 불분명하다.

일단 스트레스가 생기면 일련의 증상들이 밀려오게 되는데, 정서는 물론이고 단기 및 장기적인 생리적 반응, 인지적 방어 및 행동적 반응 등이 포함된다(Cox, 1978). 이들 증상이 반드시 상관관계가 있는 것은 아니다. 스트레스를 받은 사람은 심각한 심리장애 없이도 건강 문제에 시달릴 수 있으며 반대 경우도 마찬가지다. 그러나 정서적 교란은 흔하고 이것이 우리가 주로 관심이 있는 스트레스 반응 요소이다. 스트레스에 관한 연구는 종종 '정상' 및 '병리적' 정서 반응을 구분하지 않고 있으므로 우리도 당분간은 이를 따라야 할 것이다. 때로는 스트레스가 임상 우울증 및 불안증의 발병과 연루된다는 것도 분명하다(예: Paykel & Dowlatashi, 1988). Cox

* 역자 주. 몰(molar)은 물 1L에 녹아 있는 용질의 양을 말하며, 여기서 몰은 개인과 환경 간의 어떤 기본적인 관계성을 보여 주는 일차 평가와 이차 평가에서 나온 추상개념이다.

(1978)도 지적한 것처럼 스트레스 증상들에 대한 개인 자신의 평가는 시간이 지나면서 교류적 발달에 영향을 미친다.

대처 전략

일단 어느 한 사건이 스트레스가 많을 거라고 평가되면, 개인은 곤경과 부정적으로 평가된 결과를 최소화하고 가능하면 긍정적 결과를 극대화하려는 대처 노력을 시작한다. 대처에 대한 여러 광범위한 범주들이 구분되어 왔다. Folkman과 Lazarus(1980) 그리고 Moos와 Billings(1982)는 정서 중심 대처와 문제 중심 대처로 구분한다. 정서 중심 대처는 외부 사건에 실제로 영향력을 주지 않고 해당 상황에 대한 정서 반응을 조절하는 방향으로 진행된다. 이와 대조적으로 문제 중심 대처는 보통 외부 세상에서 행동을 취함으로써 곤경을 야기하는 문제를 관리하고 변경하는 방향으로 진행된다. 일반적으로 정서 중심 대처는 수정될 수 없다고 평가된 상황에서 그리고 문제 중심 대처는 사건의 과정을 바꿀 여지가 있는 상황에서 사용될 가능성이 크다. 또는 위협 자극을 선택적으로 무시하고 타인의 사회적 지지를 추구하는 억제와 같은 다른 형태의 대처도 찾아냈다(Parkes, 1984). Endler와 Parker(1990)의 3요인 대처 모델은 아마도 심리측정적으로 가장 강한 것이고, 문제 및 정서 중심 대처와 억제 등에 상응하는 과제 지향적, 정서 지향적, 회피적 전략 등으로 구분한다. 비록 특정의 연구 맥락에서 더 좁게 정의된 전략들을 연구할 때 유용하겠지만, 3요인 구조물(Cox & Ferguson, 1991)에 대한 합의는 합리적인 것으로 보인다.

구체적인 정서 중심 대처 전략들이 다양하게 폭넓게 존재한다. 인지 정서 중심 전략들은 상황 또는 자기비난에 대한 긍정적인 재평가를 포함한다. 행동 정서 중심 전략들은 이완, 운동 및 약물사용, 정서적인 사회적 지지의 추구 같은 주관적 안녕을 증진시키는 활동에의 참여 등을 포함하고 있다. 문제 중심 대처는 종종 환경과 같은 외부로 향하지만 내부로도 향할 수 있다. 외부 지향적 전략들은 주로 문제해결을 위한 노력이다. 문제 규정, 해법 생성, 장단점 평가, 실행사항 선택, 실행 후 피드백에 대한 반응 등이 있다. 내부 전략은 개인 기능의 향상과 새로운 기술 및 절차 학습을 통해 문제를 해결하도록 도와준다.

다양한 환경과 개인적 요인은 대처의 기본 속성에 영향을 미친다. 사건의 속성이

대처 종류의 선택에 영향을 준다는 증거가 있다(Lazarus & Folkman, 1984, pp. 83-116, 더 상세한 논의를 참조할 것). 예를 들어, 문제 중심 대처는 통제 가능하다고 평가되는 상황과 일 관련 상황에서 더 많이 사용되는 경향이 있다. 반면에, 정서 중심 대처는 통제 불가능한 상황과 개인의 건강 관련 스트레스 대처에서 더 많이 사용되는 경향이 있다(Folkman & Lazarus, 1980; Folkman, Lazarus, Gruen, & DeLongis, 1986). 억제 전략은 덜 중요하다고 평가되는 상황에서 선호되는 것으로 보인다. 그러나 Lazarus와 Folkman(1984)은 중요한 것은 특정 상황에 대한 개인의 지각이기 때문에 그러한 관련성은 광범위한 경향성일 뿐이라고 역설한다.

교류 모델에서 스트레스 원인의 대처 및 평가

교류 모델의 핵심은 앞서 설명한 평가 과정으로 정의된다. 이어서 우리는 스트레스적인 우연한 마주침을 다루고 부적응적 결과를 최소화하는 과정에서 대처 및 평가의 특성이 어떻게 개인의 성공에 영향을 주는지를 고려한다. Lazarus와 Folkman(1984)에 따르면 대처와 다양한 유형의 적응적 결과(사회적 기능, 주관적 안녕과 건강) 간의 관련성을 일반화하기는 어렵다. 대처의 효과성은 개인이 특정의 마주침 속에서 특정의 전략을 어떻게 적용하는지에 달려 있고, 어떤 상황에서는 개인 전략이 모두 또는 대부분이 효과적일 수 있다. 더구나 전략적인 결과의 균형도 있을 수 있다. 적응이 단기적으로는 효과적이지만 장기적으로는 해로울 수도 있고 혹은 한 분야에서의 결과의 증진이 다른 분야의 결과를 희생시킬 수도 있다.

이러한 단서에도 불구하고 제11장에서 더 자세히 논의한 것처럼 적극적인 행동 대처는 소망 사고 및 자기비난(예: Steptoe, 1991)보다 훨씬 더 효과적이다. 예를 들어, 비록 우울증이 정서 중심 대처를 선호하는 경향이 있으나, 우울증의 심각도는 문제 중심 전략의 사용 빈도와 역상관적이다(예: Billings & Moos, 1985; Mitchell, Cronkite, & Moos, 1983). 작업 맥락에서는 역할 스트레스 및 기타 잠재적으로 스트레스가 많은 요구 조건을 관리하는 적극적인 전략이 스트레스 증상을 감소시킨다(Latack, 1986; Parkes, 1990). 그러나 수동이나 회피 대처도 때로는 효과가 있을 수 있다. 예를 들어, 그 방식도 헌혈 기증자의 예기 불안을 감소시키는 것 같다(Kaloupek & Stoupakis, 1985). 적극적 대처의 기회가 전무한 상황에서는 억제 전략이 득이 될 수도 있다(Parkes, 1990). Roger와 Jarvis, Najarian(1993)은 수동적 회피와 거리두기 대처(detached coping)를 구분한다. 문제가 있음을 부정하려고 애쓰지 않고 개인의 정서적 개입을 낮추는 전략이다. 그들의 견해는 거리두기 대처는 대부분 이롭지만, 회피는 해로울 수 있다는 것이다.

대처 스타일은 특정의 심리생리적 반응과 연관된다. Frankenhaeuser(1987)는 부신 수질의 카테콜아민 분비의 증가로 노력이 요구되는 대처와 부신 피질의 코르티솔 분비의 증가로 무기력한 수동성에 대처하는 것을 연결시킨다. 불안 및 우울 환자는 코르티솔 수치가 상승하는 경향이 있고(Sachar, 1975), 공포증 환자는 공포스러운 대상에 노출되면 코르티솔 분비가 증가하는 경향이 있다(Fredrikson, Sundin, & Frankenhaeuser, 1985). 코르티코스테로이드 방출은 수동 또는 억제 반응 그리고 면역계 장애(Fawzy et al., 1990) 간의 연관성과 연루되어 있고, 그 다음은 대처 스타일의 건강 관련 부분을 중재한다. 예를 들어, 직무 스트레스에 대한 장기적인 연구에서 Frese(1987)는 스트레스 반응 억제와 연관된 '억압적(repressive)' 대처 스타일의 사람들인 경우 심리적 스트레스 수준이 육체 통증에 더 강하게 영향을 미친다는 사실을 발견하였다. 적극적 대처의 정도는 상황을 변화시키거나 통제할 수 있다는 평가와 관련될 수 있다(Lazarus & Folkman, 1984). 그리고 대처는 피드백의 평가와 재평가를 통해 평가 내용을 수정한다. 따라서 대처의 성공을 결정하는 단일 요인으로 분리하기는 어렵다. 통제 지각 자체는 일반적으로 유익하지만 필수조건은 아니다. Folkman(1984)은 질환으로 대수술을 받아야 하는 선택들은 부분적으로 스트레스를 높게 받을 수 있다고 지적한다. 통제 기대는 높은데 환경이 통제권을 행사할 여지가 거의 없을 때는 좌절감이 생기며 또는 동기부여도 거의 없고 통제력도 거의 행할 수 없는 사람에게는 통제 기회가 오히려 스트레스가 될 수 있다(Evans, Shapiro, & Lewis, 1993).

생애 사건에 관한 교류적 조망

교류적 접근은 스트레스적인 생애 사건의 역할에 관해 신선한 조망을 제공한다. 이혼, 실직, 결혼 등 개인의 중대한 변화는 다양한 범위의 신체 건강 문제 및 스트레스 증상 등과 연관이 있으며, 기분이 조기에 통제되었음에도 불구하고 전향적 연구들에서는 생애 사건의 인과적 효과를 보여 준다(Johnson & Sarason, 1979; Smith & Allred, 1989; Tausig, 1982). 생애 사건은 임상적 심리장애, 특히 우울증과 자살 행동의 원인 중 하나일 수 있으며, 대인관계 상실은 우울증의 가장 강력한 원인 중 하나이다(Paykel & Dowlatashi, 1988). 비록 후향적 연구(Smith & Allred, 1989)에서 연결성의 증거가 있긴 했지만 생애 사건과 불안 간의 관계는 무시되었다. 이들 연구 중 하나(Finlay-Jones & Brown, 1981)는 우울증이 생애 사건에 관여된 과거의 상실과 연관이 있는 한편, 불안은 미래에 문제를 일으킬 만한 위험한 사건과 연관되었음을 보여 준다. 이런 결과는 불안의 위협 평가 및 앞서 말한 우울의 상실 평가에 대한 느슨한 공식과도 일치한다. Monroe와 Imhoff, Wise, Harris(1983)는 학부모에 관한 전향적 연구를 보고하였는데, 생애 초기의 정서적 고통을 통제할 때, 생애 사건의 빈도가 우울증은 예측하지만 불안은 그렇지 않다고 했다. 위협은 미래 사건에 대한 기대를 포함하므로 위협보다 생애 사건들이 상실에 더 자주 동반될 것이다. 이런 부분은 아마도 우울이 불안보다 생애에 대한 전반적인 측정과 더 강하게 관련이 있는 이유를 설명해 줄 것이다.

생애 사건과 스트레스 결과 측정치 간의 상관관계 크기는 그다지 크지 않은데, 대략 변량의 10% 이상을 차지하는 경우는 드물다(Thoits, 1983). 건강 결과 측정치를 사용할 때는 상관이 더 작아지며 보통 0.1과 0.2 사이에 있다(Tausig, 1982 참조). Brown과 Andrews(1987)는 우울증과 생애 사건 간의 관련성이 미약한 것은 우울증이 중대한 손실이 없을 때는 잘 발생하지 않지만, 중대한 손실이 우울증으로 이어지지 않을 때도 종종 있기 때문이라고 주장한다. 이 분석은 우울증 취약성에 대한 개인차의 역할을 강조한다. 달리 말하면, 생애 사건 영향의 약점은 개인 평가가 갖는 중요성을 반영할 수 있다. 어떤 사람은 중대한 장애일지라도 관리할 수 있는 것으로 평가하는 반면에, 다른 사람은 사소한 사건에도 스트레스를 받을 수 있다. DeLongis 등(1982)은 삶에서 상대적으로 사소한 '일상의 귀찮은 일'이 심각한 생애 사건만큼 건강 성과를 더 잘 예측하는 인자로 나타나며, 그 이유는 사소한 사건의 중요성에 비례하여 평가를 유발할 수 있기 때문이라고 주장한다. 생애 사건과 스트레스 결과 간의 관계는 귀찮은 일상적 일들에 의해 조정되기도 한다(Weinberger, Hiner, & Tierney, 1987). 추가로 Lazarus와 Folkman(1984)은 귀찮은 일상적 일들과 스트레스 간의 관계는 호혜적일 수 있다고 지적한다. 개인이 보고한 일상의 귀찮음이 높은 수준이라면 이는 대개 비효율적으로 대처한다는 신호가 될 것이다. Zautra와 Guarnaccia, Reich(1989)는 사소한 생애 사건이 가져오는 정서적 후행사건에 관한 연구 프로그램을 고찰하였다. 그들은 사소한 생애 사건들이 불특정한 스트레스 유발 효과를 가지고 있는데 신경증에 대해 통계적 통제를 하자 불안과 우울이 모두 증가되었다고 결론내린다. 우리는 스트레스 결과에 관한 인지적 변인들의 인과율에 대한 연구들을 제11장에서 더 자세히 평가한다.

스트레스의 원인: 성격

Folkman 등(1986)은 성격이 대처에 미치는 영향력은 상대적으로 미약하다고 주장한다. 동일한 표본을 대상으로 다섯 번이나 다른 상황에서 모은 평가치와 정서 간의 평균 상관은 대략 0.2였다. 이 결과는 단일한 관찰들의 비신뢰성을 잘 반영하며(Eysenck & Eysenck, 1980 참조) 다른 연구에서는 대처에 대한 다양한 성격 예언인자들이 확인되었다. 교류적 조망으로는 성격이 스트레스 지표의 예언 여부는 물론이고 성격과 스트레스 증상 간의 관계에서 평가 및 대처 과정의 역할도 검증하는 것이 중요하다. 이런 맥락에서 가장 중요한 성격 차원은 아마도 스트레스의 광범위한 지표들과 상관이 있는 신경증(또는 특성불안)일 것이다(Deary & Matthews, 1993). 스트레스의 가능성과 관련된 다른 성격 차원들로는 인지 실패(Broadbent et al., 1982)와 외적 통제 소재(Cox & Ferguson, 1991), 기질적인 자기초점(Ingram, 1990) 등이 있다. 이러한 모든 특성은 대처 스타일의 특징과 연결되며, 스트레스에 대한 기질적 취약성에 영향을 줄 수 있다. 신경증 환자는 정서 중심 및 회피 전략을 더 많이 사용한다고 보고하며(Dorn & Matthews, 1992; Endler & Parker, 1990; McCrae & Costa, 1986), 특히 이들 전략은 비효과적이라고 평가된다(McCrae & Costa, 1986). 신경증 환자의 특징이 되는 이러한 인지적 특성이 생애 스트레스에 대한 취약성의 증가를 설명한다(Denney & Frisch, 1981). 자기보고식의 인지 실패는 직접적 대처는 조금하고 정서 중심적 대처는 많이 하는 것과 관련이 있기 쉽다(Broadbent et al.에 인용된 Parkes, 1986; Matthews et al., 1990a). 외적 통제 소재 또한 직접적인 문제 지향적 대처의 감소와 관련이 있는 것 같다(Parkes, 1984). 통제 소재는 스트레스 완충 효과가 있을 것이다. 비록 데이터 일관성은 떨어지지만(Cox & Ferguson, 1991; Hurrell & Murphy,

 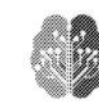

1991), 내적 통제 소재가 부정적인 스트레스 결과에 관한 생애 사건의 역효과를 줄인다는 일부 증거도 있다. 제9장에서 더 깊게 논할 텐데, 대처에 관한 추가적인 영향력은 기질적인 자기초점 그리고 오랫동안 계속된 자기평가(사적 자기초점) 또는 자신에 대한 타인의 지각을 평가하는(공적 자기초점) 경향성이다. 예를 들어, Wood 등(1990a)은 자기초점 수준이 높은 남성이 낮은 수준의 남성보다 수동적이고 반추적인 대처 스타일을 더 많이 사용한다고 보고한 것을 제시하였다.

신경증은 대처뿐만 아니라 정서에도 영향을 미친다. 신경증이 있는 사람은 양성의 신체적 증상을 걱정의 이유로 해석하며(Costa & McCrae, 1980), 부정적인 신체 증상을 선택적으로 부호화하는 경향이 있다(Larsen, 출간 중). 신경증이 자기보고식 측정의 더 나쁜 건강과 관련된다는 것을 발견한 것은 주로 신경증과 객관적인 나쁜 건강 간의 관련이기보다는 오히려 건강에 대한 신경증적인 지각 때문일 수 있다(Watson & Pennebaker, 1989). Gallagher(1990)는 학부생 371명의 표본에서 신경증 및 학업 스트레스의 위협 평가 간에 0.45의 상관관계를 보고한다. Parkes(1986)는 신경증이 부적응적 대처와 관련이 있다는 것뿐만 아니라 신경증 및 다른 형태의 대처 간의 관련성이 스트레스를 받는 에피소드의 특성에 따라 변하는 것도 발견하였다. 신경증은 적당히 까다로운 작업 환경에서는 더 낮은 수준의 직접적인 대처와 관련되고, 요구가 높은 환경에서는 스트레스에 대한 더 낮은 억제와 관련되었는데, 이는 신경증 효과가 평가에 의해 수정된다는 것을 의미한다. 이와 비슷하게 Parkes(1990)는 작업 요구가 높게 평가되는 상황일 때는 신경증 수준이 더 높은 피험자들만 스트레스 증상을 더 많이 보고한다는 것을 발견하였다. 신경증과 지각된 요구 또한 정적 상관관계가 있었다. 즉, 신경증은 개인과 환경 간의 인지적 교류에 영향을 준다.

통제 소재 같은 기타 성격 차원에 미치는 스트레스 영향에 대한 평가는 다소 모호하다. 통제 소재는 종종 생애 사건의 통제력 지각을 예측하지 못하고(Nelson & Cohen, 1983), 영역-특정의 측정이 통제 신념을 더 잘 예측할 수 있다는 주장도 있었다(Phares, 1976). Lazarus와 Folkman(1984)은 특정의 통제신념과 하나님, 운명, 정의 등에 관한 실존적 신념이 어떻게 평가와 대처에 영향을 미치는지를 논하였다. Parkes(1991)는 통제 소재와 일반적인 스트레스 척도 간의 관계가 지각된 작업 요구 및 재량에 의존함을 보여 주었다. 외적 소재의 개인은 특히 작업 요구 수준은 높고 업무 재량 수준은 낮은 조합에서 취약했다. 인지 실패와 평가 간의 관계는 아직 조사되지 않았다. 기질적인 자기초점과 평가에 대한 미발간 연구는 다음 절에서 논의한다.

일반적으로 성격 측정이 스트레스 결과와 인지 과정 둘 다를 예측한다는 만족스러운 증거는 있지만, 검토된 많은 연구가 다양한 성격과 인지 척도의 혼입(confounding)을 검증하지는 못했다. 예를 들어, 통제 소재 효과가 상관관계에 있는 특성 불안/신경증에 의해 매개되는 정도는 불분명하다(Hurrell & Murphy, 1991 참조). 우리는 신경증이 직접 스트레스를 유발하는 여부를 제11장에서 더 상세하게 논의한다. 또한 대처 전략의 선택이 주의 용량에 따라 변하는 정도도 불확실하다. 쉽게 걱정하는 성격의 개인과 높은 수준의 정보처리 요구에 노출된 사람은 인지 부하량을 줄이는 전략을 택하는 경향이 있을 거라고 우리는 기대한다(Schonpflug, 1986 참조).

성격 및 평가에 관한 두 편의 최근 연구

저자들이 최근 연구에서 얻은 성격과 평가 간의 관계성 그리고 성격을 중재하는 이차 평가 과정의 역할에 관한 증거를 더 제시한다. 우리는 두 편의 연구를 좀 상세하게 논하려 한다. 이 연구들은 교류 기반 연구에서 보통 사용되는 방법들을 명확히 보여 주고, 대처 및 스트레스 결과가 개인 및 상황적 평가 요인 간의 복잡한 상호 작용에 의존하며, 단지 교류적 접근 안에서만 만족스럽게 수용되기 때문이다. Wells와 Matthews(1994)는 여성 간호사 139명이 스트레스 상황에서 사용하는 대처 전략의 유형들을 연구하였다. 그들은 능동적 대처 전략이 수동적 억제보다 더 많은 용량이 필요하고, 주의집중을 요구하는 상황에서는 자기초점의 영향을 더 받을 것이라고 예측하였다. 피험자들은 최근의 스트레스적 사건들을 약술하고, 사건의 중요성 및 통제력과 자신이 사용한 대처 전략 세트를 평가하게 했다. 대처 전략 문항들은 Billings와 Moos(1981)의 문제 및 정서 중심 대처 검사 그리고 Lazarus와 Folkman(1984)의 대처 검사는 Parkes(1984)가 개발한 억제 하위척도로 구성된다. 또한 피험자들은 사적 자의식 검사(Fenigstein, Scheier, & Buss, 1975)와 인지 실패 검사(Broadbent et al., 1982)를 받았다. 실험 결과는 일반적으로 높은 자의식이 문제 중심 대처의 사용 감소와 그리고 혼입된 통제력 상황에서는 정서 중심 대처의 사용 감소와 관련이 있는 것으로 나타났다. 용량 가설과 일치하는 결과로서 문제 중심 대처는 일반적으로 외부 자극에 주의를 할당하고 대개는 행위를 통제함으로써 자기주의(self-attention)에 의해 손상된다고 제안한다. 정서 중심 대처는 덜 까다롭지만, 상황 통제력 평가가 혼입되거나 모호할 때처럼 평가 자체가 특히 까다로운 상황에서는 혼란을 겪을 수 있다. 신경증과 마찬가지로(Parkes, 1986) 대처에 관한 자기초점의 영향은 상황이 유발하는 평가 유형에 달려 있다. 이차 평가에 관한 성격 관계의 종속성은 Folkman 등(1986)이 지적한 개인차 불안정성에 대해 어떤 통찰을 제공한다. 어떤 경우에는 대처가 상황 요인에 크게 끌려 가지만, 상황이 모호하거나 새로운 것으로 평가될 때는 성격이 더 큰 역할을 한다.

Matthews와 Mohamed, Lochrie(1994)는 대학원생 표본(n=141)에서 성격이 스트레스 결과뿐만 아니라 광범위한 평가 및 대처 변인에 미치는 영향을 검증하기 위한 연구(미발표)를 하였다. 피험자는 표준 성격검사를 작성하고 일반적으로 스트레스를 받는 사건 9개를 평가하고 대처 스타일에도 응답하였다. 만성 스트레스 수준의 측정은 일반건강 질문지(General Health Questionnaire: GHQ; Goldberg, 1978), Fisher(1989)의 향수병 척도, 9개 사건 전체에 대한 스트레스 평가의 평균, Fenigstein 등(1975)의 사회적 불안척도 등을 활용하였다. 〈표 8-1〉의 처음 세 열은 성격 변인과 스트레스 결과, 평가 및 대처 방법 간의 비-교정된 상관관계를 보여 준다. 높은 GHQ 점수와 같은 스트레스 증상은 높은 신경증(N), 낮은 외향성(E) 및 더 높은 공적 자의식(PU)과 상관관계의 경향이 있다. N과 PU가 높은 피험자는 상황을 더 위협적이며 손실과 관련된 것으로 평가하는 경향이 있었고, 세 변인 모두 상황의 변화 가능성에 대한 이차 평가와 상관관계가 있었다. N과 PU가 모두 높은 피험자는 선행 연구(예: McCrae & Costa, 1986)에서처럼 자기비판과 거리두기를 더 많이 사용하나, 문제 중심 대처는 덜 사용하는 경향이 있었다. 마지막 세 열은 기타 성격 요인 그리고 연령과 성별 같은 인구통계 변수를 통제한 후의 부분 상관관계를 보여 준다. 이 자료는 신경증과 공적 자의식이 해당 종속 측정치들에 독립적인 영향을 미친다는 것을 보여 준다. 공적 자의식은 N(신경증)을 통제한 후에도 GHQ 총점, 사회불안, 자기비판, 위협 및 변화 가능성 측정치를 예측하였다. 마찬가지로 내향성은 특히 향수병과 사회불안, 상황을 바꾸기 어려운 것으로 평가하는 것과 관련이 있었다.

놀라운 것은 사적 자의식이 전반적으로 스트레스 결과나 평가 측정치를 예측하지 못한다는 점이다. Matthews 등(1994)은 Wells와 Matthews(1994)가 발견한 그런 종류의 이차 평가와 사적 자의식의 상호작용을 검증하였다. 이 경우, 여러 상황의 변화 가능성 평균치를 연속변수로 취급하고 자의식 그리고 평가와 대처를 나타내는 선형 및 곡선 이차 항 간의 상호작용을 검증하였다. 상호작용 항은 자의식과 인구통계적 변수 및 변화 가능성 평가와 대처로 〈표 8-1〉에 나타난 종속변수를 설명하는 회귀식에 유의한 기여를 하는 것으로 나타났다. Parkes(1986)의 설명처럼 실험 결과는 자의식이 평균보다 상하 1SD에 속하는 피험자로 나누어 그린 회귀선으로 나타낼 수 있다. 또한 회귀선들은 변화 가능성의 선형 효과를 반영하는 것인데, 이는 문제 중심 대처와 유의한 정적 상관, 긍정적 재평가와는 부적 상관이 있고 긍

표 8-1 성격, 스트레스, 평가 간의 관련성, (1) 단순 상관, (2) 기타 성격 및 보정된 인구통계적 변수와의 부분 상관계수

		단순 상관계수			부분 상관계수		
		N	E	PU	N	E	PU
스트레스 결과	GHQ: 총점	0.57**	−0.26**	0.37**	0.49**	–	0.20*
	향수병	0.33**	−0.40**	0.23**	0.35**	−0.31**	–
	사회불안	0.52**	−0.56**	0.34**	0.29**	−0.52**	0.23*
	스트레스 평가	0.52**	−0.16	0.31**	0.45**	–	–
일차 평가	위협	0.43**	−0.13	0.35**	0.26**	–	0.22**
	손실	0.36**	−0.08	0.26**	0.33**	–	–
	도전	0.09	0.09	0.13	–	–	–
이차 평가	변화 가능성	−0.25**	0.30**	−0.29**	–	0.34**	−0.27**
	개인 통제력	−0.35**	0.20*	−0.09	−0.30*	–	–
대처 방식	문제 중심	−0.20*	0.19*	−0.19*	–	−0.18*	–
	직면하기	0.15	−0.12	0.23**	–	–	0.22*
	긍정적 재평가	0.05	0.19*	−0.11	–	–	–
	자기비판	0.47**	−0.24**	0.43**	0.32**	–	0.31**
	사회적 지지	−0.06	0.16	0.00	–	–	–
	거리두기	−0.04	0.02	0.06	–	–	–
	주의분산	0.17*	−0.07	0.18*	–	–	–

* $P<0.05$; ** $P<0.01$

N = EPQ (Eysenck & Eysenck, 1975) 신경증; E = EPQ 외향성; PU = 공적 자의식(Fenigstein et al., 1975).

정적 재평가(일종의 정서 중심적 전략) 및 위협평가와는 유의한 부적 상관이 있어서 교류 이론에 부합하는 결과이다. [그림 8-1]은 낮은 자의식을 가진 피험자들의 회귀선을 보여 준다. 세 가지 대처 전략 모두의 사용은 지각된 변화 가능성에 따라 증가하고, 문제 중심 대처는 무엇보다도 교류 이론과 일치한다. 위협평가도 그에 상응하

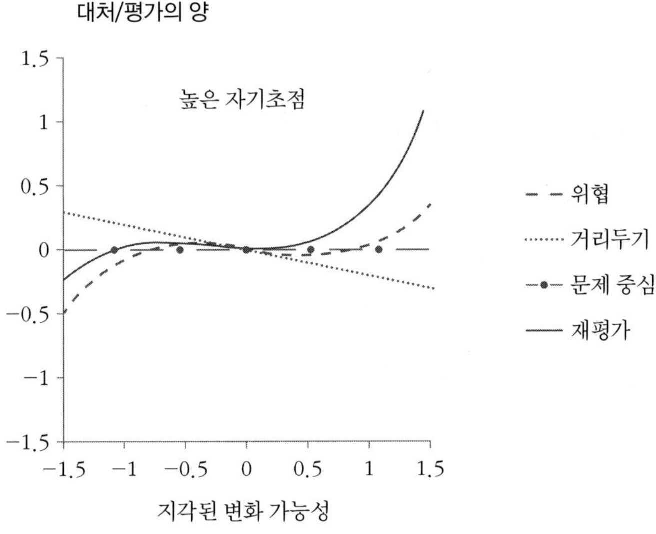

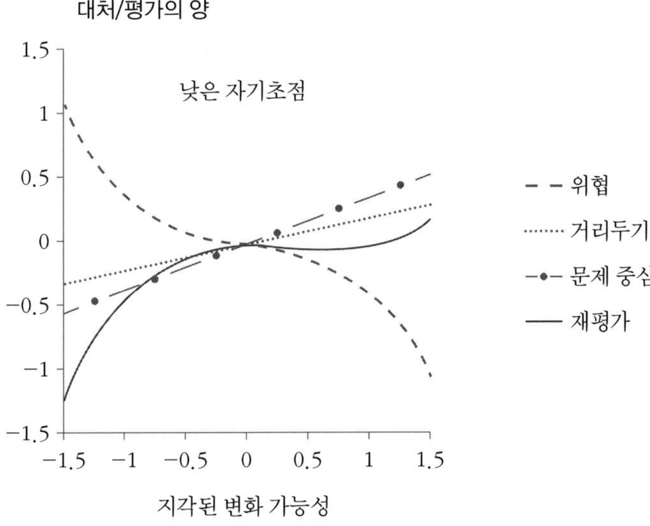

[그림 8-1] 사적 자기초점이 높은 피험자(상부 그림)와 낮은 피험자(하부 그림)에서 평가와 대처 변인을 지각된 변화 가능성과 관련시킨 회귀선. 회귀선은 자기초점의 평균 수준보다 1SD 상하에 있는 피험자들에서 산출된 것이다(Matthews et al., 1994).

여 감소한다. [그림 8-1]에는 자의식이 높은 피험자의 회귀선도 있다. 변화 가능성이 증가함에 따라 재평가 사용이 크게 증가하고 거리두기 대처는 감소하며 위협평가는 증가한다. 일반적 추이와는 달리 문제 중심 대처는 실은 일정하다. 즉, 변화 가능한 상황에서는 피험자가 문제에 초점을 증가시키는 전략을 생성할 수 없는 것처럼 보인다. 선호되는 재평가 전략도 위협평가의 상승 경향 때문에 효과적인 것 같지는 않다.

스트레스 과정에서 주의에 대한 자기초점적 역할

요약하면, 신경증과 공적 자의식은 모두 스트레스 관련 인지 및 증상의 일반적인 성향과 관련되는 것으로 보인다. Kuiper와 Olinger, MacDonald(1988)는 다른 사람의 평가를 지나치게 걱정하는 자의식 때문에 공적 자의식은 특히 스트레스 취약성과 관련된다고 주장한다. Matthews 등(1994)의 자료에서는 공적 자의식과 자기비판을 통한 대처 간 관련성은 다른 사람들과의 비교와 자기불일치의 활성화가 원인일 수 있으며, 이는 외적 사건이 상대적으로 미미할 때도 스트레스 증상을 야기한다.

스트레스 과정에 대한 사적 자의식의 영향은 개인의 이차 평가에 의존한다는 점에서 보면 좀 더 미묘하다. 우리는 상황에서 무언가를 할 수 있다고 자각하는 사적 자기초점의 피험자들이 종종 자기 규제를 시도하면서 재평가의 반복적인 회로에 갇혀서 상황이 요구하는 문제 지향적 대처 수준을 보여 주지 못한다고 제안한다. 문제 지향적 대처를 위한 재평가의 대안은 사건이 변하면 쉽게 부적절해진다. 사적 자기초점의 효과는 정보처리 과정의 요구 수준에 달려 있는 것 같다. Matthews 등(1994)의 대학원생 연구에서 스트레스 요인은 직장이나 재정 문제가 익숙한 사건이었고, 주요 생애 사건이기보다 오히려 귀찮은 일상의 일이다. 주의의 요구는 사적 자기초점이 높은 개인에서 대처력을 손상시키는 데 불충분할 수 있다. 이와는 달리 Wells와 Matthews(1994)의 연구에서 피험자들이 보고한 사건들은 신체 공격을 받는 심각하고도 좀 이상한 위기상황이었다. 이러한 사건들에 대한 평가와 대처에는 아마도 주의 용량이 더 필요하고, 자기초점 및 평가의 속성에 따라 개인은 인지 과부하에 더 취약해질 것이다.

스트레스 과정의 사회적 측면

타인은 잠재적으로 스트레스의 출처이기도 하고 대처 자원도 될 수 있다. 다른 사람이 직접 적대적이거나 위협을 주는 경우를 뺀 가장 강력한 사회적 요구는 직장이나 가정 내에서 규정된 사회적 역할에서 유래한다. Lazarus와 Folkman(1984)은 여러 역할들의 요구가 서로 충돌하거나 역할의 모호함 또는 개인의 대처 자원을 넘어선 필수적인 역할 조건 때문에 역할 스트레스를 받을 수 있다고 지적한다. 생애 사건들은 종종 자신의 안녕에 대한 영향 때문만이 아니라, 건강한 것보다는 아프거나 일보다는 실직 같은 새로운 역할에의 적응 때문에 스트레스를 받는다. 결혼처럼 본질상 긍정적인 사건도 역할 부담을 수반하기 쉽다. 그러나 역할 갈등의 특별한 속성은 스트레스 영향을 결정하는 데 중요할 수 있다. Brown과 Andrews(1987)가 보고한 종단적 자료는 역할 갈등이 생애 사건과 동반될 때 역할 갈등이 우울증을 예측한다는 걸 보여 준다. 그들은 일과 엄마 역할에 갈등이 있는 여성 사례를 제시하는데, 그녀는 딸이 엄마 지갑에서 돈을 훔치는 것을 발견했을 때만 우울해지기 시작했다. 역할 부담은 별도의 사건이 아닌 직무불만족과 같은 영속적이며 비교적 사소한 부적응적인 역할과도 관련될 수 있다(Pearlin & Lieberman, 1979). Lazarus와 Folkman(1984)은 만성적인 역할 불만족을 소외와 사회적 무질서(anomie)의 사회학적 개념과 동일한 것으로 본다(Kanungo, 1979).

역할 부담에 관한 멋진 예로는 스트레스의 부수적인 위험과 '문화 충격'이 예고되는 타국으로 직무 이동하는 경우가 있다(Brett, Stroh, & Reilly, 1992). 국가 간 기관 변경에 따른 스트레스는 새 직무로 이동하기 전의 정보 부족(Brett & Werbel, 1980)과 낯선 직무의 지각(Pinder & Schroeder, 1987) 같은 역할 불확실성이 높은 요인들과 연관되어 있다. 특히 사회적 역할의 중요성은 스트레스와 대인관계 갈등에의 적응에 대한 영향력(Black, 1990) 그리고 해당 직원 배우자의 태도(Brett et al., 1992) 등으로 입증된다. 덜 드라마틱하지만, 직무 스트레스는 '개인-환경 적합성'의 결여(French, Caplan, & Harrison, 1982)와 관련이 있고, 직무 역할은 직원의 동기부여 그리고/또는 능력과도 일치하지 않는다(Jackson & Schuler, 1985 참조). 인지적 평가 과정은 역할 변화로 인한 스트레스 영향들과 연루되기 쉽다. Fisher(1990)는 불안과 우울, 강박

등의 전형적인 증상들을 동반한 학부생들의 향수병은 학업 요구에 대한 통제력이 스스로 부족하다고 지각한 학생들에서 더 높았다고 보고한다. 이 외에도 이 책의 다른 곳에서 주장했던 것처럼 자기초점 주의는 부정적 인지와 정서를 악화시키는 새 환경의 낯섦 때문에 증가하는 경향이 있다(Wicklund, 1982).

우울증 연구에서는 사회적 변인의 어떤 인과적 역할을 제시한다. Barnett와 Gotlib (1988)가 고찰한 우울증에 대한 종단적 연구에서는 사회적 통합의 결여 및 부부 스트레스 모두가 차후의 우울증을 예측한다고 결론 내린다. Barnett와 Gotlib(1988)는 결혼의 고통이 단순히 다른 영향력 때문에 발생된 병적 측면의 촉발인자로 작용하는지 또는 그것이 자존심과 대처 자원을 낮추는지 여부는 불분명하다고 지적한다. 사회적 상호작용의 질 또한 일상생활에서 겪는 기분에 강력한 영향을 미치는 것으로 보인다(Clark & Watson, 1988). Oatley와 Bolton(1985)은 스트레스 역할과 임상 우울증의 사회 인지 모델을 추천한다. 가장 중요한 가정인데 안녕은 생애 사건들의 결과로 잃을 수 있는 '자기결정 역할(self-definitional roles)'이 필요하고, 결과적으로 스트레스를 받게 된다는 것이다. 예를 들어, 임상 우울증은 자원봉사를 계속하는 실업자처럼 가능한 다른 역할의 탐색을 피하게 한다. 이 가설은 '사회적 단절'이나 사회적 역할의 상실이 특히 우울증 발병과 관련 있다고 예측한다. 여러 연구마다 서로 다른 결과를 보고한다는 것을 발견한 Stokes와 McKirnan(1989)은 그 증거를 검토해 보았다. 예를 들어, Slater와 Depue(1981)는 사회적 단절이 특히 자살 시도자들이 보고한 생애 사건들에서 빈번하였음을 발견하였다. 이에 반해, Schaefer와 Coyne, Lazarus(1981)는 종단 연구에서 단절 사건이 우울증과 의욕을 예측하지 못했음을 보고하였다. 사회적 역할의 상실 때문에 나름 개인이 스트레스와 우울증에 취약해질 수 있다고 상정하는 게 타당한 것 같으나, 단절 사건이 우울증 야기에 핵심이라는 견해는 그 중요성을 과장한 것일 수 있다.

사회적 지지

스트레스를 극복하는 한 가지 방법은 안녕(Barnett & Gotlib, 1988; Turner, 1983)과 건강(House, Landis, & Umberson, 1988) 양자에 인과적 영향력이 있을 것 같은 사회적 지지를 찾는 것이다. 이 영역의 권위자인 Cohen과 Wills(1985)의 고찰에서는 사

회적 지지의 개념화들 사이에서 불일치가 많음을 지적한다. 그들이 찾아낸 뚜렷한 차이 하나는 사회적 네트워크의 구조와 지지 기능의 구체성에 있다. 개인이 사회적 네트워크 속으로 통합되어 사회 접촉을 많이 하는 정도가 안녕에 **주된 효과**(main effect)를 갖는 것 같다. 이웃 및 공동체와 함께하는 상호작용 빈도의 측정은 우울증의 감소 및 기타 사소한 정서적 증상의 느낌들과 관련이 있다. 그렇다고 해서 사회적 통합이 위협적 사건에 대해 **완충 효과**(buffering effect)가 있는 것 같지는 않다. Cohen과 Wills는 많은 연구에서 상호작용을 탐지하지 못하는 방법론적 문제가 있다고 경고하지만, 통합과 안녕 간의 관계는 대체로 스트레스 사건의 수준에 따라 증가하지 않는다. 자존심의 향상, 구체적인 정보나 물질적 도움의 제공 그리고 사회적 친교 같은 다양한 사회적 기능이 확인되었다(Schaefer et al., 1981 참조). 하지만 이런 종류의 측정치를 사용한 연구들도 다소 일관적이지 않은 결과를 제시한다. Cohen과 Wills는 방법론상 더 견고한 연구들이 특정 형태의 사회적 지지가 우울증 및 위협적 사건으로 유발된 기타 스트레스 증상을 감소시켜 주는 완충 효과를 보여 준다고 주장한다. 그들의 고찰에 따르면 배우자나 가까운 친구 같은 친밀한 사람은 자신감과 개인 효능감을 증가시켜 주는 느낌을 갖게 하므로 신뢰할 만한 스트레스 완충 효과가 있다. 또한 상황의 욕구에 대한 사회적 지지의 질과 관계도 중요하다고 제언한다.

Cohen과 Wills의 고찰이 내린 결론은 부분적으로 도전을 받았다. 사회적 통합이 항상 명백하게 유익하지는 않다. Hobfoll과 London(1986)은 사회적 지지와 고통 간에 **긍정적인** 관련성이 있는 다수의 사례를 보고한다. 지원 효과들은 상황과 사람에 따라 변한다는 주장이다. 예를 들어, 높은 수준의 사회적 통합은 개인을 타인 문제에 노출시킨다. Kessler와 Price, Wortman(1985)은 사회적 지지의 모든 노력이 수혜자에게 수용되는 건 아니라고 지적한다. 쾌활한 행동과 낙관적인 발언은 스트레스를 받는 사람을 더 고립시키는 느낌을 갖게 하며, 물질적 지원의 제공은 수혜자로 하여금 자기 문제를 다룰 수 없음을 시사한다. 타인에 대한 지나친 의존이 스트레스 취약성의 출처가 될 수 있다는 증거도 있다(Becker, 1977). Freden(1982)은 사회적 단절이 특히 기질상 사회적으로 더 의존적인 사람에게 피해를 주고 있다고 제언하였다. 의존성이 더 높은 사람이 사회적 네트워크를 더 많이 형성하는데, 이는 사회적 지지에 관한 상반되는 증거를 설명할 때 도움이 될 수 있다. Stokes과

McKirnan(1989)은 관련된 연구에서 결과의 측정과 사회적 지지가 일반적으로 혼재되어 있기 때문에 사회적 지지의 스트레스 완충 가설에 의문을 제기하였다. 스트레스 사건에서 사회적 지지에 대한 지각은 스트레스 결과의 심각성에 의해 편향될 수 있다.

스트레스 상황에서 사회적 요인 역할에 대한 설명

데이터에서는 사회적 요인의 중요성이 논란의 여지가 없음을 보여 주지만, 그 효과의 근본적인 기저에 관한 직접적인 증거는 거의 없다. 평가와 대처의 영향으로 각각 교류 접근식 틀 안에서 사회적 요구와 사회적 지지를 다룰 수는 있다(Lazarus & Folkman, 1984). 어떤 유형의 정서는 특히 사회적 성격을 지닐 수 있다. 예를 들어, 분노는 타인이 사건에 대한 책임을 져야 한다는 이차 평가로 발생할 수 있다(Lazarus & Smith, 1988). Dunkel-Schetter와 Folkman, Lazarus(1987)는 사회적 지지의 수용이 대처 전략과 관련이 있음을 보여 주었다. 그들은 지원과 대처 간의 호혜적 관계를 제안한다. 사회적 지원은 어쩌면 정보와 보조, 정서적 지지를 제공함으로써 대처에 영향을 미친다고 본다. 이와 반대로, 대처 전략의 수행은 타인에게 지원이 필요하다는 신호를 보내며, 특정한 유형의 지원을 끌어 내거나 방지할 수 있다. 원론적으로 우리는 사회적 사건이 특별한 자격은 없다고 주장할 수 있는데, 뭔가 다른 스트레스를 만나는 것처럼 타인과의 교류는 평가와 대처 과정에서 동일하게 영향을 받기 때문이다. 타인의 중요성을 자신이 지각한 것에 따라 사회적 영향력이 커진다. 달리 말하면, 타인에 의해 호의적으로 보이려는 욕구라는 가설(Harre, 1980), 예를 들면 자기에 관한 사회적 구성물에 대한 타인과 사회의 역할(예: Turner, 1978)이란 측면에서는 '순수한' 사회심리학적 해석이 개발될 수 있다. 하지만 이러한 부류의 분석은 이 책의 영역을 넘어선 것이다. 본질적으로 인지적이며 전반적인 처리 과정에서처럼 우리는 스트레스에 관한 사회적 영향력이 안정적인 지식 구조물과 활성화 과정, 주의 등의 지배를 받는 것으로 보고 있다. 사회적 영향력의 특성은 특히 개인적 및 사회적 표준에 있는 사회적 지식의 특정 내용과 그리고 Dunkel-Schetter 등(1987)의 논의처럼 사회적 상호작용의 호혜적 속성과도 연관되어 있다.

사회적 상호작용은 스트레스적인 우연한 만남에서 개인의 주의에 영향을 주는 방

식과 특히 관련이 있다. Felson(1985)은 **반영된 평가**(reflected appraisal)라는 아이디어, 즉 자기신념은 자기에 대한 타인 판단의 신념의 영향을 받는다는 생각을 논하였다. 반영된 평가는 종종 개인이 일반적으로 사람들에 의해 어떻게 지각되는지에 관한 신념인데, 특정한 개인보다는 Mead(1934)의 '일반화된 타자(generalised other)'이다. 사회적 상호작용에서 자기 충족적 예언(self-fulfilling prophecy)의 작동에 대한 증거는 많다. 사람들은 타인의 기대를 확증하기 위해 행동하는 경향이 있다(Miller & Turnbull, 1986). 만일 우리가 자기신념을 스키마라고 부르는 어떤 구조화된 방식으로 기억에 저장된다고 가정한다면(Markus, 1977 참조), 이는 사회적 상호작용이 자기 스키마나 스키마의 다른 부분들에의 접근 가능성에 편향될 수 있다는 의미가 된다. Markus와 Kunda(1986)는 자기를 개인 경험 및 특성의 여러 다른 측면과 관련된 여러 스키마의 배열로 구성되어 있는 것으로 본다. 일반적으로 다른 사람한테서 받은 단서는 다소 긍정적인 자기 관련 스키마를 활성화하거나 억제하는 것을 도와준 다음 주의에 영향을 줄 거라고 상정하는 것이 합리적이다. 제9장에서 논의한 것처럼 사회공포에 대한 자기평가는 특히 이러한 부정적 단서에 민감할 수 있다.

어떤 사회적 효과는 일차 평가와 관련된 직접적인 효과가 상당히 있다. 예를 들어, 비록 피드백의 수용이 타인의 유능성 지각과 같은 다양한 요인에 의존하기는 하지만, 타인은 자기 자질에 대해 직접 피드백을 준다(Shrauger & Schoeneman, 1979 참조). 결혼 갈등의 부정적인 영향은 어느 정도 중요한 타인이 자기에 대해 말한 부정적 평가가 그저 반영된 것일 수 있다. 타인과의 사회적 비교 또한 자기평가의 중요한 원천이고 중요한 특질에서 타인이 우월하다고 지각한다면 위협의 잠재적인 원천이 된다(Festinger, 1954; Wood, 1989).

사회적 스트레스의 역동적 요인

부정적인 사회적 단서와 자기에 관한 부정적 신념 간의 인과관계 속성을 추정하기는 어렵다. 종단 연구에서는 결혼 갈등이 미래의 우울증을 가장 잘 예측해 주는 신뢰로운 예언변인이다(Barnett & Gotlib, 1988). 그러나 Brown과 Andrews(1987)는 결혼상황에서 부정적 상호작용과 부정적 자기평가 간 상관이 매우 높음을 발견하였다. 단 종단 자료에서 나온 변인들이 모두 우울증에 취약한 요인으로 작용했으나,

인과적 영향력은 잘 분리되지 않았다. 불행한 결혼의 부적응적인 혼란은 신경증으로 이어진다(Cramer, 1993; O'Leary & Smith, 1991). 우울증에서 사회 및 인지적 과정은 호혜적이며 역동적으로 쉽게 연결될 수 있다. Coyne(1976, 1985)는 우울증의 사회적 행동과 언어화는 우울증과 상호작용하는 사람인 경우 점진적으로 부정적 반응을 더 끌어내는 대인관계 관련 주기(interpersonal cycle 약칭, 대인 주기)가 교대로 우울 증후군을 쉽게 강화시키고, 특히 그 주기는 결국 우울한 개인의 대인관계 거절로 끝난다고 설명한다. 이 모델과 관련된 증거는 세밀한 부분에서는 다소 어려움이 있기는 하지만(McCann, 1990) 대체로 이를 지지하고 있다. 경험 자료에 의하면 개인이 우울증과의 상호작용 결과로 기분장애를 경험하는 것과는 일관성이 없으며, 특정의 우울 행동들이 우울증과 상호작용하지 않는 개인인 경우 부정적 반응을 유발하는지도 불분명하다. McCann(1990)은 부정적 대인관계 기대가 부정적 대인 주기의 유지에 인과율적으로 결정적인 역할을 할 수 있다고 제안한다. 우울증은 정보처리 경향의 결과로 자기 충족적 예언을 하며 타인과의 상호작용에 대해 일반적으로 부정적 결과를 기대한다. 신경증과 부정적 기분은 사회적 조우의 지각과 마찬가지로 부정적 효과를 갖는다(Campbell & Fehr, 1990; Forgas & Bower, 1987). 평가에서는 일반적인 부정적 편향 외에도 우울증은 부정적 성과 후 사회적 비교 정보를 찾는 빈도가 증가되며 부정적인 피드백에 더 많이 노출된다(Swallow & Kuiper, 1992). 다시 결혼 갈등과 우울증으로 되돌아가면 배우자들끼리 부정적 자기신념들로 다투는 것은 모두 역기능적인 상호작용 주기를 야기하고 결국 자기 유지 경향성이 우울 증상의 발현으로 이어진다. 고통스러워하는 부부는 각자 배우자의 진술과 행동을 타당한 것으로 보기보다는 부정적으로 해석하는 경향이 있으며, 부정적인 행동을 주고받으며 대응하는 경향이 있음이 입증되었다(O'Leary & Smith, 1991). Eysenck(1992)는 불안한 개인은 타인의 행동을 실제보다 더 위협적인 것으로 해석하므로 두려운 행동을 유발하는 공격적인 또는 방어적인 행동을 하게 될 가능성이 있다.

사회적 지식의 역할

좀 더 미묘한 효과는 잠재적인 사회적 지식의 재활성화에 의존한다. 우리는 제3장에서 선택적 주의가 태도(Roskos-Ewoldsen & Fazio, 1992)와 성격 특성 용어(Pratto &

John, 1991) 같은 사회적 구성개념체계에 의해 기본적으로 영향을 받을 수 있다고 이해하였다. Higgins(1987, 1990)의 지식 활성화 이론은 사회적 지식의 활성화 모델이라는 측면에서 그러한 효과들을 설명한다. Higgins(1987)는 부정적 감정을 자기불일치의 활성화와 관련시킨다. 사회적 지식은 자기 및 다른 개인 그리고 집단이 지니고 있는 속성의 가치에 대한 표준적인 지침이다. Higgins는 지침에 대해 꽤 정교한 분류법을 제안하였다. 간략하게 말하면, 부정적 감정은 자기의 현실적 속성에 대한 평가 그리고 자기에 의해 이끌리는 이상 및 당위에 대한 평가 간의 불일치와 연관된다. 이상적인 자기지침은 개인의 희망과 열망을 나타내며, 당위적인 자기지침은 임무와 의무에 관한 신념을 나타낸다. 불일치는 자기가 이들 지침 중 하나나 둘에 미치지 못할 때 일어난다. 예를 들어, 시험에 낙방한 학생은 교육적 및 직업적 열망을 실현하지 못한 것을 지각함으로써 현실–이상의 불일치를 경험할 것이다. 발생된 부정적인 감정 유형은 불일치의 성질에 달려 있다. 현실–이상의 불일치는 실의 및 우울과 연관되어 있으며, 현실–당위의 불일치는 초조 및 불안을 동반한다. Higgins와 Bond, Klein, Strauman(1986) 그리고 Strauman과 Higgins(1987)가 보고했던 연구들은 불일치 측정이 몇 주 후 불쾌한 사건을 상상하는 방식으로 드러난 부정적 감정을 예측함을 확증시켜 준다.

정서 변화 또한 자기지침을 활성화함으로써 적절하게 점화된다(Higgins et al., 1986). 달리 말하면, 불일치는 스트레스에 대해 꽤 안정적인 취약한 부분이 될 수 있고, 스트레스 사건에 의해 쉽게 유발될 수 있다. 제9장에서 상술하는 자기초점적 주의는 자기지침의 접근 가능성을 증가시키고 따라서 취약해진 개인의 정서 문제를 악화시킨다. Higgins(1987)는 아동기에 부모와의 부정적 상호작용을 거치면서 불일치가 종종 발생할 수 있다고 제안한다. 일반적으로 사회적 표준을 대표하는 규범적인 가이드는 역할 요구와 연합된 스트레스와 연루될 수 있다. 예를 들어, 국외 거주자는 사업을 하고 우정 등을 형성할 때 자신의 규범적 가이드와 충돌하는 사회적 요구에 노출되고 그래서 평가 갈등과 정서 고통으로 표출된다(Higgins, 1990). 아마도 사회적 지지의 유익한 효과는 부분적으로 불일치의 감소로 나타날 것이다. 예를 들어, 지지적인 배우자나 친구는 긍정적인 자기신념을 활성화하거나 자기지침의 하향적 재평가를 격려하는 신호자극을 줄 수 있다.

사회적 지지의 지각은 또한 우울증과 연루된 것으로 구분이 되지만 안정적으로 조직화된 스키마 같은 지식 구조와도 연관될 수 있다(Beck, 1967). 이 가설을 지지하기 위해 Lakey와 Cassady(1990)는 사회적 지지 및 심리 고통 간의 관련성의 많은 부분이 역기능적 태도와 통제 신념 같은 부정적 인지의 개인차로 설명되는 것을 통계적으로 보여 준다. 사회적 지지에 대한 낮은 지각은 타인에 의한 지지적인 시도를 지각하는 편향과 연관되었고 또 도움을 주는 지지적인 행동 예에 대한 기억과도 연관이 있었다. Lindner와 Sarason, Sarason(1988)이 보고했던 실험적 증거에서는 수행과제에 미치는 도움의 가능성이 실제로 도움을 준 적은 없었어도 걱정에 주의를 덜 주는 인지로 인지 내용이 충분히 바뀔 수 있었음을 보여 주었다. Lindner 등(1988)은 사회적 지지가 스트레스 완충 효과로 스키마와 인지를 활성화한다고 제안한다.

사회적 지지에 대한 지각적 편향은 결국 안정적인 성격 특징에 의해 발생될 수 있다. Sarason과 Sarason, Shearin(1986b)은, 첫째, 사회적 지지의 지각은 3년 이상 안정적이고, 둘째, 지각된 사회적 지지와 객관적인 사회적 지지 간에는 관련성이 거의 없다는 것을 입증하였다. 더구나 지각은 특성불안 및 우울 같은 부정적 감정과 관련된 성격적 특징과 관련이 있는 것 같다(Stokes & McKirnan, 1989). 신경증이 높은 피험자들의 사회적 네트워크의 크기는 비슷하지만, 신경증 피험자들이 외로움을 더 타는 것 같다(Stokes, 1985). Stokes과 McKirnan(1989)의 분석에서는 사회적 지지를 다룬 많은 연구가 지각 및 스트레스 성과 모두에 영향을 미칠 수 있는 성격 요인들을 무시함으로써 사회적 상호작용의 직접적인 효과를 과대 평가할 수 있었다고 제안한다. 그러나 개인변인과 사회적 지지의 측정치가 항상 강하게 상관되어 있는 것은 아니기 때문에(Dunkel-Schetter et al., 1987) 따라서 안녕에 관한 사회적 지지의 직접적인 효과들이 정말 더 있을 가능성도 있다. 또한 건강 복지 전문가들이 제공하는 사회적 지지 개입은 그러한 효과의 기전들이 제대로 이해되지는 않았어도 생애 위기에 대한 적응을 돕는 데 효능이 있는 것 같다(Kessler et al., 1985).

사회적 요인 및 스트레스 과정: 결론

일반적으로 사회적 요인은 개인의 평가, 특히 반영된 평가 그리고 개인 및 사회적 표준에 관한 신념들 간의 갈등을 생성하거나 재활성화 또는 개선함으로써 스트레스에 영향을 줄 수 있다. 평가는 사회적 사건의 객관적 속성보다 더 중요하며, 즉시적인 사건 자체뿐만 아니라 안정적인 지식 구성체계의 영향도 받을 수 있다. 이론적으로는 Higgins(1987)의 지식 활성화 이론이 스트레스의 교류적 접근에 통합된 것(Cox, 1987; Lazarus & Folkman, 1984)의 적절한 설명적 기틀을 제공한다. 평가가 사회지식, 특히 자기불일치의 활성화에 의해 영향받는 것도 설득력이 있다. 그러나 자기지식의 불일치가 단지 스트레스적 정서의 주요 원인이라고 가정하는 것은 너무 제한적일 수 있다. 현실-이상의 불일치는 우울증을 발병할 수 있는데, 이는 스트레스적인 우연한 만남이 상실 관련 평가 쪽으로 편향을 주기 때문이고, 마찬가지로 현실-당위 불일치와 불안은 위협적 평가에 의해 중재될 수 있기 때문이다. 평가 유형이 인과관계의 중요한 힘이라면 자기지식의 활성화 없이도 기분에 영향을 미칠 수 있다. 또한 교류 이론은 자기불일치 활성화의 결과가 대처 능력의 이차 평가에 의해 수정될 것이라고 제언한다. Higgins(1990)가 지식 유형 이상으로 스트레스 통제 전략의 역할을 지적하고 있지만, 지식 활성화 이론은 대처의 역할을 약간 등한시하였다.

스트레스, 각성과 수행

스트레스 유도가 수행에 미치는 효과에 관한 실험 문헌은 방대하나, 여기서는 고찰하지 않을 것이다(Smith & Jones, 1992b, 포괄적 고찰 참조). 많은 연구가 소음, 열 등과 같은 물리적 스트레스 요인을 사용하지만 수행에 관한 효과가 스트레스 병인과 연관된 인지 과정이나 하위 수준의 심리생물적 기전으로 중재되는지 여부는 종종 불분명하다. 최근 몇 년 동안 스트레스 요인에 관한 일반 이론을 제공하려던 시도들은 대부분이 무산되었다. 전통적인 접근 방식은 각성을 통합된 구성개념으로 사용하고, 각성과 수행을 연결시킨 역 U 가설의 측면에서 스트레스 요인의 효과를 설명하려고 시도하였다(예: Duffy, 1962). 하지만 이러한 대규모적인 연구들도 실패한 것 같다. Eysenck(1982)와 Hockey(1984)는 이와 관련된 비평을 매우 많이 한다. 간단히 말하면, 각성과 수행은 다차원적인 것 같고, 스트레스 요인은 각성 외에도 다른 많은 기능에 영향을 주며, 각성 측정이 수행과 매우 신뢰롭게 관련되어 있지는 않은 것 같다(Matthews & Amelang, 1993; Neiss, 1988). 더 정교한 일반 이론마저도 경험적으로 실패했고 또는 적절하게 검증되지 않았다. 자료의 복잡성 때문에 수행에 관한 스트레스 요인 효과의 일반론을 구성하기가 어렵다. 이 영역에서 Hockey(1984, 1986)는 비교적 성공적인 현재의 포괄적인 이론 하나를 제시하였다. 그는 스트레스 요인의 효과는 스트레스의 원인 및 과제 유형 등에 따라 변한다고 주장한다. 스트레스 효과는 여러 인지 과정이 작동하는 변화의 패턴으로 가장 잘 설명된다. 예를 들어, Hockey(1984)는 소음은 각성도와 주의 선택도를 높이며, 빠른 반응 및 단기기억 등의 정확도는 떨어뜨린다고 답한다. 어떤 스트레스 요인은 외적 또는 내적 환경이 인지 상태에 미치는 효과에 의해 직접 주도되는 반면에, 다른 요인은 인지 과정의 효율성을 통제하는 조절 집행 체계조절의 적극적인 시도를 반영한다. 하지만 이런 식의 접근법은 스트레스 요인의 효과를 예측하는 일반적 증거를 제공하지 않기 때문에 이론상 후퇴가 된다. 개별적인 중재요소는 각각 세밀하게 조사되어야만 한다.

수행 효과의 상호작용 접근법

현재 맥락에서 실험실의 스트레스원에 관한 연구는 배우자나 직업을 잃은 사람, 즉 생애 사건으로 위협을 받는 사람들의 정보처리 특징을 예측할 수 있는 일반 원칙을 제공하지 못한다. 제6장에서 고찰한 정서적 고통 및 수행 결여 연구들이 오히려 더 적합하다. 우리가 스트레스 결과를 불쾌한 기분 및 감정과 동일시할 수는 없지만, 정서는 스트레스의 주요 증상이다. Matthews와 Jones, Chamberlain(1990c)은 비교적 경미한 스트레스원이 종종 스트레스 반응의 특수성을 특징짓는다고 주장하였다. 에너지 대 피로, 긴장 대 이완, 행복 대 우울 등 대비되는 세 가지의 기본적인 양극단의 기분 차원이 있는 것 같다. 특정의 스트레스원은 기분의 세 차원 중 하나에만 영향을 미치거나 혹은 기분에 전혀 영향을 주지 못할 수도 있다. 그러나 중증의 스트레스적 사건은 우울증과 긴장 및 피로가 특징이 되는 스트레스가 많은 기분 상태의 공통적인 패턴을 유발하는 것으로 나타난다. 기분 외에도 주의에 영향을 주기 쉬운 스트레스 상태의 공통적 요소로는 침투적 사고와 걱정, 주의의 자기초점, 인과적 귀인과 같은 구체적인 신념 및 인지, 적극적인 대처 및 노력의 정도 등이 있다. 스트레스 교류 모델은 우리가 스트레스의 출처를 피험자가 어떻게 평가하고 그 요구에 대처하려고 노력하는지를 반드시 평가해야 한다는 점을 함축하고 있다. Jones(1984)는 소음이 과제 수행에 대한 개인 능력의 지각에 영향을 미치며, 소음 때문에 부과된 요구를 보상하려는 노력은 이때 유발된 신념 및 귀인의 속성에 달려 있다고 제안하였다. 소음은 소음이 차단된 후에도, 특히 예측이나 통제가 불가능한 것으로 지각된다면 수행에 해를 끼칠 수 있다(Cohen, 1980). 이 효과에 대한 한 가지 설명은 피험자가 소음을 통제 불가능한 것으로 지각한 것은 소음 노출 후 적막한 때에도 노력 감퇴 전략(low-effort strategies)이 채택된다는 점이다. 달리 말하면, 스트레스 효과는 스트레스원에 대한 개인의 인지 및 정서적 반응을 자세히 살펴보지 않고서는 만족스럽게 설명될 수 없다.

제6장에서 고찰된 스트레스 상태의 기분과 기타 공통적 요소의 효과에 관한 연구를 통해 우리는 비교적 높은 수준의 스트레스가 주의에 영향을 미칠 수 있다는 그럴듯한 그림을 그릴 수 있다. 아마도 스트레스와 연관된 인지 과정은 제2장에서 논의된 상위 및 하위 수준의 주의 통제 기전에 모두 영향을 줄 것인데, 자원 가용성 및 집행 통제를 통해(상위 수준) 그리고 하위 네트워크는 자극 입력으로 촉발되는 방식으로 영향을 미칠 수 있다. 특히 스트레스는 다음의 결과 중 일부 또는 모두가 있을 수 있다.

- **전반적인 주의 효율성**이 손상될 수 있다. 효율성 감소의 기본 기전은 환경을 지각하고 조치를 취하기 위한 주의 자원의 손실로 이어진다. 자원을 '상실하는' 주요 방법은 처리용량을 걱정 및 평가, 불안(Wine, 1982) 및 우울한 기분(Ellis & Ashbrook, 1987) 등과 연합된 효과로 주의 방향을 바꾸는 방식이다. 두 번째 유형의 자원 유출은 피로와 연관된 전체 용량의 감소이다(Matthews et al., 1990b). 방금 설명한 상위 수준의 효과에 추가하여 하위 수준에서 기능적 효율성이 바뀌는 가능성을 간과해서는 안 된다. Matthews와 Harley(1993)는 의미 점화 및 시뮬레이션 연구를 통해 단어 인지에 대한 결합주의 네트워크에서 외향성 및 각성이 무작위 수준의 소음에 영향을 주는 것으로 나타났다는 것 그리고 근무 동안에 왜 외향성이 내향성보다 스트레스하에서 수행이 더 좋은지를 설명하는 기전을 보여 주었다(Matthews, 1992b). 불안 및 우울이 이러한 종류의 효과를 갖는지 여부는 불분명하다. 대부분의 증거는 상위 수준의 기전을 시사한다.
- 효율성뿐만 아니라 **선택적 주의**도 영향을 받는다. 스트레스 사건은 각성을 올리고 선택적 주의의 증가가 예상된다. 다양한 스트레스원에 적용되고 일반화

되는 각성된 스트레스원들이 일으키는 일관적인 효과 중에는 주의 범위의 협소성이 있다(Hockey & Hamilton, 1983). 스트레스를 받은 개인은 스트레스원뿐만 아니라 스트레스 사건의 강한 특징에 우선 주의를 기울이기 쉽다. 중요하고 미묘한 부분을 놓친다면 기능장애가 있을 수 있다. 예를 들어, 시험불안 학생은 시험 문제의 의미를 충분히 부호화하지 못해서 시험 문제를 잘못 해석할 수 있다. 이러한 종류의 효과는 하위 또는 상위 수준 중 어느 한곳이 작용할 수 있지만(Eysenck, 1982 참조), 대부분의 증거는 자원 배치에 영향을 미치는 상위 수준의 기전을 제시한다. 예를 들어, 복잡한 큰 소음이 수행에 미치는 효과는 소음이 과제 전략에 영향을 미친다는 가정으로 설명될 수 있다(Smith & Jones, 1992a). 우리가 제4장에서 본 것은 불쾌한 감정 역시 기분일치 자극 쪽으로 선택적 주의가 편향되는 것과 연관되었다. 그러나 아마도 높은 수준의 특성불안이나 임상적 장애 때문에 취약하지만 않다면 상태불안만으로는 주의 편향에 효과가 있는 것으로 보이지 않는다. 따라서 스트레스 편향이 불안 효과와 구분되는 몇 가지 제한된 증거는 있지만(Mogg et al., 1990), 주의의 기분일치성이 스트레스 상태의 일반적인 특징이라는 점은 아직 밝혀지지 않았다. 이런 종류의 증거와 함께 어려움은 개인에게 중요한 것이나 우선순위 때문에 주의가 주어진 원자료의 정서적 내용이 틀렸음을 입증할 가능성이 있다. 스트레스를 받은 개인은 스트레스-일치적인 자극들에 주의를 기울일 수 있는데, 이는 그 자극들이 일차적으로 중요하고 그래서 일치성 자체 때문이라기보다는 좁혀진 주의 초점에 적극 가담해야 하기 때문이다.

- 스트레스로 인한 **동기부여**와 노력의 변화도 있을 수 있지만 예측은 더 어렵다. 제4장에서는 동기부여 결함이 경미한 우울증에서도 잘 확립되어 있지만(예: Griffin et al., 1986), 불안과 동기부여에 대한 이론적 설명은 명확하게 상충한다(Eysenck, 1982; Humphreys & Revelle, 1984). 스트레스의 교류 모델이란 관점에서 동기부여의 효과는 채택된 대처 전략으로 주도된다. 개인이 스트레스원을 억제 또는 회피하려고 시도할 때나 수동적으로 그것을 감내하려고 할 때는 노력이 줄어들지만, 적극적인 대처 전략이 채택될 때는 노력이 늘어난다. 대처 전략의 선택은 차례로 이차 평가의 반향을 일으킨다. 우울증은 자기지각을 무기력하고 효능감이 없다는 것과 연관되기 때문에 우울 기분은 특히 적극적인

대처를 회피하고 또 노력이 감퇴될 가능성이 있다. 이러한 평가는 불안의 나약한 특징이 되며, 맥락적으로는 더 의존적인 것으로 나타난다. 평가적 설정은 시험불안 피험자에서 부정적인 자기신념의 생성에 중요한 것으로 보인다(예: Sarason, 1978). 과제 난이도의 지각도 유사한 효과를 가지고 있다. 따라서 불안은 공공연한 자아-위협이 거의 없고 상대적으로 쉽게 성공을 이를 수 있다고 지각될 때 더 적극적인 대처 및 노력과 연관될 수 있지만 그와 다른 환경에서는 덜 적극적인 대처 및 노력과 연관될 것이다.

우리는 또한 이러한 것들이 동시에 존재할 때 이 효과들의 상호작용을 기대할 수 있다. 예를 들어, 효과적인 주의 용량의 감소는 적극적인 대처 전략의 실행을 직접 방해할 수 있다. 과제 수행을 위한 능력이 부족하다고 걱정하는 개인의 자기지각은 실제 잠재력과 관계없이 이차 평가와 대처에 영향을 미칠 수 있다. 선택의 증가는 이러한 상황에서의 작업 부하량을 줄이기 위한 전략으로 사람들이 선호하는 것이다. 따라서 때로는 스트레스 상태를 수행과 대처가 손상된 증후군으로 이해하는 것이 바람직한데, 다양한 이질적이며 기능상 독립적인 과정들은 기분의 직접적인 효과와 상태의 기타 측면들 간의 상호작용을 통해 그리고 상태 변화의 결과를 지각하고 대처하려는 노력을 통해 영향을 받을 수 있다(Hockey, 1986 참조). 증후군이란 표현은 스트레스 효과에 대한 정보처리적 연구들에서 불일치성의 일부를 설명해 주는 개인의 자기신념과 자기지각에 근근이 기대고 있다.

오류 및 인지 실패

수행에 대한 다른 식의 접근은 인간의 오류에 관한 연구이다. 실생활 장면에서의 수행에 대한 가장 중요한 사례 하나는 제브뤼헤 페리호 재난의 직접적인 원인이었던 함수문을 닫지 못한 실패처럼 드물지만 아주 큰 재앙을 가져온 실수가 있다. 실험실 장면에서는 이런 종류의 오류를 연구하는 것이 어렵다. Reason(1990)은 현장과 일지 연구에 기반한 오류에 대한 정교한 분류체계를 개발함으로써 자동 및 통제 수준 모두에서 오류가 발생할 수 있다고 제안한다. '자동적' 오류는 두 가지의 일반적 형태를 취한다. 기술 기반의 실수(slips)와 건망증(lapes)은 강하지만 부적절한 하위 수준의 스키마 수행 통제성에 관한 것이고, 규칙 기반의 실수는 행위에는 익숙하지만 부적절한 규칙이 적용되는 것이다. 이렇게 통제된 처리 과정상의 오류를 '지식 기반 오류'라고 부른다. 인간은 상위 수준의 추론이 범하기 쉬운 많은 오류 중 하나를 범한다. 이런 맥락에서 우리는 오류가 어떻게 스트레스 및 정서장애와 관련이 있는지에 관심이 있다. 일련의 증거들에서는 스트레스가 오류 가능성을 높인다고 본다. 예를 들어, 생애 스트레스는 자동차 사고의 위험을 증가시키는 것 같다(Matthews, Dorn, & Glendon, 1991; Selzer & Vinokur, 1974). 우연한 사고에 관한 사례 연구인데 스트레스가 스리마일섬 원자력 발전소의 붕괴(용융지)에 기여하고 있음을 제시한다. 발전소 기사들은 시스템의 결함을 정확하게 진단할 수 없었을 정도로 스트레스의 전형적인 주의 협소화 현상을 보여 주었다(Sheridan, 1981). 그렇지만 이런 종류의 연구는 우리에게 인지 기전의 개입 역할에 관해 알려 주는 것이 거의 없다.

인지 오류 및 실패에 대한 질문지 측정도구

가장 흔한 실험적 접근법은 오류 취약성(error proneness)에 대한 자기보고서에서 개인차를 조사하는 것이었다. 일반적으로 오류 취약성과 구체적인 기억의 실패를 탐구하는 질문지가 각각 개발되었다(Herrman, 1982, 고찰을 볼 것). Rabbitt과 Abson(1990)은 관련된 방법론적이고 논리적인 이유를 일곱 가지 열거한다(Herrman, 1982). 예를 들어, 실험실 검사는 일상의 오류에 기여하는 인지 과정을 충분히 측정하지 못하며 사람들은 자신의 실수를 발견하지 못하거나 실수를 잊어버릴 수도 있고 또한 사람들은 자신의 오류 취약성과 인지 효율성을 판단하는 객관적 기준도 없다. 그에 반해, 많은 오류 관련 질문지는 스트레스 관련 측정치와 일관되게 상관관계를 보여 준다(예: Broadbent et al., 1982). 근본적인 질문은 오류 질문지가 단순히 스트레스에 취약한 개인의 부정적인 자기평가를 포착하는지 또는 질문지가 실제로 객관적 수행과 신뢰롭게 상관관계가 있는지 여부에 관한 것이다. 후자의 경우 스트레스에 취약한 사람들의 오류 점수가 높을수록 오류 빈도도 훨씬 더 높아질 수 있다. 우리는 이런 쟁점에 대해 일상의 주의 오류를 가장 직접 평가할 수 있는 두 가지 질문지인 인지 실패 질문지(Cognitive Failures Questionnaire: CFQ; Broadbent et

al., 1982)와 주의 경험 질문지(Attentional Experiences Questionnaire: AEQ; Davies et al., 심사 중)를 생각해 보겠다.

수행의 예언지표가 되는 CFQ

CFQ는 지각과 주의, 기억 기능 등의 실패에 관한 질문지다. 단일 점수가 얻어지는데, Broadbent 등(1982)은 처리 과정의 전반적인 통제 결함을 언급한다. 점수들은 내적 일관성이 있고 시간의 흐름에도 안정적이어서 이 질문지는 성격 측면을 측정하는 것으로 보인다. 고득점의 CFQ를 해석할 수 있는 방법이 몇 가지 있다(Broadbent et al., 1986 참조).

- 빈약한 자기상(self-image) 또는 자신 확신의 부족
- 수행에 대한 집행적 통제상의 일반적인 결함
- 단기기억과 같은 구체적인 인지 과정상의 결함
- 어떤 과제에는 효과적이지만 다른 과제에서는 그렇지 않은 인지 조직화의 우선순위 방법

이러한 가능성들을 구분하기 위해서 CFQ와 수행의 상관을 따져 보는 몇몇 연구가 수행되었으나 결과들이 혼합되어 있었다. 선택적 주의 연구들에서 Tipper와 Baylis(1987)는 단어-명명 과제에서 CFQ가 분산 민감성을 예측할 수 있음을 보여주었다. 두 번째 연구는 CFQ가 분산 문항을 억제할 때의 장애와 관련이 있다는 제한된 증거를 일부 제공하였다. 이와는 달리, Martin(1983)은 스트룹 효과와 이중 청취 과제(dichotic listening task), 숨은 그림찾기 검사(Embedded Figures Test) (Witkin, Oltman, Raskin, & Karp, 1971) 등 세 편의 연구에서 CFQ 효과를 찾는데 실패하였다. Broadbent 등(1986)은 각각 시각적 검색 과제와 고정 지점에서 정보의 '여과기능' 과제로 구성된 두 가지의 선택적 주의 과제에 대한 연구 여섯 편에서 CFQ 효과를 검증하였다. 종속 변인 19개를 조사했으나 그중 단 하나만 CFQ 점수와 관계가 있었다. 고득점의 CFQ는 검색 과제에 비례하여 여과 과제에서 상대적으로 느렸다. 추가 분석에서는 이런 관계가 단지 불안이 높은 사람들에게만 적용되는 것 같다고 보

았다. Broadbent 등(1986)은 이런 결과들에 대해 인지 실패가 스트레스하에서 주의 제어 방식과 관련이 있다는 것을 보여 주는 것으로 해석하지만, 연구에는 몇 가지 문제점이 있다. 앞서 언급했듯이 보정되지 않은 차이 점수를 사용하는 것은 가공되기 쉽다(Cronbach & Furby, 1970). 차이 점수가 매우 유사한 종속 측정치들에서 산출되며, 이때 원자료의 측정치들이 높은 상관관계에 있을 수 있기 때문에 통계적으로 신뢰성이 없을 수 있다(Cronbach & Furby, 1970 참조). 불안과 CFQ 점수의 혼입 가능성은 분석되지 않았다. 불안한 CFQ 고득점자들은 불안이 특히 높기 때문에 다른 집단들과 다를 수 있다. Broadbent와 Broadbent, Jones(1989)는 선택적 주의에 대한 여러 측정치들을 추가로 연구한 것들을 보고하였는데, 앞에서 설명했던 차이 점수에 관한 CFQ 점수의 효과도 재현 연구를 하였다. Broadbent 등(1989)은 또한 '에릭슨 효과'(Eriksen & Schulz, 1979)도 조사했는데, 이 효과는 표적자극–분산자극과의 격리정도가 감소함에 따라 초점이 되는 표적자극을 더 강하게 간섭하려는 분산자극들 간 경합하는 경향성을 말한다. 높은 CFQ 점수는 오전에 에릭슨 효과가 더 높게 나타났지만, 낮은 점수에서는 그렇지 않았다. 하지만 이런 결과들은 CFQ와 하루 중 시간 효과를 연결시키는 이론적 근거가 없기 때문에 해석이 어렵다. 재현 연구는 Smith(1991)가 보고했는데, 일방적 유의도 검증을 했을 때만 CFQ × 시간에서 유의한 상호작용을 발견하였다. Smith(1991)는 추이가 예측된 방향이었으나, 여과 및 검색 과제 간에 CFQ 점수가 속도 차에 미치는 효과를 재현 연구하는 데는 실패하였다. 전반적으로 이들 연구가 주의 및 인지 실패 성향 간에 일부 신뢰할 만한 관계가 있음을 시사하지만, 관여된 기전은 모호하다. 효과 또한 너무나 복잡해서 CFQ의 고득점으로 보고되는 일상의 오류 종류들과 정말 관련성이 있다고 보기는 어렵다. 어떤 측면의 선택적 주의든 간에 일반적인 결함에 대한 증거는 없다.

Martin과 Jones(1984)는 CFQ가 작은 표본(n=14)에서 단일과제는 아니고 이중과제에서 수행 손상을 예측한다고 보고하였다. 그러나 Broadbent 등(1982, p. 12)은 CFQ와 이중과제 수행 간에 어떤 관련성도 찾지 못했던 두 편의 연구를 언급한다. 전통적인 기억 과제를 사용한 몇몇 연구는 CFQ 점수와 기억 회상 간에 관련성을 발견하지 못했다(Broadbent et al., 1982; Rabbitt & Abson, 1990). Maylor(1990)는 CFQ가 전화를 해야 되는 것을 기억해야 하는 현실의 전향적 기억 과제의 오류 수를 예측한다는 사실을 발견하였다. Harris와 Wilkins(1982) 또한 CFQ가 전향적 기억과 관련

이 있었다는 것을 발견했으나, Wilkins와 Baddeley(1978)는 그렇지 못했다. CFQ 점수와 상관관계가 있는 강박 증상들 또한 전향적 기억의 실패와 연관이 된다(Sher et al., 1989). 하지만 이들 자료의 가장 강한 특징은 자료의 불일치성이다. 다양한 사후 설명들이 인용된 논문들이 있으나, 설득력 있는 것은 정말 하나도 없다.

이에 반해, CFQ는 특성불안과 신경증, BDI 우울증을 포함한 스트레스와 관련된 다양한 척도의 신뢰로운 예측 인자이다(Broadbent et al., 1982; Matthews & Wells, 1988; Maylor, 1990). CFQ 점수 또한 강박적 점검과 같은 강박증의 증상 측정과는 관계가 있지만, 강박적 성격장애와는 관계가 없다(Broadbent et al., 1986; Sher et al., 1984). 이들 관계에는 몇몇 한정된 특이성이 있다. Gordon(1985)은 강박 환자들이 CFQ에서 높은 점수를 얻었지만 공포증 환자들은 그렇지 않다는 사실을 발견하였다. Matthews와 Wells(1988)는 CFQ와 특성불안 간의 관계가 자기초점적 주의에 의해 통계적으로 중재된다는 것을 보여 주는데, 이는 습관적인 자기초점이 개인으로 하여금 정서장애와 오류 지각에 매우 취약하다는 것을 의미한다. 후속 연구들에서는 CFQ가 대처 전략들과 관계가 있지만, 결과들이 매번 상충되었다. Parkes(Broadbent et al., 1986 참조)는 인지 실패에서 높은 점수를 받은 간호사들이 통제 가능한 상황에서 직접적인 대처를 덜 사용한다고 보고한 사실을 발견하였다. 그러나 Wells와 Matthews(1994)는 간호사 추가 모집에서 CFQ가 적극적인 문제 및 정서 중심적 대처에는 전혀 효과가 없다는 것을 발견하였다. 그 대신 CFQ 점수가 '혼재된 통제' 상황에서 개인의 상황 제어 가능성 여부는 확신하지 못했으나 스트레스에 대한 억제 감소는 예측하였다.

자기-등급식 주의 효율성의 다차원성

CFQ의 상관관계를 믿을 수 없는 이유 하나는 질문지가 다루는 실패의 다양성에 있다. 문항들이 정적인 내적 상관관계는 있지만 다양한 유형의 문항 배제 요소가 변별되어야만 한다. Broadbent 등(1982)은 일반 요인 외에도 기타 집단에 영향을 미치는 안정적인 요인 구조는 없고, 요인 솔루션을 비교하기에도 매우 부적절한 표본크기라고 보고하였다(Guadagnoli & Velicer, 1988 참조). Matthews와 Coyle, Craig(1990a)는 응답자 475명의 CFQ를 요인분석하였다. 추출된 요인 수의 객관적 기준을 토대로 7개 요인의 해결책을 얻어 냈는데, 이는 인지 실패의 구체적인 유형이 변별되었음을 입증하고 있다. 유사한 기술을 사용하여 Maylor(출간 중) 또한 3,500명의 연장층 표본에서 광범위하게 비교 가능한 요인 5개를 얻어 냈다. Matthews 등(1990a) 또한 새로운 샘플에서 CFQ의 7요인을 성격 및 대처 전략과 관련지었다. 결과는 성격과 대처 대 CFQ의 상관관계는 오직 집중력 결여(lake of concentration)라는 요인과만 크게 관계된다고 제시되었다. 집중력 결여 요인에서 고득점을 받은 피험자는 더 신경증적이었고 또한 자기통제 및 도피-회피 대처 전략도 더 많이 사용한다고 보고하였다. 다시 말해서, 스트레스에 대한 인지 반응의 예측에는 CFQ가 너무 둔감해서 유용성이 없는 도구가 된다.

CFQ의 중다요인적 속성 때문에 Davies 등(심사 중)은 새로운 질문지인 AEQ (Attentional Experiences Questionnaire)를 개발하였고 이 도구는 주의 실패 및 효율성에 대한 개인의 주관적 경험의 다양한 측면을 변별해 준다. 요인 분석 연구들은 요인의 측면에서 신경증과 확연히 구분되는 6개의 차원들인 '집중력' '주의분산성' '청각적 주의' '건망증' '사회적 감찰' '공간 능력' 등을 확인하였다. 건망증과 공간 능력은 CFQ와 적당한 상관관계가 있었지만, CFQ와 4개 다른 척도 간 상관관계는 작았는데(0.21~0.34), 이런 부분들은 CFQ가 자기보고식 주의 효율성의 측면에서는 질적으로 부족한 척도가 된다는 것을 보여 주고 있다. Davies 등은 신경증과 연관된 척도들의 일반적인 경향성을 확인하였고, 대부분의 척도 역시 스트레스의 기분 상태도 예측하였다. AEQ와 상관을 보는 수행에 대한 연구도 여러 편 실시되었는데, 질문지를 통해 주의의 객관적 측정을 예측하기가 어렵다는 것을 확증하는 경향이었다. 스트룹 검사와 주의 지속 과제 같은 일부 과제는 AEQ 점수들과 신뢰롭게 관련되지 않았다. 그러나 기대한 대로 건망증만이 작업기억의 유일한 예측 인자였고, 분산성과 건망증은 단일 디지털 표적과 분산을 사용하는 선택적 주의 과제에서 오류 빈도를 예측하였다. Blanco와 Salgado, Alvarez(심사 중)는 AEQ를 스페인어로 번안해 심리측정학적 특성을 재현 연구하였다. Davies 등의 연구(심사 중)에서처럼 CFQ는 특정 과제의 수행만 예측하였다. 비록 반응시간이 오류보다 영향을 받는 측정치이기는 하지만, 분산성은 낮은 점수 집단에서 선택적 주의와 상관관계에 있었다. 건망증은 한 조건에서만 오류를 예측하였다. 이 외에도 공간 능력은 시각적 검색의 속도와 효율성을 예측하였다.

전반적으로 대부분의 오류 관련 질문 자료는 개인의 인지 효율성에 대한 부정적 신념이 객관적 수행 수준보다는 일반적인 자기평가와 먼저 접속된다고 상정해야 할 것이다. 자기초점적 주의(self-focus of attention)는 관련된 부정적 신념의 활성화와 유지에 어떤 역할을 맡는 것 같다(Matthews & Wells, 1988; Wells, 1991). 동시에 사람들의 신념은 특히 인지 효율성의 일반 척도보다는 특정의 척도가 사용될 때 비로소 일부 과제에 관한 객관적인 수행 수준을 부분적으로 반영한다고 볼 증거는 충분히 있다(Davies et al., 심사 중). 어떤 처리 기능의 실패는 타인보다 개인의 눈에 잘 띌 수 있고, 이런 기능을 타진하는 과제들이 질문지라는 측정 도구로 예측할 수 있는 과제가 될 것이다.

마무리

스트레스의 교류 이론(Lazarus & Folkman, 1984)은 스트레스 관련 현상을 설명하기 위한 강력하고도 유연한 틀을 제공한다. 이론의 핵심은 안녕에 관한 즉시적인 인과관계로 보이는 정서 및 대처 과정에 있다. 교류 이론은 주로 정서장애처럼 평가와 대처가 어떻게 스트레스 결과에 영향을 주는지를 설명하는 데 적용되어 왔지만, 스트레스 증상에 영향을 주는 성격 및 사회적 지지의 역할 등을 설명하는 것과도 관련이 있다. 신경증과 기질적인 사적 및 공적 자기초점 주의 같은 스트레스 취약성과 연관된 성격적 특성은 평가와 대처를 특징짓는 부적응적인 스타일과도 연관될 수 있다. 그러나 성격의 영향들은 상황 평가를 통해 수정될 수 있다. 예를 들어, 사적 자기초점 주의는 상황이 변화 가능한 것으로 평가될 때 그리고 평가에 대한 주의 요구가 높을 때 가장 피해를 받을 수 있다. 사회적 지원은 스트레스를 유발할 수 있는 사건의 영향을 완화하는 요인이 되는 '스트레스 완충'의 역할을 한다. 그러나 사회적 지지의 유익한 효과들 중 일부는 적어도 사건에 대한 긍정적 평가의 역할에서 비롯하는 것으로 보인다. 또한 교류적 접근법은 수행에 관한 스트레스 영향을, 특히 전략 및 동기적 변화의 역할을 이해하는 데도 기여할 수 있다. 이를테면 수행 자료의 해석은 평가와 관계 없이 각성기제를 거쳐 직접 처리 효율성에 영향을 주는 어떤 스트레스원이 있을 가능성 때문에 복잡해진다. 우리는 스트레스가 일상의 오류와 인지 효율성에 영향을 준다는 사실을 너무 잘 알지만, 오류에 대한 자기보고 자료는 타당성에 제한이 있으며, 이는 인지 과정에 대한 한정된 의식적인 인식 때문이며 또 개인 능력에 대해 전반적 평가를 하는 오류 질문지의 오염요소 때문이기도 하다.

우리의 스트레스 고찰 역시 스트레스의 인지적 증상과 정동장애 간에 중요한 불연속성이 없는 것으로 보인다. 사람들이 중대한 생애 사건은 물론이고 사소한 일상의 귀찮은 사건에 반응을 보이며 자기에 관한 부정적인 신념을 경험하는 것은 꽤 흔하다. 효과가 없는 대처와 지나친 자기초점적 주의, 수행 저하 등은 모두 비임상적 표본에서도 쉽게 관찰된다. 어떤 수준에서는 그냥 비임상적 스트레스를 정동장애와 연결시키는 증상의 심각성이 서서히 단계적인 변화를 보일 것이다. 환자는 전문적 도움이 필요한 정도로 자신의 증상이 충분히 심각하다고 평가하는 사람이거나 아니면 다른 사람에 의해 일상생활이 심히 손상되었다고 평가받는 사람이다. 환자와 비환자 간에 질적인 단절이 있다면, 이를테면 McCann(1990)의 부정적 대인 주기처럼 정동 및 기타 증상의 유지에 기여하는 역동적 증후군이나 악순환이 환자에게 존재하는 것과 관련이 있을 것으로 생각된다. 따라서 정서장애에 대한 이론적 설명은 정상 및 병리적 스트레스 증상 모두를 설명하는 것을 목표로 해야 한다. 우리는 후속 장들에서 과도한 자기초점 주의의 증후군을 알아보고, 이 증후군을 통해 정서장애에 대한 임상적 접근과 스트레스에 대한 교류 접근법을 명쾌하게 연결시킬 수 있다.

제9장

자기초점 주의

Kahneman(1973)은 지속적인 성향과 각성 수준이 주의 할당에 영향을 미친다고 제안하였다. 다른 연구자들은 주의 스타일의 개인차를 평가하려고 모색하였다. 이러한 평가는 자의식(self-consciousness)에 초점을 맞춘 주의 정도와도 관련이 있다. 이는 스트레스 취약성과 연관되어 있는 중요한 주의 특성 변인이 되며(Matthews & Wells, 1988; Wells, 1985), 불안 상태와 우울증을 포함하는 병리적 반응의 범위에서는 자기초점의 증진이 발견된다(Ingram, 1990).

Duval과 Wicklund(1972)는 주의 방향에서 이분법을 주장하는 객관적인 자각 이론을 처음으로 정교화했다. 그들은 주의를 자기의 내부로 또는 외부 환경으로 향하게 할 수 있다고 주장하였다. 더구나 자기초점(self-focus)은 핵심적인 자기참조 차원(a salient self-relevant dimension)에서 자기의 현 상태와 이상적 기준 간의 불일치에 대한 자기평가(self-evaluation) 및 식별(identification) 과정을 촉발한다고 가정하였다. 자신의 이상적 기준에 미치지 못할 경우 자기초점은 부정적 영향을 미치게 되며, 개인은 불일치를 줄이거나 자기초점적 자극들을 피하려는 시도를 하게 된다. 이 이론은 자기초점에 자기조절의 역할을 부여하는데, 나중에 Carver와 Scheier(1981)

가 이론을 더 정교화시켰다. 인공두뇌학적 자기조절 모델에서 자기초점은 부적인 피드백 주기를 만드는데, 이는 핵심적인 행동 기준에 관한 개인의 현재 상태와 특정의 목표를 비교하는 용도로 작용한다. 만일 현재 상태와 핵심적인 기준 사이에 부정적인 불일치가 있다면, 사람들은 불일치를 줄이려는 시도를 하게 된다. 그럼에도 여전히 불일치를 지각하는 경우 추가로 기준과 비교하고 불일치를 감소하는 시도를 한다. 그리고 이런 시도들은 개인이 핵심적인 기준을 충족시키거나 초과하게 될 때 종료된다. 이 모델에서는 개인이 불일치 감소의 성공 확률이 낮다고 지각하는 경우 부정적 정서가 발생한다. 이런 경우 개인은 기준에 더 다가가려는 추가적인 행동 시도를 멈출 수 있다. 불일치 감소에 대한 개인의 낮은 기대감은 그 상황에서 행동 철수를 하거나 아니면 이것도 불가능할 경우에는 정신이탈로 끝난다(Carver & Scheier, 1988). 이런 맥락에서 자기초점은 개인이 특정 목표 추구라는 '궤도에 머무는' 기능을 하는 상황 결정적 변인이라고 개념화할 수 있다. 행동의 자기조절에 대한 자기불일치 접근법은 Higgins(1987)가 개인 취약성을 구체적인 동기부여와 정서 상태로 설명하며 더욱 발전시켰다. 이 이론은 특정의 정서가 개인의 자기개념과 자기지침 간에 존재하는 불일치의 정도와 접근성, 유형 등에 의해 영향을 받는다는 원리에 기반한다. 이런 주장에 대한 지지 자료들은 우울증이 이상-실제 불일치와 관련이 있고, 불안은 실제-당위성 불일치와 관련이 있다는 것을 보여 주는 연구 결과들이다(Higgins, 1987; Higgins et al., 1986; Strauman, 1989; Van Hook & Higgins, 1988).

자기초점의 정의 그리고 측정

Duval과 Wicklund(1973)는 자기초점을 상황 변수로서 초점을 두었지만, 자기주의(self-attention)에 잘 빠져드는 신뢰로운 개인차가 있는 것으로 보인다. 특히 자기초점의 한 상태인 **자각**(self-awareness)과 성격적 성향인 **자의식**(self-consciousness)은 서로 구분될 수 있어 보인다(Fenigstein et al., 1975). 자의식 특성은 23문항의 자의식 척도(Fenigstein et al., 1975)로 측정된다. 이 척도에 대한 요인 분석을 통해 자의식을 구성하는 세 가지 하위척도, 즉 사적 자의식, 공적 자의식, 사회불안(Carver & Glass, 1976; Fenigstein et al., 1975; Vleeming & Engelse, 1981)을 밝혔다. 사적 자의식은 사고

와 느낌, 기분, 태도와 같은 개인 자신의 심리적 측면들에 초점을 맞추는 성향 정도를 말한다. 공적 자의식은 신체 외양과 같이 자기를 외적으로 관찰할 수 있는 것에 대한 응답자의 인식을 평가하는 것이다. 사회불안은 세 번째 하위척도가 되는데, 다른 사람들에 의해 주의 초점의 대상이 되는 것에 대한 반응을 의미한다. 각 하위척도의 문항 예는 다음과 같다.

- "나 자신에 관해 많이 생각한다." (사적 자의식)
- "나는 자신의 일하는 방식에 관해 염려하고 있다." (공적 자의식)
- "나는 누군가 나를 보고 있을 때 일하기가 어렵다." (사회불안)

자의식 문항들에 대한 피검자의 반응은 "매우 특징적이지 않다"에서 "매우 특징적이다"의 범위를 5점 척도로 측정한다.

자의식 구성에서의 사적-공적 구분은 신체 의식에도 적용되었다(Miller, Murphy, & Buss, 1981). 비정서적 상황에서 신체 상태에 초점을 맞추는 기질적 성향은 신체의식 척도로 측정한다(Miller et al., 1981). 이 척도에는 사적 신체의식(내부의 신체 감각에 주의 집중하기), 공적 신체의식(관찰가능한 신체 측면에 초점 맞추기), 신체 유능성(신체 행위의 효능감을 지각하기)의 세 가지 하위척도가 있다. 사적 및 공적 자의식은 공적 및 사적인 신체적 측면에 초점을 맞추는 것과 정적 상관관계에 있다(Miller et al., 1981). 그러나 이들 상관관계는 그리 높지는 않은데, 이는 기질적 자기초점의 중다 차원을 주의 내용이란 관점에서 구분할 수 있음을 시사한다.

주의의 방향은 빠르게 이리저리 바뀔 수도 있지만, Duval과 Wicklund(1972; 또한 Wicklund, 1975도 참조) 그리고 Carver와 Scheier(1981)의 자기주의 모델 등은 자기주의와 외부 주의를 이분법적 변수로 간주한다. 이런 맥락에서는 자기초점의 증감상태를 말할 수 있는데, 이때의 증가란 자기초점에 쓰인 시간 비율의 증가를 의미한다. 이는 어느 한 시점에서 주의는 하나의 특정 방향으로 온전히 초점이 기울어지며, 주의가 내부 및 외부 처리에 동시에 분할될 수 있는 가능성은 없다는 가정에 근거한다. 이 접근법은 주의에 대한 중앙제한용량 이론(central limited capacity theory of attention)에 기초하고 있으므로 다양한 내부 또는 외부 주의가 서로 다른 용량을 요구하거나 또는 용량의 처리 활동 경쟁에서 어느 정도는 유연하게 할당될 가능성 등은 허용하지 않는다. 이와는 달리, 제한용량유연 모델(flexible limited capacity model)에서는 처리에 대한 요구가 가용자원을 초과하지 않는 한 주의가 동시 발생하는 처리 활동들(예: 자기 대 기타 참조 처리)에 할당될 수 있다고 예측한다(Hasher & Zacks, 1979; Kahneman, 1973). 따라서 동시적 처리 요구의 정도에 따라 자기지향 처리와 외부지향 처리가 동시에 일어날 수 있다. 이것이 자기초점 정의에 두 번째 차원을 추가시킨다. 제한용량유연 모델에 의하면 자기초점은 자기지향 처리에 할당된 주의 자원의 양이 외부지향 처리에 할당된 자원의 양을 초과할 때 발생한다고 말할 수 있다. 유사하게 Ingram(1990)은 자기초점을 완전한 내부지향과 완전한 외부지향을 양극단으로 하는 하나의 연속체의 관점으로 보는 분석을 제시한다. 따라서 개인은 내부 및 외부의 서로 다른 주의를 동시에 조합하는 일에 자원을 투자하는 것이 가능해질 수 있다. 자기초점은 비교적 많은 자원이 외부보다 내부적으로 집중될 때 발생한다. 이 접근법은 경미함에서 극한 범위까지 다양한 수준에서 자기주의가 존재할 가능성을 열어 놓기 때문에 유용하다.

이 모델의 관점에서 볼 때 자의식 점수가 높은 사람은 분포도의 반을 차지하는 내부적으로 초점화된 집단에 속할 것이다. Ingram(1990)의 모델에서 자기초점의 지속시간이라는 모수치는 여전히 유용하지만 그것이 자기주의의 특징을 정의하는 것은 아니다. 외부에서 내부 초점으로의 더 많은 주의 전환은 짧게 또는 길게 지속될 수 있다. 특정 초점의 지속성이 중요한 변수라고 보는 Ingram(1990, p. 168)은 다음과 같이 말한다. "자기초점 주의에 관한 연구들이 많이 있지만, 단지 자기초점화 상태로의 전환인지(정도의 모수치) 아니면 자기초점화 상태로의 장기적인 전환인지(지속성 모수치) 여부에 관심이 있는지는 명확하지는 않다."

지속성과 수량/강도 등이 자기초점의 유일한 정의적 특성은 아니다. 주의 내용 또한 자기초점의 정의에도 중요하고 **자기초점**을 **내부초점**(internal focus)과 차별화하는 데에도 중요하다. 자기초점에서 주의는 자기 쪽으로 그리고 주의 내용은 자기참조 쪽으로 향한다. 이와는 달리, 내부초점은 주의 내용이 자기참조적이지 않은 내부지향적 주의를 구성한다. 예를 들어, 개인은 자기와는 무관한 타인이 포함된 상상의 장면들에 초점을 맞추고 있을 수 있다. 또한 자의식의 공적–사적 구분도 주의 내용의 차별화에 근거한다. 사적 자의식의 내용은 느낌 및 태도 정보를 처리하는 것이 특징인 반면에, 공적 자의식의 내용은 자신의 신체 및 행동 모습과 관련된 정보를

처리하는 것이 특징이다.

자기초점의 최종 모수치는 주의 유연성에 관한 것이다(Ingram, 1990). 비록 이것이 자기초점의 정의적 특징을 구성하지는 않지만, 인지적 수행에 관한 자기초점의 해로운 결과를 일부 설명할 수 있는 차원으로 추가된다. 자기초점의 유연성은 상황 요건에 대응하여 피험자가 주의를 한 방향에서 다른 방향으로 이동할 수 있는 정도를 말한다. 어떤 상황에서는 내부 및 외부 초점의 균형이 최적의 기능을 제공할 수 있다. 예를 들어, 어려운 시험-검사 상황에서는 자기초점 주의보다 외부 과제지향적인 주의가 적응에 더 유리할 수 있다. 따라서 자기초점의 유연성이 떨어지는 개인은 인지 처리를 수행하는 상황일 때는 불이익이 있을 수 있다.

자기초점의 특성 측정

실험 연구들에서 자기초점에 대한 여러 가지 상태 및 특성 척도들이 사용되었다. 가장 일반적으로 사용되는 두 가지의 특성 측정법은 자의식 척도(Fenigstein et al., 1975)와 신체의식 척도(Miller et al., 1981)이다. 두 척도 모두 좋은 검사-재검사 신뢰도와 변별 타당도를 가지고 있고, 자의식 척도에 관한 교차문화적(cross-cultural) 재현 연구들은 검사가 일관된 요인 구조를 가지고 있음을 보여 준다(예: Carver & Glass, 1976; Fenigstein et al., 1975; Miller et al., 1981; Turner, Carver, Scheier, & Ickes, 1978; Vleeming & Engelse, 1981).

자의식 척도 및 그 하위척도들은 자기초점의 성향적 기질에서 개인차를 측정하려는 목적이 있지만, Fenigstein과 동료들의 사적 자의식 측정도구 역시 감정 변화와 같은 상황적 요인에 민감한 것으로 보인다(예: Wood, Saltzberg, & Goldsamt, 1990a, 실험 2).

자기초점의 상태 측정

자기초점의 상태를 질문지로 측정할 수 있다. Sedikides(1992)는 Fenigstein 등(1975)의 측정도구를 현재의 주의 초점에 관한 물음으로 바꾼 수정판을 사용한 연구들을 보고한다. Matthews(미발간)도 유사하게 상태 측정과 성향적 자기초점 간에

0.34의 유의한 상관관계를 발견하였다(n=86).

자기초점의 주의 상태를 측정하기 위해 채택된 많은 기법은 측정 자체가 자기초점을 촉진하지 않도록 간접적 측정법이다. 피험자들에게 특정 시점에서 자신이 얼마나 자기초점적인지를 직접 묻는 방법이 갖는 문제 하나는 이런 질문 자체가 자각을 높일 수 있다는 것이다. 자각(self-awareness) 측정에 사용되던 검사들은 네 부류로 사고 표집, 문장 완성, 귀인 측정, 수정된 스트룹 절차 등이다.

사고 표집

Csikszentmihalyi와 Figurski(1982)는 일상생활에서 자각과 혐오 경험 간의 연관성을 탐구하기 위해 경험 표집 방법(Experience Sampling Method)을 사용하였다. 피험자에게 2시간 동안 신호를 무작위로 보내는 무선 호출기(electronic paging device)를 제공하였다. 신호에 대한 반응으로 피험자는 활동 작업지를 완성하였고, "삐 소리를 들었을 때 무슨 생각을 하고 있었는가"라는 문항에 대한 반응으로 자각 정도를 평가하였다. 질문의 반응들은 자기사고(self-thought) 또는 기타사고(other-thought)의 코드로 처리되었고, 자기사고의 빈도를 자각의 지수로 잡았다. 실험장면에서 사용된 또 다른 사고 표집 방법은 피험자가 특정의 시간 간격 동안에 하고 있던 사고들을 기록하거나 구두로 말하게 하는 것이다(예: Pyszczynski & Greenberg, 1986; Wood et al., 1990). 예를 들어, Wood 등(1990, p. 903)은 기분 유도 전후 2분 30초 동안 '마음에 떠오르는 어느 것이든' 적도록 피험자에게 요청함으로써 유도된 슬픈 및 행복 기분이 자각을 유발하는지 여부를 조사하였다. 사고 표집들은 단순한 문장이나 별도의 절로 구성된 단위로 나누어 코드화했고, 각 단위는 자기초점, 외부초점, 혼합 등으로 분류되었다(Greenberg & Pyszczynski, 1986). 자기초점은 다시 자기평가 또는 신체 특징 또는 상태, 성격 특성, 정서, 즉 피험자 자신의 수행에 관련된 단위로 정의되었다. 자기초점 및 외부초점의 반응 예들은 다음과 같다. "나는 뚱뚱하다."(자기), "이 실험이 얼마나 길게 진행되는가?"(외부). 각각의 사고 표집에 대한 자기초점 및 외부초점의 점수들은 총 단위 수 분에 특정 단위 수의 비율로 산출되었다. 기분 유도가 그저 인위적인 기분 증가의 언급이 아닌 자각에 대한 일반적인 고조된 상태를 생성하는지를 검증하기 위해서 자기초점 단위들이 기분 관련 또는 무기분 범주로 코드화했다.

문장 완성

자각 평가에 가장 자주 사용되는 기법은 문장 완성 과제(Wegner & Giuliano, 1980), 확장판 언어 함축 과제(Linguistic Implication Form; MacDonald, Harris, & Maher, 1983)이다. 이 과제에서는 피험자가 단어의 세 가지 보기 중에서 한 문장을 완성하는 데 가장 좋다고 생각하는 보기 단어를 선택해야 한다. 다섯 문장에서, 대명사 3개의 보기에서 단어 선택을 하는데, 그중 하나가 1인칭 단수대명사이다. 자기초점 문장의 보기는 다음과 같다: "____의 모든 답변은 책 뒤에 있는 것과 일치한다." 그 다음 피험자는 문장을 완성하기 위해 제공된 보기들(예: '우리' '나' '그')에서 단어 하나를 선택한다. 피험자가 1인칭 단수대명사를 선택한 개수가 자각의 측정치가 된다.

Exner(1973)는 다른 유형의 문장 완성 과제를 사용해 왔다. 이 과제는 30개의 문장 어근으로 구성되는데, 문장 대부분이, 예를 들어 "____을 할 때 나는 가장 행복했다."처럼 '나(I)' '나를 (me)' '나의(my)' 같은 사적 대명사를 포함한다. 자기초점화 문장 완성 반응은 "나는 혼자 있을 때 나는 가장 행복했다."인 반면에, 외부초점화 문장 완성 반응은 "내 자녀가 졸업할 때 나는 가장 행복했다." 같은 반응으로 나타날 것이다(Exner, 1973, p. 441). 피험자들에게 문장 완성을 요청한 후 반응들은 자기초점화, 외부초점화, 양가적 또는 중립적 등의 코드로 처리된다. 자기-외부적인 관련 반응들을 평가한 것 외에도 부정적인(또는 긍정적인) 자기초점화 문장 완성의 개수도 평가할 수 있다.

귀인 그리고 스트룹 측정

실증적 연구에서 사용되었던 두 가지의 자각 측정도구는 인과적 귀인 과제(Duval & Wicklund, 1973; Fenigstein, 1984)와 수정된 스트룹 패러다임(Geller & Shaver, 1976)이다. 귀인 과제는 전형적으로 피험자에게 일련의 가상 시나리오 속에서의 자신을 상상하고, 자신이 그 결과에 개인적으로 책임이 있다고 보는 정도를 백분율로 평가하도록 요구한다. 자기귀인화의 책임 정도는 자각의 정도를 반영하는 것으로 간주되는데, 즉 자각이 높은 피험자는 스스로에게 더 큰 책임을 부여한다(이 기법의 추가적인 적용은 Fenigstein & Carver, 1978 참조). 자각에 대한 인지적 영향을 연구한 Geller와 Shaver(1976)는 수정형 스트룹 과제에서 실험적으로 높여진 자기초점이 자기평가적 단어들(예: 자랑스러움, 실패)에 대한 색상 명명 지연을 증가시켰으나, 중립 단어들에서는 그렇지 않았음을 입증하였다. 이는 자각이 자기평가적 자극에 대한 주의 편향과 연관이 있음을 시사하지만, 자각을 측정하는 도구로서 자기참조적 스트룹 과제의 타당도는 연구가 더 필요하다.

자기초점과 자기개념을 차별화하기

자기초점은 주의가 내부로 향하고 그 내용은 자기참조적인 것으로 정의되지만 개념적으로 인지 과정을 의미한다. 반면에, 자기개념(self-concept)이라는 용어는 개인 자신이 가지고 있는 축적된 지식의 총체, 이른바 인지 구조물을 말한다. 자기개념은 개인이 지각하는 실제의 자기와 (개인이 되고 싶어 하는) 이상적 자기에 관한 신념 및 태도로 구성된다. 또한 자기개념에는 다른 사람의 지각도 포함된다. 이러한 신념과 태도를 자기스키마(self-schema)라 부르고(Kihlstrom & Cantor, 1984; Markus, 1977), 자기스키마 체계는 전반적인 자기를 대표하는 것으로 개념화되었다(Markus & Sentis, 1982). 자기스키마(자기개념) 네트워크의 활성화의 기반에는 자기초점의 자기참조적 내용이 있어야 한다.

자기초점의 원인

개인 자신을 상기시키는 자극이나 대상은 자기초점화의 가능성을 높일 수 있다. 실험 연구에서 사용되는 전형적인 자기초점화 자극들로는 거울이나 비디오 카메라, 평가적인 청중의 존재 등이 있다(예: Davis & Brock, 1975; Froming, Walker, & Lopyan, 1982; Scheier, Carver, & Gibbons, 1981). 그러나 외부 분산자극의 존재와 현출성 또한 특정 상황에서는 자기초점 수준에 영향을 미칠 것이다. 즉각적인 주의를 요하는 외부 자극들은 의식적인 주의를 자기로부터 멀어지게 할 것이다.

내부 상태의 변화는 그러한 사건을 해석하고 불일치를 줄이려는 목적의 자기초점을 쉽게 유도할 수 있다. 연구에 따르면, 자기의 내부 측면(예: 심장박동)이 현출해지는 경우 자기초점을 결정하는 강력한 요소가 될 수 있다(예: Fenigstein & Carver, 1978). 이와 유사한 효과들은 공황장애 및 광장공포증 환자에서도 보고된 바 있다

(예: Ehlers et al., 1988; Goldstein & Chambless, 1978).

감정 자체도 자기초점의 유도체이다(Wood et al., 1990). 감정이 자기조절에서 불일치가 있음에 대한 신호가 되어서 불일치 감소를 목표로 하는 자기주의적 과정들을 활성화할 수 있다는 논리적 추론을 따라 Wood 등(1990)은 감정이 자기초점을 유도하는 효과를 검증하였다. 두 편의 연구 중 첫 번째에서는 피험자를 이미지 안내로 구성된 기분 유도 절차에 노출시켜 피험자의 주의를 내부 또는 외부로 초점을 맞추도록 설계를 하였다. 자기초점은 문장 완성 과제로 측정하였다. 결과는 슬픈 기분의 유도가 문장 완성에 쓰인 1인칭 단수대명사('나' '나를' '나의')의 개수를 지수로 잡은 자기초점 주의를 증가시켰음을 보여 주었다. 두 번째 연구에서는 음악 기분 유도 기법을 써서 슬픈 또는 행복한, 중립적 기분 등을 유도하였고, 자기초점은 유도 후 2분 30초 동안 자유롭게 반응한 사고 표집과 자의식 척도로 평가했다. 슬픈 기분이 자기초점을 유도한 반면에, 행복한 기분은 그렇지 않았다. 더구나 자기초점은 행복 평가와도 유의한 부적 상관을 보였다. 이러한 자료는 그들의 기저선 상태가 보통 꽤 행복하기 때문에 대부분의 사람들에게는 행복보다 슬픔이 정서적으로 더 현출하다는 식으로 설명되었다. 이런 아이디어에 대한 재미있는 확장은 만성적으로 기분이 가라앉은 (기분부전의) 피험자에게는 행복이 자기초점의 현출한 유도체가 될 수 있다는 점이다. 이런 유형의 사람들은 자기초점 주의에 수반하는 잠재적 불편요소를 줄이려는 시도로 행복한 감정을 회피하도록 동기화될 것이다. Sedikides(1992)는 상태적 자기주의 질문지를 통해 Wood 등(1990)의 결과와 유사한 결과를 보고하였다.

부정적 감정과는 달리, 내부의 생리 과정이 다른 수단에 의해 두드러지기 시작하면 그것 또한 자기초점을 유도할 수 있다. 예를 들어, Fenigstein과 Carver(1978)는 가짜 심장박동 피드백이 자기초점 주의를 증가시킴을 입증하였다. 그들의 연구는 비불안 피험자가 자신의 심장박동이나 '실제 소음'의 시뮬레이션이라고 가정한 딸깍 소리를 듣는 동안 자기초점 귀인을 측정하는 것이었다. 귀인 과제에서 피험자는 일련의 가상적 상황에 있는 자신을 상상하고 자신이 결과에 책임이 있다고 생각한 정도를 백분율로 추정하였다. 또한 자기 관련 및 비자기 관련 단어들로 구성된 수정본 스트룹 과제도 피험자에게 주었다. 가짜 심장박동 조건의 피험자가 '소음' 집단 피험자나 '무소음' 집단의 피험자보다 자기초점이 더 높았다. 즉, 인과적 자기귀인은 더 크고 자기참조적 단어에 대한 색상 명명 수행은 더 낮은 것으로 나타났다.

생리적 변화에 대한 거짓 피드백도 자기초점을 증가시킬 수 있으므로 실제의 생리 자극이 동일한 효과를 가질 수 있다는 건 그럴듯해 보인다. 경험 연구는 일반적으로 이런 관점을 지지한다. Wegner와 Giuliano(1980)는 일반적인 각성의 증가가 자기초점을 유도할 수 있음을 보여 주었다. 그들의 연구에서는 (한곳에서 뛰기, 의자에 앉아 기다리기, 팔걸이 의자에 누워 있기 등) 일반 각성 수준에 변화를 준 세 가지 조작 중 하나에 피험자를 노출시켰다. 그런 다음 피험자에게 자기초점의 문장 완성 측정도구를 완료할 것을 요구하였다. 대기하던 조건의 피험자보다 뛰었던 피험자의 자기초점화가 유의하게 더 높았으며, 누워 있던 피험자의 자기초점은 제일 낮았다.

그러나 MacDonald 등(1983)은 Wegner와 Giuliano의 결과를 다른 방식으로 설명하는 증거를 제공하였다. 그들은 Wegner와 Giuliano의 각성 조작이 자기초점을 증가시킨 것은 조작에 의한 각성 때문이 아닌 조작의 특이한 성질 때문이라고 말했다. 그러나 Wegner와 Giuliano(1983)는 이런 가능한 혼입에 대한 반박으로 자연 상태와 특이한 장면에서의 신체적 노력(빠르거나 느리게 달리기) 또한 자기초점의 증진과 연관이 있다는 것을 증명하는 실험 증거를 제시하였다. 하지만 두 조건의 노력을 비교했을 때, 피험자들은 빠른 달리기보다 느린 달리기를 유의하게 더 특이한 것으로 평가하였다. 이는 빨리 달리는 조건에서는 각성이 자기초점을 매개했을 것이나 반면에, 느리게 달리는 조건에서는 특이성이 자기초점을 매개했을 수 있음을 시사한다.

이들 자료는 각성 증가가 높아진 자기초점의 원인일 수 있음을 보여 준다. 우리는 또한 부정적 감정이 자기초점 주의를 증가시키는 것 같다는 것도 알고 있었다. 아마도 그러한 감정은 자기조절에서 불일치 신호를 발생시키고, 자기초점은 평가 촉진과 불일치 감소를 겨냥한 중간 과정일 것이다. 마지막으로 심박수와 같은 자기 내부의 생리적 측면이 현실이 아닌 피드백에 의해 현출되는 경우에도 자기초점 주의를 유도할 수 있다. 이것은 불안장애 환자들 일부에서 보이는 자기점검 시작과 매우 유사하다. 공황상태와 범불안장애, 광장공포증 환자들은 심박수, 근육 긴장, 호흡의 변화와 같은 구체적인 생리 과정에 대해 선택적 주의를 준다고 보고한다(예: Hibbert, 1984; Wells, 1987). 게다가 범불안장애와 공황장애의 시작은 종종 불안의 신체 각성 증상들과는 다른 신체장애의 경험으로 나타난다(Hibbert, 1984). Beck(1976)

은 불안 환자들이 위험한 주제에 집착하기, 위험 관련 자극들에 과잉경계하기, 주관적인 느낌들을 지나치게 스캐닝하기 등을 지칭하는 것으로서 '주의 구속력(attention binding)'이라는 용어를 사용하였다.

자기초점의 결과

이 절에서 우리는 내부 반응에 대한 주관적 자각 그리고 행동 및 인지 활동에 관한 자기초점 주의의 효과에 대해 고찰한다.

감각 및 감정의 강화

연구 결과에 따르면 자기초점 주의가 신체 반응에 대한 피험자의 자각을 증가시키는 것으로 입증되었다. Pennebaker와 Skelton(1978)은 사적 자의식과 두통 및 근육통 같은 신체 증상 지수 12개 간에 정적 상관관계가 있음을 발견하였다. 다른 연구들에서는 자기주의와 증상 자각의 관련성 연구를 위해 위약 효과를 활용하였다. 이들 연구는 자기초점 주의가 내부 신체 상태에 대한 피험자의 자각을 증가시키며 그 결과 그러한 상태들에 관한 피암시성의 효과가 감소되었음을 입증하였다(Scheier, Carver, & Matthews, 1993, 리뷰 참조).

몇 편의 연구에서 자기초점이 신체 감각 및 감정을 강화시킨다는 것을 입증하였다. 그러나 감각의 원인과 관련된 평가 정확도는 높지 않으며(Gibbons & Gaeddert, 1984), 자율적 변화(autonomic change)에 초점을 맞추는 경향의 사람들은 자율 반응성 수준이 높을 뿐만 아니라 각성의 강도 또한 과대평가하는 경향이 있다(Mandler, Mandler, & Uviller, 1958).

자기초점은 신체 반응의 자각을 강화시킴은 물론이고 정서적 경험도 강화시킨다. 상황적으로나 기질적으로 자기초점화된 피험자는 매력과 의기양양, 우울, 혐오감 등이 유도된 상태에 더 강한 반응을 보였다(Scheier & Carver, 1977). 실험적으로 증진된 자기초점과 사적 자의식 등은 노출 과제에 참여시킨 공포증 환자의 공포 반응을 강화시킨다(Carver, Blaney, & Scheier, 1979; Scheier et al., 1981). 또한 성향적 자기초점이 높은 피험자는 끔찍한 영화 같은 유형의 위협 자극에도 강화된 스트레스 반응을 보여 준다(Wells, 1991).

이러한 증거는 자기초점이 신체 및 정서적 반응의 자각 증가와 함께 그러한 반응이 강화되는 경험과도 연관된다는 것을 보여 준다. 더구나 자기초점 자체는 현출한 생리 및 정서 반응에서 기인할 수 있으며, 강화된 내부 반응과 높아진 자기초점 간 관련성이 양방향적일 수도 있다는 것을 입증하고 있다.

자기초점은 인지주의적 손상을 유도한다

시험(또는 검사)불안 문헌에서는 시험불안이 높은 사람들의 특징인 수행 저하가 과제에서 벗어난 인지적 활동을 하게 하는 걱정의 간섭 효과에 귀인할 수 있음을 일반적으로 받아들인다(예: Sarason, 1972, 1975, 1988; Wine, 1971, 1982). Eysenck(1979)는 걱정처럼 과제와 무관한 인지적 활동이 수행 저하를 초래한다고 주장하는데, 그 까닭은 제6장에서 자세히 논한 바처럼 걱정이 작업기억의 제한용량 중 일부를 선취하기 때문이다.

평가 상황에서 시험불안이 높은 피험자의 수행 저하는 분리된 주의로부터 비롯된다. 즉, 그들은 자기평가의 인지적 활동과 과제 관련 재료 모두에 초점을 맞춘다. Carver와 Peterson, Follansbee, Scheier(1983)의 연구는 시험불안과 수행 간의 관계에서 자기초점의 매개 역할을 입증하였다. 그들은 피험자들을 시험불안의 고저 집단으로 나누었고, 실험적으로 강화된 자기초점이 시험불안 수준과 상호작용하는 것을 발견하였는데, 시험불안이 낮은 피험자들은 철자 구성 과제에서 수행이 향상되지만, 높은 피험자들에서는 수행이 저하되었다. Carver 등(1983)은 이러한 자료들에 대해 자기초점이 과제 수행력에 대한 피험자의 자신감과 상호작용한다는 관점으로 해석하였다. 자신감 없는 피험자에서는 자기초점이 수행을 손상시키고, 자신감 있는 피험자에서는 자기초점이 수행을 향상시켰다.

비록 자기초점이 수행 저하 효과뿐만 아니라 수행 촉진 효과를 갖는 것으로 보이지만, 이러한 수행 효과들이 자기초점 및 개인 기대 간의 상호작용에 의해 매개되는 정도는 대체로 명확하지 않다. 예를 들어, Strack 등(1985b)은 우울증의 수행 결함이 기대치와 주의초점 변수들 간 상호작용에서 비롯된다는 가설을 검증하는 일련

의 연구를 실시하였다. 두 번째 연구에서는 철자 구성 과제로 비우울 피험자들의 수행을 결정하고 실험적으로 낮춰진 수행 기대와 실험적으로 강화시킨 자기초점 사이에서 유의한 상호작용을 입증하였다. 기대치는 낮아지고 자기초점은 높아진 피험자들의 수행은 실험조작 조건이 없는 다른 피험자들보다 또는 기대치나 자기초점 변인들만 실험조작된 조건의 피험자들보다 수행이 더 나빴다. 이러한 자료는 자기초점과 기대치의 강도 간의 상호작용이 수행에 관한 자기주의의 영향을 결정한다는 관점을 지지한다. 하지만 Strack 등(1985b)의 세 번째 연구에서는 이 관점과 좀 불일치하는 자료를 내놓았다. 이 연구에서는 우울증 피험자를 썼는데, 이전 과제의 수행에 관해 긍정적 피드백을 제시하자 기대치가 높아졌고, 철자 구성 과제 수행 전에 과제초점적 지시를 주자 자기초점이 더 낮아졌다. 이 결과들에 의하면 단지 중요한 효과는 주의초점에 있을 뿐, 기대 또는 기대와 초점 간의 상호작용에 대해서는 유의한 효과를 얻지 못했다. 이들 자료는 우울증 피험자의 수행은 기대와 무관하게 자기초점을 줄임으로써 향상시킬 수 있다는 것을 보여 준다. 이는 어떤 상황에서는 우울증 피험자에서 보이는 수행 효과를 결정할 때 자기초점의 강도보다 기대가 상대적으로 덜 중요할 수 있음을 시사한다.

스트레스와 수행의 관계에서 자기초점의 매개 역할은 시험불안과 우울증에 국한되지 않는다. 일련의 실험에서 Baumeister(1984)는 시각-운동 협응을 요구하는 과제에서 사적 자의식이 높은 정상 피험자가 자의식이 낮은 피험자보다 수행이 일관성 있게 더 나쁜 것을 발견하였다. 더구나 수행 중 자신의 손에 초점을 맞추라고 지시를 받은 피험자는 자신에게서 멀리 있으라는 지시를 받은 피험자보다 수행이 더 나빴다. 그러나 압박 상황에서 수행을 해야 하는 실험에서는 사적 자의식이 높은 피험자가 사적 자의식이 낮은 피험자보다 수행이 더 좋았다. 하지만 후자의 결과에 대한 재현검증은 실패하였다. 일반적으로 불안하고 우울한 피험자에서는 그 효과가 더 강할 수 있겠으나, 성향적 자기초점과 상황 유도적인 자기초점은 과제 수행에 지장을 주는 효과가 있는 것으로 보인다. 이러한 효과는 주의를 요하는 과제 수행에 사용할 수 있는 용량을 감소시키는 자기초점에서 생길 수 있다.

집중력 및 기억력의 손상 증상들은 불안과 우울 장애에서 흔히 나타난다(DSM-III-R; APA, 1987). Wells(1987)는 범불안장애와 공황장애 환자 34명을 인터뷰한 결과, 91%가 불안에 따른 집중력 및 기억력의 손상을 보고하였음을 발견하였다. 이와 유사한 결함은 우울 환자들(예: Miller, 1975)도 보고한다. 스트레스 장애에서 이러한 유형의 인지 기능장애와 자기초점의 동시발현은 높은 수준의 자기초점 주의가 인지적 결함과 연관될 수 있다는 견해와 일치한다. 비록 인지장애의 척도로서의 타당도는 불확실하지만(제8장 참조), 인지 실패 질문지로 한 연구는 이러한 견해를 지지한다(Broadbent et al., 1982; Houston, 1988; Matthews & Wells, 1988; Wells & Matthews, 1994).

요약하면, 상태 수준의 자기초점은 항상은 아니지만 종종 과제 수행의 손상과 연관이 있는 것으로 나타난다. 특성 수준에서 자기초점은 인지 실패에 대한 자기보고식 취약성과 연관이 있다. 자기초점화된 개인은 효율적인 노력 수행을 위한 자원이 부족한 것으로 보이며, 자기가 참여하는 어떤 상황에서 외부 활동을 위한 적절한 스키마를 활성화하는 데 어려움이 있을 것이고, 인지 실패를 초래할 수 있다(예: Reason, 1984). 자기초점 및 인지적 한계 그리고 강화된 증상/감정을 연결시키는 자료는 자기주의, 스트레스 평가, 대처 행동 간에 있음직한 연결고리를 이해할 수 있게 한다.

대처 노력의 손상 그리고 회피의 강화

자기초점은 내부 감각과 정서를 강화시키므로 정서 관리를 겨냥하는 대처 시도들의 증가와 연관되어야만 한다. 그러나 자기초점은 또한 인지적 용량을 선점하기 때문에 적어도 주의가 요구되는 상황에서는 주의가 많이 요구되는 대처 전략은 방해를 받게 된다. 이런 점에서 회피가 특징인 비요구적인 정서 중심의 대처는 자기주의에 의해 강화될 것이지만, 적극적인 정서 중심 대처는 그렇지 않을 것이다.

공포 반응에 관한 자기초점 주의의 효과에 대한 연구들은 이러한 예측을 확증해 준다. 자기초점은 행동을 방해하고 위협적인 상황에서 행동 철회의 가능성을 높인다(예: Carver & Blaney, 1977; Carver et al., 1979; Scheier et al., 1981). Carver와 Blaney(1977)는 뱀 공포증이 있는 피험자들에게 심박수를 가속시키거나 또는 가짜 심박 피드백을 지속적으로 주는 상태에서 보아뱀에게 접근해 줄 것을 요청하였다. 지속적 피드백보다 가속 피드백을 들을 때 이전의 과제 수행 능력에서 자신 있다고 스스로 평가했던 피험자들은 자신이 없다고 한 피험자들보다 더 가깝게 접근했다.

Carver와 Blaney(1977)는 이런 효과를 자기초점을 고조시켜서 피험자가 자신의 행동을 원하는 목표와 일치시킬 수 있는 능력에 대해 평가하게 만드는 각성 피드백 관점에서 설명한다. 과제 수행 능력을 의심하는 피험자인 경우 그러한 평가는 혐오적이었고 자신감 있는 피험자보다 철회 현상도 더 빨리 일어났다. 거울을 이용해 상황적 자기초점(자각)을 높인 유사한 실험에서는 뱀 공포증은 거울이 없는 조건보다 있는 조건일 때 접근 과제로부터 더 빨리 물러났다. 공포증이 없는 피험자들은 거울 조작의 영향을 받지 않았다(Scheier et al., 1981). 두 번째 연구에서 Scheier 등(1981)은 사적 자의식이 높거나 낮은 피험자 집단에게 경미한 또는 강한 전기 충격에 굴복하도록 요청하였다. 사적 자의식이 높은 피험자들이 두려움에 더 반응적이었고 더 쉽게 실험에서 철수하였다.

자기초점화된 피험자들에서 회피 대처 전략의 사용이 증가하는 것은 두 가지 방식으로 스트레스 취약성에 기여할 수 있다. 스트레스 상황을 회피하면 효과적인 대처 전략을 시험하고 개발할 기회들이 제한된다. 더구나 회피는 역기능적인 평가 및 신념의 유지에 기여할 수 있는데, 이는 불확증 경험에 대한 개인의 노출이 제한되기 때문이다. 항상 그렇지는 않지만 회피 전략이 부적응적이라는 경험적 증거는 제8장에서 논의되어 있다.

Wells와 Matthews(1994)는 여성 간호사 139명을 상대로 스트레스 상황에서 사용하는 대처 전략의 유형을 연구하였다. 그들은 능동적 대처 전략이 수동적 전략보다 용량을 더 요구하므로 주의를 요하는 상황에서는 자기초점의 영향을 가장 많이 받을 것이라고 예측하였다. 연구 결과(제8장에서 자세히 제시됨)는 예측된 높은 사적 자의식이 통제력과는 무관하게 능동적인 문제 중심 대처의 사용을 감소시켰고, 통제력이 혼재된 상황에서는 정서 중심 대처의 사용이 감소되는 것으로 나타났다. 이들 결과의 특이성은 용량 설명과도 일치한다. 문제 중심 대처는 외부 주의가 필요하기 때문에 자기초점화된 피험자에게는 가장 부담이 클 수 있다. 반면에, 정서 중심 대처는 덜 부담스러울 수 있고 따라서 인지 평가 자체가 주의를 더 많이 필요한 상황에서만 방해를 받게 될 것인데, 예를 들면 상황 통제 평가가 애매하거나 혼재된 경우에서처럼이다. 또한 혼재된 통제력 상황에서 자기초점과 수동적 억제 대처 전략들 간에는 의미 있는 부적 상관도 있었다. 그러나 이러한 관련성은 자기보고식 인지 실패 수준에 의해 매개되는 것처럼 보였다. Wood 등(1990)이 제시한 다른 증거에서는 자기초점화된 남성이 자기초점이 낮은 사람보다 더 수동적이고 반추적인 대처 스타일을 사용하는 경향이 있음을 보여 주는데, 이는 수동적 대처에 관한 효과들이 좀 불안정하다는 것을 시사하고 있다.

이런 결과들은 특정의 대처 시도의 손상을 보여 주는 것이지만, 대처에 관한 자기주의 효과는 자기초점의 정량적 차원은 물론이고 정성적 차원에도 영향을 줄 수 있다. Brown과 Cash(1990)는 비임상 공황장애자가 비공황장애자보다 정서 중심 대처(정서 표현)를 더 많이 사용했다는 결과를 보여 주었다. 공황장애자와 비공황장애자가 사적 자의식의 수준에서는 다르지 않았으나, 전자의 사적 신체자각 점수가 훨씬 더 유의하게 높았다. 사적 신체자각(Miller et al., 1981)은 사적 자의식보다 대처에 다른 효과를 가질 수 있다. 하지만 이는 광장공포증에서 회피 성향의 발달과 연결시켰던 내부감각수용(interoceptive)의 개념과 유사하다(Goldstein & Chambless, 1978).

만약 자기초점이 대처에 문젯거리가 된다면, 우리는 높은 자기초점이 특정 상황들에서의 대처를 간섭한다는 사실을 규명해야 한다. 이러한 제안에 부합하는 것으로서, Coyne와 Aldwin, Lazarus(1981)는 부적절한 지지 추구 및 부정적인 자기초점이 우울한 사람의 일상적 삶에서 보이는 우유부단함과 비효율성의 주된 원인이 될 수 있다고 제안한다. 우울증에 대처하는 여대생 대상의 연구에서 Doerfler와 Richards(1983)는 피험자들에게 자신의 대처 노력들을 기술하고 대처활동 목록을 완성하도록 요구하였다. 피험자들을 우울증에 성공적으로 대처했던 사람들과 성공적으로 대처하지 못했던 집단으로 분류하였다. 대처에 성공적이지 못한 사람들은 성공적인 사람들보다 문제가 있는 행동(예: 불면증)을 더 자주 점검한다고 보고하였다. 제8장의 좀 더 상술된 연구에서 Wells와 Matthews(1994)는 높은 자기초점이 일반적으로 문제 중심 대처를 감소시켰고 또 일부 상황에서는 간호사의 적극적인 정서 중심 대처도 감소시켰다는 것을 보여 주었다. 이런 결과들은 자기초점이 성공적인 대처를 방해할 수 있다는 견해와도 일치한다.

제10장에서 우리는 자기초점의 감소가 '대처'를 촉진할 수 있다는 견해를 지지하는 심리치료 연구들에서 나온 증거를 고찰한다. 외부로의 분산 기법들은 불안 및 우울 치료에서 채택되어 왔다(Beck et al., 1979, 1985; Craske, Street, & Barlow, 1989b; Wells, 1990). 외부 분산 전략은 낮은 내인성 우울 환자에서 짜증나는 생각의 빈도를 줄이는 데 효과적인 것으로 밝혀져 왔다(Fennel & Teasdale, 1984; Fennel et al., 1987).

그래도 제10장에서 논의된 바처럼 정서 상태에 대한 자기초점이 네트워크 활성화와 정서 처리에 필요한 상황일 때는 주의분산이 정서를 보수하는 데 해로운 결과를 초래할 수 있다.

자기평가적 인지 구조물의 활성화 및 정교화

자기초점 주의는 경험 및 이론을 토대로 특정의 인지 구조물의 활성화와 연결시킬 수 있다. 이론적으로 자기초점은 핵심적인 행동 기준에 관해 개인의 현재 상태를 자기조절적 구조물 또는 자기지침의 내용과 비교하는 기능을 하는 자기조절 과정으로 간주되어 왔다(Carver & Scheier, 1981; Duval & Wicklund, 1972; Higins, 1987; Strauman, 1989). 이러한 접근법은 자기초점이 자기 관련 인지 구조물의 활성화 및/또는 접근성의 증가와도 연관되어 있다는 원리에 의존한다.

경험적 증거도 이러한 견해를 지지한다. 자기보고를 측정한 사적·공적 자의식은 상태·특성 걱정 및 걱정에 대한 지각된 통제의 감소와도 정적 상관관계에 있다(Meyer et al., 1990; Pruzinsky & Borkovc, 1990; Wells, 1985, 1991). 부정적 사고는 어떤 근본적인 스키마의 활동에서 비롯된다고 간주되기 때문에(Beck, 1976, 1987) 자기초점은 스키마 처리 과정과 연관되어 있는 것으로 보인다. 더 직접적으로 Geller와 Shaver(1976)는 실험적으로 강화된 자기초점이 수정본 스트룹 과제에서 자기평가적 단어들(예: 자랑, 실패)에 대한 색상 명명의 반응시간을 증가시켰으나 중립적 단어들에서는 그렇지 않았음을 보여 주었는데, 이는 자기초점이 자기 관련 인지 구조물을 활성화시킨다는 것을 시사하고 있다. Rachman과 Levitt, Lopatka(1988b)는 밀실 공포증에서 신체 증상 쪽으로 주의가 증가함에 따라 비극적인 인지 및 불안의 기회가 증가했음을 보여 주었다. 이는 자기초점이 두려움과 관련된 스키마의 활성화를 강화시켰음을 시사하는 대목이다.

자기초점 주의는 또한 인지 구조물의 구조적 특징과도 연결될 수 있다. Nasby(1985)는 피험자들의 자기서술적 관점에서 전에 평정했던 형용사들에 대한 재인기억을 검증하였다. 사적 자의식이 낮은 피험자에 비해 높은 피험자가 자기서술적 분산 형용사에 대해 오경보율이 높았으나, 비서술적 분산 형용사에 대해서는 그렇지 않았다. 이는 만성적으로 자기초점화된 피험자는 자기서술적 분산자극에 대해 허위 경보가 더 많다는 것으로 입증되는 더 방대한 자기스키마를 가지고 있음을 시사한다.

자기초점과 정신병리

자기초점 주의는 우울증(Ingram & Smith, 1984; Smith & Greenberg, 1981; Smith, Ingram, & Roth, 1985)과 불안장애(Gordon, 1985; Hope & Heimberg, 1988; Wells, 1987), 알코올남용(Hull, 1981) 등과 같은 광범위한 심리병리적 상태들과 연관된다. 더구나 자기초점 주의로 인한 효과는 불안과 우울에서 발견된 효과들과 여러 가지 방식에서 유사하다. 예를 들어, 자기초점은 자기평가를 유도하는 것으로 가정되고(Duval & Wicklund, 1972), 이는 우울 상태(Beck, 1967, 1987)와 시험불안 및 사회공포증과 같은 불안장애에 가장 중요한 현상이다(예: Hope, Gansler, & Heimberg, 1989; Wine, 1971).

자기초점 효과들과 비정상적인 스트레스 반응의 특징 간에는 유사점이 더 있다. 첫째, 우울과 불안은 강화된 감정이 특징이고, 이러한 효과는 자기초점의 강화에서도 발견된다(Scheier & Carver, 1977). 둘째, 실험적으로 높아진 자기주의와 사적 자의식은 내적 인과 귀인을 하는 경향성의 증가와도 연관된다(Buss & Scheier, 1976; Duval & Wicklund, 1973; Ross & Sicoly, 1979). 게다가 공적 자의식은 피험자가 스스로를 어떤 상황에서 자원봉사자로 뽑힐 확률처럼 긍정적일 수도 있고 부정적일 수도 있는 사건의 대상으로 지각하는 정도에 영향을 미치고(Fenigstein, 1984, 연구 2), 다른 사람의 일련의 행위를 자기를 향한 것으로 지각하는 정도에도 영향을 미치는 것으로 밝혀졌다(Fenigstein, 1984, 연구 3). 정보처리에서 일어나는 유사한 편향은 우울 및 불안 장애의 가장 중요한 것으로 간주된다(Abramson et al., 1978; Beck, 1976; Beck et al., 1979, 1985; Kuiper, 1978). 예를 들어, 우울증 환자는 자신을 포함한 포괄적이고 부정적인 인과적 귀인을 만드는 경향성을 보이며(Abramson et al., 1978), 많은 '사고 오류'가 불안과 우울증에서 관찰되었다(예: Beck et al., 1979, p. 14). '개인화(personalisation)'라는 사고 오류는 '외부의 사건들을 연결시킬 근거가 없는데도 자기와 관련시키는 환자의 성향'을 말한다(Beck et al., 1979, p. 14). 이러한 유형

의 편향은 자기초점을 동반하는 평가의 왜곡과 닮아 있다. 그러나 중요한 차이가 있는 것으로 보이는데, 정신병리에서는 부정적 상황과 긍정적 상황 모두에서보다 부정적 상황에서 자기귀인(self-attribution)이 쉽게 발생할 수 있다. Pyszczynski와 Greenberg(1987)는 우울증을 앓는 사람은 성공 후의 자기초점화 성향(아마 긍정적일 것이고)과 실패 후의 그것(아마도 부정적일 것인데)이 정상인과 비교할 때 다르다는 것을 제안하였다. 우울증은 실패 후에는 자기초점화되는 경향이 있지만 성공 후에는 그렇지 않은 반면에, 우울증이 아닌 사람들은 그 반대 경향을 보인다. 이 경우, 우울증의 자기초점화 스타일은 안정된 특성이기보다는 우울증 과정에서 발생하는 것으로 본다. 이러한 조건에서 기타 부정적인 자기평가적 과정들이 이미 관여하고 있으며, 이로서 자기초점적인 자기중심적 편향(the self-focus egocentric bias)의 내용이 형성될 것이다.

앞에서 설명한 효과 외에도, 두려운 자극이 내포된 접근 회피 과제에서 자기초점의 효과는 공황 및 불안 반응의 결정에 중요한 변인으로 간주하는 자기효능감의 지각을 조작할 때의 효과와 눈에 띄게 유사하다(Bandura, 1977; Bandura, Adams, & Beyer, 1977). Smith와 Greenberg(1981)는 이러한 유형의 유사성을 근거로 자기주의가 역기능적인 귀인과 강화된 감정, 더 정확한 자기보고, 자존감 저하 등이 포함된 우울증과 관련된 여러 현상을 매개한다고 제안한다. 그러나 자기초점은 우울증에만 특정된 것이 아니고(Ingram, 1990) 스트레스 반응들에 대한 좀 더 일반적인 성향의 근거가 될 수 있다.

자기초점과 우울증

우울증 상태가 자기초점 주의와 연관 있다는 주장은 많은 경험적 지지를 받았다. 비임상 대학생 표본으로 한 상관관계 연구들은 사적 자의식과 미네소타 다면적 인성검사의 우울척도(Smith & Greenberg, 1981), Beck의 우울검사(Ingram & Smith, 1984; Smith et al., 1985) 등의 우울증 측정치 간의 유의한 정적 상관관계를 보여 준다. 또한 BDI에서 높은 점수 그리고 낮은 점수를 받은 대학생들은 자기초점의 문장 완성 척도로 측정한 자각 수준의 측정에서 기대했던 방향과 달랐다(Ingram & Smith, 1984).

이와 유사하게 임상우울증인 외래환자들 역시 연령과 성별로 결합시킨 대조군보다 자각 수준이 유의하게 높았음을 보여 준다(Ingram, Lumry, Cruet, & Sieber, 1987a).

Pyszczynski와 Greenberg(1987)는 지금까지 검토된 많은 연구 결과를 통합하여 우울증의 자기주의 이론(self-attentional theory)을 발전시켰다. 그들의 자기초점에 관한 이론적 조망은 Duval과 Wicklund(1972) 그리고 Carver와 Scheier(1981)의 자기조절 작업틀과도 비슷하다. 자기초점이 적응적인 자기조절 기능으로 작용한다는 개념을 유지하면서도, 부정적 불일치에 대한 자기초점은 불일치를 줄이는 가능성과는 무관하게 부정적 영향을 준다는 Duval과 Wicklund(1972)의 견해에 동의한다. 게다가 그들은 자기초점이 혼란과 실패, 좌절에 대한 초기 반응을 대표하며 중요한 목표를 추구하는 자기조절을 활성화시킨다고 주장한다. 이 이론에서 우울증은 중요한 상실 후에 발생하는 것이고, 상실한 대상이 다른 출처가 거의 없는 정서적 안정성과 정체성, 자기가치 등의 가장 중심적인 출처이었을 때다. 이때 상황은 상실 대상을 복귀하려는 시도들은 집요하게 병적인 반복으로 이어지며, 따라서 자기초점화 주기가 해제될 힘이 없어진다. 그 결과는 더 이상 줄일 수 없는 부정적 불일치와의 끊임없는 대립이다. 더구나 자기초점 주의는 경험하고 있는 부정적 정서를 강화하고 또 상실에 대한 개인적인 귀인의 내부요인(자책)을 증가시킨다. 긍정적 경험들은 문제해결 노력을 간섭하는 분산요인으로 간주되기에 긍정적인 성과 후에는 자기초점을 피할 수 있다. Pyszczynski와 Greenberg(1987)는 긍정적 성과가 아닌 부정적 성과 후의 자기초점화 상태를 **우울증의 자기초점화 스타일**(depressive self-focusing style)이라고 명명했고, 이것이 우울증 증상을 유지 또는 악화시킨다고 제안한다. 이러한 효과들은 그 이상의 좌절에 대해 완충 역할을 하는 부정적 자기상에 이바지한다. 부정적 자기상 자체는 우울증의 자기초점화 스타일에 의해 유지되고 강화된다.

Pyszczynski와 Greenberg(1985)는 우울증의 자기초점화 스타일이란 개념을 실험적으로 지지하는 자료를 내놓는다. 이 연구에서는 우울 또는 비우울 대학생들을 대상으로 언어력 검사에서 성공 또는 실패를 유도하였다. 그 다음 피험자는 두 개의 퍼즐을 맞추는데, 한 조건은 거울 앞에 앉아서 했고 다른 조건은 거울 앞에 앉지 않았다(자각의 조작). 우울 피험자들은 성공 후보다 실패 후에 자기초점이 강화된 퍼즐을 더 좋아하는 경향을 보였고, 비우울 피험자들은 실패 후보다 성공 후에 자기초점이 강화된 퍼즐을 더 좋아하였다. 후속 연구에서 Pyszczynski와 Greenberg(1986)는

우울한 피험자들이 성공 후보다 실패 후에 거울이 연합된 퍼즐을 푸는 시간이 더 유의하게 길었음을 보여 주었다. 이들 연구가 우울증의 자기초점화 스타일이 있다는 것에 부합하는 결과를 제공하지만, 그것이 우울증을 앓는 개인에서 실패가 자기초점을 유도하는 반면에 성공은 그렇지 않다는 주장의 근거가 되지는 않는다.

실패가 우울증 피험자들의 자기초점을 유도한다는 가설에 대한 검증으로, Greenberg와 Pyszczynski(1986)는 우울 또는 비우울 대학생들을 상대로 해결가능한 또는 해결불가능한 철자 과제를 풀게 했다. 그런 다음 Exner(1973)의 자기초점화 문장 완성 척도(Self-Focused Sentence Completion Scale)를 사용하여 자각을 측정하였다. 기대와는 달리, 우울 및 비우울 피험자들 모두에서 성공 후 자각보다 실패 후 자각이 유의하게 더 컸다. 이 결과 자체는 자기조절과 그에 따른 자기초점의 요구를 신호하는 실패가 야기하는 부정적인 정서의 관점으로 설명되었다. 두 번째 연구는 절차 면에서 철자 과제 직후 및 하루 지연 후에 측정한 자각을 제외하면 다른 절차들은 동일했던 재현 연구였는데, 우울 및 비우울 피험자 모두에서 성공보다 실패 후 자각이 더 컸지만, 우울한 피험자들의 자각은 시간 경과에도 더 오래 유지되었다.

Pyszczynski와 Greenberg(1987)는 이들 연구를 토대로 우울한 사람이나 그렇지 않은 사람이나 모두 실패에 대한 초기 반응은 자기초점의 증가라는 결론을 내린다. 그러나 우울한 사람만이 성공 후 자기초점을 싫어하고 자기초점화 자극들을 회피하며, 실패 후에는 높아진 자기초점을 그리고 성공 후에는 낮아진 자기초점을 지속한다. 또한 Larsen과 Cowen(1988)도 우울증의 자기초점화 스타일에 부합되는 증거를 제공하였다. 자연 상태의 연구에서 그들은 3개월 동안 피험자들에게 우울과 자기초점 주의를 매일 측정하게 했다. 피험자들의 BDI 점수(Beck, 1967)와 부정적인 생애 사건 후의 자기초점 수준 간에는 정적 연관성이 발견되었으나, 긍정적인 사건 후에는 발견되지 않았다.

왜 우울한 사람들은 성공 후보다 실패 후에 자기초점을 더 선호하는가? Pyszczynski와 Greenberg(1985)는 우울 피험자들에서 성공 후의 자기초점이 긍정적 성과를 자신들의 '상대적으로 안전한, 난공불락의 부정적 자기상'과 통합되는 것에 관한 불안감 및 불확실감을 만들어 낸다는 설명을 제시한다(p. 1073). 반대로, 실패 후의 자기초점은 부정적 자기상을 변경할 필요가 없기 때문에 상대적으로 위안되고, 보다 긍정적인 자기상을 유지하려는 시도에서 발생할 수 있는 정서적 극단 상황에 대항하는 보호장치가 되기 때문이다.

다른 이론들도 우울증에서 자기초점의 역할을 고려해 왔다. 예를 들어, Kuhl (1981)의 행위제어 이론은 의도된 행위를 필히 수행하는 데에 필요한 과정에 관심이 있다. 이 이론에서는 자기조절 지향성을 행위 지향과 상태 지향의 두 가지로 구분한다. 행위 지향은 주로 행위에 꼭 필요한 정보에 주의가 우선 집중되는 전략적이면서도 변화촉진적이다. 반면에, 상태 지향은 개인의 어떤 과거나 현재, 미래의 상태에 초점을 맞춘다. Kuhl과 Helle(1986)는 상태 지향적 성향이 우울증의 취약성을 증가시킬 수 있다고 제안하는데, 상태 지향적 개개인들이 반추적 인지의 통제력이 더 적기 때문이다.

요약하자면, 실험 연구들은 일반적으로 자기초점 주의가 임상 및 비임상 표본 모두에서 우울증 상태와 정적 상관이 있다는 주장을 지지한다. 이러한 관계의 기초가 되는 매개 요인들을 설명한 가장 야심찬 통합적 이론을 Pyszczynski와 Greenberg(1987)가 제시한다. 특정의 우울증 자기초점화 스타일에 대한 그들의 특별한 개념은 어느 정도 지지가 되었다. 그러나 자기초점과 관련된 귀인 편향에 대한 연구들은 더 모호한 결과들을 제공한다(Ingram, 1990 참조).

고양된 자기초점과 우울증 간의 관련성을 매개하는 인지-정서적 기전을 설명하려면 향후 연구가 더 필요하다. Kuhl의 행위 지향 이론과 일치하는 한 가지 가능한 기전은 바로 자기초점이 인지적 통제 용량을 줄인다는 점이다. 그러한 효과는 문제해결 용량과 인지 추론, 동기부여에 부정적 영향을 미칠 수 있으며, 이들 변인은 우울 환자에게 불리하게 영향을 주는 것으로 보인다(제7장 참조). 인지적 통제를 조정할 때 자기주의가 하는 잠재적 역할은 제12장에서 더 자세히 논의된다.

자기초점과 불안

자기초점 주의는 공황장애(Beck, 1988; Clark, 1986; Rachman et al., 1988b; Rapee, Mattick, & Murrel, 1986)와 광장공포증(Goldstein & Chambless, 1978; de Ruiter & Garssen, 1989), 사회불안(Buss, 1980; Carver & Scheier, 1986; Crozier, 1981; Smith & Sarason, 1975), 범불안장애(Craske et al., 1989a; Wells, 1987), 시험불안(Carver et al.,

1983; Deffenbacher, 1978; Sarason, 1988; Wells, 1985; Wine, 1971)과 같은 임상 불안들에서 설명되어 왔다.

단순 공포증의 연구

단순 공포증을 이용한 연구들은 실험적으로 강화된 자의식 및 사적 자의식이 공포 자극을 노출시킨 피험자들에서 공포 각성 및 행동 회피의 증진 등과 관련됨을 보여 준다. 실험에서 Carver와 Blaney(1977)는 뱀 공포증 피험자에게 심박수의 가속 또는 안정을 나타내는 피드백을 주는 상황에서 보아뱀에게 접근하도록 요청하였다. 이 과제를 하기 전에 피험자는 과제 수행 능력에 대한 자신감 정도를 평가하였다. 결과는 자신감이 적다고 평가한 피험자들보다 자신감이 있다고 평가한 피험자들이 안정 피드백 조건보다 가속 피드백 조건에서 보아뱀에 더 가까이 접근하는 경향을 보여 주었다. 이들 결과는 원하는 목표와 행동을 일치시킬 수 있는 능력에 대한 피험자 평가 후에 이어지는 자기초점의 강화를 야기하는 자율신경계 피드백의 관점으로 설명되었다. 자신감 있는 피험자에 비해 과제 수행 능력을 의심했던 피험자는 혐오스럽다는 평가와 함께 과제 포기도 더 빨랐다. 뱀 공포증을 이용한 다른 연구에서 Carver 등(1979)은 피험자에게 보아뱀에 접근해 잡아 보도록 요청하였다. 이 연구에서는 거울의 유무 조건에서 과제를 수행하는 방식으로 내담자의 자각을 조작하였다. 접근 시도에서 자각 조건 피험자가 비자각 조건 피험자보다 과제에서 더 빨리 물러났다. 두렵긴 했지만, 자신감이 있던 피험자들은 누가 봐도 과제 완료에 주의를 집중시킨 반면에, 과제 완료를 의심하는 피험자들은 생리적 각성에 초점을 맞췄다. 자기주의의 자기조절 틀에서 접근 과제를 완료할 수 있는 자기 능력에 관한 피험자의 기대(확신)는 자기초점의 행동 및 정서적 결과를 결정할 때 자기초점과 상호작용하는 것으로 간주되었다. 이 모델은 시험불안에서 자기초점의 효과를 설명하기 위해 확장되었으며(Carver et al., 1983), 다음에 고찰되어 있다.

또한 자기초점과 불안 간의 관련성은 공포 반응뿐만 아니라 유사한 불안 반응들에서도 유지된다. Scheier 등(1981)은 사적 자의식에서 높거나 낮은 점수를 받은 피험자들에게 경미하거나 강한 수준의 전기 충격을 받도록 요청하였다. 높은 사적 자의식 피험자들은 공포에 더 반응적이었고 실험에서 더 쉽게 철수하였다.

Wells(1991)는 높은 사적 자의식 피험자들이 끔찍한 영화에 노출되었을 때 상태불안, 걱정, 자기보고식 신체 반응 등이 유의하게 더 컸다고 보고하였다. 이런 연구 결과는 자기초점 주의가 위협에 대한 정서적이고 행동적인 반응들을 증폭시킨다는 것을 제안한다.

공황장애와 광장공포증

공황장애의 인지행동이론에서는 공황이 자율신경계의 각성 증상들이나 기타 불안과 무관한 감각 같은 내부 단서들에 대한 재앙적인 해석에서 비롯한다고 주장한다(예: Beck, 1988; Clark, 1986; Goldstein & Chambless, 1978; Hibbert, 1984; Ottaviani & Beck, 1987). Beck(1988, p. 91)에 따르면 "공황에 잘 걸리는 환자들은 정상적으로는 쉽게 설명되지 않는 어떤 신체 경험이나 정신적 경험에 주의를 고정시키는 경향이 있다." 더 나아가 그는 공황장애 환자들이 그러한 감각 경험을 과잉경계를 한다는 것과 그들의 주의 고착은 불수의적이라고 제안하였다. 일단 공황발작이 확실해지면, 부분적으로는 신체 감각 같은 내부 사건들에 대한 선택적 주의에 의해 문제가 유지된다(Clark, 1989).

광장공포증은 공황에 대한 반응(Goldstein & Chambless, 1978)과 공황장애의 다양한 변형(예: Noyes, Clancy, Garvey, & Anderson, 1987)으로 개념화되어 왔고, 『DSM-III-R』(APA, 1987)에서는 공황장애의 하위 영역으로 간주된다. 따라서 자기초점은 일부 유형의 공황장애에서 역할을 할 가능성이 있다. 이러한 견해와 일치하는 것으로서 신체 감각과 질환에 관한 걱정이 공황장애 및 광장공포증 모두에서 발생한다는 증거가 있다. Goldstein과 Chambless(1978)는 광장공포증의 발달을 공황발작의 조건자극이 내부의 신체 감각이라는 내부수용기 조건화(interoceptive conditioning)의 관점으로 본다. 공황발작을 한 번 이상 겪은 개개인은 '자신들의 감각에 대해 지나치게 민감해지기' 시작하고(p. 55), 그래서 미미한 중간 정도의 불안한 느낌을 곧 닥칠 공황의 한 신호로 해석한다. 개인이 생리적 각성 증상의 형태로 공포자극을 짊어질 때부터 그것은 광범위하게 외부의 다른 상황으로 일반화되어 불안을 유발하게 된다. 때로는 '공포에 대한 공포(fear of fear)'라고 칭하는 것이 사적 신체자각과 유사한 일종의 신체적 자기초점의 형태를 구성한다(Miller et al., 1981). 이러한 견해

와 일치하는 Brown과 Cash(1990)의 연구에서는 비임상적 공황장애 환자들이 공황이 없는 사람들보다 사적 신체자각 점수가 유의하게 더 높았지만, 사적 자의식에서는 차이가 없었다. 따라서 고양된 내부수용 자각은 자기초점 주의의 하위 유형으로 볼 수 있으며, 공황 상태에서 피험자는 극심해지며 상대적으로 경직된다.

공황과 광장공포증 환자들에서 나온 질문지와 면담 자료는 일반적으로 공황과 광장공포증의 '공포에 대한 공포'라는 설명을 지지하는 증거를 제공한다. Chambless와 Gracely(1989)는 광장공포증 인지 질문지(Agoraphobic Cognition Questionnaire: ACQ)와 신체 감각 질문지(Body Sensations Questionnaire: BSQ)에 대한 불안 환자의 반응을 연구하였다(Chambless et al., 1984). ACQ는 공황의 사회/행동적 결과(예: 통제력 상실, 바보스러운 행위)와 공황의 신체적 결과(예: 심장마비, 실신)에 관한 두려움을 처리하는 두 가지 요소로 구성된다. BSQ는 두려운 상황이나 환자가 신경이 과민해질 때(예: 어지럼증, 메스꺼움) 나타날 수 있는 신체 증상 목록으로 구성되며 개개 증상과 연관된 두려움 정도를 측정한다. 광장공포증 환자는 다른 유형의 불안환자들(사회불안, 범불안 또는 광장공포가 없는 공황장애 환자들)보다 신체 감각의 공포에서 유의하게 높은 점수를 보였다. 게다가 공황장애 환자와 함께 광장공포증 환자들은 신체 질병이 자신의 불안에서 비롯되는 것을 더 염려하고 있는 반면에, 모든 불안 환자는 정상인보다 불안이 난처함이나 통제의 상실로 이어지는 것을 더 염려하고 있었다. 공황장애 환자 그리고 광장공포를 동반한 공황장애 환자를 비교한 연구에서도 유사한 결과가 나왔다(Ruiter & Garssen, 1989). 이 연구에서 광장공포 환자가 공황 환자보다 신체 감각의 두려움이 더 크다고 보고하였으나, 신체 감각 빈도에서는 차이가 없었다.

공황과 자기초점의 공존성을 보여 주는 이러한 상관관계 분석 및 현존하는 연구 외에도, 자기초점이 공황발작이 있는 일부 환자들의 불안을 증가시킨다는 더 직접적인 증거가 있다. Rachman 등(1988b)은 강화된 자기초점이 재앙적인 증상의 평가 기회를 높이고 그래서 공황발작을 일으킨 폐쇄공포증 피험자들에서 불안이 높아진다는 것을 보여 주었다. 피험자들을 밀폐된 방에 노출시킨 다음, 그 방에서 피험자 한 집단에게는 신체 감각들에 주의집중하도록 지시했고, 두 번째 다른 집단에게는 분산과제를 수행하도록 요청했다. 비록 보고된 공포와 공황의 측정치에서 집단 간 차이는 없지만, 이것은 아마도 두 집단의 피험자들이 모두 상대적으로 낮은 주의집중 수준을 보고했다는 사실 덕분일 것이다. 그다음 피험자들을 주의집중도가 높고 낮은 집단으로 나누었는데, 신체초점 집단에서 주의집중이 높은 피험자들이 낮은 피험자들보다 공황 점수가 더 유의하게 높았다. 분산(통제)집단에서는 주의집중의 높고 낮음 간에 차이가 없었다. 분산집단에서 주의집중 수준과 공황 점수 간에 부적 상관관계는 유의했던 반면에, 신체초점 집단에서는 유의하게 정적인 상관관계가 있었다. 다른 연구에서 Wells(1990)는 자기초점 주의를 요구하는 이완 절차(약칭, 아우토겐 훈련)가 공황장애 환자에서 불안과 공황발작 빈도를 악화시켰음을 입증하였다. 이완 훈련의 역설적인 불안 증대 효과는 다른 불안 환자들과 비불안의 대학생들에서도 관찰되었다(Heide & Borkovec, 1983, 1984). 심화된 자기초점이 이런 효과에 책임이 있었다는 논리를 따라서 Wells(1990)는 동일한 공황 환자에서 노력을 요구하는 외부 모니터링 절차가 공황발작을 제거하고 자기보고식 불안을 감소시켰음을 보여 주었다.

요약하면, 공황에 관한 이론 및 경험적 연구는 일관되게 자기초점과 공황발작 간의 정적 관련성을 가리킨다. 자기초점은 공황장애의 시작과 유지에 관여하는 중요한 인지적 변인일 거라는 증거가 있다.

시험불안

불안과 관련된 현상을 설명하는 과정에서 자기초점에게 주어진 역할은 시험불안 맥락에서 가장 중요하였다. 우리가 제6장에서 보았듯이 시험불안이 높은 피험자들의 수행 저하는 불안한 자기고착의 결과로 간주되어 왔다. 특히, 과제 수행을 위한 주의 용량의 감소는 과제 외의 평가적 인지 활동, 대개는 걱정에 의해 생긴다(Sarason, 1975, 1988; Wine, 1971). 이 절에서 우리는 시험불안의 걱정보다는 오히려 더 구체적으로 자기초점을 다루었던 경험적 연구들과 이론적 설명들에 초점을 맞춘다.

Deffenbacher(1978)는 시험불안이 높거나 낮은 피험자들에게 높은 스트레스 조건이나 낮은 스트레스 조건에서 어려운 철자 과제를 수행하도록 했다. 스트레스 수준은 과제에 앞서 피험자에게 서로 다른 지시문을 제시하는 방식으로 조작되었다. 높은 스트레스의 지시문은 과제 속성이 지능검사이며, 철자 곤란도는 낮지만 시간

제한이 있는 과제라는 사실을 강조하였다. 이와 반대로, 낮은 스트레스 지시문은 과제 곤란도가 매우 높아서 단지 몇 개의 철자만 풀 수 있다는 것을 강조하였다. 피험자들은 해당 과제를 수행한 후 다양한 매개변인을 평가하는 질문지를 완성했는데, 여기에는 생리적 단서들에 주의가 향한 정도와 형편없는 수행의 결과와 부정적 자기평가 같은 것에 대한 걱정에 주의가 향한 정도, 풀지 못한 철자들로 생각이 되돌아가는 것과 같은 과제가 만들어 낸 인지적 간섭의 정도 등에 관한 질문도 포함되었다. 시험불안 및 수행에 대한 자기고착 이론과 일치되게 높은 시험불안/높은 스트레스 집단의 피험자들이 과제에 들인 시간이 더 적었고 더 큰 과제 간섭을 경험했으며 또 주의가 방해력인 인지로 더 많이 갔다고 보고하였다. 그리고 낮은 불안/높은 스트레스 피험자들에 비해 높아진 생리적 각성과 과제 생성 간섭에 주의가 더 많이 모아졌다.

우리가 아는 것처럼 자기초점이 수행에 미치는 영향이 항상 부정적인 것만은 아닐 수 있다. Carver 등(1983)은 자신감 있는 피험자인 경우 자기초점이 수행을 촉진시키고, 한편 자신감 수준이 더 낮은 피험자인 경우 자기초점이 철자 과제 수행을 방해하였음을 보여 주었다. 그러나 이들 자료는 Slapion과 Carver(1981)의 자료와는 대비되는데, 이들은 시험불안이 높은 자기초점화 피험자들에서 수행 촉진을 발견하였다. Carver와 Scheier(1981, p. 20)는 촉진이냐 방해냐는 피험자의 기대에 달려 있다고 주장한다. 즉, "매우 불안하고 또 매우 자기초점화된 상황일지라도 바람직한 기대를 가지고 있는 사람은 여전히 과제에 참여한다." 이와는 달리, 수행 저하는 일차적으로 바람직하지 않은 기대가 원인이 되는 과제 이탈의 관점으로 본다. 이들은 과제 요구와 불안이 함께 처리 과정에서 '병목 현상'을 일으킬 수 있다는 점을 인정하지만, 제한된 주의 체계 용량을 선점하는 자기초점의 효과들을 거의 중요시하지 않는다. 다수의 자기초점과 과제 변수들이 수행 효과를 조절할 가능성이 있다. 예를 들어, 과제 곤란도와 자기초점의 강도/지속시간 간 상호작용이 관련될 수 있다. 고강도의 자기초점은 과제와 무관한 자극들에 의한 분산을 줄임으로써 단순 과제에 관한 수행을 촉진시킬 수 있다. Eysenck(1982)는 불안이 때로는 단순 과제 수행을 증진시킨다는 증거를 논한다. 어려운 과제라면 고강도의 자기초점은 좋은 수행을 위한 자원을 거의 남겨 두지 않을 것이다.

자기초점을 시험불안과 연결시킨 이론

시험불안에 대한 자기주의 과정 이론은 자기초점과 걱정 간의 관련성에 초점을 맞추는 경향이었고(Sarason, 1988; Wine, 1982), 시험불안과 과제 이탈 간의 연결을 매개하는 요인으로 자기초점에 초점을 맞추었다(Carver & Scheier, 1986, 1988).

Wine(1982)과 Sarason(1988)은 자기초점을 시험불안이 높은 피험자에서 수행 저하를 일으키는 요인으로 개념화하는 데 귀중한 공헌을 하였다. 그러나 그들은 자기초점을 걱정과 동의어로 간주한다. Sarason(1988, p. 4)은 불안한 자기고착을 "자신의 부적절함과 단점을 매우 많이 근심하는 것"으로 정의한다. 더구나 그는 "자기에 고착하는 사고 패턴이 환경 및 대인관계의 두드러진 측면들에 주의를 기울이는 형판(template) 또는 스키마로 기능한다."(p. 4)고 주장한다. 이러한 조망은 인지적 산물과 과정, 구조물 등으로 구성된 인지 수준들을 구분하는 인지 분류법(예: Ingram & Kendall, 1986)과 다소 일치하지 않는다. 확실히 후자의 작업틀에서 자기에 고착하는 사고는 자기초점 과정과 개념상 구분되는 인지적 산물이다.

Carver와 Scheier(1984, 1988)는 근본적으로 불안이 어떻게 행동에 영향을 주는지에 대한 이론이 되는 다른 시험불안 이론을 제공한다. 자기초점은 과제 참여나 과제 이탈을 강화할 수 있는 변인으로 간주된다. Carver와 Scheier는 개인이 행위를 할 때는 행동을 위한 구체적인 목표와 표준을 참조하여 자기 행위들을 주의 깊게 점검한다고 주장한다. 이는 개인이 특정 목표를 추구하는 궤도를 유지하는 데 필수적이고 행동에 대한 자기조절의 기본과정이다. 이 이론에서 불안은 행동을 방해하고 또 표준들 간에 갈등이 존재한다는 신호자극으로 작용한다. 그들은 걱정이 수행을 손상시킨다는 것을 인정하는 한편, 개인의 행동을 결정하는 것을 당면한 과제 및 불안에 대처할 수 있는 능력에 대한 그 사람의 기대라고 주장한다. 대처 가능성을 기대하는 사람은 불안에 대해 그 과제에 대한 새로운 노력으로 반응하는 한편, 자기 능력을 의심하는 사람은 과제초점화된 활동에서 이탈할 가능성이 있다. 이 이론은 시험불안의 병인론에서 자기초점의 역할에 대한 이론이기보다는 오히려 스트레스의 행동 반응들에서 자기초점의 매개 효과에 관한 이론인 셈이다.

시험불안에 대한 자기조절 이론의 한계 하나는 자기초점 주의 자체가 특정 상황에서 채택된 기대의 속성에 영향을 줄 수 있음을 고려하지 않는다는 점이다. 이

러한 주장과 일치하는 것으로서 경험 연구들은 자기초점이 감정을 강화한다는 것(Scheier & Carver, 1977)과 귀인과정에 영향을 미친다는 것(Fenigstein, 1984), 자기평가 구성물을 활성화시킨다는 것(Geller & Shaver, 1976) 등을 보여 준다.

시험불안 이론들은 자기초점이 함축되었던 스트레스의 다른 모델들과 마찬가지로 자기초점을 단일한 미분화된 구성물로 취급한다. 불안을 검증하는 이런 식의 접근들은 걱정을 자기초점을 포함하는 다른 관련된 과정들과 적절하게 구분짓지 못한다.

사회불안증과 사회공포증

사회불안과 공적 자의식은 비록 두 척도가 정적 상관관계에 있기는 하지만, Fenigstein 등(1975)의 질문지에서는 자의식을 독자적인 두 가지 차원으로 경험적으로 구분한다. 또한 일부 연구(Hope & Heimberg, 1988)에서는 사적 자의식이 사회불안과 정적 상관관계에 있지만, 공적 자의식은 사회불안 및 수치심의 부정적인 사회적 정서 그리고 일반적인 신경증을 예측하는 더 강력한 요인이 된다(Darvill, Johnson, & Danko, 1992). Fenigstein 등(1975)은 본질적으로 공적 자의식이 사회불안에 꼭 필요한 선행사건임을 제안하였지만, 불안이 실제로 야기되는 여부는 사회적 대상으로서의 자기에 대한 평가 속성에 달려 있다고 본다. 사회불안은 개인이 호의적으로 지각되는지에 관한 자신의 신념에 달려 있다(Buss, 1980). 실험 작업들은 이와 같은 견해를 폭넓게 확증한다. 우리가 아는 것처럼 공적 자기초점은 일종의 자기중심성(egocentricity)과 연관이 있는 것으로 보이며, 스스로를 실제 이상으로 사회적 사고가 더 많이 연루된 것으로 본다(Fenigstein, 1984). 이러한 인지는 특히 사회적이며, 이런 점에서 공적 자의식은 일반적으로 오로지 자기에만 관계된 속성들과는 관련이 없다(Shaherwalla & Kanekar, 1991).

실험실 환경에서 공적 자의식은 정서적 내용이나 자극의 유인성과는 상호작용하지 않는 경향이 있다. 자의식이 있는 사람들은 특히 거절(Fenigstein, 1979)과 쑥스러움에 민감하지만(Edelmann, 1985) 주목받은 경험이 유쾌하다거나 불쾌하다고 기대하는 여부와는 무관하게(Fenigstein, 1984) 스스로가 다른 사람들의 주목 대상이 된다고 과잉 지각한다. Fenigstein과 Vanable(1992)은 공적 자의식을 편집증과는 조작적으로 다른 것이라 구분했는데, 두 측정치 간에 정적 상관관계가 있기는 하지만 편집증 질문지는 피해망상 및 비난을 받기처럼 자신을 대하는 타인의 태도에 관한 부정적 신념과 관련된 문항들로 구성되어 있다. 실험 연구에서 성향적 편집증과 공적 자의식은 관찰되고 있다는 느낌에 대해 유의하지만 독립적인 효과가 있었다. 자의식 효과는 양방 거울 존재 여부에 달렸지만, 편집증 효과는 그렇지 않았다.

이와는 달리, 사회불안은 정서적 자기 관련 자극들의 처리 과정과 관련이 있다. 사회불안인 사람들은 성격특성 단어가 자신을 나타내는 것으로 적절한지 평가할 때 긍정 단어나 부정 단어 조건 모두에서 처리가 느렸는데, 아마도 이는 처리 과정에 자신의 반응의 사회적 함의에 대한 평가가 포함되기 때문일 것이다(Turner, 1978). 이러한 패러다임상에서 공적 자의식은 처리 시간과 관련이 없다(Turner, 1978). 이러한 결과들은 대체로 공적 자의식이 특히 사회적 자기지식을 활성화시키는 경향이 있다는 Fenigstein(1984)의 가설과도 일치한다. 그래서 지식의 내용이 압도적으로 부정적일 경우에만 불안이 발생할 것이다. 다른 주장(Froming, Corley, & Rinker, 1990)으로는 공적 자의식과 사회불안이 사회적 인상 관리라는 측면과 관련이 있다고 본다. 공적 자의식이 높은 사람은 공적 이미지를 보호하려는 동기가 높은데, 사회적으로 불안한 사람은 결과에 관계없이 타인에게 좋은 인상을 줄 수 있는 자신의 능력에 일반적으로 비관적이다. 어떠한 접근도 사회불안과 공적 자의식 사이의 상관관계에 근거가 되는 인과관계를 설명하지 못한다. 호혜적 관련성이 설득력 있다. 사회불안과 연합된 부정적 신념은 공적 자기의 방향으로 주의를 편향시킬 수 있다. 만일 자신이 일반적으로 좋은 인상을 준다고 믿으면 인상 관리에 강하게 주의를 줄 필요는 없다. 이와 반대로, 개인의 공적 이미지에 대한 주의는 그렇지 않았다면 조용했을 부정적 신념을 활성화시킬 위험이 있다.

사회공포증은 극단적인 사회불안으로 간주될 수 있다. 사회공포증의 정보처리적 접근법은 시험불안 수행에 대한 인지 간섭 모델과 유사하다. 사회 기술의 결함은 사회적 상호작용에서 사회불안인 사람이 겪는 어려움 일부를 설명할 수 있지만 사회불안의 핵심 요소는 자기 관련 인지 활동의 발생이다. 이런 활동은 생리적 각성(예: 땀 흘리기, 떨기)과 자기설명 및 자기에 대한 타인의 평가를 염려하기에 주의 초점을 맞추는 것이 특징이다(Hartman, 1983). 따라서 인지 영역의 결손보다는 과잉이 사회공포증의 핵심이 된다. 이러한 조망은 Hartman(1983)의 메타인지 모델의 근간을 이

루고 있는데, 이 모델에서는 사회불안 환자가 스스로에 관한 인지 활동에 과하게 투자하는 것으로 본다. 낮은 자존감과 결합된 개인 외모 및 타인의 평가에 관한 사고 집착은 사회적 상황에서의 주의 역량을 잠식함으로써 수행을 방해하고 각성을 악화시키며 향후 회피를 촉진시킨다. 이런 추론에 따라 Hartman(1983)은 외부로 초점화된 사고를 촉진시킴으로써 메타 인지적 자기초점화에서 벗어나도록 고안된 '기타-중심 치료(other-centred therapy)' 기법의 사용을 옹호한다.

Hope 등(1988)은 자기초점과 귀인 편향을 연결하는 증거를 검토하고 이를 사회공포증을 이해하는 데 적용한다. 그들은 생리적 각성의 결과로 증가된 자기초점이 사회불안인 개인으로 하여금 상호작용에서 파트너가 한 중립적이고 모호한 피드백을 내부 귀인하게 만든다고 주장한다. 이러한 비이상적 결과를 자기 탓으로 돌리고, 이는 그 상황에 대한 혐오감을 높이며, 향후 회피할 가능성을 더욱 높인다.

중독 행동: 알코올 및 약물 사용

알코올 사용 및 오용을 설명해 주는 여러 이론은 자기초점과 자기지각에 해당하는 개념들을 포함하고 있다. 또한 주의 과정에 관한 약물 사용(예: 마리화나)의 효과를 조사한 흥미로운 연구도 있는데, 이는 자기초점이 이런 행동 유지에서 어떤 역할을 하는지 이해를 돕는 잠재적 함의를 지니고 있다.

알코올 중독자는 일반적으로 스스로를 좋지 않게 본다. Rosen(1966)에 따르면, 알코올 중독자는 스스로를 사회적으로 바람직하지 않다고 보며, 스트레스에 대처할 수 없고, 삶에 비효율적이며, 이완과 사회화를 위해 술이 필요하다고 본다. 그러나 이러한 요인들이 알코올 중독 발달의 병인론에 중요한 요인인지 아니면 알코올 중독 자체에서 비롯하는 것인지는 알려져 있지 않다. Hull과 Schnurr(1986)는 자기개념과 음주에 관한 문헌을 간략하게 검토하면서, 빈약한 자기상이 알코올 문제와 연관되어 있고 또 중독 상태가 자기상의 향상과 꼭 연관이 있는 것은 아니라고 요약한다. 이것은 알코올 중독에 대한 많은 사람의 설명, 즉 알코올 중독자는 더 좋은 느낌을 위해 술을 마신다고 하는 가정과 별로 일치하지 않는다.

Hull(1981)은 알코올 사용에 대한 자각 모델을 제안하였는데, 이 모델은 알코올

이 자기 관련성이라는 측면에서 정보 부호화에 개입되는 인지 과정을 방해함으로써 자각과 자기평가를 감소시킨다고 주장하였다. 자기에 관한 생각의 회피는 특정 상황들, 예를 들면 실패나 부정적 자기구성물의 활성화 같은 경우에는 특히 바람직할 수 있으며, 이러한 효과는 음주 동기의 근거가 되는 것으로 간주된다. 이 모델과 일치하는 것으로서 Hull과 Levenson, Young, Sher(1983)는 자신에 관해 짧게 말해보라고 요청하는 상황에서 알코올 섭취 피험자들이 플라시보 음료 섭취 피험자들에 비해 자기초점화 진술을 더 적게 사용한다는 것을 입증하였다. 알코올의 자각 감소 효과는 자기 관련 스키마 이용의 감소에서 비롯한다는 가설도 우연적 회상 패러다임을 사용하여 평가되었다. 일련의 연구 중 세 번째 연구에서 Hull 등(1983)은 사적 자의식이 높은 피험자가 플라시보 조건의 낮은 자의식의 피험자보다 자기 관련 코드의 단어를 더 많이 회상했지만, 음주 조건에서는 자기 관련 단어 회상이 자의식이 높은 피험자들에서 유의하게 감소되었다. 이들 결과는 알코올이 자기 관련 부호화 스키마의 작동을 방해한다는 가설을 확증해 준다. 그러나 이것이 음주의 자각 감소 효과에 깔려 있는 주된 기전인지 여부는 여전히 문제로 남아 있다. 또한 비스키마적 개념을 포함하는 다른 식의 설명도 이들 효과를 설명해 줄 수 있다. 예를 들어, 알코올은 처리 용량의 양에 단순 효과를 주거나 아니면 자동적 스키마 기반 처리는 물론이고 주의의 전략적 배치에도 영향을 줄 수 있다.

약물이 주의 전략에 영향을 줄 수 있다는 증거는 '함몰(absorption)'이라는 특성을 이용한 연구에서 나왔다(Tellegen & Atkinson, 1974). 함몰은 사람의 지각 및 생각 자원이 전적으로 투여된 총체적 주의 상태이다. 또한 '매혹'이라 할 수 있는 그러한 유형의 경험은 명상 및 의식의 변경 상태에 관한 문헌에 기술되어 있다. 함몰 척도의 문항을 예시하면 "목소리의 음성이 나에게는 너무 매혹적이어서 나는 듣기만 하면 된다." 같은 것이다. 이런 구성개념을 이용한 연구는 다른 종류의 약물들이 자기함몰에 미치는 이질적 효과들과 연관이 있음을 예를 들어 입증한다. 마리화나 사용자는 마리화나 중독 상태에서 경험에 함몰하는 경향이 증가함을 보여 준다. 이와는 달리, 알코올오용 중독자는 마리화나 중독자에 비해 음주 상태를 언급할 때 함몰되는 경험이 더 적다고 보고한다(Fabian & Fishkin, 1981; Fabian, Fishkin, & Williams, 1983). 마리화나와 연관된 함몰의 특징을 보이는 문항들은 심오한 체험참여와 자기감이나 의식 감각의 변화, 정서적 반응 강도의 증진 등을 반영하는 것들이다. 더구나 약물

남용자들보다 약물 시도 후 약물 사용을 중단한 피험자들이 함몰 효과를 덜 즐거워한다(Fabian & Fishkin, 1991).

이러한 자료들은 여러 가지 약물이 주의에 각기 다른 영향을 줄 수 있다는 주장을 지지하며, 주의에 관한 약물들의 효과는 지속적인 약물 사용을 촉진하는 강화물일 수 있다. 이론상 함몰은 자기초점에 영향을 미칠 수 있다. 만일 함몰의 대상이 자기라면, 자기초점은 강해질 것이다. 그러나 만일 함몰의 대상이 자기와 무관한 것이라면, 자기초점은 극단적으로 낮아지고 또 내부 사건으로 인한 주의분산의 민감성도 상당히 감소될 수 있다. 마리화나 및 알코올 같은 약물은 자기초점의 강도와 주의 함몰의 성향처럼 여러 차원에서 주의에 영향을 줄 수 있다. 약물 중독과 연관된 주의를 이해하는 것은 약물 사용에 대한 개인의 동기부여를 개념화하고 또 주의 경험을 강화하는 대체 수단을 제공하는 처치 설계에서 가치가 클 것이다.

마무리

자기초점 주의는 분명 정서적 기능장애의 보편적 특징이다. 제11장에서 우리는 자기초점이 정서장애에서 병인론의 역할을 한다는 증거를 논의한다. 우리는 자기초점이 어떻게 감정과 인지, 행동 과정들에 영향을 미치는지를 보았으며, 정신병리에 관한 자기초점의 효과를 매개하는 데서도 중요하다는 것도 알게 되었다. 또한 자기초점과 부정적 신념 간에는 상호 관련이 있는 것으로 보이고, 이는 정서장애의 지속적 유지에 중요한 것일 수 있다. 기존의 자기주의에 관한 많은 연구의 한계는 이 개념과 주의에 대한 정보처리 모델을 연결시키지 못한 것에 있다. 예를 들어, 자기주의에서 자동 및 전략적 영향력에 대한 각자의 역할과 자기초점의 통제에 대한 자기지식의 영향 등은 모호하다. 이에 더해, 자기지식 수준에서 인지의 정교화 및 수정에 대한 강력하거나 융통성 없는 자기초점 상태의 영향은 향후 연구에 중요한 영역이 된다.

문헌은 자기초점을 내용의 관점에서 보려는 경향이 있다. 자기초점은 자기에 관한 정보를 인식하는 것으로 정의된다. 우리가 보았듯이 자기초점에 대한 좀 더 과정 지향적인 견해가 정신병리의 이론들에 필요하며, 자기주의의 역기능적 변용과 정상을 구분하는 것도 필요할 것이다. 특히 자기초점은 '잘 달라붙는 성질'이 있어서 스트레스를 잘 받는 사람은 자기 관련 처리 과정에서 주의 방향을 전환하는 것이 어려울 수 있다. 더구나 스트레스 취약성의 예측인자로서 자기주의적 경향성의 개인차 식별은 개인의 주의 '스타일'이 반드시 치료 수정을 위한 목표가 되어야 함을 의미한다.

상태나 특성 변인으로서 자기초점이란 정보처리 시스템의 일반적인 양상을 뜻한다. 제12장에서 우리는 자기초점이 정서장애를 야기하는 역기능적 주의 및 인지 기제들과 연관되는 정서장애의 인지-주의 통합 모델을 제시한다.

제10장

주의 조작: 매개는 치료에 영향을 미치는가

정서 반응의 인지 및 정서적 구성요소를 탐색하고 수정할 때 쓰이는 주의 조작(attentional manipulations)은 분산(distraction) 기법에 기초하고 있다. 이들 기법은 특정 의료 및 치과 개입(예: Allen, Danforth, & Drabman, 1989)에 동반하는 고통에 응대해야 하는 환자를 보조할 때 효과적이다. 비디오 게임 같은 분산 절차 또한 소아암 환자의 조건화된 구토를 통제할 때 효과적으로 보인다(Redd, Jacobsen, & Die-Trill, 1987). 또한 분산은 문제를 일으키는 행동 반응에도 영향을 미치는 것으로 보인다. 예를 들어, 치료 중 이야기를 들려주고 관련된 포스터를 보여 주는 분산 절차를 도입한 것이 치과 치료를 받는 4명 아동의 불안하고 파괴적인 행동을 감소하는 데 영향을 주었다(Stark et al., 1989).

유사한 많은 연구들이 통증 조절의 분산 효과에 관해 수행되었다. 예를 들어, Kanfer와 Goldfoot(1966)은 냉감 통증에서 인내심 증가가 통증 감각에 대한 주의보다는 외부 자극에 주의를 기울임으로써 촉진된다는 것을 보여 주었다. 하지만 이러한 유형의 연구 결과들은 모호하다. McCaul과 Haugtuedt(1982)는 4분간의 냉감 압박 시행에서 분산이 시행의 처음 반 동안에는 고통을 감소시켰고 후반부 2분 동안에는 주의를 감각에 주는 것이 우수한 전략임을 입증하였다. 그들은 주의의 효과가 고통스러운 자극의 지속 기간에 따라 차별적일 수 있다는 결론을 내렸다.

이 장에서 우리는 정서장애의 특징을 수정하는 주의 절차의 영향에 관한 연구 결과 고찰을 제시한다. 우울증, 그중 특히 불안을 동반한 환자들은 문제에 대처할 때 분산 절차를 이용한다고 보고한다(예: Doerfler & Richards, 1983). 이 절차는 특정 상황에서 부분적으로만 유효할 수 있고 단기적으로는 상황 대처 전략이 될 수 있으나 장기적으로는 도움이 되지 않을 수 있다. 구체적으로, 문제를 직시하고 문제 중심 대처에 참여하는 것에서 주의를 분산하는 것은 해로울 수 있다. 더구나 분산은 역기능적 신념 및 평가를 수정하는 데 필요한 불확증적 정보에 대한 노출을 억제할 수도 있는데, 행동적 관점에서 보면 분산은 효과적인 노출을 방해하는 방식으로 불안을 조절하는 것일 수 있다. 이러한 가능성에도 불구하고 분산 전략은 불안을 관리하는 하나의 처치법이 되며(예: Butler et al., 1987), 분산 요소는 이 절차의 전반적인 효능성과는 별도로 좀처럼 평가되지 않은 채로 임상 경험을 토대로 환자들이 보편적으로 사용하는 기법이라고 취급한다. 어떤 분산 절차들은 정서장애의 치료에 유용할 수 있음을 제시하는 몇 가지 증거가 있다. 어쩌면 효과성(effectiveness)은 사용된 분산 절차의 속성, 즉 그것이 달성하려는 주의 전환 유형에 의해 조절될 것이다. 효과성은 또한 이들 기법이 적용되는 치료 단계와 관련될 수 있다. 예를 들어, 분산은 치료 초기에 정서적 통제를 발달시키는 데 유용할 수 있고, 공황과 같은 불안장애에서는 분산 기법이 불안 감각들의 회피를 의미하고 불안 감각의 파국적 결과에 관한 부정적 신념의 수정을 지연시킬 수 있다고 주장할 수도 있다.

우울증 연구는 부정적인 인지와 기분, 대처에 관한 주의 전략들의 영향을 조사하였다. 불안 연구에서 주의 절차는 시험불안이 수행에 미치는 해로운 영향을 치료하는 절차로 탐구되었다. 연구들은 또한 노출치료에 관한 분산 효과를 조사했는데, 그것이 주의와 습관 간의 연결을 개념화하는 데 함의를 제공하기 때문에 이 문헌을 철저하게 고찰할 것이다. 정서장애 치료에서 주의 전략의 효과를 검토함으로써 치료 효과성을 조절하는 주의 기전에 대한 통찰을 얻을 수 있다.

분산 기법과 우울

분산 기법들은 우울증의 인지행동치료에서 증상완화용으로 자주 사용된다. Beck 등(1979, pp. 171-172)은 분산 기법을 '주의 전환(diversion)'이라고 부르며 슬픔을 덜어 주는 데 효과적이라고 제안한다. 주의 전환은 환자에게 상담실에 있는 가구의 한 부분에 주의의 초점을 맞추도록 지시한 다음 그 대상을 자세히 기술하는 식의 대처 기법으로 쓰일 수 있다. 주의 전환 훈련에서는 우울한 느낌이 주의 전환을 시작하는 신호 역할을 한다. 또한 환자들이 환경 측면들을 가능한 한 감각 양식으로 많이 경험하도록 격려한다. 이들 기법은 부정적인 반추에서 주의를 다른 곳으로 돌리게 하는 데 효과적이라고 본다. 확실히 분산 기법은 인지 처리에 의존하면서 동시에 행동 변화를 통해 달성될 수도 있다. 예를 들어, 환자를 격려해 행동활동에 참여하게 하는 우울증 치료의 초기 단계에 있는 활동 스케줄 또한 주의를 분산시키는 특징이 있다.

분산 효과에 대한 실험 연구들은 분산이 부정적 사고의 빈도를 줄여서 우울한 기분을 감소시킬 수 있음을 보여 준다. Fennel과 Teasdale(1984)은 우울증의 인지 모델을 근거로 부정적 인지의 빈도 감소가 주요 우울장애 환자의 우울증을 감소시킨다고 예측하였다. 통제 조건에서는 우울 환자들이 조용히 앉아 벽에 투사되는 백색광의 사각형을 보게 하였다. 한편, 처치 조건에서는 환자들에게 야외 장면의 슬라이드를 제시하고 슬라이드를 자세히 설명하도록 요청하였다. 슬라이드가 각각 제시되는 동안에 소리가 들리면 환자는 그때 자신이 우울한 생각을 하고 있는지 또는 아닌지 여부를 보고하였다. 세 번째는 환자가 자기 생각을 큰 소리로 보고하면 독립적인 평가자가 보고 내용을 평가하도록 했다. 우울 기분은 개입 전후에 시각적 아날로그 등급으로 평가되었다. 이 연구의 결과는 예측된 방향, 즉 분산 조건 환자들이 통제군보다 우울 사고가 더 적은 것으로 나타났지만, 그 차이는 유의하지 않았다. 그러나 이 분산 효과는 상대적으로 우울 수준이 낮은 환자에서만 작용하리라는 논리를 따라서 우울증의 중앙값 미만의 환자는 별도로 분석하였다. 이러한 하위집단에서 분산 조건의 환자는 통제집단 환자에 비해 우울 사고의 빈도를 유의하게 낮게 보고하였다. 이 자료는 우울 수준이 경미한(낮은 내인성) 환자에서는 분산이 부정적 사고의 빈도를 감소시킨다는 것을 시사한다. Fennel 등(1987)은 재현 연구를 하였는데, 재현 연구에서는 피험자 내 역균형화 설계(counter-balancing design)로 낮은 내인성 환자 집단과 높은 내인성 환자 집단을 구성하여 야외 장면 슬라이드 또는 백색광 사각형에 노출시켰다. 실험 결과, 주의분산 조건에서는 낮은 내인성 환자들의 부정적 사고 빈도가 유의하게 낮았다. 또한 이들은 통제 조건 이후보다는 분산 조건 이후일 때 유의하게 우울한 느낌이 덜하다고 보고하였다. 사고 내용의 분석에서는 분산이 두 집단의 환자 모두에서 '생애' 관련 사고의 빈도를 유의하게 감소시켰음이 밝혀졌다. 그러나 '실험'과 관련된 사고에서 분산의 유의한 효과는 없었다. 이것은 분산이 기억에서 파생된 부정적 사고의 빈도를 줄이는 증거로 해석되었다. 달리 말하면, 주의분산은 "문제들과 관련된 내부 기억에서 파생된 정보로 향하기보다는 오히려 외부에서 파생된 정보를 처리하는 쪽으로 주의를 돌리게 한다"(Fennel et al., 1987, p. 449). 이러한 결과를 설명하는 다른 해석들도 있다. 특히 이 연구에 쓰인 종류의 분산 과제는 환자들의 전략적인 주의 배치를 요구하였고, 이것이 우울한 기억을 정교화하기 위해 주의용량을 감소시켰을 수 있다. 이것이 맞다면, 분산에 의한 주의 요구와 피험자의 주의유지능력의 개인차가 그런 절차의 효과성을 매개할 것이다. 높은 수준의 내인성 우울 환자에게는 분산 효과가 덜 효과적일 수 있는데, 이유는 주의 통제 결함이 있거나 또는 일단 자리가 확실히 잡히면 부정적 기분이 주의 통제 용량에 해로운 영향을 미치기 때문이다. 달리 말하면, 이들은 지시에 따라 주의를 돌려쓰지 못한다.

우울 사고와 기분 상태에 관한 분산 효과 연구들 외에도 일부 연구에서 우울 사고 자체에 대한 분산 효과를 살펴보았다. 이들 연구는 우울 사고가 다른 과제에 이용할 수 있는 인지 용량을 다 써버린다고 가정한다. Krames와 MacDonald(1985)는 청각적으로 제시된 단어와 함께 제시되는 시각적 숫자를 동시에 회상해야 하는 이중과제를 사용하였다. 우울 환자들에게 단기기억 부하 조건을 다양하게 변화시키면서 하나도 없거나 세 자리, 여섯 자리를 단기기억으로 유지해야 하는 검사를 실시하였다. 단어 회상에 관한 기억 부하량의 효과를 조사함으로써 우울하지 않은 피험자에 비해 우울 환자는 여분의 용량이 얼마나 많이 남아 있었는지를 추정할 수 있었다. 우울 피험자는 우울하지 않은 피험자보다 단어 회상량이 훨씬 적었다. 흥미롭게도 우울하지 않은 피험자의 기억 수행은 기억 부하가 증가함에 따라 악화된 반면에, 우

울 피험자의 수행은 기억 부하가 증가함에 따라 유의하게 향상되었다. 이러한 자료는 기억 부하량의 증가가 보통은 수행을 간섭하는 부정적인 우울사고를 대체한다는 관점에서 해석되었다. Krames와 MacDonald(1985, p. 571)는 "이것은 또한 과제 관련 인지들이 우울 스키마보다 피험자의 인지 위계에서 더 상위에 있다는 것을 시사한다."고 주장하였다. 이러한 설명은 외부 과제 지향적 처리 과정이 우울 사고를 개선하는 효과가 있다는 견해와 일치한다. 제6장에서 보았듯이 여러 연구들이 분산 요소의 추가가 우울증에서 과제 수행을 증진시킬 수 있다는 것을 입증시킨다.

앞에서 논의된 바에 따르면 외부초점화된 처리 과정에 개입된 주의분산이 경미한 우울 상태에서 부정적 사고의 빈도를 줄이고 부정적 기분을 개선할 수 있다는 것이 분명히 눈에 띈다. 주의 방향이 내부에서 외부 초점으로 이동하는지 또는 주의 내용이 바뀌는지 혹은 이 두 가지가 모두 효과를 일으키는지 여부는 명확하지 않다. 예를 들어, 우리는 자기초점화된 비우울 분산이 외부적으로 초점화된 분산에 비해 동일한 개선 효과를 지녔는지 또는 다른 개선 효과를 가졌는지 여부는 알 수 없다.

분산 기법과 불안

불안에서 분산 효과에 관한 경험적 연구들은 두 부류로 나뉜다. 하나는 시험불안 및 관련된 수행 결함에 대한 처치에서 개선 전략으로서 주의 조작의 효과성에 초점을 맞추고, 다른 하나는 노출 기반한 처치 동안의 불안에 미치는 분산 효과들을 탐색하려는 연구이다.

불안에서 주의 조작 그리고 수행

시험불안 피험자에서 자기고착적 반추(self-preoccupying rumination)가 수행에 장애를 가장 중요한 역할을 한다는 가설은 분산이 수행 저하를 감소시키고 불안을 덜어 주는 영향에 대한 연구들을 자극하였다. 이런 부류의 연구들은 혼재된 결과들을 내놓았다. Doleys(1976)는 분산에 관한 문헌을 고찰하고 수행에 관한 분산 효과들에 상당한 가변성이 있음을 발견하였다. 이러한 가변성은 연구들에 사용된 표본 및 수행 측정의 이질적인 속성 탓이라 보았다.

더 최근 연구는 시험불안 처치 패키지의 일부로 사용된 분산의 효과를 조사하였다. 예를 들어, Thyer 등(1981)은 시험불안 피험자 두 집단을 비교하였는데, 모두 점진적 근육 이완과 바이오피드백으로 구성된 인지행동치료(CBT)의 필수 요소를 처치받았고 긍정적 자기진술 및 심상 기법을 사용한 훈련을 받았다. 분산 집단의 피험자들은 과제로 주의를 기울이는 훈련도 받았다. 이는 피험자가 분산요인이 있는 상황에서 이완 및 인지 대처 전략을 연습하는 것으로 이루어졌다. 주의방향 지시는 명시적으로 주고 치료자가 따라 하게 했다. 두 절차의 영향은 처치 후 불안 수준과 철자 과제 수행의 측면에서 평가되었다. 두 처치 모두 불안 측정치를 유의하게 감소시켰고, 분산처치 피험자들은 철자 과제의 수행이 유의하게 증진되었지만 집단 간 통계적 차이는 없었다. CBT의 전체 효과성을 증진시키기 위해 첨가된 분산 절차가 실패한 것은 과제와 무관한 생각을 감소시킬 수 있는 다른 전략이 포함될 수 있는 다중요소적 처치에서 분산 절차는 중복적인 것이었을 수 있기 때문일 것이다.

Wise와 Haynes(1983)는 시험불안과 수행 결함을 감소시키는 인지 재구조화 절차와 주의 훈련 기법의 상대적 효율성을 연구하였다. 시험불안 피험자 두 집단에게 주당 1시간 처치를 실시하였다. 한 집단은 피험자들의 비합리적 신념을 찾고 수정하는 합리적 재구조화 처치를 받았다. 다른 집단은 피험자들에게 과제 관련 변인들에 대한 주의를 줄이라는 지시를 주었다. 두 처치는 합리적인 반응을 하도록 격려하거나 또는 불안을 줄이는 주의 기법을 사용하도록 격려하는 상황을 검증하기 위해서 심상 노출을 포함하는 동일한 형식으로 제시되었다. 두 가지 인지적 처치 모두 불안 감소와 숫자외우기 과제의 수행 증진에서 대기집단에 비해 우수했다. 처치 효과들 간의 차이는 없었다. 그러나 여기서 얻어진 효과에서 인지기법들의 기여도를 결정하는 것은 어려운데, 이는 기법 자체가 치료적 효과를 발휘할 수 있는 심상 노출과 결합되었기 때문이다. 이런 한계에도 불구하고 연구자들은 Bandura(1977)의 자기효능감 개념의 맥락에서 이 효과들을 해석한다. 각 기법마다 개인 효능감에 대한 기대치를 높이는 적극적인 대처 전략을 제공하기 때문에 두 기법 모두 효과적일 수 있다. 주의 측면에서 두 절차는 모두 반추적 자기진술로부터 멀어지도록 주의의 재할당을 촉진시켰을 수 있고, 이로써 불안이 줄어들고 수행이 증진된 것으로 본다. 두 가지 처치를 8개월 동안 추적한 결과, 효과가 유지되었다는 것이 흥미롭다.

부정적 사고가 수행을 방해한다면, 심상 및 긍정적인 자기진술과 비슷한 인지적 자기통제 및 대처 전략들도 주의를 미리 점유하므로 동일한 효과를 갖는다고 가정하는 것이 사리에 맞는다. 이런 일이 일어나지 않을 수 있는 이유 하나는 긍정적 자기진술이 부정적 사고보다 정서적으로 덜 두드러질 수 있으므로 주의를 덜 요할 수 있다는 것이다. 그럼에도 이런 가정은 주의를 많이 요구하는 어떤 상황에서는 자기통제 전략들이 수행에 해로운 효과를 줄 수 있음을 시사한다. 이런 관점에 일치하는 것으로서 Kanfer와 Stevenson(1985)은 인지적 자기조절 및 대처 전략들이 수행을 방해할 수 있음을 입증하였다. 그들은 피험자에게 자기조절(수행에 대한 자기감시와 후속 시행을 위한 목표 설정) 또는 배쌍연합과제(paired-associates task)를 연속적으로 수행하는 수학 과제를 하게 하였다. 이들 조건을 이차 과제에서는 짧게 시간 지연을 주었던 조건과 비교하였다. 각 집단 내에서 일차 과제에 대한 주의 요구는 기억 세트 크기(암송해야 할 배쌍된 연합자극들의 수)에 변화를 주었다. 자기조절 및 수학 과제 모두 일차 과제에서 주의요구가 많은 과제일 때는 방해를 야기했다. 수학 집단에서 나타난 방해는 수행을 방해하는 것이 이차 과제의 특정 내용이 아니라 과제의 주의 요구적 성질임을 시사한다. 임상적 관점에서 자기조절 기법들이 불안 치료에 종종 사용되며 또 높은 주의 요구가 있는 상황들에서는 부정적 효과가 있으므로 이러한 발견은 중요한 함의를 갖는다. Kanfer와 Stevenson(1985)은 자기조절 기술들이 자기조절 절차의 효과성을 최적화하려는 시도로 적용되는 상황에서 인지적 요구들을 조사하는 것의 중요성에 주목한다.

인지적 자기조절 절차들은 주의를 요하는 속성이 있으므로 고강도의 제어 처리가 필요한 상황에서는 요구가 덜한 분산 기법을 사용하는 것이 더 좋다. 인지적 중재의 핵심 요소인 부정적 사고를 찾고 도전하는 것은 주의요구가 매우 클 수 있는데, 이는 복잡한 어의적 처리 그리고 수의적 처리와 일부 자동화된 신념들 간의 충돌 등이 있기 때문이다. 이들 기법은 주의요구가 큰 상황에서 실행하기가 어려울 수 있다. 더구나 정서적 고통을 완화하려는 이러한 절차들의 초기 효과성은 그 자체의 분산적 성질의 함수일 수 있다. 그러나 인지이론(Beck et al., 1985)은 장기적 효과성을 위해서는 역기능적인 정서적 스키마 내용도 수정해야 한다고 예측하며, 이것이 인지치료에서 재발 방지 작업의 목표가 된다.

주의, 노출, 습관화

분산은 노출 치료에서 효과를 증진시키는 잠재요인으로 연구되어 왔다. 또한 비교처치적 성과 연구들에서 비특이적 인지 연습요인에 대한 통제법으로 사용되기도 했다.

체계적 둔감화(Wolpe, 1958)는 전통적으로 행동 치료자가 공포증에 대한 노출 치료로 사용해 왔다. 절차는 공포는 조건화된 반응이라는 원리로부터 파생된 것으로서 공포 자극과 공포와 양립 불가능한 반응을 배쌍(pairing)하는 방식으로 조건반응을 억제 또는 '역조건화'시킨다. 전형적으로 이완은 심상이나 실생활에서 공포자극에 점진적으로 노출시키면서 공포 반응을 억제하기 위해 사용되었다. 둔감화는 이완 요소 없이도 효과가 있는 것으로 나타났으므로(Kazdin & Wilcoxon, 1976) 치료적 효과에 대한 역조건화 설명에 이의를 제기한다.

이완이 둔감화에서 역조건화의 힘으로 작용한다는 견해 외에도 이완은 공포 단서들로부터 분산시키는 요인으로 기능한다고 제안되었다. Nawas와 Fishman, Pucel(1970)은 이완에 초점을 맞추는 데 필요한 주의가 자극 상황이 지닌 공포 유발적 측면에 주의를 주는 것을 줄임으로써 공포 발달을 미리 방지한다는 의견을 제시하였다. Wilkins(1971)는 둔감화 동안에 피험자들이 이완감에서 공포자극으로 왔다가며 그들의 주의를 전환한다고 주장한다. 만일 피험자가 매우 불안해지면 주의는 이완으로 전환된다. Weir과 Marshall(1980)은 이완이 있는 위치에서 분산자극을 제공한 것이 둔감화를 하고 있는 뱀 공포증인 사람의 공포를 감소시킬 거라는 예측을 검증하였다. 심상 둔감화와 이완을 함께 받은 피험자는 둔감화와 분산자극을 받은 피험자 또는 이완과 분산, 둔감화 등의 조합을 받은 피험자보다 자기보고식 불안에서 유의하게 더 많은 개선을 보여 주었다. 그러나 이완과 분산 집단들은 증가된 공포 접근 행동의 측정에서 차이가 유의하지 않았다. 상상 장면의 선명도에 관한 분산 효과의 조사에서는 분산이 선명도를 감소시키는 한편, 이완은 장면 선명도를 증가시키는 것으로 밝혀졌다. 이에 따라 Weir와 Marshall은 둔감화 치료에서 이완이 분산요인으로 기능하지는 않지만 장면 선명도를 높이기 때문에 노출을 최대로 끌어올린다는 주장을 한다. 반대로, 분산자극들은 심상의 둔감화에서 노출을 줄이는 것으로 보인다. 이완의 효과는 여전히 분산 개념과 관련된 주의라는 관점에서 해석

될 수 있다. 이완은 공포 단서들로부터 주의를 분산하는 수단을 제공하기보다는 오히려 분산을 줄이는 것 같고 그래서 불안 유발 이미지에 강력한 초점을 맞추게 해서 노출을 증진시키는 것일 수 있다.

비록 치료에서 첨가시킨 분산 요소의 효율성에 관한 실험적 증거는 혼합되어 있지만, 특정 치료 프로토콜에 쓰인 분산이 이롭지 않을 수 있음을 시사하는 증거가 일부 있다. 특히 노출과 결합시킨 분산은 치료 후 공포 재발과 연관되었다. Sartory와 Rachman, Gray(1982)는 홍수법(flooding) 치료를 받았던 일부 공포증 환자에서 나타난 공포 재발은 피험자에게 노출에 이어 공포 대상에 관해 생각하도록 지시한 때에 비해 노출에 이어 분산을 했을 때 증가된다는 것을 보여 주었다. 노출 후 공포 대상에 관한 생각이 노출을 더 길게 만들고 따라서 성과를 개선할 가능성이 있다. Grayson과 Foa, Steketee(1982, 1986)는 강박장애에서 공포 및 습관 재발에 관한 주의를 포함하여서 주의 조작의 효과를 탐색하는 두 가지 연구를 수행하였다. 첫 번째 연구에서는 세척 의식에 노출되는 동안 분산 또는 주의 초점화가 미치는 영향을 비교하였다. 교차 설계(crossover design)로, 첫날은 주의초점화 노출 후 분산 노출을 받았고 이튿날은 그 반대 순서로 진행되었다. 두 조건 모두 자기보고식 회기 내 불안의 감소와 관련이 있었다. 그러나 공포 감소 효과는 첫날 노출 동안에 자극에 주의 초점을 맞추었던 피험자에서만 이틀째에도 유지되는 것으로 나타났다. 이러한 효과가 습관화를 촉진하는 주의초점화의 결과이었는지 아니면 분산이 습관화를 방해했는지 여부를 결정하기 위해서 두 번째 연구가 수행되었다(Grayson et al., 1986). 두 번째 집단 간 연구는 세척 의식이 있는 강박장애를 가장 두려운 오염물질에 노출시키는 상황에서 주의초점화 조건과 분산 조건을 비교하였다. 주의초점화 조건에서는 피험자가 들고 있는 오염물과 그것이 야기한 불편감에 관해 치료자가 피험자와 대화를 나누었다. 실험에는 가장 두려워하는 오염 물질이 사용되었다. 예를 들어, 소변 오염을 두려워하는 피험자는 소변이 묻은 종이 타월을 들고 있게 했다. 분산 조건에서는 피험자가 한 손으로는 비디오 게임을 하면서 다른 한 손으로는 오염 물질을 들게 했다. 종속변수는 노출 중 심박수와 주관적 불안 평가였다. 노출 첫날의 자기보고식 불안은 주의초점화 조건보다 분산 조건이 더 큰 감소(그러나 유의하지 않았음)를 보였다. 대조적으로, 주의초점화 집단은 분산 집단에 비해 노출 중반이나 후반 단계 동안에 유의하게 더 많은 심박수 감소를 보여 주었다. 심박수가 분산 속의 노출 동안 내내 상승된 채로 있다는 것은 곧 분산이 심장박동 습관화를 억제하지만, 주관적 불안의 습관화를 촉진시킬 수 있다는 것을 시사한다. 이러한 세밀한 연구에서 주의초점화 조건은 자극의 외부적 특성들과 내부적 불쾌감 모두에 초점을 맞추라는 지시들을 일부 포함했다. 외부 또는 내부의 주의초점화 또는 이 둘의 조합이 습관화와 연관이 있는지 여부는 알려지지 않았다.

요약하면, 이 절에서 고찰된 연구들은 두려운 자극에 노출시키는 동안의 분산이 공포 회피의 정도와 주관적 불안, 노출 후 공포의 재발 등에 영향을 줄 수 있음을 시사한다. 일반적으로 외부의 두려운 자극을 외면하는 주의 전략은 노출 중의 주관적 불안 감소와 연관이 있는 것으로 보인다. 그러나 공포 자극에 대한 초점화에 비해 노출 후의 또는 노출 중의 분산이 더 큰 공포 재발과 관련이 있는 것으로 보인다. 이러한 효과들에 기저하는 인과적 기전은 현재 알려지지 않았으며, (외부 공포 자극+외부 분산 같은) 모달 내 분산(within-modal distraction)과 (내부 공포자극+외부 분산 같은) 교차모달 분산(cross-modal distraction)에 대한 비교 연구는 없었다. 이와 관련된 문제는 공포 자극의 성질에 모호성이 잠재해 있다는 점이다. 예를 들어, 엘리베이터를 두려워하는 폐쇄공포증 환자는 실제로 외부 자극을 두려워하지 않으면서도 엘리베이터에의 노출이 내부의 신체적 결과를 가져올 수 있다. 즉, 그든 그녀든 그 상황에 있을 때 질식사를 하거나 정신적 통제를 잃을까 봐 두려워할 수 있다. 따라서 분산은 엘리베이터 특징들에 대한 주의를 감소시키는 데 이용되기보다는 오히려 노출 중 신체 감각에 대한 주의를 감소시키는 데 이용될 때 가장 효과가 있을 것이다. 다음 절에서 우리는 내부 및 외부 분산의 효과에 대한 증거를 검토한다.

불안에서 내부 및 외부로 주의를 조작하기

내부 및 외부 주의가 유해자극에 대한 생리적 반응에 차별적 효과를 준다는 다른 출처에서 나온 증거가 있다(Epstein, Rosenthal, & Szpiler, 1978). 피험자는 1부터 12까지 카운트를 세는 중 8번째에서 0.5초간 제시되는 백색 폭발 소음으로 구성된 유해자극에 6회 시행으로 노출되었다. 통제집단, 분산집단, 외부 주의, 내부 주의의 네 집단 피험자의 반응을 비교하였다. 분산집단의 피험자들에게는 철자소거 과제를 수행함으로써 소음을 무시하도록 요구한 반면에, 외부 주의 조건의 피험자들에게는 실험의 외부 특징에 집중하도록 요청하였다. 내부 주의 조건의 피험자들에게는 소음에 대한 자신의 느낌과 내적 반응에 집중하도록 요청하였다. 결과는 주의가 높아지면 특히 내부 주의집단에서 전기 피부 반응(galvanic skin response: GSR)으로 잰 각성이 증가한 반면에, 분산은 폭발음 제시에 대한 예기 카운트 중의 각성을 감소시키는 것으로 나타났다. 모든 피험자는 시행에 따른 GSR의 습관화를 보였는데, 집단 간에 유의한 차이는 없었다. 외부 주의는 심장박동 감속과 연관이 있는 반면에, 내부 주의는 유해자극에 대한 예상 중의 GSR 증가와 연관이 있었다. 비특이적인 GSR은 불안의 한 척도로 간주되어 왔으며(Szpiler & Epstein, 1976), 이것이 맞다면 내부 주의가 예기불안을 강화시킨다는 것을 암시한다.

공포와 유사 스트레스 자극을 이용한 다른 연구들에서 입증되었던 자기초점화의 불안강화 효과(Carver et al., 1979; Wells, 1991)는 일부 피험자에서 노출 효과의 극대화를 위해 유리하게 사용될 수 있다. 더 구체적으로, 공포가 전형적으로 신체 감각에서 불안 반응을 동반하는 공황 및 광장장애 경우처럼 '공포에 대한 공포'가 핵심 요소인 불안장애(Goldstein & Chambless, 1978)는 자기주의에 공포 감각을 유발하는 상황에 노출을 추가한 것에 우호적으로 반응할 수 있다. 그러한 피험자들에서 내부 단서들로부터 주의를 분산하는 것은 노출의 강도와 기간을 쉽게 줄일 수 있고, 따라서 노출 효과성을 낮출 수 있다. Craske 등(1989b)은 공황장애 및 중증의 광장공포증 환자들에게 실제 노출(in vivo exposure) 중 공포스러운 신체 감각에 초점을 맞추는 것과 분산 과제를 실행하는 것의 효과를 연구하였다. 결과는 주의초점화가 분산보다 더 득이 된다는 것을 확증하지 못했다. 사실, 분산 과제 집단의 피험자가 처치 후에 더 우수한 성과를 보이는 경향이 있었으나, 6개월의 추적 관찰에서는 주의집단 피험자들이 추적 기간 동안 성과가 개선되는 경향을 보여 주었다. 그러나 이들 차이가 통계적으로 유의하지는 않았다.

정서 처리와 주의

불안 및 공포 감소에 대한 정보처리적 설명들은 기억 네트워크의 모델들에 기초하고 있었다(Bower, 1981; Lang, 1977, 1979). 이들 모델은 심리생리적 및 행동 반응에 관한 정보와 상호 연결된 공포 자극들에 관한 명제적 정보를 담고 있는 특정한 정서적 기억 구조물의 활성화로부터 불안이 비롯된다는 견해를 유지하고 있다. 이들 네트워크 중 일부의 활성화는 연결된 의미와 감정, 반응 등의 '노드들'로 확산되는 것으로 생각된다(Bower, 1981). Lang(1977)은 공포반응을 수반하는 이미지들이 기억 속에 저장된 이러한 명제적 정보로부터 구성된다고 제안한다. Lang(1977)은 공포 구조물들을 공포스러운 자극 상황, 언어 · 생리 · 행동 반응 등 구조물의 자극 및 반응 요소가 지니고 있는 의미 정보로 구성된 기억 네트워크로 분석하였다. 구조물은 도피와 행동 회피를 위한 프로그램으로 간주된다.

불안장애의 공포 감소 과정을 설명하려는 시도로 Foa와 Kozak(1986)이 공포 네트워크 모델을 정교하게 다듬었다. 효과적인 처치가 일어나려면 공포 구조물에 접근해야 하고 불일치하는 정보가 그 속에 통합되어야 한다. 이러한 '정서 처리 과정'(Rachman, 1980 참조)은 불안에서 회기 내 및 회기 간 감소로 나타나며, 공포자극들에 대한 심리생리적 반응성의 변화를 평가함으로써 더 객관적으로 나타난다. Foa와 Kozak(1986)은 높은 각성 그리고 인지 및 행동적 회피와 같은 정서 처리 과정을 방해할 수 있는 많은 요인을 제안한다. 이런 것들은 공포에 부합하지 않는 정보를 공포 구조에 통합시키지 못한 결과이다. Rachman(1980)은 부적절한 공포, 침투적 사고, 수면장애와 비슷한 신경증적 증상들은 정서적 처리의 실패에 대한 예로서 공포 네트워크에 공포에 부합하지 않는 정보를 통합하지 못한 결과라고 주장한다. 그는 통제되지 않은 조건하의 분산자극에 대한 반복 노출, 짧은 설명, 자동 반응을 유발하지 못하는 제시, 피로, 불규칙한 자극, 통제 지각의 부재 등 통합 실패에 기여하는 다른 요인들을 제안한다.

Foa와 Kozak(1986)은 공포 상황에 직면하는 동안 생리적 반응이 줄어드는 것이 생리적 각성의 부재에 관한 내수용기적(interoceptive) 정보를 생성한다는 가설을 제시한다. 따라서 이 새로운 정보는 기존의 공포 구조 명제들과 일치하지 않는 반응명제들을 부호화할 수 있는 정보가 되며, 그래서 공포 반응이 줄어들 수 있다.

공포 네트워크 모델은 노출 중의 주의 전략이 정서 처리에 긍정적 또는 해로운 영향을 미칠 수 있다고 예측한다. 주의를 자극 상황으로부터 다른 데로 돌리는 것은 공포 네트워크로 안전한 정보를 통합하는 기회를 감소시키는 반면에, 주의를 공포 상황에서 일어나는 생리적 자기(즉, 반응 정보)로 돌리는 것은 각성의 주관적 강도를

감소시키며 또 각성을 해로운 것으로 평가하는 확률을 감소시킨다. 따라서 일반적으로 외부의 위협적 자극에 대한 주의는 긍정적 효과를 갖는 반면에, 내부의 반응요인들에 대한 주의는 해로울 수 있다. 이것은 단순한 외부 대 내부 주의 이분법인 것으로 보인다. 그러나 우리가 공황장애와 건강불안(health anxiety)에서 재앙적인 오해(misinterpretation)의 핵심인 신체 감각과 같은 내부적 공포자극을 고려할 때는 그림이 복잡해진다. 그러한 경우, 장기간의 노출 중 감각에 주의를 주는 것은 주의 절차에 불확증 정보가 암묵적으로 있거나 아니면 이용 가능해질 때만 정서 처리에 도움이 될 수 있다. 이는 인지치료에서 분명히 발생하는데, 인지치료는 내수용기의 노출 훈련을 적용하여 공황 상태의 오해를 수정한다. 설사 환자들이 자신의 감각에 주의 초점을 맞추는데 많은 시간을 투자하고 그 결과 공포의 대참사가 일어나지 않는다 해도, 공포구조에 부호화된 일반적 공황과정에는 왜 교정의 정보가 없는지에 대한 의문이 남는다. 여러 가능성이 있다. 첫째, 이들 환자는 은밀한 안전 행동과 공공연한 회피를 이용함으로써 두려운 재앙을 피하려고 시도하고 불확증 경험에 대한 노출이 줄어든다. 둘째, 공황장애 환자들은 자기통제를 유지하는 한 수단으로 감각에 대한 주의분산을 이용한다고 보고한다. 셋째, 불확증 정보는 그것이 외부 상황에서는 있을 수 있는 것과 달리 신체 감각에는 존재하지 않는다. 공황 상태에서 감각에 초점을 맞출 때 있을 수 있는 잠재적인 문제는 그것이 감각 촉발요인과 불안의 신체 반응 간의 연결을 더 이상 명제로는 조절되지 않는 방식으로 강화시킬 수 있다는 점이다. 즉, 자극과 반응의 정보는 매우 유사하므로 밀접하게 연관된 표상으로 저장될 수 있다. 이러한 상황에서 감각의 지각은 활성화 확산을 통해 불안 반응을 자동적으로 유도할 수 있다.

이상적으로 네트워크 기능의 PDP 모델은 공포불일치적 정보의 학습에서 주의 역할을 설명하는 데 쓰일 수 있다. 그러나 PDP 접근법은 이러한 목적에 대해 불충분하게 개발되었다. 제2장에서 논의된 주의에 대한 PDP 모델은 학습보다는 안정적인 수행에 관심이 있다. 기술 이론에서 주의의 역할은 이론이 어떻게 분산을 치료로 사용하는 데에 도움이 될지에 관해 몇몇 지침을 제공한다. Ackerman(1987, 1988)은 주의가 기술 습득의 초기 단계에서 주로 학습을 촉진한다고 설명하는데, 이 단계는 개인이 하위 수준의 절차들로 이루어진 세트인 과제를 수행하는 방법을 명시적인 선언적 지식으로 대체하거나 또는 달리 말하면 제어처리를 자동처리로 바꾸는 단계이다. 이런 가설을 지지하는 것으로서 Woltz(1988)는 작업기억에 기반한 주의 통제의 측정치는 절차적 학습의 후기 단계가 아닌 초기 단계를 예측한다는 것을 보여 주었다. 주의는 익숙하지 않은 과제의 수행을 위한 한 초기 전략 형성과 이에 따른 초기 선택 절차를 선택하고 작동시키는 것을 돕는 것으로 보인다(Matthews et al., 1992). 그러나 절차에 대한 차후 강화 및 조율 절차는 수의적인 주의로 도움을 받지 못한다. Schneider(1985)는 이 단계에서 주의가 실제로는 자동화를 간섭할 수 있다고 제안한다.

앞서 논의된 분산 기반 치료들에서 환자는 두 가지 측면에서 새로운 '과제'를 학습해야 한다. 첫째, 치료 장면에서 주의를 분산자극으로 전환하는 것이 낯설 수 있다. 둘째, 환자들이 위협 자극을 인식에서 완전히 배제시킬 만큼 분산요인들에 주의를 집중시킬 수 없다. 대체로 환자는 두 가지 자극 모두에 주의를 기울이는 시간 공유(time-sharing) 전략을 학습하는 것 같다. 이러한 과정은 공포 및 분산 자극을 동일한 네트워크 안에 통합하는 것으로 개념화될 수 있다. 따라서 환자는 주의 통제를 위한 새로운 기술을 실제로 학습하고 있으며 그것이 주의 자원들을 필요로 할 것이다(Hirst & Kalmar, 1987, 하나의 기술로서의 주의 분할에 대한 상세한 분석을 참고함).

중증 장애 환자들이 쉽게 걸리는 강렬한 침투적 사고처럼 추가적 자원요구가 학습을 혼란에 빠트릴 것이다. 이러한 가설에서 여러 예측들이 파생될 수 있다. 첫째, 우리는 이완이 각성과 같은 침투적 사건으로 발생된 주의 요구를 줄이는 경향이 있다고 가정한다. 따라서 이완은 환자의 주의 전략을 재구성하는 분산과 같은 치료법과 병행될 때 더 효과적이고 독립적으로는 효과가 덜 하다. 둘째, 분산은 그것이 주의 재구조화를 촉진하는 범위에서만 효과가 있다. 공포 재발 연구(Sartory et al., 1982)에서처럼 재구조화 과정에 대한 주의가 분산된다면 해로운 효과를 갖게 된다. 셋째, 분산의 효과는 각성에 의해 수정될 수 있다. 높은 각성은 주의 선택성을 감소시키는 경향이 있기 때문에(Eysenck, 1982) 분산에 주의를 주는 것과 내부 인지에 주의를 주는 등 두 가지 '과제 구성요소'에 해당되는 주의의 분배를 훼손할 것이다. 더 심한 중증 환자들에서 쉽게 그러할 것 같은 내부 처리 과정이 우선순위에 있다면 분산을 향한 주의는 감소될 것이다. 어쩌면 공황과 연관된 높은 수준의 각성은 이들 환자의 안전 정보에 대한 자발적인 처리 과정을 훼손할 것이다. 넷째, 주의 자원의 가용성은 치료의 초기 단계에서 더 중요할 것이다. 일단 환자가 주의초점화를 통제

하는 방법을 학습하였다면, 그 과정은 자원을 기껏해야 미약하게 제약할 뿐이다. 함의는, 즉 분산은 아마도 치료 초기에는 이완과 결합되어야만 하고, 치료 후기에는 부적응적인 인지들을 활성화하고 수정하려는 의도를 지닌 다른 인지행동 기법들과 결합되어야 한다는 점이다.

주의 훈련

특히 공황과 범불안, 건강불안, 사회공포증 등 폭넓은 범위의 정서장애들에서 고양된 자기초점 주의에 대한 보고들은 이들 장애에서 자기초점의 역할에 관한 이론을 형성하게 하였다. Wells(1991)는 자기초점을 불안의 결과로 보는 것이 아니라, 자기초점이 불안장애의 병인론 및 유지에 중요한 요인이 될 수 있다고 제안하였다. 이 가설은 성향적 자기초점(dispositional self-focus)이 높은 사람들은 위협 상황에서 불안을 더 많이 보고하고(Wells, 1985, 1991), 제9장에서 상술한 바대로 생애 스트레스에 노출되면 대처 전략을 더 적게 사용하는 것으로 보이는 자료에서 유래되었다(Wells & Matthews, 1994). 마찬가지로 Ingram(1990)은 자기초점이 부정적 감정의 개시는 물론이며 증폭에도 개입될 수 있다고 제안한다. 부정적인 정서 상태를 유지하는 자기초점의 잠재적 역할을 고려하여 Wells(1990)는 고도의 자기초점 주의를 줄이도록 설계된 주의 훈련 절차를 고안하였다. 이러한 전략은 공황과 범불안 장애 환자를 대상으로 한 처치 개발 작업의 형태로 진화하였다. 시각에 기반한 연습을 이용해 환자의 습관적인 자기초점을 수정하려던 예비 시도들은 실망스러운 것으로 증명되었다. 그러나 청각에 기반한 외부지향 주의 과제들은 더 좋은 결과를 만들어 냈다. 후자의 과제는 자기주의에 대한 여러 차원을 수정하고 세 단계로 구성되었다. 선택적 주의 단계, 주의 전환 단계, 주의 분리 단계인데 각 단계 안에서 과제 곤란도가 증가하기 때문에 절차의 의도는 점진적으로 더 주의를 기울이도록 하는 데 있다. 각기 다른 단계로 구분한 논리는 주의가 다차원적이고 차원 중 하나 또는 조합이 불안 유지에 개입될 수 있다는 점이다. 더 구체적으로 말하면, 불안에서 자기초점은 외부자극 대비 자기에 초점이 맞춰진 정도라는 면에서 과도한 것이라 할 수 있다. 이러한 사례에서는 외부 초점화를 점진적으로 더 높이는 절차가 득이 될 수 있다.

자기초점은 유연성이 없을 수 있는데, (아마도 자기초점이 자동화가 되기 때문에) 개인은 주의 제어 기술이 부족하고, 따라서 주의 전환/제어 연습이 개선 효과를 가질 수 있다. 마지막으로 개인은 매우 협소하고 과하게 선택적인 주의 초점을 보일 수 있는데, 이런 경우 주의를 분할하는 연습을 하면 높아진 자기초점을 수정하는 데 도움이 될 수 있다. 더구나 분할된 주의는 주의 자원을 가장 많이 요구하므로 주의 방향을 자기초점에서 멀리 돌리게 할 수 있다. 이 절차의 영향력은 공황장애와 이완을 유도한 불안 환자의 단일 사례 연구에서 평가되었다(Wells, 1990). 이 연구는 주의 훈련이 자기보고식 불안을 감소시키고 또 공황발작을 제거시키는 것을 보여 주었다. 이와는 달리 신체적 자기초점을 요구하는 이완 훈련(약식 자율훈련)은 공황의 재발과 자기보고식 불안의 상승과도 연관이 있었다. 주의 훈련의 마지막 단계 이후 환자를 12개월 동안 추적 관찰하였는데, 이 기간 동안 그녀는 공황 상태가 아니었다. Wells와 White, Carter(준비 중)는 공황장애 환자 두 명과 사회공포증 환자 단일 사례에서 주의 훈련과 유사한 불안 감소 효과를 얻었다. 이 연구 결과를 일반화하기에는 좀 이른 감이 있지만, 결과들은 주의 훈련이 시간 경과에도 안정적인 불안 저하를 가져온다는 사실을 시사한다.

여러 기전이 불안에 대한 주의 훈련의 개선 효과에 깔려 있다. 자기초점에서 전환 과정은 감정과 신체 반응의 지각 강도를 쉽게 감소시킬 수 있다. 분산 이용은 그러한 반응이 해롭지 않고 무시될 수 있다는 것 또한 시사할 수 있다. 이런 절차는 신체 상태로부터 주의를 멀리하게 하는 반면, 정서 상태의 부정적 사고들에 대한 주의도 또한 감소시킬 것이다. 자기초점의 전환은 인지의 형태와 내용 모두에 영향을 줄 수 있다. 과정들의 측면에서 외부초점은 주의 용량을 자유롭게 하므로 신념에 일치하지 않는 정보가 처리될 수 있다. 또한 정서 및 인지적 변화를 촉진시킬 수 있는 자기조절 또는 메타인지 과정 등에 대한 환자의 자발적인 발달을 촉진시킬 수 있다. 이러한 과정들은 정상적으로 자기초점 주의의 입력으로 방해를 받을 수도 있다. 내용 변수를 고려할 때 외부 초점에 따른 정서 강도의 감소는 대처 평가를 증가시키고 또 부정적 사고들에 있는 신념을 감소시킬 것이다. 단일 사례 시리즈의 재현 연구에서 Wells 등(준비 중)은 자신의 신체 감각을 파국적인 방식으로 오해하는 불안 발작 환자 세 명을 대상으로 불안 및 신념 수준에 관한 주의 훈련의 효과를 조사하였다. 모든 환자가 짧은 주의 훈련(최대 4회기+매일 숙제 연습) 후에 오해에 따

른 불안과 신념 모두에서 임상적으로 유의한 감소를 보여 주었다. 이러한 결과들은 주의 수정이 역기능적인 신념의 변화로 이어질 수 있다는 견해와 일치하지만, 실제 주의의 수정이 신념 변화의 주요한 기전인지 여부를 결정할 충분한 근거가 현재는 부족하다.

안구운동 둔감화

안구운동 둔감화(eye-movement desensitisation: EMD)는 외상후 스트레스장애의 처치에서 도약성 안구운동(saccadic eye movement)을 이용하는데, 기타 불안 증후군들에서도 이용되어 왔다. 이 기법은 Francine Shapiro(1989a, 1989b)가 개발한 것으로서, 환자가 트라우마 기억에서 나온 이미지, 그 트라우마에 대한 부정적 자기진술 또는 평가, 신체적 불안 반응 등에 대한 자각을 유지하게 하면서 동시에(치료자 손가락이 신속하게 전후로 움직임을 추적하는) 환자의 도약성 안구운동을 끌어내는 것이다. 세 가지 표상이 모두 의식에서 유지될 때 가장 좋은 반응이 나타난다는 평판이 있다(Shapiro, 1989a). 전형적으로 이 절차 중 여러 단계에서 환자는 자신의 불안 수준과 부정적 인지의 타당성을 평가해야 한다. EMD 절차는 트라우마 환자의 치료에서 트라우마 기억에 대한 노출 길이를 통제하기 위해 사용된 위약 조건이나 불안 및 신념 평가를 반복한 조건에 비해 더 효과적인 것으로 나타났다(Shapiro, 1989b). 이 기법이 트라우마 기억들의 둔감화에는 매우 효과적인 것으로 보이지만, 처치 효과의 기저를 이루는 기제는 이해되지 않는다. 이 절차는 분명히 통제된 처리 자원들의 분할이 포함되어 있다. 피험자는 이미지와 언어 명제, 신체 반응 등에 내부적으로 초점을 맞추는 동시에 손가락 움직임에도 외부적으로 초점을 맞춰야만 한다. 트라우마 기억의 자극과 반응 특징 모두에 대한 내적 표상들에 주의를 주는 것은 공포 네트워크의 완전한 활성화를 촉진한다. 그러나 외부적 추적활동은 부정적인 자기평가적 인지와 신체 상태에 초점을 맞춤으로써 자기초점 주의의 강도를 감소시킬 수 있다. Duval과 Wicklund(1972)에 따르면 동적 활동(EMD에서는 안구운동일 수 있음)은 주의를 외부로 향하게 함으로써 자기로부터 주의를 멀리 분산시킨다. 따라서 분할 주의와 도약성 안구운동 조건하에서는 자기평가가 더 어렵고 또 정서 각성에 대한 인식이 감소될 것으로 기대할 수 있다. 트라우마 기억의 활성화는 따라서 주관적 스트레스의 점진적인 감량과 연합되기 시작하고, 이러한 새로운 정보가 네트워크로 통합될 것이다.

주의 훈련과 EMD는 특히 아주 흥미롭다. 이들은 환자의 자기신념을 명시적으로 수정하는 방식 대신에 주기적으로 주의 초점을 단순히 바꾸는 방식으로 장기적인 개선을 일으키는 것으로 보인다. 이러한 발견은 인지이론에 도전하는 것인데, 인지이론에서는 정신병리론을 스키마 이론(Beck, 1967)이나 공포 네트워크(예: Foa & Kozak, 1986)를 모델로 하였음직한 자기지식의 영구적인 저장소의 내용에 귀속시킨다. 주의 초점을 외부화하는 것이 이로울 수 있는 두 가지 방식이 있다. 첫째, 환자가 주의 통제를 위한 전략들을 배울 수 있게 한다. 신체 증상에 대해 공황장애 환자가 초기 지각처럼 어떤 부정적 사고가 인식으로 침투할 때 환자는 자기초점 및 병리적 지식 구조의 활성화를 방지할 수 있다. 다시 말해, 비록 장기기억에 잠복해 있더라도 부정적 신념과 평가로부터 주의를 분리시키거나 떼어 내는 것을 환자는 학습한다. 이들 접근법은 주의 기술의 학습을 쉽게 촉진할 수 있는데, 그 까닭은 외부로 주의 초점을 돌리는 것이 자기초점적 주의의 걱정 스타일과 연합된 주의 자원들의 고갈을 방지하기 때문이다. 둘째, 다소 역설적인데, 주의 방향의 외부화는 자기신념을 수정하려는 환자 자신의 자발적인 노력을 촉진할 수 있다. 외부로의 초점은 자신이 처한 곤경에 대한 집착에 압도당하지 않으면서도 거리를 두고 문제 중심 방식으로 자기 상태에 관해 추론할 수 있도록 한다. 더구나 주의 조작의 고통감소 효과는 환자가 자발적으로 자기 문제의 의미에 대한 부정적 해석을 수정하도록 유도할 수 있다. 앞의 논의를 고려해 볼 때, 우리는 역기능적 신념과 평가의 수정을 목표로 하는 인지치료들이 주의 조작과 결합된다면 더 효과적일 것이라고 예측할 수 있다. 그러나 잠정적 가설들을 개발하기 전에 먼저 치료방법들에 대한 연구를 더 많이 할 필요가 있다.

마무리

이 장에서 우리는 치료 효능성의 중재요인으로서 주의 조작의 효과들과 둔감화

같은 기존의 치료 효과들에 대한 주의 관점적인 설명들을 검토하였다. 우리는 불안 치료에서 주의 조작 전략들의 사용을 둘러싼 이론적 쟁점들을 논의하였다. 고찰된 연구들은 불안과 우울증 치료에서 분산 기반 조작의 효과들이 혼재된 양상을 제공한다. 일반적으로 주의분산이 치료적 효과성을 줄인다는 견해와는 달리, 분산은 불안 측정치에서 그리고 우울증의 부정적 생각 및 기분에서 적어도 단기간 유익한 것으로 보인다. 과제 초점적인 주의 지시는 시험불안에서 수행 및 불안 측정치에 긍정적인 결과를 산출한다. 그러나 노출 후 사용된 분산은 노출 치료의 효과를 간섭하고 공포 재발의 가능성을 높일 수 있다는 일부 증거도 있다(Sartory et al., 1982). 이와 대조적으로 다른 증거에서는 노출 중 분산 또는 노출 중 감각에 대한 주의가 광장공포증을 동반한 공황장애 환자에서 즉각적 또는 장기적으로 유의하게 다른 성과를 산출하지 않는다는 것을 시사한다(Craske et al., 1989).

이 장에서 고찰된 자료 해석에 혼입되어 있는 몇 가지 문제가 있다.

첫째, 일부 연구들에서 주의 전략들과 협력하여 사용되었던 보다 광범위한 치료 기법들에서 주의 조작의 효과들을 분리해내기 어렵다.

둘째, 대부분의 연구들에서 주의는 상대적으로 복잡하지 않은 변수로 취급되었다. 예를 들면, 고찰된 많은 연구들은 부정적 사고나 정서 상태 같은 자기 관련 정보에서 주의를 거두는 기본적인 분산을 이용했고, 그래서 그 분산이 자기 처리에서 비자기 처리로 주의가 전환된 것인지 아니면 관찰된 주의 효과의 기저에 깔린 어떤 다른 차원으로 전환된 것인지 여부를 고려하지 못한 점이다. 더 구체적으로 분산 기법들의 연습은 내부 사상들에 대한 인식을 감소시킬 뿐만 아니라 주의의 주관적 통제에 대한 지각을 증가시키고, 특정 자극에 대한 주의 기능의 '유착'을 제거할 수 있다.

셋째, 문제는 분산이 한 전략으로 내장되는 맥락에 관한 것이다. 맥락은 분산이 불안 변화 촉진과 훼손 여부를 결정할 수 있다. 만일 분산이 대처에 관한 신념들을 강화시키거나 그리고/또 내부 사상들의 경험을 역전시키는 방식으로 사용된다면, 그 성과는 긍정적으로 될 것이다. 그러나 만일 분산을 회피로 사용한다면, 불안에서 신념이 바뀔 기회와 연합물들의 변화가 줄어들 수 있다. 분산 효과에 대한 연구는 이들 차원의 상대적 기여도가 평가될 수 있도록 분산과 맥락의 상호작용을 탐구해야만 한다.

주의 훈련(Wells, 1990)과 같은 주의 기능 수정 기법들은 초기에는 일부 불안 문제의 치료에 강력하고 경제적인 전략일 가능성을 보여 준다. 이런 유형의 개입법은 신념 변화의 강화 그리고 스트레스 취약성에 기여하는 개인의 주의 전략의 수정 모두에 적용될 수 있다.

제11장

주의장애: 정서적 문제의 원인인가 결과인가

정서적 기능장애에서 주의 과정을 개념화할 때의 질문은 이런 과정이 기능장애에 직접적인 원인인지 또는 기여 역할을 하는지 아니면 단순히 이런 기능장애의 결과 또는 부수적인 현상인지에 관한 것이다. 인과관계에 관한 이런 문제는 장기간에 걸친 정서 문제의 발달을 종단적 관점에서 고려하는 식으로 접근할 수 있다. 이런 관점에서는 비교적 안정된 주의 요인들이 타인이나 환경과의 상호작용을 통해 정서장애에 대한 개인의 취약성을 증가시킬 수 있다. 이러한 시나리오에서는 주의 '장애'가 정서 문제에 선행한다. 이에 반해, 주의장애가 정서 문제의 결과일 수도 있다. 그렇지만 만일 정서 문제가 특정의 주의 현상을 야기하는 경우에도 이런 현상은 정상의 정서적 반응을 병리적인 것으로 만들어 버리는 역할을 할 수 있다. 더 구체적으로 언급하면 스트레스 상태에서는 특정 주의 반응의 유형과 강도에서 개인차가 있을 수 있는데, 이중 어떤 것은 정서장애의 발달에 기여할 수 있다.

직접성의 서로 다른 여러 가지 기법이 인과관계 연구에 활용되었다. 가장 만족스러운 것은 주의나 정서를 실험적으로 직접 조작하고 그 관련성을 관찰하는 종단 연구이다. 회귀분석이나 횡단적 자료에 대한 경로분석으로 인과관계를 추론하는 것도 가능하지만 타당도는 감소된다. 좀 덜 직접적인 방법은 특성(trait) 및 상태(state) 효과를 비교하는 것이다. 정서는 대개 어떤 성질의 일시적 상태라고 보는 반면에, 시간적 안정성이 훨씬 큰 개인의 특징은 대개 본질상 인지적인 것으로 본다(예를 들면, 스키마). 따라서 주의에 관한 특성적 '정서' 효과들은 상태 효과들보다 더 강한데, 이러한 자료는 특성과 연관된 안정적인 인지적 구조가 인과적으로 선행한다는 것을 시사한다. (우리는 여기서 정서는 인지적으로 생성된다고 가정해야만 하는데, Zajonc, 1984 같은 일부 이론가는 이점을 수용하지 않을 것이다.) 만일 상태 효과가 더 강하면, 우리는 상태의 정확한 속성을 살펴봐야 한다. 예를 들어, 상태불안은 인지 및 정서 요소 모두 있기 때문에 상태불안과 주의 간의 상관관계는 인과적 질문에 관한 정보를 충분히 알려 주지 않는다. 이러한 맥락에서 우리는 임상 장애나 특성 질문지 측정치 모두를 여러 달 이상 지속하는 특징이라는 뜻인 '특성(traits)' 지수로 볼 수 있다. 마지막으로 다른 기법은 현재 진행 중인 환자와 회복된 환자를 비교하는 것이다. 만일 회복된 환자의 정서 기능은 정상적이지만 인지 기능이 비정상적인 것을 발견한다면, 인지적 손상이 개인의 임상장애를 특징짓는 안정된 '취약성'은 되겠으나 유일한 원인은 아니라고 추론할 수 있다. Eysenck(1992)는 기분 상태와는 무관하게 끊임없이 지속되는 표출 취약성(manifest vulnerability)과 스트레스나 불안한 기분일 때만 겉으로 드러나는 잠재 취약성(latent vulnerability)으로 구분한다.

실험 연구

우리가 이 책에서 이미 고찰한 연구들은 정서적 각성 상태가 주의 기능의 여러 차원에 영향을 미친다는 것을 확실히 보여 준다. 예를 들어, 슬픈 기분은 자기초점 주의의 강도를 높여 준다(Carr, Teasdale, & Broadbent, 1991; Sedikides, 1992; Wood et al., 1990). 우리는 제6장에서 불안 상태 및 우울이 특정 유형의 과제들에서 수행 저하 및 분산 증가와 상관되어 있다는 것을 제시하였다. 또한 우울 정서의 조작도 노력이 요구되는 기억 과제 수행을 손상시키는 것 같다(Ellis & Ashbrook, 1987). 일반적으로 조작은 개인의 인지를 바꾸는 방식으로 작용하기 때문에 조작 연구들로부터 불안에 관해 결론을 도출하기는 어렵다. 예를 들어, 시험불안 연구에 쓰인 평가 조작(evaluation manipulations)은 아마도 성공적인 수행의 중요성 지각에 영향을 미칠 것이다. 의외로 공포와 위험에 대한 현장 기반 연구들에서 주로 연구된 것인데 개인에 대한 직접적인 신체적 위협은 수행에 상대적으로 가벼운 영향을 미치며, 이는 아마도 개인이 수행 효율성의 손실을 보상하려는 동기가 강하기 때문일 것이다(Idzikowski & Baddeley, 1983).

이러한 연구 결과들은 정서가 주의장애를 일으킨다는 가설과 일치하지만, 주의 요인이 정서장애에서 인과관계 역할을 할 수 있음을 시사하는 증거도 있다. 이런 인과 가설을 뒷받침하는 두 가지 증거가 있다. 상황적으로 강화된 자기초점이 기존의 정서 반응을 악화시킨다는 것(Carver et al., 1979; Scheier & Carver, 1977; Scheier et al., 1981)과 만성적인 자기초점 경향성이 불안을 일으키는 기타 상황 및 개인 변인들과 상호작용을 한다는 것(Wells, 1985, 1991)이 그것이다. 이러한 패턴의 결과들은 자기초점에 대한 다음의 관점들과 일치한다.

- 자기초점은 정서적 스트레스에 사로잡히게 한다.
- 자기초점은 특정의 부정적 정서에 대한 반응이다.
- 자기초점은 긍정적인 상호 간 관계에서 부정적인 정서 반응을 유지시킬 수 있다.

그러나 자기초점 및 정서 반응에 대한 많은 연구들이 가지고 있는 한 가지 제약은 자기초점과 정서 효과가 혼입되어 있다는 점이다. 더 구체적으로는 자기초점과 부정적 감정의 측정치들이 정적 상관관계에 있기 때문에 자기초점 점수가 높은 피험자에서 관찰된 그런 종류의 효과들이 자기주의 수준의 차이 때문인지 아니면 일반적인 부정적 감정의 차이 때문인지 불분명하다. 자기초점과 우울/불안의 관계를 통제함으로써 Ingram과 Johnson, Bernet, Rowe(1992)는 자기초점 주의, 즉 사적 자의식의 기질적 상응물이 정서적 괴로움의 한 가지 취약성 요인으로 작용한다는 견해를 확신할 수 있게 하는 경험적 지지자료를 제공하였다. 두 편의 연구 중 첫 번째 연구에서는 피험자들에게 가짜 지능 검사를 실시한 다음, 시험 수행에 관한 성공 또는 실패의 피드백을 주었다. 여기서는 D30 우울척도(Dempsey, 1964)에서 정상 수준 이하의 환자들만 연구 대상으로 뽑혔다. 선발된 피험자 중 절반은 사적 자의식이 평균보다 1SD 이상이었고(만성적 자기초점 집단), 나머지 반은 평균보다 1SD 아래였다(비자기초점 집단). Beck의 우울 점수를 공변인으로 검증한 결과에서는 실패 조건의 만성적 자기초점 집단이 성공 조건의 자기초점 집단보다 유의하게 더 높은 부정적 감정을 보고하였다. 또 실패 조건의 자기초점 집단이 성공 조건 집단보다 부정적인 자동사고도 더 많이 보고하였다. 흥미롭게도 성공 조건의 자기초점 집단이 동일 조건의 비자기초점 집단보다 부정적 자동사고도 적었다. 이러한 자료는 자기초점 피험자들이 비자기초점인 피험자들보다 정서적 반응성이 더 높음을 보여 준다. 한편 종단적인 자연주의적 설계를 사용한 두 번째 실험에서는 만성적 자기초점 집단이 통제집단보다 부정적인 정서 경험에 더 취약한지 여부를 결정하기 위해 10주간 관찰하였다. 이때 생애 사건의 개수와 불안 및 우울 수준을 통제하였는데, Beck 우울검사(Beck Depression Inventory, Beck et al., 1961)와 STAI의 '상태'불안 척도(Spielberger et al., 1970)로 측정한 불쾌감에서는 차이가 없었지만, 연구 초기 단계에서 취약한 피험자들(비불쾌-높은 사적 자의식)이 취약하지 않은 피험자(비불쾌-낮은 사적 자의식)들보다 10주의 연구기간에 걸친 점수 변화가 더 컸고 고득점으로 나타났다. 또한 이 시기의 어느 한 시점에서는 취약한 피험자의 거의 절반이 경미한 수준 이상의 우울증 점수를 보고하였다. 요약하면, 이러한 결과는 기질적 자기초점이 정서장애의 위험요인이라는 견해를 지지하며, 정서장애의 병인론에서 자기초점이 결정적인 역할을 한다는 견해와도 일치한다.

이와 관련된 일련의 연구들은 자신의 정서와 사적 결과에 관해 생각하는 반추가 기분에 미치는 영향에 관한 것이다(Nolen-Hoeksma, 1991). Nolen-Hoeksma(1991)가 검토한 실험 연구들에서는 유도된 반추가 비우울 피험자들에서는 거의 효과가 없었으나 유도되거나 자연적으로 발생된 우울 기분들의 유지에는 작용한다는 견해를 내놓는다. 일기 및 임상 연구들도 반추반응 양식과 장기간의 우울 간에 상관이 있음을 보여 준다. 반추는 부정적 인지를 활성화시키고 부정적 정서를 부정적 신념과 연결짓는 악순환의 고리를 지속하게 한다고 본다. Nolen-Hoeksma(1991)는 우울증에서 반추의 역할과 자기초점적 주의 역할을 구분한다. 자각이론(self-awareness theories)에서 자기초점이 부정적 사건에 의해 유발된다고 주장하는 것과 달리, 반추는 우울 기분의 명확한 원인이 없는 때라도 우울 기분의 지속에 기여하는 것이 확실하다고 주장한다. 그러나 꼭 그런 것 같지는 않은데 자기불일치가 활성화

될 수 있는(예: 청중이 있거나, 신체적 각성이 증가하는) 상황들에서는 부정적이지 않은 사건도 자기초점을 유도할 수 있기 때문이다. 더 나아가서 Nolen-Hoeksma(1991)는 자신의 정서 상태(그리고 그 원인과 결과)에 초점을 맞추는 것이 자기불일치가 존재하지 않을 때라도 충분히 우울을 유지시킬 수 있다고 주장하면서 우울에 관한 자신의 반추이론과 자각이론을 구분한다. 그러나 이러한 관점은 좀 혼란스럽다. 왜냐하면 이 이론이 여전히 자기초점을 중요한 변수로 간주하고 있고 또 더 나아가서 정서 상태를 실제 및 이상 간의 불일치의 한 유형으로 볼 수 있기 때문이다. Nolen-Hoeksma(1991)는 Morrow의 미발간 연구를 인용하면서 반추 및 자기초점의 효과가 부분적으로 다르다는 증거를 제시한다. 반추와 정서 상태에 대한 주의 초점은 유도된 슬픈 기분을 유지했지만 자신의 비정서적인 측면에 초점을 맞추는 경우에는 그렇지 않았다. 반추 및 자기초점의 관계를 정확히 결정하기 위해서는 앞으로 더 연구가 필요하겠지만, Nolen-Hoeksma(1991)의 작업은 주의가 정서적 증상의 유지에 어떻게 영향을 미치는지를 증거를 들어 가며 보여 준다.

우울, 불안, 인지에 대한 종단 연구

귀인 스타일

시간 경과에 따른 병리 및 인지적 상호관계를 추적해 가는 종단 연구는 특히 인과관계의 조사에 적합하다. 이 연구의 대다수는 불안이 아닌 우울증을 조사하였고, 이 절에서 우리도 주로 우울장애에 관심이 있다. 임상적 맥락에서는 귀인 과정이 우울증의 원인이라는 가설에 특히 관심이 있다. 사람들은 사건 발생 원인에 대한 귀인에서 시간적 안정성을 보여 주기 때문에 우울증 정신병리의 정서 및 주의 표출 모두에 원인이 되는 귀인 스타일(attributional style)이 있다. 학습된 무력감과 우울증의 재구성 이론(Abramson et al., 1978; Peterson & Seligman, 1984)은 특이체질-스트레스(diathesis-stress) 모델을 제시하며, 이 모델은 실패에 대해 내적이고 안정적이며 전반적인 귀인을 하는 사람들이 특히 통제가 불가능한 부정적인 생애 사건 후에 우울증에 쉽게 걸린다는 견해를 제시한다. 예를 들어, 이런 사람들은 자기 삶의 모든 영역에서 가치가 없다고 믿을 수 있다. 횡단 연구는 실제로 귀인과 우울증의 상관관계를 보여 준다(Peterson & Seligman, 1984). Sweeney와 Anderson, Bailey(1986)는 우울증이 긍정적 결과보다 부정적 결과에서 귀인과 더 강하게 관련되었던 사실을 발견한 연구 104편에 대한 메타 분석을 보고한다. 우울증의 부정적 사건에 대한 귀인 스타일은 이론으로 예측된 것과 정확히 같았지만, 긍정적 사건에 대한 우울성 귀인은 외부적이고 불안정하며 독특한 경향이 있는 정반대의 양상을 보여 주었다.

아마도 더 중요한 것은 귀인 스타일이 우울증에 인과적 효과를 가지는지를 검증한 종단 연구들에 대한 고찰에서는 일반적으로 비관적인 결론에 도달하였다는 점이다. Barnett과 Gotlib(1988)는 첫 번째 측정 때 우울 증상을 통제한 연구들에서는 귀인 스타일이 일반적으로 그 후의 우울증 예측에 실패한 사실을 발견하였다. 하지만 산후 우울증 증상에 대한 연구 4편 중 2편은 귀인의 인과관계 가설을 지지해 주었다. Tiggeman과 Winefield, Winefield, Goldney(1991)는 3년 간의 종단 연구에서 우울증 귀인이 우울 감정의 선행사건도 후행사건도 아니었다는 사실을 보여 주었다. Parry와 Brewin(1988)은 증상 모델이 관찰된 자료를 충분히 설명하지 못한다고 주장한다. 그들은 귀인 스타일과 생애 사건 모두가 후속적인 우울증의 독립적인 위험 요인으로 작용할 수 있다고 제안한다. 귀인이 우울증 회복을 예측한다는 더 좋은 증거가 있다. Brewin(1985)은 기존의 우울 환자들의 귀인이 그 후의 우울증 변화를 예측하였던 연구 세 편을 인용한다. 또한 우울 환자에 대한 귀인의 조작도 적절하게 기분에 영향을 주는 것 같다(Miller & Norman, 1981).

기타 인지적 측정치

귀인 스타일에 대한 종단 연구들이 성공적이지 못한 이유는 진정한 인과적 요인인 인지변인들을 평가하는 데 실패했기 때문이다. 다양한 인지척도들이 인과관계 연구에 사용되었다. 예를 들어, Brown 등(1986)은 심각한 생애 사건 후에 나타난 우울증의 부정적 자기평가에서 인과관계적 근거를 발견하였다. Brewin과 Furnham(1986)은 부정적 신념이 귀인과 우울증을 예측하지만, 귀인과 우울증 간에 직접적인 연결성은 없다는 회고적 연구의 경로 분석 결과를 보고한다. 관심대상인 신념은 부정적 결과에 대한 '판단 합의'인데, 이는 결과가 다른 사람들보다는 자

신에게 일어날 공산이 크다는 믿음과 같은 것이다. 실험 연구를 통해 Greenberg와 Pyszczynski, Burling, Tibbs(1992)는 어떤 실패 경험 후 유도된 자기초점이 경미한 우울증과 우울하지 않은 피험자 모두에서 우울증의 전형적 귀인을 생성한다는 것을 보여 주었는데, 이는 우울증과 귀인 스타일 간의 관계가 자기초점에 의해 매개될 수 있음을 의미한다. Mearns(1991)는 부정적인 기분을 조절할 수 있는 능력에 대한 신념이 로맨틱한 관계의 종말 후에 오는 우울증을 예측한다는 것을 보여 주는 횡단 및 종단 자료를 보고한다. 긍정적 신념은 적극적 대처와 연관이 있다. 그러나 대처 전략의 사용을 통계적으로 통제했을 때에도 감소된 우울증 및 신체적 불만과 연관이 있다(Kirsch, Mearns, & Catanzaro, 1990). Marshall과 Lang(1990)은 횡단 자료에 대한 구조적 모델링을 사용하여 자기 통달이나 개인 통제가 우울증 증상들에 직접 영향을 주는 가능성을 확인하였다. 그러나 일반화된 낙관적 신념은 그렇지 않았다. 또한 효과적이지 않은 대처도 우울증의 병인론에 연루되었음을 보여 주었다. Rohde와 Lewinsohn, Tilson, Seely(1990)는 노인 742명에 대한 2년간의 연구에서 '비효과적인 도피적' 대처가 특히 생애 스트레스원에 취약한 개인들에서 현재의 우울증 및 시간 경과에 의한 우울증 변화 모두와 상관관계가 있음을 보여 주었다. 그들은 또한 생애 스트레스와는 무관하게 적극적인 '자기통제'가 향후 우울증 감소를 예측하는 가능성도 발견하였다. 이런 결과들을 부적응적 대처법이 우울증 유발과 부적응적 대처의 유지 사이클과도 일치하는 것으로 해석된다. Nezu와 D'Zurilla (1989)는 여러 편의 횡단 연구와 한 편의 종단 연구를 개관하는데, 스트레스 사건들이 대인관계 문제해결 기술이 빈약한 사람들에서 우울 증상과 더 강하게 관련된다는 것을 보여 준다. 연구자들은 문제 중심의 대처 역량이 스트레스 대항에서 완충 역할을 한다고 주장한다. 유감스럽게도 Barnett와 Gotlib(1988)가 Beck(1967)의 역기능적 태도의 인과적 효과의 증거를 다소 제공하기는 하지만, 인과적 효과의 신뢰성을 평가하기 위해 비귀인적 인지 요인들의 인과적 역할을 연구한 것은 대체로 너무 적다.

Alloy와 Abramson, Metalsky, Hartlage(1988)는 (자신들의 연구를 포함해서) 귀인 스타일 가설을 검증하였던 연구들이 그 목적에 적절하지 않았다는 주장을 하면서 가설에 대한 비판에 대응하였다. 이 가설은 우울증의 기타 아형들과는 구분되어야 하는 특별한 형태의 우울증인 '무망감 우울증(hopelessness depression)'에 관한 것이라고 설명한다. 또한 우울증의 주요 원인은 귀인 스타일이 아니라 '무망감 기대(expectation of hopelessness)'이기 때문에 어떤 특정 조건에서는 귀인이 우울증의 예언인이 아닐 수도 있다. 또한 귀인 스타일과 생애 사건 간 상호작용을 적절히 검증하지 못한 기존의 연구들의 다양한 방법론적 어려움도 논의된다. Alloy 등(1988)이 제시한 연구계열을 따르는 향후 연구는 Abramson 등(1978)의 기본적인 소인-스트레스원 접근법의 정당성을 입증할 것이다. 최근의 한 연구(Metalsky & Joiner, 1992)는 종단적 연구설계로 우울증이 생애 스트레스와 세 가지 인지적 소인 간 상호작용으로 예측되었음을 증명했는데 인지적 소인으로는 귀인의 일반성과 부정적 사건이 부정적 결과를 가져올 가능성의 지각, 부정적 사건 후 자기에 관한 부정적 추론의 유발 등이었다. 그러나 무망감은 상호작용 효과 세 개 중 두 개의 상호작용만 부분적으로 매개하는 것으로 나타나서 Alloy 등(1988)이 가정한 핵심 역할을 하는 것 같지 않았다.

우울증의 종단 연구: 결론

방법론적 쟁점

우울증의 귀인 스타일과 다른 인지 변인들의 인과관계 효과의 약점에 대한 대안적 설명은 방법론적 문제에 관한 것이다. Robins(1988)는 인지이론을 검증하는 데 쓰인 디자인의 통계적 파워가 종종 적절하지 않다고 말한다. Costello(1992)는 개념 정의와 구분상의 어려움과 같은 인지 연구가 갖고 있는 다수의 일반적인 개념적 문제들을 찾아본다. 또는 우울증의 원인인 스키마 또는 기타 지식 유형을 측정할 때의 어려움도 있다. 자기보고식 측정치는 타당하지 않은데, 이유는 사고 내용이 평가 자체의 단서들과 같은 스키마가 아닌 다른 요인들의 영향을 받기 때문이다(Spielman & Bargh, 1990).

Kuiper와 Olinger, Martin(1990)은 인지이론의 종단 연구들이 종종 평가받는 인지모델을 적절하게 검증하지 않고 오히려 단순한 가설을 채택한다고 지적한다. 예를 들어, 그들은 무망감 사고와 관련된 취약성 인지와 자동적인 부정적 사고와 연합된 상태-의존적 인지를 각각 구분하는 Beck과 Epstein(1982)의 모델을 받아들인다. Rholes와 Riskind, Neville(1985)은 종단 연구에서 Beck과 Epstein(1982)의 모델이 예측한 대로 무망감이 미래의 우울증을 예언했으나 자동적인 부정적 사고는 그렇지 않았다는 것을 발견하였다. 다른 유형의 부정적 신념을 구분해 내는 데 실패한 연구들은 인과적 요인을 규명한 것 같지 않다. Kuiper 등(1988)은 자신들의 연구에서 다양한 부정적 인지들을 구분해 냈다. 그들은 우울증에 대한 취약성은 역기능적 자기가치(self-worth)의 수반성과 연관이 있는데, 자기가치를 유지하기 위해서는, 예를 들면 누구에게나 사랑을 받는 것과 같은 비현실적인 목표를 달성해야 한다는 신념이 있다고 제안한다. 좀 더 일반적인 부정적 신념은 부정적인 자기스키마와 연관이 있는데, 이는 우울증과 공존하여 발달하게 된다. 그러나 이런 가설들은 종단 자료로 검증된 적은 없는 것 같다. 자료들이 불일치하는 또 다른 이유로서 부정적 기분의 역할이 있을 수 있다. 우울증에 취약한 사람은 우울한 기분이 유도되거나 자연적으로 발생할 때만 역기능 신념의 발현이 증가한다는 것을 보여 준다(Miranda, Persons, & Byers, 1990). Miranda 등(1990)은 이러한 효과가 미래 우울증의 예측요인이 되는 역기능적 태도 측정의 낮은 점수를 설명할 수 있다고 제안한다. 더 일반적으로는 부적응적인 인지가 부정적인 감정에 의해 활성화될 때까지 잠복해 있으므로 발병 이전의 인지 측정치는 불쾌한 사건에 대한 인지 반응의 타당한 지표가 될 수 없을 것이다. 또한 유감스러운 것은 검토된 연구들이 대체로 인지 및 정서 장애 모두에 영향을 주는 신경증과 같은 성격적 기질을 측정하지 못한 것도 있다.

종단 연구들을 개관한 결과는 대체로 최소한 일부의 인지 유형들의 인과적 역할을 시사하고 있지만 세부적인 양상은 아직 모호하다. 귀인 스타일 연구들은 긍정과 부정의 결과들이 혼합되어 있어서 귀인 스타일이 우울증에 내재된 여러 요인인 기타 인지 과정의 관련물인지 또는 단순한 증상인지도 불확실하다. 어떤 귀인은 자기초점 주의와 상관이 있다는 증거가 있고 그래서 우울증에 기여하는 것이 귀인이라기보다는 오히려 이런 과정일 수 있다(제9장 참조). 예를 들어, 자기초점은 사건에 대한 자기 책임으로 더 크게 귀인하는 것과 관련이 있다(Duval & Wicklund, 1973). 귀인에 관한 자기초점의 효과는 정보처리를 할 때 자기스키마의 가용성이란 측면에서 설명되어 왔다. 더 구체적으로는 자기초점이 이러한 가용성을 증가시킬 수 있으므로(Carver & Scheier, 1981) 자기참조적 인지가 마음에 더 쉽게 떠오를 수 있다.

인지의 다른 측면에 대한 연구들은 인과적 영향에 대해 몇 가지 결과를 제공하지만, 연구에 쓴 구성개념들이 너무 이질적이어서 어떤 특별한 인지적 이상성도 그것을 기본적으로 중요한 것이라고 지목하기가 어렵다. 일반적인 낙천주의/비관주의(Marshall & Lang, 1990)나 부정적인 자기신념(Kuiper et al., 1988)도 꼭 인과적 요인은 아닌 것 같다. 이런 난관을 극복하려면 향후 연구에서는 서로 다른 인지측정치의 상대적 예측력을 비교검증하는 후속 연구가 있어야 한다.

불안증의 종단 연구

불안의 병인론에서 인지 과정이 핵심 역할을 한다고 본다면(예: Beck et al., 1985) 임상 불안장애에 관한 인지 영향력에 대한 종단 연구가 거의 없다는 것은 놀랍다. 가장 철저한 연구는 외상후 스트레스장애(post-traumatic stress disorder: PTSD)에 관한 것인데, 외상적 사건 전에 기능이 측정되었던 사람도 전혀 없고 또 추론된 인과적 결론에 제약이 있다. Creamer와 Burgess, Pattison(1992)은 총기난사가 일어나던 당시에 사무실 건물에 있던 사무직원 158명의 표본을 상대로 14개월 동안 PTSD의 인지 및 증상 등을 세 차례 조사하였다. 이 자료의 구조 모델링은 침투적 인지가 미래의 증상 수준을 예측한다는 사실을 제시하였다. Creamer 등은 외상 경험 당시에 공포 관련 네트워크가 형성되어 침투물이 생성된다는 견해를 제시한다. 사고 당시의 공포에 대해 단일 문항으로 평정케 한 네트워크의 조작적 측정은 비록 그 측정치가 그 후의 침투적 사고를 예측하기는 했지만 매우 조악한 것이었다. 회피대처 측정은 외상 후 4개월 때의 증상과는 정적 상관이 있었으나 14개월 때는 그렇지 않았는데, 이는 이러한 회피 전략이 단기적으로는 효과가 없었어도 장기적으로는 효과적이었음을 시사한다. 1982년 레바논 전쟁에서 외상을 입은 이스라엘 병사에 대한 연구 두 편에서는(Mikulincer & Solomon, 1988; Solomon, Mikulincer, & Flum, 1988) 전투스트레스 반응이나 PTSD의 초기 진단 후에 나타나는 외상후 증상들의 변화에 여러 영향요인이 있다는 사실을 보여 준다. 높은 정서 중심과 낮은 문제 중심 대처법 이용이 미래의 병리적 측면을 예측하였다. 부정적인 생애 사건을 경험하는 사람들은 특히 정서 중심 대처나 분산 전략 이용으로 부정적인 영향을 받았다(Solomon et al.,

1988). Mikulincer과 Solomon(1988)은 PTSD 증상들이 나쁜 사건을 외부의 안정적이고 통제 불가능한 원인들로 귀인하기 때문에 심화된다는 사실을 발견하였다. 이러한 귀인 패턴은 우울증의 귀인과는 다른데, 우울증 환자는 부정적 사건에 대해 내부 귀인하는 경향이 있다. PTSD로 고통받는 환자는 불행한 사건에 대해 우울증 환자처럼 자책하지 않는다. 그러나 성폭행 같은 외상 유형에서는 임상에서 희생자 중 자기비난적인 평가를 하는 사람도 있다. 아마도 이런 경우에는 PTSD의 한 구성 요소로 우울증이 발전될 가능성이 더 크다. 기타 불안장애에서 귀인의 역할은 각각 다를 수 있다. Ganellan(1988)은 '우울증 환자'의 귀인 스타일이 우울증 증상론에서 불안과 강하게 관련되어 있음을 발견하였다. 그러나 Metalsky와 Joiner(1992)는 생애 스트레스와 귀인 보편성 간의 상호작용이 우울증에 영향을 주지만 특성 및 상태 불안에는 영향을 주지 않았음을 발견하였다.

Ehlers(1993)는 공황장애 병력이 있는 환자들(최소 6개월 동안 공황 경험이 없었던 환자)의 심박에 대한 더 큰 자각이 그 후 12개월 동안의 발작 위기와 상관이 있는 것으로 나타난 연구보고서를 제시한다. 한편, Pauli 등(1991)은 24시간 동안 ECG, 심장 지각, 불안을 모니터링하였는데, 공황발작 환자가 심장 지각의 빈도보다는 심장 지각에 대한 불안 반응들이 특징이었음을 발견하였다. 그러나 Ehlers(1993)가 주장한 대로 몸 자세나 당면한 과제 요구사항(예를 들어, 심장박동 움직임을 추적하기)에 들어 있는 외부 자극의 경쟁 수준 때문에 어떤 실험 패러다임에서는 심박수 지각 차이를 탐지하기가 어려울 수 있다. Ehlers와 Breuer(1992, 연구 2)는 공황장애 환자 65명(현행 공황장애 환자 45명, 관해기 환자 20명)과 낮은 빈도의 공황장애 환자 50명, 단순 공포증 27명, 정상 통제집단 46명을 대상으로 심장 지각의 정확성을 객관적으로 평가하는 정신 추적 과제를 사용하였다. 피험자들에게 25초, 35초, 45초 간격으로 신호를 주는 동안 자신의 심장 박동수를 세도록 했다. 다른 비교집단들보다 공황장애 환자집단의 심박수 지각력이 유의하게 더 좋았다. 흥미롭게도 지각 차원에서는 관해기 공황 환자들이 현행 공포증 환자들과 별로 차이나지 않았다. 세 번째 연구에서 Ehlers와 Breuer(1992)는 공황장애 환자와 범불안장애 환자가 우울증 환자보다 심박수 지각력이 더 좋았음을 발견하였다. 따라서 이런 결과들은 공황과 범불안 장애의 특징이며, 최소한 공황장애인 경우 그것이 인지적 취약성을 대변하는 것일 수 있음을 시사한다.

특성 및 상태 효과의 비교 연구

수행 연구

상태와 특성 효과를 명시적으로 비교하는 대부분의 연구는 불안 척도를 사용하였다. 우리는 제7장에서 특성불안에 비해 상태불안이 기억과 주의 효율성을 예측하는 강력한 요인이라는 것을 알았지만, 불안의 해로운 영향은 정서보다는 걱정과 연관이 있는 것으로 보인다. 불행히도 개입 가능성이 뚜렷한 4개 변인, 즉 특성 및 상태 걱정, 특성 및 상태 정서의 효과를 구분하려던 연구는 많지 않으나, 몇 편의 연구에서 평가 스트레스 상황일 때는 상태 정서보다 상태 걱정이 수행 저하를 더 잘 예측하는 요인으로 나타났다(예: Deffenbacher, 1980; Tryon, 1980). 우리는 불안 자료를 토대로 처리 과정의 효율성에 대한 상태불안의 효과가 안정적인 인지 구조물이나 정서의 신체적 구성요소보다는 즉각적인 인지 처리 상태가 주의에 미치는 효과와 연관된다는 결론을 잠정적으로 내릴 수 있다.

이런 그림은 주의 편향에 대한 불안 효과와는 다르다. 주의 편향은 해당 인물의 정서장애의 안정된 조건으로 가장 잘 예측되며, 상태불안만으로는 신뢰롭게 예측되지 않는다. 이러한 관찰은 편향이 불안 정서에 의해 직접 야기되는 것은 아니라는 것을 시사한다. 더구나 주의 편향 자체가 정서를 발생시킬 수도 있다. MacLeod와 Hagen(1992)은 자궁경부염으로 부인과 검사를 기다리고 있는 여성 집단에 정서 스트룹 과제를 실시하였다. 특성불안이나 상태불안보다는 주의 편향 지수가 병리적 진단에 반응하는 8주 후의 정서적 고통에 대해 더 강력한 예언인이었다. 상황을 더 복잡하게 만드는 것은 주의 편향에 영향을 주는 특성불안과 상태불안 간 상호작용에 대한 일부 증거인데, 이런 상호작용을 검증하는 연구가 너무 적어서 강하게 결론을 도출할 수는 없다. 제4장에서 설명한 것처럼 MacLeod와 Mathews(1988)는 시험과 연합된 특정의 위협 자극에 대한 주의력 향상이 상태불안과 특성불안 간 상호작용에 달려 있음을 보여 주었다. 두 측면 모두에서 불안한 피험자들만이 특정의 위협적 재료에 편향을 보였다. 그러나 일반적인 위협 자극에 대한 편향은 일차적으로 특성불안과 관련이 있다. 대체로 특성불안과 임상장애의 초두 효과는 주의 편향의 발

생에서 일시적인 정서 상태보다는 지속적인 인지 구조가 더 중요하다는 것을 시사한다. 상태불안은 정서 및 인지 요소를 모두 내포하기 때문에 상태불안과 특성불안 간 상호작용에 관한 시사점이, 그것이 믿을 만한 것으로 입증되어도, 명확하지 않다는 것을 시사한다. 불안과 연관된 지속적인 인지 구조는 상태불안에 의해 활성화될 때까지 잠복해 있을 것이지만(MacLeod, 1991b), 걱정이나 불안 정서 모두가 처리 과정 편향을 활성화시킬 수 있다.

특성우울과 상태우울의 효과를 구분하기는 더 어렵다. 인지적 편향과 처리 효율성에 관한 임상 우울증 효과들은 비록 덜 신뢰롭지만 기분 조작 연구에서는 적어도 부분적으로 재현 연구가 가능한 것으로 보인다. 예를 들어, Sutton과 Teasdale, Broadbent(1988)는 정상의 피험자들을 데리고 음악으로 기분을 유도하는 방법을 써서 Derry와 Kuiper(1981)가 우울증 환자에서 발견했던 자기참조적인 우울 내용의 단어회상율을 재현하려고 하였다. Williams와 Nulty(1986)는 우울증 환자를 대상으로 스트룹 효과를 연구하였다. 1년 간격으로 두 시기에 Beck 우울 점수가 높았던 안정된 우울 집단과 안정된 비우울 집단, 이 기간 동안 우울증이 개선된 피험자 집단을 검사하였다. 스트룹 최고 점수는 안정된 우울 집단에서 발견되었고, 안정된 비우울 집단은 점수가 제일 낮았다. 간섭 정도를 현재의 우울 점수보다는 초기의 우울 점수가 가장 잘 예측한다는 결과는 상태-특성우울증의 구분에 관한 아주 중요한 연구 결과물이다. 이것은 적어도 어떤 조건들에서는 스트룹 간섭이 이전의 우울증의 잔류 효과를 반영하거나 기저의 선유 경향 요인들(특성)을 반영하는 것이지 단순히 현재의 기분 상태만을 반영하는 것은 아님을 시사한다. 게다가 기분 변화 그 자체만으로는 귀인 스타일(Mukherji, Abramson, & Martin, 1982)이나 역기능적 태도(Miranda et al., 1990)와 같은 우울 특징적인 인지 내용을 유발하기에는 불충분한 것 같다.

신경증과 스트레스 취약성 연구

다른 연구에서는 주의 편향이 특성불안과 신경증 같은 '부정적 정서성'이라는 특성들과 연관된 인지 증상들 중 하나에 불과하다고 본다(Watson & Clark, 1984). Eysenck(1992)의 지적에 의하면, 비록 정서장애로 고통받고 있는 환자들은 신경증이 높아 보이지만, 이런 특성이 실제로 그 사람이 미래의 임상장애에 더 쉽게 걸린다는 가설을 검증하는 대규모적인 전향적 연구는 실시되지 않았다. 성공적인 심리치료가 신경증 감소로 이어지는 경향이 있으며(Barnett & Gotlib, 1988; Hallam, 1976), 이는 특성 점수의 변화가 장애의 원인이기보다는 오히려 하나의 증상일 수 있음을 시사한다. Barnett과 Gotlib(1988)는 사회적 내향성이 더 강력한 위험요인이 될 수 있다고 주장한다. 그러나 증상 가설이 신경증과 우울증 간 관련성을 충분히 설명하지는 못한다. Hirschfeld와 Klerman, Clayton, Keller(1983)는 회복 환자가 전혀 우울하지 않은 통제집단보다 유의하게 더 신경증적이었다는 사실을 발견하였으며, Paykel과 Klerman, Prusoff(1976)는 회복 후 신경증 수준이 우울 삽화 동안의 초기 증상들을 예측하였음을 보여 주었다.

〈표 11-1〉은 1,324명의 중년과 고령자 표본에서(Levenson, Aldwin, Bosse, & Spiro, 1988) 신경증과 외향성 간 상관관계와 그 후 10년 되던 해에 측정한 정신과적 증상들을 제시한 것이다. 신경증 그리고 그보다 정도는 덜하지만 내향성은 불안과 우울증을 포함한 다양한 정신병리를 예측한다. 처음 검사할 때 증상을 평가하지 않아서 강한 추론을 끌어낼 수는 없지만, 단순한 성격 측정치가 장기적인 예측력을 증언해 주는 인상 깊은 자료가 된다. 스트레스 연구 분야에서 Ormel과 Wohlfarth(1991)는 7년간의 종단 연구로부터 신경증이 훗날의 심리적 고통에 직접 영향을 미친다는 것을 보여 주었다. 그들 연구에서 신경증이 그 후의 스트레스에 미치는 영향력은 불쾌한 생애 사건과 삶의 질 변화 등의 영향력보다 상당히 더 강했다. 게다가 삶의 질 저하는 신경증 수준이 더 높은 환자들에서 그에 따른 고통에 더 큰 영향을 주었다. 이런 자료는 신경증이 스트레스 증상에 미치는 인과적 효과에 대해 매우 매력적인 증거를 제공하고, 정서장애에 관한 인과적 효과의 설득력도 추가로 제공한다. Bolger와 Schilling(1991)은 신경증 피험자가 스트레스원에 더 빈번하게 노출된다는 증거가 일부 있다고 지적한다(신경증이 어느 정도는 스트레스 증상이라는 관점과 일치하는 것임). 그들이 사용한 종단적 일기 연구에서는 노출 효과를 정서적 스트레스 반응과 구분하였다. 신경증 피험자는 타인과의 논쟁에 의미심장하게 더 많이 노출되지만 다른 소소한 스트레스원에는 그렇지 않았다. 그러나 신경증은 이를테면 직무 과부하 같은 중요한 노출 차이가 없는 스트레스원에 대한 정서적 반응과는 상관관계가 있었다. 통계적으로 스트레스 반응성은 스트레스원에 대한 노

표 11-1 10년 후의 성격 및 정신과적 증상 간의 상관관계(Levenson et al., 1988)

	신경증	외향성
신체화	0.34	−0.15
우울증	0.39	−0.22
공포증	0.26	−0.15
강박 사고-충동	0.41	−0.23
불안	0.42	−0.19
피해 관념	0.29	−0.13
대인관계 민감성	0.40	−0.24
적개심	0.37	−0.14
정신증	0.34	−0.19
전체 심각도 지수	0.46	−0.23

주: 모든 상관계수는 $P<0.01$에서 유의했다.

출에 비해 신경증 피험자의 더 많은 고통을 설명하는 데에 두 배나 더 중요했고, 신경증-고통 연합의 상당 부분은 측정된 스트레스원과 상관이 없었다.

이와는 달리, Watson과 Pennebaker(1989)는 신경증('부정적 정서성')과 건강에 대한 연구들을 검토한 후 신경증이 신체적 건강이나 질병의 원인도 증상도 아니라고 결론 내렸다. 그 대신, 높은 수준의 신경증 피험자는 신체 증상을 과장하는 경향이 있고, 그래서 신경증과 건강 간에 다소 인위적인 상관관계(artifactual correlation)가 있게 된다. 그들은 증상 과장이 신경증과 연관된 내적인 귀인 스타일인 자기초점에서 기인한다는 의견을 제시한다. 증상 지각 효과가 이야기의 전부는 아닐 수도 있다. 예를 들어, 신경증과 특성불안은 수술 후의 회복 속도를 예측하는 것으로 보인다(Auerbach, 1989; Mathews & Ridgeway, 1981). 그러나 신경증은 신체 기능장애에서보다는 정신 기능장애에서 더 강한 인과적 효과를 갖는 것 같다.

비록 심리생리학적 근거가 고무하는 가설은 아니지만(Zuckerman, 1991), Eysenck(1967)가 주장하는 내장기 뇌(visceral brain)의 각성에 대한 과잉-민감성 같은 어떤 단순한 비인지적 신경체계에 의해 신경증 효과가 매개된다고 생각할 수는 있다. 그러나 제8장에서 논의했듯이 수동적인 정서 중심 대처 전략의 사용과 같은 다양한 인지적 스트레스 과정이 신경증과 연관된다는 증거가 증가하고 있다. McCrae와

Costa(1986)는 신경증 피험자가 사용하는 대처 전략들이 전형적으로 스트레스원을 다룰 때 효과적이지 않은 것으로 평가되는 것을 발견하였다. 또한 이런 특성이 지닌 더 높은 시간적 안정성을 토대로, 이들은 대처에 미치는 신경증의 인과적 효과를 주장하지만, 대처에서의 개인차가 정서적 안녕에 직접 효과를 갖는지 여부는 불분명하다고 인정한다. 다른 연구들도 이 부분을 연구하였다. Bolger(1990)는 종단 자료에 구조적 모델링을 사용해서 불안이 예측되는 시험 35일 전에 측정한 신경증이 시험 한 주 전에는 증가한 것을 보여 주었다. 이 효과는 통계적으로 신경증에서 많이 보이는 소망 사고와 자책의 대처 전략에 의해 매개되었다. 대처를 통계적으로 통제하면 불안 변화에 관한 신경증의 직접적 효과가 없었는데, 50명이란 표본 크기를 가지고 직접적인 효과 없음을 확립하기에는 충분하지 않다. Holohan과 Moos(1990)는 1년 동안의 대규모 종단 연구(n = 405)에서 낮은 수준의 신경증과 관련이 있을 법한 느긋하고 자신감 있는 성격의 사후 측정치가 스트레스 저항과 상관이 있었음을 보고하였다. 불행하게도 성격 효과는 가족 갈등과 같은 다른 영향력을 분석한 것에서는 명확하게 구분되지 않았다. 그러나 적극적인 접근의 대처 전략을 사용함으로써 성격 효과가 부분적으로 매개되었다는 징후는 있었다.

제8장에서 설명한 바와 같이 Mohamed와 Matthews(미발간)는 140명의 대학원생 표본에서 신경증이 위협 및 손실에 대한 높은 수준의 일차 평가 그리고 낮은 수준의 통제 지각(이차 평가)과 연관되었음을 발견하였다. 또한 신경증이 더한 학생은 문제 중심 대처를 덜 사용하고 대처 전략으로 자기비판을 더 많이 한다고 보고되었다. 그러나 중다 회귀 분석에서는 평가와 대처가 통계적으로 통제되었을 때에도 신경증이 여전히 만성스트레스 증상을 예측했음을 보여 주었다. 예를 들어, 일반 건강 질문지(GHQ) 점수를 종속 측정치로 쓰고 일련의 변인을 스트레스의 교류 모델에서 제안하는 순서대로 회귀 방정식에 입력하였다. 각각의 연속 변인이 설명 변량에 유의하게 기여하였다. 1차 평가의 기여도는 변량의 25%, 2차 평가는 추가로 7%, 3차 평가인 대처 전략 추가로 11%, 최종 변인인 신경증도 추가적으로 8%였다. 이 연구는 모든 관련된 인지 변인을 측정하지 않았고 또한 신경증이 부정적 평가에 대한 정서 및 신체 반응의 증가와 연관되어 있다. 다른 미발간 연구에서 Matthews와 Thomson이 UMACL(Matthews et al., 1990c)로 측정한 기분을 종속 변인으로 사용했을 때도 유사한 결과를 얻었다. 피험자는 77명의 학부 1년생으로 집에서 멀리 떨어

져 있는 것에 대해 평가하는 것이었다. 예측변인들은 전과 같은 순서로 회귀 방정식에 입력되었다. 긴장감을 종속 변수로 잡은 회귀식의 유의한 기여도는 일차 평가(변량의 26%), 대처 전략(16%), 신경증(13%)의 순으로 나타났다. 신경증은 또한 우울해진 기분의 예측에도 유의하게 기여하였다(4%). 일반적으로 근거가 다소 간접적일지라도 신경증은 우울증 같은 정서장애에서 개인을 취약하게 하는 스트레스의 인지적 반응들과 연관될 수 있다(Martin, 1985).

회복된 환자에 대한 연구

불안 환자

정서장애에서 회복된 환자에 대한 연구는 일반적으로 그들의 주의 수행력이 정상 통제집단과 비슷하다는 것을 보여 준다. 이런 발견에 대한 예외적인 결과를 Mathews 등(1990)이 보고하였다. 이들은 시각적인 선택적 주의 과제를 사용해서 회복기의 범불안장애(GAD) 환자들이 현재 진행 중인 불안 환자들과 마찬가지로 위협 단어에 대해 유사한 편향을 보였는데, 다만 후자의 상태불안 수준이 의미 있게 더 높기는 했다. 이 연구는 주의 편향이 쉽게 불안해하는 사람의 안정된 속성이라는 것을 시사한다. 이러한 속성은 장애의 원인으로 필수 조건이나 충분 조건은 아닐 수 있다. 그러나 Eysenck(1992)는 Mathews 등(1990)의 과제에서 위협 단어에 대한 인지적 편향이 임상 불안 동안에는 분명했지만 회복 후에는 그렇지 않았다는 미발간된 종단 연구를 기술하고 있다. 다른 연구들은 MacLeod 등(1986)의 시각적 주의 과제(Mogg et al., 1992)와 모호한 문장 해석(Eysenck et al., 1991), 위협 단어의 암묵 기억(Mathews et al., 1989a) 등에서 회복 환자들과 통제군 간에 어떤 차이도 보여 주지 못했다. Mogg 등(1992)은 MacLeod 등(1986)의 탐사적 탐지 과제를 써서 GAD 회복 환자집단과 현재 진행 중인 불안 GAD집단 및 정상 통제군 간의 주의 반응에서 유의한 차이를 검증하는 데 실패했다. 이 연구에 쓰인 GAD 회복 집단은 실험 전 적어도 6개월 동안 GAD 치료를 받았다. 불행하게도 이때의 치료 유형은 명시되지 않았다. 이런 유형의 연구에서 환자가 어떻게 치료받았는지를 아는 것이 중요하며 또 회복된 환자 집단들이 동일한 방식으로 치료되었는지를 보증하는 것도 중요한데, 이유는 특정 치료적 처치가 환자의 인지적 특징을 더 높이거나 낮출 수 있기 때문이다.

다른 불안 조건에 대한 연구 두 편에서도 주의 편향에 관한 치료 효과를 탐구하였다. 행동 노출 치료의 효과를 거미 공포증에는 스트룹 과제로(Watts, 1986) 그리고 강박증에는 이중 청취 과제로(Foa & McNally, 1986) 연구하였다. 두 경우 모두 치료가 주의 편향을 감소시키는 것으로 나타났다. 이와는 대조적으로 Stoler와 McNally (1991)는 증상을 보이는 광장공포증과 회복된 광장공포증 모두가 통제집단보다 불완전하고 모호한 문장 완성 과제에서 위협적인 것을 더 많이 생성했음을 보여 주었지만, 현재 진행 중인 환자들보다 회복된 광장공포증 환자가 적극적 대처를 더 많이 언급하였다. 우리는 또한 회복된 우울증 환자가 스트룹 간섭의 감소를 보여 준다는 것도 알게 되었다(Williams & Nulty, 1986).

Mathews 등의 연구(1990)를 빼면, 검토된 연구들에서 주의 편향이 단순히 임상 상태의 하나의 증상일 수 있음을 시사하는데, 이는 개인 상태가 좋아지면 편향이 줄어들기 때문이다. 그러나 이런 식의 추론에는 문제가 몇 가지 있다(Eysenck, 1992). 첫째, 불안에서 회복되는 것은 구조적인 인지 및 주의상의 변화를 내포할 수 있으며, 그 자체가 주의 편향 및 불안 강도의 감소 모두의 기저에 있을 수 있다. 다시 말해, 치료 중이거나 자발적 회복기에서 주의 편향이 바뀔 수 있는데, 이것이 환자 상태 향상의 원인일 수 있다. 이러한 문제를 극복하는 한 가지 방법은 치료법들을 비교하는 것인데, A란 치료법은 불안의 인지적 구성요소보다 정서적 구성요소에 더 큰 영향을 주고, B란 치료법은 반대의 영향을 줄 수 있기 때문이다. 이상적으로는 주의 기능에 대한 향후 치료 연구들에서는 주의에 기반한 치료법으로 치료된 피험자 집단을 사용하고, 이런 주의 요소가 없는 치료 집단과 그 효과를 비교할 수 있다. 둘째, 인지적 취약 요소는 겉으로 드러나지 않고 잠복해 있을 것이다. 회복된 환자는 스트레스에 노출될 때 편향이 나타날 것이다. 그러나 이런 주장의 단점은 MacLeod의 상태불안이 없는 때의 편향 사례를 설명할 수 없다는 것이고, Mathews(1988)는 일반적인 위협 자극에 대한 편향이 특성불안에만 의존한다는 것을 발견하였다. 셋째, 회복된 환자는 정상집단처럼 시도하고 수행하도록 동기부여가 될 수 있다. 현재는 정서장애에서 회복되는 인과적 과정을 이해하는 데 한계가 있어서 현재 진행 중인 환자와 회복 환자 사이를 비교해서 어떤 결론을 강하게 도출

하기가 어렵다.

우울증 환자

많은 연구에서 귀인 스타일과 역기능적 태도를 잰 인지적 측정치에서 회복된 우울증 집단이 결합 표집된 통제집단과 차이가 없다는 것을 보여 주었다(Barnett & Gotlib, 1988; Persons & Miranda, 1992). 종단 연구에서처럼 차이 없음의 발견은 인지과정의 인과관계 상황에 대한 참된 지표를 제공하지 못하는데, 이유는 비인과적 인지측정치를 사용한 것, 이론으로부터 예측을 적절히 유도하지 못한 것, 인지의 상태-종속성을 허용하지 못한 것 등 때문이다. 예를 들어, Miranda 등(1990)은 회복된 우울증이 역기능적 태도의 측정치에서 점수 상승을 보여 주었는데, 평가 당시 부정적인 기분 상태에 있을 때만 그랬다는 사실도 발견하였다. 기분은 우울증 병력이 없는 피험자들에서는 태도에 영향을 미치지 않는다. 몇몇 연구가 발견한 것인데, 현재 진행 중인 우울 환자가 그런 것처럼 관해기 우울증에서도 높은 자기비판 같은 부적응적인 인지가 지속되는 것을 발견하였다(Franche & Dobson, 1992). 또한 Franche와 Dobson(1992)도 회복된 환자들에서 대인관계의 의존성 수준이 증가한 것도 발견하였는데, 연구자들은 이것을 대인관계 상호작용에 대한 부적응적인 스키마의 지표로 본다.

우울증 회복에 관한 연구에서 Billings와 Moos(1985)는 우울증 환자가 초기에는 정서 배출을 더 많이 그리고 문제해결 전략은 더 적게 사용하는 것이 특징이라는 것을 보여 주었다. 그러나 회복 후에는 정서 배출에서만 대조집단과 차이가 있었는데, 정서 배출이 환자집단에서 감소하기는 하였지만 이것이 취약한 요인일 수 있음을 시사하고 있다.

Teasdale(1983, 1988)은 우울증의 취약성 모델을 발전시켰으며, 이 모델에서는 비우울 상태일 때 존재하는 요인으로서 취약성과 우울 상태에서 활성화되는 요인으로서(예: 사고 유형)의 취약성을 구분하였다. 부정적인 인지 과정이나 구조가 우울 기분으로 활성화되기 시작하는 정도는 초기 우울증이 경증이며 일시적인 것으로 남을지 아니면 중증이며 지속되는 것인지 여부를 결정하는 데 중요한 것으로 간주된다. 이러한 '차등적 활성화' 모델이 예측하는 것은 우울증의 고통에서 회복된 피험자들, 달리 말하면 인지적으로 취약한 환자는 우울한 기분에서 부정적 인지 구조물이 활성화되는 정도라는 측면에서 우울증을 앓은 적이 없는 피험자들과는 달라야 한다는 점이다. Teasdale과 Dent(1987)는 이 이론을 따라 우울증에 쉽게 걸리는 신경증의 표식자인 인지 처리 과정에서 지속적 개인차가 있다는 가설을 검증하였다. Martin(1985)은 신경증이 우울증의 인지적 소인으로 작용한다고 제안하였다. Teasdale과 Dent(1987)의 연구에서는 회복된 우울증 환자집단과 비우울증 피험자집단을 상대로 한 정상의 기분 조건과 우울 기분이라는 실험적 유도 후의 조건에서 긍정적 단어(예: 유능한, 자신감 있는)와 우울한 단어(예: 결함, 실패), 자기참조적 특성 단어의 우연적 회상을 비교하였다. 단계별로 피험자들은 처음에 자신의 성격을 기술한 단어들을 평정하고(자기참조적 부호화 과제), 그다음은 3분 안에 즉시 특성 단어들을 많이 기억해 적어 달라는 요청을 받았다. 그런 다음 음악 기분 유도(musical mood induction) 절차가 있었는데, 순서가 다르게 제시된 단어 과제에 대해 유사한 평정과 두 번째의 우연적 회상 과제를 하는 것이었다. 회복된 우울집단은 정상의 기분 조건에서는 비우울증집단에 비해 긍정적 단어 회상에서 유의하게 낮았지만, 부정적 단어에서는 비슷한 회상을 보였다. 우울 기분 조건에서는 회복된 우울집단이 우울 단어를 더 많이 회상하였다. 한편, 중립 및 우울 기분 조건에서 신경증 점수가 높은 피험자는 자신을 기술하는 것으로 우울 단어들에 더 많이 표시했고 긍정적 단어는 더 적게 회상하였다. 이런 결과들은 신경증이 표식자일 수 있는 인지적 처리의 지속적인 개인차가 우울증에 대한 취약성의 바탕이 된다는 가설과 일치한다. 덧붙이면 우울증은 부정적 인지 과정이 쉽게 활성화된다는 점에서 비우울증과는 다른 것으로 보인다.

마무리

요약하면, 여기에서 고찰된 증거는 주의-정서 관계가 양방향적임을 시사한다. 게다가 고찰된 연구, 즉 실험 연구와 특히 종단 연구 등은 주의 과정이 정서장애 및 스트레스 반응 발달의 여러 수준에서 병인론적 역할을 한다는 견해에 대해 경험적인 지지자료를 제공한다. 이들 수준은 다음과 같다.

- 정서 문제의 시작
- 기존의 정서 반응의 강화
- 정서 문제의 유지

임상 연구들은 단지 인지적 과정의 병인론적 역할에 대해 질적으로 고르지 못한 비일관적인 지지만을 제공한다. 이것은 귀인 스타일과 같은 전형적으로 사용되는 측정들이 실험 연구에서 중요하다고 보는 주의 과정과는 간접적으로만 관련되며 또 다양한 방법론적 이유가 있기 때문일 수 있다. 특성불안과 신경증에 대한 연구들에서 이러한 성향 변인들이 스트레스 취약성에 인과적 효과를 가지고 있음을 시사하지만, 신경증은 고통스러운 임상 상태와 양방향적으로 작용하는 것 같긴 하다.

자료 고찰에서는 주의장애가 정서적 기능장애의 발달에서 인과적 중요성을 가질 수 있고 또 인지적 위험 요인을 구성할 수 있다는 견해를 지지하지만, 위험의 근원이 되는 기제나 효과가 충분히 이해된 상태는 아니다. 제12장에서 우리는 주의장애와 연관된 위험의 근원이 되는 기제 및 과정 이해를 위해 통합적 틀을 제공하는 이론적 모델을 제시한다.

제3부

새로운 이론적 모델과 임상적 함의

Attention and Emotion: A Clinical Perspective

제12장

이론적 통합

이 장에서는 정서의 자기조절에 포함된 주의 과정의 이론적 모델을 제시한다. 이 모델은 이전 장에서 논의된 주의 관련 현상을 설명하기 위한 것이며, 정서장애의 발달과 유지에 관한 인지 및 주의 과정에 대한 통합적 설명을 제공한다. 먼저, 우리는 자기초점 주의와 정서적 괴로움 간의 관련성을 간략히 개관하고, 이런 관련성의 토대가 되는 인지-주의 증후군에 대한 정보처리 모델을 상세하게 제시한다. 그런 다음 우리는 이 모델이 부적 정서의 원인론, 치료에서 주의분산과 주의 훈련의 역할 그리고 정서 자극 처리에 관해 실험적으로 관찰된 편향을 어떻게 설명할 수 있는지 살펴본다.

자기주의와 정서적 괴로움

이전 연구에서 Wells(1991)는 자기초점 주의가 내적 반응의 인식과 주의 용량에 미치는 영향이라는 측면에서 자기초점 주의와 정서적 괴로움 사이의 보편적인 관련성을 설명하였다. 더 구체적으로 그는 자기초점이 내적 반응을 더 강렬하게 만들고 일반적인 여분의 처리 용량을 감소시킨다고 제안하였다. 자기초점은 내적 반응에 대한 평가를 조절하고, 해당 차원의 이상적 상태와 자신이 지각한 현재의 자기 상태의 불일치에 비추어 자기조절 반응을 시작하게 하는 중요한 과정으로 간주된다. 전형적인 형태의 자기초점은 자기조절을 촉진하는 것이기에 병리적인 것은 아니지만, 강렬하거나 유연하지 못한 자기초점 상태는 자기조절에 해로운 영향을 미칠 수 있다. 그러한 상태는 (정서적, 신체적, 인지적) 내적 사건들의 경험을 증폭시켜서 인지 자원의 부족을 초래한다. 자기초점이 높은 사람은 처음에는 내적 사건을 관리하는 데에 더 많은 노력을 기울이도록 동기화될 수 있지만, 경험의 강렬화 및 용량 부족 효과는 능동적 '대처'(정서적 회복 포함) 전략을 쓸 수 있는 가능성을 감소시킨다. 이런 사람은 상황을 다루는 데 필요한 자원을 초과하는 상황을 겪기 쉬우며, 따라서 회피나 철회와 같은 유형의 대처를 할 가능성이 크다. 이러한 대처 방식은 자기통제에 대한 부정적인 신념을 강화할 수 있고 자기불일치를 줄이지 못하기에 비슷한 향후 유사한 상황에서 자기초점을 고집하거나 또는 자기초점을 시작하게 될 가능성이 많아지게 한다. 자기초점은 불일치가 제거되거나 주의가 자기로부터 멀어질 때 '스위치 오프'된다. 이 모델에서 자기초점에 동반되는 정서의 특징은 자기불일치 평가 과정에서 활성화되는 신념의 내용에 의해 결정된다. 신념이 개인적인 위험에 관한 것이라면 불안감이 우세해지며, 신념이 개인적인 손실과 절망에 관한 것이라면 우울감이 가장 우세해진다.

이런 이론적 근거를 바탕으로 우리는 자기초점의 기질적 개인차(사적 자의식, private self-consciousness)가 그 사람이 스트레스하에서 특정 인지-주의 증후군을 겪을 가능성에 대한 표식이라고 제안한다(Wells & Matthews, 1994). 인지-주의 증후군은 정서적 기능장애에 대한 취약성을 증가시킨다.

인지-주의 증후군

인지-주의 증후군(cognitive-attentional syndrome)은 자기초점과 관련해서 앞서 논의한 현상들(내부 사건의 처리 강화, 처리 용량 제한)과 더불어 인지기능의 효율성

감소, 자기신념과 평가의 활성화, 주의 편향 그리고 강화된 자기감시로 구성된다. 이 증후군은 상위 수준의 통제 처리와 하위 수준의 자동 처리 기능 간의 상호작용에 의해 생성된다. 정서적 괴로움을 이해하는 데 가장 중요한 관심이 되는 상호작용은 무엇이 자기 관련 정보의 평가와 상관이 있는가 하는 것이다. 이러한 상호작용은 개념적으로 자기조절집행기능(Self Regulatory Executive Function: SREF)이라고 우리가 명명한 과정으로 정의되는데, 이는 자기불일치 지각에 반응하는 것을 목표로 하는 상위 수준의 자기지식과 하위 수준의 상호작용 처리를 담당하며 그래서 행동이나 인지의 자기조절을 통해 불편한 정서를 '고치는' 과정을 말한다.

정서적 괴로움의 통합적 주의 모델

우리는 이 장의 나머지 부분에서 정서적인 괴로움을 설명하는 하나의 통합적인 인지 및 주의 처리 모델을 제시한다. [그림 12-1]에 기본 모델을 개략적으로 제시하였다. SREF 모델에서는 세 수준의 인지를 구분한다. 이 세 수준은 하위 수준의 자동적 처리, 의식적인 평가 및 행위 조절에 상응하는 통제적 처리 그리고 장기기억에 들어 있는 자기와 자기조절 전략에 관해 습득한 지식 내용들로 구성된 자기지식 덩어리로 구분된다.

우리는 가장 하위 수준을 Norman과 Shallice(1985)가 설명한 것과 같은 활성화 기반의 요소처리 단위들의 네트워크로 구성되는 것으로 본다. 주의에 대한 연결주의적 설명(예: Phaf et al., 1990)과 마찬가지로 여러 종류의 단위와 연결된 모듈성이 있을 수 있으며, Norman과 Shallice가 설명한 것과 마찬가지 종류의 순차적 처리 작업을 하는 로컬 메커니즘이 있을 수 있다고 본다. 처리 과정은 종종 통제적 집행기능에 의한 부분적인 하향 조절과 함께 작동하기도 하지만, 특정 입력자극에 의해 촉발될 수 있다는 점에서 자동적이다. 어떤 하위 수준 처리는 하위 수준의 입력에 의해서뿐 아니라 하향식 주의 처리에 의해 활성화되는 경우에만 돌아간다(Cohen et al., 1990). 필요한 자원은 비교적 적지만 그렇다고 전혀 없는 것은 아닐 것이다. 이때 필요한 자원은 집행 처리에 사용되는 일반적인 목적의 자원이 아니라 Wickens(1984)가 제안한 것과 같은 종류의 중다 영역 특정적 자원일 가능성이 있다. 이 처리 과정은 보통

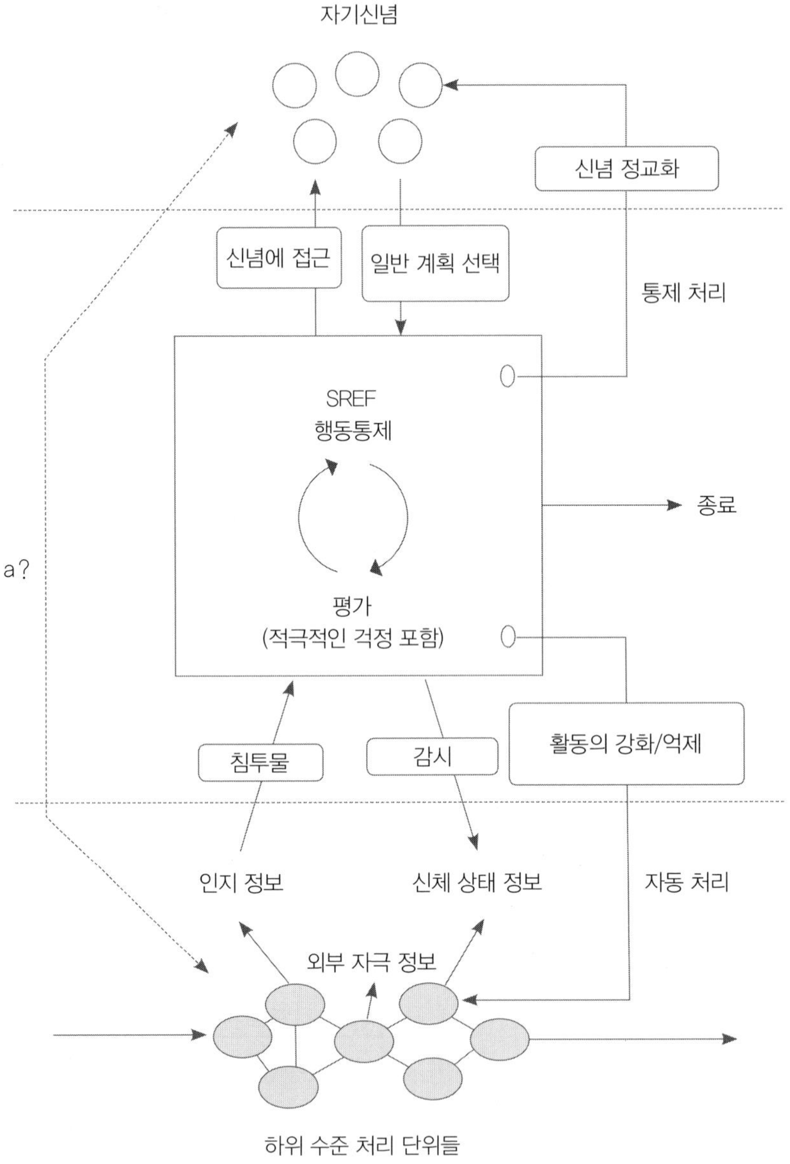

[그림 12-1] 정서적 기능장애의 자기조절집행기능(SREF) 모델의 표상 도식

무의식적인 것이지만, 단위들이 고도로 활성화되면 정보가 침투적으로 인식되어 통제 처리를 위한 집행기능이 필요해지기도 한다. 이런 하위 수준에서는 초기에 외부 자극 정보, 인지 상태 정보(예: 인지 오류, 잡다한 생각), 신체 상태 정보(예를 들어, 심장 박동수, 체온, 통증)의 세 가지 유형의 정보가 표상될 수 있다. 매우 잘 학습된 자

극-반응 양상 또는 지속적으로 형성된 자극-반응 양상 때문에 하위 수준 처리 단위들은 강력하게 결합되어 있어서 어떤 자극들은 상위 수준의 입력이 없이도 매우 복잡한 처리 과정을 해낼 수 있다. 이는 정서장애의 일부 현상을 이해하는 데 매우 중요할 수 있다. 이에 관해서는 다음 장에서 다시 다룬다.

우리는 이미 SREF의 개념을 소개하였다. SREF는 인지적, 정서적 및 행동적 자기조절에 포함된 일종의 메타인지 과정으로서 역할을 한다고 제안하였다. 더 구체적으로 SREF는 하위 수준 처리의 결과를 평가하고, 자기불일치와 자기에 대한 위협을 줄이는 것을 목표로 하는 행동을 개시하고 조절한다. SREF 처리는 자기신념의 내용의 영향을 받는데, 자기신념은 SREF 평가의 내용에 영향을 줄 뿐 아니라 SREF 전략에도 영향을 미친다. 특히 일부 신념은 하위 수준 처리의 특정 결과에 대한 감시를 향상시킬 수도 있다.

SREF는 의식적인 전략 명령에 의해서뿐 아니라 의식에 대한 하위 수준의 침투물에 의해서도 관여될 수 있다. 일부 일련의 저수준 활성화가 개시되면 SREF 활동이 필요하게 될 수 있는데, 사고와 감각이 의식에 침투할 때는 확실히 그렇다. 처리할 재료가 침투하면 SREF는 이런 재료들의 중요성을 평가하는 역할을 한다. 이런 평가는 부분적으로 자기조절을 위해 자기 상태와 습득된 참조 기준을 비교하는 것으로 구성된다. 이들 기준은 자기참조적 지식으로 표상되어 있다. 예를 들어, 어떤 사람이 자신을 '나쁜 사람' 또는 '심각하게 아픈 사람'이라고 믿는 경우, 이는 좋은 사람이 되거나 병이 낫는 것을 위한 계획과 연계될 수 있다. 바람직한 자기 상태를 달성하기 위한 참조 기준은 계획주도적 반응의 종료나 유지를 결정한다. 참조 기준과 자기 상태 간에 불일치가 감지되면 이런 불일치를 줄이기 위해 외부 또는 내부 반응이 시작된다. 불일치를 줄이는 능력에 관한 기대는 상황 평가와 자기신념의 영향을 받으며 행위선택에 영향을 미친다.

SREF 처리가 주의와 자기지식에 미치는 영향

SREF는 즉각적인 주의초점과 장기적인 지식 구조의 변화 모두에 영향을 미친다. 하위 수준 정보에 대한 주의는 어떤 전략을 채택했는가에 따라 달라진다. SREF

와 관련된 전략들의 한 가지 공통 요소는 **감시**(monitoring)인데, 이는 하위 수준 처리의 산출물에 대한 경계가 강화되는 것을 말한다. 감시는 자기 관련 지식의 활성화에 의해 수의적으로 시작될 수 있다. 예를 들어, 어떤 내적 인지들은 나쁜 것이며 통제해야 한다는 강박증 환자의 믿음은 이런 사건에 해당하는 하위 수준 네트워크 내의 활성화 패턴에 대한 검색을 개시하게 할 수 있다. 이와 달리 감시 계획을 활성화하는 생각이나 신체적 감각과 같은 하위 수준의 침투물에 의해 감시가 시작될 수도 있다. 이런 전략은 하위 수준의 정보를 위협으로 평가하고 그 결과 감시를 강화하여 결국 위협평가를 상승시키는 악순환을 일으키기 쉽다. 또 다른 경우, 해당 인물이 예를 들어 대처 옵션을 검토할 때 하위 수준의 처리에 따른 침투물에 대한 알아차림(awareness)이 감소될 수 있다. 그 이유는 집행 처리가 용량을 필요로 하기 때문에 주의가 하위 수준의 감시에서 멀어질 수 있기 때문이다. 이때 위험한 것은 과도한 반추와 하위 수준의 내적 및 외적 입력에서 주의가 이탈하는 정도가 증가한다는 점이다.

정서적 문제의 회복 또는 그 반대로 이런 문제의 유지를 개념화하는 데에 중요한 SREF 처리의 핵심적 기능은 SREF가 자기지식과 하위 수준 처리의 수정에 미치는 영향에 관한 것이다. SREF 처리는 자기지식의 구조 내에서 신념의 정교화와 새로운 정보 수용을 낳을 수 있다. 또한 SREF의 작동은 확증적 학습과 불확증적 학습에도 기여한다. 그것의 계획은 사건에 대한 평가를 기존 지식에 동화시키거나 평가를 통해 자기지식을 수정하게 할 수 있다. 우리는 일단 어떤 계획이 수정되면 그 일반 요소들이 수정된 형태로 메모리에 '저장'될 수 있다고 가정한다.

또한 우리는 SREF가 하위 수준 처리 과정을 일시적이건 장기적이건 억제하거나 강화할 수도 있다고 주장한다. 이것이 발생할 수 있는 최소한 네 가지 방법이 있다. 첫째, 부정적인 평가는 자동적인 각성 수준에 영향을 미칠 수 있으며, 이는 하위 수준에서 처리된 신체 상태나 인지 상태 정보의 표상을 증폭하거나 비활성화한다. 둘째, 해당 인물은 이완훈련과 같은 내적 정보의 강도를 감소시키는 조절행동을 수의적으로 채택할 수 있다. 셋째, 하위 수준의 처리는 종종 과잉 학습된 행동 순서에 주의를 기울이는 것의 방해를 받아서 Reason(1990)이 '과잉주의'의 오류라고 부른 오류를 낳을 수 있다. 넷째, 하위 수준 처리는 하위 수준 네트워크의 의사결정 시점에 다양한 전략적 통제행위를 반복적으로 도입함으로써 장기적으로 수정될 수 있다

(Schneider, 1985, 이런 유형의 학습에 대한 자세한 이론적 설명 참조). 즉, SREF 활동은 자기 관련 지식뿐만 아니라 본질적으로 자기와 관련이 없는 행동연쇄도 수정한다. 예를 들어, 강간 피해자는 위급한 상황에서 자기 방어 수단으로서 일반적인 SREF 통제하에서 가라테를 배울 수 있다. 외상이 가라앉은 후에도 같은 기술을 SREF의 많은 관여가 없이도 여가나 레크리에이션 맥락에서 활용할 수 있다. 절차적인 관점에서 볼 때, 이 사람은 계속되는 스트레스나 동기적 중요성이 큰 사건에 대한 반응하는 과정에서 기존의 자기 관련 절차를 점차적으로 정련하고 재구성한다. 사회적 관계나 일시적 생활사건의 어려움과 같은 심각한 위협들에 내재한 가변성과 복잡성은 일반적으로 학습의 완전 자동화를 방지하는 역할을 한다. 요약하면, SREF 활동은 행위에 대한 평가와 개시뿐 아니라 자기지식과 자극주도적 처리 네트워크 수준에서 인지 시스템의 상태를 수정하는 기능을 한다.

선택과 행동통제의 영향 요인

현재 모델의 여러 요인이 평가에 대한 반응으로서 행동의 선택과 통제를 편향시킨다. 여기에는 자기지식의 내용, 능력 한계, 하위 수준 활동의 침투성 정도, 사회적 단서, 주의 스타일의 개인차, 특정 대처 전략에 대한 선호도 등이 있다.

자기지식

자기지식의 중요한 요소는 실제로 또는 잠재적으로 해로운 상황을 극복하기 위한 일반적인 계획 또는 절차이다. 우리는 이것들을 스크립트나 기억 조직 패킷(Memory Organization Packets; Schank, 1982)과 유사한 것으로 간주하는데, 이는 맞닥뜨리는 상황을 어떻게 관리해야 하는지를 일반적 용어로 명세화한 것들이다. 즉각적인 상황의 구체적 요구에 맞추어 특정 전략을 실행하려면 집행처리 절차가 필요하다. SREF 처리는 항상 장기기억(LTM) 내의 절차에서 파생된 전략을 기반으로 구동된다. 이전에 논의된 바와 같이 LTM 내의 자기 관련 지식의 표상의 본질이 무엇인가에 대한 직접적인 증거는 거의 없으므로 우리는 SREF에서 이 부분을 상세히 명시하지 않았다. 네트워크 또는 스키마 접근 방식 중 하나를 이용할 수도 있다. 또한 자기 관련 지식이 완전히 절차적인 경우도 있을 수 있다. 이 경우 "나는 약하다."와 같은 자기에 대한 선언적 신념은 자기평가 절차의 결과에 불과할 수도 있다. 정서장애는 사전 학습의 결과인 부정적인 신념을 포함하는 자기평가적 절차와 관련된 것일 수 있다(Anderson, 1982 참조). SREF를 온전히 절차지식 기반으로 보는 아이디어는 매력적인데, 왜냐하면 집행기능에 대한 이론적 설명은 독자적인 상위 수준 프로그램의 역할을 강조하기 때문이다(예: Shallice, 1988). 그러나 다음의 일부 절에서 우리는 불안과 우울에 대한 부정적인 자기신념과 같은 인지들이 실제로는 절차적으로 발생하는 것일 수도 있지만 그래도 직접 표상된다고 가정하는 것이 편리하다는 것을 보여 준다. 어떤 경우든 우리는 자기 관련 지식이 다음과 같은 일반적인 특성을 가지고 있다고 가정한다.

1. 자기지식은 SREF의 처리 작업에 대한 기본적 영향요인이다. SREF는 현재 상황에 자기 관련 지식을 적용하는 것에 관한 모델이다. 구체적 전략들은 기존 지식의 온라인 수정에서 비롯된다.
2. 자기 관련 지식은 SREF 활동과 밀접하게 결합되어 있다. SREF 처리는 지식에 대한 접근을 포함하며, 그 반대도 마찬가지이다. 자기 관련 지식이 자극 입력([그림 12-1]에서 화살표 'a'로 표시)에 의해 직접 활성화될 수도 있지만, 이러한 활성화는 SREF 활동의 개시에 의해서만 다른 처리에 영향을 미친다. 일단 SREF가 활성화되면 더 많은 자기 관련 지식이 활성화되어 자기 관련 처리가 상당히 길게 지속된다.
3. 자기 관련 지식은 그 사람의 안녕과 관련이 있다. 자기에 대한 사실적인 사소한 지식(예: "오늘 아침에 달걀을 먹었다." 또는 "나는 키가 5피트 8인치다.")은 다른 곳에 저장될 가능성이 크다.
4. 임상 자료에 따르면, 자기 관련 지식의 내용들은 연합되거나 구조적으로 연결되는 경향이 있지만, 스키마 이론의 비평가들이 지적한 것처럼(Segal, 1988) 이 점에 대한 실험적 증거는 부족하다. 우리는 손실 또는 공포 관련 네트워크(Foa & Kozak, 1986; Ingram, 1984)의 개념처럼 자기 관련 지식의 활성화와 접근성을 유지하는 역할을 하는 이질적인 지식 내용의 상호 공동 활성화 경향을 가정한

다. 그러나 그 기제는 일종의 직접적인 구조적 링크가 아닐 수도 있다. 또 다른 가능성은 특정의 부정적 신념이 동일한 바로 그 상위 수준 절차를 통하거나 또는 그 절차의 상호 재귀적 연결을 통해 동시에 활성화된다는 것이다. 단순한 예는 다음과 같은 두 가지 절차를 가진 우울증 환자의 사례이다.

- 만일 내가 약한 사람이라면 나는 미래를 직면할 수 없다.
- 만일 내가 미래에 직면할 수 없다면 나는 약한 사람임이 틀림없다.

용량 제한

SREF의 작용은 용량이 제한된 처리 시스템 내에서 이루어지므로 그 기능의 작동과 동시적 통제 처리 활동은 상호 영향을 미친다. 지속적인 SREF 평가, 말하자면 적극적인 걱정은 특히 주의를 필요로 하며 다른 기능에 사용할 수 있는 SREF 시스템의 전체 용량을 감소시킨다. 예를 들어, 걱정이 강렬하고 지속적인 경우 걱정과 부합하지 않는 자동 생성된 침투물을 처리하는 데 필요한 자원이 충분하지 않을 수 있다. 또한 용량이 많이 필요한 대처 반응에 부정적인 영향을 미칠 수 있다. SREF 내의 용량 제한은 일부 개인에게 용량 요구를 줄이는 특히 '선호하는' 대처 전략을 채택하는 경향을 갖게 할 수 있다. 제7장에서 보았듯이 걱정은 일부 개인의 인지정서적 회피의 한 형태로 개념화되었다(Borkovec & Inz, 1990; Borkovec et al., 1991). SREF 시스템에서 일부 적극적인 걱정 전략은 다른 비교적 사소한 우려에 주의를 돌리게 하여 어떤 더 위협적인 사건의 평가와 관련된 각성을 피할 수 있다. 걱정은 SREF 용량을 선점하는 개념적 대응 반응일 수 있지만, 주의 용량이 필요한 다른 SREF의 작용도 있다. 감시가 그중 하나이다. 감시는 특정 하위 이벤트의 인식 및 처리를 줄이려는 것이 아니라 특정 이벤트를 감지할 때 SREF의 민감도를 높이기 위한 것이다. 그래서 걱정은 사건과 무관한 자료를 덜 처리하고 부정적인 평가의 유지에 기여할 수 있다. 마지막으로 SREF의 행동통제도 주의 용량에 민감하다. 왜냐하면 어떤 행동은 다른 행동에 비해 더 많은 주의가 필요하기 때문이다. 인지적 재평가 같은 대처 전략은 많은 용량을 필요로 하는 것이어서 SREF의 처리 용량이 많이 필요한 다른 처리 요구가 있는 경우에는 실행하기가 어려울 수 있다.

이 시점에서 SREF와 다른 통제 처리 사이의 정확한 관계에 대한 설명이 필요하다. 가장 절약적인 견해는 별도의 집행 시스템이 아니라 자기 관련된 것과 다른 것을 모두 실행할 수 있는 단일 집행 처리 시스템이 있다는 것이다. Ingram(1990)의 견해처럼 자기초점 주의와 외부초점 주의의 비율이 서로 다른 주의 상태가 연속선상에 있다고 보는 것인데, 우리는 시간을 공유하는 두 유형의 계획을 집행할 수 있는 집행 시스템이 있다고 가정한다. 이것은 어느 정도는 단순한 질문으로서, 계획들이 필요로 하는 일련의 인터리빙 절차*에 관한 것이다. 우리는 작업기억에서 제한된 일련의 자기 관련 및 비관련 목표를 동시에 유지한다는 점에서 최소한 어느 정도는 병렬처리도 가능하다고 가정한다. 또한 자기조절 처리가 시급할 때, 말하자면 자기불일치가 큰 경우 또는 자체 관련 집행 처리가 특히 복잡한 경우에는 SREF 처리가 일반적 집행 기능을 상회해서 다른 활동을 배제할 것이라 가정한다. 이런 상황에서는 SREF의 작동이 집행활동을 억제하는 개별 시스템인 것처럼 작동할 것이다. 자기 관련성과 무관한 문제해결 기능들이 모든 집행 용량을 필요로 할 때는 그 반대가 될 것이다. 예를 들어, 체스 플레이어는 상대방이 수를 둔 후에는 개인적 위협에 대한 인식('중요한 말을 잃게 되겠구나.') 때문에 처음에는 SREF 처리를 먼저 수행하고 이어서 다음 수를 계획할 때는 온전히 체스 중심의 계획을 실행하기 위해 SREF 활동을 억제하게 된다. SREF 처리와 다른 집행 처리의 충돌은 단순히 용량 제한의 함수가 아니라 동시적 목표 유지의 어려움의 함수이기도 하다(Allport, 1980 참조). 어떤 기술 관련 이론의 관점에서 보면(Anderson, 1982), 상위 수준의 절차를 실행하려면 작업기억에 목표를 유지해야 하는데, 이는 목표가 다른 여러 활동에 시간을 할애하는 것이어서 시스템의 능력을 제한하게 된다. 정서장애에서 상호 연결된 절차들의 순차적 연결은 매우 많은 목표와 하위 목표를 만들어 내기 때문에 집행기능이 객관적으로 이루어지기 어렵고, 따라서 당사자는 자신의 문제에 완전히 압도당한다고 느낀다.

이 가설은 제10장에서 논의된 것처럼 왜 걱정 그 자체가 병렬처리 활동으로 대체될 수 있는지를 설명한다. 어떤 사람에게 주의분산 활동을 하라고 요구하면 주의분

---

* 역자 주: 효율을 높이기 위해 여러 과제나 주제를 동시에 수행하는 절차.

산에 관한 목표와 걱정에 관한 목표 간에 갈등이 생긴다. Anderson(1982)은 특이성과 강도를 포함하는 몇 가지 갈등 해결 원칙을 제시한다. 강력한 절차나 매우 구체적인 입력조건이 촉발한 절차는 약한 절차나 광범한 입력조건이 촉발한 절차보다 우선순위가 높다. 따라서 특정 자극에 대해 간단하면서도 쉽게 과잉학습된 반응을 하라는 지시는 주의분산에 유리한 쪽으로 갈등을 해결할 수 있고, 이것은 더 일반적인 걱정 관련 절차를 억제할 뿐 아니라 또한 실제로 필요한 자기조절 과정도 억제한다. 이제 집행기능은 더 이상 자기 관련 처리를 주도하지 않고 충분한 작업기억 공간이 생겨서 주의분산 활동과 시간을 분할 점유하는 다른 집행 처리를 가능하게 할 수 있다. 예를 들어, 시험불안이 있는 참여자에게 과제에 초점을 맞추라는 지시는 부정적인 선입견에 대한 주의를 분산시켜서 불안을 낮추고 수행을 향상시키는 데에 매우 효과적으로 활용되었다(예: Wise & Haynes, 1983). 이 시스템은 SREF 제어로 되돌리는 것에 취약하다. 예를 들어, 과제 수행에 실수를 범하면 SREF를 호출하는 침투물이 발생할 수 있고 또는 주의분산 자극이 처리를 중단시켜서 작업기억에 대한 걱정 관련 목표의 재접근을 허용할 수도 있다. 어떤 사람들에게 걱정은 더 이상의 압박이나 즉각적 목표가 없는 기본적인 활동으로 작용할 수도 있다.

사건의 침투성

하위 수준에서 침투물의 강도가 SREF의 행동통제에 영향을 미칠 수 있다. 침투성이 높은 이벤트는 주의를 끌기 때문에 진행 중인 SREF 활동을 방해할 수 있다. 침투성이 높은 자료는 SREF 시스템이 그런 침투물 관련 정보를 처리하고 반응하는 쪽으로 방향을 잡게 할 수 있다. 이벤트 침투성은 모니터링과 관련된 전략적 우선순위뿐 아니라 제3장에서 논의된 것 같은 자극 중요성에 대한 하위 수준의 분석에 의해서도 결정된다. 심리생리적 지향이나 방어 및 경악 반응과 관련된 정보처리 또한 SREF를 호출하는 자동적 활동을 생성한다. 진행 중인 SREF 활동을 유지하고 주의 초점이 침투물에 가는 것을 배제해야 하는 특정 시점의 경우, SREF 시스템은 주의가 침투물에 포획되는 것을 억제해야만 한다. 이러한 처리 우선순위는 개인복지 측면에서 침투물의 현출성에 관한 개인적 신념과 그 시점에서 자원의 가용성이 있는가에 달려 있다. 그 침투물을 거부하기에 앞서 어느 정도나 처리해야 하는가의 정도는 침투물의 강도와 SREF 계획 내에 입력되어 있는 기대치에 따라 다르다. 제2장에서 우리는 빠른 시각적 침투물이 주의를 포획하는 특성은 자발성을 상회할 수 있음을 본 바 있다(Yantis & Jonides, 1990).

사회적 단서

사회적 자극은 제8장에서 논의된 것처럼 스트레스와 정신병리에 영향을 미치는데 특히 효과적인 것으로 보인다. Higgins(1990)는 사회적 단서가 LTM의 자기불일치를 활성화시키는 경향이 있고 이것이 SREF를 활성화시킨다고 본다. 이러한 상황에서 사람은 사적 자기초점 주의보다는 사회적 단서에 대한 주의가 향상되는 상태에 놓이기 쉽다. 우리가 사회적 상호작용이 일반적으로 유익하다는 것을 받아들이면(Cohen & Wills, 1985), 긍정적인 사회적 상호작용이 자기에 관한 긍정적인 정보를 활성화시켜 자기불일치의 현출성을 낮추게 되고, 그래서 SREF 활동을 종결시킨다고 볼 수도 있다. 우리는 사회적 지식이 자동적이고 무의식적으로 활성화될 수 있다는 Bargh(1984)와 Higgins(1990)에 부분적으로 동의하며, 자동 점화의 효과에 대한 증거는 결정적인 것은 아니지만 이를 시사한다(제3장 참조). 그러나 Logan(1988)이 주장하듯이 지식의 자동 활성화는 주의가 있은 이후의 일이며 의식적 자극 식별에 따라 일어난다. SREF 모델은 부정적인 자기 관련 사회적 지식의 활성화가 SREF 처리를 수반한다는 것을 강조한다. 따라서 지식 활성화의 정서적 및 행동적 결과는 자동 활성화보다는 제어된 처리에 더 크게 의존하게 되는데, 이는 그 사람이 활성화된 지식을 기반으로 해서 후속 일차 및 이차 평가를 하게 되기 때문이다.

일반적으로 평가의 역할은 제8장에서 논의한 스트레스에 대한 사회 변수의 효과에 관한 불일치를 일부 설명할 수 있다. 예를 들어, 사회적 통합이 항상 긍정적으로 평가되지는 않을 수도 있다. 지식 활성화의 역할에 대한 가정은 사회적 지지의 지각이 역기능적 태도와 같은 자기신념과 관련이 있다는 직접적인 증거로 뒷받침된다(Lakey & Cassady, 1990). 그러므로 우리는 몇몇 저자들이 주장하는 것처럼(예: Oatley, 1988) 사회적 요인들에 특별한 의미를 부여하지는 않지만, 부정적인 자기 관련 정보는 사회적 상황에서 인식되는 자기효능감과 같은 사회적 신념 그리고 자기에 대한 내면화된 사회적 판단에 종종 영향을 미친다는 점을 인정한다. 우리는 또한 SREF 모델이 위협적인 상황에서 하는 사회적 행동을 예측하기 위한 것이 아니라는 것을 받아들인다. 그렇게 하려면 우리는 모델을 확장해서 SREF가 활성화된 하나 이상의 개인이 상호작용할 때 작동하는 역동적인 사회적 과정을 수용할 수 있어야 한다.

개인차

몇 가지 성격 특성은 SREF 작용의 측면과 관련이 있는 것으로 보인다. 주의의 자기초점은 SREF 활동의 가능성에 대한 표식 역할을 한다. 그러한 사람은 자기 관련 지식 활성화나 또는 Anderson(1982)이 말하는 자기조절 발생의 역치가 낮다. 자기초점 성향이 특정 상황에서 SREF 활동의 정도를 꼭 결정하는 것은 아닐 텐데, 왜냐하면 제9장에서 논의된 사적 자기초점의 특질척도와 상태척도 간의 상관이 비교적 약하다는 증거가 있어서 다른 요인의 영향도 있을 것이기 때문이다. 사적 자기초점 성향과 공적 자기초점 성향의 구분은 쉽게 활성화되는 자기지식의 유형이 개인적인 것이냐 사회적인 것이냐와 관련이 있다. 자기초점은 여러 정신장애에 일반적인 하나의 취약요인인데(Ingram, 1990), 이는 빈번한 SREF 활동은 불일치와 같은 부정적인 정보를 활성화할 가능성을 높이고 이것이 다시 SREF 활동과 부정적 자기지식의 활성화를 연결시키는 악순환을 야기하기 때문이다. 전에 논의한 것처럼(제9장 참조) 공적 자의식은 특히 스트레스 지표와 강력한 상관이 있는데, 이는 아마도 사회적 단서에 대한 주의가 자기불일치의 활성화에 특히 효과적이기 때문일 수 있다. 그러나 어떤 인과관계든 대개 중간 정도의 강도로 나타나는 것은 자기주의 성향이 반드시 역기능적 자기감시를 야기하지는 않기 때문이다. 예를 들어, 그런 사람의 자기지식은 대체로 긍정적인 것일 수 있고 아니면 그 사람이 과도한 걱정을 방지하는 효과적인 대처 전략을 쓸 수도 있다. 이러한 상황에서 자기초점은 긍정적인 감정과 관련이 있을 수도 있다. 하지만 부정적인 신념에 주의를 유지하고 역기능적 자기지식의 수정을 방해함으로써 생겨난 장애라면 자기초점 성향은 정서장애를 유지하는 역할을 할 수 있다.

우리는 신경증을 압도적인 부정적 자기지식과 직접 관련이 있다고 본다. 제4장에서 논의했듯이 신경증과 특성불안은 평가와 판단, 선택적 주의 그리고 자전적 기억과 같은 일부 기억 측면의 다양한 부정적 편파와 관련이 있다. 상태불안이 그런 편파를 향상시킬 수는 있지만 이런 효과가 단순히 상태불안만의 결과인 것 같지는 않다. 마찬가지로 스트레스 연구(제8장 참조)는 신경증과 부정 평가 및 자기비판 같은 부정적인 편향을 내포하는 대처 전략 간의 상관을 보여 준다. 신경증은 적어도 다양한 종류의 부정적인 인지의 접근 가능성을 나타내는 하나의 표식이다. 더 자세한 인과적 가설을 만들기는 어렵다. 한편, 신경증이 정서적 고통의 인과적 원인이라는 증거가 있지만(Ormel & Wohlfarth, 1991), 다른 한편으로는 증상이 치료에 반응함에 따라 신경증이 종종 쇠퇴하는 것으로 나타나는데(Barnett & Gotlib, 1988), 이는 신경증이 안정적인 취약 요인이 아님을 시사한다. 신경증의 인지적 기반이 인과적이기는 하지만 정서적 괴로움의 증상과 상호 영향을 주고받는 유연한 영향요인이라고 가정하면 이러한 관찰 결과들을 통합할 수 있다. 예를 들어, 신경증을 자기 관련 지식의 일반적인 부정적 측면과 관련짓는다면 그것은 역기능적 SREF 활동 및 병리의 확률을 높여야 할 것이고, 이는 다시 부정적 자기확신을 높여야 한다. 그러나 성공적인 치료는 자기신념의 내용에 영향을 미쳐 신경증 및 부정적인 정서 상태에 대한 취약성을 감소시킬 수 있다.

신경증은 처벌신호에 대한 어떤 심리생리적 민감성과 더 직접적으로 관련이 있어서 그것이 부정적 인지를 발생시킬 가능성이 있다(Gray, 1982 참조). 제8장에서 우리는 신경증과 불쾌감 사이의 연관성이 항상 인지적 평가와 대처에 의해 통계적으로 매개되는 것은 아님을 보았다(Matthews et al., 1994). 우리는 신경증과 관련이 있는 부정적인 인지는 어떤 경우에도 SREF에 의해 매개되는 주의와 행동에 인과적 효과가 있다고 가정하지만, 신경증의 효과를 궁극적으로는 피질하 신경기전으로 환원시킬 수 있는 가능성을 배제할 수 없다. 그러나 이것이 사실이라면, 우리는 그 신경기전이 신경증을 감소시키는 치료법의 영향을 받는다고 가정해야만 한다. 이런 심리생물학적 가설은 또한 신경증과 평가 및 사회적 위협 사이의 특정한 연관성을 설명하는 것이 어렵다(Hodges, 1968). King과 Endler(1990)는 사회적 위협이나 신체적 위험 등과 같은 특정 위협영역과 연결된 다중 불안 특질의 증거를 제시한다. 이 데이터는 Grey(1982)가 주장한 위협 신호에 대한 일반화된 민감성보다는 특정 자기지식 유형에 상응하는 위협유형이 있다는 인지적 접근법에 더 잘 맞는다. 우리는 다음의 결론 장에서 인지이론과 정신 생물학 이론의 통합을 더 자세히 살펴본다. 마지막으로 미래의 우울증에 대한 좋은 예언인으로 보이는 외향성-내향성이 중요할 수 있음을 주목해야 한다(Barnett & Gotlib, 1988). 내향성은 사회적 만남에서 자기에 대한 부정적인 신념과 관련이 있을 수 있다.

정서적 괴로움

다음으로 우리는 SREF와 부정적인 정서의 병인론 사이의 관계를 살펴본다. 우리의 이론적인 접근법은 정서가 현재 실행계획의 실질적이거나 예상되는 성공이나 실패 때문에 발생한다는 Oatley와 Johnson-Laird(1987) 가설에 잘 부합한다. SREF는 명백하게 계획 주도적이기 때문에 우리는 정서를 주로 계획한 상태를 목표에 비추어 평가하는 것으로 보았는데, 이는 Oatley와 Johnson-Laird(1987)가 제안한 것처럼 계획의 교차점에서 주로 발생할 수 있다. 이 견해는 또한 부정적 기분이 외부 요구에 대처하는 역량 부족에 대한 이차 평가와 관련이 있다는 스트레스 연구의 가설과 광범위하게 일치한다(Cox, 1978). 특히 Oatley와 Johnson-Laird(1987)는 슬픔을 중요한 계획의 실패와 관련시키고 불안은 자기 보존이라는 목표와 관련이 있는 것으로 본다. 이 가설은 다른 정서들에 대한 평가적 견해와는 상당히 다른데, 예를 들면 우울증과 불안을 각각 손상/위해와 위협평가와 관련이 있는 것으로 보거나(Lazarus & Folkman, 1984 참조) 실제 자기와 이상적 자기 또는 당위적 자기의 불일치로 보는(Higgins, 1990) 견해도 있다. 우리의 견해는 이러한 구분은 너무 강한 상관이 있어서 무엇이 정서에 대한 가장 직접적인 인과적 영향요인인지를 뒷받침하는 증거로 결정하기는 어렵다는 것이다. SREF가 자기조절적 계획의 현재 상태에 대한 내적 표상을 유지하는지 또는 정서가 좀 더 복잡하고 간접적인 평가 프로세스에 의해 생성되는지 여부는 명확하지 않다. 기존 가설에 대해 이 모델이 시사하는 한 가지 수정안은 계획 상태에 대한 평가가 주로 SREF가 활성화되어 있을 때에 정서에 영향을 줄 것이라는 것이다. 예를 들어, 이 모형에서 체스나 카드게임에서 지는 것은 비록 계획의 실패가 발생하더라도 꼭 SREF를 활성화하지는 않는다. 그 사람은 패배를 눈치채기는 하지만, 이후에 발생하는 인지 활동은 게임의 전략이나 다른 사안에 대한 재평가에 관한 것일 터이다. SREF가 활성화할 수 있는 두 가지 경로가 있다. 첫째, 게임에 지면 하위 수준의 처리가 이루어져서 SREF를 활성화시키는 침투적인 부정적 신념이 생성될 수 있다. 이 경우 SREF는 빠르게 그런 침투물을 사소한 것이라고 평가할 것이며, 이 경우 처리에 미치는 영향은 미미하거나 아니면 침투물을 개인적으로 중요하다고 평가하여 예를 들어 자신을 못난 사람이나 실패자로 평가하는 것과 관련된 지속적인 SREF 활동을 유도할 수 있다. 둘째, 게임의 결과를 처음부터 개인적으로 중요한 것으로 인식할 수 있는데, 이런 경우 게임 지향적 계획은 자기조절 계획(성과를 방해할 수 있는 것들을 다루는)과 시간을 공유할 수 있다. 그러면 지는 것이 더 오랫동안 SREF 활동을 지속하게 하는 삽화(episode)들을 유발할 수 있다.

우리는 또한 자기초점과 기분에 관한 실험적 증거가 시사하는 것처럼(제9장 참조) 부정적 정서와 SREF 활동의 지속성 간에 상호 영향력이 있다고 가정한다. 일단 발생한 부정적 정서는 일반적으로 SREF 처리를 유지하는 경향이 있기 때문에 역기능적인 SREF 상태가 유지된다고 주장한다. 여기서도 평가의 인과적 역할은 다소 불분명하다. Oatley와 Johnson-Laird(1987)는 정서가 원초적인 내부 및 사회적 신호 체계의 일부이며, 이것은 명제적 또는 상징적 처리가 필요 없고 계획의 선택을 편향시킨다고 주장한다. 부정적 정서도 보통 구체적인 평가내용과 관계없이 SREF 활동을 편향시킬 수 있다. 반대로, 스트레스 교류 이론(Lazarus & Folkman, 1984)이 제시하는 것처럼 정서 평가가 핵심적인 인과적 영향요인일 수 있다. 부정적 정서는 기분일치적인 평가를 야기해서 역기능적 신념의 접근 가능성을 증가시킬 수 있고, 이는 역으로 부정적인 기분 상태를 유지하게 한다.

계획 상태에 대한 실시간 평가가 감정 상태의 일차적 결정 요인이지만 다른 영향도 있을 수 있다. 어떤 경우에는 정서적으로 불쾌한 단어를 의식 역치 이하로 제시했더니 상태불안이 증가한다는 Kemp-Wheeler와 Hill(1987)의 연구 결과처럼 수의적이거나 의식적 처리 없이도 정서가 달라질 수 있는 것 같다. 우리는 제3장에서 정서 자극의 전주의적이고 무의식적인 처리에 관한 아주 좋은 증거가 있다고 주장했는데, 하위 수준의 처리 네트워크는 정서적인 정보를 추출해 낼 수 있을 뿐 아니라 이에 상응하는 주관적 정서를 생성할 수도 있다. 우리는 이러한 흥미롭지만 어느 정도 추론 가능한 현상에 대해 다음 장에서 더 자세히 논의한다. 또 다른 가능성은 정서 자극이 부분적으로 자기 관련 계획의 자동적 활성화에 기여한다는 것이다. 우리가 자기 관련 지식의 중요한 부분으로 간주하는 일반적인 계획은 그 계획의 목표 상태를 부호화한다. 따라서 어떤 사람이 시험에 실패하면 해당 시험 상황을 처리하기

위한 계획 속에 그 계획이 실패할 것이라는 정보가 포함된다. 시험장에 도착하고 그 계획이 일단 활성화되면, 저장된 계획 상태 정보는 평가 확대 없이 적절한 정서를 생성한다. 만일 의식 역치 이하의 자극이 계획을 활성화할 수 있다면, 그는 근원은 몰라도 그런 정서를 자각할 수 있을 것이다.

치료에서 주의분산 효과: 새로운 관점

이 절에서는 이 모델이 정서장애에서 주의분산이 정서와 처리에 미치는 혼합 효과를 어떻게 설명하는지를 기술한다. 우리는 제10장에서 구체적 치료 과정에서 주의분산을 사용하는 것이 결과에 대해 촉진 효과와 억제 효과를 모두 가질 수 있음을 보았다. SREF 모델은 이러한 결과를 쉽게 수용할 수 있고 어떤 상황에서 서로 다른 효과가 나타날 수 있는지도 설명할 수 있다. 또한 제10장에서 주의분산이 우울한 상태의 부정적인 자동사고를 대체할 수 있다는 것도 보았다. 실시간 SREF 걱정 및 평가는 자원을 필요로 하는 것이며 작업기억 내에 목표를 유지할 것을 요구하는 것이기 때문에 이러한 유형의 처리 강도는 동시적인 통제 처리 요구에 민감하다. 주의분산 재료의 처리는 SREF의 지속적인 부정적 활동으로부터 주의를 돌리게 할 것이고, 그래서 적극적인 걱정 활동을 약화시킨다. 그러나 그러한 주의분산의 효과는 부분적으로 갱신된 SREF 활동을 활성화할 수 있는 하위 수준 활동의 침투성 정도에 달려 있을 것이다. 우리는 SREF 활동이 주의분산에 의해서 일시적으로 중지될 뿐이며, 주의분산이 멈추면 결국 다시 재개될 것이라고 제안한다. 재개된 SREF 활동은 불완전하게 실행된 계획의 결과일 것이며, 현재의 자기 상태와 장기기억에 계획과 함께 저장된 목표 사이의 불일치에 의해 동기화할 것이다. 그런 계획과 계획 상태는 특정 자극에 의해 재활성화될 가능성이 높으며, 유사한 SREF 활동과 영향을 낳게 된다. 부정적 인지와 기분에 대한 주의분산의 개선 효과는 약간 우울한 사람들에서만 제한적으로 나타난다(Fennel & Teasdale, 1984). 이런 특이성은 더 심각한 우울증은 일반적인 동기 손상과 관련이 있기 때문이거나 아니면 자기 관련 목표가 항상 다른 목표보다 강하게 활성화되어 있기 때문일 수 있다. 그런 사람인 경우 SREF의 적극적인 걱정 활동으로부터 주의를 분산시키기 어렵고, 그래서 지속적인 걱정에 사로잡히기 쉽다. 게다가 일부 우울 환자들은 자신을 무기력한 사람으로 간주하고 주의분산에 기반한 활동을 시도하지 않을 수도 있다. 이차 과제를 추가하는 것이 우울 환자의 주요 과제 수행을 개선시킨다는 관찰 결과는 다른 통제 처리 활동이 SREF 처리와 그것의 파괴적인 영향으로부터 주의를 분산시킬 수 있다는 견해와 일치한다. 주의분산 효과에 관한 문헌은 다소 상반되지만(예: Doleys, 1976), 왜 주의분산이 SREF 활동과 마찬가지로 수행을 저해하지 않는 것일까 하는 문제는 여전히 남아 있다. 현재 모델이 제시하는 한 가지 가능성은 주의분산은 일반적으로 적극적인 평가나 복잡한 계획의 실행처럼 많은 양의 자원을 필요로 하지 않는다는 것이다.

또한 제10장에서 주의분산은 불안에 대한 노출 치료와 상호작용하여 노출 효과를 조절하는 것을 살펴보았다. 게다가 주의분산 절차는 불안 관리 훈련과 같은 복합적인 치료에도 적용되었다. 이 연구 자료는 주의분산 효과에 대해 상반된 양상을 보인다. 무서운 대상에 노출한 후 주의분산을 사용하는 것은 그 대상에 대해 생각하도록 하는 것에 비해 나중에 공포가 더 증가하는 것과 관련이 있다(Sartory et al., 1982). 노출 중의 주의분산은 두려운 오염 물질에 노출된 강박환자의 회기 내 심박량의 습관화를 감소시킨다(Grayson et al., 1986). 우리는 노출 조건하에서 주의분산 때문에 SREF가 작동하지 않고, 그래서 교정 정보를 처리해서 역기능적 자기 지식의 수정에 활용할 수 있는 가능성이 줄어들었을 것이라 주장한다. 주의분산은 두 가지 주요한 이유로 장기적인 변화에 해로울 수 있다. 첫째, 노출 조건하에서 주의분산은 SREF의 자원 부족을 야기하여 불일치 정보가 처리될 가능성이 낮아진다. 이것은 역기능적 자기지식의 수정을 방해한다. 둘째, 주의분산은 실제로 이상적인 불확증 경험에 대한 노출을 막을 수 있다. 예를 들어, 공포 상황에서 자신의 마음을 제어할 수 없다는 두려움을 가진 사람은 통제력을 유지하는 데 도움이 된다고 생각해서 주의분산을 이용할 수 있다. 통제가 불가능하다는 비현실적인 두려움에 대한 불확증은 통제의 상실 여부를 스스로 검증하는 경우에만 달성될 수 있다. 그러려면 공포 상황에 노출하는 동안 주의분산 같은 자기통제 전략을 사용하면 안 된다. 통제 전략을 사용하면 재앙이 발생하지 않은 것을 그런 전략 덕분으로 귀인하게 되며, 그 사람은 그런 재앙이 일어나지 않으리라는 것과 자신의 공포가 잘못된 지식에 기반한 것임을 발견하지 못할 것이다.

주의분산이 단기적인 긍정 효과만 있을 뿐이라는 주장과는 달리 좀 더 정교한 주

의 수정 기법(Wells, 1990)이 불안과 공황에 비교적 지속적인 긍정적 영향을 줄 수 있다는 예비 증거가 있다. 주의 훈련(attentional training; Wells, 1990)은 환자가 외부 지향적이고 청각적이며 선택적이고 분리된 주의력을 개발하도록 구성된다(제10장 참조). 주의 훈련의 효과에 대한 가장 단순한 설명은 단순한 주의분산 절차에 비해 더 효율적인 유형의 주의분산을 제공한다는 것이다. 그러나 이 절차는 공황 조건하의 주의분산으로는 쓰이지 않고 다른 시간대에 시행되었다. 그러므로 그 효과에 대한 설명은 그 효과를 단순히 불안에 대한 주의를 다른 곳으로 돌리는 것이라는 관점 이상의 것이어야 한다.

현재의 모델 용어로 보면, 주의 훈련은 비자기 관련 집행 처리가 필요한 유연한 집행기능을 개발함으로써 SREF 처리의 '스위치를 끄는' 것으로 개념화할 수 있다. 우리는 그 효과의 근간이 되는 기제를 대안적인 평가와 활동계획의 구현 및 정교화를 촉진하는 주의할당에 대한 메타인지적 통제의 증가라고 제안한다. 다른 말로 하면, 주의는 특정 유형의 역기능적 지식에 얽매이지 않고 좀 더 유연해져야 한다. 주의의 집행통제 향상은 개인으로 하여금 자기초점적인 끈질기고 적극적인 걱정이라는 인지주의 증상을 촉발하지 않으면서도 자신의 역기능적 지식을 수정하고 잠재적인 위협자극을 처리할 수 있게 한다.

주의 훈련의 효과에 대한 설명에서 우리는 그 절차에 수반하는 이론적 근거의 영향도 고려해야 한다. 그 이론적 근거는 공황의 유지를 신체적 사건에 대한 과도한 주의와 연결시키는데, 이는 그러한 사건의 공황적 의미에서 벗어나서 역기능적 지식을 변화시킴으로써 치료 효과에 기여할 수 있다는 것이다. 그러나 임상 경험에 따르면 재확신 하나로는 공황에 거의 영향을 미치지 않기에 이것만으로는 치료 효과의 상당 부분을 설명할 수 없을 것이다. 우리는 현재 관찰된 효과를 비특이적 치료요인으로 설명할 수 있는 가능성을 배제할 수 없다. 그렇다 해도 SREF 모델로 이러한 요인의 영향을 설명할 수 없다고 가정할 이유도 없다.

정서적 처리

이 절에서는 정서적 처리를 SREF 모델과 관련지어 살펴본다. Foa와 Kozak(1986)이 설명하는 정서적 처리는 공포 구조물에의 접근과 그 안에서 교정 정보에 대한 동화 과정도 포함한다. 이 과정은 SREF 활동의 하위 세트이다. 그러나 현재의 모델은 '정서적 처리'뿐만 아니라 개인의 행복에 대한 조절과 역조절에도 포함된 인지적 구조와 주의 처리에 대해서도 상세한 설명을 제공한다. 우리는 SREF 처리가 불안장애의 두려움 감소뿐만 아니라 모든 종류의 고통에 대해서도 널리 배어든 것으로 간주한다. 현재의 모델 내에서 소위 '정서적 처리의 실패'는 정보처리 및 행동을 지시하는 계획들이 역기능적 지식을 불확증시키는 정보의 부호화를 방해할 때 발생한다. 그런 계획은 인지 및 행동적 회피 전략의 선택을 유도할 수 있으며 또한 이런 전략은 위협에 대한 감시와 적극적 탐색의 형태로 나타나는 과잉경계(hypervigilance)와 연계될 수 있다.

침투적 사고는 정서적 처리에 실패한 결과로 나타나는 현상으로 간주되어 왔다(Rachman, 1980). 현재의 모델 내에서 이러한 침투는 하위 수준의 활성화에 대한 하향식의 동기 감시의 증가 또는 SREF 활동에 의한 하위 수준 표상의 간접적 활성화의 결과일 수 있다. 이러한 침투물은 진행 중인 SREF 활동을 중단시키고 위협 처리를 위한 상위 수준의 지식 및 계획의 선택과 수정을 자극하기 때문에 정상적인 형태일 때는 적응적인 것일 수 있다. 하지만 역기능적인 메타인지적 지식(dysfunctional meta-cognitive knowledge)을 토대로 침투 그 자체를 부정적으로 평가하고 이런 평가가 침투의 통제와 회피를 포함하는 계획의 실행과 결합될 때는 문제가 된다.

강박관념

침투는 외상성 사건이나 그런 사건의 정서적인 처리 실패에 의해서만 발생하는 것은 아니다. 정상적인 강박에 대한 연구에서는 인지적 침투(cognitive intrusions)가 인구의 79~88%에서 공통적임을 보여 준다(Rachman & de Silva, 1978; Salkovskis & Harrison, 1984). 이러한 침투는 하위 수준의 병렬처리의 부수현상이거나 하향식 영향요인에 의해 하위 수준의 활성화가 촉진된 결과로 발생한다고 본다. 더욱이 하향식 영향은 정상적인 강박관념을 매우 심각한 병리적 침투로 바꾸어 놓을 수 있는데, 이는 하향처리가 침투에 대한 부정적 평가를 낳고 동시에 이처럼 원치 않는 내적인 인지적 사건에 대한 하위 수준 표상을 전략적으로 활성화시키기 때문이다. 다시 말해, 감시 계획은 부분적으로 자기 충족적 예언으로 작용할 수 있다. 어떤 부정적 인

지에 대한 하위 수준의 증거는 침투적 인지의 발생빈도를 증가시키는 부정적 평가 감시의 악순환을 유발하는 경향으로 통합되기 때문이다.

따라서 SREF 모델은 강박에 대한 Salkovskis(1985, 1989)의 인지행동적 개념화와 일치하는데, 침투에 대한 평가와 이를 중화하려는 후속 시도를 침투의 반복적인 재발과 지속의 일차적 원인으로 본다. 또한 Salkovskis는 자기지식의 역할을 강조하는데, 침투 내용에 대한 책임이 자신에게 있는 것으로 평가하는 것이 침투를 유지시킨다고 본다. 그러나 현재의 모델은 역기능인 메타인지적 지식이 책임소재의 평가나 기타 강박충동적 양상의 기저에 있을 수 있다고 제안한다(제13, 14장 참조).

주의 현상에 대한 설명

이 절에서는 정서장애와 주의 과제 수행에 관해 밝혀진 자료들을 설명하는 데에 이 모델이 어떻게 쓰일 수 있는지를 보여 주고자 한다. 제2장과 제3장에서 살펴본 주의 이론과 관련하여 우리는 SREF가 두 가지 주요 기능을 수행하는 것으로 본다. 첫째, '스키마 주도적' 주의의 경우처럼 계획이나 전략에 따라 하향적으로 선택적 주의를 제어하는 것이다. 이는 시각 장의 특수한 지형도(Cave & Wolfe, 1990) 또는 관심 대상에 대한 '템플릿(형판)'(Duncan & Humphreys, 1989)과 관련된 하위 수준 처리단위의 하향식 활성화에 의해 달성될 수 있다. 둘째, 하위 수준 네트워크에서 오는 정보의 침투물을 처리해서 진행 중인 활동과 관련이 없는 침투물을 현재 계획을 방해하는 것으로 거부하거나 아니면 기존 계획을 중단하고 새로운 계획을 시작하는 기능이다. 침투물의 처리 자체는 계획주도적인 것이어야 하는데, SREF가 자율적인 결정을 내릴 수 있는 인격체는 아니기 때문이다. 진행 중인 계획에는 특정의 침투에 대응하여 취해야 할 조치가 명시되어 있을 수 있다. 예를 들어, 차 운전 계획에는 차량 앞에 어린이가 나타나면 이에 대한 제동 반응이 포함되어 있다. 우리는 계획의 실행과 침투물의 처리에는 공통의 처리 메커니즘이 관장하고 있다고 본다.

수행 효과를 설명하기 위해서 우리는 기능보다는 메커니즘이라는 측면에서 생각해야 한다. 우리는 특히 주의해 보아야 할 자기조절 시스템의 두 가지 요소를 구분해 볼 수 있다. 즉, SREF의 실시간 처리기 그리고 장기기억에 저장되어 꺼내 쓸 수 있는 자기 관련 지식과 계획의 도서관이 그것이다. 정서장애는 부정적인 자기 관련 신념을 포함하는 계획 그리고 SREF가 적극적이고 지속적인 자기초점 처리에 관여하는 경향과 관련이 있다. 이러한 특징이 수행에 미치는 효과 차이의 원인일 수 있다. 우리는 부정적 정보에서 추출되는 의미형성은 장기적인 지식 근거 때문이며, 이렇게 형성된 의미는 결국 장기기억의 지식과 복잡한 판단에 영향을 미칠 수 있다고 본다. 정서장애 사람들은 특정한 부정적 정보의 현출성을 높이는 기능을 하는 계획에 잘 접근하는 경향이 있다. 우리는 우울증이 기억에 미치는 기분의존 효과가 개인적 관여와 자기 관련 자극 및 기분의 강도에 따라 증가한다는 것을 보았다(Ucros, 1989). SREF 모델에 따르면 이런 것들이 모두 처리에서 SREF의 관여 가능성을 높이는 요인들이며 편향 효과를 일으키는 데 필요한 요인들이다. 때로는 자기 관련성이 없어 보이는 재료들에서도 효과가 나타나기도 하는데, 이는 그 사람이 그것을 자기와 관련된 것으로 수의적으로 판단하기 때문이다. 자기 관련 계획들도 선택적 주의 효과에 기여할 수 있는데, 이는 후주의적으로 작동한다. Eysenck(1992)의 과잉경계 이론과 마찬가지로 우리는 불안한 사람들은 위협을 적극적으로 탐지하고 의식에 침투하는 위협적인 자극에 집중할 수 있도록 환경을 감시하는 계획에 접근할 가능성이 더 높다고 가정한다. 스트룹 검사 연구의 결과에 따르면 다른 정서장애를 앓고 있는 환자들인 경우에도 이러한 종류의 계획에 더 쉽게 접근한다는 것을 보여 준다(장애에 따라 세세한 차이가 있기는 하지만). 또한 자기참조 처리에 관한 계획은 인지나 체감각 과정에 대한 명백한 모니터링을 명시하여 하위 수준에서 이런 정보의 활성화에 대한 민감성을 향상시킬 수 있다.

수행에 영향을 미치는 또 다른 메커니즘은 자기참조 처리 그 자체이다. 주된 효과는 다른 활동에 대한 주의 자원을 철회하는 것인데, 특히 자기참조 처리가 우세할 때는 일반적으로 필요한 요구과제에 대한 수행 저하를 유발한다. 또한 자기참조 처리는 계획의 효과를 상회하는 주의 편향을 야기한다. 첫째, 어떤 자기참조 계획의 실행은 하위 수준 처리에서 자기참조에 부합하는 침투물에 대한 주의가 간접적으로 증가할 수 있다. 아마도 낮은 처리 단위의 활성화 수준에 편향(Norman & Shallice, 1986)을 일으키기 때문일 터인데, 통제 처리가 간접적으로 작동하여 부정적 정보의 자기참조 처리가 하위 수준의 처리를 활성화하는 경향이 있게 되고 따라서 활성화 확산 과정을 통해 연합물들을 활성화하게 된다. 다시 말하면, SREF 활동의 우연한

부산물로서 상위 수준 계획의 내용과 관련된 하위 수준 단위의 활성화가 발생한다. 그리되면 이러한 잔여 활성화는 부정적인 외부 자극에 의해 생성된 활동과 합쳐져 자동 반응을 통제하거나 그것이 SREF에 침투할 가능성이 높아진다. 이런 효과가 스트룹 검사의 편향에 영향을 줄 수 있다. 그 사람이 자발적으로 부정적인 생각을 하면 부정적인 외부 자극에 주의를 기울일 분명한 의도가 없더라도 관련된 하위 수준 단위가 활성화될 수 있다. 잔여 활성화는 급속히 붕괴될 수 있으므로 이를 유지하려면 지속적인 SREF 활동이 필요하다. 예를 들어, '흰곰'(Wegner et al., 1987) 실험처럼 흰곰에 대한 생각을 억제하도록 했을 때 억제가 힘들어지는 것은 이런 억제계획의 실행이 자동적으로 그런 생각에 관한 하위 수준 단위를 활성화하기 때문일 수 있다. 둘째, 개인이 과제의 요구에 부응하는 능력이 자원고갈로 손상될 수 있는데, 특히 지침을 따르려는 노력이 필요할 때 그렇다. 이런 과정 때문에 정서 관련 편향이 스트룹 검사의 수행에 부정적인 영향을 줄 수 있다. 우리는 부정적인 자극은 본래 주의를 끄는 특성이 있음을 보았다(Pratto & John, 1991). 정서 스트룹 검사에서 피험자는 색상과 부정적 단어 내용 모두에 강제로 주의를 기울일 수밖에 없는데, 이는 색상이 두 가지 자극 속성을 모두 가지고 있는 지각 대상의 일부이며 그중에서 선택을 해야 하기 때문이다. 이후의 처리 과정에서 단어의 내용은 선택적으로 무시해야 하고 그러려면 노력과 자원이 필요하며 자원이 자기참조 처리로 전환되는 경우 이를 수행하기가 더 어려울 수 있다. SREF 처리는 일반적으로 주의초점 내에 있는 자극의 현출한 동기적 속성에 대한 주의를 철회하기 어렵게 만들 수 있다.

우리는 정서장애가 주의에 미치는 영향이 거의 후주의적으로 발생하는 것으로서 일반적으로 자기조절에 의한 계획집행의 직접적인 효과와 지연된 SREF 활동의 다른 처리의 간접적인 효과를 통해 작동하는 것임을 알고 있다. 제3장에서 검토한 연구들은 정서 자극, 특히 내용의 부정적 자극이 전주의적 처리에 영향을 미치는 것 같다는 점을 시사한다. 그러나 주관적인 불안과 우울이 단순한 부호화 과제에 미치는 영향은 미약하거나 없다. 즉, 전주의적 처리는 불안 같은 개인특성보다는 환경자극의 동기적 현출성에 무엇보다 더 민감한 것으로 보인다. SREF 모델은 편향을 시스템의 하위 처리에 미치는 하향식 영향에 의한 것으로 본다. 자료가 지극히 제한된 과제들은 편향에 민감하지 않아야만 할 것이고, 실제로 지각 과제에서는 예측한 것처럼 정서 편향을 발견하는 데에 실패했다. 주로 우울증 연구에서 보고된 지각과 부호화에 대한 빈약한 영향(예: Small & Robins, 1988)은 하위 수준의 약한 편향이나 약한 하향식 영향과 일치한다. Cohen 등(1990)은 연결주의적 주의 모델의 맥락에서 상향과 하향 연합경로의 상대적 강도에 따라 어떻게 네트워크 단위들이 하향식 주의 단위에 의한 활성화 민감성의 연속선상에 나타나게 되는지를 설명한다. 초기 지각 및 부호화와 연합된 단위들은 입력자극에 의해서는 강력하게 활성화될 것이지만 주의단위에 의해서는 약하게 활성화될 뿐이어서 약한 하향성의 편향 효과를 나타낸다. 그래서 우리의 모델은 상대적으로 복잡하고 어려운 과제들에서 편향이 제한되는 것에 대해 최소한 개략적으로 설명하고 있다. 다음으로 우리는 편향이 자동화되는 정도를 더 자세하게 살펴보고 제4장과 제5장에서 검토한 중요한 실증 결과들을 설명한다.

자동화

이 절에서는 SREF 작용의 정서적 편향이 자동 처리와 통제 처리를 구분하는 세 가지 주요 기준인 의식, 수의적 통제 및 요구 용량과 어떻게 관련되는지를 논의한다.

우리는 SREF 활동 대부분이 전형적으로 걱정이나 평가 등의 형태로 의식에 접근할 수 있다고 가정한다. 그러나 의식이 제한되어 있다는 점에는 여러 가지 측면이 있다. 첫째, 사람들은 하위 수준의 처리 네트워크의 상태에 직접 접근할 수 없다. 따라서 정보가 상위 수준으로 침투하면 SREF는 그 기원에 대한 자체 가설을 세워야 한다. 하위 수준 단위에 대한 SREF의 영향으로 점화된 침투물의 경우, 개인은 그 침투물에 대해 잘못된 귀인을 할 수도 있다. 예를 들어, 공황장애 환자가 심장마비에 대해 생각하고 있으면 심박 지각과 연합된 하위 수준 단위가 점화될 것이다. 항진된 심박수의 지각은 의식에 침투할 가능성이 더 높아지고 그 사람이 자신의 심장활동에 대한 역기능적인 상위 수준의 신념을 가지고 있다면 이를 심장마비가 오는 것으로 잘못 해석할 수 있다. 일반적으로 사람들이 가지고 있는 자신의 인지 및 생리체계의 작동에 대한 지식은 제한적이고 때로는 부정확하다. 둘째, SREF 작동의 일부는 무의식적일 수 있다. Schneider와 Shiffrin(1977)은 통제 처리의 일부 단순하고 기계적인 요소들을 인식범위 밖에서 발생하는 '베일에 가려진' 것으로 묘사한다. 그

래서 Duncan과 Humphreys(1989) 모델에서 당사자가 주의계획의 일반적인 목적을 인식하고 있다고 해도 선택적 주의의 지침이 되는 템플릿 구성은 무의식적일 수 있다. 셋째, 우리는 장기기억 안에 있는 자기 관련 지식의 내용 대부분은 본질적으로 선언적인 것이 아니라 절차적인 것이라고 가정한다. 어떤 계획이 돌아갈 때, 당사자는 그 기능의 일부분은 인식하지만 그 구조에 대해서는 상세하게 내성적으로 접근하지 못한다.

SREF 활동은 계획에 명시된 목표를 지향한다는 점에서 수의적인 것이기도 하다(Toates, 1986 참조). 우리는 그것이 일반적으로 수의적 통제의 자각과 관련이 있다고 가정한다. 그러나 일부 우울증이나 불안장애 환자의 경우 통제가 있더라도 통제의 정도를 과소평가한다. 예를 들어, 강박적인 환자는 정보처리 수준에서 행동에 대한 하향식 통제가 가능한데도 자신이 강박 행동에 대한 통제력이 없다고 믿을 수 있다. 강박충동으로 흐르는 수돗물에서 손을 씻는 것을 가정해 보자. 수돗물이 끊기면 환자는 소독제로 씻거나 물이 나오는 다른 곳을 찾거나 하는 등 목표지향 행동에서 유연성을 발휘해 세균을 닦아내려는 목표에 맞는 대체 수단을 개발할 것이다. 불수의적 행동은 그런 행동을 유발하는 자극(또는 자극들)과 훨씬 더 밀접하게 결합되어 있는데, 여기서는 수도꼭지나 물 같은 것이다. 그러나 계획의 선택에는 불수의적 통제 요소가 있을 수 있다. 기술 이론(예: Anderson, 1987)은 연습을 통한 상위 수준의 기술은 수의적 의도보다는 점차 환경 단서에 의해 유발되며 어떤 경우에는 완전히 자동화된다고 주장한다. 완벽한 자동화는 일관된 S-R 결합에 의해서만 가능하다(Ackerman, 1988). 전형적으로 사회적 위협에 대응하기 같은 복잡하고 변화무쌍한 상황과 관련이 있는 정서장애와 연합된 계획들은 강하게 자동화될 가능성이 거의 없다. 예를 들어, Higgins(1990)가 제안한 것처럼 계획의 무의식적 점화의 정도는 제한적이고 그래서 통제는 부분적으로만 수의적이다. 달리 말하면 계획의 개시는 때로는 부분적으로 불수의적이지만, 계획의 실행은 당사자가 그 계획의 목표에 맞추어 유연하고 적응적으로 반응할 수 있다는 점에서 항상 수의적이다. 정서장애의 한 가지 특징은 부분 통제의 여지가 있는데도 불수의적으로 중립 자극을 위협적인 것으로 가정하거나 부적응적인 철수 전략을 채택하는 경향을 보이는 등 평가와 대처를 위한 계획이 과잉으로 자동 활성화되는 것이다.

마지막으로 우리는 SREF 작업이 자원을 요구하는 것이고 적극적이며 지속적인 걱정은 특히 더 그렇다고 제안한다. Norman과 Shallice(1985)와 마찬가지로 우리는 집행작업은 기본적으로 자원을 필요로 하며 많은 처리는 자원할당 없이도 기능할 수 있고 아니면 Wickens(1984)가 제안한 것처럼 과제 특정적인 자원저장소에 의해 에너지를 얻을 수 있다고 제안한다. 제2장에서 주장했듯이 우리도 자원 제한을 시스템의 부하 민감성을 설명하는 거시적이고 편리한 은유로 보기도 하지만, 결국은 좀 더 정교한 미시 수준의 설명이 가능할 것이라고 생각한다(Cohen et al., 1990 참조). SREF의 자원 수요는 기능 유형에 따라 다를 것이다. 예를 들어, 어떤 계획은 복잡성과 작업기억 수요 그리고 그 계획이 실시간 수정을 필요로 하는 정도에 따라 필요로 하는 자원이 더 많아진다.

요약하면, SREF 활동은 수의적이며 자원제약이 있다는 의미에서 그리고 정도는 덜하지만 의식적 자각에 접근할 수 있다는 점에서 기본적으로 통제 활동이다. 정의상 SREF는 결코 완전히 자동적인 것은 아니지만 그 기능은 불수의적인 계획점화에 민감하며, 자원수요는 매우 과제의존적일 것이다.

수행 자료에 대한 설명: 계획 편향의 결과

우리는 SREF 모델이 제4장에서 검토된 정서와 편향에 관한 실증자료를 어떻게 설명하는지 자세히 살펴본다. 우리는 다양한 장애에 걸쳐 일반적으로 나타나는 효과와 범불안장애 및 우울증에 특이한 편향 효과 모두를 살펴본다. 다음 절에서는 정서장애에서 전형적으로 나타나는 자기초점적 SREF 작동과 자원고갈이 수행에 미치는 효과도 살펴본다. 자료와 결과의 이론적 함의에 대한 우리의 개관(제4, 5장)은 우리 모델로 설명할 수 있는 다음과 같은 핵심적 발견을 제시한다.

- 적어도 일부 주의 편향 효과는 일련의 정서장애들에 걸쳐 일반화된다. 해당 장애와 일치하는 자극에 의한 스트룹 간섭은 이런 효과에 대해 가장 안정적인 지표를 제공한다. 판단과 평가에서 보이는 부정적 편향, 자기 관련 부정적 사건에 대한 기억력 향상 또한 거의 모든 정서장애에 공통적인 것처럼 보인다.
- 시공간 주의와 어휘 부호화에서 드러난 불안 관련 편향 같은 일부 편향 효과는

아직은 시사적인 것에 불과하지만 특정 정서장애에만 한정된다.

- 정서 상태는 편향에 비교적 약한 영향을 미친다. 편향은 저변에 임상적 병리가 있고 자기 관련 자극재료를 사용했을 때 더 강하게 나타난다.
- 편향이 '자동' 처리나 전주의적 처리 때문에 발생한다는 결정적인 증거는 없다. 편향 효과의 강도는 단기 점화일 때 더 길게 지속되며(예: Segal & Vella, 1990) 과제에 대한 차폐제시와 노출이 편향의 크기에 영향을 미친다(Broadbent & Broadbent, 1988; Richards et al., 1992)는 등 편향이 후주의적 통제 처리의 영향을 받는다는 몇몇 지표가 있다.

우리는 스트룹 간섭 효과에 관해 앞서 말한 것처럼 SREF 활동의 부수적인 효과가 그것에 기여할 수도 있지만, 기본적으로 인식에 침투하는 부정적인 자극의 감시를 지정하는 계획에 기인한다고 생각한다. 명시된 활동은 해당 자극에 주의를 유지함으로써 자극의 위협가가 증가한다거나 하는 모든 변화를 탐지하는 것 이상일 필요는 없으며, 그래서 꼭 그 자극재료에 대한 회상과 정교화를 더 할 필요성이 내포된 것은 아니다. 이 과정은 초기 선택 모델 내에서 주의를 기울인 자극 채널의 우선순위를 유지하거나 나중의 선택모드에서 위협에 대한 주의의 지침이 되는 템플릿을 구성하는 것의 영향을 받을 것이다. Richards와 French(출간 중)가 말하듯이 불안한 환자는 부정적인 자극에 쉽게 '사로잡히는' 취약한 경향이 있는 것 같다. 제4장의 개관은 이런 과정이 우울증(Gotlib & Cane, 1987) 및 기타 공황장애(McNally et al., 1990b)와 외상후 스트레스장애(McNally et al., 1990a) 같은 불안 상태에 일반적인 것임을 시사한다. 이 모델의 주요 예측은 스트룹 효과가 여러 방식으로 촉발될 수 있는 위협 감시 계획의 수의적 실행에 달려 있다는 것이다. 따라서 감시 계획 가설은 불안 편향을 유도할 때 차폐 제시가 혼합시행 제시보다 더 효과적인(Richards et al., 1992) 이유를 설명해 주는데, 이는 그 계획이 부정적인 자극이 예상되는 경우 더 쉽게 작동하기 때문이다. 우울증 관련 간섭이 BDI를 사전에 완료함으로써 점화된 피험자의 경우에만 나타난다는 것을 보여 준 Bargh(1992)의 결과에 대해서도 비슷한 설명이 가능하다. 상태불안에 의해 점화된 위협 감시 계획은 특성불안과 상태불안의 상호작용을 설명해 준다(Richards et al., 1992 참조). 그러한 점화결여는 왜 회복된 불안 환자에서는 안정적인 편향이 나타나지 않는지를 설명해 준다(제11장 참조). 특성불안 통제집단에 비해 임상환자 집단에서 불안 효과의 지속성이 더 크게 나타난 것도(Martin et al., 1991) 장기기억 내의 감시 계획에 대한 접근성의 향상으로 설명된다. 환자는 정신병리의 일부로서 그 계획을 더 넓은 범위의 상황에 적용할 뿐 더 유연하고 상황에 맞는 반응을 할 수 있는 계획에 거의 접근을 못할 수 있다. 게다가 아직 직접적인 증거는 없지만 그 환자의 계획이 불수의적 활성화에 더 민감할 수도 있다. 감시해야 할 위협 유형의 정확한 본성은 여러 임상조건에 따라 다를 수 있으며, 이는 공황장애 환자에 대한 신체적 위협 단어(Ehlers et al., 1988b)처럼 편향의 특이성에 관한 증거를 설명해 준다. 제4장에서 논의했듯이 주의 편향의 특이성에 대한 증거(즉, 환자의 주요 관심사와 일치하는 재료에 대해서만 발생하는 편향)는 다소 일치하지 않는다(예: Martin et al., 1991). 따라서 우리는 감시 계획이 일반적으로 위협적이거나 정서적 자극에 대한 주의의 방향을 지시하는 것일 가능성을 배제하지 않는다. 편향의 특이성은 장애 유형에 따라 다소 다를 수 있다. 예를 들어, Greenberg와 Beck(1989)은 우울 환자의 편향은 우울과 관련된 자극에 대해서만 나타나지만 불안 환자의 편향은 좀 더 일반적이라고 주장한다. 우리는 또한 공포증과 관련된 계획도 매우 자극 특이적일 것이라고 예상한다(Watts et al., 1986a, 1986b 참조).

불안 환자에서 무의식적 편향이 나타난 것으로 해석된 연구들(예: MacLeod & Rutherford, 1992; Mathews & MacLeod, 1986)은 모델에 문제점이 있을 가능성을 보여 준다. 제5장에서 논의했듯이 이러한 연구들은 결정적인 것으로 보기는 아직 멀었고, 위협 자극에 대한 순간적인 인식의 가능성은 매우 현실적이다. 그래도 실제로 불안 편향이 인식의 바깥에서 작동하는 경우일 수 있으며, 그러한 현상이 여기에서 제안한 모델을 위협하는 것인지 여부는 따져보아야 한다. 사실, 그런 결과는 의식의 미약함이 통제 처리 수준의 지표이기 때문에 어떤 어려움도 제시하지 않는다. 우리는 위협을 경계하려는 계획을 실행하는 것은 위협에 대한 특정한('지각 이후의') 하위 수준 단위의 민감성을 높이는 경향이 있다는 것을 안다. Cheesman과 Merikle(1986)의 연구에서 객관적 역치와 주관적 역치 사이의 자극에 노출한 피험자들은 그들이 불안하든 불안하지 않든 모두 이 위협자극의 존재를 부호화할 수 있다. 그렇게 되면 현재의 활동이나 반응 중단을 관리하는 후속 처리단위들은 자동적으로 활성화된다. 불안한 피험자들의 경우 이 단위들은 SREF의 활동의 직접 또는 간접 결과로 어느 정도 활성화되며, 이것이 그들의 효능을 증가시켜서 관찰가능한 간섭 효과를 유

발했을 수 있다. 불안에 민감한 것은 상향식 활성화가 아니라 하향식 활성화이다. 제5장에서 논의한 것처럼 Dagenbach 등(1989)은 역치에 근접하는 자극을 감지하려는 전략은 이런 전략이 실패하고 그 자극이 더 이상 의식에 접근할 수 없는 경우에도 하위 수준 처리에 영향을 미친다는 것을 실증하였다. 따라서 해당 피험자의 위협 감시 전략은 자극들을 의식적으로 지각하지 못하는 경우에도 스트룹 자극의 처리에 영향을 줄 수 있다. 이런 전략적 과정의 가능성은 위협자극을 역치 이상으로도 제시하고, 그래서 불안한 피험자들의 SREF 활동을 개시하게 할 수 있는 식의 연구 설계를 통해 향상될 수 있다. 실제로 의식적으로 지각한 단어들에 대한 불안 환자들의 인과적 사고와 해당 자극에 대한 개인적 중요성은 하위 수준 처리를 충분히 점화할 수 있다.

감정이 자극 평가와 기억에 미치는 영향도 비슷하게 설명할 수 있다. 판단과 결정이 필요한 과제에서 피험자들은 장기기억 정보를 활용하는 휴리스틱(heuristic)이라는 간편한 전략을 쓴다(Tversky & Kahneman, 1974). 예를 들어, 사람들이 심장 발작과 같은 사건의 가능성에 대한 '가용성 휴리스틱'을 활용해 판단한다면, 그들은 자신이 알고 있는 사람들에게 이런 사건이 일어났던 경우의 수에 대한 기억이나 이런 사건을 얼마나 쉽게 상상할 수 있나 하는 것 등을 기초로 판단을 한다. 이러한 휴리스틱들은 SREF에 의해 실행되는 계획들로 표상될 수 있다. 정서장애 환자들 처리 과정에서 부정적인 편향을 포함하는 계획을 사용할 가능성이 더 크다. 불안하거나 우울한 피험자들은 부정적 정보를 인출하는 경향이 있는데, 그 이유는 부정적인 가용사례를 더 많이 기억하고 있거나 아니면 판단을 위한 그들의 계획이 부정적 사례에 가중치를 더 주어야 한다고 명시하고 있기 때문이다. 우울과 불안이 자기에 대한 부정적인 평가와 관련이 있다는(Greenberg & Alloy, 1989) 증거는 부정적인 정보에 대한 일부 자동적인 편향이 아니라 자기 관련 계획의 역할로도 설명할 수 있다. 왜냐하면 자동적 편향은 자기 관련 처리나 비자기 관련 처리 모두에 동등하게 영향을 미치기 때문이다. 부정적 정서는 이런 목적으로 활용된 계획 내의 편향과 관련이 있는데, 특히 부정적 정보의 정교화에서 그런 것 같다. 전략의 역할은 왜 의도적 학습이나 해당 주제에 피험자의 관여 정도가 높은 과제일 때(Ucros, 1989) 더 편향이 강한지를 설명해 준다. 우연 학습 과제에 대해서는 기억의 정교화를 지향하는 전략이 관여하지 않으며, 만일 피험자의 개인적 관여가 없으면 SREF 처리는 전략 선택에 영향을 미치지 않는다. '위협 감시' 계획은 부정적인 자극의 선택적 부호화 향상을 통해 평가와 기억 편향에 기여할 것이다. 그러나 부호화 편향이 없는 상황에서 자기참조 기억의 편향이 존재한다는 증거(Derry & Kuiper, 1981)는 추가적인 평가와 정교화 계획이 관여했음을 시사한다. 우리는 불안 피험자에서 암묵기억의 편향을 입증한 사례들의 경우, 연구에 사용된 단어들에 대한 자기참조적 이미지를 사전에 생성했던 피험자들에서만 편향이 나타났던 Richards와 French(1991)의 연구에서처럼 부호화나 인출을 하는 동안에 계획이 활성화되었기 때문에 그런 결과가 나타난 것이 아닌가 의심된다. 불안 특이적인 두 가지 편향 효과가 있다.

- 불안증에서 위협에 대한 시공간 주의의 편향
- 불안증에서 어휘 부호화의 편향

우리는 우울보다는 불안이 공간적으로 분산된 위협 단어에 우선적으로 주의를 기울이는 경향이 더 강하다는 증거를 보았다(MacLeod et al., 1986). 이런 결론은 우울한 환자를 이용한 연구가 부족하고 긍정적인 단어에 대한 주의에서 행복 편향의 증거가 일부 있기 때문에(Gotlib et al., 1988) 잠정적이다. 이러한 결과들은 이미 논의한 위협 감시 계획의 편향으로도 설명할 수 있다. 제5장에서 본 MacLeod 등(1986)의 연구에서는 과제불안 피험자들이 처음 주의를 기울이게 했던 상단에 제시된 위협에는 더 많은 주의를 기울였지만 하단에 제시한 위협에 대해서는 그렇지 않았다. 제5장에서 논의했듯이 연구 결과는 불안 환자들이 위협과 관련된 위치에 집중적인 주의를 유지하는 전략을 채택한다는 것과 일치한다.

결정적인 경험적 질문은 주의를 기울이지 않은 공간 위치에 제시된 위협 단어가 공간 필터링의 파손을 초래하는지 여부이며, 제5장에서 논의했듯이 이 점에 대한 증거는 모호하다. 그렇다면 주의 편향은 Eysenck(1992)의 과잉경계 이론에 의해 설명될 수 있는데, 이 이론은 불안한 사람들이 위협을 탐지하기 위해 시야를 훑는 경향이 있다고 주장한다. 우리 모델의 관점에서 보면 위협 감시 및 탐지 계획의 작동이 불안 환자의 특징이다. 검색은 시야를 능동적으로 훑는 것인 반면, 감시는 또 다른 이유로 주의를 기울인 위협 자극을 분석하는 것을 의미한다. 연구 증거를 이렇게 해석하는 것은 MacLeod 등(1986)의 패러다임을 후주의적에서 나타나는 편향으로 보는 Broadbent와 Broadbent(1988)의 견해와 일치하는 것이다. Broadbent가 보고한 특성불안과 상태불안의 상호작용에 관한 증거는 상태불안이 위협검색 계획의 개시를 점화한다는 것을 시사한다.

우리는 제4장에서 위협 단어의 부호화를 요구하는 작업에서도 불안 특이적 편향이 있을 수 있음을 알았다. 모호한 동음이의어 철자쓰기(Mathews et al., 1989b)와 동음이의어 점화(Richards & French, 출간 중)에 대한 불안 효과는 신뢰할 만한 것으로 보인다. 이 역시 다른 장애에 대한 연구의 증거가 부족하고, 비점화 어휘판단과 같은 다른 관련 과제에 대한 자료도 혼란스럽다. Richards와 French(출간 중)의 점화자료는 점화와 표적 간의 시간지연에 따라 편향이 증가한다고 예측하는 SREF 모델의 후주의적 효과와 일치하는 것으로, 통제처리 기제가 있다는 강력한 증거를 제공하는 것이다(Neely, 1991 참조). 우리는 점화가 동음이의어 철자쓰기에도 영향을 미칠 수 있다고 주장하였다. 점화는 이미 논의한 위협 감시나 정교화 전략의 작동에 의해 편향될 수 있다. Richards와 French가 제안한 것처럼 불안한 환자는 위협적인 해석에 사로잡힐 수 있고 아니면 적극적으로 정교화할 수도 있다. 하지만 거기에도 언어처리에서 작동하는 불안 특이적 계획이 있을 수 있다. 한 가지 가능성은 과잉경계와 관련된 검색 계획이 동음이의어의 위협적 의미에 우선적으로 주의를 기울인다는 것인데, 이 또한 후주의적인 것이다. 이런 계획은 자극이 상호 간섭적일 때 어휘에 대한 접근 이후에 작동하는 점검 과정에 영향을 줄 수 있다(Neely, 1991 참조).

자원 제한의 결과

SREF는 다른 집행 처리와 같은 한정된 자원을 사용하기 때문에 해당 활동이 통제처리가 필요한 작업의 수행을 방해할 수 있다. 우리는 오래 지속된 자기초점적 걱정과 평가 증후군을 정서장애와 관련이 있는 것으로 보았는데, 이는 이들 증상 대부분이 본질적으로 복잡한 처리를 포함하는 것이어서 자원이 고갈되기 때문이다. 또한 그 시스템의 지속적인 활동은 성공적인 수행을 위해서 필요할 때 정보처리 통제를 하위 수준 시스템에 이양하는 것을 어렵게 할 터인데, 말하자면 통제 수준 간의 유연한 전환능력을 손상시킬 수 있다. 그리되면 다른 활동의 집행 처리가 손상될 가능성이 있으며, 상위 수준에서 오는 입력이 있어야 효율적으로 기능을 수행하는 부분적으로 자동화된 처리에 할당할 수 있는 자원이 거의 없게 된다. 걱정과 적극적인 자기초점 평가는 동시에 까다로운 과제를 수행하는 것을 방해한다는 핵심적인 예측이 전혀 새로운 것은 아니다(Wine, 1971 참조). 그러나 이 모델은 그런 증거자료에 대해 몇 가지 추가적인 측면을 설명한다.

첫째, 제6장에서 작업기억(Eysenck, 1982)이나 정보 전환 자원의 유지(Humphreys & Revelle, 1984)와 같은 특정 정보처리 개념에 대한 불안의 효과를 검증하려는 시도는 제한적인 성공에 불과했음을 보았다. 예를 들어, 어느 가설도 미세한 운동통제에 대한 불안 효과를 쉽게 설명하지 못한다(Calvo & Alamo, 1987). SREF 모델은 불안에 의한 일차적인 영향은 집행 통제의 손상이며, 이는 그 과제가 정확히 어떤 정보처리를 요구하는가에 관계없이 충분히 어렵고 복잡하며 새로운 모든 과제에 영향을 미친다고 주장한다. 집행통제 손상의 한 측면은 하위 수준 처리에 대한 전략적 통제를 효율적으로 수행하지 못하게 되는 것이며, 이것이 특정 처리에 대해서는 더 큰 손상으로 나타날 수 있다. 예를 들어, 작업기억에서 특정 과제에 조음루프를 사용하려면 이를 개시하도록 하는 집행기능이 필요한데, 이런 요소는 수행의 다른 측면에 비해 더 많은 감소를 보일 수 있다. 하지만 이런 효과는 다른 집행계획에 의해 통제되는 과제로는 일반화되지 않을 수도 있으며, 이는 피험자의 전략에 의해 수정될 수도 있다.

둘째, 이 모델은 특성불안과 상태불안 효과의 분리를 보여 주는 연구 결과의 추세를 설명한다(제4장 참조). 특성불안은 편향의 강력한 예측변수인 것 같고, 반면에 상태불안(특히, 걱정)은 어려운 과제의 수행 효율성을 결정하는 강력한 요인이다. 우리는 특성불안 효과는 장기기억 내의 계획 때문이고, 상태불안 효과는 SREF 활동의 즉각적 결과라고 본다. 이러한 차이가 특성우울과 상태우울에서도 나타날지는 분명하지 않다. 비록 우리는 편향을 기본적으로 계획 때문인 것으로 보지만, 앞에서 언급한 것처럼 SREF 활동이 편향에 일부 간접적인 영향을 미칠 수 있다.

셋째, 이 모델은 불안 효과의 맥락 특이성을 설명한다. 예를 들어, 시험불안의 피험자는 안심시키기 지침(예: Geen, 1985)을 주었을 때 주의 감소를 나타내지 않는다. 이러한 상황에서 SREF는 강하게 활성화되지 않을 수 있어서 주의를 방해할 원천이 없다. 제6장에서 논의한 시험불안 연구들에서 보듯이 불안과 안심지시의 상호작용 효과 또한 피험자의 의식적 인지에서 발견되어 안심지시는 침투적 사고의 자기보고를 줄인다(Sarason et al., 1990).

중요하지만 어려운 질문 하나는 다양한 형태의 병리, 특히 불안과 우울에 대한 자원주도적 효과의 일반성이다. 수행에 대한 SREF의 매개 효과에서 동기와 노력, 과제 전략의 역할은 아직 해결되지 않은 문제이다. 이러한 어려움은 이러한 조건과 관련된 수행 저하의 일부 또는 전부가 자원 부족이 아니라 특정 전략의 사용 때문일 가능성에서 비롯된다. 불안과 우울 상태는 가용 자원의 감소와 관련이 있다고 주장하며(예: Ellis & Ashbrook, 1987; Eysenck, 1992), 특히 불안의 경우 자원 해석을 강력하게 지지하는 많은 연구가 있다(Eysenck, 1992 참조). 그러나 두 조건 모두 덜 까다로운 전략의 사용과 관련이 있고, 그래서 자원손상을 피상적으로 드러낼 뿐이다(Griffin et al., 1986; Mueller, 1978). Eysenck(1992)는 불안한 피험자는 자원 손상을 보상하기 위한 노력을 증가시킨다고 주장했지만, Mueller(1978)의 연구와 같은 전략에 대한 연구에서는 그런 증거가 나타나지 않았다. 우리는 제6장에서 강박장애와 수행에 관한 연구에서 나타난 자원 손상과 전략 선택 각각의 역할에 관해서도 비슷한 문제를 살펴보았다.

전략 사용과 자원 할당을 상세히 따지는 연구가 부족하여 그런 자료에서 이끌어낸 어떠한 결론도 매우 잠정적인 것이다. 그러나 전략 효과는 계획 기반 메커니즘의 직접적인 지표이며, 연구 자료는 불안과 우울 효과를 매개하는 계획의 역할에 대한 몇 가지 시사점을 제공한다. 가장 단순한 메커니즘은 SREF 활동에 대한 부차적인 반응으로 하나의 쉬운 전략을 쓰는 것인데, 이는 걱정과 평가로 인한 간섭을 다루기 위한 일반적으로 합리적인 대처 전략이다. 우리는 사람들이 자신의 주의와 사고의 효율성이 손상되었다는 평가를 하면 대부분의 개인의 메타인지는 단순한 과제 전략을 쓰는 쪽으로 편향될 것이라 예상할 수 있다. 다른 대안적 기제는 장기기억에서 접근한 계획의 내용에 따라 전략을 선택하는 것이다. 예를 들어, 동기는 더 많은 노력이나 적은 노력이 필요한 구체적 입력조건을 지정하는 계획에 의해 통제될 수 있다. 임상장애에서는 자기참조 처리가 노력 증가를 꺼리는 쪽으로 편향된 계획에 접근한다(과제에 대한 노력 증가가 자기참조적 처리의 효율성을 잠식할 수 있기 때문에). 우울 환자는 주의분산으로 수행이 향상되는데(Foulds, 1952), 이는 자원이론의 예측과는 정반대의 효과로서 자기감시 계획이 주의분산 자극에 대처하기 위한 좀 더 과제 지향적인 자기감시 계획으로 대체된 것을 반영하는 것일 수 있다.

과제노력과 관련된 계획의 내용은 불안과 우울의 차이를 확인하는 유망한 분야일 수 있다. 제6장에서 논의한 것처럼 우울 환자는 불안 환자보다 더 많은 전반적인 동기손상을 보인다. 우울 환자는 입력 조건을 노력 배가에 부적절한 것으로 평가하거나 아니면 보통의 경우라면 노력을 더 하기로 하는 상황에 대해 노력 배가에 실패하게 되는 계획을 가지고 있거나 하는 어떤 특수한 손상을 가지고 있을 수 있다. 이런 종류의 가설은 학습된 무력감과 인과귀인에 관한 연구 결과를 이 모델에 통합하는 데에 도움이 될 수도 있다. 그러나 그렇게 하기에는 현재의 주의수행에 대한 연구증거들이 충분하지 않다. 향후 연구를 위한 또 다른 과제는 시각적 가용자원 감소와 관련이 있는 주관적 피로가 우울증에서 하는 역할을 결정하는 것이다(Matthews et al., 1990b).

모델 요약

이 장에서 우리는 인지 과정의 모델을 정서장애와 관련지어 상세하게 제시했다. 어떤 인지-주의 증후군의 기저에는 역기능적 정서에 대한 개인적 취약성이 있다고 제안한다. 이 증후군은 과도한 자기초점 처리와 용량 제한, 인지 기능의 효율성 감소, 자기 관련 지식의 활성화, 주의 편향으로 구성된다. 특히 자기 관련적이고 지속적이며 반추적인 평가 스타일(적극적인 걱정)은 이 증후군의 악성요소이다.

우리는 정서장애의 특징을 서로 상호작용하는 세 가지 수준으로 구성된 인지 구조상에서 모델링했다. 세 가지 수준은 입력 자극에 의해 반사적으로 활성화되는 기본 처리 단위의 하위 수준 네트워크, 수의적으로 시작되고 주의 자원을 필요로 하는 자기 관련 정보의 통제 처리, 장기기억에 있는 자기지식 항목들의 도서관 등이다. 이들 서로 다른 수준 처리 간의 상호작용은 SREF를 지원하며, SREF는 자기 관련 자극에 대한 선택적 주의와 반응을 통제한다. SREF는 수의적으로 적용한 전략에 의해서 또는 지각된 실제의 자기 상태와 이상적 상태 간의 불일치를 활성화하는 하위 수준 처리의 자기 관련 정보의 침투에 의해서 활성화될 수 있다. 사회적 단서는 특히 SREF 활동을 이끌어 내기 쉽다. 기질적인 자기초점과 신경증 같은 성격특질도 SREF가 쉽게 활성화하는 것과 관련된 개인차로 볼 수 있다. SREF의 활성화는

자기조절 처리를 위한 일반적 계획의 형태로 자기 관련 지식에 접근하는 것과 상호 연계되어 있는데, 자기조절 처리는 '실시간' 통제 처리를 통해 즉각적인 상황적 요구에 맞추기 위해 적용되는 것이다. 절차적 지식으로 표상된 계획들은 병리의 생성에 적어도 선언적 신념만큼은 중요할 수 있다. 일부 계획은 본질적으로 '메타인지적(meta-cognitive)'인데, 이는 내부 처리에 대한 개인의 믿음에 의해 주도되며 이러한 처리에서 오는 피드백에 직접 주의를 주기 때문이다.

SREF 활성화는 직간접적인 결과를 초래한다. SREF가 실행하는 계획은 특정 유형의 침투물에 대한 하위 수준 처리 결과를 모니터링하고, 위협 자극의 출처에 초점주의를 유지하고, 기분을 교정하는 등의 처리 전략에 직접 영향을 미친다. 이전 장에서 검토한 부정적 정서가 주의 편향에 미치는 영향은 아마도 주의선택을 통제하기 위한 계획 때문일 수 있다. 또한 SREF 처리의 주의 자원 요구가 일부 처리 작업의 효율성을 저해할 수도 있다. 어려운 과제 관련 처리와 역기능적 자기지식 수정은 특히 이러한 유형의 손상에 취약할 수 있다.

SREF 모델에서 정서적 반응은 자기지식이 규정하는 자기조절 목표의 달성에 실패(슬픔) 또는 실패를 예상한 결과로(불안) 나타난다. 조절을 위한 계획상태는 SREF가 활성화되었을 때만 정서에 영향을 미친다. 정서는 개인이 목표의 요구에 부응하려 하고, 그래서 불쾌한 정서 경험에서 벗어나려고 할 때 SREF 처리의 유지와 관련된다. 해당 계획의 성공이나 실패에 관한 정보는 자기참조적 지식에 함께 저장되어서 다음에 SREF가 계획에 접근할 때는 평가를 확대하지 않고도 정서가 일어난다.

이 장에서는 이 모델이 정서장애 분야의 광범위한 임상 및 실험 결과를 설명하는 데에 어떻게 사용될 수 있는지 살펴보았다. 다음 장에서는 모델의 중요한 치료적 시사점에 대해 설명한다.

제13장

임상적 함의

이 장에서 우리는 정서장애의 치료를 위한 현재 모델의 함의를 상세하게 고려한다. 첫 번째 절에는 현재 모델이 명시하는 치료기제가 다른 이론이 가정하는 기제와 다르기 때문에 이 새 모델의 관점에서 기존 치료법의 효능을 설명한다. 두 번째 절에서는 기존 스키마 기반 인지치료의 보강에 중점을 두면서 새로운 치료의 함의를 논의한다. 많은 치료 효과가 현재의 인지치료와 일치하지만, 이 모델에는 몇 가지 새로운 가능성이 내포되어 있다. 특히 기존의 인지이론들은 치료의 기본원리, 즉 역기능적 평가 및 가정에 대한 환자의 신념을 수정하고 대안적인 지식을 창출한다는 원리 이상을 제공하지 않는다. 이 접근법은 인지 내용(선언적 지식)을 수정하는 데 초점을 두는 경향이 있지만 기능장애에는 절차적 지식도 이에 못지않게 중요하다. 기존 이론들은 정서적인 문제에 기여할 수 있는 인지적 구조물의 다양한 양상을 자세하게 규정하지 못하고 있다. SREF 모델로는 이러한 유형의 분석이 가능하며, 치료를 위해 무엇을 해야 할 것인지에 관한 새로운 예측이 가능하다. 또한 이 모델은 다른 인지모형들과 달리 인지변화를 가장 잘 이룰 수 있는 방법에 대한 지침을 제공한다.

행동 및 인지치료

우울 및 불안 장애의 치료에 대한 광범위한 접근법이 개발되어 적용되었다. 하지만 이러한 접근법을 상세히 분석하는 것은 이 책의 범위를 벗어난다. 다만 이 절에서는 현재 인기 있는 노출 기반의 행동 및 인지치료(Beckian)에 대해 살펴보고, 이런 효과를 현재 SREF 모델의 관점에서 어떻게 해석할 수 있는지 고려해 보겠다.

행동적 접근법

정서장애, 특히 불안 상태에 대한 행동적 접근법은 다양한 노출 기반 기법을 사용한다. 가장 일반적인 두려움 감소 기술 중 하나인 체계적 탈감화(Wolpe, 1958)는 역사적으로 상호 억제 원칙에 기반을 두고 있다. 즉, 학습된 공포 반응은 그와 대립되는 활동으로 대체함으로써 억제할 수 있다. 이런 길항으로 전형적인 것이 여러 유형의 이완이다. 탈감화(desensitisation)는 이완 반응을 배워서 이를 상상 속의 두려운 상황과 또는 현실 상황에서 노출되는 동안 점진적으로 적용해 보는 것이다. 치료 연구들을 검토한 결과, Jansson과 Ost(1982)는 광장공포증 환자인 경우 상상의 홍수법과 실제 노출은 일관되게 개선을 보인 반면, 체계적 탈감화는 그렇지 않았다고 결론지었다. Michelson과 Marchione(1991)은 현재의 증거들에 기반하면 치료자가 지원하고 장기적인 치료완료 후에 실제적 노출을 시키는 치료법이 광장공포증을 동반한 공황장애 치료에 가장 효과적인 것으로 보인다는 결론을 내렸다. 그러나 노출 기법은 여전히 많은 환자에게 부적절한 것으로 보인다. 기존 연구들에 대한 메타 분석을 검토한 결과, 노출은 이 문제에 대해 비교적 유익한 치료이지만, 상당 비율의 환자가 혜택을 얻지 못하는 것으로 보인다(60~75%는 임상적으로 유의한 반응을 나타내지만, 중도탈락이나 무반응 환자를 포함하면 이 수치는 50%로 준다). 더욱이 공통적으로 경미한 수준의 회피와 같은 잔여 증상이 있다.

임상효과 연구에서 이완은 노출 치료에 추가로 사용되거나 아니면 그것만으로도 하나의 치료로서 사용되었다. 대체로 이완과 노출을 결합한 치료는 노출만의 단독치료에 비해 더 효과적이지 않은 것으로 나타났다(Michelson, Mavissakalian, &

Marchione, 1988; Ost, Jerremalm, & Jansson, 1984). 그러나 몇 편의 공황장애 연구에 의하면, 특히 단기 순환 공황장애에 대한 이완기술 학습을 포함하는 응용이완(Ost, 1987)과 프로그램 수련을 결합한 단독 이완훈련이 치료자가 동반된 실생활에서의 노출만큼 효과가 있는 것으로 나타났다(Michelson & Marchione, 1991 참조). 응용 이완훈련(Ost, 1987)은 여섯 가지 주요 단계로 구성되며 과제가 치료의 중요한 부분이다. 처음에는 환자에게 이완을 가르치고 이완이 공포의 '악순환(고리)'를 깨는 데 적용할 수 있는 기술임을 강조하는 논리적 근거를 제시한다. 또한 환자에게 불안의 초기 증상들을 기록하게 함으로써 그러한 증상을 인지할 수 있는 능력도 높여 준다. 적절한 이완 훈련의 1단계는 **점진적 이완**(progressive relaxation)인데, 여기에는 일련의 근육집단의 체계적인 긴장과 이완이 포함된다. 2단계는 **이완만 하는**(release only) 것으로서, 긴장 완화에 필요한 시간을 단축하려는 것이며 1단계에서 학습한 긴장과 이완 중 이완만을 사용한다. 3단계는 **단서통제 이완**(cue-controlled relaxation)이다. 이것은 더 빠르게 안정되어(2~3분) 느린 호흡에 초점을 맞추고 자기지시적 '이완'과 이완의 느낌 간의 연합을 형성하는 단계이다. 4단계의 **차별적 이완**(differential relaxation)에는 지시에 따라 신체를 움직이면서 단서통제 이완을 이용해서 이완하는 것과 이후의 걷기 같은 특정 활동을 하는 동안의 이완을 포함한다. 느린 이완 훈련 단계 다음에는 **빠른 이완**(rapid relaxation)을 배우는데, 이완에 필요한 시간을 20~30초로 줄이기 위한 것이다. 이 단계는 환자의 동의하에 개인의 자연스러운 환경 안에 있는 여러 곳에 단서를 배치하고(예를 들어, 전화기, 손목시계, 텔레비전 등에 붙인 빨간 점) 여기에 반응하는 단서통제 이완을 매일 가능한 여러 차례 훈련하는 것으로 구성된다. 마지막 단계인 응용 이완은 불안을 유발하는 상황에서 환자가 이완을 연습하도록 하는 **응용 훈련**(application trainning)이다. 여기에서는 종종 불안을 자극하는 다양한 상황에 노출하는 동안에 이완을 연습하는 것이다.

노출은 강박장애의 치료에도 사용되어 왔다. 이 장애를 위한 행동적 모델은 강박환자가 유지하는 의례적인 행동은 그것에 대한 노출량을 줄임으로써 습관화를 방지한다고 주장한다(Rachman & Hodgson, 1980). 노출은 반응방지(response prevention)와 결합됨으로써 강박장애에 가장 효과적인 치료법 중 하나가 되었다. 이 접근법에서는 환자로 하여금 공포자극에 노출될 때 명백하거나 또는 은밀한 의례화된 반응을 하지 않도록 고무시킨다. 노출과 반응방지를 사용한 연구 결과는 일관성이 있어서 대략 65~70%의 환자가 추수검사까지 유지되는 개선을 보이는 것으로 나타났다(Foa, Steketee, & Ozarow, 1985; Rachman & Hodgson, 1980 참조).

인지적 접근법

정서 문제 치료에 사용된 몇 가지 인지 치료법이 있다(예: Beck, 1976, Beck et al., 1979; Ellis, 1962; Meichenbaum, 1977). Beck 치료법은 언어 및 행동 재귀인(re-attribution) 기술을 통해 '역기능적' 사고를 수정하게 한다. 이 치료법에 대한 자세한 설명은 어디서든 쉽게 볼 수 있다(예: Beck et al., 1979, 1985; Wells, 1992). 일반적으로 치료는 환자와 문제에 대한 인지적 공식을 공유하는 것으로 구성되며, 우울증인 경우에는 기분을 증진시키도록 설계된 행동 전략을 사용한다. 치료는 또한 부정적인 자동사고의 탐색과 질문하기 그리고 인지모형에서는 환자를 사회화하고 역기능적 사고를 무효화하고 기능적인 사고를 타당화하는 데 중요한 정보를 제공하는 방식으로 행동 수정에 초점을 둔다. 이러한 행동 '실험'은 불안 환자인 경우 위험 관련 인지를 검증하기 위해 두려운 상황에 노출시키거나 또는 우울 환자인 경우 회피와 자기패배적 행동을 역전시키는 것 등이 포함되는 경우가 많다. 노출 실험은 환자 자신의 부정적 신념을 검증할 수 있는 기회로 제공된다. 따라서 노출의 이론적 근거는 문제의 인지적 개념형성과 명백하게 관련된 것이고, 순수한 행동적 의미로 사용되는 것은 아니다. 치료의 후반부에서는 증상이 호전된 후 언어 및 행동적 재귀인 기법을 적용해서 스트레스 취약성이 기저에 있는 환자의 더 안정된 신념과 가정을 수정하게 한다. 몇몇 연구들은 이 접근법이 우울증 치료에 효과적이라는 것을 보여 주었다(예: Blackburn et al., 1981; Kovacs, Rush, Beck, & Hollon, 1981; Rush, Beck, Kovacs, & Hollon, 1977). 그러나 여전히 성과개선의 여지가 많아 보이는데, 특히 연구 결과에 따르면 재발률이 12개월 추수 이후 20~33%에 이르는 우울증(예: Clark, 1990 참조)이 그러하다. 이 경우 치료의 퇴행이나 BDI 점수 16점 이상을 재발로 정의한다. Evans 등(심사 중)은 인지치료를 받은 환자의 30%만이 치료 효과가 있으며, 3개월 내에 반응했고, 이후 2년 동안 잘 유지된 것으로 나타났다.

인지치료 및 인지치료와 밀접하게 결합된 치료법이 공황장애의 치료에 사용되었다(예: Clark et al., 1990; Salkovskis, Clark, & Hackmann, 1991; Sokol et al., 1989;

Michelson & Marchione, 1991 참조). 공황장애 치료의 결과는 우울증의 치료 결과 보다 우수하다. 예를 들어, Clark 등(1990)은 인지치료와 이미프라민, 응용이완 및 무처치 조건을 비교하였다. 모든 치료군은 대부분의 측정치에서 대조군보다 우월했다. 치료 후 시점에서 인지치료를 받은 환자의 90%는 공황장애를 벗어났고(즉, 2주 이내에 공황이 없었음), 이 비율이 응용이완집단에서는 50%, 이미프라민 투여환자 집단에서는 55%였다. 12개월 추적 관찰에서 인지치료 환자의 85%는 공황장애가 없었고, 이완집단의 47%와 이미프라민 치료집단의 60%에 비해 높았다. 6~12개월 추적 관찰에서 재발률은(추가치료가 필요한) 인지치료의 경우 5%, 응용이완은 11%, 이미프라민 투여 집단은 40%였다.

일반적인 임상 관행에서 인지행동 치료자는 인지 및 행동 기법을 조합해서 쓴다. 이런 조합은 아마도 스스로의 경험을 통해 효과가 확인된 것들이거나 특정 모델에서 파생된 것들로 구성되었을 것이다. 좀 더 절충적인 접근법을 사용하면, 점점 더 많든 적든 인지적 구성요소의 상대적 효능성을 검증하기란 특히 어렵다. 그러나 Durham과 Turvey(1987) 그리고 Butler와 Fennell, Robson, Gelder(1991) 등은 범불안장애 치료에서 Beck의 인지치료를 행동치료와 비교하였다. 두 연구 모두 인지적 접근이 약간 우월함을 시사하지만 Durham과 Turvey 연구는 통제된 연구가 아니었고, 더 강력한 결론을 내리려면 다른 식의 통제 연구가 필요하다.

기존의 치료 효과에 대한 SREF 모델의 설명

이 절에서는 이전 절에서 검토된 것처럼 이론적으로 다양하고 절차적으로 상이한 치료법들의 확실한 효능을 SREF 모델이 어떻게 설명할 수 있는지 살펴본다. 모든 치료법의 성공은 어느 정도는 치료자의 지지적인 접촉, 신뢰할 수 있는 치료적 근거의 제공 등 같은 비특이적 치료요인에 달려 있는 것 같다. 이러한 비특이적 요인의 역할은 현재 모델로 설명할 수 있다. 예를 들어, 이러한 요소는 새로운 정보의 능동적인 부호화와 처리를 촉진시킬 수 있으며 이는 역기능적 자기지식의 재구성으로 이어진다. 그러나 대부분의 사례에서 이러한 요인만으로는 임상적 개선에 불충분하다고 일반적으로 인정된다. 우리가 검토한 치료적 관점들은 현재 모델이 명시하고 있는 치료적 이득에 중요한 또 다른 특징들을 공유한다. 첫째, 접근법들은 전형적으로 불안장애의 치료에 어떤 형태로든 두려운 자극에 대한 노출을 포함하고 있다. 이것은 역기능적 자기지식을 불확증할 수 있는 정보에 직면할 수 있게 하기 때문에 중요하다. 둘째, 통제된 노출 관련 반응의 집행은 일반적으로 행동회피를 규정하는 절차지식보다 우선하며, 이는 새로운 절차의 개발을 촉진하고 활동선택에 대한 집행통제를 증가시킨다. 이것은 또한 강박 문제의 치료에서 노출 및 반응방지의 경우에 대해서도 마찬가지이다. 노출 및 반응방지는 불확증 학습이라는 측면에서 개념화할 수 있다. 즉, 환자는 행동적 관여 없이 두려운 자극(예: 사고 또는 오염물)에 노출되는 경험을 하는데, 이는 노출과 연합된 것으로 평가된 재앙을 방지하는 것이라 믿는다. 이런 식으로 환자들은 자극이나 상황이 무해하다는 것을 무의식적 처리 수준에서 배울 수 있다. 또한 노출 및 반응방지 연습은 처리에 대한 엄격한 집행통제에 의존하는 행동 변화를 요구하며, 광범한 연습을 함으로써 자극에 노출하는 동안 평가와 행동조절에 필요한 새로운 절차지식을 개발하게 된다.

SREF 모델은 환자가 자원을 고갈시키는 지속적인 SREF 활동을 하는 경우에는 노출이 효과적이지 않을 것이라고 제안한다. 따라서 새로운 정보의 처리 및 부호화를 촉진하려면 노출 전과 동안 그리고 직후에는 지속적인 SREF 활동개입을 줄여야 한다.

SREF 모델은 치료가 효과적이려면, 현재 진행 중인 SREF 처리에 대한 효과적인 통제를 제공함으로써 역기능적 자기지식의 내용을 수정하고 정보처리와 행동을 관장하는 역기능적 절차지식을 교체해야 한다고 예측한다. 노출은 역기능적 자기지식의 수정을 촉진하고, 위협적인 상황의 처리에 대한 통제력을 늘리고, 과거의 불편한 자극에 의해 활성화될 수 있는 대안적인 절차지식을 형성할 때 효과적이다. 그러나 이 모델은 전통적인 노출은 그 자체가 최적의 견고한 신념 변화를 촉진하는 인지적 세트를 제공하는 것도 또는 절차지식이 명시하는 지속적인 SREF, 선택적 주의와 감시 같은 불안유지에 기여하는 다른 역기능적 처리의 작동을 방지하는 것도 아니기 때문에 이러한 차원에서 최적의 변화를 일으키지 않을 수도 있다는 것을 시사한다. 이 부분에 대해서는 다음 절에서 자세히 설명한다.

SREF 모델은 불안 치료에서 이완 같은 제어전략을 제공하는 것은 그것이 자기지식을 수정하는 것일 때 가장 효과적일 수 있음을 시사한다. 더구나 불안 유발 상황에서 효과적으로 불안을 감소시켰다면, 자기통제력에 대한 신념이 높아지고 불안

의 중요성을 탈재앙화할 수 있을 것이다. 하지만 불안 통제가 환자의 절차적 지식이 명시하는 특정 목표라면, 예를 들어 해당 인물이 불안을 경험하는 것이 신체적 자기나 사회적 자기에 해롭다고 믿고 있다면 이런 지식은 통제전략을 써도 변하지 않을 터이고 장기간에 걸쳐 취약성을 유지하게 될 것이다.

어떤 종류의 이완은 신체 상태 정보에 대한 자기참조 처리를 증가시킨다. 이런 방식으로 SREF를 활성화하면 높은 신체인식과 관련된 자기지식에 대한 접근성이 좋아진다. 이런 지식이 역기능적일 때, 예를 들어 신체지각과 관련된 위협을 내포하는 경우에는 역설적으로 불안이 더 커질 수 있다. 이것이 문헌들이 보고하는 이완유도 불안이라는 현상이다(예: Heide & Borkovec, 1983, 1984). 이러한 상황에서 이완 실습을 지속하는 것은 그것이 감각에 대해 하나의 대안적인 '안전한' 평가를 제공하여 현재 활성화된 지식 시스템 내에 부호화될 수 있는 것일 때에만 탈재앙화의 가능성을 가질 수 있다.

현재의 모델은 또한 노출과 이완이 메타인지에 영향을 줄 때, 즉 실시간 처리에 대한 환자의 통제력 지각을 향상시키는 것일 때 가장 효과적일 것이라고 예측한다. 이 기법들이 간헐적인 자기통제적 평가와 행동의 사용을 명시하는 것일 경우, 이것은 높은 스트레스 상황에서 SREF 활동에 대한 통제력을 증가시킬 가능성이 더 크다. 이런 통제는 신념에 부합하지 않는 정보를 효과적으로 처리하는 데 필요하다.

일부 치료법은 좀 더 직접적인 인지수정 전략을 사용한다. 이러한 접근법은 주의분산, 부정적인 자동사고에 대한 도전, 합리적인 대응과 같은 절차를 사용하여 실시간 SREF 처리를 직접 변경하는 것으로 볼 수 있다. 이러한 기법들은 불안관리와 같은 절충적 치료에 사용되어 왔는데, 기법들마다 자기지식의 내용과 같은 다른 수준의 정보처리를 수정하는 데 중점을 두는 정도가 서로 다를 수 있다. 대조적으로 Beck의 인지치료는 명백하게 SREF 및 자기지식 수준의 인지 내용의 수정과 사고오류(예: 선택적 추상화, 정신 필터링, 결론으로 도약하기)로 대표되는 특정한 인지 과정의 수정을 지향한다. 우리는 이러한 사고 오류가 계획주도적인 것이라고 추정한다. 인지는 언어 및 행동 기법을 통해 두 수준 모두에서 수정된다. 언어적 기법은 사고를 식별하여 의문을 제기하고, 증거와 반대 증거를 검토하고, 대안적인 평가를 내리고, 부정적인 인지를 불확증하는 정보에 다시 주의초점을 두는 것을 포함한다. 행동 기법은 일반적으로 새로운 정보를 얻고 경험을 통해 어떤 부정적인 생각과 믿음을 무효화하는 실험으로 제시된다. SREF와 스키마 모델 모두 인지치료가 직접적인 표적으로 하는 실시간 활동과 자기지식의 수정 중에서 단순한 실시간 활동보다는 역기능적 자기지식을 성공적으로 수정하는 것이 이런 효과가 없는 치료법에 비해 장기적으로 더 이득이 많다고 예측한다. 이완이나 약물학적 개입 같은 증상 중심의 접근법은 자기지식 수정에 별 효과가 없을 것으로 볼 수 있다. 예를 들어, 항불안제는 불안 환자의 주의 편향을 교정하지 못하는 것 같다(Golombok, Stavrou, & Bonn, 1991). 이것들은 좀 더 안정적인 자기지식이 아니라 실시간 SREF 활동이나 하위 수준 처리 활동을 수정하는 것이기 쉽다. 그러나 약물은 상태불안을 줄이고 자원을 확보하기 위해 쓸 수 있으며, 그렇게 되면 치료자는 자기지식의 수정을 지향할 수 있게 된다. 예를 들어, 끊임없는 SREF 활동과 그것이 우울증에 미치는 강력한 효과는 매우 심각하기 때문에 먼저 약물로 이런 효과를 조절한 후에야 인지수정이 가능할 수도 있다. 하지만 진정 효과가 있는 약물은 일반적으로 처리 능력을 저하시킬 수 있어서 역기능적 자기지식과 계획의 가용성을 낮추어 수정 자체가 어려울 수 있다. 항우울제에 의한 우울증 개선은 인지치료로 얻을 수 있는 것과 유사한 우울사고의 변화와 관련이 있다(예: Simons, Garfield, & Murphy, 1984). 항우울제의 효과를 주의 자원의 방출로 설명할 수도 있다. 항우울제의 치료 효과는 해당 약물이 효과적이리라는 믿음에 달려 있을 수 있기에 환자가 자기지식을 수정하는 데 추가 자원을 쓰도록 동기화될 수도 있다.

다양한 치료적 접근의 효과를 설명하는 하나의 공통적 메커니즘이 있을 수 있지만, 각 접근법은 관련 처리 차원의 수정에 대해 효과가 서로 다를 수 있다. 순수한 행동적 접근법은 환자의 역기능적 인지에 대한 인식의 증가와 그 인지적 내용에 의문을 제기하는 메타인지 능력을 개발하는 것에 거의 주의를 기울이지 않는다. 현재 모델의 관점에서는 정서장애에 대한 순수한 행동치료보다는 인지적 접근법을 더 선호하게 되는데(현재의 인지적 접근법이 최적은 아니지만), 이는 이 접근법이 지속적인 처리를 방해하고 역기능적 자기지식의 수정을 촉진하기 위해 실시간 SREF 활동을 직접 수정하려 하기 때문이다. 이러한 유형의 수정처리를 위한 전제 조건은 역기능적 계획이 주도하는 처리에 대한 통제력을 높이는 SREF 활동과 작용에 대한 인식의 향상이다. 요약하면, 현재의 모델은 다양한 접근법의 치료 효과를 인지-주의적(cognitive-attentional)이라는 개념으로 설명할 수 있다. 그러나 이는 특정 접근법이

다른 접근법보다 효과적일 수 있음을 의미한다. 일반적으로 지속적인 SREF 평가의 중단과 선언적 및 절차적 수준에서 자기지식에 대한 메타인지적 통제와 수정을 결합시키고 병행하는 치료로 보인다. 또한 여기에 제시된 모델은 장기간의 치료적 효능성을 증가시킬 수 있는 인지치료의 실행에 대해 몇 가지 구체적인 함의를 제공한다. 다음 절에서 이에 관해 살펴본다.

인지치료를 위한 새로운 시사점

스키마 이론은 잘 저장된 표상 수준에서 선언적 자기지식(예: "약하다" "나쁘다") 그리고 그와 관련된 명제 및 가정의 내용에 주된 관심이 있다. SREF 모델은 그런 선언적 지식에 추가된 자기지식의 절차적 영역을 구체적으로 설명한다. 우리는 선언적 지식이 실제로 구체적인 실체로서 기억에 저장되는지는 확신할 수 없다. 왜냐하면 그것이 특정 실행에 따른 상황적 출력일 수도 있기 때문이다. 따라서 계획은 안정적인 실체이지만 선언적 개념은 그렇지 않을 수도 있다. 이것은 서로 조건이 다른 많은 환자에서 관찰되는 자기신념의 다양성을 설명해 줄 수 있다. 이것이 사실이라면 치료 중에 환자가 보여 주는 선언적 신념에 도전하는 것은 장기적으로 그리 유용하지 않을 수 있다. 그래도 이런 도전에 활용된 일부 활동도 계획을 수정하게 하기 때문에 일반적으로 도움이 될 수는 있다. 선언적 신념에 대해 도전하는 것은 환자로 하여금 자신의 신념이 잘못되었다는 것을 논리적으로는 알지만 여전히 '옳은 것처럼 느껴진다'는 것을 스스로 인정하게 할 수 있다. 다시 말하면, 계획은 여전히 특정 자극에 반응하여 기능하고 있으며, 신념과 일치하는 많은 인지와 정서 및 행동 과정의 양상을 계속 활성화한다. 또한 정서를 일으킬 수 있는 계획 상태의 지표들은 해당 신념변화의 영향을 받지 않을 것이다. 우리는 절차가 수정되지 않으면 그 절차가 신념에 대한 지적인 재평가를 무효화할 것이라고 본다. 예를 들어, 범불안장애 환자는 "나는 취약하다."는 신념을 보고할 수 있는데, 이는 위협에 대한 과잉경계, 자기초점 주의, 지속적인 걱정 그리고 회피나 의존성 증가 등의 행동 지시 계획과 연합되어 있을 수 있다. 이런 계획을 수정하지 않으면, 불확증 정보에 대한 노출을 방해하고 취약하다는 느낌을 증가시키는 처리 양식이 생성될 가능성이 있다.

자기지식의 조직에 대한 직접적인 경험 자료가 거의 없기 때문에(Segal, 1988 참조) 우리는 선언적 자기신념을 산출하는 계획의 역할을 과장하고 싶지는 않다. 이러한 유형의 지식이 안정된 형태로 공존하는 경우에도 방금 설명한 이유 때문에 두 가지 유형의 지식을 모두 수정할 필요가 있다.

인지행동치료는 이완과 SREF에 의한 SREF 내부 사고에 대한 의심을 통해 증상 조절을 강조하는 경향이 있다. 부정적 평가에 도전하고 합리적 반응을 하는 데에는 SREF 자원이 상당히 필요하지만 역기능적 자기지식의 수정이나 SREF 기능에 대해 최적의 제어를 꼭 촉진시키는 것은 아니다. 환자의 반추경향에 기여할 수도 있는 사고에 의문을 던지게 하려고 SREF를 사용하는 대신에, 현재의 모델은 사고에 대한 객관적 자각을 유지하면서 그 사고로부터 메타인지적으로 분리되는 것을 촉진시켜야 한다고 주장한다. 우리는 이것을 일종의 '분리된 마음챙김(disconnected mindfulness)'으로 볼 수 있는데, 이는 자아를 총체적으로 관여시키지 않으며 그래서 역기능적인 총체적 SREF 증상을 촉발하지 않는다는 것을 의미한다. 사고에 대한 관찰과는 결합되어 있지만 능동적인 통제를 하지 않는 수동적인 '내려놓기'를 포함하는 것이어야 한다. 이런 절차는 다음과 같은 것을 촉진할 수 있다.

- 메타인지적 알아차림(meta-cognitive awareness) 개발
- 평가를 위한 다양한 SREF 전략 선택에 대한 통제
- SREF 활동을 조절하기 위한 새로운 전략(계획)의 개발
- 불확증 처리와 신념 수정을 위한 자원 확대

이러한 유형의 훈련은 자기지식을 수정하려는 노력에서 중요한 초기 단계이다. 이 모델은 본격적인 역기능적 SREF 증후군(보속성, 높은 자기초점과 주의 편향 등)을 유발하지 않으면서도 신념을 활성화하고 검증함으로써 자기지식을 효율적으로 수정할 수 있다고 본다. SREF 모델에 기반한 치료의 초기 목표는 환자가 부정적인 SREF 평가 수준 자체에 머물러 있기보다는 '내려놓기'를 권장하는 상위 수준의 메타인지적 알아차림을 개발하는 것이다. 이러한 유형의 거리두기 처리(detached processing)는 SREF의 최대 활성화를 방지하는 데 유용할 수 있으며 인지적 통제와 불확증 처리를 촉진하는 하나의 적응적인 대처 전략으로도 개발될 수 있다. 이것과

일관되게 Roger 등(1993)은 사건을 사적인 것으로 간주하지 않고, 상황에 대해 명료하게 느끼며, 화를 내는 것이 아무런 소용이 없으니 그저 사건과 함께 있기로 결정하는 것을 포함하는 거리두기 처리가 정서적 대처나 회피 전략보다 더 적응적일 수 있다는 경험적으로 뚜렷한 다른 대처방식임을 보여 주었다. 이들은 거리두기 대처를 독립적인 하위척도로 구성한 인지스타일척도(Cognitive Styles Questionnaire)를 개발하였다.

우리 모델은 기존의 인지적 접근법과는 또 다른 근본적인 차이가 있다. 이 모델은 개인의 지식을 고정적인 것이 아니라 **역동적인** 것으로 보아야 한다는 것을 시사한다. 기존의 인지적 접근법은 환자 사고에 대한 불확증에 초점을 맞추고 다음과 같은 질문을 사용한다. "그런 생각의 증거는 무엇입니까?" "반대 증거는 전혀 없습니까?" "사고의 오류는 무엇입니까?" SREF 접근법은 선택적 주의와 평가, 기억탐색 등의 처리에서 환자의 전략을 탐색하고 수정하는 질문을 사용할 것을 주장한다. 예를 들면, "당신은 어떻게 판단에 도달합니까?" "당신은 어떤 종류의 증거를 찾고 있습니까?" "그런 상황 중 어떤 것에 가장 주의를 기울이십니까?" "가장 눈에 띄는 것은 무엇입니까?" "당신은 당신의 생각에 집중하고 있습니까 아니면 상황에 초점을 맞추고 있습니까?" "어떤 것이 기억납니까?" "그 상황이나 자극이 바로 그런 해석을 하게 했나요, 아니라면 그런 해석자료는 어디에서 왔나요?" 하는 질문들이다. 이런 질문은 처리 역동성을 탐색할 때도 중요하다. 환자에게는 문제 상황에서 자신이 하는 것을 관찰하는 훈련을 만들어 주고 역동적인 요소도 설명할 수 있다. 이는 단순히 부정적인 자동사고(SREF의 내용)의 관찰을 넘어서서 앞서 제시한 질문 유형을 통한 인지 과정의 자기분석을 포함해야 한다. 환자 자신의 계획에 명시되어 있는 역기능적인 자동처리 프로파일을 작성할 때도 이 기술은 사용될 수 있다. 일단 프로파일이 확립되면 다음과 같이 체계적으로 수정할 수 있다.

- 역기능적 자기지식의 구성과 유지를 피할 수 있다.
- 새로운 루틴을 개발해서 새로운 자기지식의 구성과 유지를 유도하는 방식으로 연습할 수 있다.
- 함축적 결과에 중대한 영향을 미치거나 경쟁반응을 일으켜서 역기능적 처리에 억제 효과를 갖는 단순한 요소를 기존의 루틴에 추가하거나 변경한다.

여기에 제시된 절차를 사용하려면 환자 스스로 부적절한 계획이 언제 작동하는지 자각할 수 있어야 한다. 말하자면, 마음챙김 거리두기의 개발은 꼭 필요한 전제조건이며, 이런 기법들을 결합하고 처리를 위해 일반적인 계획의 선택을 통제하는 목표에 대해 교육시킨다. 다음 절에서는 환자의 문제와 치료에 대한 임상적 개념화 정립과 관련된 기타 메타인지적 고려 사항에 대해 논의할 것이다.

자기지식에서 간과했던 차원: 메타인지적 신념

정서장애에 대한 인지적 접근은 주로 하나의 사회적 존재로서 자기에 대한 신념이나 신체적 웰빙에 대한 신념의 역할에 초점을 맞추고 있다. SREF 모델은 이전 이론이 대체로 무시했던 신념과 인지처리의 세 번째 차원 역시 정신병리에서 중요하다고 주장한다. 이 차원은 환자가 손상을 보이는 것으로 나타난 자신의 인지 과정에 대한 조절과 해석에 관한 신념과 절차들로 구성된다(Slife & Weaver, 1992).

SREF 시스템은 정서적, 신체적, 심리사회적 상태뿐 아니라 인지적 환경에 대한 조절을 포함하는 자기조절(self-regulation)을 촉진한다. 예를 들어, 개인이 내적 환상과 '현실'을 잘 구분하는 것은 중요하다(이것이 강박사고와 어떻게 관련되는지에 대한 pp. 333-336의 이론적 토론 참조).

이런 유형의 구분을 하려면 개인은 자신의 인지적 사건의 중요성과 의미에 대한 지식을 가지고 있어야 한다. 제7장에서 정서장애가 있는 환자 일부는 특정 유형의 인지와 관련된 위험이나 안전에 관한 특정의 메타인지적 신념이 있다는 것을 보았다. 예를 들어, 강박사고 환자는 나쁜 생각을 하는 것이 나쁜 일을 잘 일으킨다는 신념을 가지고 있을 수 있다. 더욱이 이러한 믿음은 그러한 사건을 탐지하도록 하위 수준의 처리장치 활성화를 동반하며 더욱 빈번하고 강렬한 침투를 겪을 수 있다. 우리는 메타인지 수준의 기능장애가 강박장애와 주관적으로 통제 불가능한 끊임없는 걱정을 포함하는 장애들에서 무엇보다 중요하다고 본다. 그러나 어떤 공황장애 환자에서는 역기능적인 메타인지적 평가도 일어날 수 있는데, 예를 들어, 자동적으로 발생하는 행동 통제 상실의 이미지(예: 사람들이 붐비는 상점에서 뛰쳐나오거나 미쳐 버리는 이미지)를 자신이 실제로 통제력을 상실할 거라는 의미로 믿는 환자도 있다. 우리는 이런 종류의 평가가 역기능적인 메타인지적 지식에 기반한다고 추론한다. 예

를 들면, "통제력 상실에 관한 이미지가 떠오르면 실제 통제력을 상실할 확률이 더 높다." "재난에 대한 나의 이미지는 미래를 예언한다." "내가 통제권을 잃었다는 생각이 들면 나는 실제로 통제력을 잃는다." 등이 그런 지식이다.

메타인지적 신념과 절차는 일반적인 목적의 자기조절 처리와 계획 그리고 Anderson(1987)이 말하는 '약식 방법 절차(weak-method procedures)'의 한 부분이 될 가능성이 있다. 그것들이 잘못된 지식을 포함하고 있다면 이를 수정할 필요가 있으며 또한 신체적, 사회적 자기에 관한 다른 더 구체적인 지식도 수정할 필요가 있다. 좀 더 구체적인 지식 수정에 다 더해서 일반적인 메타인지적 지식을 수정하는 것도 중요한데, 이런 지식이 새로운 계획을 개발할 때 사용되는 행동 및 인지 전략의 유형을 결정할 수 있기 때문이다. 예를 들어, 건강 걱정이 자신의 안전을 지켜주고 있다고 믿는 건강염려증 환자는 치료 절차가 메타인지적 신념에 대한 도전, 즉 걱정 빈도 감소나 걱정 내용을 포함하고 있지 않다면 적절하게 반응하지 않을 것이다. 마찬가지로 일부 환자의 침투적인 재앙 이미지의 내용을 수정하려는 시도 역시 이미지에 수반하는 즉각적인 괴로움을 감소시킬 수는 있지만, 환자가 그 이미지를 재앙 발생의 전조라고 믿고 있다면 후속 침투에 의한 괴로움에 계속 취약해질 것이다. 다른 유형의 메타인지적 지식도 개인의 상황 평가와 대처 반응의 선택에 영향을 미칠 수 있다. 자신의 인지시스템의 효능 및 통제 가능성에 대한 지식(예: Wells, 1994a, 1994b)은 더 구체적인 절차지식의 형성과 관련된 범용 지식에 중요할 수 있다. 모든 정서장애가 인지에 대한 역기능적 신념을 포함하는 것은 아니지만, 우리는 이들 모두가, 예를 들어 집요하게 반복되는 걱정, 주의 편향, 감시 등을 규정하는 역기능적인 메타인지적 계획을 포함하고 있다고 주장한다.

정신병리에 관련될 수 있는 메타인지적 신념과 이와 관련된 평가 내용과는 별도로, 우리가 메타인지라고 부를 수 있는 또 다른 차원의 처리가 정서 문제 유지에 중요한 역할을 할 수 있다. 인지과정과 메타인지 계획에 명시된 행동은 의도치 않은 사고에 대한 주관적 통제력을 감소시킬 수 있다. 예를 들어, 억압과 같은 사고 조절 반응은 비생산적일 수 있다. 중립화 같은 다른 식의 사고 통제 시도 역시 원치 않는 사고와 연합된 자극 범위를 증가시켜 잠재적인 유발 요인의 범위를 넓히기 때문에 비슷한 해로운 결과를 초래할 수 있다. 더욱이 통제하려는 시도는 하위 수준의 인지적 산출물에 대한 선입견을 증폭시킬 수 있다.

메타인지적 계획들은 활성화될 때 특정 유형의 SREF 활동을 구체적으로 명시한다. 예를 들어, 공개 발표를 해야 하는 사회공포증 환자는 그 상황을 걱정스러운(부정적인) 방식으로 시연하는 것으로 구성된 지속적인 SREF 활동에 연루될 수 있다. 환자가 심리치료를 받았고 자신이 그러한 상황에서 어리석게 행동할 거라는 의식적인 신념을 더 이상 경험하지 않는 경우에도 그 환자의 SREF 활동 계획이 아직 제거된 것은 아니기 때문에 걱정에 빠지고 불필요하게 불안해할 수 있다.

결론적으로 인지치료는 다른 다양한 자기지식 외에도 역기능적인 메타인지적 지식을 도출하고 수정하는 데 초점을 맞추어야 한다. 역기능적인 메타인지적 지식의 수정은 선언적 지식에 대한 자연스러운 불확증을 봉쇄하는 주의 및 행동 반응의 역전을 수반할 수 있으며, 앞서 간략하게 설명한 효과적인 인지적 통제를 촉진시키고 새로운 계획의 학습으로 안내하는 절차를 사용할 것을 장려한다.

이차'정서'

SREF 시스템은 자기 관련 정보의 처리 및 자기조절과 관련되어 있기 때문에 정서 평가의 출처이기도 하다. 우리는 제6장에서 걱정에 대한 걱정을 걱정의 기타 차원과 구분하는 것(Wells, 1994a)과 공황장애 같은 일부 불안 모델에서 공포에 대한 공포가 핵심 역할을 한다는 주장을 보았다(예: Goldstein & Chambless, 1978). 마찬가지로 우울증에서 문제는 우울에 대한 우울 때문에 복잡해질 수 있다(Teasdale, 1985). SREF 모델은 이러한 유형의 이차정서를 정서적 자기조절 목표에 부합하지 않아서 나타나는 결과로 중요한 것으로 간주한다. 즉, 정서적 자기조절의 목표를 이루지 못한 것이 목표 및 계획의 수정에 동력이 되어 이차정서를 발생시킨다는 것이다. 더 구체적으로 말하면, 치료는 환자가 자신의 정서반응을 어느 정도 수용하고 그 정서적 의미를 탈재앙화하며 부정적 결과에 대한 통제력 지각을 높임으로써 이차정서를 방지하도록 하는 것을 목표로 잡아야 한다.

치료용 자극에서 고려할 점

자극의 특징을 고려하는 것은 SREF 모델에서 출발한 인지치료에서 핵심요소이다. 기존의 자기지식 항목을 직접 삭제할 수는 없지만, 환자에게는 동일한 입력자극으로 인출된 초기지식보다 더 강한 새로운 지식을 학습하는 것이 가능할 것이다. 따라서 치료용 자극은 환자의 문제를 활성화하는 실제 자극과 매우 유사한 것이 중요하다. 치료용 자극 구성이 일반적으로 괴로움을 낳는 자극 구성과 일치하지 않으면 환자는 스트레스 상황에서 자발적으로 활성화되는 새로운 선언적 및 절차적 지식을 배울 수 없다. 때로는 역기능적 처리 및 부정적 감정을 활성화시키는 데 필요한 자극 구성이 매우 특이한 것일 수 있는데, 이것이 정서 문제의 일부 다양한 속성을 설명할 수 있다. 예를 들어, 어떤 경우에는 공포 상황에서 불안을 느끼지 않는 광장공포증 환자가 내외부 환경의 미세한 변화(예: 그 상황에서 특정 신체 감각의 강도 또는 타인의 수)에 반응할 수도 있고 이것이 역기능적 지식의 인출 여부를 결정한다. 치료에서는 일반적으로 선언적 및 절차적 자기지식을 바꿀 때 고통을 유발하는 자극 특성들의 모든 조합에 환자를 노출시킬 필요가 있다.

실시간 SREF 활동의 수정

SREF 처리는 자기지식이나 하위 수준의 침투물에 의해 생성된 계획을 따라 시작된다. 그러나 SREF 처리는 또한 이런 기능 측면의 수정도 포함한다. 자기조절 시스템의 변경은 SREF 수준에서 처리 수정을 거친 심리치료에 의해서만 가능하다. 치료의 효능성은 SREF 처리를 조작해서 적절한 자기지식을 활성화하고 동시에 불확증 정보를 처리해서 결과적으로 장기기억 내의 자기지식을 수정하는 정도에 따라 달라진다. 끊임없는 SREF 활동은 주의 자원을 감소시키기 때문에 새로운 정보처리와 새로운 계획개발을 방해할 수 있으며, 그 결과 역기능적 지식의 후속 활성화를 위한 자극일반화로 이어질 수도 있다. 그런 경우에는 주의수정 기법이나 별도의 걱정통제 기간을 제공하는(예: Borkovec, Wilkinson, Folensbee, & Lerman, 1982) 등 치료 초기에 SREF의 지속성을 차단하는 것이 중요할 것이다.

새로운 처리계획의 개발도 통제된 반복적인 SREF 활동을 통해 이루어져야만 한다. 이는 환자가 정상적 및 부정적 정서 상태에서 주의를 재배치할 수 있는 교육으로 구성될 수 있다. 이때 목표는 인지적 통제감을 높이고 역기능적인 자기지식과 합치되지 않는 정보를 처리하도록 촉진하는 것이다. SREF 활동을 통제하는 연습은 일반적인 목적의 메타인지적 계획도 강화할 것이다. 치료의 목적은 단지 SREF 평가 내용의 수정 시도를 반영하는 것만이 아닌 하위 수준 결과의 중요성을 평가할 수 있는 새로운 절차 개발도 강조해야 한다.

절차 및 목표

자기 관련 절차지식은 개인적인 자기조절 목표의 충족을 위한 처리나 행동순서에 대한 구체적인 설명으로 구성된다. 현재 모델에서는 중요한 목표를 달성하지 못하면 부정적인 정서를 겪는다. 이런 실패는 부적절한 처리나 행동반응을 했거나 계획의 성공에 대해 부정적으로 평가하거나 주의가 손상되었거나 해서 발생할 수 있다. 또한 실패는 달성 불가능한 비현실적인 목표의 결과일 수도 있다. 따라서 절차지식의 수정은 비현실적인 자기조절 목표의 파악과 변화를 포함해야 한다. 이러한 목표는 목표를 이루지 못한 대가에 관한 특정 신념과 결합된 것일 가능성이 있지만, 설사 그 신념이 수정되더라도 목표는 그대로 유지될 수 있다. 예를 들어, 어떤 사회공포증 환자의 목표는 모든 사람에게 인정받는 것일 수 있는데, 이런 목표는 타인에게 결코 부정적 정서의 징후를 노출하지 않고 자신의 욕구보다는 타인의 욕구를 우선시하는 행위로 규정될 수 있다. 그들이 모든 사람에게 인정받아야 한다고 알고 있는 목표는 비현실적이며, 이런 목표달성에 실패했을 때 부담해야 하는 엄청난 개인적 대가를 알지 못할 때에도 계속 그런 행동을 형성해 나갈 수 있다. 하지만 이런 목표 추구는 잦은 실패(불일치)로 이어질 수 있고 다른 영역의 대인관계에서도 자신의 욕구를 충족시키지 못하는 해로운 결과를 낳을 수 있기 때문에 정서적 웰빙에 부정적인 함의를 갖는다.

마무리: 치료에 관한 구체적인 시사점

현재 모델을 통해 몇 가지 치료적 혁신을 제안한다. 치료에 대한 일반적인 이론적 근거는 부정적인 자동사고와 신념에 도전하는 것이 아니라 스트레스에 대한 SREF 반응의 지침이 되는 대안적인 자기지식을 창출하는 것이다. 기본적인 치료적 시사점을 다음과 같이 요약하였다.

- 정서장애는 인지 수준 사이의 상호작용이라는 측면에서 개념화되어야 한다.
- 인지 내용뿐만 아니라 인지 과정도 자기지식의 역동적인 개념화의 일부로서 수정되어야 한다.
- 환자가 고도의 메타인지적 알아차림을 개발하고 총체적인 역기능적 SREF 활동을 유발하지 않는 방식으로 정보를 처리하는 방법을 배울 수 있도록 고취해야 한다. 이것은 분리된, 즉 '거리두기 마음챙김'을 촉진하는 자기 관찰과 주의 통제를 훈련함으로써 성취될 수 있다.
- 처리의 방향을 결정하는 역기능적 계획들은 문제 상황을 겪는 동안의 주의와 기억, 사고과정을 관찰함으로써 추론할 수 있다. 이러한 메타인지적 프로파일링은 문제적인 처리루틴을 찾아내는 데 쓸 수 있다. 그런 연후에 지식의 불확증을 촉진하여 새로운 지식으로 대체할 수 있다. 지식의 내용뿐만 아니라 이러한 루틴(처리 계획)을 수정하는 것이 중요하다. 우리는 새로운 루틴 개발의 4단계를 예상한다. ① 분리된, 즉 거리두기의 객관성과 메타인지적 기술의 개발, ② 상황 처리 루틴의 검사, ③ 낡은 루틴의 수정과 보완, ④ 이러한 새로운 루틴을 상황 속에서 선택하고 실행하는 반복적인 연습이다.
- 치료는 자기지식을 유발하는 자극 구성에 대한 미시적 분석을 포함해야 한다. 실제 자극 구성에 적합한 치료적 구성이 효과적인 것이며, 그래야 새로 획득한 계획이 실생활의 유발자극에 의해 자발적으로 활성화될 수 있고 역기능적 계획을 능가할 수 있다.
- 절차지식은 처리 및 행동 반응 모두를 위한 계획을 규정해 준다. 역기능적 처리를 유지하고 잘못된 지식에 대한 불확증을 방지하는 인지적 및 행동적 반응

을 확인하고 역전시켜야 한다.

- 실시간 SREF 활동을 조작하여 자기지식 및 하위 수준의 처리활동을 수정한다. 용량 한계 때문에 치료 초기에 이러한 활동의 지속을 막아야 하며, 그래야 그런 계획에 대한 통제감을 높일 수 있고 역기능적 계획의 활성화와 불확증 정보의 효율적인 처리를 촉진할 수 있다. 괴로움을 유발하는 촉발조건을 제거한다고 SREF의 지속성이 봉쇄되는 것은 아니기 때문에 문제에 대한 상세한 분석과 고도의 치료 기술이 필요하다.
- 일부 장애에서 역기능 처리가 일어나는 곳은 주로 메타인지 영역이다. 이것은 강박장애 같은 장애에 대한 좀 더 구체적인 임상적 개념화를 개발할 수 있음을 시사한다.
- 현재 모델을 기반으로 한 임상문제의 개념화는 환자에게 다음과 같은 내용을 전달해야 한다. ① 역기능적 처리의 유지는 의도적으로 수정할 수 있는 대상이다. ② 하지만 대부분의 상황에서 자기조절을 유지하기 위해 의식적 통제가 꼭 필요한 것은 아니다(즉, 환자가 비교적 자동적인 활동에 대해 통제처리를 적용할 수도 있지만, 그럴 필요는 없다). ③ 정서적 문제는 사회적, 신체적 및 인지적 자기에 관한 잘못된 지식이 원인이다. ④ 이런 지식은 그 지식과 관련된 행동계획(예: 행동 회피, 신체에 대한 초점주의, 반추적 처리 등)에 의해 유지된다. ⑤ 자기에 관한 신념과 사고 및 행동계획을 수정할 필요가 있다.
- 비현실적이며 비생산적인 목표가 바뀔 수 있도록 계획목표를 명시해야 하며, 그래야 목표 달성에 실패하는 것의 의미를 탈재앙화할 수 있다.
- 새로운 계획이 역기능적인 계획을 무효화하려면(즉, 지식 활성화의 자극 일반화를 달성하려면) 새로운 계획의 집행을 수반하는 광범위한 정서적 유발자극(상황)에 노출되어야 한다.
- 환자는 선언적 지식의 잘못된 속성을 인지적으로 알 수 있어도 여전히 그런 인지가 옳은 것처럼 '느낀다'. 이런 경우, 치료가 불일치를 줄이는 방식으로 계속 작동하는 역기능적 인지 및 행동계획을 수정하지 못했을 가능성이 있다. 이런 현상은 치료 과정에서 환자가 아직 그런 역기능적 계획에 대한 대체 계획을 개발하지 못한 채, 기타 역기능적 지식을 주지화(intellectualise)할 수 있는 보편적인 메타인지 계획을 개발한 결과일 수 있다.

- 보통 언어적으로 이루어지는 끈질긴 SREF 평가는 자기지식의 내용과 하위 네트워크의 활동에 해로운 방법으로 영향을 미칠 수 있기 때문에 정서 유발자극에 노출된 이후에 이런 유형의 처리가 일어나지 않도록 예방해야 한다. 즉, 환자는 스트레스가 심한 자극이 '스스로' 쇠퇴되어 SREF에서 적극적으로 재순환되지 않도록 환자를 격려해야 한다. 여기에는 정서 문제를 다루기 위한 일반적인 전략 변화가 필요할 수 있다.
- 역기능적 SREF 증후군을 수정하게 하는 치료의 효능성에 대한 일반적 지표는 그 치료가 자기초점적 처리 경향을 얼마나 감소시키는가의 정도이다.

제14장

결론

이론적 쟁점 개관

이 책의 처음 두 부분에서는 주의와 정서에 관한 다양한 이론을 검토하였다. 제12장에서 제시된 새로운 이론을 구성하는 과정에서 우리는 기존의 이론적 명제들을 채택하거나 수정하거나 거부하였다. 이 절의 목적은 우리 이론과 관련된 주요 이론적 쟁점을 요약하고, 기존 이론에 힘입은 바가 무엇인지 인정하고, 우리 이론과 다른 이론의 주요한 차이점을 확인하려는 것이다. 후속 절에서는 SREF 모델에 대한 향후의 실험적 작업, SREF 이론과 정서에 대한 심리생물학적 접근 사이의 관계 그리고 미래의 임상지향적 연구에 대한 모델의 함의를 살펴본다.

정보처리 프레임워크의 선택

네트워크 및 스키마 이론 같은 모든 프레임워크는 은유이며 문자 그대로 받아들여서는 안 된다. 이론 개발을 위한 충분한 노력과 성과물과 함께 현재의 정서와 편향에 관한 가용자료들이 아마도 요즈음 사용되는 대부분의 프레임워크에 맞추어질 수 있을 것이다. 우리는 자원과 전략의 역할을 받아들이고 자동 처리와 통제 처리, 집행 처리를 구분하는 현대의 주의 및 기술 이론들(예: Ackerman, 1988; Norman & Shallice, 1985)은 정서적 편향 효과를 설명하는 데에 특히 적합하다고 본다. 기술 이론을 채택함으로써 우리는 일상생활의 정서적 병리는 대부분 친교관계를 시작하거나 유지하는 것과 같은 복잡한 사회적 만남에서 가장 전형적으로 나타난다는 사실을 다룰 수 있다. 이러한 조건에서 과거 경험은 행위를 위한 일반적인 지침일 뿐이며 실제 행동에는 학습된 기술을 재구성해서 현재 상황에 비추어 평가하고 대응하는 것이 필요하다. 기술의 절차화 정도에 따른 인지학습 단계와 자동화 단계의 숙련된 행동 이론(Anderson, 1982)은 부적응적인 '생존 기술'이 어떻게 개발되고 유지될 수 있는지에 대한 통찰을 제공한다. 과도한 자기초점적 처리는 인지 단계에서 비효율적인 기술의 개발과 수정 및 집행, 부적응적 처리절차 및 자기지식의 장기 저장, 기존의 부적응적 절차 수정의 어려움으로 이어진다. 부적응 절차는 다른 활동에 할당할 수 있는 주의 용량을 과도하게 써 버리고 주의 편향을 유발하는 전략들을 개시하게 한다. 과거의 연구는 정서가 규칙 기반의 생산시스템에 영향을 미친다는 것은 인정했지만(예: Forgas, 1989) 주의 처리의 역할과 생산 운용의 수정 필요성에 이의를 제기하지는 않았다.

이러한 관점에서 볼 때, 기타 프레임워크에는 다음과 같은 단점이 있다. 네트워크 이론은 하위 수준 처리와 활성화 확산을 지나치게 강조하게 하는 경향이 있다. 통제 처리는 네트워크 이론 내에 수용될 수 있지만(Ingram, 1984), 그러한 이론들은 부정적 구성물과 관련된 하위 처리 단위의 활성화가 없는 경우에도 어떻게 부정적 편향이 개인의 전략과 실행 루틴의 통합적인 부분이 될 수 있는지를 설명하기 어렵다. 우리는 그런 임상 환자의 처리가 자극 입력이 명백하게 부정적인 것이 아닐 때에도 항상 부정적 신념에 따르도록 점화된다는 것이 말이 된다고 주장한다.

Williams 등(1988)이 제안한 것 같은 주의 이론은 편향 효과를 너무 엄격하게 특정 주의력 단계에 국한시키는 것 같다. 제4장과 제5장에서 논의했듯이 이러한 정도의 편향 특수성에 대한 증거는 모호하다. 그러나 어느 정도는 맞을 수 있다. 불안 환자들에서 특징적인 일반적 계획은 아마도 특정 처리 단계를 지향하는 경향이 있을

수 있다. 게다가 이 프레임워크는 학습기반의 효과, 말하자면 특정 계획들의 절차화 정도의 차이 같은 학습기반의 효과를 잘 받아들이기 어렵다. 불안의 스키마 이론(예: Beck et al., 1985)은 많은 면에서 본 접근법과 유사하게 정서장애의 본질을 자기 관련 지식을 기반으로 파생된 것으로 본다. 이 이론의 약점은 지식이 어떻게 주의 처리와 상호작용하는지를 특정하지 않는다는 것이다. 그래서 우리의 접근법이 설명할 수 있는 편향 효과의 과제 특이성을 설명하지 못한다.

불안의 주의 편향의 원인

우리는 정보 선택의 통제와 정보평가 및 대처 전략 선택에 대한 일반 계획의 내용 때문에 주의 편향이 일어난다고 주장하였다. 그러나 편향의 본성은 그것이 일반계획의 실시간 수정 및 계획실행과 하위 수준 처리의 침투물 간의 역동적 상호작용, 그리고 용량 제한의 직접 및 간접 효과에 달려 있는 한 본래는 불안정한 것이다. 이런 관점은 장기기억 내의 상위 수준의 자기 관련 정보가 주의에 대해 하향식 영향을 미치는 것을 강조하는 네트워크 이론(Bower, 1981, 1987)이나 Williams 등(1988)의 주의 이론과는 다르다. 이 가설은 그 기제는 구체적으로 밝히지 않았지만 평가가 지식기반의 영향을 받는다는 스트레스 교류 이론(transactional theory of stress; Lazarus & Smith, 1988)과도 비슷하지 않다. 우리는 우울증을 불수의적 하위 수준 처리와 불안 및 기타 정서장애로 일반화된 잘못된 인지통제 전략의 상호작용의 결과로 나타나는 것으로 보는 Ingram(1984)의 견해를 고려한다. 하지만 우리는 불안 증상의 개인차를 기본적으로 자기참조 처리 과정을 생성하는 절차지식을 포함하는 자기 관련 지식의 내용 때문에 나타나는 것으로 본다. 우리는 또한 불안과 우울 모두에서 전략적인 후주의적 처리의 역할을 강조한다. 증거에 대한 우리의 해석(제5장 참조)은 하위 수준의 전주의적 처리를 위협 민감성의 개인차가 아니라 주로 자극의 위협과 같은 비교적 객관적이고 외적인 자극 속성의 영향을 받는 것임(Pratto & John, 1991)을 주장한다. 이런 증거를 다르게 보는 학자들도 있고(예: MacLeod & Rutherford, 1992), 따라서 선택적 주의에 대한 실험 연구에서 드러난 편향을 더 세련되게 분석할 필요가 있다.

자동성

제5장에서 우리는 수의적 통제, 용량 사용 및 의식이라는 세 가지 기준으로 볼 때 편향의 자동성에 대한 증거가 과장되었다고 주장하였다. 이런 견해는 Bower의 후속 이론(Bower & Cohen, 1982)과는 그 차이가 덜하기는 하지만, Williams 등(1988)이나 Bower(1981)의 견해와는 차이가 있다. 우리는 불안의 효과를 완전하게 이해하려면, 예를 들면 과잉경계 현상의 기저에 있을 전략과 같은 전략선택을 분석할 필요가 있다는 Eysenck(1992)의 견해에 동의한다. 우리는 거의 모든 사람이 주의 용량 감소를 불안 상태의 중요한 요소로 간주하는 것에 동의하지만, 특히 선입견적 자기사고를 인지적 간섭의 주요 원인으로 보는 Sarason 등(1990)의 견해에도 동의한다. 우리는 또한 불안 환자는 자기참조와 과제참조라는 동시적 목표를 유지하기 어렵고 또한 용량 부족에 의해 직접 매개된다는 점에서 불안 결핍이 종종 동기적일 수 있다고 주장했다. 또한 SREF 이론에 따르면 선입견적 자기의 즉각적인 원인은 특정 자기조절 계획의 개시에 의해 발생된 통제 처리이다. 그러나 자동 활성화는 지식 활성화 이론과 비슷한 방식으로(Higgins, 1990) 특정 계획이 도출된 일반 계획의 선택에 기여할 수 있다. 물론 우리는 이 점에서 자동성은 아마도 부분적인 것일 뿐이라는 Bargh(1992)의 주장에 동의한다. 주의에 관한 연결주의 이론들(예: Cohen et al., 1992)은 자동처리를 일부는 하위 수준의 연합적 연결과 상위 수준의 '주의 단위(attention units)' 모두에 의해 활성화되는 것으로 개념화할 수 있는 적절한 프레임워크를 제공한다. 장기기억의 정보가 주의자극을 처리한 결과로 활성화될 수 있다는 Logan(1990)의 견해는 지식 활성화 과정에 대해 더 많은 통찰력을 제공할 수 있을 것이다.

자기초점 주의의 역할

우리는 자기초점이 정서장애의 핵심 특징이라는 Ingram(1990)의 주장과 자기초점 처리의 본질은 기본적으로 조절적이라는 Carver와 Scheier(1981)의 가설을 지지한다. 그러나 우리는 자기초점과 지식 기반 간 상호작용의 다양성을 더 강조하고자 한다. 활성화된 특정의 일반 계획은, 예를 들어 주의를 외부의 자기참조 자극에

둘 것인지 아니면 내적인 반추와 평가에 둘 것인지를 결정한다는 점에서 자기초점의 행동 결과에 영향을 미친다. 반대로, 이 계획은 장기기억 내의 자기 관련 정보와 절차의 재구성으로 이어지거나 또는 이런 재구조화를 차단하는 집요한 인지를 유발할 수도 있다. 우리는 또한 사회적 단서에 대한 자기참조 처리 및 자기지식과 사회적으로 유도된 자기지침 간의 불일치의 활성화(Higgins, 1990) 그리고 정서장애를 유발하는 공적 자의식의 중요성을 강조한다. 비임상 표본에서 공적 자의식은 사적 자의식에 비해 정서적 스트레스와 더 일반적인 관련성이 있는 것으로 보이며, 이것이 웰빙에 미치는 영향은 필요한 주의 용량과 이차 평가 같은 요인에 따라 다를 수 있다.

역동적 요인

우리는 스트레스 교류 이론(Folkman & Lazarus, 1984)에서 부정적인 영향을 일으키는 사회적 만남의 변화무쌍하게 펼쳐지는 본성의 중요성을 차용한다. 불안과 주의에 대한 실험실 실험은 과제수행에 대한 피드백 처리와 체계적 변화를 간과하는 경향이 있다. 자기지식은 선택적 주의에 영향을 미치지만, 시간이 지남에 따라 선택 전략이 지식 기반을 재형성하도록 피드백한다. 우리는 병리를 촉진시킬 수 있는 세 가지 '악순환' 사례를 확인하였다. 첫째, 공황발작에서 분명히 드러나는 것으로, 하위 수준 처리에 의해 생성된 부정적 인지와 신체 감각의 상호 강화적 순환이다(Clark, 1986). 감각은 의식에 침투하여 자기초점 처리와 부정적 평가 절차를 활성화하며, 이는 반대로 침투를 증폭시킨다. 둘째, 자기초점이 적응적 대처 반응과 부적응 신념의 변화를 방해하는 장기간의 반추적 인지를 발생시키는 경향이다(예: Nolen-Hoeksma, 1991). 우리는 이런 유형의 평가 과정을 반복적으로 서로를 호출하여 상위 수준의 자기조절을 하기 어렵게 만드는 경향이 있는 '네트워크'를 형성하는 특징이 있는 것으로 보았다. 셋째, 우울증과 관련이 있을 수 있는데, 바로 사회적 상호작용을 퇴화시키는 순환이다(McCann, 1990). 부정적인 자기신념은 사회적 기술을 손상시키고 타인에게 별 매력이 없는 유형의 반응을 일으키며, 부정적인 피드백에 대한 민감성을 높인다. 이러한 특성은 우울증 환자와 상호작용하는 상대방의 부정적인 반응을 이끌어 내는 경향이 있으며, 이것이 다시 환자의 부정적인 믿음을 강화한다. 부정적인 정보의 재순환(Ingram, 1984)과 같은 역동적인 효과의 중요성은 과거에도 알려졌던 것이지만, 우리가 보기에 SREF 이론은 그 특성을 특히 명시적으로 설명하고 질적으로 다른 기타 순환적 효과와 구분하고 있다고 생각한다. 우리는 어떠한 공식적인 시스템이론도 참조하지 않는데, 이는 심리학에서 그런 이론은 너무 자주 복합적이고 검증 불가능한 상호 상관을 제안하는 빌미를 제공하기 때문이다. 하지만 향후 역동적인 과정에 대한 관심은 더 많이 필요하다.

개별 장애들의 차이점과 유사점

우리는 서로 다른 유형의 정서장애를 완전히 다른 정보처리 기제와 관련이 있다고 가정하는 Williams 등(1988)과는 전혀 다르다. 우리는 다양한 장애가 과도한 자기초점과 부적응적 지식구조에 의한 주의 유도와 같은 질적으로 유사한 특징을 공유한다고 가정하는 Ingram(1990)과 Beck 등(1985)의 견해에 동의하는데, 이런 가정은 스트룹 검사 효과의 일반성으로 명백하게 입증되었다. 불안과 우울의 인지적 결과의 중첩은 임상 진단의 특성들이 중첩으로 나타난다. 잠정적으로 우리는 Clark과 Watson(1991)의 일반적인 정서장애의 진단범주에 따라 정서장애의 주의 편향에 관한 공통 요소를 확인한다. 향후 강박 신경증, 공황장애 및 공포증과 같은 정서장애의 관계에 대한 연구가 필요하다. 아마도 Clark와 Watson(1991)에 의해 밝혀진 구체적인 불안 및 우울 증후군처럼 특정 장애와 관련된 인지의 편향에는 어느 정도 특이성이 있을 것이다. 우리는 주의 편향에 대한 향후 연구에서는 해당 장애의 특이한 인지적 특성을 검증하기 전에 일반적인 정서 고통을 '부분 제거'하려는 시도가 있어야 한다고 본다.

현재의 모델은 불안, 우울 및 강박장애 그리고 어쩌면 기타 다른 장애들도 일반적이고 핵심적인 역기능적 주의 증후군과 관계가 있음을 시사한다. 특정 장애의 특수한 특징은 이런 일반적 증후군과 겹쳐져 있는데, 이는 그런 증후군이 자기지식의 본질 및 SREF 평가 결과의 내용, 전략 및 목표상태에 의해 결정되기 때문이다. 우울증의 경우, 평가의 주제는 상실과 실패에 관한 것이고, 전략은 정서에 초점을 맞추고 노력을 회피하는 것이며, 목표의 요구를 충족시키는 것에 계속 실패한다. 불안장애인 경우, 평가의 주제는 장래의 위협과 위험에 관한 것이고, 전략은 위협 자극의 탐

지와 정서 중심 대처이며, 목표불일치는 자기보존 목표를 달성하지 못하리라는 기대에 관한 것이다. 강박증인 경우, 평가는 자신과 타인의 장래의 위해에 대한 개인 책임에 관한 것이고(Salkovskis, 1985 참조), 전략은 주로 메타인지적이며, 목표는 현재와 미래 모두에서 실패 예상이 특징일 수 있다. 이렇게 중요한 차이가 있지만 그래도 이들 모든 장애는 공통적으로 SREF 증후군의 특징을 공유한다.

개인차

성격과 개인차에 대한 우리의 접근은 성격과 상황 요인의 공동 영향을 강조하는 현대의 상호 작용주의 접근법과 일치한다(Deary & Matthews, 1993). 성격 효과의 강도는 평가와 대처의 개인차의 범위에 따라 달라질 수 있다. SREF 모델은 성격의 서로 다른 측면의 인지적 기반을 어느 정도는 구분한다. 우리는 기질적 자기초점을 본질적으로 SREF와 자기 관련 지식을 모두 활성화시키는 처리루틴의 접근가능성과 같은 것으로 보았고, 신경증은 평가와 대처를 위한 부정적인 자기 관련 지식과 절차에 대한 접근 가능성과 같은 것으로 보았다. 또한 우리는 특질은 주로 지식기반 그리고 상태는 SREF 처리의 범위 및 특징과 같은 것으로 보았다. 하지만 성격의 부적응적 측면들이 상위 수준의 SREF 활동에 의해 활성화되는 것처럼 특질과 상태는 상호작용할 것이다. 우리의 접근 방식은 성격과 관련된 인지구조와 처리 과정의 인과적 중요성을 유지하는 반면, 지나치게 단순화된 성격에 대한 심리생물학적 접근 방식의 함정을 피하고 있다. 또한 우리는 성격이 인지와 감정에 미치는 영향을 맥락에 관계없이 그저 '부정적 정서'(Watson & Clark, 1984)라는 핵심적 특질에 과도하게 의존해서 설명하는 것을 피한다.

더 많은 실험 연구

이 절에서는 이론적으로 불확실한 주요 영역 중 일부와 정서장애의 주의 이론을 이 분야의 연구를 통합하는 데 필요한 종류의 작업에 대해 설명한다.

기술 이론 개발

심리학의 모든 이론적 진술은 과학적인 엄격함과 응용의 유연성을 헤아려 봐야 한다. 스키마와 네트워크 이론은 너무 유연해서 예측과 다른 결과를 수용하기 위해 이론을 수정하기가 너무 쉽다고 주장할 수 있다. Williams 등(1988)의 처리 단계 이론에 대한 우리의 견해는 그것이 오히려 반대 방향으로 문제가 있다는 것이다. 이 이론이 틀렸음을 입증하기는 쉽지만, 그런다고 우리가 전략 사용의 다양성 때문이라고 보았던 주의와 불안이 우울에 미치는 영향을 쉽게 설명할 수 있는 것은 아니다. 주의 편향을 설명하기 위한 틀로서 기술 이론(skill theory)을 사용하는 것은 경험적 증거의 현재 상태를 고려할 때 엄격함과 유연성 사이의 최적 균형에 더 가까워질 수 있다. 그러나 피해야 할 몇 가지 함정이 있다. 주요한 위험은 순환론의 위험성이다. 모든 구체적 편향을 해당 자료에 맞아떨어지는 것처럼 보이는 가설적 계획의 탓으로 돌리기가 너무 쉽다. 우리가 실험 연구를 분석하는 목적은 일단 위협에 주의가 가면 그것이 해당 위협자극이나 위치를 감시하기 위한 하나의 일반계획을 활성화한다고 가정함으로써 불안과 우울의 다양한 효과를 절약적으로 설명할 수 있다는 주장을 통해 이런 문제를 피하려는 것이다. 즉, 해당 계획의 입력과 출력을 자세하게 명시한다. 범불안장애와 우울증 및 기타 정서 장애와 관련이 있을 수 있는 계획을 찾아내기가 더 어려웠으며 이는 향후 연구 과제 중 하나임을 나타낸다. 현재 접근 방식의 성공 여부는 합리적으로 광범위한 작업에 영향을 미치는 비교적 적은 수의 계획을 찾아내는 것에 달려 있다.

자기 관련 지식의 절차화의 역할을 연구하는 것도 중요한다. 우리가 확인한 주의집중 계획의 특성은 기술 학습에서 자율적 단계의 전형으로 보인다(Anderson, 1982). 절차지식과 선언지식이 공존하며, 기술의 시작은 일부는 수의적이고 일부는 자동적이며, 수행은 주의 용량이나 작업기억에 의해 제한된다. Matthews 등(1992)은 수행의 개인차가 실제로는 자율적 단계에서 용량 제한에 가장 민감할 수 있다고 주장했다. 개별적인 처리의 용량 요구는 인지 단계에서 최대일 수 있지만, 수행에 대한 주요 영향요인이 되는 전략 변화에 따라 요구자원이 급격히 증가하는 경향이 있다. 따라서 부적응적인 절차화를 유발하는 인지적 요소에 더욱 주의를 기울일 필요가 있다. 우리가 제안한 가장 단순한 가설은 과도한 자기초점이 주의 의존적 학습을 방해하지만, 다른 가능성도 있다는 것이다. Anderson(1987)은 초기 기술학습을 하위 목표를 정의하거나 해결책에서 역으로 작업하는 것과 같이 선언적 지식에 적용되는 '약식 문제해결 절차'의 통제하에 있는 것이라고 설명한다. 정서장애의 한 가지 요소는 이러한 일반적인 절차를 잘못 적용하는 것일 수 있으며, 이는 결국 특정 절차의 부적응을 초래할 수 있다. 실제로 문제해결 기법보다는 자신의 신념과 동기 및 감정을 면밀하게 살펴 규정하는 자기초점을 개시하는 것이 약식 문제해결 절차일 수 있다. 불안한 피험자를 약간의 새롭고 상대적으로 복잡하고 잠재적으로 위협적인 상황에 노출시키고 그 안에서 학습하는 과정을 추적할 수 있는 언어 프로토콜을 얻는 그런 종류의 실험이 필요할 것이다. 대안적 방법은 약식 절차와 관련될 수 있는 정서장애에서 메타인지의 역할을 조사하는 것이다. 메타인지의 손상(Slife & Weaver, 1992)과 '걱정에 대한 걱정'(Wells, 1994a, 1994b)이 부적응적 학습에 직접 연루되어 있는지를 결정하기 위해서는 상세한 연구가 필요하다.

하위 수준 처리 연구

하위 수준의 정서적 정보처리가 어떤 특징이 있는지, 어떻게 영향을 받는지에 대한 연구가 드물다. 현재의 모델은 주의 편향에 대한 실험적 증거(제5장 참조)를 근거로 자기지식과 SREF 활동 수준의 기능장애에 초점을 맞추지만, 하위 네트워크에서 장애의 가능성을 배제하지 않는다. 자동 처리 이론에 따르면, 반복적이고 일관성 있는 S–R 결합은 하위 수준 처리단위 간의 강력한 상호연결을 만들 수 있고 이것이 최소한의 주의 입력과 의식적 각성만으로도 상당히 복잡한 처리를 가능하게 한다(예: Norman & Shallice, 1985; Schneider et al., 1984). 어떤 사람들은 정서적인 자극을 '지능적으로' 처리하는 것 같지만 실제로는 부적응적이고 SREF 활성화에 앞서는 역기능적 감정을 생산하는 상호 강력하게 연결된 비교적 복잡한 회로를 가지고 있을 수 있다고 추측해 볼 수 있다. 정서장애에서 지능적인 하위 수준 네트워크는 더 복잡한 상위 수준 지식을 발달시키기 전인 인생 초기에 반복적인 노출을 통해 습득한 해로운 S–R 연합으로 반응하는 것일 수 있다. 이러한 구성물은 상위 수준의 지식 개발의 양상에 영향을 미칠 수 있고 또한 해당 상위 수준이 수정된 이후에도 여전히 역기능적으로 작동할 수 있다.

우리는 앞에서 하위 수준이 중요한 자극에 대한 해석상의 개인차보다는 주로 외부 자극에 맞춰져 있다고 제안했다. 따라서 하위 수준의 부적응은 사람이 비정상적인 환경에 노출되었을 때, 특히 장기간에 걸쳐 발생할 가능성이 크다. 하위 수준은 또한 종종 불안과 우울을 유발하는 복잡하고 모호한 사회적 자극보다는 타고난 공포 자극(Gray, 1987)에 더 민감할 수 있다. 이러한 자극은 고정된 S-R 연합과 관련될 것 같지 않으므로 복잡한 하위 수준 관련 처리를 활성화하지는 않을 것 같다. 하위 수준 부적응의 조건들은 외상에 노출될 때와 가장 잘 맞는 것 같다. 예를 들어, 퇴역 군인은 여러 경우에서 즉각적인 조치가 필요한 심각한 신체적 위협에 직면해 있다. 군사 훈련은 부분적으로 위협 신호에 대응하는 '자동적인' 안전 추구 또는 공격 반응의 개발에 맞춰져 있으므로 비일상적인 S-R 경로가 이미 존재한다. 부적절한 공격이나 공포 행동과 같은 PTSD의 증상 중 일부는 하위 수준 처리의 '우연한' 격발요인에 의해 생성될 수 있고, 부적응적인 경로를 직접 치료하는 행동 지향적 치료법으로 성공적으로 치료할 수 있다. 그러나 하위 수준의 역기능이 상위 수준에 침입물이나 기타 피드백을 줘서 SREF를 활성화시키는 경향이 있다. 방금 타인을 비합리적으로 공격한 퇴역 군인은 다른 정서장애의 경우와 마찬가지로 자책감, 통제력 상실, 장래 사건이나 사회적 비난에 대한 두려움 등을 겪을 것이다. 따라서 하위 수준의 부적절한 조정은 SREF 기능 장애와 뒤섞일 수 있다. 하위 수준의 네트워크가 좀 더 정상적인 환경으로 '재편성'되는 동안 부적절한 하위 수준 경로가 소멸되는 것을 방해하는 것조차 SREF의 역기능일 수 있다.

우리는 낮은 수준에서 있을 수 있는 부적응의 역할에 대해 논할 때, Teasdale(1993)이 제기한 우려, 즉 스키마 이론 같은 구체적인 명제들로 표현된 인지이론들의 임상적 성공은 제한적이라는 우려에 대해 부분적으로 답을 제공하였다. Barnard와 Teasdale(1991)은 명제적 규칙을 포괄적이고 전체적인 의미의 수준을 나타내는 '암묵적' 규칙과 구별해야 한다고 제안한다. 정서는 암묵적인 규칙과는 직접 연결되어 있지만 명제적인 규칙과는 그렇지 않으므로 정서장애는 아마도 암묵적 규칙(implicational codes) 형성의 비정상성과 관련이 있을 것이다. 그러나 우리의 이론적 접근법은 Barnard와 Teasdale(1991)과는 달리 규칙 유형보다는 통제 수준을 강조한다. 하위 수준 처리는 익숙하고 과잉 학습된 명제를 재현하는 것으로 제한되어 있겠지만, 우리는 명제의 처리가 하위 수준과 상위 수준 모두에서 가능하다고 본다. 문

제는 자동 처리가 침투물과 관련된 구체적 명제를 생산하는 것 외에도 정서 상태를 직접 생성할 수 있는지 여부이다. Barnard와 Teasdale(1991)은 암묵적 규칙을 의식에 접근할 수 없는 특정한 의미 기반 처리 때문인 것으로 잘못 본 것일 수 있다. 그보다는 암묵적 규칙은 하위 수준 처리에 상응하는 것이 아니라 SREF의 인공두뇌적 계획 상태에 상응하는 것이며, 이는 구체적인 정보가 아닌 개인의 일반적인 동기 상태를 비슷하게 표현한 것일 수 있다.

발달상의 쟁점

성인기의 정서적 문제가 아동기와 청소년기의 어려움과 어느 정도 관련되어 있음은 의심의 여지가 없다. 특히 가족의 혼란이 장기화될 때 더욱 그렇다(Coyne & Downey, 1991). 외상의 영향은 아동기와 성인기 모두에서 사회적 지지에 의해 완화되지만 아동기 외상, 특히 학대는 성인기 우울증과 관련이 있다(Coyne & Downey, 1991; Holmes & Robins, 1988). 죄책감과 방어성 같은 신경증과 관련된 성격특질은 적어도 십대 시절부터는 비교적 안정적이다(Block, 1971; Holmlund, 1991). 어떤 성격 측면이 안정성을 보이는가에는 일부 성차가 있다. 교사가 평정한 13세 때의 친밀감은 남성의 경우 14년 이후의 불안과 긴장을 예측하지만 여성의 경우는 부정적인 감정을 예측하지 못했다(Af Klinteberg, Schalling, & Magnusson, 1990). 반대로, 의존성과 수동성은 남성보다는 여성에서 더 안정적으로 나타난다(Kagan & Moss, 1962). 이런 성차는 연령변화에 따른 남녀의 사회적 역할과 기대의 차이와 관련이 있을 수 있다. Pulkkinen(1992)은 어린 시절의 대처 스타일이 성인기 적응에 영향을 미칠 수 있다고 제안한다. 그녀의 종단 자료에 따르면 8세 때의 건설적인 대처방법이 26세 때의 신경증과 부적 관계가 있다.

고학년 아동의 경우 인지적 스트레스 처리는 성인기와 비슷하게 기능하는 것 같다. Goodyer와 Kolvin, Gatzanis(1985)는 신규 사례로 심리치료 시설에 내원한 아동의 60%에서 지난 12개월 동안 발생한 삶의 사건이 잠재적 인과요인이었다는 사실을 발견했다. 이 표본에서 특히 부모와의 격리 사건은 심각한 수준의 불안과 우울장애에 특히 중요한 것으로 나타났다. 성인기에 중요한 요소인 사회적 지원 및 대처능력 같은 요인들은 스트레스원의 영향을 조절하는 것으로 보인다(Goodyer, 1988).

특히 어린아이들은 필연적으로 대처방법들이 제한적이다. 예를 들어, 내적 인지 과정에 대한 통찰력 부족(Harris, Olthof, & Meerum Terwogt, 1981)은 대처 범위를 정서 중심 대처로 제한할 가능성이 있다. Nolen-Hoeksma(1991)는 부모로부터 효과적인 대처방법을 배우지 못한 아동은 부적응적이고 반추적인 대처 스타일을 발달시킬 수 있다고 주장한다. 임상적으로 우울한 부모의 양육방식이 자녀를 우울증의 위험에 빠뜨리고 부모의 증상을 악화시키는 열악한 가족 내 상호작용을 발생시키는 방식에 대해 그동안 상당한 관심이 있었다(Downey & Coyne, 1990).

현재의 관점에서 중요한 질문은 나중에 병리에 영향을 미칠 수 있는 아동기의 지속적인 자기 관련 지식구조가 어느 정도나 발달하는가이다. Higgins(1987)에 따르면 정서적 고통에 대한 성인의 취약성은 부모가 정한 가이드를 충족시키는 것이 필수적이라고 믿는 것과 관련이 있다. 더 상세한 이론적 설명(Higgins, 1989)에 따르면, 부모의 수준 높은 관여와 반응 같은 보살핌의 특성으로 생긴 강력한 자기지침은 성인기의 높은 자기조절과 더 많은 친사회적 행동을 가져오기도 하며 또한 더 부정적인 자기평가와 정서 문제의 원인이 되기도 한다. 즉, 사회화 정도와 정서적 만족도 간에는 상충관계가 있다. 하지만 상세한 가설을 지지하는 증거, 특히 종단 연구의 증거는 별로 없는 것 같다.

기술 이론과 관련해서 무엇보다 연구해야 할 것은 잠재적 위협에 대응하여 이루어지는 학습의 특수성을 조사하는 것으로 보인다. 놀이터에서 따돌림 당하기 같은 어린 시절의 위협을 다루려고 개발한 절차가 성인기에는 입력 조건이 맞지 않아 그 강도가 서서히 줄어들 것으로 예상할 수 있다. 자기에 관한 부정적 신념들을 구축하거나 사회 문제에 대해 부적응적인 일반 문제해결의 루틴성이 생긴 어린이인 경우, 이런 신념이나 루틴은 성인기 문제에 의해 격발되기에 충분한 일반성을 가진 절차로 유지되고 나중에 정서장애에 취약할 수 있다. 스키마의 내용은 인지발달의 수준에 따라 변화하는 경향이 있지만(Markus & Cross, 1990), 매우 어린 아이조차 안정된 자기스키마가 존재하는 것 같다. 아동기의 자기조절 기술이 훗날 적응에 중요하다는 증거도 있다. 훗날의 보상을 위해 현재의 만족을 지연할 수 있는 학령전 아동은 부모가 13년 후에 평가한 스트레스 저항성, 주의 통제, 계획성, 자존감, 사회적 역량에서 더 높은 점수를 받았다(Mischel, 1984). 향후 연구는 아동기부터 성인기까지 적응의 연속성이 유지되는 인지구조를 확인하는 방향으로 진행되어야 한다.

심리생물학적 과정의 역할

이 책 전체에서 우리는 인지구조가 불안 증상과 과정을 설명하는 가장 적절한 수준의 설명을 제공하고 있음을 강조하였다. 심리생물학적 과정은 주로 비특이적 각성과 그것의 신체적 체현의 형태로 기여하였다. 기저의 중앙 각성 시스템(Thayer, 1989)의 지표가 될 수 있는 주관적 에너지는 우선순위가 높은 과제를 위한 주의 자원의 가용성과 직접 관련이 있다(Matthews, 1992a). 에너지 부족은 특히 우울증의 인지적 손상에 기여할 수 있다. 우리는 자동적 각성과 관련된 구체적 생리반응의 지각이 하위 수준 처리 과정에서 나타나며, SREF 기능을 활성화 또는 유지시키는 침투를 유발할 수 있음을 확인하였다. 그러나 이들 과정 중 어느 것도 비-신체적 위협 정보에 대한 인지적 편향과 직접적으로 관련짓지 않아서 이 절에서는 불안에 대한 심리생물학적 접근과 인지적 접근을 성공적으로 통합할 수 있는지 살펴본다. 우리가 세부적인 관련 생리학을 기술하기에는 공간이 부족하므로 이런 종류의 모델을 모르는 독자는 이 절을 건너뛰고 싶을 수도 있다.

심리생리적 준비 및 동원

제3장에서 논의했듯이 초기 주의 과정과 관련이 있는 것처럼 보이는 OR(지향반사)과 같은 심리생리적 반응에 대한 광범위한 연구가 있다. 경악반응의 크기에서 정서 편향의 증거도 있을 정도이다(Lang et al., 1990). 이런 종류의 처리는 일부 상황에서 정서자극의 전주의적 우선순위 정하기와 분명히 관련이 있겠지만(예: Kitayama, 1990), 우리는 전주의적 자극의 정서 효과는 주관적 기분에 민감하지 못하다고 주장하였다. 더욱이(소위 '불안정'이라 하는) 자발적 피부 전기 반응율로 재는 일시적인 자율신경계 반응이 잘 나타나는 경향이 있는 사람은 그렇지 않은 사람에 비해 주의를 더 잘 유지하는 것 같다(Davies & Parasuraman, 1982). 높은 비율의 지향반응 경향은 손상에 의한 불안보다는 도움이 되는 각성과 더 관련이 있는 것으로 보인다. 일반적으로 특성불안과 상태불안은 강한 피부 전기 반응과 관련이 없으며 불안과 지향반응 간의 연관성도 약하다(Zuckerman, 1991).

공황장애를 생리적 반응과 관련짓는 관점도 있을 수 있다. 예를 들어, Barlow (1988)와 Fowles(1992)는 공포증이 외부 자극에 조건화되는 것과 관련이 있는 것과 달리 공황장애는 내부 단서와 조건화되는 경향이 원시적인 투쟁-도피 반응과 관련이 있다고 주장한다. 그러나 Barlow(1988)가 지적한 것처럼 공황은 불안한 걱정에 취약한 사람들에서 발달할 가능성이 더 높은데, 이는 생리 과정뿐만 아니라 인지 과정과도 관련이 있다. 마찬가지로 공포증을 순전히 생리적으로만 설명하는 것은 아무래도 불완전한 것 같다. Ohman(1986)은 공포자극에 대한 반응이 자동 과정일 수도 있고 통제 과정일 수도 있으며, 위협의 본질이 투쟁-도피 체계의 신속한 활성화를 필요로 할 때는 자동 과정이 우세하게 된다고 주장하였다.

범불안장애에 관한 Gray의 동물 모델

잠재적으로 범불안에 대해 유망해 보이는 접근법은 불안의 중심기제에 대한 동물 모델에서 파생된다. Gray(1982)는 상세한 불안 이론을 제안하였다. 이 이론은 인지심리학자들의 큰 관심을 끌었는데, 특정 정보처리 기능의 신경적 기초를 꽤나 상세하게 기술하고 있기 때문이다. 불안은 많은 해부학 구조, 특히 중격과 해마를 포함하는 행동억제 시스템(Behavioural Inhibition System: BIS)과 관련이 있다. 이 시스템의 기능 중에는 실제 감각입력의 상태를 예측과 비교함으로써 실제 사건과 예측 사건의 불일치를 점검하는 기능이 있다. 예측은 현재의 감각입력뿐만 아니라 과거 환경의 규칙성에 대한 정보, 반응에 대한 유기체의 계획에서 생성된다. 불일치 탐지는 BIS의 출력, 즉 불일치 자극에 대한 주의 증가, 현재의 운동 활동 억제 및 각성수준 증가를 일으킨다. 이 시스템은 새로움에만 예민한 것이 아니라 생득적인 공포자극과 처벌 및 비보상의 신호에도 민감하다. 특성불안과 상태불안은 시스템의 민감도와 현재의 활동 수준에 직접 연결되어 있을 수 있다. 공포증은 생득적인 공포자극에 대한 민감성과 또 강박장애는 입력자극의 과도한 점검과 관련이 있다. BIS 활성화의 행동적 결과는 외견상 위협에 대한 선택적 주의 증가 및 중립자극에 대한 처리 중지와 같은 인간의 불안 효과와 비슷한 것처럼 보인다.

Gray 이론에 대한 비판: Eysenck(1992)

Eysenck(1992)는 불안의 인지 과정에 대한 Gray(1982)의 설명을 반박하는 세 가지 주요 주장을 제기한다. 첫째, 심리생리적 증거는 불안과 각성 간의 예상되는 관계를 입증하지 못하고 있다. 둘째, Gray(1982)는 불일치가 바람직한지 여부를 설명하지 못하고 있다. 예를 들어, 예상보다 덜 무서운 사건은 예측과는 반대로 두려움을 감소시킨다. 셋째, 비교작용이 행하는 인지 분석은 너무 제한적이며 특히 이차평가 및 재평가를 무시한다. 우리는 동물 모델을 그대로 인간의 불안으로 전환할 수는 없다는 Eysenck(1992)의 주장에 동의하지만, Gray의 모델은 Eysenck(1992)가 인정한 것보다 더 많은 잠재력을 가질 수 있다고 본다. Gray(1982)는 대뇌피질 구조물이 모델의 인지적 요소에 중요한 역할을 한다고 지적한다. 즉, 전전두피질은 계획을 처리하며, 대상피질은 BIS의 행동 억제 기능과 관련이 있다. 전전두엽은 또한 신피질의 언어 시스템에 의해 생성된 BIS의 통제지시를 중계할 수도 있다. 따라서 대상회(cingulate)와 전전두피질의 손상은 신경증을 감소시키고 불안과 우울 증상도 감소시키는 경향이 있다. 또한 BIS는 측두엽에서 언어부호화된 정보를 수신하므로 인지적으로 평가된 위협에 민감할 수 있다. 아마도 신피질은 BIS의 작동과 병행하여 평가 및 재평가 기능을 지원하고 그 결과를 BIS에 제공할 수 있다.

Eysenck(1992)가 무시한 Gray(1982) 모델의 두 번째 요소는 BIS로 올라가는 통로의 역할이며, 이 통로들은 BIS의 기능 특성을 변화시키는 역할을 한다. Gray(1982)는 특히 불안과 관련이 있는 운동억제 같은 BIS의 결과가 솔기핵(raphe nuclei)에서 상행하는 세로토닌성 경로의 입력에 의해 강화된다고 주장한다. 다른 경로들은 다른 효과를 발휘한다. 예를 들어, BIS의 출력으로서 각성은 비교 기능과는 관련이 없지만, 뇌간의 뇌실 열구(locus coeruleus)에서 상행하는 노르아드레날린성 경로와 관계가 있다. 즉, 비교기능에서 감수성이 증가하여 특성불안을 식별하는 것이 반드시 각성의 증가를 의미하는 것은 아니다.

구심성 상행 경로의 역할은 이 이론에 대한 Eysenck(1992)의 또 다른 반박인 불일치에 관한 반박을 재반박하는 것일 수 있다. 결과가 예상보다 덜 위협적일 때는, 세로토닌성 활동의 감소로 불안행동이 감소될 것이다. 또한 예상되는 처벌의 생략('구제')에 의해 활성화되는 별도의 보상 시스템은 BIS를 억제하는 경향이 있을 것이다.

구제적인 불일치 사건에 대한 주의향상은 해당 유기체의 장기기억에 저장된 기대의 수정을 촉진할 것이기 때문에 일정 정도의 BIS 활동은 적응적일 것이다.

Gray 이론과 SREF 모델의 호환성

Gray(1982) 이론은 인간 불안의 총체적 양상과 양립할 수 없는 것이 아니다. 조절기능과 행동계획의 역할을 강조하는 부분은 넓게 보면 현재의 이론적 틀과 대체로 일치한다. 그러나 불안에 대한 실험적 연구에서 나타난 주의 편향을 BIS의 '주의 향상'이라는 산물과 동등한 것으로 간주하기에는 몇 가지 어려움이 있다. 첫째, BIS의 핵심인 해마미측(septo-hippocampal) 체계가 언어정보를 처리할 수 있다는 Gray(1982)의 가정은 보장할 수 없다. 이런 영어를 말하는 해마를 믿어야 한다니! Gray는 단순히 신피질의 인지체계와 BIS를 연결하는 경로의 정보 부호화라는 쟁점은 다루지 않았다. Gray가 논의한 동물 증거는 이 시스템이 강도와 피치와 같은 자극의 감각적 속성을 분석한다는 것을 시사한다. 인지 시스템은 구체적인 언어 정보를 BIS에 전달하는 것이 아니라 해당 감각속성이 정의한 자극과 관련될 수 있는 위협이나 중요성의 일반 지표처럼 BIS가 처리할 수 있는 형태로 산출물을 전달한다. 그렇기 때문에 우리는 BIS가 인지적인 상징 처리 작업을 한다고 기대할 수 없다. 즉, 걱정과 관련된 언어 처리는 순전히 대뇌피질이 기원일 가능성이 크다. 둘째, BIS가 산출한 주의의 정확한 특성을 면밀하게 조사할 필요가 있다. 실제로 '주의'는 두 가지 완전히 다른 측면에서 크게 향상된다. 과거 BIS 활동과 관련된 운동 프로그램의 작동은 특별한 관심대상으로 점검된다. 그러나 이러한 점검은 전적으로 BIS 내부의 일이다. 외적 결과물은 주의에 관한 것이기보다는 반응지향적인 것이다. 이 프로그램은 더 천천히 그리고 주저하며 진행한다. 왜냐하면 BIS가 단계별 점검을 위해 그것을 방해하는 경향이 있기 때문일 수 있다. 또 다른 '주의의' 산출물은 탐색조사 행동의 증가인데, 이는 운동 프로그램의 모듈화에 의해 통제되는 것 같다. 즉, BIS 그 자체는 순수한 주의기능보다는 외적 반응에 영향을 미치는 경향이 있다. Gray(1982)의 이론적 설명에서 우리가 찾아볼 수 있는 범위에서는, BIS가 인지적 통제 전에 선택적 주의를 확실하게 담당하는 전두-시상 주의관문 체계(the frontal-thalamic attentional gating system)(Stuss & Benson, 1984)를 조절하지는 않는다.

이러한 점들을 감안할 때, 우리의 이론적 제안과 Gray(1982) 모델의 통합가능성은 다음과 같이 진행될 수 있다. 인지적 정보처리 시스템과 BIS는 병렬로 그리고 대부분 독립적으로 작동한다. 인지적 평가는 BIS의 자극점검 활동에 영향을 미치고 BIS는 인지체계를 중단하도록 한다. 수행의 결과는 다음과 같다. 주의 편향은 BIS가 아니라 인지체계의 특성인데, 이는 확장된 감시나 정교화 같이 인지체계를 지원하는 계획은 BIS의 운동반응 지향적인 출력과 상응하지 않기 때문이다. 편향이 상태불안보다는 특성불안과 상관이 있다는 점(예: Broadbent & Broadbent, 1988)도 인지가설을 뒷받침하는 것이다. 항불안 약물인 디아제팜이 정서적 상태불안을 감소시키기는 하지만 정서적 스트룹 과제의 편향에는 영향을 미치지 않는다는 것을 입증한 Golombok 등(1991)의 연구는 편향 효과가 순전히 인지적 매개에 의해 이루어진다는 직접적인 증거가 된다. 공황장애 환자가 스트룹 검사에서 특히 신체적 위협단서에 대한 주의 편향을 보인다는 증거(예: Hope et al., 1990)도 BIS가 편향을 매개한다는 가설과 일치하지 않는다. Gray(1987)는 공황의 원인을 투쟁-도피라는 다른 신경계 때문인 것으로 보았다.

BIS가 인지적 편향의 원인이 아니라면, 그것이 인지적 간섭에 대한 걱정의 역할을 설명할 수 있을까? 이 가설은 피상적인 호소력을 가지고 있다. 아마도 걱정은 입력내용을 점검하는 것과 관련이 있는데, 방금 설명한 것처럼 자율신경계 각성과 관련될 필요는 없다. 다시 말하지만, BIS가 걱정에 관한 연쇄적 사고를 지원하는 데 필요한 언어적 계산을 할 수 있다고 가정하기는 어렵다. 주로 해마 및 연관된 변연계 구조물에서 일어나는 처리가 왜 인지적 처리를 방해해야 하는지에 대해서도 명확하지 않다. 개념적으로 볼 때, BIS 활동은 인지정보 체계에 신호를 전송하여 인지 수준의 간섭을 생성하는데, 이는 구체적 정보가 아니라 인지체계의 전반적 상태에 영향을 미친다. 인공두뇌의 정보는 서로 다른 내적 부호를 쓰는 체계들 간의 전송이 가능한 형태로 유연하게 부호화할 수 있다. 우리는 자기참조 처리에는 주기적으로 자기조절이 성공적인지, 그래서 종료해야 할지를 검증하는 것이 필요하며, 그 다음 이 시스템은 최고 수준의 자기조절 목표를 달성했는지에 대한 지표 해독이 필요하다고 주장한다. 추측하건대, 아마도 BIS는 목표 달성 지표의 상태를 아직 달성하지 못한 쪽으로 편향시킬 수 있어서 인지적 처리로 실제 문제해결이 성공적으로 이루어졌음에도 계속 자기참조 처리를 지속하게 할지도 모른다. 사람은 주관적으로 자신이 정말로 문제를 해결한 것인지 또는 자신이 모든 것을 고려했는지 의심할 수 있다. 즉, BIS 활동은 인지처리를 직접 간섭하지는 않지만, 끊임없이 걱정을 시작하거나 유지할 확률을 높일 수 있다. 그렇게 되면 BIS 활동은 특히 복잡한 기술의 수행을 방해하는 것에 취약해질 수 있는데, 이는 SREF 활동의 개시는 한 가지 하위 목표에서 다음 단계 목표로 전환하는 것을 방해할 것이기 때문이다. 만일 그 인지체계가 위협이나 위협 자극의 중요성 또는 현재의 목표상태 등에 대한 비교적 추상적인 정보를 전전두피질이나 대상피질을 통해 BIS에 전달한다면, BIS와 인지체계 사이에 긍정적 피드백이 발생할 가능성이 있다. 급성 불안 삽화에서 두 체계 간의 통신은 BIS의 점검 및 통제 기능과 인지체계의 걱정 기능을 증폭시키는 역할을 할 수 있다. 이 가설은 불안 상황에서 일반적인 혼란 효과에 대한 보고와도 일치하는 것 같다. 예를 들어, Idzikowski와 Baddeley(1983)가 인용한 대중연설자의 유창성 유지의 어려움에 대한 도해를 보면, 극심한 스트레스 상황에서의 수행 저하에 대한 설명으로 병사가 총을 쏘지 못하는 것과 같은 운동억제의 가능성이 포함된다(Idzikowski & Baddeley, 1983). 그러나 직접적인 증거는 거의 없으며 실증적 검증을 하려면 이미 논의한 걱정에 대한 순수한 인지적 영향과 BIS의 역할을 분리해 낼 필요가 있다.

인간의 BIS 기능 식별: 정서와 운동 반응

인간의 BIS에 직접적으로 민감한 두 가지 기능은 느껴진 정서(felt emotion)와 운동수행이다. 불안한 정서 경험이 BIS와 연결된 변연계 구조물과 관련이 있다면(Gray, 1987), BIS가 불안 경험을 매개한다는 것이 말은 될 수 있다(정서를 뇌의 특정부위에 정확하게 국재화하는 것은 말도 안 되게 어렵지만). 이런 제안은 정서를 비교적 원시적이고 비상징적인 내적 커뮤니케이션 체계로 보는 Oatley와 Johnson-Laird(1987)의 견해와 일치하는 것일 수 있다. BIS는 때로는 옳건 그르건 어떤 불안의 원인에 대한 귀인을 형성하는 인지처리 기능과 함께 불안삽화를 일으킬 수도 있다. 그러나 인지가 정서에 강력한 영향을 미친다는 사실은 BIS가 부분적으로 또는 심지어는 주로 인지체계에서 파생된 평가신호의 정서적 변환기로 작용한다는 것을 시사한다. BIS 활동은 긴장감과 연합될 수 있고 이는 자율신경계 각성과 상당량의 상관관계가 있지만(Matthews, 1987; Thayer, 1989) 구체적인 인지적 내용을 수반하지

는 않는다. 임상적 불안은 부분적으로 BIS의 과잉활동에 의해 유발될 수 있지만, 상위 수준의 정보처리가 그렇게 중요하다는 것이 입증된 마당에 이런 가설을 진전시킬 강력한 이유는 없는 것 같다. BIS 활동이 과도한 불안의 근접 원인이라 할지라도, 먼 원인은 우리가 논의한 인지 과정과 구조일 가능성이 더 크다. 치료에 대한 신경증의 민감성(Barnett & Gotlib, 1988)과 민감성이 일반적인 위협이 아닌 평가와 사회적 위협에 대한 민감성과 특히 연합되어 있다는 점(Hodges, 1968)을 감안하면, 특성불안과 신경증이 BIS 민감성의 개인차에 의해 유발되는지도 의문이다.

Gray(1982) 모델에서 BIS 통제의 행동 결과는 운동 반응과 관련된 체계의 조절에 의해 영향을 받는다. 따라서 BIS는 Weinberg(1978)가 발견한 근육 효율성의 현저한 손상이나 손동작의 일반적인 손상(Idzikowski & Baddeley, 1983) 같은 운동 활동에 대한 불안 효과의 직접적인 원인일 수 있다. 우리는 걱정보다 정서성이 BIS 활동의 직접적 영향일 수 있다고 주장했고, 그래서 정서성 및 걱정과 특히 운동과제의 차별성을 다시 검증할 가치가 있을 것이다. 신체적 불안이 반드시 수행의 손상과 연관이 있는 것은 아니지만(Hardy & Parfitt, 1991 참조), 당연히 거대한 운동요소가 포함되는 스포츠 수행은 높은 수준의 신체적 불안에 비교적 민감한 것으로 보인다. 불안한 피험자의 망설임 반응은 BIS의 운동 억제 기능에 의해 매개된다고 생각할 수도 있다(Geen, 1987 참조). 그러나 스트레스 상태에서 특성불안 피험자들이 좀 더 위험한 방식으로 속도와 정확도를 절충한다는 Leon과 Revelle(1985)의 결과는 반응준거 효과가 인지적으로 매개된다는 것을 시사한다.

Gray 모델의 현황

피질하 신경계에 대한 관심은 주로 Gray(1982)가 검토한 동물 연구의 인상적인 결과에서 기인하며, 그러한 기제가 인간의 경우에도 어떤 역할을 하리라는 가정에서 출발한 것이다. 불안이 주의에 미치는 영향을 순전히 인지적인 것으로 설명하는 것이 부적절하다고 시사하는 실험이나 임상자료는 거의 없으며, 우리는 그러한 자료 자체가 Gray 이론이 틀렸음을 입증하는 것은 아니라고 본다. 따라서 불안이 편향과 수행 효율성에 미치는 효과는 그 기원이 크게는 인지적인 것이어서 BIS의 병렬적 작동과는 분리시켜야 한다. BIS 산출물은 정서와 운동 과정의 효율성 같은 불안의 기본적인 측면을 매개할 수 있다. 게다가 직접적인 증거는 없지만 인지체계와 BIS체계의 역동적 상호작용이 수행에 영향을 미칠 수 있다. 외현적 행동에 대한 BIS 활동의 효과는 실험적으로 연구하기 어려운 강력한 수준의 불안 상태에서만 명백하게 드러날 수 있을 것이다. 향후 연구의 진전을 위해서는 언어적 자기보고 또는 수행에 의존하지 않는 피질하 기능을 평가할 수 있는 방법도 필요하며, 그래야 인지와 BIS효과를 분리시킬 수 있을 것이다. SREF가 하는 것과 유사한 계획이나 통제기능을 지지하는 전두엽 같은 피질의 구조와 기능을 더욱 강조할 필요가 있다(Shallice, 1988). 영장류 연구는 환경에 대한 초기의 통제적 역사가 성인기의 스트레스 취약성을 감소시킨다는 것을 보여 준다(Mineka & Kelly, 1989). 통제 기능의 개발에 대한 심리생물학 이론은 정서장애의 병인을 이해하는 데 중요한 기여를 할 수 있을 것이다.

임상적 쟁점

우리는 정서장애에 관한 통합적이고 포괄적인 정보처리 모델을 제시하려 했다. 우리는 이런 종류의 정보처리 틀 안에서 정신병리적 반응에 포함된 인지주의 과정을 개념화하려는 시도를 통해 정서적 문제의 치료에서 진보를 이룰 수 있을 것이라고 믿는다. 이를 위해 우리는 인지행동 치료자의 임상적 접근과 실험 및 인지 심리학자의 노력 간의 밀접한 결속을 요구한다. 제13장에서 치료에 대한 SREF 모델의 몇 가지 함의에 대해 논의했지만, 상세한 치료법을 다루는 것은 이 책의 범위를 벗어난다. 이 모델의 치료적 시사점은 탐구해 보면 더 많은 가능성이 있다. 우리는 정서 문제를 더 잘 이해하는 데 기여할 수 있기를 희망하는 현재 모델이 제안하는 향후 임상연구의 방향을 살펴보는 것으로 마무리를 하고자 한다.

도전 과제

장차 인지-임상 이론들에 대한 도전은 정서장애에서 인지-주의 기능에 대한 서로 다른 수준의 통제와 이들의 역동적 상호작용을 엄밀하게 탐구하는 것이다. 이런 종류의 연구를 하려면 지금 시점에서 이용 가능한 것보다 훨씬 명시적이면서 이론

에 기초한 인지 내용과 처리 과정에 대한 분류가 있어야 한다. 향후의 치료는 선언적인 '도식적' 사고와 부정적인 자동사고 수준에서 인지 내용의 수정뿐만 아니라 주의 처리와 계획 수정도 목표로 잡아야 한다. 우리는 특정자극이 정서 문제를 유발하거나 유지하는 역할에 대한 면밀한 검토를 지지하는데, 이는 현재의 인지적 접근이 다소 무시하는 영역이기도 하다. 더 구체적으로 말하면, 치료법은 역기능적 주의 증후군을 유발하는 자극 구조를 파악하고 이를 주의 통제를 위한 대안적인 자기지식 및 계획과 연결하려는 시도를 해야 한다.

메타인지

제7장과 제12장에서 우리는 메타인지 과정의 중요성과 자기조절의 중심인 계획에 대해 개관하였다. 메타인지와 이것이 정서장애에서 하는 역할에 대한 향후 연구는 메타인지의 내용과 과정을 타당하고 신뢰롭게 측정할 수 있는 도구개발에 달려있다(예: Wells, 1994a). 우리는 자신의 인지와 구체적인 인지조절 과정에 대한 신념이 정서장애에서 중요한 역할을 한다고 본다. 메타인지는 강박장애나 만성적 걱정장애처럼 통제할 수 없는 침투적 사고가 전형적인 장애들에 특히 중요하다. 어떤 종류의 강박 상태는 원형에 가까운 '메타인지 장애'를 반영하는 것일 수 있다. 하지만 일반적인 메타인지적 혼란은 광범한 역기능적 증후군에 취약하게 할 수 있다. 예컨대, 특정 사고가 해롭고 통제 불가능하다는 신념은 약물이나 자해전략을 통한 통제라는 절망적인 시도로 이어질 수 있다. 반대로, 특정 유형의 부정적 사고를 바람직한 것으로 믿는 것(예를 들어, Wells & Hackmann, 1993)은 그런 유형의 부정적 신념이 유지되는 것을 설명할 수 있다. 요약하면, SREF와 하위 수준 처리활동에 대한 메타인지의 영향을 더 잘 이해하면 강박과 만성적 걱정상태의 핵심적 장애를 개념화하는 데 유용한 통찰을 얻을 수 있다.

강박의 원형 모델

SREF 모델은 인지조절을 위한 메타인지적 신념과 계획에 기반한 강박사고의 원형을 제공한다. 이 모형은 기존의 인지모델들(예: Salkovskis, 1985)의 특징을 현재 모델의 주의 통제 구조와 통합한다. 이 모형은 향후 연구가 일반적인 SREF 프레임워크를 이용해서 어떻게 특정 임상적 장애의 독특한 특징을 수용할 수 있는지를 설명하는 데 기여할 것이다. [그림 14-1]의 예에서 침투는 자기지식에 접근하는 SREF와 결합한다. 침투확률은 '나쁜 생각' 감시하기 같은 현재 계획의 하향식 영향에 의해 높아질 수 있다. 이러한 자기지식, 특히 일반적인 메타인지 지식은 침투에 대한 평가에 영향을 미친다. 강박증 환자의 경우, 자기지식에서 추출한 일반적인 계획은 억압, 회피, 감시 및 지속적 반추 같은 기타 통제시도의 대처 전략을 통해 내적 인지환

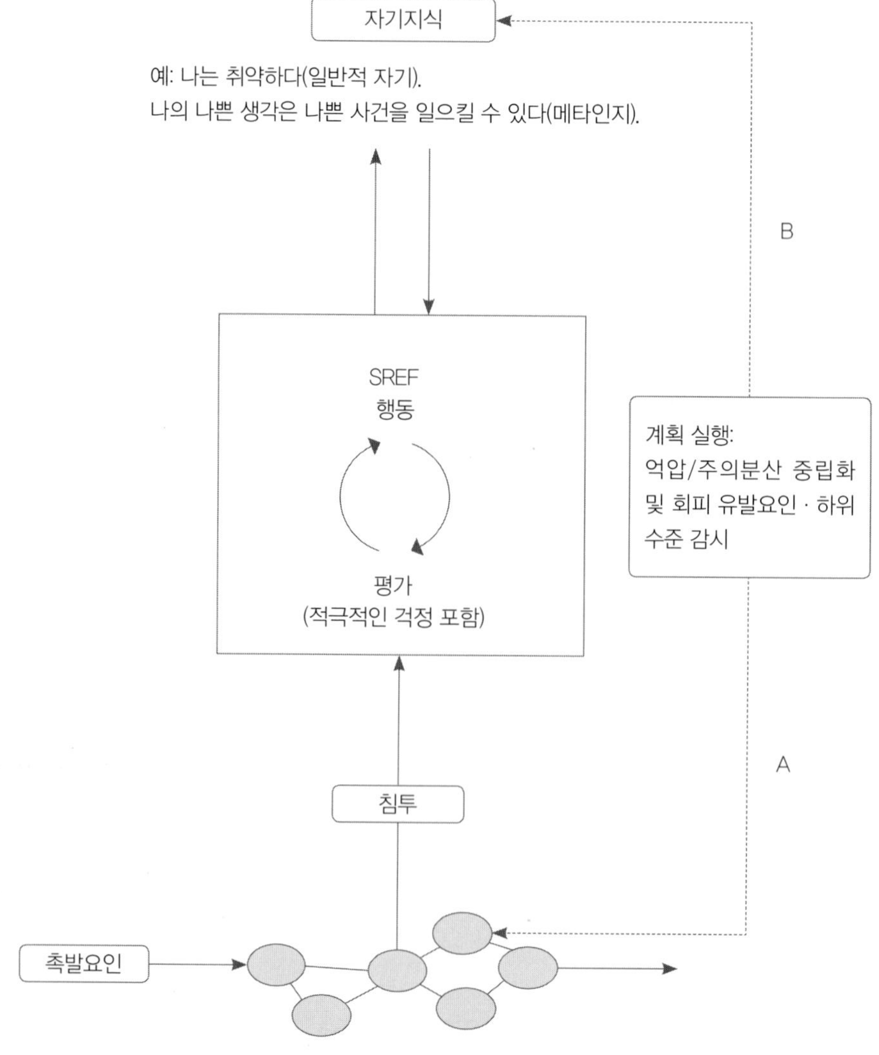

[그림 14-1] SREF 모형에 기초한 강박사고 원형의 임상 모델

경의 통제를 지시할 가능성이 높다. 앞서 논의한 대로 부정적인 생각을 억제하거나 회피하려는 시도는 비생산적일 수 있으므로 나열된 모든 전략은 침투적 생각에 대한 의식을 유지하는 경향이 있다. SREF의 활동과 연합된 두 개의 피드백 루프가 문제를 유지하는 역할을 한다. 인지 통제 계획을 실행하면 침투물에 대한 하위 수준 단위의 지속적 점화(A), 불확증 방지를 통한 자기지식의 정교화 및 강화, 침투물의 하향식 유발의 촉발요인으로 작용하게 될 주의분산 자극의 부호화와 반응의 중립화가 일어난다(B). 이 원형 모델에서 우리는 계획 목표를 침투물의 영구적 제거 또는 관련이 있는 것으로 평가된 위험의 중립화로 구체화할 수 있다. 메타인지적 신념의 본성을 통제하고 중립화하려는 전략이 실제로는 신념의 불확증을 막으며 인지적 사건에 대한 선입견을 유지한다는 것이다. 따라서 부정적인 자기불일치가 지속되어 불쾌감과 불안감이 생기고 지속적인 SREF와 이에 따른 역기능적 인지-주의 증후군의 활성화 가능성이 높아진다.

일반적으로 이 모델은 Salkovskis(1989)의 모델과 강박증과 다른 정서장애의 유사점을 강조하며, 인지-주의 처리의 역할을 더욱 자세하게 기술한다는 점에서 다르다. 구체적으로, 이 모델은 강박증에서 적극적인 걱정의 역할을 SREF 활성화의 함수라고 주장하는데, 이는 하위 수준 네트워크에서 활성화 확산을 통해 발생하는 자동사고와는 다른 것이다. 이 모델은 또한 Salkovskis(1985)의 순차적 처리단계의 개념과는 달리, 하위 수준의 자동사고와 상위 수준의 걱정이 침투물에 의해 병렬적으로 생성되며, 강박삽화가 일어나는 동안 공존하면서 상호작용할 가능성이 있다고 제안한다.

이 모델은 또한 강박증 환자에서 메타인지 능력의 손상을 강조한다는 점에서 새롭다. 제6장에서 우리는 준임상적인 강박적 점검을 하는 사람들에서 행위를 위한 기억 손상이 있다는 것을 시사하는 증거를 검토하였다. 이런 효과는 부호화나 인출 실패라는 직접적인 결과보다는 현실과 환상을 구별하는 메타인지적 실패 때문일 수도 있다. 이런 전향적 기억실패와 어떤 행위 수행의 망각에 기여하는 한 가지 요인은 '실재적 감시(reality monitoring)'의 실패이다. 그런 사람은 어떤 행위를 하려는 의도에 대한 기억과 그 행동 자체에 대한 기억을 혼동할 수 있다(Cohen & Faulkner, 1989 참조). 강박적인 사람은 문 잠그기 같은 행위수행에 실패했을 때의 끔찍한 결과를 상상하기 쉽다. 그래서 이들은 실제 행위수행에 대한 기억과 자신의 행위 실패의 환상에 대한 기억을 혼동할 수 있다. 메타인지 부전은 전향적 기억 장애와는 반대되는 문제, 즉 이미 수행된 행동의 수행을 낳을 수 있다. 이런 혼동의 결과인 목표불일치와 관련된 부정적인 감정은 그 불일치와 부정적인 정서를 줄이기 위해 다시 점검하도록 자극하기에 충분한 것일 수 있다. 강박적인 사람들은 외적으로 생성된 것보다는 내적으로 생성된 지각을 선택하는 경향이 더 강해서, 어떤 상황의 위협적 측면이 현실인지 상상인지를 혼동하게 된다.

자기초점 주의에 대한 치료의 효과

우리는 자기초점 주의가 정서장애의 원인이 되는 SREF 인지-주의 증후군의 지표라고 가정하기 때문에 향후 치료 연구는 증후군의 변화에 대한 지표로서 그리고 재발에 대한 취약성의 지표로서 자기초점 주의를 평가하는 것을 목표로 해야 한다. 부정적인 자기초점을 안정적으로 감소시키는 치료라면 장기적으로 더 나은 결과가 있을 것이다. 자기초점의 측정은 인지-주의 증후군에 대한 대략적인 측정치이며 더 민감한 지표를 얻으려면 분명히 다른 측정치가 필요하다. 이는 그동안 사용하던 인지 내용의 분류를 개선함으로써 측정이 어느 정도 개선될 수 있다. SREF 증후군은 반드시 통제 처리와 관련이 있기 때문에 기능장애 상태와 가장 직접적으로 관련이 있는 자신에 대한 의식적 신념들의 조합을 식별할 수 있어야 한다. 그러나 SREF가 켜지거나 꺼지는 상황에 대한 설명과 절차적 지식에 대한 조사를 위한 처리지향적 연구인 경우 자기보고 측정치가 적절한 것으로 드러나기는 어렵다. 아마도 임상가에게는 자기지식 점화에 기반한 실험 기법(Higgins, 1990 참조)이 이런 목적에 필수적인 도구가 될 것이다.

주의 통제 및 계획의 수정

기존의 치료 연구를 근거로 주의 가설을 검증하는 것은 어렵다. 치료의 접근법들이 서로 다른 인지-행동 수정 전략을 결합한 것이기 때문이며, 주의 과정의 변화에서 인지 내용의 수정을 분리해 내기도 어렵기 때문이다. 주의 가설은 환자의 주의 특성을 직접적이고 구체적으로 수정하는 주의 훈련(Wells, 1990) 같은 절차로 검증

해 볼 수 있다. 이런 기법들은 여전히 새로운 것이어서 향후 연구는 주의 수정의 상세한 장단기 효과를 조사해 보아야 한다. 특히 주의기능과 기억 측정치에 대한 치료 효과를 설명할 때 주의 과정의 변화와 인지적 내용의 변화 각각의 역할을 구분하는 것도 중요하다.

우리는 주의 통제 계획을 특별히 중요한 유형의 계획으로 개념화하였다. SREF에 의해 작동하는 모든 중요한 계획에 대한 외현적이고 내현적인 인지 및 행동 징후에 대한 추가 연구가 필요하다. 적어도 이 연구는 역기능적인 자기지식의 유지에 기여하는 행동 분석을 수반하지만, 문제가 있는 상황에서 환자가 채택한 정보처리 '스타일'의 분석도 포함해야 한다. 부적응적인 계획의 내용과 자극 촉발요인을 찾아내는 것은 치료 중에 개발될 수 있는 새로운 계획들의 구체적 내용을 시사한다.

정서적 역기능의 일반적 증후군에 대한 진단과 치료

경험적 임상연구는 종종 정서장애의 차이점을 밝히는 데 초점을 맞춘다. 이러한 접근 방식은 여러 장애 모델 간의 다양성을 자극했지만 역기능의 보편적인 특징을 간과했다. 특정 장애 모델의 심한 특이성은 정서장애들의 증상 중첩에 대한 설명에서, 그리고 아마도 특정 모델이 설명하려는 원형적인 증상군에 부합하지 않는 증상을 가진 환자를 진단하는 데 어려움을 초래할 수 있다. 앞으로의 연구 노력으로 불안과 우울 같은 장애 간의 높은 상관관계를 설명하고 여러 형태의 동반이환을 설명할 수 있을 것이다. 좀 더 구체적인 진단을 하기 전에 SREF 기능의 비정상성을 확인하기 위한 위계적 진단체계를 개발하는 것이 가치가 있을 것이다. 일반적인 인지-주의 증후군의 역할을 이해함으로써 다양한 장애에 적절하게 적용될 수 있는 효과적인 핵심 치료 전략의 개발이 가능할 것이다.

참고문헌

Abramson, L. Y., Seligman, L. E. P., & Teasdale, J. (1978). Learned helplessness in humans: Critique and reformulation. *Journal of Abnormal Psychology, 87*, 9-74.

Ackerman, P. L. (1987). Individual differences in skill learning: An integration of psychometric and information processing perspectives. *Psychological Bulletin, 102*, 3-27.

Ackerman, P. L. (1988). Determinants of individual differences during skill acquisition: Cognitive abilities and information processing. *Journal of Experimental Psychology: General, 117*, 288-318.

Af Klinteberg, B., Schalling, D., & Magnusson, D. (1990). Childhood behavior and adult personality in male and female subjects. *European Journal of Personality, 4*, 89-118.

Alba, J. W., & Hasher, L. (1983). Is memory schematic? *Psychological Bulletin, 93*, 203-231.

Allen, K. D., Danforth, J. S., & Drabman, R. S. (1989). Videotaped modeling and filmdistraction for fear reduction in adults undergoing hyperbaric oxygen therapy. *Journal of Consulting and Clinical Psychology, 4*, 554-558.

Alloy, L. B., & Abramson, L. Y. (1979). Judgement of contingency in depressed and nondepressed students: Sadder but wiser? *Journal of Experimental Psychology, 108*, 441-485.

Alloy, L. B., Abramson, L. Y., Metalsky, G. I., & Hartlage, S. (1988). The hopelessness theory of depression: Attributional aspects. *British Journal of Clinical Psychology, 27*, 5-21.

Alloy, L. B., Lipman, A. J., & Abramson, L. Y. (1992). Attributional style as a vulnerability factor for depression: Validation by past history of mood disorders. *Cognitive Therapy and Research, 16*, 391-407.

Allport, A. (1980). Attention and performance. In G. Claxton (Ed.), *Cognitive psychology: New directions*. London: Routledge.

Allport, A. (1989). Visual attention. In M. I. Posner (Ed.), *Foundations of cognitive science*. Cambridge, MA: MIT Press.

American Psychiatric Association (1987). *Diagnostic and statistical manual of mental disorders*, 3rd edn (revised). Washington, DC: APA.

Anderson, J. R. (1982). Acquisition of cognitive skill. *Psychological Review, 89*, 369-406.

Anderson, J. R. (1987). Skill acquisition: Compilation of weak-method problem solutions.

Psychological Review, 94, 192-210.

Anderson, J. R., & Bower, G. H. (1973). *Human associative memory*. Washington, DC: Winston.

Anderson, K. J. (1990). Arousal and the inverted-U hypothesis: A critique of Neiss's "Reconceptualising arousal". *Psychological Bulletin, 107*, 96-100.

Arnkoff, D. B., & Glass, C. R. (1989). Cognitive assessment in social anxiety and social phobia. *Clinical Psychology Review, 9*, 61-74.

Auerbach, S. M. (1989). Stress management and coping research in a health care setting: An overview and methodological commentary. *Journal of Consulting and Clinical Psychology, 57*, 388-395.

Averill, J. R. (1980). A constructivist view of emotion. In R. Plutchik & H. Kellerman (Eds.), *Emotion: Theory, research, and experience. Vol. 1: Theories of emotion*. New York: Academic Press.

Bandura, A. (1977). Self-efficacy: Toward a unifying theory of behavioural change. *Psychological Review, 84*, 191-215.

Bandura, A., Adams, N. E., & Beyer, J. (1977). Cognitive processes mediating behavioural change. *Journal of Personality and Social Psychology, 35*, 125-139.

Bargh, J. A. (1982). Attention and automaticity in the processing of self-relevant information. *Journal of Personality and Social Psychology, 43*, 425-436.

Bargh, J. A. (1984). Automatic and conscious processing of social information. In R. S. Wyer, Jr. & T. K. Srull (Eds.), *Handbook of social cognition* (Vol. 3). Hillsdale, NJ: Lawrence Erlbaum Associates Inc.

Bargh, J. A. (1992). The ecology of automaticity: Toward establishing the conditions needed to produce automatic processing effects. *American Journal of Psychology, 105*, 181-200.

Bargh, J. A., & Bond, R. N. (1983). Cognitive involvement in the subconscious processing of affect: The necessity of categorization for automatic influences on impressions. Unpublished manu script, New York University.

Bargh, J. A., Chaiken, S., Govender, R., & Pratto, F. (1992). The generality of the automaticattitude activation effect. *Journal of Personality and Social Psychology, 62*, 893-912.

Bargh, J. A., Litt, J., Pratto, F., & Spielman, L. A. (1988). On the preconscious evaluation of social stimuli. In K. McConkey & A. Bennett (Eds.), *Proceedings of the XXIV International Congress of Psychology* (Vol. 3). Amsterdam: Elsevier/North-Holland.

Bargh, J. A., & Pietromonaco, P. (1982). Automatic information processing and social perception: The influence of trait informtion presented outside of conscious awareness on impression formation. *Journal of Personality and Social Psychology, 43*, 437-449.

Bargh, J. A., & Pratto, F. (1986). Individual construct accessibility and perceptual selection. *Journal of Experimental Social Psychology, 22*, 293-311.

Bargh, J. A., & Thein, R. D. (1985). Individual construct accessibility, person memory, and the recall-judgement link: The case of information over load. *Journal of Personality and Social*

Psychology, 49, 1129-1146.

Barlow, D. H. (1988). *Anxiety and its disorders: The nature and treatment of anxiety and panic*. New York: Guilford Press.

Barnard, P. J., & Teasdale, J. D. (1991). Interacting cognitive subsystems: A systemic approach to cognitive-affective interaction and change. *Cognition and Emotion, 5*, 1-39.

Barnett, P. A., & Gotlib, I. H. (1988). Psychosocial functioning and depression: Distinguishing among antecedents, concomitants, and consequences. *Psychological Bulletin, 104*, 97-126.

Barry, R. J. (1984). Preliminary processes in O-R elicitation. *Acta Psychologica, 55*, 109-142.

Baumeister, R. F. (1984). Choking under pressure: Self-consciousness and paradoxical effects of incentives on skilled performance. *Journal of Personality and Social Psychology, 46*, 610-620.

Beck, A. T. (1967). *Depression: Causes and treatment*. Philadelphia, PA: University of Pennsylvania Press.

Beck, A. T. (1976). *Cognitive therapy and the emotional disorders*. New York: International Universities Press.

Beck, A. T. (1984). Cognitive approaches to stress. In R. Woolfolk & P. Lehrer (Eds.), *Principles and practice of stress management*. New York: Guilford Press.

Beck, A. T. (1987). Cognitive models of depression. *Journal of Cognitive Psychotherapy, 1*, 5-37.

Beck, A. T. (1988). Cognitive approaches to panic disorder. In S. Rachman & J. D. Maser (Eds.), *Panic: Psychological perspectives* (pp. 91-112). Hillsdale, NJ: Lawrence Erlbaum Associates Inc.

Beck, A .T., Brown, G., Steer, R. A., Eidelson, J. I., & Riskind, J. H. (1987). Differentiating anxiety and depression: A test of the cognitive content specificity hypothesis. *Journal of Abnormal Psychology, 96*, 179.

Beck, A. T., & Clark, D. A. (1988). Anxiety and depression: An information processing perspective. *Anxiety Research, 1*, 23-36.

Beck, A. T., Emery, G., & Greenberg, R. L. (1985). *Anxiety disorders and phobias: A cognitiveperspective*. New York: Basic Books.

Beck, A. T., & Epstein, N. (1982). Cognitions, attitudes and personality dimensions in depression. Paper presented at the *Annual Meeting of the Society for Psychotherapy Research*, Smuggler's Notch, VA.

Beck, A. T., Laude, R., & Bohnert, M. (1974). Ideational components of anxiety neurosis. *Archives of General Psychiatry, 31*, 319-325.

Beck, A. T., Rush, A. J., Shaw, B. F., & Emery, G. (1979). *Cognitive therapy of depression*. New York: Guilford Press.

Beck, J. G., Stanley, M. A., Averill, P. M., Baldwin, L. E., & Deagle, E. A., III (1992). Attention and memory for threat in panic disorder. *Behaviour Research and Therapy, 6*, 619-629.

Beck, A. T., Ward, C. H., Mendelson, M., Mock, J., & Erbaugh, J. (1961). An inventory for measuring depression. *Archives of General Psychiatry, 4*, 561-571.

Becker, C. A. (1985). What do we really know about semantic context effects during reading? In D. Besner, T. G. Waller, & E. M. McKinnon

(Eds.), *Reading research: Advances in theory and practice* (Vol. 5). Toronto: Academic Press.

Becker, J. (1977). *Affective disorders*. Morristown, NJ: General Learning Press.

Beidel, D. C., Turner, S. M., & Dancu, C. V. (1985). Physiological, cognitive and behavioural aspects of social anxiety. *Behaviour Research and Therapy, 23*, 109-117.

Billings, A. G., & Moos, R. H. (1981). The role of coping responses and social resources in attenuating the stress of life events. *Journal of Behavioral Medicine, 4*, 139-157.

Billings, A. G., & Moos, R. H. (1985). Psychosocial stressors, coping, and depression. In E. E. Beckham & W. R. Leber (Eds.), *Handbook of depression: Treatment, assessment and research* (pp. 940-974). Homewood, IL: Dorsey Press.

Black, J. S. (1990). The relationship of personal characteristics with the adjustment of Japanese expatriate managers. *Management International Review, 30*, 119-134.

Blackburn, I. M., Bishop, S., Glen, A. I. M., Whalley, L. T., & Christie, J. E. (1981). The efficacy of cognitive therapy in depression: A treatmenttrial using cognitive therapy and pharmaco therapy, each alone and in combination. *British Journal of Psychiatry, 139*, 181-189.

Blackburn, I. M., Cameron, C. M., & Deary, I. J. (1990). Individual differences and response to the Velten Mood Induction Procedure. *Personality and Individual Differences, 11*, 725-731.

Blanco, M. J., Salgado, J. F., & Alvarez, A. (submitted). Psychometric properties and correlates of a Spanish version of the Attentional Experiences Questionnaire.

Blaney, P. H. (1986). Affect and memory: A review. *Psychological Bulletin, 99*, 229-246.

Block, J. (1971). *Lives through time*. Berkeley, CA: Bancroft Books.

Bolger, N. (1990). Coping as a personality process: A prospective study. *Journal of Personality and Social Psychology, 59*, 525-537.

Bolger, N., & Schilling, E. A. (1991). Personality and the problems of every day life: The role of neuroticism in exposure and reactivity to daily stressors. *Journal of Personality, 59*, 355-386.

Borkovec, T. D., & Hu, S. (1990). The effect of worry on cardiovas cular response to phobic imagery. *Behaviour Research and Therapy, 28*, 69-73.

Borkovec, T. D., & Inz, J. (1990). The nature of worry in Generalised Anxiety Disorder: A predominance of thought activity. *Behaviour Research and Therapy, 28*, 153-158.

Borkovec, T. D., Metzger, R. L., & Pruzinsky, T. (1986). Anxiety, worry and the self. In L. Hartman & K.R. Blankstein (Eds.), *Perception of self in emotional disorders and psychotherapy* (pp. 219-260). New York: Plenum Press.

Borkovec, T. D., Robinson, E., Pruzinsky, T., & DePree, J. A. (1983). Preliminary exploration of worry: Some characteristics and processes. *Behaviour Research and Therapy, 21*, 9-16.

Borkovec, T. D., Shadick, R. N., & Hopkins, M. (1991). The nature of normal and pathological worry. In R. M. Rapee & D. H. Barlow (Eds.), *Chronic anxiety: Generalised anxiety disorder*

and mixed anxiety depression (pp. 29-51). New York: Guilford Press.

Borkovec, T. D., Wilkinson, L., Folensbee, R., & Lerman, C. (1982). Stimulus control applications to the treatment of worry. *Behaviour Research and Therapy, 21*, 247-251.

Bower, G. H. (1981). Mood and memory. *American Psychologist, 36*, 129-148.

Bower, G. H. (1987). Commentary on mood and memory. *Behaviour Research and Therapy, 25*, 443-455.

Bower, G. H. (1992). How might emotions affect learning? In S.-A. Christianson (Ed.), *The hand book of emotion and memory: Research and theory*. Hillsdale, NJ: Lawrence Erlbaum Associates Inc.

Bower, G. H., Black, J. B., & Turner, T. J. (1979). Scripts in memory for text. *Cognitive Psychology, 11*, 177-220.

Bower, G. H., & Cohen, P. R. (1982). Emotional influences in memory and thinking: Data and theory. In S. Fiske & M. Clark (Eds.), *Affect and social cognition*. Hillsdale, NJ: Lawrence Erlbaum Associates Inc.

Bradley, B., & Mathews, A. (1983). Negative self-schemata in clinical depression. *British Journal of Clinical Psychology, 22*, 173-182.

Brand, N., & Jolles, J. (1987). Information processing in depression and anxiety. *Psychological Medicine, 17*, 145-153.

Breck, B. E., & Smith, S. H. (1983). Selective recall of self-descriptive traits by socially anxious and nonanxious females. *Social Behavior and Personality, 11*, 71-76.

Breslow, R., Kocsis, J., & Belkin, B. (1981). Contribution of the depressive perspective to memory function in depression. *American Journal of Psychiatry, 138*, 227-230.

Brett, J. M., Stroh, L. K., & Reilly, A. H. (1992). Job transfer. In C. L. Cooper & I. T. Robertson (Eds.), *International Review of Industrial and Organizational Psychology, 7*, 323-362.

Brett, J. M., & Werbel, J. D. (1980). *The effect of job transfer on employees and their families*. Washington, DC: Employee Relocation Council.

Brewin, C. R. (1985). Depression and causal attributions: What is their relation? *Psychological Bulletin, 98*, 297-308.

Brewin, C. R., & Furnham, A. (1986). Attributional versus pre-attributional variables in self-esteem and depression: A comparison and test of learned helplessness theory. *Journal of Personality and Social Psychology, 50*, 1013-1020.

Broadbent, D. E. (1958). *Perception and communication*. London: Pergamon Press.

Broadbent, D. E., & Broadbent, M. H. P. (1988). Anxiety and attentional bias: State and trait. *Cognition and Emotion, 2*, 165-183.

Broadbent, D. E., Broadbent, M. H. P., & Jones, J. L. (1986). Performance correlates of selfreported cognitive failure and of obsessionality. *British Journal of Clinical Psychology, 25*, 285-299.

Broadbent, D. E., Broadbent, M. H. P., & Jones, J. L. (1989). Time of day as an instrument for the analysis of attention. *European Journal of Cognitive Psychology, 1*, 69-94.

Broadbent, D. E., Cooper, P. F., Fitzgerald, P., & Parkes, K. R. (1982). The Cognitive Failures

Questionnaire(CFQ) and its correlates. *British Journal of Clinical Psychology, 21*, 1-16.

Broadbent, D. E., & Gregory, M. (1967). Perception of emotionally toned words. *Nature, 215*, 581-584.

Brown, A. L. (1975). The development of memory: Knowing, knowing about knowing, and knowing how to know. In H. W. Reese (Ed.), *Advances in child development and behavior* (Vol. 10). New York: Academic.

Brown, G. W., & Andrews, B. (1987). Social support and depression. In M. H. Appley & R. Trumbull (Eds.), *Dynamics of stress: Physiological, psychological, and social perspectives*. New York: Plenum Press.

Brown, G. W., Andrews, B., Harris, T., Adler, Z., & Bridge, L. (1986). Social support, self-esteem and depression. *Psychological Medicine, 16*, 813-831.

Brown, T. A., Antony, M. M., & Barlow, D. H. (1992). Psychometric properties of the Penn State Worry Questionnaire in a clinical anxiety disorder sample. *Behaviour Research and Therapy, 30*, 33-37.

Brown, T. A., & Cash, T. F. (1990). The phenomenon of non-clinical panic: Parameters of panic, fear, and avoidance. *Anxiety Disorders, 4*, 15-29.

Burgess, I. S., Jones, L. M., Robertson, S. A., Radcliffe, W. N., & Emerson, E. (1981). The degree of control exerted by phobic and non-phobic verbal stimuli over the recognition behaviour of phobic and non-phobic subjects. *Behaviour Research and Therapy, 19*, 233-243.

Burke, M., & Mathews, A. (1992). Autobiographical memory and clinical anxiety. *Cognition and Emotion, 6*, 23-35.

Buss, A. H. (1980). *Self-consciousness and social anxiety*. San Francisco, CA: Freeman.

Buss, A. H. (1986). *Social behavior and personality*. Hillsdale, NJ: Lawrence Erlbaum Associates Inc.

Buss, D. M., & Scheier, M. F. (1976). Self-consciousness, self-awareness and selfattri-bustion. *Journal of Research in Personality, 10*, 463-468.

Butler, G., Cullingham, A., Hibbert, G., Klimes, I., & Gelder, M. (1987). Anxiety management for persistent generalized anxiety. *British Journal of Psychiatry, 151*, 535-542.

Butler, G., Fennell, M., Robson, P., & Gelder, M. (1991). Comparison of behaviour therapy and cognitive behaviour therapy in the treatment of generalized anxiety disorder. *Journal of Consulting and Clinical Psychology, 59*, 167-172.

Butler, G., & Mathews, A. (1983). Cognitive processes in anxiety. *Advances in Behaviour Therapy, 5*, 51-62.

Butler, G., & Mathews, A. (1987). Anticipatory anxiety and risk perception. *Cognitive Therapy and Research, 91*, 551-565.

Calvo, M. G. (1985). Effort, aversive representations and performance in test anxiety. *Personality and Individual Differences, 6*, 563-571.

Calvo, M. G., & Alamo, L. (1987). Test anxiety and motor performance: The role of muscular and attentional demands. *International Journal of Psychology, 22*, 165-177.

Campbell, J. D., & Fehr, B. (1990). Self-esteem and

perceptions of conveyed impressions: Is negative affectivity associated with greater realism? *Journal of Personality and Social Psychology, 88*, 122-133.

Carr, A. T. (1974). Compulsiveneurosis: A review of the literature. *Psychological Bulletin, 81*, 311-318.

Carr, S. J., Teasdale, J. D., & Broadbent, D. (1991). Effects of induced elated and depressed mood on self-focused attention. *British Journal of Clinical Psychology, 31*, 273-275.

Carver, C. S., & Blaney, P. M. (1977). Perceived arousal, focus of attention and avoidance behaviour. *Journal of Abnormal Psychology, 86*, 154-162.

Carver, C. S., Blaney, P. M., & Scheier, M. F. (1979). Focus of attention, chronic expectancy and responses to a feared stimulus. *Journal of Personality and Social Psychology, 37*, 1186-1195.

Carver, C. S., & Glass, D. (1976). The self-consciousness scale: A discriminant validity study. *Journal of Personality Assessment, 40*, 169-172.

Carver, C. S., Peterson, L. M., Follansbee, D. J., & Scheier, M. F. (1983). Effects of self-directed attention and resistance among persons high and low in test-anxiety. *Cognitive Therapy and Research, 7*, 333-354.

Carver, C. S., & Scheier, M. F. (1981). *Attention and self-regulation: A control-therapy approach to human behavior*. Berlin: Springer-Verlag.

Carver, C. S., & Scheier, M. F. (1984). Self-focused attention in test-anxiety: A general theory applied to a specifc phenomenon. In H. M. Van der Ploeg, R. Schwarzer, & C. D. Spielberger (Eds.), *Advances in test anxiety research* (Vol. 3, pp. 3-20). Lisse, Netherlands: Swets and Zeitlinger.

Carver, C. S., & Scheier, M. F. (1986). Analyzing shyness: A specificapplication of broader self-regulatory principles. In W. H. Jones, J. M. Cheek, & S. R. Biggs (Eds.), *Shyness: Perspectives on research and treatment* (pp. 173-185). New York: Plenum Press.

Carver, C. S., & Scheier, M. F. (1988). A control-process perspective on anxiety. *Anxiety Research, 1*, 17-22.

Cattell, R. B. (1978). *The scientific use of factor analysis in behavioural and life sciences*. New York: Plenum Press.

Cave, K. R., & Wolfe, J. M. (1990). Modeling the role of parallel processing in visual search. *Cognitive Psychology, 22*, 225-271.

Challis, B. H., & Krane, R. V. (1988). Mood induction and the priming of semantic memory in a lexical decision task: Asymmetric effects of elation and depression. *Bulletin of the Psychonomic Society, 26*, 309-312.

Chambless, D. L., Caputo, G. C., Bright, P., & Gallagher, R. (1984). Assessment of fear of fear in agora phobics: The Bodily Sensation Questionnaire and the Agoraphobic Cognitions Questionnaire. *Journal of Consulting and Clinical Psychology, 52*, 1090-1097.

Chambless, D. L., & Gracely, E. J. (1989). Fear of fear and the anxiety disorders. *Cognitive Therapy and Research, 13*, 9-20.

Cheesman, J., & Merikle, P. M. (1984). Priming

with and without awareness. *Perception and Psychophysics, 36*, 387-395.

Cheesman, J., & Merikle, P. M. (1986). Distinguishing conscious from unconscious perceptual processes. *Canadian Journal of Psychology, 40*, 343-367.

Chi, M. T. H., Glaser, R., & Rees, E. (1986). Expertise in problem solving. In R. J. Sternberg (Ed.), *Advances in the psychology of human intelligence*. Hillsdale, NJ: Lawrence Erlbaum Associates Inc.

Claeys, W. (1989). Social anxiety, evaluative threat and incidental recall of trait words. *Anxiety Research, 2*, 27-43.

Clark, D. M. (1986). A cognitive model of panic. *Behaviour Research and Therapy, 24*, 461-470.

Clark, D. M. (1988). A cognitive model of panic attacks. In S. Rachman & J.D. Maser (Eds.), *Panic: Psychological Perspectives* (pp. 71-89). Hillsdale, NJ: Lawrence Erlbaum Associates Inc.

Clark, D. M. (1989). Anxiety states: Panic and generalised anxiety. In K. Hawton, P. M. Salkovskis, J. Kirk, & D. M. Clark (Eds.), *Cognitive behaviour therapy for psychiatric problems* (pp. 52-96). Oxford: Oxford University Press.

Clark, D. M. (1990). Cognitive therapy for depression and anxiety: Is it better than drug treatment in the long term? In K. Hawton & P. Cowen (Eds.), *Dilemmas in psychiatry* (pp. 55-63). Oxford: Oxford University Press.

Clark, D. M., Ball, S., & Pape, D. (1991). An experimental investigation of thought suppression. *Behaviour Research and Therapy, 29*, 253-257.

Clark, D. M., & Beck, A. T. (1989). Cognitive theory and therapy of anxiety and depression. *In Anxiety and depression: Distinctions and over lap ping features* (pp. 379-411). New York: Academic Press.

Clark, D. M., Gelder, M. G., Salkovskis, P. M., Hackmann, A., Middleton, H., & Anastasides, P. (1990). A comparison of cognitive therapy, applied relaxation, and imipramine in the treatment of panic disorder. Paper presented at the *Annual Conference of the American Psychiatric Association*. New York, November.

Clark, D. M., Salkovskis, P. M., Gelder, M., Koehler, C., Martin, M., Anastasides, P., Hackmann, A., Middleton, H., & Jeavons, A. (1988). Tests of a cognitive theory of panic. In I. Hand & H. U. Wittchen (Eds.), *Panic and phobias* (Vol. 2). Berlin: Springer.

Clark, D. M., & Teasdale, J. D. (1982). Diurnal variations in clinical depression and accessibility of memories of positive and negative experiences. *Journal of Abnormal Psychology, 91*, 87-95.

Clark, D. M., Teasdale, J. D., Broadbent, D. E., & Martin, M. (1983). Effects of mood on lexical decisions. *Bulletin of the Psychonomic Society, 21*, 175-178.

Clark, L. A., & Watson, D. (1988). Mood and the mundane: Relations between daily life events and self-reported mood. *Journal of Personality and Social Psychology, 54*, 296-308.

Clark, L. A., & Watson, D. (1991). Tripartite model of anxiety and depression: sychometric evidence and taxo nomicimplications. *Journal of Abnormal*

Psychology, 100, 316-336.

Clark, M. S., & Isen, A. M. (1982). Toward understanding the relationship between feeling states and social behavior. In A. Hastorf & A. Isen (Eds.), *Cognitive social psychology*. New York: Elsevier.

Cloitre, M., & Liebowitz, M. R. (1991). Memory bias in panic disorder: An investigation of the cognitive avoidance hypothesis. *Cognitive Therapy and Research, 15*, 371-386.

Cohen, G., & Faulkner, D. (1989). The effects of aging on perceived and generated memories. In L. W. Poon, D. C. Rubin, & B. A. Wilson (Eds.), *Everyday cognition in adult hood and late life*. Cambridge: Cambridge University Press.

Cohen, J. (1988). *Statistical power analysis for the behavioral sciences* (2nd ed.). Hillsdale, NJ: Lawrence Erlbaum Associates Inc.

Cohen, J. D., Dunbar, K., & McClelland, J. L. (1990). On the control of automatic processes: A parallel distributed processing account of the Stroop effect. *Psychological Review, 97*, 332-361.

Cohen, J. D., Servan-Schreiber, D., & McClelland, J. L. (1992). A paralleldistributed approach to auto maticity. *American Journal of Psychology, 105*, 239-269.

Cohen, S. (1980). After-effects of stress on human performance and social behavior: A review of research and theory. *Psychological Bulletin, 88*, 82-108.

Cohen, S., & Wills, T. A. (1985). Stress, social support, and the buffering hypothesis. *Psychological Bulletin, 98*, 310-357.

Coles, M. G. H., Gratton, G., Bashore, T. R., Eriksen, C. W., & Donchin, E. (1985). A psycho physiological investigation of the continuous flow model of human inform ation processing. *Journal of Experimental Psychology: Human Perception and Performance, 11*, 529-553.

Costa, P. T., Jr., & McCrae, R. R. (1980). Somatic complaints in males as a function of age and neuroticism: A longitudinal analysis. *Journal of Behavioural Medicine, 3*, 245-257.

Costello, C. G. (1992). Conceptual problems in current research on cognitive vulner ability to psycho pathology. *Cognitive Therapy and Research, 16*, 379-390.

Cox, T. (1978). *Stress*. London: Macmillan.

Cox, T. (1987). Stress, coping and problem solving. *Work and Stress, 1*, 5-14.

Cox, T., & Ferguson, E. (1991). Individual differences, stress and coping. In C.L. Cooper & R. Payne (Eds.), *Personality and stress: Individual differences in the coping process* (pp. 7-32). Chichester: John Wiley.

Coyne, J. C. (1976). Toward an interactional description of depression. *Psychiatry, 39*, 28-40.

Coyne, J. C. (1985). Studying depressed persons' interactions with strangers and spouses. *Journal of Abnormal Psychology, 85*, 186-193.

Coyne, J. C., & Downey, C. (1991). Social factors and psychopathology: Stress, social support, and coping processes. *Annual Review of Psychology, 42*, 401-425.

Coyne, J. C., Aldwin, C., & Lazarus, R. S. (1981). Depression and coping in stressful episodes. *Journal of Abnormal Psychology, 90*, 434-447.

Craig, A., & Cooper, R. E. (1992). Symptoms of

acute and chronic fatigue. In A. P. Smith & D.M. Jones (Eds.), *Handbook of human performance. Vol. 3: State and trait*. London: Academic Press.

Cramer, D. (1993). Personality and marital dissolution. *Personality and Individual Differences, 14*, 605-608.

Craske, M. G., Rapee, R. M., Jackel, L., & Barlow, D. H. (1989a). Qualitative dimensions of worry in DSM-III-R Generalised Anxiety Disorder subjects and non-anxious controls. *Behaviour Research and Therapy, 27*, 397-402.

Craske, M. G., Street, L., & Barlow, D. H. (1989b). Instructions to focus upon or distract from internal cues during exposure treatment of agoraphobic avoidance. *Behaviour Research and Therapy, 27*, 663-672.

Creamer, M., Burgess, P., & Pattison, P. (1992). Reaction to trauma: A cognitive processing model. *Journal of Abnormal Psychology, 101*, 452-459.

Cronbach, L. J., & Furby, L. (1970). How should we measure "change"-or should we? *Psychological Bulletin, 74*, 68-80.

Crozier, W. R. (1981). Shyness and self-esteem. *British Journal of Social Psychology, 20*, 220-222.

Csikszentmihalyi, M., & Figurski, T. J. (1982). Self-awareness and aversive experience in every day life. *Journal of Personality, 50*, 15-28.

Czerwinski, M., Lightfoot, N., & Shiffrin, R. M. (1992). Automatization and training in visual search. *American Journal of Psychology, 105*, 271-315.

Dagenbach, D., Carr, T. H., & Wilhelmson, A. (1989). Task-induced strategies and nearthreshold priming: Conscious influences on unconscious perception. *Journal of Memory and Language, 28*, 412-443.

Dalgleish, T., & Watts, F. N. (1990). Biases of attention and memory in disorders of anxiety and depression. *Clinical Psychology Review, 10*, 589-604.

Darke, S. (1988). Anxiety and working memory capacity. *Cognition and Emotion, 2*, 145-154.

Darvill, T. J., Johnson, R. C., & Danko, G. P. (1992). Personality correlates of public and private self consciousness. *Personality and Individual Differences, 13*, 383-384.

Davies, D. R., Matthews, G., Wells, A., Holley, P. J., Taylor, A., Blanco, M. J., & Westerman, S. J. (submitted). The Attentional Experiences Questionnaire: Some correlates of every day attention.

Davies, D. R., & Parasuraman, R. (1982). *The psychology of vigilance*. London: Academic Press.

Davis, D., & Brock, T. C. (1975). Use of first person singular pronouns as a function of increased objective self-awareness and prior feed back. *Journal of Experimental Social Psychology, 11*, 381-388.

Dawson, M. E., & Schell, A. M. (1985). Information processing and human autonomic classical conditioning. In P. K. Ackles, J. R. Jennings, & M. G. H. Coles (Eds.), *Advances in psycho physiology* (Vol. 2, pp. 89-165). Greenwich, CT: JAI Press.

Deary, I., & Matthews, G. (1993). Personality traits are alive and well. *The Psychologist, 6*, 299-311.

Deffenbacher, J. L. (1978). Worry, emotionality and task-generated interference in testanxiety: An empirical test of attention theory. *Journal of Educational Psychology, 70* , 248-254.

Deffenbacher, J. L. (1980). Worry and emotionality in test anxiety. In I.G. Sarason (Ed.), *Test anxiety: Theory, research, and applications*. Hillsdale, NJ: Lawrence Erlbaum Associates Inc.

DeLongis, A., Coyne, J. C., Dakof, G., Folkman, S., & Lazarus, R. S. (1982). Relationship of daily hassles, uplifts, and major life events to health status. *Health Psychology, 1*, 119-136.

DeMonbreun, B. G., & Craighead, W. E. (1977). Selective recall of positive and negative feed back. *Cognitive Therapy and Research, 1*, 311-329.

Dempsey, P. (1964). A unidimensional scale for the MMPI. *Journal of Consulting Psychology, 28*, 364-370.

Dempster, F. N. (1981). Memory span: Sources of individual and developmental differences. *Psychological Bulletin, 89*, 63-100.

Denney, D. R., & Frisch, M. B. (1981). The role of neuroticism in relation to life stress and illness. *Journal of Psychosomatic Research, 25*, 303-307.

Derry, P. A., & Kuiper, N. A. (1981). Schematic processing and self-reference in clinical depression. *Journal of Abnormal Psychology, 90*, 286-297.

Deutsch, J. A., & Deutsch, D. (1963). Attention: Some theoretical consierations. *Psychological Review, 70*, 80-90.

Dixon, N. F. (1981). *Preconscious processing*. London: John Wiley.

Dixon, P. (1981). Algorithms and selective attention. *Memory and Cognition, 9*, 177-184.

Doerfler, L. A., & Richards, C. S. (1983). College women coping with depression. *Behaviour Research and Therapy, 21*, 221-224.

Doleys, D. (1976). Distractibility and distracting stimuli: Inconsistent and contradictory results. *Psychological Record, 26*, 279-287.

Dorn, L., & Matthews, G. (1992). Two further studies of personality correlates of driver stress. *Personality and Individual Differences, 13*, 949-952.

Dornic, S. (1977). Mental load, effort, and individual differences. *Reports from the Department of Psychology, No. 509*. University of Stockholm.

Dornic, S. (1980). Efficiency vs. effectiveness in mental work: The differential effect of stress. *Reports from the Department of Psychology, No. 568*. University of Stockholm.

Downey, G., & Coyne, J. C. (1990). Children of depressed parents: An integrative review. *Psychological Bulletin, 108*, 50-76.

Duffy, E. (1962). *Activation and behavior*. New York: John Wiley.

Duncan, J. (1980). The locus of interference in the perception of simultaneous stimuli. *Psychological Review, 87*, 272-300.

Duncan, J. (1984). Selective attention and the organization of visual information. *Journal of Experimental Psychology: General, 113*, 501-517.

Duncan, J. (1985). Visual search and visual attention. In M. I. Posner & O. S. M. Marin (Eds.), *Attention and perform ance XI*. Hillsdale,

NJ: Lawrence Erlbaum Associates Inc.

Duncan, J., & Humphreys, G. W. (1989). Visual search and stimulus similarity. *Psychological Review, 96*, 433-458.

Dunkel-Schetter, C., Folkman, S., & Lazarus, R. S. (1987). Correlates of social supportreceipt. *Journal of Personality and Social Psychology, 53*, 71-80.

Durham, R. C., & Turvey, A. A. (1987). Cognitive therapy *vs* behaviour therapy in the treatment of chronic general anxiety. *Behaviour Research and Therapy, 25*, 229.

Duval, S., & Wicklund, R. A. (1972). *A theory of objective self-awareness*. New York: Academic Press.

Duval, S., & Wicklund, R. A. (1973). Effects of objective self-awareness on attribution of causality. *Journal of Experimental Social Psychology, 9*, 19-31.

Easterbrook, J. A. (1959). The effect of emotion on cue utilisation and the organization of behavior. *Psychological Review, 66*, 183-201.

Edelmann, R. J. (1985). Individual differences in embarrassment: Self-consciousness, selfmonitoring and embarrass ability. *Personality and Individual Differences, 6*, 223-230.

Ehlers, A. (1993). Interoception and panic disorder. *Advances in Behaviour Research and Therapy, 15*, 3-21.

Ehlers, A., & Breuer, P. (1992). Increased cardiac awareness in panic disorder. *Journal of Abnormal Psychology, 101*, 371-382.

Ehlers, A., Margraf, J., Roth, W. T., Taylor, C. B., & Birbaumer, N. (1988a). Anxiety induced by false heart-rate feed back in patients with panic disorder. *Behaviour Research and Therapy, 26*, 1-11.

Ehlers, A., Margraf, J., Davies, S., & Roth, W. T. (1988b). Selective processing of threatcues in subjects with panic attacks. *Cognition and Emotion, 2*, 201-219.

Ellis, A. (1962). *Reason and emotion in psycho therapy*. New York: Lyle Stuart.

Ellis, H. C., & Ashbrook, P. W. (1987). Resource allocation model of the effects of depressed mood states on memory. In K. Fiedler & J. Forgas (Eds.), *Affect, cognition and social behavior*. Toronto: Hogrefe.

Ellis, H. C., Thomas, R. L., & Rodriguez, I. A. (1984). Emotional mood states and memory: Elaborative encoding, semantic processing and cognitive effort. *Journal of Experimental Psychology: Learning, Memory and Cognition, 10*, 470-482.

Ellis, H. C., Thomas, R. L., McFarland, A. D., & Lane, J. W. (1985). Emotional mood states and retrieval in episodic memory. *Journal of Experimental Psychology: Learning, Memory and Cognition, 11*, 363-370.

Endler, N., & Parker, J. (1990). Multi-dimensional assessment of coping: A critical review. *Journal of Personality and Social Psychology, 58*, 844-854.

Enright, S. J., & Beech, A. R. (1993). Further evidence of reduced cognitive inhibition in obsessive-compulsive disorder. *Personality and Individual Differences, 14*, 387-396.

Epstein, S., Rosenthal, S., & Szpiler, J. (1978). The

influence of attention upon anticipatory arousal, habituation, and reactivity to noxious stimulation. *Journal of Research in Personality, 12*, 30-40.

Erber, R., & Tessler, A. (1992). Task effort and the regulation of mood: The absorption hypothesis. *Journal of Experimental Social Psychology, 28*, 339-359.

Eriksen, C. W., & Schulz, D. W. (1979). Information processing in visual search: A continuous flow conception and experimental results. *Perception and Psychophysics, 25*, 249-263.

Eriksen, C. W., & Yeh, Y.-Y. (1985). Allocation of attention in the visualfield. *Journal of Experimental Psychology: Human Perception and Performance, 11*, 583-597.

Evans, G. W., Shapiro, D. H., & Lewis, M. A. (1993). Specifying dysfunctional mismatches between differ ent control dimensions. *British Journal of Psychology, 84*, 255-274.

Evans, M. D., Hollon, S. D., DeRubeis, R. J., Piasecki, J. M., Grove, W. M., Garvey, M.J., & Tuason, V.B. (submitted). Differential relapse following cognitive therapy, pharmacotherapy, and combined cognitive-pharmaco therapy for depression: IV. A two-year follow-up of the CPT project.

Exner, J. E. (1973). The self-focus sentence completion scale: A study of egocentri city. *Journal of Personality Assessment, 37*, 437-455.

Eysenck, H. J. (1967). *The biological basis of personality*. Springfield, IL: Thomas.

Eysenck, H. J., & Eysenck, S. B. G. (1964). *The Eysenck Personality Inventory*. London: London University Press.

Eysenck, H. J., & Eysenck, S. B. G. (1975). *The Eysenck Personality Questionnaire*. London: London University Press.

Eysenck, M. W. (1979). Anxiety, learning and memory: A recon ceptualisation. *Journal of Research in Personality, 13*, 363-385.

Eysenck, M. W. (1982). *Attention and arousal: Cognition and performance*. New York: Springer.

Eysenck, M. W. (1985). Anxiety and cognitive-task performance. *Personality and Individual Differences, 6*, 579-586.

Eysenck, M. W. (1988). Anxiety and attention. *Anxiety Research, 1*, 9-15.

Eysenck, M. W. (1991). Cognitive factors in clinical psychology: Potential relevance to therapy. In M. Briley & S.E. File (Eds.), *New concepts in anxiety*. London: Macmillan.

Eysenck, M. W. (1992). *Anxiety: The cognitive perspective*. Hillsdale, NJ: Lawrence Erlbaum Associates Inc.

Eysenck, M. W., & Eysenck, H. J. (1980). Mischel and the concept of personality. *British Journal of Personality, 71*, 191-209.

Eysenck, M. W., McLeod, C., & Mathews, A. (1987). Cognitive functioning and anxiety. *Psychological Research, 49*, 189-195.

Eysenck, M. W., Mogg, K., May, J., Richards, A., & Mathews, A. (1991). Bias in interpretation of ambiguous sentences related to threat in anxiety. *Journal of Abnormal Psychology, 100*, 144-150.

Fabian, W. D., & Fishkin, S. M. (1981). A replicated study of self-reported changes in psychological absorption with marijuana intoxiction. *Journal of Abnormal Psychology, 90*, 546-553.

Fabian, W. D., & Fishkin, S. M. (1991). Psychological absorption: Affect investment in marijuana intoxication. *Journal of Nervous and Mental Disease, 179*, 39-43.

Fabian, W. D., Fishkin, S. M., & Williams, H. L. (1983). Attentional absorption in marijuana and alcohol intoxication. *Journal of Abnormal Psychology, 92*, 489-494.

Fahrenberg, J., Walschburger, P., Foerster, F., Myrtek, M., & Muller, W. (1983). An evaluation of trait, state, and reaction aspects of activation processes. *Psychophysiology, 20*, 188-195.

Fawzy, F. I., Kemeny, M. E., Fawzy, N. W., Elashoff, R., Morton, R. B., Cousins, N., & Fahey, J. L. (1990). A structured psychiatric intervention for cancer patients. II. Changes over time in immunological meas ures. *Archives of General Psychiatry, 47*, 729-735.

Fazio, R. H., Sanbonmatsu, D. M., Powell, M. C., & Kardes, F. R. (1986). On the automatic activation of attitudes. *Journal of Personality and Social Psychology, 50*, 229-238.

Felson, R. B. (1985). Reflected appraisal and the development of self. *Social Psychology Quarterly, 48*, 71-78.

Fenigstein, A. (1979). Self-consciousness, self-attention, and social interaction. *Journal of Personality and Social Psychology, 37*, 75-86.

Fenigstein, A. (1984). Self-consciousness and the over perception of self as a target. *Journal of Personality and Social Psychology, 47*, 860-870.

Fenigstein, A., & Carver, C. S. (1978). Self-focusing effects of heart beat feed back. *Journal of Personality and Social Psychology, 36*, 1241-1250.

Fenigstein, A., Scheier, M. F., & Buss, A. H. (1975). Public and private self-consciousness: Assessment and theory. *Journal of Consulting and Clinical Psychology, 43*, 522-527.

Fenigstein, A., & Vanable, P. A. (1992). Paranoia and self-consciousness. *Journal of Personality and Social Psychology, 62*, 129-138.

Fennel, M. J. V., & Teasdale, J. D. (1984). Effects of distraction on thinking and affect in depressed patients. *British Journal of Clinical Psychology, 23*, 65-66.

Fennel, M. J. V., Teasdale, J. D., Jones, S., & Damle, A. (1987). Distraction in neurotic and endogenous depression: An investigation of negative thinking in major depressive disorder. *Psychological Medicine, 17*, 441-452.

Festinger, L. (1954). A theory of social comparison processes. *Human Relations, 7*, 117-140.

Finlay-Jones, R., & Brown, G. W. (1981). Types of stressful events and the onset of anxiety and depressive disorders. *Psychological Medicine, 11*, 803-815.

Fisher, S. (1986). *Stress and strategy*. Hillsdale, NJ: Lawrence Erlbaum Associates Inc.

Fisher, S. (1989). *Homesickness, cognition and health*. Hillsdale, NJ: Lawrence Erlbaum Associates Inc.

Fisher, S. (1990). The psychological effects of leaving home: Homesickness, health and obsessional thoughts. In S. Fisher & C. L. Cooper (Eds.), *On the move: The psychology of change and transition*. Chichester: John Wiley.

Fisk, A. D., & Scerbo, M. W. (1987). Automatic

and controlled processing approach to interpreting vigilance performance: A review and reevaluation. *Human Factors, 23*, 737-750.

Fisk, A. D., & Schneider, W. (1983). Category and word search: Generalizing search principles to complex processing. *Journal of Experimental Psychology: Learning, Memory and Cognition, 9*, 177-195.

Fitts, P. M., & Posner, M. I. (1967). *Human performance*. Belmont, CA: Wadsworth.

Foa, E. B. (1988). What cognitions differentiate panic disorder from other anxiety disorders? In I. Hand & H. Wittchen (Eds.), *Panic and phobias* (Vol. 2). New York: Springer.

Foa, E. B., Feske, U., Murdock, T. B., Kozak, M. J., & McCarthy, P. R. (1991). Processing of threat-related information in rapevictims. *Journal of Abnormal Psychology, 100*, 156-162.

Foa, E. B., & Kozak, M. J. (1986). Emotional processing and fear: Exposure to corrective information. *Psychological Bulletin, 99*, 20-35.

Foa, E. B., & McNally, R. J. (1986). Sensitivity to feared stimuli in obsessive-compulsives: A dichotic listening analysis. *Cognitive Therapy and Research, 10*, 477-486.

Foa, E. B., McNally, R. J., & Murdock, T. (1989). Anxious mood and memory. *Behaviour Research and Therapy, 27*, 141-147.

Foa, E. B., Steketee, G. S., & Ozarow, B. J. (1985). Behavior therapy with obsessive-compulsives: From theory to treatment. In M. Mavissakalian, S. M. Turner, & L. Michelson (Eds.), *Obsessive-compulsive disorders: Psychological and pharmacological treatments*. New York: Plenum Press.

Folkman, S. (1984). Personal control and stress and coping processes: A theoret ical analysis. *Journal of Personality and Social Psychology, 46*, 839-852.

Folkman, S., & Lazarus, R. S. (1980). An analysis of coping in a middle-aged community sample. *Journal of Health and Social Behavior, 21*, 219-239.

Folkman, S., & Lazarus, R. S. (1984). *Stress, appraisal and coping*. New York: Springer.

Folkman, S., Lazarus, R. S., Gruen, R. J., & DeLongis, A. (1986). Appraisal, coping, health status, and psychological symptoms. *Journal of Personality and Social Psychology, 50*, 571-579.

Forgas, J. P. (1989). Mood effects on decision-making strategies. *Australian Journal of Psychology, 41*, 197-214.

Forgas, J. P., & Bower, G. H. (1987). Affect in social and personal judgements. In K. Fiedler & J. Forgas (Eds.), *Affect, cognition and social behavior: New evidence and integrative attempts*. Lewiston, NY: Hogrefe.

Forgas, J. P., & Bower, G. H. (1988). Affect in social judgements. *Australian Journal of Psychology, 40*, 125-145.

Forgas, J. P., Bower, G. H., & Krantz, S. E. (1984). The influence of mood on the perception of social interaction. *Journal of Experimental Social Psychology, 20*, 497-513.

Forgas, J. P., & Moylan, S. (1987). After the movies: The effect of mood on social judgements. *Personality and Social Psychology Bulletin, 13*, 465-477.

Foulds, G. A. (1952). Temperamental differences in maze performance II: The effect of distraction and of electroconvulsive therapy on psycho motor retardation. *British Journal of Psychiatry, 43*, 33-41.

Fowles, D. C . (1992). Motivational approach to anxiety disorders. In D. G. Forgays, T. Sosnowski, & K. Wrzesniewski (Eds.), *Anxiety: Recent developments in cognitive, psycho physiological and health research*. Washington, DC: Hemisphere.

Fracker, M. L., & Wickens, C. D. (1988). Resources, confusions, and compatibility in dualaxis tracking: Displays, controls, and dynamics. *Journal of Experimental Psychology: Human Perception and Performance, 14*, 545-553.

Franche, R.-L., & Dobson, K. (1992). Self-criticism and interpersonal dependency as vulnerability factors to depression. *Cognitive Therapy and Research, 16*, 419-435.

Frankenhaeuser, M. (1987). A psychobiological frame work for research on human stress and coping. In M.H. Appley & R. Trumbull (Eds.), *Dynamics of stress: Physiological, psychological, and social perspectives*. New York: Plenum Press.

Freden, L. (1982). *Psychosocial aspects of depression*. New York: John Wiley.

Fredrikson, M., Sundin, O., & Frankenhaeuser, M. (1985). Cortisol excretion during the defense reaction in humans. *Psychosomatic Medicine, 47*, 313-319.

French, C. C., & Richards, A. (1992). Word association norms for a set of threat/neutral homo graphs. *Cognition and Emotion, 6*, 65-87.

French, J. R. P., Jr., Caplan, R. D., & Harrison, R. V. (1982). *The mechanisms of job stress and strain*. London: John Wiley.

Frese, M. (1987). Coping as a moderator and mediator between stress at work and psycho so matic complaints. In M. H. Appley & R. Trumbull (Eds.), *Dynamics of stress: Physiological, psychological, and social perspectives*. New York: Plenum Press.

Friedrich, F. J., Henik, A., & Tzelgov, J. (1991). Automatic processes in lexical access and spreading activation. *Journal of Experimental Psychology: Human Perception and Performance, 17*, 792-806.

Froming, W. J., Corley, E. B., & Rinker, L. (1990). The influence of public self-consciousness and the audience's characteristics on with drawal from embarrassing situations. *Journal of Personality, 58*, 603-622.

Froming, W. J., Walker, G. R., & Lopyan, K. J. (1982). Public and private self-awareness: When personal attitudesconflict with societal expectations. *Journal of Experimental Social Psychology, 18*, 476-487.

Frost, R. O., & Sher, K. J. (1989). Checking behavior in a threatening situation. *Behaviour Research and Therapy, 27*, 385-389.

Frost, R. O., Sher, K. J., & Geen, T. (1986). Psychopathology and personality characteristics of non-clinical compulsive checkers. *Behaviour Research and Therapy, 24*, 133-143.

Frost, R. O., Lahart, C. M., Dugas, K. M., & Sher, K. J. (1988). Information processing among non-

clinical compulsives. *Behaviour Research and Therapy, 26*, 275-277.

Gallagher, D. J. (1990). Extraversion, neuroticism and appraisal of stressful academic events. *Personality and Individual Differences, 11*, 1053-1058.

Gandy, Z. E., & Telch, M. J. (1989). Effects of a cognitive-behavioral panic treatment on the information-processing of threat-related material. Paper presented to the *23rd Annual AABT Convention*, Washington, DC.

Ganellan, R. J. (1988). Specificity of attributions and over generalization in depression and anxiety. *Journal of Abnormal Psychology, 97*, 83-86.

Geen, R. G. (1985). Test anxiety and visual vigilance. *Journal of Personality and Social Psychology, 49*, 963-970.

Geen, R. G. (1987). Test anxiety and behavioral avoidance. *Journal of Research in Personality, 21*, 481-488.

Geller, V., & Shaver, P. (1976). Cognitive consequences of self-awareness. *Journal of Personality and Social Psychology, 12*, 99-108.

Gerrig, R. J., & Bower, G. H. (1982). Emotional influences on word recognition. *Bulletin of the Psychonomic Society, 19*, 197-200.

Gibbons, F. X., & Gaeddert, W. D. (1984). Self-focus and placebo utility. *Journal of Experimental Social Psychology, 20*, 159-176.

Gilligan, S. G., & Bower, G. H. (1984). Cognitive consequences of emotional arousal. In C.E. Izard, J. Kagan, & R.B. Zajonc (Eds.), *Emotions, cognition and behaviour*. Cambridge: Cambridge University Press.

Glass, C. R., Merluzi, T. V., Biever, J. L., & Larsen, K. H. (1982). Cognitive assessment of social anxiety: Development and validation of a self-statements questionnaire. *Cognitive Therapy and Research, 6*, 37-55.

Goldberg, D. (1978). *The General Health Questionnaire*. Windsor: NFER-Nelson.

Goldstein, A. J., & Chambless, D. L. (1978). A re-analysis of agoraphobia. *Behavior Therapy, 9*, 47-59.

Golombok, S., Stavrou, A., & Bonn, J. (1991). The effects of diazepam on anxiety-related cognition. *Cognitive Therapy and Research, 15*, 459-467.

Goodyer, I. M. (1988). Stress in childhood and adolescence. In S. Fisher & J. Reason (Eds.), *Handbook of life stress, cognition and health*. New York: John Wiley.

Goodyer, I. M., Kolvin, I., & Gatzanis, S. (1985). Recent undesirable life events and psychiatric disorders of childhood and adolescence. *British Journal of Psychiatry, 47*, 517-523.

Gordon, P. K. (1985). Allocation of attention in obsessional disorder. *British Journal of Clinical Psychology, 24*, 101-107.

Gotlib, I. H. (1983). Perception and recall of interpersonal feed back: Negative bias in depression. *Cognitive Therapy and Research, 7*, 399-412.

Gotlib, I. H., & Cane, D. B. (1987). Construct accessibility and clinical depression: A longitudinal investigation. *Journal of Abnormal Psychology, 96*, 199-204.

Gotlib, I. H., & McCann, C. D. (1984). Construct accessibility and depression: An examination of cognitive and affective factors. *Journal of Personality and Social Psychology, 47*, 427-439.

Gotlib, I. H., McLachlan, A. L., & Katz, A. N. (1988). Biases in visual attention in depressed and nondepressed individuals. *Cognition and Emotion, 2*, 185-200.

Graf, P., & Mandler, G. (1984). Activation makes words more accessible, but not necessarily more retriev able. *Journal of Verbal Learning and Verbal Behavior, 23*, 553-568.

Gray, J. A. (1982). *The neuro psychology of anxiety: An enquiry into the functions of the septohippocampal system*. Oxford: Oxford University Press.

Gray, J. A. (1987). *The psychology of fear and stress* (2nd ed.). Cambridge: Cambridge University Press.

Grayson, J. B., Foa, E. B., & Steketee, G. S. (1982). Habituation during exposure treatment: Distraction versus attention-focusing. *Behaviour Research and Therapy, 20*, 323-328.

Grayson, J. B., Foa, E. B., & Steketee, G. S. (1986). Exposure *in vivo* of obsessive-compulsives under distracting and attention-focusing conditions: Replication and extension. *Behaviour Research and Therapy, 24*, 475-479.

Greenberg, J., & Beck, A. T. (1989). Depression versus anxiety: A test of the context specificity hypothesis. *Journal of Abnormal Psychology, 98*, 9-13.

Greenberg, J., & Pyszczynski, T. (1986). Persistent high self-focus after failure and low self-focus after success: The depressive self-focusing style. *Journal of Personality and Social Psychology, 50*, 1039-1044.

Greenberg, J., Pyszczynski, T., Burling, J., & Tibbs, K. (1992). Depression, self-focused attention, and the self-serving attributional bias. *Personality and Individual Differences, 13*, 959-966.

Greenberg, M. S., & Alloy, L. B. (1989). Depression versus anxiety: Processing of self-and other-referent information. *Cognition and Emotion, 3*, 207-223.

Griffin, J. A., Dember, W. N., & Warm, J. S. (1986). Effects of depression on expectancy in sustained attention. *Motivation and Emotion, 10*, 195-205.

Guadagnoli, E., & Velicer, W.F. (1988). Relation of sample size to the stability of component patterns. *Psychological Bulletin, 103*, 265-275.

Hallam, R. S. (1976). The Eysenck personality scales: Stability and change after therapy. *Behaviour Research and Therapy, 14*, 369-372.

Hardy, L., & Parfitt, G. (1991). A cata strophe model of anxiety and performance. *British Journal of Psychology, 82*, 163-178.

Harley, T. A., & Matthews, G. (1992). Interactive effects of extra version, arousal and time of day on semantic priming: Are they pre-lexical or post-lexical? *Personality and Individual Differences, 13*, 1021-1029.

Harre, R. (1980). *Social being: A theory for social psychology*. Totowa, NJ: Littlefield, Adams.

Harris, J. E., & Wilkins, A. J. (1982). Remembering to do things: A theoretical frame work and an illustrative experiment. *Human Learning, 1*, 123-136.

Harris, P. L., Olthof, T., & Meerum Terwogt, M. (1981). Children's knowledge of emotion.

Journal of Child Psychology and Psychiatry, 27, 681-687.

Hartman, L. M. (1983). A meta-cognitive model of social anxiety: Implications for treatment. *Clinical Psychology Review, 3*, 435-456.

Hasher, L., & Zacks, R. T. (1979). Automatic and effortful processes in memory. *Journal of Experimental Psychology: General, 108*, 356-388.

Hawley, K. J., & Johnston, W. A. (1991). Long-term perceptual memory for briefly exposed words as a function of awareness and attention. *Journal of Experimental Psychology: Human Perception and Performance, 17*, 807-815.

Heide, F. J., & Borkovec, T. D. (1983). Relaxation-induced anxiety: Paradoxical anxiety enhancement due to relaxation training. *Journal of Consulting and Clinical Psychology, 51*, 171-182.

Heide, F. J., & Borkovec, T. D. (1984). Relaxation-induced anxiety: Mechanisms and theoretical implications. *Behaviour Research and Therapy, 22*, 1-12.

Herrmann, D. J. (1982). Know thy memory: The use of questionnaires to assess and study memory. *Psychological Bulletin, 92*, 434-452.

Hertel, P. T., & Hardin, T. S. (1990). Remembering with and without awareness in a depressed mood: Evidence of deficits in initative. *Journal of Experimental Psychology: General, 119*, 45-59.

Hibbert, G. A. (1984). Ideational components of anxiety: Their origin and content. *British Journal of Psychiatry, 144*, 618-624.

Higgins, E. T. (1987). Self-discrepancy: A theory relating self and affect. *Psychological Review, 94*, 319-340.

Higgins, E. T. (1989). Continuities and discontinuities in self-regulatory and selfevaluatory processes: A developmental theory relating self and affect. *Journal of Personality, 57*, 404-444.

Higgins, E. T. (1990). Personality, social psychology, and person-situation relations: Standards and know ledge activation as a common language. In L.A. Pervin (Ed.), *Handbook of personality theory and research* (pp. 301-338). New York: Guilford Press.

Higgins, E. T., Bond, R. N., Klein, R., & Strauman, T. J. (1986). Self-discrepancies and emotional vulner ability: How magnitude, accessibility, and type of discrepancy influence affect. *Journal of Personality and Social Psychology, 51*, 5-15.

Higgins, E. T., Rholes, W. S., & Jones, C. R. (1977). Category accessibility and impression formation. *Journal of Experimental Social Psychology, 13*, 141-154.

Higgins, E. T., Van Hook, E., & Dorfman, D. (1988). Do self-attributes form a cognitivestructure. *Social Cognition, 6*, 177-206.

Hill, A. B., & Dutton, F. (1989). Depression and selective attention to self-esteem threatening words. *Personality and Individual Differences, 10*, 915-918.

Hill, A. B., & Kemp-Wheeler, S. M. (1989). The infleuence of context on lexical decision times for emotionally aversive words. *Current Psychology: Research and Reviews, 8*, 219-227.

Hirschfeld, R. M. A., Klerman, G. L., Clayton, P. J., & Keller, M. B. (1983). Personality and depression: Empirical findings. *Archives of General Psychiatry, 40*, 993-998.

Hirst, W. (1986). Aspects of divided and selective attention. In J. LeDoux & W. Hirst (Eds.), *Mind and brain*. New York: Cambridge University Press.

Hirst, W., & Kalmar, D. (1987). Characterizing attentional resources. *Journal of Experimental Psychology: General, 116*, 68-81.

Hitch, G. J. (1980). Developing the concept of working memory. In G. Claxton (Ed.), *Cognitive psychology: New directions*. London: Routledge.

Hobfoll, S. E., & London, P. (1986). The relationship of self concept and social support to emotional distress among women during war. *Journal of Social and Clinical Psychology, 4*, 189-203.

Hockey, G. R. J. (1984). Varieties of attentional state: The effects of the environment. In R. Parasuraman & D. R. Davies (Eds.), *Varieties of attention*. New York: Academic Press.

Hockey, G. R. J. (1986). A state control theory of adaptation to stress and individual differences in stress management. In G.R.J. Hockey, A.W.K. Gaillard, & M.G.H. Coles (Eds.), *Energetics and human information processing*. Dordrecht: Martinus Nijhoff.

Hockey, G. R. J., Gaillard, A. W. K., & Coles, M. G. H. (Eds). (1986). *Energetics and human information processing*. Dordrecht: Martinus Nijhoff.

Hockey, G. R. J., & Hamilton, P. (1983). The cognitive patterning of stress states. In G.R.J. Hockey (Ed.), *Stress and fatigue in human performance*. Chichester: John Wiley.

Hodges, W. F. (1968). Effects of ego threat and threat of pain on state anxiety. *Journal of Personality and Social Psychology, 8*, 364-372.

Hoffman, J. E., Nelson, G., & Houck, M. R. (1983). The role of attentional resources in auto maticdetection. *Cognitive Psychology, 51*, 379-410.

Holender, D. (1986). Semantic activation without conscious identification. *Behavioral and Brain Sciences, 9*, 1-66.

Hollon, S. D., & Kendall, P. C. (1980). Cognitive self-statements in depression: Development of an automatic thoughts questionnaire. *Cognitive Therapy and Research, 4*, 383-395.

Holmes, S. J., & Robins, L. N. (1988). The role of parental disciplinary practices in the development of depression and alcoholism. *Psychiatry, 51*, 24-36.

Holmlund, U. (1991). Change and stability of needs from middle adolescence to young adulthood in Swedish females. *European Journal of Personality, 5*, 379-385.

Holohan, C. J., & Moos, R. H. (1990). Life stressors, resistance factors, and improved psychological functioning: An extension of the stress resistance paradigm. *Journal of Personality and Social Psychology, 58*, 909-917.

Holroyd, K. A., & Appel, M. A. (1980). Test anxiety and physiological responding. In I.G. Sarason (Ed.), *Test anxiety: Theory, research and applications*. Hillsdale, NJ: Lawrence Erlbaum Associates Inc.

Hope, D. A., & Heimberg, R. G. (1988). Public and private self-consciousness and social phobia.

Journal of Personality Assessment, 52, 626-639.

Hope, D. A., Gansler, D. A., & Heimberg, R. G. (1989). Attentional focus and causal attributions in social phobia: Implications from social psychology. *Clinical Psychology Review, 9*, 49-60.

Hope, D. A., Rapee, R. M., Heimberg, R. G., & Dombeck, M. J. (1990). Representation of the self in social phobia: Vulnerability to social threat. *Cognitive Therapy and Research, 14*, 477-485.

House, J. S., Landis, A. R., & Umberson, D. (1988). Social relationships and health. *Science, 241*, 540-544.

Hull, J. G. (1981). A self-awareness model of causes and effects of alcohol consumption. *Journal of Abnormal Psychology, 90*, 586-600.

Hull, J. G., Levenson, R. W., Young, R. D., & Sher, K. J. (1983). The self-awareness reducing effects of alcohol consumption. *Journal of Personality and Social Psychology, 44*, 461-473.

Hull, J. G., & Schnurr, P. P. (1986). The role of self in alcohol use. In L. M. Hartman & K. R. Blankenstein (Eds.), *Perception of self in emotional disorder and psycho therapy* (pp. 157-185). New York: Plenum Press.

Humphreys, M. S., & Revelle, W. (1984). Personality, motivation and performance: A theory of the relationship between individual differences and inform a tion processing. *Psychological Review, 91*, 153-184.

Hurrell, J. J., Jr., & Murphy, L. R. (1991). Locus of control, job demands, and health. In C. L. Cooper & R. Payne (Eds.), *Personality and stress: Individual differences in the stress process*. Chichester: John Wiley.

Idzikowski, C. J. F., & Baddeley, A. D. (1983). Fear and performance in dangerous environments. In G. R. J. Hockey (Ed.), *Stress and fatigue in human performance*. Chichester: John Wiley.

Ingram, R. E. (1984). Toward an information-processing analysis of depression. *Cognitive Therapy and Research, 8*, 443-478.

Ingram, R. E. (1989). Affective confounds in social-cognitive research. *Journal of Personality and Social Psychology, 57*, 715-722.

Ingram, R. E. (1990). Self-focused attention in clinical disorders: Review and a conceptual model. *Psychological Bulletin, 107*, 156-176.

Ingram, R. E., Johnson, B. R., Bernet, C. Z., & Rowe, M. D. (1992). Vulnerability to distress: Cognitive and emotional reactivity in chronically self-focused individuals. *Cognitive Therapy and Research, 16*, 451-472.

Ingram, R. E., & Kendall, P. C. (1986). Cognitive clinical psychology: Implications of an information processing perspective. In R. E. Ingram (Ed.), *Information processing approaches to clinical psychology*. Orlando, FL: Academic Press.

Ingram, R. E., Kendall, P. C., Smith, T. W., Donnell, C., & Ronan, K. (1987b). Cognitive specificity in emotional distress. *Journal of Personality and Social Psychology, 53*, 734-742.

Ingram, R. E., Lumry, A., Cruet, D., & Sieber, W. (1987a). Attentional processes in depression disorders. *Cognitive Therapy and Research, 11*, 351-360.

Ingram, R. E., & Smith, T. W. (1984). Depression

and internal versus external focus of attention. *Cognitive Therapy and Research, 8*, 139-152.

Isen, A. M. (1990). The influence of positive and negative affect on cognitive organization: Some implications for development. In N. Stein, B. Leventhal, & T. Trabasso (Eds.), *Psychological and biological approaches to emotion*. Hillsdale, NJ: Lawrence Erlbaum Associates Inc.

Isen, A. M., Shalker, T., Clark, M., & Karp, L. (1978). Affect, accessibility of material in memory, and behavior: A cognitive loop? *Journal of Personality and Social Psychology, 36*, 1-12.

Jackson, S. E., & Schuler, R. S. (1985). A meta-analysis and conceptual critique of research on role ambiguity and role conflict in work settings. *Organizational Behavior and Human Decision Processes, 36*, 16-78.

Jansson, L., & Ost, L. G. (1982). Behavioral treatments for agoraphobia: An evaluative review. *Clinical Psychology Review, 2*, 311-336.

Johnson, E. J., & Tversky, A. (1983). Affect, generalization and the perception of risk. *Journal of Personality and Social Psychology, 45*, 20-31.

Johnson, J. H., & Sarason, I. G. (1979). Recent developments in research on life stress. In V. Hamilton & D. M. Warburton (Eds.), *Human stress and cognition: An information processing approach*. Chichester: John Wiley.

Johnson, L. C. (1982). Sleep deprivation and performance. In W. B. Webb (Ed.), *Biological rhythms, sleep, and performance*. New York: John Wiley.

Johnson, M. H., & Magaro, P. A. (1987). Effects of mood and severity on memory processes in depression and mania. *Psychological Bulletin, 101*, 28-40.

Johnston, W. A., & Dark, V. J. (1985). Selective attention. *Annual Review of Psychology, 37*, 43-75.

Johnston, W. A., & Heinz, S. P. (1978). Flexibility and capacity demands of attention. *Journal of Experimental Psychology: General, 107*, 420-435.

Jones, D. M. (1984). Performance effects. In D. M. Jones & A. J. Chapman (Eds.), *Noise and society*. Chichester: John Wiley.

Jonides, J., & Yantis, S. (1988). Uniqueness of abrupt visual onset as an attention-capturing property. *Perception and Psychophysics, 43*, 346-354.

Kagan, J., & Moss, H. A. (1962). *Birth to maturity: A study in psychological development*. New York: John Wiley.

Kahneman, D. (1973). *Attention and effort*. Englewood Cliffs, NJ: Prentice Hall.

Kahneman, D., & Chajczyk, D. (1983). Tests of the automaticity of reading: Dilution of Stroop effects by color-irrel evant stimuli. *Journal of Experimental Psychology: Human Perception and Performance, 9*, 497-509.

Kaloupek, D. G., & Stoupakis, T. (1985). Coping with a stressful medical procedure: Further investigation with volunteer blood donors. *Journal of Behavioral Medicine, 8*, 131-148.

Kanfer, F. H., & Goldfoot, D. A. (1966). Self-control and tolerence of noxious stimulation. *Psychological Reports, 18*, 79-85.

Kanfer, F. H., & Stevenson, M. K. (1985). The

effects of self-regulation on concurrent cognitive processing. *Cognitive Therapy and Research, 9*, 667-684.

Kantowitz, B. H., & Weldon, M. (1985). On scaling performance operating characteristics: Caveat emptor. *Human Factors, 27*, 531-547.

Kanungo, R. N. (1979). The concepts of alienation and involvement revisted. *Psychological Bulletin, 86*, 119-138.

Kazdin, A. E., & Wilcoxon, L. A. (1976). Systematic desensitization and non-specific treatment effects: A methodological evaluation. *Psychological Bulletin, 23*, 729-738.

Kemp-Wheeler, S. M., & Hill, A. B. (1987). Anxiety responses to subliminal experience of mild stress. *British Journal of Psychology, 78*, 365-374.

Kemp-Wheeler, S. M., & Hill, A. B. (1988). Semantic priming without awareness: Some methodological considerations and replications. *Quarterly Journal of Experimental Psychology, 40A*, 671-692.

Kemp-Wheeler, S. M., & Hill, A. B. (1992). Semantic and emotional priming below objective detection threshold. *Cognition and Emotion, 6*, 113-128.

Kendall, P. C., & Ingram, R. E. (1987). The future for cognitive assessment of anxiety: Let's get specific. In L. Michaelson & L. M. Ascher (Eds.), *Anxiety and stress disorders: Cognitive-behavioural assessment and treatment*. New York: Guilford Press.

Kennedy, R. E., & Craighead, W. E. (1988). Differential effects of depression and anxiety on recall of feed back in a learning task. *Behaviour Therapy, 19*, 437-454.

Kessler, R. C., Price, R. H., & Wortman, C. B. (1985). Psychopathology: Social approaches. *Annual Review of Psychology, 36*, 531-572.

Kienker, P. K., Sejnowski, T. J., Hinton, G. E., & Schumacher, L. E. (1986). Separating figure from ground with a parallel network. *Perception, 15*, 197-216.

Kihlstrom, J., & Cantor, N. (1984). Mental representations of the self. In L. Berkowitz (Ed.), *Advances in experimental social psychology* (Vol. 17). New York: Academic Press.

King, P. R., & Endler, N. S. (1990). The interaction model of anxiety: A critical appraisal of current research methods. *Personality and Individual Differences, 10*, 233-238.

Kirsch, I., Mearns, J., & Catanzaro, S.J. (1990). Mood regulation expectancies as determinants of depression in college students. *Journal of Counseling Psychology, 37*, 306-312.

Kitayama, S. (1990). Interaction between affect and cognition in word perception. *Journal of Personality and Social Psychology, 58*, 209-217.

Kitayama, S. (1991a). Impairment of perception by positive and negative affect. *Cognition and Emotion, 5*, 255-274.

Kitayama, S. (1991b). Enhancement and impairment of perception by affect. *Unpublished Technical Report No. 91-96*. Eugene, OR: University of Oregon.

Klein, D. C., Fencil-Morse, E., & Seligman, M. E. P. (1976). Learned helplessness, depression and the attribution of failure. *Journal of Personality and*

Social Psychology, 33, 508-516.

Klein, S. B., & Loftus, J. (1988). The nature of self-referentencoding: The contributions of elaborative and organizational processes. *Journal of Personality and Social Psychology, 55*, 5-11.

Kleiss, J. A., & Lane, D. M. (1986). Locus and persistence of capacity limitations in visual information processing. *Journal of Experimental Psychology: Human Perception and Performance, 12*, 200-210.

Klieger, D. M., & Cordner, M. D. (1990). The Stroop task as a measure of construct accessibility in depression. *Personality and Individual Differences, 11*, 19-28.

Kovacs, M., & Beck, A. T. (1978). Maladaptive cognitive structures in depression. *American Journal of Psychiatry, 135*, 525-533.

Kovacs, M., Rush, J., Beck, A. T., & Hollon, S. D. (1981). Depressed outpatients treated with cognitive therapy or pharmaco therapy: A one-year follow-up. *Archives of General Psychiatry, 38*, 33-40.

Krames, L., & MacDonald, M. R. (1985). Distraction and depressive cognitions. *Cognitive Therapy and Research, 9*, 561-573.

Kuhl, J. (1981). Motivational and functional help lessness: The moderating effect of state versus action orientation. *Journal of Personality and Social Psychology, 40*, 155-170.

Kuhl, J., & Helle, P. (1986). Motivational and volitional determ in ants of depression: The degenerated-intention hypothesis. *Journal of Abnormal Psychology, 95*, 247-251.

Kuiper, N. A. (1978). Depression and causal attributions for success and failure. *Journal of Personality and Social Psychology, 36*, 236-246.

Kuiper, N. A., Olinger, L. J., & MacDonald, M. R. (1988). Vulnerability and episodic cognitions in a self-worth contingency model of depression. In L.B. Alloy (Ed.), *Cognitive processes in depression*. New York: Guilford Press.

Kuiper, N. A., Olinger, L. J., & Martin, R. A. (1990). Are cognitive approaches to depression useful? In C. D. McCann & N.S. Endler (Eds.), *Depression: New directions in theory, research and practice*. Toronto: Wall & Emerson.

Lacey, J. I. (1967). Somatic response patterning and stress: Some revisions of activation theory. In M. H. Appley & R. Trumbull (Eds.), *Psychological stress*. New York: Appleton-Century-Crofts.

Lakey, B., & Cassady, P. B. (1990). Cognitive processes in perceived social support. *Journal of Personality and Social Psychology, 59*, 337-343.

Lang, P. J. (1977). Imagery in therapy: An information processing analysis of fear. *Behavior Therapy, 8*, 862-886.

Lang, P. J. (1979). A bio-informational theory of emotional imagery. *Psychophysiology, 16*, 495-512.

Lang, P. J., Bradley, M. M., & Cuthbert, B. N. (1990). Emotion, attention, and the startlereflex. *Psychological Review, 97*, 377-395.

Larsen, R. J. (in press). Neuroticism and selective encoding and recall of symptoms: evidence from a combined concurrent-retrospective study. *Journal of Personality and Social Psychology*.

Larsen, R. J., & Cowen, G. S. (1988). Internal focus of attention and depression: A study of daily

experience. *Motivation and Emotion, 12*, 237-249.

Larsen, R. J., & Ketelaar, T. (1989). Extraversion, neuroticism and susceptibility to positive and negative mood induction procedures. *Personality and Individual Differences, 10*, 1221-1228.

Latack, J. C. (1986). Coping with job stress. *Journal of Applied Psychology, 71*, 377-385.

Lavy, E., Van den Hout, M., & Arntz, A. (1993). Attentional bias and spider phobia: Conceptual and clinical issues. *Behavior Research and Therapy, 31*, 17-24.

Lazarus, R. S. (1984). On the primacy of cognition. *American Psychologist, 37*, 1019-1024.

Lazarus, R. S., & Folkman, S. (1984). *Stress, appraisal and coping*. New York: Springer.

Lazarus, R. S., & Smith, C. A. (1988). Knowledge and appraisal in the cognition-emotion relationship. *Cognition and Emotion, 2*, 281-300.

Leon, M. R., & Revelle, W. (1985). Effects of anxiety on analogical reasoning: A test of three theoretical models. *Journal of Personality and Social Psychology, 49*, 1302-1315.

Levenson, M. R., Aldwin, C. M., Bosse, R., & Spiro, A., III (1988). Emotionality and mental health: Longitudinal findings from the normative aging study. *Journal of Abnormal Psychology, 97*, 94-96.

Lindner, K. C., Sarason, I. G., & Sarason, B. R. (1988). Assessed life stress and experimentally provided social support. In C.D. Spielberger, I.G. Sarason, & P. B. Defares (Eds.), *Stress and anxiety* (Vol. 11). Washington, DC: Hemisphere.

Lindsley, D. (1952). Psychological phenomena and the electroencephalogram. *Electroencephalography and Clinical Neurophysiology, 4*, 443-456.

Lloyd, G.G., & Lishman, W. A. (1975). Effect of depression on the speed of recall of pleasant and unpleas ant experiences. *Psychological Medicine, 5*, 173-180.

Logan, G.D. (1979). On the use of concurrent memory load to measure attention and automati city. *Journal of Experimental Psychology: Human Perception and Performance, 5*, 189-207.

Logan, G.D. (1985). Executive control of thought and action. *Acta Psychologica, 60*, 193-210.

Logan, G. D. (1988). Towards an instance theory of automatization. *Psychological Review, 95*, 492-527.

Logan, G. D. (1990). Repetition priming and automaticity: Common under lying mechanisms? *Cognitive Psychology, 22*, 1-35.

Logan, G. D. (1992). Attention and preattention in theories of automaticity. *American Journal of Psychology, 105*, 317-339.

Logan, G. D., Zbrodoff, N. J., & Williamson, J. (1984). Strategies in the color-word Stroop task. *Bulletin of the Psychonomic Society, 22*, 135-138.

MacDonald, P. J., Harris, S. G., & Maher, J. E. (1983). Arousal induced self-awareness: Anartifactual relationship? *Journal of Personality and Social Psychology, 44*, 285-289.

MacLeod, C. (1991a). Half a century of research on the Stroop effect: An integrative review. *Psychological Bulletin, 109*, 163-203.

MacLeod, C. (1991b). Clinical anxiety and the

selective encoding of information. *International Review of Psychiatry, 3*, 279-292.

MacLeod, C., & Hagen, R. (1992). Individual differences in the selective processing of threatening information, and emotional responses to a stressful life event. *Behaviour Research and Therapy, 30*, 151-161.

MacLeod, C., & Mathews, A. (1988). Anxiety and the allocation of attention to threat. *Quarterly Journal of Experimental Psychology, 38A*, 659-670.

MacLeod, C., & Mathews, A. (1991a). Cognitive-experimental approaches to the emotional disorders. In P. R. Martin (Ed.), *Handbook of behaviour therapy and psychological science: An integrative approach*. Oxford: Pergamon Press.

MacLeod, C., & Mathews, A. (1991b). Biased cognitive operations in anxiety: Accessibility of information or assignment of processing priorities? *Behaviour Research and Therapy, 29*, 599-610.

MacLeod, C., Mathews, A., & Tata, P. (1986). Attentional bias in emotional disorders. *Journal of Abnormal Psychology, 95*, 15-20.

MacLeod, C., & Rutherford, E. M. (1992). Anxiety and the selective processing of emotional information: Mediating roles of awareness, trait and state variables, and personal relevance of stimulus materials. *Behaviour Research and Therapy, 30*, 479-491.

MacLeod, C., Tata, P., & Mathews, A. (1987). Perception of emotionally valenced information in depression. *British Journal of Psychology, 26*, 67-68.

Mandler, G. (1979). Thought processes, consciousness, and stress. In V. Hamilton & D.M. Warburton (Eds.), *Human stress and cognition: An information processing approach*. Chichester: John Wiley.

Mandler, G., Mandler, J. M., & Uviller, E. T. (1958). Autonomic feed back: The perception of autonomic activity. *Journal of Abnormal and Social Psychology, 56*, 367-373.

Marcel, A. J. (1983). Conscious and unconscious perception: Experiments on visual masking and word recognition. *Cognitive Psychology, 15*, 197-237.

Markus, H. (1977). Self-schemata and processing information about the self. *Journal of Personality and Social Psychology, 35*, 63-78.

Markus, H., & Cross, S. (1990). The interpersonal self. In L. A. Pervin (Ed.), *Handbook of personality theory and research* (pp. 301-338). New York: Guilford Press.

Markus, H., & Kunda, Z. (1986). Stability and malleability of the self-concept. *Journal of Personality and Social Psychology, 51*, 858-866.

Markus, H., & Sentis, K. (1982). The self in social information processing. In J. Sulls (Ed.), *Social psychological perspectives on the self* (pp. 41-70). Hillsdale, NJ: Lawrence Erlbaum Associates Inc.

Marshall, G. N., & Lang, E. L. (1990). Optimism, self-mastery and symptoms of depression in women professionals. *Journal of Personality and Social Psychology, 59*, 132-139.

Martin, M. (1983). Cognitive failure: Everyday and laboratory performance. *Bulletin of the*

Psychonomic Society, 21, 97-100.

Martin, M. (1985). Neuroticism as predisposition towards depression: A cognitive mechanism. *Personality and Individual Differences, 6*, 353-365.

Martin, M., Horder, P., & Jones, G. V. (1992). Integral bias in naming of phobia-related words. *Cognition and Emotion, 6*, 479-486.

Martin, M., & Jones, G. V. (1984). Cognitive failures in every day life. In J. E. Harris & P. E. Morris (Eds.), *Everyday memory, actions and absent-mindedness*. London: Academic Press.

Martin, M., Ward, J. C., & Clark, D. M. (1983). Neuroticism and the recall of positive and negative personality information. *Behaviour Research and Therapy, 21*, 495-503.

Martin, M., Williams, R. M., & Clark, D. M. (1991). Does anxiety lead to selective processing of threat-related information? *Behaviour Research and Therapy, 29*, 147-160.

Mathews, A. (1988). Anxiety and the selective processing of threatening information. In V. Hamilton, G. H. Bower, & N. H. Frijda (Eds.), *Cognitive perspectives on emotion and motivation*. Dordrecht: Kluwer Academic.

Mathews, A., & Klug, F. (1993). Emotionality and interference with color-naming in anxiety. *Behaviour Research and Therapy, 31*, 57-62.

Mathews, A., & MacLeod, C. (1985). Selective processing of threat cues in anxiety states. *Behaviour Research and Therapy, 23*, 563-569.

Mathews, A., & MacLeod, C. (1986). Discrimination of threat cues without awareness in anxiety states. *Journal of Abnormal Psychology, 95*, 131-138.

Mathews, A., May, J., Mogg, K., & Eysenck, M.W. (1990). Attentional bias in anxiety: Selective search or defective filtering? *Journal of Abnormal Psychology, 99*, 166-173.

Mathews, A., Mogg, K., May, J., & Eysenck, M.W. (1989a). Implicit and explicit memory biases in anxiety. *Journal of Abnormal Psychology, 98*, 31-34.

Mathews, A., Richards, A., & Eysenck, M.W. (1989b). The interpretation of homophones related to threat in anxiety states. *Journal of Abnormal Psychology, 98*, 31-34.

Mathews, A., & Ridgeway, V. (1981). Personality and surgical recovery: A review. *British Journal of Clinical Psychology, 20*, 243-260.

Matthews, G. (1985). The effects of extraversion and arousal on intelligence test performance. *British Journal of Psychology, 76*, 479-493.

Matthews, G. (1986). The effects of anxiety on intellectual performance: When and why are they found? *Journal of Research in Personality, 20*, 385-401.

Matthews, G. (1987). Personality and multidimensional arousal: A study of two dimensions of extraversion. *Personality and Individual Differences, 8*, 9-16.

Matthews, G. (1989). Extraversion and levels of control of sustained attention. *Acta Psychologica, 70*, 129-146.

Matthews, G. (1992a). Mood. In A. P. Smith & D. M. Jones (Eds.), *Handbook of human performance* (Vol. 3). London: Academic Press.

Matthews, G. (1992b). Extraversion. In A. P. Smith

& D. M. Jones (Eds.), *Handbook of human performance* (Vol. 3). London: Academic Press.

Matthews, G., & Amelang, M. (1993). Extraversion, arousal theory and performance: A study of individual differences in the EEG. *Personality and Individual Differences, 14*, 347-363.

Matthews, G., Coyle, K., & Craig, A. (1990a). Multiple factors of cognitive failure and their relationships with stress vulnerability. *Journal of Psychopathology and Behavioral Assessment, 12*, 49-65.

Matthews, G., Davies, D. R., & Lees, J. L. (1990b). Arousal, extraversion, and individual differences in resource availability. *Journal of Personality and Social Psychology, 59*, 150-168.

Matthews, G., Davies, D. R., & Westerman, S. J. (1990d). Self-report arousal as a predictor of individual differences in attention. Paper presented at the *22nd IAAP International Congress of Applied Psychology*, Kyoto, July.

Matthews, G., Dorn, L., & Glendon, A. I. (1991). Personality correlates of driver stress. *Personality and Individual Differences, 12*, 535-549.

Matthews, G., & Harley, T. A. (1993). Effects of extra version and self-report arousal on semantic priming: A connectionist approach. *Journal of Personality and Social Psychology, 65*, 735-756.

Matthews, G., Jones, D. M., & Chamberlain, A. G. (1990c). Refining the measurement of mood: The UWIST Mood Adjective Checklist. *British Journal of Psychology, 81*, 17-42.

Matthews, G., Jones, D. M., & Chamberlain, A. G. (1992). Predictors of individual differences in mail coding skills and their variation with ability level. *Journal of Applied Psychology, 77*, 406-418.

Matthews, G., & Margetts, I. (1991). Self-report arousal and divided attention: A study of performance operating characteristics. *Human Performance, 4*, 107-125.

Matthews, G., Mohamed, A., & Lochrie, B. (1994). Dispositional self-focus of attention and individual differences in appraisal and coping. Paper presented to the *European Conference on Personality*, Madrid, July.

Matthews, G., Pitcaithly, D., & Mann, R.E. (in press). Mood, neuroticism, and the encoding of affective words. *Cognitive Therapy and Research*.

Matthews, G., & Southall, A. (1991). Depression and the processing of emotional stimuli: A study of semantic priming. *Cognitive Therapy and Research, 15*, 283-302.

Matthews, G., & Wells, A. (1988). Relationships between anxiety, self-consciousness, and cognitive failure. *Cognition and Emotion, 2*, 123-132.

Mayer, J. D., Salovey, P., Gomberg-Kaufman, S., & Blainey, K. (1991). A broader conception of mood experience. *Journal of Personality and Social Psychology, 60*, 100-111.

Maylor, E. A. (1990). Age and prospective memory. *Quarterly Journal of Experimental Psychology, 42A*, 471-493.

Maylor, E. A. (1993). Minimized prospect ive memory loss in old age. In J. Cerella, W. Hoyer, J. Rybash, & M. L. Commons (Eds.), *Adult information processing: Limits onloss*. San Diego,

CA: Academic Press.

Mayo, P. R. (1989). A further study of the personality-congruent recall effect. *Personality and Individual Differences, 10*, 247-252.

McCann, C. D. (1990). Social factors in depression: The role of interpersonal expectancies. In C.D. McCann & N. S. Endler (Eds.), *Depression: New directions in theory, research and practice*. Toronto: Wall & Emerson.

McCaul, K. D., & Haugtuedt, C. (1982). Attention, distraction, and the cold pressor pain. *Journal of Personality and Social Psychology, 43*, 154-162.

McClelland, J. L., & Rumelhart, D. E. (1981). An interactive activation model of context effects in letter perception: Part 1. An account of basic findings. *Psychological Review, 88*, 375-407.

McCrae, R. R., & Costa, P. T. (1986). Personality, coping, and coping effectiveness in an adult sample. *Journal of Personality, 54*, 385-405.

McDowall, J. (1984). Recall of pleasant and unpleasant words in depressed subjects. *Journal of Abnormal Psychology, 93*, 401-407.

McFall, M. E., & Wollersheim, J. P. (1979). Obsessive-compulsive neurosis: A cognitive behavioral formulation and approach to treatment. *Cognitive Therapy and Research, 3*, 333-348.

McLeod, P. D. (1977). A dual-task response modality effect: Support for multiprocessor models of attention. *Quarterly Journal of Experimental Psychology, 29*, 651-667.

McNally, R. J., & Foa, E. B. (1987). Cognition and agoraphobia: Bias in the interpretation of threat. *Cognitive Therapy and Research, 11*, 567-581.

McNally, R. J., Foa, E. B., & Donnell, C. (1989). Memory bias for anxiety information in patients with panic disorder. *Cognition and Emotion, 3*, 27-44.

McNally, R. J., Kaspi, S. P., Riemann, B. C., & Zeitlin, S. B. (1990a). Selective processing of threat cues in posttraumatic stress disorder. *Journal of Abnormal Psychology, 99*, 398-402.

McNally, R. J., Riemann, B. C., & Kim, E. (1990b). Selective processing of threat cues in panic disorder. *Behaviour Research and Therapy, 28*, 407-412.

McNally, R. J., Riemann, B. C., Louro, C. E., Lukach, B. M., & Kim, E. (1992). Cognitive processing of emotional information in panic disorder. *Behaviour Research and Therapy, 30*, 143-149.

Mead, G. H. (1934). *Mind, self, and society*. Chicago, IL: University of Chicago Press.

Mearns, J. (1991). Coping with a breakup: Negative mood regulation expectancies and depression following the end of a romantic relationship. *Journal of Personality and Social Psychology, 60*, 327-334.

Meichenbaum, D. (1977). *Cognitive-behavior modification: An integrative approach*. New York: Plenum Press.

Merikle, P. M. (1982). Unconscious perception revisited. *Perception and Psychophysics, 31*, 298-301.

Metalsky, G. I., & Joiner, T. E., Jr. (1992). Vulnerability to depressive symptomatology: A prospective test of the diathesis-stress and causal mediation components of the hopelessness theory of depression. *Journal of Personality and Social Psychology, 63*, 667-675.

Meyer, T. J., Miller, M. L., Metzger, R. L., & Borkovec, T. D. (1990). Development and validation of the Penn State Worry Questionnaire. *Behaviour Research and Therapy, 28*, 487-495.

Michelson, L. K., & Marchione, K. (1991). Behavioral, cognitive and pharmacological treatments of panic disorder with agoraphobia: Critique and synthesis. *Journal of Consulting and Clinical Psychology, 59*, 100-114.

Michelson, L. K., Mavissakalian, M., & Marchione, K. (1988). Cognitive, behavioral and psycho physiological treatments of agoraphobia: A comparative outcome investigation. *Behavior Therapy, 19*, 97-120.

Mikulincer, M., & Solomon, Z. (1988). Attributional style and combat-related posttraumatic stress disorder. *Journal of Abnormal Psychology, 97*, 308-313.

Miller, D. T., & Turnbull, W. (1986). Expectancies and interpersonal processes. *Annual Review of Psychology, 37*, 233-256.

Miller, G. A., Galanter, E. H., & Pribram, K. H. (1960). *Plans and the structure of behavior*. New York: Holt, Rinehart and Winston.

Miller, I. W., & Norman, W. H. (1981). Effects of attributions for success on the alleviation of learned help lessness and depression. *Journal of Abnormal Psychology, 90*, 113-124.

Miller, L. C., Murphy, R., & Buss, A. H. (1981). Consciousness of body: Private and public. *Journal of Personality and Social Psychology, 41*, 397-406.

Miller, W. R. (1975). Psychological deficit in depression. *Psychological Bulletin, 82*, 238-260.

Milner, A. D., Beech, H. R., & Walker, V. J. (1971). Decision processes and obsessional behaviour. *British Journal of Social Clinical Psychology, 10*, 88-89.

Mineka, S., & Kelly, K.A. (1989). The relationship between anxiety, lack of control, and loss of control. In A. Steptoe & A. Appels (Eds.), *Stress, personal control, and worker health*. New York: John Wiley.

Miranda, J., Persons, J. B., & Byers, C. (1990). Endorsement of dysfunctional beliefs depends on current mood state. *Journal of Abnormal Psychology, 99*, 237-241.

Mischel, W. (1984). Convergences and challenges in the search for consistency. *American Psychologist, 39*, 351-364.

Mitchell, R. E., Cronkite, R. C., & Moos, R. H. (1983). Stress, coping, and depression among married couples. *Journal of Abnormal Psychology, 92*, 433-448.

Mogg, K., & Marden, B. (1990). Processing of emotional information in anxious subjects. *British Journal of Clinical Psychology, 29*, 227-229.

Mogg, K., Mathews, A., Bird, C., & MacGregor-Morris, R. (1990). Effects of stress and anxiety on the processing of threat stimuli. *Journal of Personality and Social Psychology, 59*, 1230-1237.

Mogg, K., Mathews, A., & Eysenck, M. W. (1992). Attentional bias to threat in clinical anxiety states. *Cognition and Emotion, 6*, 149-159.

Mogg, K., Mathews, A., Eysenck, M.W., & May, J.

(1991a). Biased cognitive operations in anxiety: Artefacts, processing priorities, or attentional search? *Behaviour Research and Therapy, 29*, 459-467.

Mogg, K., Mathews, A., May, J., Grove, M., Eysenck, M. W., & Weinman, J. (1991b). Assessment of cognitive bias in anxiety and depression using a colour perception task. *Cognition and Emotion, 5*, 221-238.

Mogg, K., Mathews, A., & Weinman, J. (1987). Memory bias in clinical anxiety. *Journal of Abnormal Psychology, 96*, 94-98.

Mogg, K., Mathews, A., & Weinman, J. (1989). Selective processing of threat cues in anxiety states: Areplication. *Behaviour Research and Therapy, 27*, 317-323.

Monroe, S. M., Imhoff, D. F., Wise, B. D., & Harris, J. E. (1983). Prediction of psychological symptoms under high-risk psychosocial circum stances: Life events, social support, and symptom specificity. *Journal of Abnormal Psychology, 92*, 338-350.

Moos, R., & Billings, A. (1982). Conceptualizing and measuring coping resources and processes. In L. Goldberger & S. Breznitz (Eds.), *Handbook of stress: Theoretical and clinical aspects*. New York: Free Press.

Moray, N. (1967). Where is capacity limited? A survey and a model. *Acta Psychologica, 27*, 84-92.

Morris, L. W., Davis, M. A., & Hutchings, C. H. (1981). Cognitive and emotional components of anxiety: Literature review and a revised worry-emotionality scale. *Journal of Educational Psychology, 73*, 541-555.

Mueller, J. H. (1978). The effects of individual differences in test anxiety and type of orienting task on levels of organization in free recall. *Journal of Research in Personality, 12*, 471-480.

Mueller, J. H. (1979). Test anxiety and the encoding and retrieval of information. In I.G. Sarason (Ed.), *Test anxiety: Theory, research and applications*. Hillsdale, NJ: Lawrence Erlbaum Associates Inc.

Mueller, J. H. (1992). Anxiety and performance. In A. P. Smith & D. M. Jones (Eds.), *Handbook of human performance* (Vol. 3). London: Academic Press.

Mueller, J. H., & Courtois, M. R. (1980). Retention of self-descriptive and nonde s criptive words as a function of test anxiety level. *Motivation and Emotion, 4*, 229-237.

Mukherji, B. R., Abramson, L. Y., & Martin, D. J. (1982). Induced depressive mood and attributional patterns. *Cognitive Therapy and Research, 6*, 15-21.

Naatanen, R. (1973). The inverted-U relationship between activation and performance: A critical review. In S. Kornblum (Ed.), *Attention and performance IV*. London: Academic Press.

Nasby, W. (1985). Private self-consciousness, articulation of the self-schema, and recognition memory of trait adjectives. *Journal of Personality and Social Psychology, 49*, 704-709.

Naveh-Benjamin, M., McKeachie, W. J., & Lin, Y. G. (1987). Two types of test anxious students: Support for the information processing model. *Journal of Educational Psychology, 79*, 131-136.

Navon, D. (1984). Resources–a theoretical soup stone? *Psychological Review, 91*, 216-234.

Navon, D., & Gopher, D. (1979). On the economy of the human processing system. *Psychological Review, 86*, 214-255.

Navon, D., & Miller, J. (1987). The role of outcome conflict in dual-task interference. *Journal of Experimental Psychology: Human Perception and Performance, 13*, 435-448.

Nawas, M. M., Fishman, S. T., & Pucel, J. C. (1970). A standardized desensitization program applicable to group and individual treatments. *Behaviour Research and Therapy, 8*, 49-56.

Neely, J. H. (1977). Semantic priming and retrieval from lexical memory: Roles of inhibition less spreading activation and limited-capacity attention. *Journal of Experimental Psychology: General, 106*, 224-254.

Neely, J. H. (1991). Semantic priming effects in visual word recognition: A selective review of current findings and theories. In D. E. Besner & G. Humphreys (Eds.), *Basic processes in reading*. Hillsdale, NJ: Lawrence Erlbaum Associates Inc.

Neiss, R. (1988). Reconceptualizing arousal: Psychobiological states in motor performance. *Psychological Bulletin, 103*, 345-366.

Neisser, U. (1976). *Cognition and reality*. San Francisco, CA: Freeman.

Neisser, U., & Becklen, R. (1975). Selective looking: Attending to visually specified events. *Cognitive Psychology, 7*, 480-494.

Nelson, D. W., & Cohen, L. H. (1983). Locus of control and control perceptions and the relationship between life stress and psychological disorders. *American Journal of Community Psychology, 11*, 705-722.

Nelson, T. O., & Narens, L. (1990). Metamemory: A theoretical frame work and some new findings. In G. Bower (Ed.), *The psychology of learning and memory*. New York: Academic Press.

Nezu, A. M. (1986). Cognitive appraisal of problem-solving effectiveness: Relation to depression and depressive symptoms. *Journal of Clinical Psychology, 42*, 42-48.

Nezu, A. M., & D'Zurilla, T. J. (1989). Social problem solving and negative affective conditions. In P. C. Kendall & D. Watson (Eds.), *Anxiety and depression: Distinctions and over lapping features*. New York: Academic Press.

Nezu, A. M., & Ronan, G. F. (1987). Social problem solving and depression: Deficits in generating alternatives and decision making. *Southern Psychologist, 3*, 29-34.

Niedenthal, P. M. (1990). Implicit perception of affective information. *Journal of Experimental Social Psychology, 26*, 505-527.

Nisbett, R. E., & Wilson, T. D. (1977). Telling more than we can know: Verbal reports on mental processes. *Psychological Review, 84*, 231-259.

Nolen-Hoeksma, S. (1991). Responses to depression and their effects on the duration of depressive episodes. *Journal of Abnormal Psychology, 100*, 569-582.

Norman, D. A., & Bobrow, D. B. (1975). On data-limited and resource-limited processes. *Cognitive Psychology, 7*, 44-64.

Norman, D. A., & Shallice, T. (1985). Attention

to action: Willed and automatic control of behaviour. In R. J. Davidson, G. E. Schwartz, & D. Shapiro (Eds.), *Consciousness and self-regulation: Advances in research* (Vol. 4). New York: Plenum Press.

Norman, D. A., & Shallice, T. (1986). Attention to action: Willed and automatic control of behaviour. *University of California San Diego CHIP Report 99*. San Diego, CA: University of California.

Norton, G. R., Schaefer, E., Cox, B. J., Dorward, J., & Wozney, K. (1988). Selective memory effects in nonclinical panickers. *Journal of Anxiety Disorders, 2* , 169-177.

Noyes, R., Clancy, J., Garvey, M. J., & Anderson, D. J. (1987). Is agoraphobia a variant of panic disorder or a seperate illness? *Journal of Anxiety Disorders, 1*, 3-13.

Nunn, J., Stevenson, R., & Whalan, G. (1984). Selective memory effects in agora phobic patients. *British Journal of Clinical Psychology, 23*, 195-201.

Oatley, K. (1988). Life events, social cognition and depression. In S. Fisher & J. Reason (Eds.), *Handbook of life stress, cognition and health*. Chichester: John Wiley.

Oatley, K., & Bolton, W. (1985). Asocial-cognitive theory of depression in reaction to life events. *Psychological Review, 92*, 372-388.

Oatley, K., & Johnson-Laird, P. (1987). Towards a cognitive theory of emotions. *Cognition and Emotion, 1*, 29-50.

O'Banion, K., & Arkowitz, H. (1977). Social anxiety and selective memory for affective information about the self. *Social Behavior and Personality, 5*, 321-328.

O'Gorman, J. G. (1977). Individual differences in habituation of human physiological responses: A review of theory, method, and findings in the study of personality correlates in non-clinical populations. *Biological Psychology, 5*, 257-318.

Ohman, A. (1979). The orienting response, attention and learning: An information processing perspect ive. In H.D. Kimmel, E.H. van Olst, & J.F. Orlebeke (Eds.), *The orienting reflexin humans* (pp. 443-471). Hillsdale, NJ: Lawrence Erlbaum Associates Inc.

Ohman, A. (1986). Integrating energetic and information processing concepts: Emotion from a functional-evolutionary perspective. In G. R. J . Hockey, A. W. K. Gaillard, & M. G. H. Coles (Eds.), *Energetics and human information processing*. Dordrecht: Martinus Nijhoff.

O'Leary, K. D., & Smith, D. A. (1991). Marital interactions. *Annual Review of Psychology, 42*, 191-212.

Ormel, J., & Wohlfarth, T. (1991). How neuroticism, long-term difficulties, and life situation change influence psychological distress: A longitudinal model. *Journal of Personality and Social Psychology, 60*, 744-755.

Ost, L. G. (1987). Applied relaxation: Description of a coping technique and review of controlled studies. *Behaviour Research and Therapy, 25*, 397-409.

Ost, L. G., Jerremalm, A., & Jansson, L. (1984). Individual response patterns and the effects of different behavioural methods in the treatment of agoraphobia. *Behaviour Research and Therapy, 22*, 697-707.

Ottaviani, R., & Beck, A. T. (1987). Cognitive aspects of panic disorder. *Journal of Anxiety Disorders, 1*, 15-28.

Paap, K. R., & Ogden, W. G. (1981). Letter encoding is an obligatory but capacity demanding operation. *Journal of Experimental Psychology: Human Perception and Performance, 7*, 518-528.

Parkes, K. R. (1984). Locus of control, cognitive appraisal, and coping in stressful episodes. *Journal of Personality and Social Psychology, 46*, 655-668.

Parkes, K. R. (1986). Coping in stressful episodes: The role of individual differences, environmental factors, and situational characteristics. *Journal of Personality and Social Psychology, 51*, 1277-1292.

Parkes, K. R. (1990). Coping, negative affectivity, and the work environment: Additive and interactive predictors of mental health. *Journal of Applied Psychology, 75*, 399-409.

Parkes, K. R. (1991). Locus of control as a moderator: An explanation for additive versus interactive findings in the demand-discretion model of work stress? *British Journal of Psychology, 82*, 291-312.

Parkinson, L., & Rachman, S. (1981a). The nature of intrusive thoughts. *Advances in Behaviour Research and Therapy, 3*, 101-110.

Parkinson, L., & Rachman, S. (1981b). Intrusive thoughts: The effects of an uncontrived stress. *Advances in Behaviour Research and Therapy, 3*, 111-118.

Parry, G., & Brewin, C. R. (1988). Cognitive style and depression: Symptom-related, event-related or independent provoking factor. *British Journal of Clinical Psychology, 27*, 23-35.

Pashler, H. (1989). Dissociations and dependencies between speed and accuracy: Evidence for a two component theory of divided attention in simple tasks. *Cognitive Psychology, 21*, 469-514.

Pauli, P., Marquardt, C., Hartl, L., Nutzinger, D. O., Hozl, R., & Strain, F. (1991). Anxiety induced by cardiac perceptions in patients with panic attacks: A field study. *Behaviour Research and Therapy, 29*, 137-145.

Paykel, E., & Dowlatashi, D. (1988). Life events and mental disorder. In S. Fisher & J. Reason (Eds.), *Handbook of life stress, cognition and health*. Chichester: John Wiley.

Paykel, E. S., Klerman, G. L., & Prusoff, B. A. (1976). Personality and symptom pattern in depression. *British Journal of Psychiatry, 129*, 327-334.

Pearlin, L. I., & Lieberman, M. A. (1979). Social sources of emotional distress. In J. Simmons (Ed.), *Research in community and mental health*. Greenwich, CT: JAI Press.

Pennebaker, J. W., & Skelton, J. A. (1978). Psychological parameters of physical symptoms. *Personality and Social Psychology Bulletin, 4*, 524-530.

Persons, J. B., & Foa, E. B. (1984). Processing of fearful and neutral information by obsessive-compulsives. *Behaviour Research and Therapy, 22*, 259-265.

Persons, J. B., & Miranda, J. (1992). Cognitive

theories of vulnerability to depression: Reconciling negative evidence. *Cognitive Therapy and Research, 16*, 485-502.

Peterson, C., & Seligman, M. E. P. (1984). Causal explanations as a risk factor for depression: Theory and evidence. *Psychological Review, 91*, 347-374.

Phaf, R. H., Van der Heijden, A. H. C., & Hudson, P. T. W. (1990). SLAM: A connectionist model for attention in visual selection tasks. *Cognitive Psychology, 22*, 273-341.

Phares, E. J. (1976). *Locus of control in personality*. Morristown, NJ: General Learning Press.

Pickles, A. J., & Van den Broek, M. D. (1988). Failure to replicate evidence for phobic schemata in agoraphobic patients. *British Journal of Clinical Psychology, 27*, 271-272.

Pietromonaco, P. R., & Markus, H. (1985). The nature of negative thoughts in depression. *Journal of Personality and Social Psychology, 48*, 799-807.

Pinder, C. C., & Schroeder, K. G. (1987). Time to proficiency following transfers. *Academy of Management Journal, 30*, 336-353.

Plaut, D., & Shallice, T. (1993). Deep dyslexia: A case study of connectionist neuropsychology. *Cognitive Neuropsychology, 10*, 377-500.

Posner, M. I., Inhoff, A. W., Friedrich, F. J., & Cohen, A. (1987). Isolating attentional systems: A cognitive-anatomical analysis. *Psychobiology, 15*, 107-121.

Posner, M. I., & Snyder, C. R. R. (1975). Attention and cognitive control. In R. L. Solso (Ed.), *Information processing and cognition: The Loyola Symposium*. Hillsdale, NJ: Lawrence Erlbaum Associates Inc.

Powell, M., & Hemsley, D. R. (1984). Depression: A break down of perceptual defence? *British Journal of Psychiatry, 145*, 358-362.

Pratto, F., & John, O. P. (1991). Automatic vigilance: The attention-grabbing power of negative social information. *Journal of Personality and Social Psychology, 61*, 380-391.

Price, K. P., Tryon, W. W., & Raps, C. S. (1978). Learned helplessness and depression in a clinical population: A test of two behavioral hypotheses. *Journal of Abnormal Psychology, 87*, 113-121.

Prinzmetal, W. (1981). Principles of featureinteg ration in visual perception. *Perception and Psychophysics, 30*, 330-340.

Pruzinsky, T., & Borkovec, T. D. (1990). Cognitive and personality characteristics of worriers. *Behaviour Research and Therapy, 28*, 507-512.

Pulkkinen, L. (1992). Life-styles in personality development. *European Journal of Personality, 6*, 139-156.

Pyszczynski, T., & Greenberg, J. (1985). Depression and preference for self-focusing stimuli after success and failure. *Journal of Personality and Social Psychology, 49*, 1066-1075.

Pyszczynski, T., & Greenberg, J. (1986). Evidence for a depressive self-focusing style. *Journal of Personality and Social Psychology, 50*, 95-106.

Pyszczynski, T., & Greenberg, J. (1987). Self-regulatory perseveration and the depressive self-focusing style: A self-awareness theory of reactive depression. *Psychological Bulletin, 102*, 12, 1-17.

Rabbitt, P. M. A. (1979a). How old and young subjects monitor and control responses for accuracy and speed. *British Journal of Psychology, 70*, 305-311.

Rabbitt, P. M. A. (1979b). Current paradigms and models in human information processing. In V. Hamilton & D. M. Warburton (Eds.), *Human stress and cognition: An information processing approach*. Chichester: John Wiley.

Rabbitt, P. M. A., & Abson, V. (1990). "Lost and found": Some logical and methodological limitations of self-report questionnaires as tools to study cognitive ageing. *British Journal of Psychology, 81*, 1-16.

Rachman, S. (1980). Emotional processing. *Behaviour Research and Therapy, 18*, 51-60.

Rachman, S. J. (1981). Unwanted intrusive cognitions. *Advances in Behaviour Research and Therapy, 3*, 89-99.

Rachman, S. J., & de Silva, P. (1978). Abnormal and normal obsessions. *Behaviour Research and Therapy, 16*, 233-238.

Rachman, S. J., & Hodgson, R. J. (1980). *Obsessions and compulsions*. Englewood Cliffs, NJ: Prentice Hall.

Rachman, S., Levitt, L., & Lopatka, K. (1988b). Experimental analyses of panic 3: Claustrophobic subjects. *Behaviour Research and Therapy, 26*, 41-52.

Rachman, S., Lopatka, K., & Levitt, L. (1988a). Experimental analyses of panic 2: Panic patients. *Behaviour Research and Therapy, 26*, 33-40.

Rapee, R., Mattick, R., & Murrel, E. (1986). Cognitive mediation in the affective component of spontaneous panic attacks. *Journal of Behaviour Therapy and Experimental Psychiatry, 17*, 245-253.

Reason, J. (1984). Absent-mindedness and cognitive control. In J. E. Harris & P. E. Morris (Eds.), *Everyday memory, actions and absent-mindedness*. London: Academic Press.

Reason, J. (1990). *Human error*. Cambridge: Cambridge University Press.

Redd, W. H., Jacobsen, P. B., & Die-Trill, M. (1987). Cognitive/attentional distraction in the control of conditioned nausea in paediatric cancer patients receiving chemotherapy. *Journal of Consulting and Clinical Psychology, 3*, 391-395.

Revelle, W. (1989). Personality, motivation and cognitive performance. In R. Kanfer, P. L. Ackerman, & R. Cudeck (Eds.), *Abilities, motivation and methodology: The Minnesota Symposium on Learning and Individual Differences*. Hillsdale, NJ: Lawrence Erlbaum Associates Inc.

Rholes, W. S., Riskind, J. H., & Neville, B. (1985). The relationship of cognitions and hopelessness to depression and anxiety. *Social Cognition, 3*, 36-50.

Richards, A., & French, C.C. (1991). Effects of encoding and anxiety on implicit and explicit memory performance. *Personality and Individual Differences, 12*, 131-139.

Richards, A., & French, C. C. (in press). An anxiety-related bias in semantic activation when processing threat/neutral homographs. *Quarterly Journal of Experimental Psychology*.

Richards, A., French, C. C., Johnson, W., Naparstek, J., & Williams, J. (1992). Effects of mood manipulation and anxiety on performance of an emotional Stroop task. *British Journal of Psychology, 83*, 479-491.

Richards, A., & Millwood, B. (1989). Colour-identification of differentially valenced words in anxiety. *Cognition and Emotion, 3*, 171-176.

Richards, A., & Whitaker, T. M. (1990). Effects of anxiety and mood manipulation in autobiographical memory. *British Journal of Clinical Psychology, 29*, 145-153.

Robins, C. J. (1988). Attributions and depression: Why is the literature so inconsistent. *Journal of Personality and Social Psychology, 54*, 880-889.

Roediger, H. L., III, & McDermott, K. B. (1992). Depression and implicit memory: A commentary. *Journal of Abnormal Psychology, 101*, 587-591.

Roger, D., Jarvis, G., & Najarian, B. (1993). Detachment and coping: The construction and validation of a new scale for measuring coping strategies. *Personality and Individual Differences, 15*, 619-626.

Rogers, T. B., Kuiper, N. A., & Kirker, W. S. (1977). Self-reference and the encoding of personal information. *Journal of Personality and Social Psychology, 35*, 677-688.

Rohde, P., Lewinsohn, P. M., Tilson, M., & Seely, J. R. (1990). Dimensionality of coping and its relation to depression. *Journal of Personality and Social Psychology, 58*, 499-511.

Rosen, A. C. (1966). Some differences in self-perceptions between alcoholics and nonalcoholics. *Perceptual and Motor Skills, 23*, 1279-1286.

Roskos-Ewoldsen, D. R., & Fazio, R. H. (1992). On the orienting value of attitudes: Attitude accessibility as a determinant of an object's attraction of visual attention. *Journal of Personality and Social Psychology, 63*, 198-211.

Ross, M., & Sicoly, F. (1979). Egocentric biases in availability and attribution. *Journal of Personality and Social Psychology, 37*, 322-336.

Roth, D., & Rehm, L. P. (1980). Relationships among self-monitoring processes, memory, and depression. *Cognitive Therapy and Research, 4*, 149-157.

Ruiter, de C., & Garssen, B. (1989). Social anxiety and fear of bodily sensations in panic disorder and agoraphobia: A matched comparison. *Journal of Psychopathology and Behavioral Assessment, 11*, 175-184.

Rumelhart, D. E., Hinton, G. E., & McClelland, J. L. (1986a). A general frame work for paralled distributed processing. In D.E. Rumelhart, J. L. McClelland, & the PDP Research Group (Eds.), *Parallel distributed processing: Explorations in the micro structure of cognition. Vol. 1: Foundations*. Cambridge, MA: MIT Press.

Rumelhart, D. E., Smolesky, P., McClelland, J. L., & Hinton, G. E. (1986b). Schemata and sequential thought processes in PDP models. In J. L. McClelland, D.E. Rumelhart, & the PDP Research Group (Eds.), *Parallel distributed processing: Explorations in the micro structure of cognition. Vol. 2: Psychological and biological models*. Cambridge, MA: MIT Press.

Rush, A. J., Beck, A. T., Kovacs, M., & Hollon, S.

D. (1977). Comparative efficacy of cognitive therapy versus pharmaco therapy in out-patient depression. *Cognitive Therapy and Research, 1*, 17-37.

Sachar, E. J. (1975). Neuroendocrine abnormalities in depressive illness. In E.J. Sachar (Ed.), *Topics in psychoendocrinology* (pp. 135-156). New York: Grune and Stratton.

Salkovskis, P. M. (1985). Obsessional-compulsive problems: A cognitive-behavioural analysis. *Behaviour Research and Therapy, 23*, 571-583.

Salkovskis, P. M. (1989). Cognitive-behavioural factors and the persistence of intrusive thoughts in obsessional problems. *Behaviour Research and Therapy, 27*, 677-682.

Salkovskis, P. M. (1991). The importance of behaviour in the maintenance of anxiety and panic: A cognitive account. *Behavioural Psychotherapy, 19*, 6-19.

Salkovskis, P. M., Clark, D. M., & Hackmann, A. H. (1991). Treatment of panic attacks using cognitive therapy without exposure or breathing retraining. *Behaviour Research and Therapy, 29*, 161-166.

Salkovskis, P. M., & Harrison, J. (1984). Abnormal and normal obsessions: A replication. *Behaviour Research and Therapy, 27*, 549-552.

Salovey, P., & Birnbaum, D. (1989). Influence of mood on health-relevant cognitions. *Journal of Personality and Social Psychology, 57*, 539-551.

Sarason, I. G. (1972). Experimental approaches to test-anxiety: Attention and the uses of information. In C.D. Spielberger (Ed.), *Anxiety: Current trends in theory and research* (Vol. 2). New York: Academic Press.

Sarason, I.G. (1975). Test-anxiety, attention and the general problem of anxiety. In C. D. Spielberger & I. Sarason (Eds.), *Stress and anxiety* (Vol. 1). Washington, DC: Hemisphere.

Sarason, I. G. (1978). The Test Anxiety Scale: Concepts and research. In C.D. Spielberger & I.G. Sarason (Eds.), *Stress and anxiety* (Vol. 5). Washington, CD: Hemisphere.

Sarason, I. G. (1981). Test anxiety, stress, and social support. *Journal of Personality, 49*, 101-114.

Sarason, I. G. (1984). Stress, anxiety, and cognitive interference: Reactions to tests. *Journal of Personality and Social Psychology, 46*, 929-938.

Sarason, I.G. (1988). Anxiety, self-preoccupation and attention. *Anxiety Research, 1*, 3-7.

Sarason, I. G., Sarason, B. R., Keefe, D. E ., Hayes, B. E., & Shearin, E. N. (1986a). Cognitive interference: Situational determ in ants and traitlike characteristics. *Journal of Personality and Social Psychology, 51*, 215-226.

Sarason, I. G., Sarason, B. R., & Pierce, G. R. (1990). Anxiety, cognitive interference, and performance. *Journal of Social Behavior and Personality, 5*, 1-18.

Sarason, I. G., Sarason, B. R., & Shearin, E. W. (1986b). Social support as an individual difference variable: Its stability, origins, and relational aspects. *Journal of Personality and Social Psychology, 50*, 845-855.

Sarason, I. G., & Turk, S. (1983). Coping strategies and group interaction: Their function in improving performance of anxious individuals. Unpublished paper, University of Washington,

Seattle, WA.

Sartory, G., Rachman, S., & Grey, S. J. (1982). Return of fear: The role of rehearsal. *Behaviour Research and Therapy, 20*, 123-134.

Scerbo, M. W., & Fisk, A. D. (1987). Automatic and control processing approach to interpreting vigilance performance: A review and reevaluation. *Human Factors, 29*, 653-660.

Schachtel, E. G. (1969). On attention, selective attention and experience. *Bulletin of the Meninger Clinic, 33*, 65-91.

Schacter, D. L. (1987). Implicit memory: History and current status. *Journal of Experimental Psychology: Learning, Memory and Cognition, 13*, 501-518.

Schacter, D. L., & McGlynn, S. (1989). Implicit memory: Effects of elaboration depend on unitization. *American Journal of Psychology, 102*, 151-181.

Schaefer, C., Coyne, J. C., & Lazarus, R. S. (1981). The health-related functions of social support. *Journal of Behavioral Medicine, 4*, 381-406.

Schank, R. C. (1982). *Dynamic memory: A theory of reminding and learning in computers and people*. New York: Cambridge University Press.

Schank, R. C., & Abelson, R. P. (1977). *Scripts, plans, goals and understanding*. Hillsdale, NJ: Lawrence Erlbaum Associates Inc.

Scheier, M. F., & Carver, C. S. (1977). Self-focused attention and the experience of emotion: Attraction, repulsion, elation and depression. *Journal of Personality and Social Psychology, 35*, 625-636.

Scheier, M. F., Carver, C. S., & Gibbons, F. X. (1981). Self-focused attention and reactions to fear. *Journal of Research in Personality, 15*, 1-15.

Scheier, M. F., Carver, C. S., & Matthews, K. A. (1983). Attentional factors in the perception of bodily states. In J. T. Cacioppo & R. E. Petty (Eds.), *Social psychopathology*. New York: Guilford Press.

Schneider, W. (1985). Toward a model of attention and the development of automatic processing. In M. I. Posner & O. S. M. Marin (Eds.), *Attention and performance XI*. Hillsdale, NJ: Lawrence Erlbaum Associates Inc.

Schneider, W., Dumais, S. T., & Shiffrin, R. M. (1984). Automatic and control processing and attention. In R. Parasuraman & D. R. Davies (Eds.), *Varieties of attention*. New York: Academic Press.

Schneider, W., & Fisk, A. D. (1983). Attention theory and mechanisms for skilled performance. In R. A. Magill (Ed.), *Memory and control of action*. New York: North-Holland.

Schneider, W., & Shiffrin, R. M. (1977). Controlled and automatic human information processing: I. Detection, search and attention. *Psychological Review, 84*, 1-66.

Schonpflug, W. (1986). Anxiety and effort. Effort regulation and individual differences in effort expenditure. In G.R.J. Hockey, A.W.K. Gaillard, & M.G.H. Coles (Eds.), *Energetics and human information processing*. Dordrecht: Nijhoff.

Schonpflug, W. (1992). Anxiety and effort. In D.G. Forgays, T. Sosnowski, & K. Wrzesniewski (Eds.), *Anxiety: Recent developments in cognitive, psychophysiological and health research*.

Washington, DC: Hemisphere.

Schwarz, N., & Clore, G. L. (1983). Mood, misattribution and judgments of well-being: Informative and directive functions of affective states. *Journal of Personality and Social Psychology, 45*, 513-523.

Schwarzer, R. (1990). Current trends in anxiety research. In P. J. D. Drenth, J. A. Sergeant, & R. J. Takens (Eds.), *European perspectives in psychology* (Vol. 2). Chichester: John Wiley.

Sedikides, C. (1992). Mood as a determinant of attentional focus. *Cognition and Emotion, 6*, 129-148.

Segal, Z. V. (1988). Appraisal of the self-schema construct in cognitive models of depression. *Psychological Bulletin, 103*, 147-162.

Segal, Z. V., & Vella, D. D. (1990). Self-schema in major depression: Replication and extension of a priming methodology. *Cognitive Therapy and Research, 14*, 161-176.

Seidenberg, M. S., & McClelland, J. L. (1989). A distributed, developmental model of word recognition and naming. *Psychological Review, 96*, 523-568.

Selye, H. (1976). *The stress of life* (2nd ed.). New York: McGraw-Hill.

Selzer, M. L., & Vinokur, A. (1974). Life events, subjective stress and trafficaccidents. *American Journal of Psychiatry, 131*, 903-906.

Shaffer, L. H. (1975). Multiple attention in continuous verbal tasks. In P. M. A. Rabbitt & S. Dornic (Eds.), *Attention and performance V*. New York: Academic Press.

Shallice, T. (1988). *From neuropsychology to mental structure*. Cambridge: Cambridge University Press.

Shapiro, F. (1989a). Efficacy of eye-movement desensitization procedure in the treatment of traumatic memories. *Journal of Traumatic Stress, 2*, 199-223.

Shapiro, F. (1989b). Eye movement desensitization: A new treatment for posttraumatic stress disorder. *Journal of Behaviour Therapy and Experimental Psychiatry, 20*, 211-217.

Shapiro, M. B., Campbell, D., Harris, A., & Dewsbury, J. P. (1958). Effects of E. C. T upon psycho motor speed and the "distraction effect" in depressed psychiatric patients. *Journal of Mental Science, 104*, 681-695.

Shaherwalla, A., & Kanekar, S. (1991). Self-serving bias in causal attributions as a function of self-consciousness. *Irish Journal of Psychology, 12*, 287-303.

Shek, D. T. L., & Spinks, J. A. (1986). A study of the attentional changes accompanying orienting to different types of change stimuli. *Acta Psychologica, 61*, 153-166.

Sher, K., Frost, R., & Otto, R. (1983). Cognitive deficits in compulsive checkers: An exploratory study. *Behaviour Research and Therapy, 21*, 337-363.

Sher, K. J., Frost, R. O., Kushner, M., Crews, T. M., & Alexander, J. E. (1989). Memory deficits in compulsive checkers: Replication and extension in a clinical sample. *Behaviour Research and Therapy, 27*, 65-69.

Sher, K. J., Mann, B., & Frost, R. O. (1984). Cognitive dysfunction in compulsive checkers:

Further explorations. *Behaviour Research and Therapy, 22*, 493-502.

Sheridan, T. (1981). Understanding human error and aiding diagnostic behaviour in nuclear power plants. In J. Rasmussen & W. B. Rouse (Eds.), *Human detection and diagnosis of system failures*. New York: Plenum Press.

Shiffrin, R. M., & Schneider, W. (1977). Controlled and automatic human information processing: II. Perceptual learning, automatic attending, and a general theory. *Psychological Review, 84*, 127-190.

Shrauger, J. S., & Schoeneman, T. J. (1979). Symbolic interactionist view of self-concept: Through the looking glass darkly. *Psychological Bulletin, 86*, 549-573.

Simon, H. A. (1967). Motivational and emotional controls of cognition. *Psychological Review, 74*, 29-39.

Simons, A. D., Garfield, S., & Murphy, G. E. (1984). The process of change in cognitive therapy and pharmaco therapy for depression: Changes in mood and cognition. *Archives of General Psychiatry, 41*, 45-51.

Simpson, G. B., & Burgess, C. (1985). Activation and selection processes in the recognition of ambiguous words. *Journal of Experimental Psychology: Human Perception and Performance, 11*, 28-39.

Singer, J. A., & Salovey, P. (1988). Mood and memory: Evaluating the network theory of affect. *Clinical Psychology Review, 8*, 211-251.

Slapion, M. J., & Carver, C. S. (1981). Self-directed attention and facilitation of intellectual performance among persons high in test anxiety. *Cognitive Therapy and Research, 5*, 115-121.

Slater, J., & Depue, R. A. (1981). The contribution of environmental events and social support to serious suicide attempts in primary depressive disorder. *Journal of Abnormal Psychology, 90*, 275-285.

Slife, B. D., & Weaver, C. A., III (1992). Depression, cognitive skill, and metacognitive skill in problem solving. *Cognition and Emotion, 6*, 1-22.

Small, S. A. (1985). The effect of mood on word recognition. *Bulletin of the Psychonomic Society, 23*, 453-455.

Small, S. A., & Robins, C. J. (1988). The influence of induced depressed mood on visual recognition thresholds: Predictive ambiguity of associative network models of mood and cognition. *Cognitive Research and Therapy, 12*, 295-304.

Smith, A. P. (1991). Noise and aspects of attention. *British Journal of Psychology, 82*, 313-324.

Smith, A. P., & Jones, D. M. (1992a). Noise and performance. In A. P. Smith & D. M. Jones (Eds.), *Handbook of human performance* (Vol. 1). London: Academic Press.

Smith, A .P., & Jones, D. M. (Eds.) (1992b). *Handbook of human performance* (3 vols). London: Academic Press.

Smith, R. E., & Sarason, I. G. (1975). Social anxiety and the evaluation of negative interper sonal feed back. *Journal of Consulting and Clinical Psychology, 43*, 429.

Smith, T. W., & Allred, K. D. (1989). Major life events in anxiety and depression. In P. C. Kendall & D. Watson (Eds.), *Anxiety and depression: Distinctions and over lapping features*. New York: Academic Press.

Smith, T. W., & Greenberg, J. (1981). Depression and self-focused attention. *Motivation and Emotion, 5*, 323-333.

Smith, T. W., Ingram, R. E., & Roth, D. L. (1985). Self-focused attention and depression: Self-evaluation, affect and life stress. *Motivation and Emotion, 9*, 323-331.

Snyder, M., & Ickes, W. (1985). Personality and social behavior. In G. Lindzey & E. Aronson (Eds.), *Handbook of social psychology* (3rd ed., Vol. 2, pp. 883-948). New York: Random House.

Sokol, L., Beck, A. T., Greenberg, R., Wright, F. D., & Berchick, R. J. (1989). Cognitive therapy of panic disorder: A nonphar macological alternative. *Journal of Nervous and Mental Disease, 177*, 711-716.

Solomon, Z., Mikulincer, M., & Flum, H. (1988). Negative life events, coping responses and combat-related psychopathology: A prospective study. *Journal of Abnormal Psychology, 97*, 302-313.

Spelke, E. S., Hirst, W. C., & Neisser, U. (1976). Skills of divided attention. *Cognition, 4*, 215-230.

Spielberger, C. D. (1972). Anxiety as an emotional state. In C. D. Spielberger (Ed.), *Anxiety: Current trends in theory and research* (Vol. 1). London: Academic Press.

Spielberger, C. D., Gorsuch, R., & Lushene, R. (1970). *The State Trait Anxiety Inventory (STAI) Manual*. Palo Alto, CA: Consulting Psychologists Press.

Spielman, L. A., & Bargh, J. A. (1990). Does the depressive self-schema really exist? In C. D. McCann & N. S. Endler (Eds.), *Depression: New directions in theory, research and practice*. Toronto: Wall & Emerson.

Stark, L. J., Allen, K. D., Hust, M., Nash, D. A., Rigney, B., & Stokes, T. F. (1989). Distraction: Its utilization and efficacy with children under going dental treatment. *Journal of Applied Behavioral Analysis, 22*, 297-307.

Steptoe, A. (1991). Psychological coping, individual differences and physiological stress responses. In C. L. Cooper & R. Payne (Eds.), *Personality and stress: Individual differences in the coping process* (pp. 205-234). Chichester: John Wiley.

Stern, R. M., & Sison, C. E. E. (1990). Response patterning. In J. T. Cacioppo & L.G. Tassinary (Eds.), *Principles of psychophysiology: Physical, social and inferential elements*. Cambridge: Cambridge University Press.

Stokes, J. P. (1985). The relation of social network and individual difference variables to loneliness. *Journal of Personality and Social Psychology, 48*, 981-990.

Stokes, J. P., & McKirnan, D. J. (1989). Affect and the social environment: The role of social support in depression and anxiety. In P.C. Kendall & D. Watson (Eds.), *Anxiety and depression: Distinctions and over lapping features*. New York: Academic Press.

Stoler, L. S., & McNally, R. J. (1991). Cognitive bias in symptomatic and recovered agoraphobics. *Behaviour Research and Therapy, 29*, 539-545.

Strack, F., Schwartz, N., & Gschneidinger, E.

(1985a). Happiness and reminiscing: The role of time perspective, affect and mode of thinking. *Journal of Personality and Social Psychology, 49*, 1460-1469.

Strack, S., Blaney, P. H., Ganellen, R. J., & Coyne, J .C. (1985b). Pessimistic selfpreoccupation, perform ance deficits and depression. *Journal of Personality and Social Psychology, 49*, 1076-1085.

Strauman, T. J. (1989). Self-discrepancies in clinical depression and social phobia: Cognitive structures that under lie emotional disorders. *Journal of Abnormal Psychology, 98*, 14-22.

Strauman, T. J., & Higgins, E. T. (1987). Automatic activation of self-discrepancies and emotional syndromes: When cognitive structures influence affect. *Journal of Personality and Social Psychology, 53*, 1004-1014.

Strongman, K. T. (1987). *The psychology of emotion* (3rd ed.). Chichester: John Wiley.

Stroop, J. R. (1935). Studies of interference in serial verbal reactions. *Journal of Experimental Psychology, 18*, 643-662.

Stuss, D. T., & Benson, D. F. (1984). Neuropsychological studies of the frontal lobes. *Psychological Bulletin, 95*, 3-28.

Sutton, L. J., Teasdale, J. D., & Broadbent, D. E. (1988). Negative self-schema: The effects of induced depressed mood. *British Journal of Clinical Psychology, 27*, 188-190.

Swallow, S. R., & Kuiper, N. A. (1992). Mild depression and frequency of social comparison behavior. *Journal of Social and Clinical Psychology, 11*, 167-180.

Sweeney, P. D., Anderson, K., & Bailey, S. (1986). Attributional style in depression: A meta-analytic review. *Journal of Personality and Social Psychology, 50*, 974-991.

Szpiler, J., & Epstein, S. (1976). Availability of an avoidance response as related to autonomic arousal. *Journal of Abnormal Psychology, 85*, 73-82.

Tallis, F., Eysenck, M. W., & Mathews. A. (1992). A questionnaire measure for the measurement of nonpathological worry. *Personality and Individual Differences, 13*, 161-168.

Tausig, M. (1982). Measuring life events. *Journal of Health and Social Behavior, 23*, 52-64.

Taylor, C. B., Sheikh, J., Agras, W. S., Roth, W. T., Margraf, J., Ehlers, A., Maddock, R. J., & Gossard, D. (1986). Self-report of panic attacks: Agreement with heart rate changes. *American Journal of Psychiatry, 143*, 478-482.

Teasdale, J. D. (1983). Negative thinking in depression: Cause, effect or reciprocal relationship. *Archives of General Psychiatry, 35*, 773-782.

Teasdale, J. D. (1985). Psychological treatments for depression: How do they work?, *Behaviour Research and Therapy, 23*, 157-165.

Teasdale, J. D. (1988). Cognitive vulner ability to persistentdepression. *Cognition and Emotion, 2*, 247-274.

Teasdale, J. D. (1993). Emotion and two kinds of meaning: Cognitive therapy and applied cognitive science. *Behaviour Research and Therapy, 31*, 339-354.

Teasdale, J. D., & Dent, J. (1987). Cognitive

vulnerability to depression: An investigation of two hypotheses. *British Journal of Clinical Psychology, 26*, 113-126.

Tellegen, A., & Atkinson, G. (1974). Openness to absorbing and self-alerting experiences ("absorption"), a trait related to hypnotic susceptibility. *Journal of Abnormal Psychology, 83*, 268-277.

Thayer, R. E. (1989). *The biopsychology of mood and arousal*. Oxford: Oxford University Press.

Thoits, P. A. (1983). Dimensions of life events that influence psychological distress: An evaluation and synthesis of the literature. In H. B. Kaplan (Ed.), *Psychosocial stress: Trends in theory and research* (pp. 33-103). New York: Academic Press.

Thyer, B. A., Papsdorf, J. D., Himle, D. P., McCann, B. S., Caldwell, S., & Wichert, M. (1981). *In vivo* distraction-coping in the treatment of test-anxiety. *Journal of Clinical Psychology, 37*, 754-764.

Tiggeman, M., Winefield, A. H., Winefield, H. R., & Goldney, R. D. (1991). The stability of attributional style and its relation to psychological distress. *British Journal of Clinical Psychology, 30*, 247-255.

Tipper, S. P., & Baylis, G. C. (1987). Individual differences in selective attention: The relation of priming and interference to cognitive failure. *Personality and Individual Differences, 8*, 667-675.

Tipper, S. P., & Driver, J. (1988). Negative priming between pictures and words: Evidence for semantic analysis of ignored stimuli. *Memory and Cognition, 16*, 64-70.

Toates, F. (1986). *Motivational systems*. Cambridge: Cambridge University Press.

Tobias, B. A., Kihlstrom, J. F., & Schacter, D. L. (1992). Emotion and implicit memory. In S.-A. Christianson (Ed.), *The hand book of emotion and memory: Research and theory*. Hillsdale, NJ: Lawrence Erlbaum Associates Inc.

Tomarken, A. J., Mineka, S., & Cook, M. (1989). Fear-relevant selective associations and covariation bias. *Journal of Abnormal Psychology, 98*, 381-394.

Tomkins, S. S. (1984). Affect theory. In K. R. Scherer & P. Ekman (Eds.), *Approaches to emotion*. Hillsdale, NJ: Lawrence Erlbaum Associates Inc.

Townsend, J. T., & Ashby, F. G. (1983). *The stochastic modelling of elementary psychological processes*. Cambridge: Cambridge University Press.

Trandel, D. V., & McNally, R. J. (1987). Perception of threat cues in posttraumatic stress disorder: Semantic processing without awareness? *Behaviour Research and Therapy, 25*, 469-476.

Trapp, E. P., & Kausler, P. H. (1958). Test anxiety level and goal-setting behavior. *Journal of Consulting Psychology, 22*, 31-34.

Treisman, A. M. (1960). Contextual cues in selective listening. *Quarterly Journal of Experimental Psychology, 12*, 242-248.

Treisman, A. M. (1964). Verbal cues, language, and meaning in selective attention. *American Journal of Psychology, 77*, 206-219.

Treisman, A. M. (1988). Features and objects: The

Fourteenth Bartlett Memorial Lecture. *Quarterly Journal of Experimental Psychology, 40A*, 201-237.

Treisman, A. M., & Gormican, S. (1988). Feature analysis in early vision: Evidence from search asymmetries. *Psychological Review, 95*, 15-48.

Treisman, A. M., & Souther, J. (1985). Search asymmetry: A diagnostic for preattentive processing of separable features. *Journal of Experimental Psychology: General, 114*, 285-310.

Treisman, A. M., Squire, R., & Green, J. (1974). Semantic processing in dichotic listening? A replication. *Memory and Cognition, 2*, 641-646.

Treisman, A. M., Viera, A., & Hayes, A. (1992). Automaticity and preattentive processing. *American Journal of Psychology, 105*, 341-362.

Tryon, G. S. (1980). The measurement and treatment of test anxiety. *Review of Educational Research, 50*, 343-372.

Turner, R. (1978). The role and the person. *American Journal of Sociology, 84*, 1-23.

Turner, R. G. (1978). Self-consciousness and speed of processing self-relevant information. *Personality and Social Psychology Bulletin, 4*, 456-460.

Turner, R. J. (1983). Direct, indirect and moderating effects of social support upon psychological distress and associated conditions. In H. B. Kaplan (Ed.), *Psychosocial stress: Trends in theory and research* (pp. 105-155). New York: Academic Press.

Turner, R. J., Carver, M., Scheier, C., & Ickes, W. (1978). Correlates of self-consciousness. *Journal of Personality Assessment, 42*, 285-289.

Turner, S. M., Beidel, D. C., & Stanley, M. A. (1992). Are obsessional thoughts and worry different cognitive phenomena? *Clinical Psychology Review, 12*, 257-270.

Tversky, A., & Kahneman, D. (1974). Judgment under uncertainty: Heuristics and biases. *Science, 185*, 1124-1131.

Ucros, C. G. (1989). Mood state-dependent memory: A meta-analysis. *Cognition and Emotion, 3*, 139-167.

Underwood, G., & Moray, N. (1971). Shadowing and monitoring for selective attention. *Quarterly Journal of Experimental Psychology, 23*, 284-295.

Vanderwolf, C. H., & Robinson, T. E. (1981). Reticulo-cortical activity and behavior: A critique of the arousal theory and a new synthesis. *The Behavioral and Brain Sciences, 4*, 459-514.

Van Hook, E., & Higgins, E. T. (1988). Self-related problems beyond the self-concept: Motivational consequences of discrepant self-guides. *Journal of Personality and Social Psychology, 55*, 625-633.

Vleeming, R. G., & Engelse, J. A. (1981). Assessment of private and public self-consciousness: A Dutch replication. *Journal of Personality Assessment, 45*, 385-389.

Wallace, J. F., & Newman, J. P. (1990). Differential effects of reward and punishment cues on response speed in anxious and impulsive individuals. *Personality and Individual Differences, 11*, 999-1009.

Warburton, D. M. (1979). Physiological aspects of

information processing and stress. In V. Hamilton & D. M. Warburton (Eds.), *Human stress: An information processing approach*. Chichester: John Wiley.

Warwick, H. M. C., & Salkovskis, P. M. (1990). Hypochondriasis. *Behaviour Research and Therapy, 28*, 105-117.

Watson, D., & Clark, L. A. (1984). Negative affectivity: The disposition to experience aversive emotional states. *Psychological Bulletin, 96*, 465-490.

Watson, D., & Pennebaker, J. W. (1989). Health complaints, stress and distress. *Psychological Review, 96*, 324-354.

Watts, F. N., McKenna, F. P., Sharrock, R., & Tresize, L. (1986a). Colour naming of phobia-related words. *British Journal of Psychology, 77*, 97-108.

Watts, F. N., Tresize, L., & Sharrock, R. (1986b). Processing of phobic stimuli. *British Journal of Clinical Psychology, 25*, 253-261.

Wegner, D. M., & Giuliano, T. (1980). Arousal induced attention to self. *Journal of Personality and Social Psychology, 38*, 719-726.

Wegner, D. M., & Giuliano, T. (1983). On sending artifact in search of artifact: Reply to MacDonald, Harris & Maher. *Journal of Personality and Social Psychology, 44*, 290-293.

Wegner, D. M., Schneider, D. J., Carter, S. R., III, & White, T. L. (1987). Paradoxical effects of thought suppression. *Journal of Personality and Social Psychology, 53*, 5-13.

Wegner, D. M., Shortt, J. W., Blake, A. W., & Page, M. S. (1990). The suppression of exiting thoughts. *Journal of Personality and Social Psychology, 58*, 409-418.

Weinberg, R. S. (1978). The effects of success and failure on the patterning of neuromuscular energy. *Journal of Motor Behavior, 10*, 53-61.

Weinberger, M., Hiner, S. L., & Tierney, W. M. (1987). Assessing social support in elderly adults. *Social Science and Medicine, 25*, 1049-1055.

Weiner, B., & Schneider, K. (1971). Drive versus cognitive theory: A reply to Boor and Harmon. *Journal of Personality and Social Psychology, 18*, 258-262.

Weingartner, H., Miller, H., & Murphy, D. L. (1977). Mood-state dependent retrieval of verbal associations. *Journal of Abnormal Psychology, 86*, 276-284.

Weir, R. O., & Marshall, W. L. (1980). Relaxation and distractionin experimental desensitization. *Journal of Clinical Psychology, 36*, 246-252.

Weissman, A. N., & Beck, A. T. (1978). Development and validation of the Dysfunctional Attitude Scale. Paper presented at the *Annual Meeting of the Association for the Advancement of Behavior Therapy*, Chicago, IL.

Wells, A. (1985). Relationship between private self-consciousness and anxiety scores in threatening situations. *Psychological Reports, 57*, 1063-1066.

Wells, A. (1987). Self-attentional processes in anxiety: An experimental study. Unpublished PhD thesis, Aston University, UK.

Wells, A. (1990). Panic disorder in association with relaxation-induced anxiety: An attentional training approach to treatment. *Behavior Therapy, 21*, 273-280.

Wells, A. (1991). Effects of dispostional self-focus, appraisal and attention instructions on responses to a threatening stimulus. *Anxiety Research, 3*, 291-301.

Wells, A. (1992). Cognitive therapy for anxiety and cognitive theories of causation. In G.D. Burrows, Sir M. Roth., & R. Noyes (Eds.), *Handbook of anxiety* (Vol. 5). Amsterdam: Elsevier.

Wells, A. (1994a). A multi-dimensional measure of worry: Development and preliminary validation of the Anxious Thoughts Inventory. *Anxiety, Stress and Coping, 6*, 289-299.

Wells, A. (1994b). Attention and the control of worry. In G.L.C. Davey & F. Tallis (Eds.), *Worrying: Perspectives on theory, assessment and treatment*. Chichester: John Wiley.

Wells, A., Clark, D. M., Salkovskis, P. M., Ludgate, J., Hackmann, A., & Gelder, M.G. (in press). Social phobia: The role of in-situation safety behaviours in maintaining anxiety and negative beliefs. *Behavior Therapy*.

Wells, A., & Davies, M. (in prep.). A questionnaire for assessing thought control strategies: Development and preliminary validation.

Wells, A., & Hackmann, A. (1993). Imagery and core beliefs in health anxiety: Content and origins. *Behavioural and Cognitive Psychotherapy, 21*, 265-273.

Wells, A., & Matthews, G. (1994). Self-consciousness and cognitive failures as predictors of coping in stressful episodes. *Cognition and Emotion, 8*, 279-295.

Wells, A., & Morrison, T. (in press). Qualitative dimensions of normal worry and normal intrusive thoughts: A comparative study. *Behaviour Research and Therapy*.

Wells, A., White, J., & Carter, K. (in prep.). Attentional training: Effects on anxiety and beliefs in panic and social phobia.

Wenzlaff, R. M., Wegner, D. M., & Roper, D. W. (1988). Depression and mental control: The resur gence of unwanted negative thoughts. *Journal of Personality and Social Pschology, 55*, 882-892.

Westerman, S. J., & Matthews, G. (in press). Performance operating characteristics for varied mapping visual and memory search. In D. Brogan (Ed.), *Proceedings of the Third International Conference on Visual Search*. London: Taylor and Francis.

Westling, B. E., Stjernbof, K., & Ost, L. G. (1989). Self-monitoring of cognitions during panic attacks. Paper presented to the *Annual Conference of the Association for Advancement of Behaviour Therapy*.

Wickens, C. D. (1980). The structure of attentional resources. In R. Nickerson (Ed.), *Attention and performance VIII*. Hillsdale, NJ: Lawrence Erlbaum Associates Inc.

Wickens, C. D. (1984). Processing resources in attention. In R. Parasuraman & D. R. Davies (Eds.), *Varieties of attention*. New York: Academic Press.

Wickens, C. D. (1989). Attention and skilled performance. In D. Holding (Ed.), *Human skills* (2nd ed.). Chichester: John Wiley.

Wickens, C. D. (1992). *Engineering psychology and human performance*, 2nd ed. New York: HarperCollins.

Wicklund, R. A. (1975). Objective self-awareness. In L. Berkowitz (Ed.), *Advances in experimental social psychology* (Vol. 5, pp. 233-275). New York: Academic Press.

Wicklund, R. A. (1982). Self-focused attention and the validity of self reports. In M. P. Zanna, E. T. Higgins, & C. P. Herman (Eds.), *Consistency in social behaviour: The Ontario Symposium* (Vol. 2). Hillsdale, NJ: Lawrence Erlbaum Associates Inc.

Wilkins, A. J., & Baddeley, A. D. (1978). Remembering to recall in every day life: An approach to absent-mindedness. In M. M. Gruneberg, P. E. Morris, & R. N. Sykes (Eds.), *Practical aspects of memory*. London: Academic Press.

Wilkins, W. (1971). Desensitization: Social and cognitive factors under lying the effectiveness of Wolpe's procedure. *Psychological Bulletin, 76*, 311-317.

Williams, J. M. G., & Broadbent, D. E. (1986). Distraction by emotional stimuli: Use of a Stroop task with suicide attempters. *British Journal of Clinical Psychology, 25*, 101-110.

Williams, J. M. G., & Nulty, D. D. (1986). Construct accessibility, depression and the emotional Stroop task: Transient mood or stable structure. *Personality and Individual Differences, 7*, 485-491.

Williams, J. M. G., Watts, F. N., MacLeod, C., & Mathews, A. (1988). *Cognitive psychology and emotional disorders*. Chichester: John Wiley.

Wine, J. D. (1971). Test anxiety and the direction of attention. *Psychological Bulletin, 76*, 92-104.

Wine, J. D. (1982). Evaluation anxiety: A cognitive-attentional construct. In H. W. Krohne & L. Laux (Eds.), *Achievement, stress and anxiety*. Washington, DC: Hemisphere.

Wise, E. H., & Haynes, S. N. (1983). Cognitive treatment of test-anxiety: Rational restructuring versus attentional training. *Cognitive Therapy and Research, 7*, 69-78.

Witkin, H. A., Oltman, P. K., Raskin, E., & Karp, S. A. (1971). *A manual for the Embedded Figures Test*. Palo Alto, CA: Consulting Psychologists Press.

Wolpe, J. (1958). *Psychotherapy by reciprocal inhibition*. Stanford, CA: Stanford University Press.

Wolpe, J., & Lazarus, A. (1966). *Behaviour therapy techniques: A guide to the treatment of neurosis*. Oxford: Pergamon Press.

Woltz, D. J. (1988). An investigation of the role of working memory in procedural skill acquisition. *Journal of Experimental Psychology: General, 117*, 319-331.

Wood, J. V. (1989). Theory and research concerning social comparisons of personal attributes. *Psychological Bulletin, 106*, 231-248.

Wood, J. V., Saltzberg, J. A., & Goldsamt, L. A. (1990a). Does affect induce self-focused attention? *Journal of Personality and Social Psychology, 58*, 899-908.

Wood, J. V., Saltzberg, J. A., Neale, J. M., Stone, A. A., & Rachmiel, T. B. (1990b). Self-focused attention, coping responses, and distressed mood in every day life. *Journal of Personality and Social Psychology, 58*, 1027-1036.

Wright, J., & Mischel, W. (1982). Influence of affect on cognitive spatial learning: Person variables. *Journal of Personality and Social Psychology, 43*, 901-914.

Yantis, S., & Johnston, J .C. (1990). On the locus of visual selection: Evidence from focused attention tasks. *Journal of Experimental Psychology: Human Perception and Performance, 16*, 812-825.

Yantis, S., & Jones, E. (1991). Mechanisms of attentional selection: Temporally modulated priority tags. *Perception and Psychophysics, 50*, 166-178.

Yantis, S., & Jonides, J. (1990). Abrupt visual onsets and selective attention: Voluntary versus automatic allocation. *Journal of Experimental Psychology: Human Perception and Performance, 16*, 121-134.

Yee, C. M., Deldin, P. J., & Miller, G. A. (1992). Early stimulus processing in dysthymia and anhedonia. *Journal of Abnormal Psychology, 101*, 230-233.

Yee, C. M., & Miller, G. A. (1988). Emotional information processing: Modulation of fear in normal and dysthymic subjects. *Journal of Abnormal Psychology, 97*, 54-63.

Yerkes, R. M., & Dodson, J. D. (1908). The relation of strength of stimulus to rapidity of habit-formation. *Journal of Comparative Neurology and Psychology, 18*, 459-482.

Young, J. E. (1990). *Cognitive therapy for personality disorders: A schema-focused approach*. Sarasota, FL: Professional Resource Exchange, Inc.

Zajonc, R. B. (1984). On the primacy of emotion. *American Psychologist, 39*, 117-123.

Zautra, A. J., Guarnaccia, C. A., & Reich, J. W. (1989). The effects of daily life events on negative affective states. In P.C. Kendall & D. Watson (Eds.), *Anxiety and depression: Distinctions and over lapping features*. New York: Academic Press.

Zuckerman, M. (1991). *Psychobiology of personality*. Cambridge: Cambridge University Press.

Zuroff, D. C., Colussy, S. A., & Wielgus, M. S. (1983). Selective memory and depression: A cautionary note concerning response bias. *Cognitive Therapy and Research, 7*, 223-232.

찾아보기

ㅇ

저자 소개

Adrian Wells는 영국 맨체스터대학교의 임상 및 실험심리학 교수이며, 정서장애에 관한 인지 이론과 치료분야에 관심을 가지고 있다. 그는 불안장애의 치료에 중요한 공헌을 했으며, 메타인지치료(Metacognitive Therapy: MCT)의 창안자이다. 그의 치료법은 NHS NICE 지침(NHS NICE Guidelines; 영국 국립보건서비스에서 제시하는 증거기반의 질병치료 및 관리 지침서)에 포함되어 있다.

Gerald Matthews는 미국 센트럴플로리다대학교의 Institute of Simulation and Training의 연구교수이며, 인적 요인, 성격과 개인차의 인지모델, 그리고 과제유발 스트레스 및 피로에 관심을 가지고 있다.

역자 소개

전진수(Jin-Soo Jun)

고려대학교 심리학과 학사, 일반대학원 석사, 박사학위를 취득하였다. 그동안 여러 대학교에서 심리학 관련 강의와 신경과에서 인지심리 검사와 심리치료를 하였으며, 고려대학교 행동과학연구소의『심리척도 핸드북』1, 2권과 한국심리학회 심리검사심의위원회 편의『연구자를 위한 최신심리척도북』발행 등에 참여하였다. 현재 이수(理修)심리상담센터 센터장으로 일반인과 예술인을 대상으로 심리상담과 심리치료를 하고 있다.

한국심리학회 인증의 임상심리 및 건강심리 전문가이고, 보건복지부 인증 정신건강임상심리사 2급이며, 사단법인 한국명상학회의 명상지도전문가(R급)이다. 한국예술인복지재단과의 협력하에 예술인 심리상담서비스의 지속성을 위해 운영위원으로 활동하고 있다.

저서 및 역서로는『치료자를 위한 뇌과학: 근거, 모델 그리고 실제 적용』(공역, 학지사, 2021),『심리장애의 초진단적 접근: 인지 및 행동과정의 공통점』(공역, 시그마프레스, 2013),『명상을 통한 수행역량개발』(공역, 학지사, 2010),『심리검사』(제7판, 공역, 율곡출판사, 2008),『건강을 위한 마음 다스리기』(공역, 학지사, 2008),『직업상담을 위한 심리검사』(공저, 학지사, 2001)가 있다.

김제홍(Jea-Hong Kim)

호주 그리피스대학교 정보통신학과 학사, 고려대학교 일반대학원 심리학과 석사, 박사학위를 취득하였다. 인간의 인지처리 중 언어정보처리의 뇌 신경학적 처리기제를 기능적 자기공명영상(Functional magnetic resonance imaging: fMRI), 뇌전도(Electroencephalography: EEG)로 연구하고 있다. 최근에는 경두개 교류 자극술(Transcranial alternating current stimulation: tACS)을 사용한 인지기능의 조절 효과를 확인하는 연구를 진행하고 있다.

논문으로는「Neural correlates of confusability in recognition of morphologically complex Korean words」(공동, 2021, PlosOne),「다형태소 시각 단어 재인 초기 형태소 정보처리의 시간적 공간적 대뇌처리 양상: 한국어 어절과 형태소 경계 효과를 중심으로」(박사학위 논문, 2020),「한국어 명사 어절 재인에서 나타나는 음절교환 효과」(공동, 한국심리학회지: 인지 및 생물, 2018),「장기간에 걸친 분산 학습이 L2 연어학습에 미치는 영향」(공동, 영미어문학, 131, 2018)이 있다.

한지윤(Ji-Yun Han)

미국 메릴랜드대학교 언어학과 학사, 이화여자대학교 일반대학원 언어병리학과 석사, 박사과정 수료 후 학위취득을 위한 논문이 진행 중이다. 언어발달기제로서의 인지기능의 역할에 대한 연구를 하고 있다. 일차성 언어장애(primary language impairment)로 인한 단일언어 및 이중언어사용 아동의 주의망 기능 비교에 대한 석사 논문을 작성하였으며, 2016년 한국언어청각임상학회에서 아동의 주의능력에 대한 논문 발표로 우수 연구상 수상, 2019년 한국언어청각임상학회 · 한국언어치료학회 공동학술대회에서 선택적 주의능력에 대한 논문 발표로 우수 연구상을 수상하였다. 현재 보건복지부 및 한국언어재활사협회가 인증하는 1급 언어재활사이다.

논문으로「A Comparative Study on the Vocabulary Learning of Children According to Selective Attention Latent Group」(공동, Communication Sciences & Disorders, 25, 2020),「선택적 집중력에 따른 잠재 집단별 아동의 어휘 학습량 비교 연구」(공동, 제6회 한국 언어청각임상학회 · 한국언어치료학회 공동학술대회 발표논문집, 2019),「일차성 언어장애(PLI)를 동반하는 단일언어 및 이중언어사용 아동의 주의망 기능 비교」(공동, 한국언어청각임상학회 학술대회 발표논문집, 2016),「Attention Networks in Linguistically Diverse Children with Primary Language Impairment(PLI)」(석사학위 논문, 2016)가 있다.

김완석(Wan-Suk Gim)

고려대학교 심리학과 학사, 일반대학원 석사, 박사학위를 취득하였다. 아주대학교 심리학과 교수 및 아주대학교 건강명상연구센터 소장으로 명상을 기반으로 하는 심신건강증진에 관한 강의와 연구를 하고 있다. 사단법인 한국명상학회의 회장을 역임하였고, 현재 이사장으로 일하고 있다. 한국심리학회가 인증하는 건강심리전문가이자 사단법인 한국명상학회의 명상지도전문가(R급)이다.

저서 및 역서로는『마인드 다이어트: 명상 기반의 자기조절』(저, 학지사, 2019),『과학명상』(저, 커뮤니케이션북스, 2016),『행동의학과 마음챙김·수용』(공역, 학지사, 2014),『심리장애의 초진단적 접근: 인지 및 행동과정의 공통점』(공역, 시그마프레스, 2013)이 있다.

임상전문가를 위한
정서장애와 주의
–근거 기반 자기조절집행기능(SREF) 모델 및 적용–
Attention and Emotion: A Clinical Perspective

2022년 1월 15일 1판 1쇄 인쇄
2022년 1월 20일 1판 1쇄 발행

지은이 • Adrian Wells · Gerald Matthews
옮긴이 • 전진수 · 김제홍 · 한지윤 · 김완석
펴낸이 • 김진환
펴낸곳 • (주)학지사
04031 서울특별시 마포구 양화로 15길 20 마인드월드빌딩
대표전화 • 02-330-5114 팩스 • 02-324-2345
등록번호 • 제313-2006-000265호

홈페이지 • http://www.hakjisa.co.kr
페이스북 • https://www.facebook.com/hakjisa

ISBN 978-89-997-2548-7 93180

정가 25,000원